华章文渊 管理学系列

第6版

生产运作管理

Production and Operations Management

陈荣秋 马士华 编著

机械工业出版社
China Machine Press

图书在版编目（CIP）数据

生产运作管理 / 陈荣秋，马士华编著 . --6 版 . -- 北京：机械工业出版社，2022.4（2024.11重印）

（华章文渊·管理学系列）

ISBN 978-7-111-70357-0

I. ①生… Ⅱ. ①陈… ②马… Ⅲ. ①企业管理 – 生产管理 – 高等学校 – 教材 Ⅳ. ① F273

中国版本图书馆 CIP 数据核字（2022）第 043666 号

作为生产运作管理领域的经典教科书，本书凝结了华中科技大学陈荣秋教授和马士华教授 40 年来的教学与研究成果。本书密切结合中国实际，系统地阐述了生产运作管理的基本概念、基本理论和方法，将生产运作管理的丰富内容从系统设计、运行、维护和改进的视角组织起来，体系合理、完整，案例丰富。同时，书中还配有大量的思考题与练习题。本书的编写逻辑性强，语言深入浅出、通俗易懂。相对于第 5 版，第 6 版做了一定的精简，缩减了在其他管理课程中已有讲述的内容，将智能制造、绿色制造、产业互联网等重点话题融入相应章节的内容，修订了新产品开发等内容，对本书的一些案例也做了替换或更新。

本书可作为管理学类专业本科生与研究生，以及 MBA、工程管理硕士、物流工程硕士的教材，也可以作为企业管理人员及相关从业人员的参考读物。

出版发行：机械工业出版社（北京市西城区百万庄大街 22 号　邮政编码：100037）	
责任编辑：吴亚军	责任校对：殷　虹
印　　刷：三河市国英印务有限公司	版　次：2024 年 11 月第 6 版第 9 次印刷
开　　本：185mm×260mm　1/16	印　张：28.75　　插　页：2
书　　号：ISBN 978-7-111-70357-0	定　价：59.00 元

客服电话：(010) 88361066　68326294

版权所有·侵权必究
封底无防伪标均为盗版

华章文渊 管理学系列

「师道文宗
笔墨渊海」

文渊阁 位于故宫东华门内文华殿后,是故宫贮藏图书的地方,中国古代最大的文化工程《四库全书》曾经藏在这里,阁内悬有乾隆御书"汇流澄鉴"四字匾。

华章文渊 管理学系列

作者简介

陈荣秋 华中科技大学管理学院荣休教授。曾任国家自然科学基金委监督委员会委员、国家自然科学基金委管理科学部专家咨询委员会委员、国家杰出青年基金评审委员、国家高技术863/CIMS"基础理论与方法"专题专家、第二届全国工商管理硕士（MBA）教育指导委员会委员、华中科技大学学术委员会副主任等。

长期从事生产运作管理的教学和研究，主要为研究生讲授"生产管理学"课程。主持过国家自然科学基金重点项目"基于时间竞争的运作管理新技术新方法研究"、多项国家自然科学基金面上项目和863/CIMS课题的研究。"1999 CASA/SME 大学领先奖"获奖者，2010年度"复旦管理学杰出贡献奖"获奖者。编著了国内第一本关于排序的著作《排序的理论与方法》和国家级重点教材《生产与运作管理》，在国内外重要期刊和学术会议上发表论文200余篇。

马士华 华中科技大学管理学院荣休教授。曾任教育部高等学校管理科学与工程类学科专业教学指导委员会委员、中国物流学会副会长、中国物流与采购联合会采购与供应链专家委员会副主任委员等。享受国务院政府特殊津贴，教育部全国高校教师网络培训计划"生产运作管理"课程骨干教师高级研修班的特聘主讲教授。

长期从事生产运作和供应链、物流管理的教学与研究工作。主持过国家自然科学基金面上项目4项、国家自然科学基金专项课题2项、国家高技术863/CIMS课题4项及企业与地方政府委托的供应链管理和物流管理有关的咨询、规划项目数十项。负责的"生产运作管理"课程被评为国家级精品课程，还曾获省级科技进步二等奖、三等奖各一次。2006年被中国物流学会评为全国有突出贡献的物流专家（全国共10人入选），2018年被中国物流与采购联合会评为"改革开放四十年物流行业专家代表性人物"（全国共30人入选）。编著的国内第一本《供应链管理》著作获2000年全国首届宝供物流理论创新二等奖。在国内外重要学术期刊和学术会议上发表论文100余篇。

出版说明

提高自主创新能力，建设创新型国家，是党中央、国务院做出的战略部署，是包括科技界、教育界在内全社会的共同目标。高等学校是培养和造就数以千万计专门人才和一大批拔尖创新人才的重要基地，是综合国力的重要组成部分，在支撑经济社会发展、提高自主创新能力、推进创新型国家建设中具有不可替代的重要作用。增强自主创新能力，建设创新型国家，对培养创新人才提出了新的要求，对高等教育提出了新的挑战。教育部明确提出大力推进高校自主创新，进一步提高高等教育质量。

作为教学内容改革成果重要体现形式的教材，则在高校创新人才的培养中扮演着重要角色。"教材是体现教学内容和教学方法的知识载体，是进行教学的具体工具，也是深化教育教学改革、全面推进素质教育、培养创新人才的重要保证。"新世纪的到来，对高等教育来说，不仅是时间上的跨越，更重要的是教育思想、教育观念发生了深刻的变革，而教材正从一个侧面折射出教育思想变革。为体现优秀教材的创新成果，机械工业出版社推出"华章文渊"系列教材（分经济学系列和管理学系列）。华章文渊系列教材重视教育思想和观念的改革，力求处理好知识、能力和素质三者辩证统一的关系，以素质教育为核心组织教材的内容，实现教材内容和体系的创新，充分体现"授人以鱼不如授人以渔"的终身教育思想。

奉献给广大读者的"华章文渊"系列教材重在培养学生的创新精神和能力，观点、体系有所创新，既与国际接轨，又具有理论性、实用性、可操作性和创新性等鲜明特色，具有各自的知识创新点和独到之处。同时，优秀教材是知识性和可读性的结合体，将深奥的知识融于浅显易懂的文字中，努力使读者的学习过程变得轻松愉快，也是"华章文渊"系列教材的目标。

秉承"国际视野、教育为本、专业出版"的理念，机械工业出版社始终坚持以内容取胜的出版标准。集合优秀教材创新成果的"华章文渊"系列教材正是"深化教育教学改革，全面推进素质教育，培养创新人才"的直接体现，期待有志于此的广大教师的加入。

机械工业出版社

前言
（第6版）

新冠疫情进一步加深了人们对一个国家制造能力的认识。就我国的抗疫经历而言，在新冠疫情暴发初期出现了短暂的医疗物资短缺情况，但是在政府统一指挥下，很快调动了所有可能的资源，为医疗物资产业链、供应链的转产、扩产创造了一切机会，迅速使抗疫医疗物资满足了前方的需要并且大量出口，有力地支持了我国及世界其他国家的抗疫行动。在这个过程中，高水平的生产运作管理起到了重要作用，不仅保证了抗疫医疗物资的海量产出，还不断降低了人力、物料、资金、时间等各种要素的投入成本，为整个社会创造了巨大价值。

为进一步落实好党的二十大报告提出的"着力提高全要素生产率"的各项任务，这次修订总结了本教材前5版的使用情况和任课教师的反馈，并结合当前国内外生产运作管理教材体系的发展动态，对教材做了较大幅度的修订，主要体现在：

- 全书精简了内容。为了使新版教材体系架构更加聚焦于生产运作管理的核心内容，故将第5版的18章凝练为16章，删除了第5版的第14章"企业业务流程重组"、第15章"设备维修管理"以及第18章中的"绿色制造""现代集成制造系统"，而将OPT和TOC扩展为一章。这些删除的内容在其他管理课程中已有讲述。
- 第1章1.5节扩充和修订了一些新内容。将产业互联网、智能制造、绿色制造等重点领域的发展对生产运作管理的影响等内容，作为发展趋势在本节加以简要介绍。
- 第3章增加了供应商早期介入新产品开发的内容。
- 除了在案例上的更新或替换，每章内容也进行了一定的修订和完善。

本书第1、2、4、6、7、8、9、11、12、13、15章由陈荣秋编写和修订，第3、5、10、14、16章由马士华编写和修订。最终，全书由陈荣秋统稿。

本书在编写过程中参阅了大量中外文书籍和文献资料，在此对有关作者表示衷心的感谢。由于编著者水平有限，书中的不妥之处，敬请读者批评指正。

编著者

第5版前言

第5版前言的具体内容，请扫描下方的二维码：

第4版前言

第4版前言的具体内容，请扫描下方的二维码：

第3版前言

第3版前言的具体内容，请扫描下方的二维码：

第2版前言

第2版前言的具体内容，请扫描下方的二维码：

第1版前言

第1版前言的具体内容，请扫描下方的二维码：

目 录 CONTENTS

出版说明
前　言

第一篇　绪论

第1章　生产运作管理概论 ⋯⋯⋯ 2
引例　服务：三一重工的核心竞争力 ⋯⋯ 2
1.1　生产运作管理 ⋯⋯⋯⋯⋯⋯⋯ 3
1.2　生产运作的分类 ⋯⋯⋯⋯⋯ 10
1.3　供需协调 ⋯⋯⋯⋯⋯⋯⋯⋯ 17
1.4　流程和时间 ⋯⋯⋯⋯⋯⋯⋯ 23
1.5　生产运作管理的历史和发展趋势 ⋯⋯ 31
本章小结 ⋯⋯⋯⋯⋯⋯⋯⋯⋯⋯ 38
复习思考题 ⋯⋯⋯⋯⋯⋯⋯⋯⋯ 39
讨论案例　中国建材集团的绿色发展
　　　　　之路 ⋯⋯⋯⋯⋯⋯⋯ 39
判断题 ⋯⋯⋯⋯⋯⋯⋯⋯⋯⋯⋯ 42
选择题 ⋯⋯⋯⋯⋯⋯⋯⋯⋯⋯⋯ 42

第2章　企业战略和生产运作战略 ⋯⋯ 43
引例　美国西南航空公司 ⋯⋯⋯⋯ 43
2.1　概述 ⋯⋯⋯⋯⋯⋯⋯⋯⋯⋯ 44
2.2　企业战略管理 ⋯⋯⋯⋯⋯⋯ 49
2.3　生产运作战略 ⋯⋯⋯⋯⋯⋯ 59
本章小结 ⋯⋯⋯⋯⋯⋯⋯⋯⋯⋯ 68
复习思考题 ⋯⋯⋯⋯⋯⋯⋯⋯⋯ 68
讨论案例　格力电器股份有限公司 ⋯⋯ 68
判断题 ⋯⋯⋯⋯⋯⋯⋯⋯⋯⋯⋯ 72
选择题 ⋯⋯⋯⋯⋯⋯⋯⋯⋯⋯⋯ 72

第二篇　生产运作系统的设计

第3章　产品、服务设计和技术选择 ⋯⋯ 76
引例　国产手机大佬的命运 ⋯⋯⋯ 76
3.1　概述 ⋯⋯⋯⋯⋯⋯⋯⋯⋯⋯ 76
3.2　产品研究与开发管理 ⋯⋯⋯ 80
3.3　生产流程设计与选择 ⋯⋯⋯ 85
3.4　并行工程：产品开发组织的新方法 ⋯⋯ 89
3.5　先进技术在产品设计中的运用 ⋯⋯ 96
本章小结 ⋯⋯⋯⋯⋯⋯⋯⋯⋯⋯ 98
复习思考题 ⋯⋯⋯⋯⋯⋯⋯⋯⋯ 98
讨论案例　FH公司跨职能产品开发模式
　　　　　的实践 ⋯⋯⋯⋯⋯⋯ 99
判断题 ⋯⋯⋯⋯⋯⋯⋯⋯⋯⋯⋯ 101
选择题 ⋯⋯⋯⋯⋯⋯⋯⋯⋯⋯⋯ 101

第4章　生产、服务设施选址与布置 ⋯⋯ 102
引例　家乐福中国台湾选址 ⋯⋯⋯ 102
4.1　当今市场竞争特点对选址决策的影响 ⋯⋯ 103
4.2　选址决策的基本内容 ⋯⋯⋯ 104
4.3　设备或设施布置决策 ⋯⋯⋯ 108
4.4　仓库布置 ⋯⋯⋯⋯⋯⋯⋯⋯ 112
4.5　选址与布置决策的定量分析 ⋯⋯ 113
4.6　装配线平衡 ⋯⋯⋯⋯⋯⋯⋯ 123
4.7　非制造业的设施布置 ⋯⋯⋯ 125
本章小结 ⋯⋯⋯⋯⋯⋯⋯⋯⋯⋯ 126
复习思考题 ⋯⋯⋯⋯⋯⋯⋯⋯⋯ 127
讨论案例　海喻公司光缆厂选址分析 ⋯⋯ 127
判断题 ⋯⋯⋯⋯⋯⋯⋯⋯⋯⋯⋯ 128
选择题 ⋯⋯⋯⋯⋯⋯⋯⋯⋯⋯⋯ 128

计算题 ……………………………… 129

第5章　工作设计与作业组织 ……… 131
　　引例　UPS 配送工作设计的效果 … 131
　　5.1　概述 …………………………… 132
　　5.2　工作设计 ……………………… 135
　　5.3　工作测量 ……………………… 140
　　5.4　人-机工程 …………………… 150
　　本章小结 …………………………… 155
　　复习思考题 ………………………… 155
　　讨论案例　丰田汽车公司某工厂的职务
　　　　　　　定期轮换 ……………… 156
　　判断题 ……………………………… 157
　　选择题 ……………………………… 158
　　计算题 ……………………………… 158

第三篇　生产运作系统的运行

第6章　需求预测 …………………… 160
　　引例　沃尔玛的需求预测 ………… 160
　　6.1　预测 …………………………… 161
　　6.2　定性预测方法 ………………… 165
　　6.3　定量预测方法 ………………… 167
　　6.4　预测误差与监控 ……………… 176
　　本章小结 …………………………… 179
　　复习思考题 ………………………… 180
　　讨论案例　PC 纸杯公司的市场需求
　　　　　　　预测 …………………… 180
　　判断题 ……………………………… 185
　　选择题 ……………………………… 186
　　计算题 ……………………………… 186

第7章　生产计划 …………………… 188
　　引例　综合生产计划为菲多利公司
　　　　　带来竞争优势 ……………… 188
　　7.1　概述 …………………………… 189
　　7.2　能力计划 ……………………… 191
　　7.3　处理非均匀需求的策略 ……… 195
　　7.4　生产计划大纲的制定 ………… 198
　　7.5　产品出产计划的编制 ………… 201

　　7.6　收入管理 ……………………… 207
　　本章小结 …………………………… 209
　　复习思考题 ………………………… 209
　　讨论案例　红番茄工具公司的综合
　　　　　　　计划 …………………… 209
　　判断题 ……………………………… 210
　　选择题 ……………………………… 210
　　计算题 ……………………………… 211

第8章　库存管理 …………………… 213
　　引例　菲多利公司的库存管理 …… 213
　　8.1　库存 …………………………… 214
　　8.2　库存问题的基本模型 ………… 220
　　8.3　单周期库存模型 ……………… 230
　　本章小结 …………………………… 232
　　复习思考题 ………………………… 232
　　讨论案例　在线药品公司应如何同
　　　　　　　制造商协调订货 ……… 232
　　判断题 ……………………………… 232
　　选择题 ……………………………… 233
　　计算题 ……………………………… 234

第9章　MRP ………………………… 235
　　引例　应该如何计算零部件需求 … 235
　　9.1　概述 …………………………… 236
　　9.2　MRP 系统 …………………… 239
　　9.3　MRP 的扩展 ………………… 249
　　本章小结 …………………………… 255
　　复习思考题 ………………………… 255
　　讨论案例　A 公司实施 ERP 的问题 …… 256
　　判断题 ……………………………… 257
　　选择题 ……………………………… 258
　　计算题 ……………………………… 258

第10章　供应链管理 ………………… 260
　　引例　迪美空调的供应商关系 …… 260
　　10.1　供应链管理思想的提出 …… 261
　　10.2　供应链系统设计 …………… 263
　　10.3　供应链管理下的物流管理 … 268
　　10.4　供应链管理下的库存控制 … 271

10.5 供应链管理下的采购管理 …… 275
10.6 供应商管理 …… 282
10.7 服务供应链管理 …… 285
本章小结 …… 288
复习思考题 …… 288
讨论案例 ZARA 的极速供应链 …… 289
判断题 …… 291
选择题 …… 291

第 11 章 制造业的作业计划与控制 …… 292

引例 张教授应该接受哪些项目的开发任务 …… 292
11.1 作业计划的基本概念 …… 293
11.2 流水车间作业计划 …… 295
11.3 单件车间作业计划 …… 302
11.4 生产作业控制 …… 308
本章小结 …… 313
复习思考题 …… 313
讨论案例 如何选择上菜顺序 …… 313
判断题 …… 314
选择题 …… 314
计算题 …… 315

第 12 章 服务业的作业计划 …… 316

引例 护士排班 …… 316
12.1 服务企业的运作 …… 317
12.2 排队管理 …… 320
12.3 排队模型 …… 326
12.4 人员班次安排 …… 328
本章小结 …… 334
复习思考题 …… 334
讨论案例 让病人等待？在我的办公室不可能发生 …… 334
判断题 …… 337
选择题 …… 337
计算题 …… 337

第 13 章 项目计划管理 …… 339

引例 重点项目验收会议的组织 …… 339

13.1 项目管理概述 …… 340
13.2 网络计划方法 …… 343
13.3 网络时间参数的计算 …… 349
13.4 网络计划优化 …… 355
本章小结 …… 361
复习思考题 …… 361
讨论案例 西南大学露天运动场建设 …… 362
判断题 …… 363
选择题 …… 363
计算题 …… 364

第四篇 生产运作系统的维护与改进

第 14 章 质量管理 …… 368

引例 是要工期还是要质量 …… 368
14.1 质量与质量管理 …… 369
14.2 全面质量管理 …… 373
14.3 统计质量控制 …… 378
14.4 抽样检查 …… 386
14.5 ISO 9000 概述 …… 392
14.6 服务质量管理 …… 397
本章小结 …… 400
复习思考题 …… 400
讨论案例 A 公司的质量管理之路 …… 401
判断题 …… 402
选择题 …… 403
计算题 …… 403

第 15 章 精细生产 …… 405

引例 到底该怎样看待 JIT …… 405
15.1 概述 …… 406
15.2 准时生产的实现 …… 415
15.3 实行精细生产的条件和保证 …… 424
本章小结 …… 431
复习思考题 …… 431
讨论案例 戴尔电脑公司的精细生产 …… 431
判断题 …… 432
选择题 …… 433
计算题 …… 433

第 16 章 最优生产技术和约束理论 …… 434

引例 华日家具的 TOC 实战 …… 434
16.1 OPT 和 TOC 的产生与发展 …… 435
16.2 OPT 的核心概念及基本思想 …… 435
16.3 OPT 的目标与九条原则 …… 437
16.4 DBR 系统 …… 440
16.5 TOC 的管理思想 …… 441
16.6 TOC 应用的五步法 …… 444
本章小结 …… 447
复习思考题 …… 447
讨论案例 约束理论在某汽车制造企业物料供应系统中的应用 …… 447
判断题 …… 449
选择题 …… 449

参考文献 …… 451

附录 A 练习题答案
附录 B 标准正态分布表
附录 C 泊松分布表
附录 D 随机数表
附录 E 管理图的相关数据
附录 F 学习曲线表

第一篇 绪 论

生产活动是人类最基本的活动,世界上绝大多数人都在从事生产活动。有生产活动就有生产管理。人类最早的管理活动就是对生产活动的管理,20世纪初的科学管理运动也始于生产管理。服务业的兴起使生产活动扩大到服务领域,使生产的概念和范畴得到延伸。生产活动是在生产系统中发生的。本书从系统论的观点出发,将有关生产运作管理的内容组织起来,并分成生产运作系统的设计、生产运作系统的运行及生产运作系统的维护与改进三部分。本篇将阐述生产运作管理的基本概念和基本问题,是全书的基础。本篇还将阐述生产运作战略。基本概念是讨论生产系统设计、运行以及维护与改进的基础,生产运作战略是对生产系统设计、运行以及维护与改进的指导和谋划。

▶ 第1章 生产运作管理概论
▶ 第2章 企业战略和生产运作战略

第1章
生产运作管理概论

🔲 引例　　　　　服务：三一重工的核心竞争力

三一重工股份有限公司（以下简称"三一重工"）成立于1994年，是全球领先的工程装备制造企业，产品覆盖混凝土机械、挖掘机械、起重机械、筑路机械、桩工机械、风电设备、港口机械、石油装备、煤炭设备、精密机床等全系列产品，是中国最大、全球第五的工程机械制造商，也是全球最大的混凝土机械制造商。业务覆盖全球150多个国家和地区。

工程机械制造领域产品同质化竞争非常激烈，如何让客户选择三一重工的产品呢？三一重工的答案是：靠服务能力。三一重工认为服务是工程机械行业最核心的竞争力之一，因此，在三一重工成立伊始，便将服务列为三大核心竞争力之一，成立了行业内首家企业控制中心（enterprise control center，ECC），首创行业6S店模式，首推服务承诺，用执着的态度，穷尽一切手段，将服务做到无以复加的地步。三一重工推崇的服务文化是：超越客户期望——通过向客户提供超值的服务，使每一位客户的设备实现最大使用价值；超越行业标准——通过实施行业内最高的服务标准，实现最高的客户满意度。

为此，三一重工投入巨资建设产品服务体系：拥有1 700多个服务中心、7 000多名技术服务人员，可以实现365×24全时服务，承诺1刻钟内回复客户，2小时内到达主要服务区域，1天内排除故障，2天内解决客户投诉，7天内解决客户遗留问题。

作为行业内的"服务第一品牌"，三一重工还紧扣数字化的时代脉搏，针对服务体系进行了大刀阔斧的数字化改造，加速全流程"上线"，致力于实现从"被动"变为"主动"、从"人工"变为"智能"的服务转型，引领行业迈入"数字化服务"的新时代。据悉，依托48万台三一重工工程机械在客户端互联形成的大数据，如果某台机械出现故障，早在服务人员出发前，ECC就已将故障预测的报告、要用到的维修工具与配件等发到其智能终端，设备维护效率大幅提升。

目前，三一重工挖掘机、桩机约98%的服务业务可在线上完成，50%的故障可以实现后台预诊断，投诉纠纷同比下降约40%。

资料来源：根据三一集团（三一重工的母公司）官网及其他资料整理，https://www.sanygroup.com/serviceIntro/。

生产是大多数人都了解的概念。然而，随着服务业的兴起，生产的概念已经有所扩展，生产不再只是工厂里从事的活动，而是一切社会组织将其最主要的资源投入进去进行的最基本的活动。没有生产活动，社会组织就不能存在。本章阐述生产运作及生产运作管理的基本概念、社会组织的三项基本职能、生产运作管理的目标和基本内容、生产运作管理者应具备的技能，讨论生产运作的分类、各种生产运作的类型及其特征，分析供需协调问题，阐明流程和时间的有关概念，介绍生产运作管理的历史，探讨生产运作管理的发展趋势。

1.1 生产运作管理

1.1.1 生产运作概念的发展

1. 社会组织

世界上存在各种社会组织，学校、商店、医院、车站、旅馆、消防队、饭馆、运输公司、银行和建筑公司等，都是社会组织。社会组织是具有特定目标和功能的、社会化的生产要素的集合体。社会组织的活动以其内部资源条件为基础，并受到各种外部环境条件的约束，输入原材料、能源和信息，输出产品和服务，如图1-1所示。

各种社会组织的出现，是社会分工的结果，也是社会生产力发展的标志。它们改变了人们的生活方式。试想，如果没有现存的各种社会组织，我们的生活将会是什么样的呢？人们居住的将不是高楼大厦，而是简陋的茅屋；穿的将不是高级的棉花、化纤和毛料制品，而是土布制品；出门旅行将不是

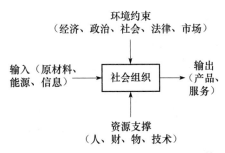

图1-1　社会组织的内部资源与外部环境

乘火车、汽车、轮船和飞机，而是骑马、步行或乘木筏；通信将不是通过电话、传真、电子邮件，而是靠骑马或步行等传送。现在，尽管人们经常抱怨这些社会组织服务得不够好，但它们为人们提供的各种产品和服务，通常要比人们自己为自己做的好得多。正是社会组织的高效率，才使得人们在维持生计之余，有时间去从事科学研究、文艺创作、体育活动和休闲活动。

2. 服务业的兴起

经济学家将经济的发展分成前工业（pre-industrial）社会、工业（industrial）社会和后工业（post-industrial）社会三个阶段。

在前工业社会，人们主要从事农业和采掘业，包括种庄稼、植树、捕鱼、狩猎、采掘煤炭和岩盐、利用天然气、淘金，等等。农业和采掘业的实质是从自然界直接提取所需的物品。人们利用体力、畜力和简单的工具，以家庭为基本单位进行生产，劳动生产率低下，受自然条件的影响很大。此外，生活节奏与自然界的一般规律同步，"春耕、夏种、秋收、冬藏""日出而作，日落而息"，人们生活在一个低污染的环境中，主要活动是同自然界打交道。

在工业社会，人们主要从事制造业。制造业的实质是通过物理或化学的方法，改变自然界的物质，生产人们需要的人造物品——产品。汽车、机床、锅炉、船舶、楼房、铁路、高速公路、桥梁、计算机和塑料制品等，都是人造物品。这些人造物品代表了人类创造的物质文明，丰富了人们的物质生活和精神生活，同时也打破了自然界原有的平衡，造成环境污染和破坏。

分工是工业社会组织生产活动的基本原则。通过分工，可以提高人们操作的熟练程度，节约不同工作之间的转换时间，并促进机器的发明。人们利用机器和动力，以工厂为单位进行生产，使劳动生产率大幅度提高。另外，人们的生活节奏加快，生活质量以拥有产品的数量来衡量，主要活动是同经过加工的物品打交道。

在后工业社会，人们主要从事服务业，其实质是提供各种各样的服务。人类利用知识、智慧和创造力，以信息技术为依托，通过不同的社会组织，为顾客提供服务。信息成为关键资源。生活质量由保健、教育和休闲来衡量，主要活动是人们之间的交往。

服务业一般包括五个方面的活动：

- 业务服务，如咨询、财务、金融和房地产等。
- 贸易服务，如批发、零售和维修等。
- 基础设施服务，如交通运输和通信等。
- 社会服务，如餐馆、旅店、保健和文化娱乐等。
- 公共服务，如教育、公用事业和政府服务等。

基于功能视角，服务业可以分为流通性服务（distributive service）、生产性服务（producer service）、消费性服务（consumer service）以及公共性服务（public service）。实际上，流通性服务可以包含在生产性服务中。生产性服务又称生产者服务，顾名思义，是为生产者服务的，是指那些被其他产品和服务的生产者用于中间投入的服务，如物流、交通运输、研发、设计、维护和营销等。消费性服务，又称消费者服务，顾名思义，是为消费者服务的，如餐饮、娱乐和保健等。公共性服务或公共服务，是指通过公共资源满足公民直接需求的服务，如义务教育、公共卫生、基本医疗、社会保障、交通和通信基础设施、公共安全、救灾、天气预报等。在我国，各级人民代表大会、政府、法院等国家机构中的工作人员都是在从事公共服务。可见，服务业的范围十分广泛。按照发展阶段划分，服务业可分为传统服务业和现代服务业。传统服务业是工业化早期就已经形成的服务业，如餐馆和旅店；现代服务业是工业化发达阶段的产物，是信息和知识相对密集的新型服务业，如网络通信、数字影视、网络传媒、IT信息服务、现代物流、远程教育和电子商务等。

服务业的重要性日益被人们所认识，它已经成为现代社会不可分离的有机组成部分。如果没有服务业，就不会有现代社会。没有教育，就不可能造就掌握各种知识的人才，工农业生产就没有大量合格的劳动者；没有交通和通信这样的基础设施，工农业生产就不可能进行；没有政府提供的服务，各种社会组织就不能正常运作；没有各种生活服务，人们就不能正常生活。这些都是人们所了解的常识。

2020年，我国国内生产总值按平均汇率折算达到14.73万亿美元，是仅次于美国的世界第二大经济体。近年来，我国服务业发展加快，电子商务、网络银行、远程教育、远程医疗和地理信息服务系统等新业态不断涌现。2020年，我国电子商务市场交易额达37.21万亿元。但是，我国服务业总体发展水平落后，服务业增加值比重和就业比重明显低于发达国家。服务业的增长速度长期低于工业的增长速度，直到工业高增长模式难以为继，服务业的增长速度才反超。服务业劳动生产率低，批发零售、交通仓储、住宿餐饮等传统服务业所占全部服务业的比重较高，生产性服务业发展不足，影响了制造业的升级。制造业产能过剩和服务业供给不足并存，尤其是健康、养老、医疗等服务供给不足。预计我国服务业将加速发展，逐渐成为国民经济的主导产业。

《国务院关于加快发展服务业的若干意见》（国发〔2007〕7号）指出，服务业的发展水平是衡量现代社会经济发达程度的重要标志。加快发展服务业，提高服务业在三次产业结构中的比重，尽快使服务业成为国民经济的主导产业，是推进经济结构调整、加快转变经济增长方式的必由之路，是有效缓解能源资源短缺的瓶颈制约、提高资源利用效率的迫切需要，是适应对外开放新形势、实现综合国力整体跃升的有效途径。

服务业的兴起是社会生产力发展的必然结果，也是社会生产力发展水平的一个重要标志。在社会生产力水平比较低下的时期，社会绝大部分成员从事农业生产，自给自足。当农业生产力发展到一定水平，农业人口除了自给自足，还能提供剩余农产品时，才可能有一部分人脱离农业生产，去从事手工业和其他行业。从手工业到机器大工业，劳动生产率得到了极大的提高。工业的发展，尤其是制造业的发展，为农业提供先进的装备，反过来又促进了农业劳动生产率的进一步提高。工农业劳动生产率的提高，使剩余劳动力转移到服务业，从而促进了服务业的发展。可见，转移到服务业的劳动力越多，说明社会生产力发展水平越高。需要指出的是，农业、工业和服务业是相互关联的。农业是国民经济的基础，没有农业一定程度的发展，就不会有工业的出现；工农业又是服务业发展的基础，没有工农业的发展，服务业也不会兴起。服务业的发展水平一定要与工农业生产的发展水平相适应，不可盲目与发达国家攀比。同时也应看到，服务业的发展反过来又促进了工农业生产的发展。交通运输和物流直接促进了工农业的发展。

从人的需求的变化也可以看出服务业兴起的必然性和必要性。人类首先要吃喝住穿，才能从事其他活动。为了满足人们的物质生活需要，首先要发展农业，然后要发展工业。不过，人对物质方面的需求是有限的，"良田万顷，日食三餐；广厦千间，夜眠八尺"。当社会多数人已经基本达到"衣食无忧"的境况时，继续大力发展农业和制造业，只能使产品大量积压，使有限的资源被浪费，环境污染加剧，并不能促进经济持续增长。改革开放40多年以来，中国大城市的硬件设施已大大改观，与发达国家相比已没什么差别。但是，软件环境却相差甚远，这与服务业发展不充分有关。服务业发展不充分，不仅会成为制约国民经济发展的瓶颈，而且还会造成社会不稳定，很多社会矛盾是因为服务业发展不充分而引起的，尤其是公共服务。与物质需求的有限性不同，精神需求具有无限性，这种特点使得服务业的发展永无止境。

从技术进步的角度看，工业产品日益复杂，技术含量越来越高。如果没有基于产品的服务，由于缺乏专业知识，用户没法解决使用产品过程中遇到的各种问题。实行差异化战略，除了使产品具有特殊性能以外，提供服务是主要途径，尤其是通过服务满足顾客个性化需求。服务创造顾客价值的空间比实体产品大得多，GE和IBM等大公司的服务转型也说明了这一点。

3. 生产概念的扩展

按照马克思主义的观点，生产是以一定生产关系联系起来的人们利用劳动资料，改变劳动对象，以适合人们需要的过程。这里所说的生产，主要是指物质资料的生产。通过物质资料的生产，使一定的原材料转化为特定的有形产品。

服务业的兴起，使生产的概念得到延伸和扩展。过去，西方学者把与工厂相联系的有形产品的制造活动称为"production"，而把提供劳务的活动称为"operations"。现在，他们有时将两者均称为"operations"。西方学者将有形产品和劳务都称为"财富"，把生产定义为创造财富的过程，从而把生产的概念扩大到非制造领域，这是有道理的。虽然搬运工人和邮递员转送的都不是他们自己制造的东西,但他们都付出了劳动,我们不能说他们从事的不是生产活动。事实上,在现代社会已经很难将制造产品和提供服务截然分开了,产品和服务已经融合,单纯制造产品不提供任何服务的企业是不存在的,单纯提供服务而不提供产品的情况也是较少的。不同的社会组织只是提供的产品和服务的比例不同:汽车制造厂提供产品的比重大一些,餐馆提供服务的比重大一些,教学和医疗提供服务的比重则更大一些。英文教科书中已经将最初的生产管理(production management)改为生产和运作管理(production and operations management),现在大多称为运作管理(operations management)。为了符合汉语的习惯,我们将它们译为"生产运作管理"或"运作管理"。对于企业等营利组织,可译为"运营管理",但对于非营利组织,称"运营管理"则不合适。

从一般意义上讲,我们可以给生产下这样一个定义:生产是一切社会组织将对它的输入转化增值为输出的过程,如图1-2所示。

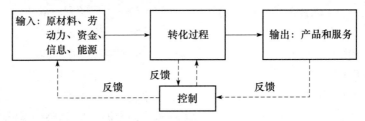

图1-2 输入转化增值为输出的过程

为了解释这个定义,表1-1列出了几种典型的社会组织的输入、转化和输出的内容。

表1-1 典型社会组织的输入、转化和输出

社会组织	主要输入	转化的内容	主要输出
工厂	原材料	加工制造	产品
运输公司	产地的物资	位移	销地的物资
修理站	损坏的机器	修理	修复的机器
医院	病人	诊断与治疗	恢复健康的人
大学	高中毕业生	教学	高级专门人才
咨询公司	情况、问题	咨询	建议、办法、方案

社会组织要提供输出,则必须有输入。俗话说:"巧妇难为无米之炊。"输入是由输出决定的,生产什么样的产品和提供什么样的服务,决定了需要什么样的原材料和其他投入。输入不同于输出,这就需要转化。转化是通过人的劳动实现的,转化的过程就是生产,转化是一个增值的过程,它使输出的价值高于输入的价值。

输入、转化和输出与社会组织的三项基本活动(供应、生产运作和销售)相对应。

1.1.2 生产运作系统

转化是在生产运作系统中实现的。生产运作系统是由人和机器构成的,能将一定输入转化为特定输出的有机整体。生产运作系统本身是一个人造的系统,它也是由输出决定的。输出的"质"不同,则生产运作系统不同。显而易见,钢铁厂的生产运作系统不同于机床厂的生产运作系统,餐馆的运作系统不同于银行的运作系统。不仅如此,生产运作系统还取决于输出的"量"。同是生产汽车,大批量生产和小批量生产所采用的设备以及设备布置的形式是不相同的;同是提供食物,快餐店和大饭店的运作组织方式也是不同的。

生产运作系统包括拥有各种不同技能的人、各种不同功能的机器和厂房以及使其能够运行起来的资金。生产运作系统是人的组织、物的配置和资金的运筹等协调运作的统一体。

生产运作系统是由人设计建造的。因此，它可以按照需要进行构造和重构，使它能够适应外界环境的剧烈变化。这是生产运作系统优于生物系统的地方。

1.1.3 三项基本职能

生产运作是一切社会组织的基本职能。通过生产运作，一种社会组织为其他社会组织与居民提供产品和服务。输出是社会组织对社会做出的贡献，也是它赖以生存的基础。社会组织若不提供输出，或者所提供的输出因品种、质量或其他问题不为人们所接受，就得不到社会的承认。这样的社会组织就不能生存下去，就会在竞争中被淘汰。

但是，生产运作并不是社会组织的唯一职能。一般认为，社会组织的基本职能有三项：生产运作、财务和营销。生产运作是一切社会组织最基本的活动。社会组织中的大部分人力、物力和财力都投入到生产活动之中，以制造社会所需要的产品并提供顾客所需要的服务。因此，把生产运作活动组织好，对提高社会组织的经济效益至关重要。财务就是为社会组织筹措资金并合理地运用资金。从资金运动的观点看，企业可以被看成资金汇集的场所，不断有资金进入，也不断有资金流出。只要进入的资金多于流出的资金，企业的财富就能不断增加。营销就是要发现与发掘顾客的需求，让顾客了解企业的产品和服务，并将这些产品和服务送到顾客手中。

三项基本职能是相互依存的。其中，发现需求是开展生产经营活动的前提，有了资金和生产某种产品及提供某种服务的能力，如果该产品或服务没有市场，那将是毫无意义的；有了资金和市场，但却制造不出产品或提供不了服务，也只能眼睁睁地看着市场被别人占领；有了市场和生产能力，但没有资金购买原材料、支付工资，显然也是不行的。三项基本职能连同组织的其他职能，都是组织不可缺少的，且每项职能都依赖于其他职能。因此，当我们研究生产运作管理时，不要忘记生产运作职能与其他职能之间的关系。传统的生产管理将生产运作职能与其他职能分离开来讨论，不能满足市场经济的客观要求，也不利于企业生产经营活动的整体优化。

三项基本职能是一切社会组织都应该有的。离开这三项基本职能，任何社会组织都不可能存在。但社会组织并不只有这三项职能，采购与供应也是一项很重要的职能。在集中的计划经济体制下，供应甚至比营销更重要。不过，随着社会主义市场经济体制的逐步建立，卖方市场逐渐为买方市场所取代，供应职能将远远不如营销职能重要。人力资源管理也是一项十分重要的职能，它也具有普遍性，但它与生产经营活动的关系不如三项基本职能直接。

1.1.4 生产运作管理的目标和基本内容

生产运作管理是对生产运作系统的设计、运行与维护过程的管理，它包括对生产运作活动进行计划、组织与控制。

1. 生产运作管理的目标

生产运作管理所追逐的目标可以用一句话来概括：高效、灵活、准时、清洁地生产合格的产品或提供满意的服务。

效率是投入和产出的比较，高效就是以较少的投入得到较多的产出。产出的是产品和服务，投入包括人力、物力、财力和时间。高效是指以最少的人力、物力和财力的消耗，迅速生产满足顾客需要的产品和提供优质的服务。低耗才能低成本，低成本才有低价格，低价格才可能争取用户。灵活是指能很快地适应市场的变化，生产不同的品种和开发新品种，或提供不同的服务和开发新服务。准时是指在用户需要的时间，按用户需要的数量，提供所需的产品和服务。清洁是指在产品生产、使用和报废处理过程中，对环境的污染和破坏最小。合格的产品或满意的服务，是指质量。当前，激烈的市场竞争对企业的要求包括五个方面：时间（time，T）、质量（quality，Q）、成本（cost，C）、服务（service，S）和环保（environment，E）。T是指满足顾客对产品和服务在时间方面的要求，即上市要及时，交货期要短而准；Q是指满足顾客对产品和服务在质量方面的要求；C是指满足顾客对产品和服务在价格与使用成本方面的要求，即不仅产品和服务形成过程中的成本要低，而且在顾客使用过程中的成本也要低；S是指除产品之外为满足顾客需求而提供的相关服务，如产品售前服务及售后服务；E是指对环境的保护程度。

2. 生产运作管理的基本内容

试想，你要开办一个汽车制造厂需要做些什么。首先，你需要进行产品决策，是生产载重汽车还是生产轿车？如果生产轿车，是生产高档轿车还是生产中低档轿车？产品是采用模块化结构还是一体化结构？模块化结构便于分散制造，一体化结构使产品更精细化。其次，在产品决定之后，要确定每年生产多少，不同的生产规模对制造流程的选择影响很大。最后，要确定供应链的模式，是采用高效供应链还是敏捷供应链？同时，企业需要确定在何处建厂，确定工厂的平面布置和生产车间、库房、办公室的布置，还要进行工作岗位设计。这些内容都涉及生产运作系统的设计问题。以上任务完成后，工厂要投入生产，正式运行。在生产运作系统运行阶段，要编制生产计划和生产作业计划，合理安排人力、物力和财力，控制进度和库存，使产品能够按照顾客的要求生产出来。为了使生产活动适应需求的变化，高效率、低成本、高质量、灵活地生产产品，就要对生产活动进行持续不断的改进。对于服务业，诸如办医院、办学校，也会遇到类似的问题。

生产运作管理包括对以上活动的管理，大体可以分为对生产运作系统设计的管理、对生产运作系统运行过程的管理和对生产运作系统改进过程的管理。

（1）生产运作系统的设计，包括产品或服务的选择和设计、工艺选择、能力规划、生产运作设施的选址、供应商的选择、生产运作设施布置、服务交付系统设计和工作设计等。生产运作系统的设计一般在设施建造阶段进行。但是，在生产运作系统的生命周期内，不可避免地要对生产运作系统进行更新，包括扩建新设施、增加新设备；或者由于产品或服务的变化，需要对生产运作设施进行调整和重新布置。在这种情况下，都会遇到生产运作系统设计问题。

生产运作系统的设计对其运行有先天性的影响。如果产品或服务选择不当，将导致方向性错误，一切人力、物力和财力都将付诸东流。厂址和服务设施的位置选择不当，将铸成大错。在何处建造生产运作设施对生产经营活动的效果有很大影响，尤其是服务业。同时，位置和设施的布置往往决定了产品或服务的成本，进而决定了产品或服务在价格上的竞争力，甚至决定了一个组织的兴衰。

（2）生产运作系统的运行，主要是指在现行的生产运作系统中，如何适应市场的变化，按用户的需求生产合格的产品和提供满意的服务。生产运作系统的运行主要涉及生产的计划、组织与控制三个方面。

计划方面解决生产什么、生产多少和何时出产的问题，包括预测对本企业产品或服务的需求，确定产品或服务的品种与产量，设置产品交货期或服务提供方式，编制生产运作计划，做好人员班次安排，以及统计生产进展情况等。

组织方面解决如何合理组织生产要素，使有限的资源得到充分而合理的利用问题。生产要素包括劳动者（工人、技术人员、管理人员和服务人员）、劳动资料（设施、机器、装备、工具和能源）、劳动对象（原材料、毛坯、在制品、零部件和产品）和信息（技术资料、图纸、技术文件、市场信息、计划、统计资料和工作指令）等。劳动者、劳动资料、劳动对象和信息的不同组合与配置，构成了不同的组织生产方式，或简称生产方式，如福特生产方式、丰田生产方式。一种生产方式不是一种具体方法的运用，而是在一种基本思想指导下的一整套方法、规则构成的体系，它涉及企业的每个部门和每项活动。

控制方面解决如何保证按计划完成任务的问题，主要包括接受订货控制、投料控制、生产进度控制、库存控制等。对订货生产型企业，接受订货控制是很重要的。接不接、接什么、接多少，是一项重要决策，它决定了企业生产经营活动的效果。投料控制主要是决定投什么、投多少、何时投，它关系到产品的出产期和在制品数量。生产进度控制的目的是保证零件按期完工，产品按期装配和出产。库存控制包括对原材料库存、在制品库存和成品库存的控制。如何以最低的库存保证供应，是库存控制的主要目标。

（3）生产运作系统的改进，包括人员培训、设备和设施的维护等。管理人员的管理水平、工人的操作技能以及人员的整体素质都需要通过不断的培训来提高，这是从事生产活动的保障。设备和设施的维护是保证生产运作系统正常运行的物质条件。生产运作系统的改进是不断消除浪费、降低成本、提高产销率的需要。

1.1.5 生产运作管理者所需的技能

生产运作管理者对组织所提供的产品或服务负责。要搞好生产运作管理，必须有一支高水平的生产运作管理人员队伍。生产运作管理人员运用企业的绝大部分资产（固定资产，如设施、设备等；流动资产，如现金、原材料、在制品和成品）来组织生产运作，他们活动的效果决定了企业效益的好坏。因此，生产运作管理人员在企业中的作用是十分重要的。

由于不同社会组织的生产运作活动差别很大（如银行的运作和汽车制造厂的生产），生产运作管理者的具体工作业务也就差别很大。然而，作为管理者，他们所做的工作是有共性的。生产运作管理者与其他管理人员一样，也是通过他人来完成工作任务的。因此，他们的工作主要是计划、组织、指挥、协调和控制。具体地讲，计划就是要确定在一定时期内生产运作的目标，以及达成目标需要采取的方法和措施，包括确定需要多少生产能力、选址、设施布置，确定所要提供的产品或服务，确定自制还是外购，编制生产作业计划等；组织就是确定生产运作的集中程度，确定将什么任务转包出去，确定做什么、谁来做、何处做、何时做以及怎样做；指挥就是分配任务，发出指令，提出建议和激励下属高效、准时完成所分配的任务；协调则是使不同部门、岗位相互配合，和谐地开展工作；控制就是衡量做出的结果，并对出现的偏差采取纠正措施，具体的控制包括质量控制、库存控制等。

为了完成生产运作管理任务，生产运作管理者必须具备两方面的技能。

（1）技术技能。技术技能包括：专业技术与管理技术。生产运作管理人员面临的是转化物料或提供各种特定服务这样的活动，他们必须了解这个过程。因此，他们必须具备有关的专业技术知识,特别是工艺知识。不懂专业技术的人是无法从事生产运作管理的。但单有专业技术知识对生产运作管理人员是不够的,他们还需要懂得生产运作过程的组织,懂得计划与控制,懂得现代生产运作管理技术。这些正是本书所要讨论的内容。

(2) 行为技能。生产运作管理者要组织工人和技术人员从事生产活动,他们必须具备处理人际关系的能力,要善于与他人合作共事,调动他人的工作积极性,协调众人的活动。

因此,生产运作管理对管理者的要求是很高的。要获得这些技能,成为一名有效的生产运作管理者,一靠培训,二靠实践。生产运作管理者是企业的宝贵财富,企业高层管理者应当充分发挥他们的作用。

1.2 生产运作的分类

可以从不同的角度对生产运作进行分类。从管理的角度,可以将生产运作分成两大类:产品生产和服务运作。

1.2.1 产品生产

产品生产是通过物理或化学作用将有形输入转化为有形输出的过程。以制造性生产为例,它是通过锯或切削加工、装配、焊接、弯曲、裂解、合成等物理或化学过程,将有形原材料转化为有形产品的过程,属于典型的产品生产。通过制造性生产能够产生自然界原来没有的物品。

1. 连续性生产与离散性生产

按工艺过程的特点,可以把制造性生产分成两种:连续性生产与离散性生产。

连续性生产是指物料均匀、连续地按一定工艺顺序运动,在运动中不断改变形态和性能,最后形成产品的生产。连续性生产又被称为流程式生产,如化工(塑料、药品、肥皂和肥料等)、炼油、冶金、食品和造纸等。

离散性生产是指物料离散地按一定工艺顺序运动,在运动中不断改变形态和性能,最后形成产品的生产。例如,轧钢和汽车制造,轧钢是由一种原材料(钢锭)轧制成多个产品(板材、型材和管材),汽车制造是由多种零件组装成一种产品。像汽车制造这样的离散性生产又被称为加工装配式生产。机床、汽车、柴油机、锅炉、船舶、家具、电子设备、计算机和服装等产品的制造,都属于加工装配式生产。在加工装配式生产过程中,产品是由离散的零部件装配而成的。这种特点使得构成产品的零部件可以在不同地区甚至不同国家制造。加工装配式生产的组织十分复杂,是生产管理研究的重点。

连续性生产与离散性生产在产品市场特征、生产设备、原材料等方面有着不同的特点,如表1-2所示。

表1-2 连续性生产与离散性生产的比较

项 目	连续性生产	离散性生产
产品品种数	较少	较多
产品差别	有较多标准产品	有较多用户要求的产品
营销特点	依靠产品的价格与可获性	依靠产品的特点
资本/劳动力/材料密集	资本密集	劳动力、材料密集

(续)

项　目	连续性生产	离散性生产
自动化程度	较高	较低
设备布置的性质	流水式生产	批量或流水式生产
设备布置的柔性	较低	较高
生产能力	可明确规定	模糊
扩充能力的周期	较长	较短
对设备可靠性的要求	高	较低
维修的性质	停产检修	多数为局部修理
原材料品种数	较少	较多
能源消耗	较高	较低
在制品库存	较低	较高
副产品	较多	较少

由于连续性生产与离散性生产的特点不同，生产运作管理的特点也不同。对连续性生产来说，生产设施地理位置集中，生产过程自动化程度高，只要设备体系运行正常，工艺参数得到控制，就能正常生产合格产品，生产过程中的协作与协调任务也较少。但由于高温、高压、易燃、易爆等特点，对生产运作系统可靠性和安全性的要求很高。相反，离散性生产的生产设施地理位置分散，零件加工和产品装配可以在不同地区甚至在不同国家进行。由于零件种类繁多、加工工艺多样化，又涉及多种多样的加工单位、工人和设备，导致生产过程中协作关系十分复杂，计划、组织和协调任务相当繁重，生产运作管理大大复杂化。因此，生产运作管理研究的重点一直放在离散性生产上。在制造性生产方面，本书也将主要讨论离散性生产。

2. 备货型生产与订货型生产

按照企业组织生产的特点，可以把制造性生产分为备货型生产（make-to-stock，MTS）与订货型生产（make-to-order，MTO）两种。

备货型生产是指在没有接到用户订单时，经过市场预测按已有的标准产品或产品系列进行的生产。生产的直接目的是补充成品库存，通过维持一定量成品库存即时满足用户的需要。例如，轴承、紧固件、小型电动机等产品的生产属于备货型生产。这些产品的通用性强，标准化程度高，有广泛的用户。

订货型生产是指按用户特定的要求进行的生产。用户可能对产品提出各种各样的要求，经过协商和谈判，以协议或合同的形式确认对产品性能、结构、质量、数量和交货期的要求，然后组织设计和制造。例如，锅炉、船舶等产品的生产就属于订货型生产。这些产品的专用性强，大都是非标准的，有特定的用户。

以往，对生产计划与控制方法的研究大都以备货型生产为对象。人们认为，对备货型生产所得出的计划与控制方法，也适用于订货型生产。其实不然，订货型生产与备货型生产是完全不同的组织生产方式。备货型生产是预测驱动的，它通过需求预测、生产计划、库存控制、物料需求计划、作业计划和排序等活动来组织生产。相应的计划与控制方法不一定能够用于订货型生产。例如，用线性规划方法优化产品组合，适用于备货型生产，但一般不能用于订货型生产。原因很简单：用户不一定按工厂事先优化的结果来订货。备货型生产可以在用户需求发生前进行，可以使制造厂及其供应厂家的生产活动按计划均衡地进行，能够通过库存即时向用户提供产品，这是它最大的优势。但是，如果预测不准确，将带来成品积压的风险。在供不应求的市场环境下，备货型生产方式是适用的。订货型生产是用户订单驱动的。订单可能只包括企业产品清单上的产品，但更可能是非标准产品或各种变型产品。订货型生产能够避免产品积压的风险，在供过于求的市场环境下是适用的。但是，订货型生产的交货期长，降低了对用户需求的响应性。表1-3列出了备货型生产（MTS）与订货型生产（MTO）的主要区别。

表1-3　备货型生产与订货型生产的主要区别

项　目	备货型生产	订货型生产
驱动生产的方式	预测驱动	订单驱动
产品	标准产品	按用户要求生产，非标准产品，大量的变型产品与新产品
生产过程	均衡	不稳定
风险	成品积压风险	交货期长风险
适应市场	供不应求的稳定市场	供过于求的变化市场
对产品的需求	具有共性，可以预测	个性化，难以预测
价格	事先确定，较低	订货时确定，较高
交货期	由成品库随时供货，短	订货时确定，长
设备	多采用专用高效设备	多采用通用设备
人员	专业化人员	需多种操作技能人员

1.2.2　服务运作

服务运作的基本特征是提供劳务，而不是制造有形产品。但是，不制造有形产品不等于不提供有形产品。

服务业有多种分类方式，下面对服务和服务运作进行了简单的分类。

（1）按行业分类。我国国民经济行业分类中除农业、工业、建筑业之外的所有其他行业，都属于服务业，包括娱乐、教育、通信、金融、保险、运输、公用事业、政府服务、保健、医疗、贸易和商业等。这种分类适于国民经济管理。

（2）按服务组织的目的可分为营利服务和非营利服务。政府服务、教育、公用事业应该为非营利服务，非营利组织应该在追求令人满意的服务质量的前提下，努力降低成本，而不应该是追求利润最大化。

（3）按顾客参与方式可分为涉及顾客身体处理（如保健、医疗、理发和餐饮）、涉及顾客心理处理（如教育、信息、娱乐、咨询和心理救助）和涉及顾客拥有物处理（如维修、洗衣、清扫、房屋整理和剪草）三种服务。

（4）按是否提供有形产品可分为纯劳务运作和一般劳务运作两种。纯劳务运作不提供任何有形产品，如咨询、法庭辩护、指导和讲课；一般劳务运作提供有形产品，如批发、零售、邮政、运输和图书借阅。

（5）按顾客是否参与可分为顾客参与的服务运作和顾客不参与的服务运作两种。前者如理发、保健、旅游、客运、教育和娱乐等，如果没有顾客的参与，服务就不可能进行；后者如修理、洗衣、邮政和货运等，不需要顾客参与。相比之下，顾客参与的服务运作管理较为复杂。

（6）按生产要素密集程度和与顾客接触程度可分为大量资本密集服务、专业资本密集服务、大量劳动密集服务和专业劳动密集服务四种，如图1-3所示。大量资本密集服务又被称为服务工厂（service factory），大量劳动密集服务又被称为服务作坊（service shop），专业资本密集服务又被称为大众化服务，专业劳动密集服务又被称为专业化服务。不同类型的服务有不同的管理特征。

	资本密集	劳动密集
与顾客接触程度 低	大量资本密集服务： 航空公司 大酒店 游乐场	大量劳动密集服务： 中小学校 批发 零售
与顾客接触程度 高	专业资本密集服务： 医院 车辆修理	专业劳动密集服务： 律师事务所 专利事务所 会计师事务所

生产要素（劳动或资本）密集程度

图 1-3　按生产要素密集程度和与顾客接触程度对服务运作分类

1.2.3　产品生产和服务运作的异同

制造业以制造产品为特征，汽车、冰箱、电视机都是看得见、摸得着的实物。服务业以提供劳务为特征，外科医生做检查、修理工修理汽车以及教师讲课，都只是某种行动和过程，不一定提供有形的物品。当然，服务业也从事一些制造性生产，只不过制造性生产处于从属地位，如饭馆需要制作各种菜肴。

产品生产管理和服务运作管理存在一些相同点。在产品和服务开发、设施选址、设施布置、工作设计、需求预测、综合计划、项目管理和设备维护等方面，产品生产管理与服务运作管理的内容和方法是相同的，只不过服务运作管理另有一些特点。例如，在需求预测方面，服务业更注重季节性波动和短期预测；制造设施选址是成本导向，服务设施选址是收入导向等。

然而，由于制造是产品导向，服务是行动导向，因此不能把产品生产管理的方法简单地搬到服务运作中。

1. 服务的特征

根据现有文献，与产品相比，服务有以下几个特征：无形性、同步性、异质性和易逝性。正是这些特征决定了服务运作管理的特殊性。

（1）无形性。无形性（intangibility）是指服务不可触摸的特性。服务只是一种"表现"，而不是一件"东西"。服务不可存储供未来之用，服务过程不能通过库存来调节，但服务带来的状态变化是存在的。例如，你亲自参加一场表演可能让你回味无穷，听一次讲座可能让你受益终生。

（2）同步性。同步性（simultaneity）或不可分性（inseparability）是指服务的生产与消费同时发生的特性。服务发生的时候就是服务提供者和顾客（包括顾客本身、顾客的物品或者顾客的信息）双方同时出现的时候，他们是不能分离的。例如，上课时不能只有教师而没有学生，看病时不能只有医生而没有病人，修理时不能没有顾客的损坏物品，咨询时必须有顾客提供的信息。产品制造可以将生产、配送和消费分离，而服务的生产、配送和消费是同时发生的。

（3）异质性。异质性（heterogeneity）或波动性（variability）是指导致不同服务之间、不同时间及相同服务下的不同顾客之间服务差异的特性。产品质量有其客观标准，质量可以测量；而服务可以说每个顾客每次经历的都是不同的，服务质量取决于顾客的预期与实际的感知，难以度量。因此，服务运作的质量标准难以建立。例如，同一个教师讲同一门课，尽管教学内容和风格不变，但不同班级、不同学生的评价往往不同。

（4）易逝性。易逝性（perishability）是指服务能力的时间敏感性。由于服务的生产与消费同时发生，服务不能存储，如果顾客没能按预计时间出现，服务能力就永远丧失，如酒店的房间或床位将流失，客机的座位将浪费。

服务有以上特征，但具有以上某些特征并不一定是服务。实际上，有些特征并非服务所独有。例如，软件产品具有无形性，电力生产也具有不可存储性。应该说，具有单个顾客的特定输入是服务最本质的特征。顾客输入是服务进行的前提，因而服务具有同步性；不同顾客的输入（包括顾客期望）不同，服务就具有异质性；没有顾客的特定输入，服务就不能进行，服务能力就具有易逝性。因此，需要专门对服务运作管理进行研究。

2. 服务运作管理的特征

对于既提供物品又提供劳务的服务，可以通过前台和后台的划分来提高效率。前台服务与顾客接触，后台服务不与顾客接触。提供物品的活动在后台进行，生产管理的方法和技术可以直接用于后台的生产活动。前台运作具有服务的特征，使得服务运作管理与产品生产管理有很大不同，因此不能把产品生产管理的方法简单地搬到服务运作中，需要专门对服务运作管理进行研究。

（1）由于服务的无形性，服务的生产率难以测定。工厂可以计算它所生产的产品数量，律师进行一次辩护的工作量则难以量化。现行的考核脑力劳动者工作量的办法大都采用考核体力劳动者的办法是不科学的，副作用相当大。

（2）由于服务的同步性，服务不能存储，不能通过库存来缓冲、适应需求变化。对于生产运作系统，通过成品库存调节使工厂内部生产与市场需求隔离，尽管外部需求波动，但内部生产均衡，使制造资源能够被最有效地利用。服务运作系统就没有这么幸运了，它直接受到外部需求波动的冲击。服务需求本来波动就大，上班和吃饭时间的固定，使得公交和餐馆出现高峰负荷。服务运作能力不够必然造成排队，理想的情况应该是服务运作系统具有随负荷变化而能够大幅度调整的能力，但很难实现。因此，排队现象的出现是不可避免的。可行的办法是通过经济杠杆使需求波动减小，并在可能的范围内调整能力，以尽量减少排队。

（3）由于服务的异质性，服务质量难以测量。对服务质量的管理与对产品质量的管理之间差别很大。在服务中满足顾客个性化需求十分关键，但个性化程度越高就越难以制定统一的服务标准和规范。服务需要人与人的接触，一般是劳动密集的，因此在服务运作中人力资源管理十分重要。满意的服务提供者才能提供令顾客满意的服务。

（4）由于服务的易逝性，服务资源可能会被浪费。当顾客不出现时服务不可能进行，服务资源就永远地浪费了。客机上的空座位、旅店里的空房间，当顾客不出现时，这个座位和房间的资源就浪费了，给服务企业带来机会损失。针对服务运作的这一特点，预订和超订这样的收益（或收入）管理方式就出现了。

（5）顾客参与是由服务本身的性质决定的，顾客自身直接参与对服务企业来说有正面和负面的影响。与顾客接触可能会影响工作效率。顾客与服务员过多的谈话会影响服务员的工作，不回答顾客的问题又会影响服务质量。从正面讲，应该发挥顾客在服务运作中的作用，这样不仅可以提高服务能力,而且可以改进服务质量。另外,由于顾客只能在服务设施内接受服务,因此服务设施的设计会影响顾客的体验。工厂设施可以不那么宜人,所谓的"无人工厂"可能在一片黑暗中。但服务设施会影响顾客的感知,在内部布置、装饰、照明、颜色和噪声控制方面都要人性化,使顾客有良好的感受和体验。

1.2.4 生产运作的类型

产品和服务千差万别,产量大小相差悬殊,工艺过程又十分复杂,如何按照其基本特征将其分类,以把握各种生产运作类型的特点和规律,是进行生产运作管理的基本前提。

我们可以根据产品或服务的专业化程度来划分生产运作类型。产品或服务的专业化程度,可以通过产品或服务的品种数多少、同一品种的产量大小和生产的重复程度来衡量。显然,产品或服务的品种数越多、每一品种的产量越少、生产的重复性越低,则产品或服务的专业化程度就越低;反之,产品或服务的专业化程度越高。按产品或服务专业化程度的高低,可以将生产划分为大量生产、单件生产和成批生产三种类型。

(1) 大量生产(mass production)。大量生产品种单一,产量大,生产重复程度高。美国福特汽车公司曾长达 19 年始终坚持生产 T 型车一个车型,是大量生产的典型例子。

(2) 单件生产。单件生产与大量生产相对立,是另一个极端。单件生产品种繁多,每种产品仅生产一台,生产的重复程度低。制造汽车冲模是典型的单件生产。

(3) 成批生产。成批生产介于大量生产与单件生产之间,即品种不止一种,每种都有一定的批量,生产有一定的重复性。在当今世界上,单纯的大量生产和单纯的单件生产都比较少,一般都是成批生产。由于成批生产的范围很广,因此通常将它划分成"大批生产""中批生产"和"小批生产"三种。

因为大批生产与大量生产的特点相近,所以,习惯上合称"大量大批生产"。同样,小批生产的特点与单件生产相近,习惯上合称"单件小批生产"。有的企业,生产的产品品种繁多,批量大小的差别也很大,习惯上称为"多品种中小批量生产"。"大量大批生产""单件小批生产"和"多品种中小批量生产"的说法比较符合企业的实际情况,如图 1-4 所示。

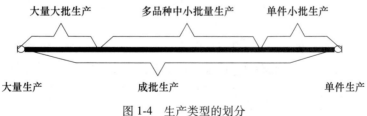

图 1-4 生产类型的划分

对于服务性生产,也可以划分成与制造性生产类似的生产类型。医生看病,可以看成单件小批生产,因为每个病人的病情不同,医治方法也不同;而学生体检,每个学生的体检内容都一致,可以看成大量大批生产;中小学教育,也可以看成大量大批生产,因为课程、课本相同,教学大纲也相同;大学本科生的教育可以看成中批生产,因为专业不同,课程设置不同,但每个专业都有一定批量;硕士研究生只能是小批生产,而博士研究生则是更小批甚至单件生产。

制造业和服务业的不同生产类型举例,如表 1-4 所示。

表 1-4 制造业和服务业的不同生产类型举例

生产类型	制造业	服务业
单件小批生产	模具、电站锅炉、大型船舶、长江大桥、三峡工程	研究项目、计算机软件、博士生、咨询报告、包机服务、保健、理发、特快专递邮件、出租车服务、零售
大量大批生产	汽车、轴承、紧固件、电视机、洗衣机、电冰箱、灯泡	公共交通、快餐服务、普通邮件、批发、体检
连续性生产	化工、炼油、面粉、造纸	

1.2.5 不同生产运作类型的特征

不同生产类型对设计、工艺、生产组织和生产管理的影响是不同的，因而导致了生产效率上的巨大差别。一般来讲，大量大批生产容易实现高效率、低成本与高质量，单件小批生产则难以实现高效率、低成本与高质量。

1. 大量大批生产运作类型的特点

大量大批生产的品种数少、产量大、生产的重复程度高，这一基本特点使它具有以下几个方面的优势。

（1）设计方面。由于可以采用经过多次制造和使用检验的标准图纸生产，不仅大大减少了设计的工作量（重复生产时，图纸只需做小的修改），节省了设计阶段所需的时间，而且保证了设计质量，也节省了设计人员。

（2）工艺方面。由于设计图纸变化小，产品结构相对稳定，可以编制标准制造工艺，标准工艺经过反复生产验证，其质量可不断提高。由于减少甚至消除了重复编制工艺的工作，不仅大大减少了工艺编制的工作量，缩短了工艺准备周期，而且节省了工艺人员。由于产量大，生产重复程度高，可设计专用、高效的工艺装备，便于且宜于精确制定材料消耗定额，减少原材料消耗。

（3）生产组织方面。可进行精细化分工，工作的专业化程度高，工人操作简化，可推行标准操作方法，提高工作效率。宜于购置专用高效设备，采用流水线和自动线等高效的组织生产形式。

（4）生产管理方面。便于且宜于制定准确的工时定额。由于产品品种及产量稳定，原材料、毛坯变化小，易与供应厂家和协作厂家建立长期稳定的协作关系，质量与交货期容易得到保证。例行管理多，例外管理少，计划、调度工作简单，生产管理人员易熟悉产品和工艺，易掌握生产进度。

由于大量大批生产具有上述优势，它可给企业带来很多好处。①从设计到出产的整个生产周期短，因此加快了资金周转。大量大批生产一般是备货型生产，生产周期短使得用户的订货提前期也短，从而加快了整个社会的生产速度。②用人少，机械化、自动化水平高，产出率高，劳动生产率高。③人力、物力消耗少，成本低。④产品质量高而稳定。

大量大批生产是基于美国福特汽车公司的创始人亨利·福特的"单一产品原理"。按"单一产品原理"，从产品、机器设备到工人操作都实行标准化，建立固定节拍流水生产线，实现高效率与低成本，使汽车进入平民家庭。大量大批生产改变了美国人的生活方式，福特因此而成为"汽车大王"。

2. 单件小批生产运作类型的特点

单件小批生产运作类型具有完全不同的特点。单件小批生产品种繁多，每一品种生产的数量甚少，生产的重复程度低，这一基本特征带来了一系列问题。

（1）设计方面。每生产一种新产品都必须重新设计，绘制新图或做较大修改。因此，设计工作量大，设计周期长，需要的设计人员多。因为图纸得不到制造过程和使用过程的检验，设计质量也不易提高。

（2）工艺方面。必须为每种新设计的产品编制工艺，需要设计、制造新的工艺装备。编制工艺的周期长。由于生产的重复程度低，材料消耗定额也不易或不宜准确制定。工艺质量不易提高，需要的工艺人员多。

（3）生产组织方面。只能进行粗略分工，工作的专业化程度不高。工人需完成多种较复杂的操作，需要较长时间的培训。多品种生产只适于使用通用设备，效率低、工作转换时间长。一般只能采用按功能布置（机群式布置），零件运输路线长。

（4）生产管理方面。只能粗略制定工时定额。原材料、毛坯种类变化大，不易建立长期稳定的协作关系，质量与交货期不易保证。计划、调度工作复杂，例行管理少，例外管理多，需要的管理人员多。

由于以上问题，单件小批生产具有很多缺点：①产品制造周期长，资金周转慢，用户订货提前期长；②用人多，生产效率低，劳动生产率低；③成本高；④产品质量不易保证。

中批生产类型的特点介于大量大批生产与单件小批生产之间。

服务运作不同类型的特点也有类似于制造性生产不同生产类型的特点，即大量大批生产运作容易实现高效率、低成本与高质量。

由于大量大批生产具有很大的优势，而单件小批生产具有很大的劣势，从企业内部组织生产的角度看，单一品种大量生产最有效。然而，"单一产品原理"的应用有一个先决条件，即所选定的单一产品必须是市场上在较长时间内有大量需求的产品。离开了市场需求谈效率，只能得到相反的效果。效率越高，生产越多，销售不出去则浪费越大。标准件是长期大量需要的产品，应该采用大量生产方式，若采用单件小批生产方式，不仅价高质劣，而且满足不了市场需求。因此，如果看准了市场需求，就没有必要搞低效率的多品种生产。然而，如果不是市场长期大量需要的产品，却采用了大量生产方式，将会冒很大的风险。福特汽车公司曾因生产 T 型车一个车种而兴旺，但也正因为它长达 19 年生产 T 型车而陷入困境。可见，大量大批生产类型的致命弱点是难以适应市场变化。相反，单件小批生产类型却具有"以不变应万变"的优点。然而，它的低效率又是其根本缺陷。如何提高单件小批生产类型的效率，已成为当今生产运作管理理论界和实业界关注的问题。

1.3 供需协调

生产是为了消费，没有消费，就没有必要生产，也就没有必要耗费资源。对于产品和服务的消费，是人们满足自身需要的过程。人类的需要不仅是永存的，也是不断变化和增长的。人类的需要包括物质生活需要和精神生活需要两个方面，物质生活需要主要通过产品来满足，精神生活需要主要通过服务来满足。满足人们物质生活和精神生活的需要是生产活动的原动力，不过，生产也能引导和刺激消费，具有新性能的产品能够把人们的潜在需求变成现实需求，使人们的需求得到发展。组织生产活动的基本要求是：要做到供需协调。

1.3.1 什么是供需协调

所谓供需协调，就是供方按照需方的要求提供产品和服务。供需协调的程度可以分成不同的层次：供需完全协调、供需基本协调、供需不协调，以及供需失调。

1. 供需完全协调

所谓供需完全协调，就是在需方需要的时间和要求的地点，将其所需的产品和服务按照要求的数量和质量，以合理的价格，提供给需方。供需完全协调是一种理想状态，它为实现供需协调提供了一个最高标准。要做到供需完全协调是十分困难的，它要求供方全面、及时、准确地掌握需方的需求信息，并随时有足够的产能来满足各种需求。

2. 供需基本协调

在通常情况下，只能做到供需基本协调，即不协调状况被控制在一个正常波动的范围内。例如，到超市购物，一时买不到某种所需的商品，但过几天该商品就出现在货架上。

3. 供需不协调

供需不协调可以表现为"供不应求"和"供过于求"两种状态。明显的"供不应求"或"供过于求"，主要表现在数量上。然而，即使总供应量与总需求量平衡，也会因品种、质量、价格、时间等方面的问题表现出"供不应求"或"供过于求"：需要的品种"供不应求"，不需要的品种"供过于求"；质量好的产品"供不应求"，质量差的产品"供过于求"；价格昂贵的产品"供过于求"，价格便宜的产品"供不应求"；应时产品"供不应求"，过时产品"供过于求"；异地优质产品"供不应求"，本地一般产品"供过于求"；等等。

4. 供需失调

如果由于外在因素导致出现长时间、总量上的"供不应求"或"供过于求"状况，而企业又不可能通过常规的调整产能的方式来适应需求的变化，那么就认为出现了供需失调。例如，我国过去长期实行计划经济，片面强调发展重工业，人们需要的各种生活必需品短缺，只能通过发行多种票证来限制人们消费，也是供需失调的表现。又如，战争时期要求大力发展军火工业，生产各种武器；战后军火工业只需维持在国防需要的水平，若不及时进行"军转民"，也会造成国民经济的供需失调。

5. 供需双方的演化

供需关系经历了从"供需一体"到"供需分离"的阶段。在人类社会的早期，人们吃自己种的粮食，住自己盖的房屋，穿自己纺纱织布制成的衣服。在"供需一体"的状态下，没有"货不对路"的问题，也不会出现供需失调。但是，"供需一体"的生产效率低、产品质量差、品种少，只能满足人们最基本的需求。后来，由于分工的发展，出现了专门为别人生产某种产品和提供特定服务的组织，成为产品和服务的"供方"。而消费产品和服务的组织与个人，则成为"需方"。分工提高了效率，改进了质量。但由于"供需分离"，供方通过"猜测"需方的需求来生产产品或提供服务，就出现了供需不协调的问题。

由于分工可以提高效率，供方内部进一步分化，由一个生产者变成一个企业，再进一步形成一条一条的供应链。这里说的供方和需方，不仅包括供应链上的各个企业，也包括每个企业内部的前一生产阶段与后一生产阶段、上道工序与下道工序等。这种情况意味着大多数企业的生产活动都不是直接为最终用户提供产品和服务，它不仅使生产效率得到进一步的提高，而且也导致了生产活动组织的进一步复杂化，供应链上各个企业的生产活动更容易脱离最终需求。

一般来说，从原材料到最终产品，有各种企业加入生产过程，每种企业只是完成产品制造过程中某个阶段的加工任务。例如，采矿企业将矿石提供给冶炼企业，冶炼企业将矿石冶炼成钢铁提供给加工制造企业，加工制造企业将各种材料加工成产品提供给它的用户，包括最终消费者和其他企业。这样，在生产过程中就形成了一系列的供方和需方。

实质上，供应链上任何一个企业既是供方，又是需方。每个企业都有输入和输出，相对为它提供输入的企业来说，它是需方；相对接受它的产出的企业来说，它是供方。需方消费供方的产品，同时也为它的需方提供产品。例如，冶炼企业是采矿企业的需方，它同时又是机械制造企业的供方；机械制造企业是冶炼企业的需方，它同时又是各种机械使用者的供方，也可能是采矿企业的供方。一般而言，供应链的每个环节、每个企业既是供方，又是需方。即使是原材料采掘企业，它也需要有其他企业为它提供采掘机械、人工和能源等输入，它也不是纯粹的供方。最终消费者也要通过劳动为各类企业的生产活动提供输入，也是供方。每个企业都需要其供方提供输入，都需要其需方接受产出，应该从"供需协调"的视角去解决供需失调问题。

1.3.2 供需失调的原因及其后果

从根本上讲，供需协调就是供应链各环节的产能都要与最终消费者的需求相协调。从最终消费者的视角，供应链上游的所有企业都可以归为"供给侧"。供需失调的实质就是供给侧的产能与最终需求出现了严重的不匹配，要么严重不足，要么严重过剩。

供需失调的原因很简单，也很明确。非市场因素对经济活动的直接干预，主要是政府通过投资和补贴对经济活动进行的直接干预。为什么政府直接干预经济会造成供需失调呢？从根本上说，全社会的经济活动太复杂，牵涉的因素太多，而这些因素又处于急剧变化之中，人们制订的计划往往脱离实际而且又难以跟上市场的变化，直接干预经济活动的结果总是事与愿违。

别说通过计划来管理整个国家的经济活动，即使对整个经济活动中的一部分，如交通问题，也不能用"计划经济"的办法来管理。假设某个中等规模城市试图减少交通拥堵，要对交通实行计划管理。为此，规定全市各单位、每个人每天零点之前要将第二天的用车计划上报到全市的一个运输调度中心。该中心通过巨型计算机对每辆车的出行时间和路线进行优化，然后将优化的结果发送到每个用车的单位和个人，告知谁什么时间从何处出发，经过哪些街道，就能够"最优地"到达目的地。这种"计划经济"的办法可行吗？首先，"计算复杂性"理论告诉我们，任何计算机都不可能对这种"组合爆炸"问题在有限的时间内实现优化。其次，即使通过人工智能达到一定程度的优化，或者寻求到一种"近优解"，不可控的随机因素也会随时破坏事先制订的"完美计划"。例如，当你按计划开车出行时，突然前面发生交通事故或突发事件，救护车、警车和消防车紧急出动，你的出行计划就完全被打乱，并引起所有按计划出行的车辆都不能按计划行驶。最后，如果你临时有急事，如家里有人生病急需送医治疗，但由于前一天没有提交用车计划，你就不能用车出行。因此，"计划经济"的办法缺乏适应变化的灵活性。全世界没有谁会设想用"计划经济"的办法来管理城市交通，相反，都采用"市场经济"的办法来管理交通：政府交通管理部门制定规则（右行或左行、交通信号灯、指示牌、车辆行驶线、斑马线、限速指示等），车辆驾驶员和行人只要按规则行动，任何时候都可以出行。

一个城市的交通无法通过"计划经济"的办法来管理，交通、物流以及人的出行仅仅是经济活动的一部分，人们对个性化产品的需求千差万别，整个国家的经济活动要比一个城市的交通管理复杂得多。因此"计划经济"只能是一种理想，这已为不少国家的实践所证实。

改革开放以来，由于实行了市场经济，我国经济得到了持续、快速的发展，供不应求的状况已经大大改观，GDP 已排名世界第二。不过，由于 GDP 作为各级政府政绩考核的主要指标之一，因此一些地方政府将巨额投资和"卖地"收入用于房地产与基础设施建设，大大刺激了钢铁、煤炭和水泥的生产。这些生产活动不是由最终需求引发的，而是由政府的决策造成的，它确实使 GDP 和"政绩"上去了。现在房地产基本饱和，经济发达地区的基础设施建设也已基本完成，钢铁、煤炭和水泥已经形成巨大的过剩产能。2013 年，中国以 7.79 亿吨的粗钢产量位居世界第一，占全球近一半（48.5%）的粗钢产量，造成严重的"供过于求"。据报道，一吨螺纹钢材已经从 2011 年的 4 500 元跌至 2013 年的 2 900 元，以致钢材卖出了白菜价。中国钢铁行业过剩产能约为 3 亿吨，整个行业亏损估计达 800 亿元。削减钢铁、煤炭和水泥产能，将造成大量员工失业，使人们的购买力降低，内需进一步萎缩，并严重威胁社会的稳定。

不仅如此，生产过剩的钢铁、煤炭和水泥还造成环境污染的严重后果。据专家研究，京冀地区严重雾霾的主要原因是近十余年快速出现的河北东部和中南部大量高能耗、高污染、低效益的重工业过剩产能，尤其是钢铁和水泥。

又如，基础设施建设应该与经济发展相适应。在经济发达地区或者资源丰富地区，建设高速公路、修建高铁是合适的。在西部边远的山区，人口密度低，经济不发达，即使在崇山峻岭修建了高速公路，除了显示工程之宏伟外，从经济上讲是没有意义的。路上行驶的车辆很少，投资回收将遥遥无期。

1.3.3 如何实现供需协调

扩大内需、投资和外贸是拉动经济的"三驾马车"，其中满足国内人们的物质生活和精神生活的需要是根本，只有它才是促进经济良性循环的主动力，投资和外贸最终还是为了满足人们的消费。投资主要用于基础设施建设，诸如公路、铁路、桥梁、通信设施的建设，是发展经济必不可少的，但也要与当时的需求相适应。基础设施建设基本完成后，就不需要那么多钢材和水泥了。外贸是国家之间一种互利的经济行为，将本国有优势的产品卖到其他国家，换取外汇再从国外购买自己需要的产品，以满足人们的需要。外贸不是为了赚取外汇，而是要买回本国人们所需的物品；外贸不是援助，应该是互利的。中国作为"世界工厂"，经历了 2001～2010 年的十年辉煌，目前来自其他国家的竞争日益激烈。其中的根本原因是，其他劳动力成本更低的国家进入低端制造业，中国劳动力成本上升，而产品的技术含量并没有提高。

最终消费者的需求是所有生产活动的原动力。人的需求是最终需求，一切生产活动源于满足人们的需求。归根到底，生产活动都是为了满足人的食、衣、住、行、健康和精神上的需求。偏离了这个方向，人们的生活质量得不到改善，"内需"乏力，经济也不可能持续发展。"内需"取决于人口的数量、年龄结构、收入和消费欲望。人口数量的过多过快增长会造成资源紧张、环境破坏；人口数量的减少会使经济发展缓慢，甚至停滞。研究表明，一对夫妻平均生育 2 个孩子是恰当的。老龄化减少了劳动力,但刺激了老年事业的发展。房地产价格过高,而人们的购买力过低,造成房地产开发过剩,从而对钢材和水泥的需求大大减少,导致其产能严重过剩。解决产能过剩问题,既要考虑"供给侧",又要考虑"需求侧"。通过减轻各种税费,免除人们对医疗、上学、养老的后顾之忧,提高人们的收入水平来拉动经济,产能过剩问题就不会那么严重。

要实现供需协调,最根本的是供应链各环节的产能都要与最终需求相协调。而要做到供需协调,只有通过市场机制才能实现。脱离最终需求而主观地加强或削减供应链某个环节的产能,只能造成供需失调。

通过市场机制能够自动调节企业的生产活动,使供需关系协调。企业是营利组织,它的生产目的就是获得利润。为此,供方企业通过向需方提供产品和服务,获得销售收入,扣除原材料成本、人工成本、设备运行和维护成本,以及各种税费之后,还有一定的剩余,以维持简单再生产和扩大再生产。如果没有剩余,企业将破产、倒闭。

在市场经济下,企业通过生产产品和提供服务进行平等竞争。对某种产品而言,凡是有多个供方或有多个需方,就会出现供方和供方的竞争或需方和需方的竞争。

需方之间的竞争对供方有利,供方之间的竞争对需方有利。当"供不应求"状况出现时,就会导致以下现象:供方地位提高,价格上涨、质量和服务水平下降,刺激产量增加、产能扩张,并促使更多的供方加入。"供不应求"使企业在生产过程中出现原材料短缺,甚至停工待料。这时,企业采购部门的重要性凸显出来,抢购原材料成为企业正常生产运作的关键。在"供不应求"的情况下,尽管有时"货不对路",或者价格偏高、质量偏低,但需方别无选择。于是,刺激企业扩大产能,以生产更多的产品,获得更多的利润。同时也吸引更多的企业加入,使产能扩大,结果,逐步造成"供过于求"的局面。

当"供过于求"状况出现时,供方之间的竞争激化,需方之间的竞争弱化。"供过于求"将导致以下现象:需方地位提高,价格下跌、质量和服务水平提高,库存增加,为推销产品出现"回扣"现象。"供过于求"迫使供方不断改进质量、加强对需方的服务,使需方满意,甚至要超越需方的期望,才能赢得市场。这时,企业营销部门的作用凸显出来。成本高的企业出现亏损,退出竞争,产量减少,逐步达到供需平衡。因此,通过市场机制的作用,能够维持供需动态平衡,做到供需基本协调。

超市货架上的变化真实地反映了最终消费者的需求,正是这种需求信息引发了一系列生产活动。供应链上的各个企业,通过维持一定量的成品库存来及时满足下游企业的需要。当成品库存水平下降到确定的订货点时,企业就开始补充生产,而补充生产消耗了原材料。当原材料库存水平降到确定的订货点时,企业就向其上游企业发出订货。这样,就保证了一系列生产活动是按照最终消费者的需求进行的,就不会产生供需失调现象。但是,这种需求信息会从供应链的下游到上游逐级放大,使得远离最终消费者的生产企业具有更大的盲目性,这就是"牛鞭效应"(bullwhip effect)。通过实施协同计划、预测和补货(CPFR),供应链合作伙伴之间共享计划和预测数据,实现供需匹配。CPFR 要求供应链合作伙伴共享销售点(POS)的信息,基于一个集体认同的需求预测值进行工作。CPFR 的成功实施可以减小订单波动、提高销售收入、减少安全库存、提升订单履行率和预测精度。

诚然,国家还有国防需要,家庭也有"家防"(如防盗门窗等)的需要。国防有时会通过战争来使本国人们获得和平与安宁。然而,战争这种"人类互相残杀的怪物",是人类还没有脱离野蛮状态的一种现象。各种武器和军火不是人类生活的必需品，但是它的生产和维护却要消耗大量的资源。维持庞大的国防开支，将给国民带来沉重的负担。国防强调的应该是"防"，而不是"攻"。如果国家之间都能够彼此尊重、友好相处，国防也就没必要了；如果社会实现了"路不拾遗、夜不闭户"，家防也就没有意义了。

国家直接干预经济活动是有害的，但国家间接干预经济活动则是必要的。例如，通过税收调节企业的生产活动和减少人们的贫富差距。国家对某些企业征收高税收，就会迫使这些企业退出该行业；对一些高能耗、高污染的企业征收高额的环境污染费，就会控制这些企业的"三废"排放。对个人收入采取"累进所得税"，贫富差距就会缩小，基尼系数就会降低。单纯压缩"供给侧"的产能并不能解决供需失调问题，应该从供需协调的角度同时考虑"供给侧"和"需求侧"。假如某国的企业税负过重，以至国家财政收入的增长速度超过GDP的增长速度。为应对过重的税负，企业只能降低产品性能，采用劣质原材料，压低员工工资和福利，并通过不正当渠道销售产品。政府一定要让企业"有利可图"，企业才能生存和发展。对鼓励发展的企业降低税费，对中等收入以下的老百姓减少税费，使大量的民众有钱消费，并无医疗、养老等后顾之忧，"内需"才能扩大。这样才能真正拉动整个国民经济，形成经济的良性循环，保持国民经济持续、健康地发展。

从微观层面上看，企业组织生产所面临的基本问题是如何有效地组织企业内部资源和利用外部资源，使自身具有满足不断变化的外部需求的能力。企业应对外界变化的能力，也被称为"柔性"。生产系统柔性包括两方面的含义。第一，能够适应不同的产品或零件的加工要求。从这个意义上讲，机器能加工的产品（零件）种类越多，则柔性越好。第二，转换时间。加工不同产品（零件）之间的转换时间越短，则柔性越好。生产管理需要解决的一个基本问题是如何使产能适应需求的不断变化，企业产能与市场需求的匹配是组织生产过程的永恒主题。

需求是由顾客决定的，是动态的、不断变化的，企业不能不按顾客的需求组织生产活动。产能是由生产场地、生产设施和人员的数量、质量及其协调程度决定的，是相对稳定的。需求的动态性可以表现为对某种产品需求数量的变化，也可以是产品品种的变化，或者两者兼而有之。对某种产品的需求数量的改变，会造成产能的不足或过剩。在通常情况下，要使产能适应某种产品数量的变化，可以通过增减工作时间、增减员工数量、转包等方式来调节；而要使产能适应品种数量的变化，可以采取两种方式："以不变应变"和"以变应变"。

所谓"以不变应变"，就是硬件设施不变，通过改变软件来适应外界需求的变化。例如，采用数控机床、加工中心和柔性制造系统，就可以在不改变硬件的条件下，通过改变编程来加工不同的零件。但数控机床、加工中心和柔性制造系统的柔性都是有限的，它们只能加工一定范围的零件，而不能加工所有零件。完全实现"以不变应变"的"理想机器"应该能够加工所有不同的零件，如果这种"理想机器"在技术上能够实现，那么企业应对变化的能力将得到空前的提高。"理想机器"为机器的改进提供了最高标准。

由于在目前条件下单纯采取"以不变应变"的方式还不能解决问题，于是，就出现了"以变应变"的方法。所谓"以变应变"，就是对生产系统要素进行重新组合，以适应需求的变化。例如，迈克尔·哈默（Michael Hammer）提出的"业务流程重组"（business process reengineering，BPR），就是从顾客需求的角度出发，按业务流程来重组企业内部资源；"敏捷制造"（agile manufacturing）是通过动态地组织企业内外部资源来满足市场需求的。

"以不变应变"这种方式容易实现，成本低，但应变的范围较小；"以变应变"这种方式的应变范围大，但实行的难度较大，成本也高。过去，"以不变应变"这种方式应用较多，但由于顾客需求的多样化，在技术上没有突破之前，"以变应变"这种方式将会得到更多的应用。将这两种方式结合起来，可以取得更好的效果。例如，产品必须按照顾客的要求设计制造，产品的特征是朝着个性化方向发展的。为了适应产品变化，必然设计制造部分专用零部件以构成某种特定产品，这些专用零部件是"以变应变"的结果。然而，为了提高效率和降低成本，同时通过模块化、标准化和通用化，减少零部件种类的变化，这就是"以不变应变"。只要能够满足顾客对产品的要求，应该尽可能地减少零部件的变化。

从"作坊组织"到"机械组织"，使产能得到空前的提高，使企业能够像机械那样高效率地运作；从"机械组织"到"有机组织"，使企业能够像生物那样适应外界的变化。然而，生物对环境的适应能力是有限的，"适者生存"，不适者将被淘汰，"有机组织"已不能适应现代全球化竞争的环境。现在是从"有机组织"向"自适应组织"发展的时候了。"自适应组织"能够根据外界的变化进行重组。"可重组制造系统"（reconfigurable manufacturing systems）和"可重组企业"（reconfigurable enterprises）的提出，正是"以变应变"这种方式发展的结果。

1.4 流程和时间

1.4.1 流程

流程是生产运作管理中最重要的概念之一。就其本质来讲，生产运作就是流程，是从原材料变成产品和服务的流程。

1. 流程的概念

价值是通过流程（process）形成的。产品从原材料到半成品，再到成品，要经过一系列加工环节，即经过一个流程才能形成。同样，服务也要经过一个流程才能完成。在经过流程的各个环节，产品和服务应该不断升值，即按照顾客的需要不断增值。同时，经过流程的各个环节，也在不断地消耗人力、物力和财力，成本也在不断升高。对流程进行规划、分析和改进，是运作管理的核心内容。

流程是具有特定输入和输出的一组相关活动（任务）。为了说明流程的含义，以人们熟悉的包饺子的流程来说明。包饺子包括以下一些活动（作业或工序）：和面、剁肉、剁菜、拌馅、擀饺子皮、包饺子。包饺子主要输入的是肉、菜、调料、面粉和水，输出是有特定饺子馅的饺子，包饺子的流程包括一组相关活动，有的活动有先后顺序关系，如和面与擀饺子皮，有的活动可以并行进行，如和面与剁肉，如图1-5所示。

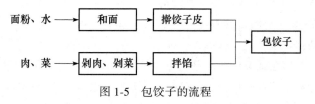

图1-5 包饺子的流程

活动的进行需要各种资源。对于包饺子所涉及的活动，就需要劳动力、面板、擀面杖、用于和面的盆，以及各种原料：肉、面粉、菜、水、盐和各种调料。一般地讲，流程活动需要的资源包括人力、厂房、机器设备、燃料、动力和原材料。

由于工业产品和生产技术的复杂性,加工装配式生产的流程一般分为三个大的阶段:毛坯制造阶段、零件加工阶段和产品装配阶段。在毛坯制造阶段,通过铸造或者锻造,将原材料变成待加工的毛坯。在零件加工阶段,通过各种切削机床,将毛坯加工成有一定精度要求的零件。在产品装配阶段,先将零件组装成部件,再将零件和部件组装成产品。在每一个生产阶段,都包括很多活动(作业或工序)。例如,零件加工阶段可能包括加工外圆、加工平面、钻孔和磨削等。生产过程是围绕物料转化过程进行的。

服务业也是通过一系列活动构成的流程来提供服务的。例如,一般情况下本科学生在学校要经过一年级、二年级、三年级、四年级 4 个阶段,每个阶段都要经过不同的课程学习,其中又包括上课、实验、作业、调研和考试这些具体的活动;又如到医院看病,流程一般包括:挂号、候诊、诊断、划价、付费、化验、开处方、划价、付费和取药等活动。服务过程一般是围绕服务对象——人来进行的。

既然产品和服务是通过流程提供的,流程中的一系列活动或工序都必须为顾客增加价值,不增加价值的活动应该尽量减少,以至消除。例如,在加工和服务过程中的等待,是不增加价值的,应该减少和消除。

2. 流程的度量

流程可以用流程时间、在制品库存和通过率(流程率)来度量。

所谓流程时间(flow time)是指加工服务对象(人或物料)从进入生产运作系统(如车间、医院)开始,到离开生产运作系统为止的时间间隔。流程时间是加工服务对象在加工服务系统中停留的时间,它既是顾客关心的,也是生产商和服务商关心的。因此,缩短流程时间是生产运作追求的目标之一。

在制品库存是处于流程中的物料或顾客的数量。顾客希望在尽可能短的时间内得到所期望的服务,生产商希望在它的生产系统内不要有太多的在制品(work in process,WIP),以减少生产拥挤程度,减少空间和场地的占用,加快资金的周转。因此,减少在制品也是生产运作追求的目标之一。

为了说明流程时间和在制品的含义,以大学在校学生为例。某所大学每年要招收 8 000 名本科学生(意味着每年毕业 8 000 名本科生),即通过率为 8 000 人/年,学制为 4 年,在校本科生的数量就是 32 000 人。4 年时间就是本科生在大学的流程时间,32 000 人就是"在制品"的数量。

由这个例子很容易联想到这几个数字之间的关系,即

$$在制品数量 = 每年入学或毕业的学生数量 \times 流程时间$$

对于一般的输入-输出系统,进入系统的"顾客"和离开系统的"顾客",都具有随机性,每个"顾客"在系统中停留的时间也不相同,那么这种关系是否成立?答案是肯定的,只不过需要取平均值:

$$平均在制品库存 = 平均单位时间产出 \times 平均流程时间 \qquad (1-1)$$

另一个概念是库存平均周转次数,单位时间内周转次数越多,表明库存的周转越快。

$$库存平均周转次数 = 1/平均流程时间 \qquad (1-2)$$

前述大学生每年的周转次数为 1/4,即 4 年周转 1 次。

为了直观地描述系统输入、输出、库存和流程时间的情况,可以采用输入-输出图。输入-输出图的横坐标表示时间,纵坐标表示累计顾客(工件)数量。现举一例说明输入-输出图的含义。

【例 1-1】

经过观察，某医务室病人到达和离开的情况如表 1-5 所示。

表 1-5 某医务室病人到达和离开的情况

病人编号	到达时间	离开时间
1	8:00	8:45
2	8:12	9:07
3	8:16	9:30
4	8:30	9:45
5	8:45	10:15
6	9:00	10:22
7	9:20	10:44
8	9:31	11:00
9	9:45	11:16
10	10:01	11:38
11	10:22	11:48
12	10:45	12:13
13	11:00	12:17
14	11:10	12:29
15	11:28	12:36

按表 1-5 提供的数据绘制输入－输出图，如图 1-6 所示。1 号病人在早上 8:00 到达医务室，图中按纵坐标方向增加 1；2 号病人 8:12 到达，从 8:00 到 8:12 画一水平线，并在坐标（8:12，1）处按纵坐标方向从下往上画上一个单位长度。随后每个病人到达医务室，都照此办理，这样就形成一个不规则的楼梯形状折线，我们称之为输入曲线。对于病人离开医务室的情况，用同样的办法也可以画出一条楼梯状的折线，我们称之为输出曲线。

输入曲线反映病人的输入情况，曲线最高点的纵坐标反映的是累计到达医务室的病人数，对应的横坐标反映本统计时段最后一个病人到达医务室就诊的时间；输出曲线代表病人离开医务室的情况，折线最高点的纵坐标反映累计离开医务室的病人数，对应的横坐标反映本时段最后一个病人离开医务室的时间。

两条折线水平方向的距离表示相应的病人在医务室停留的时间，即流程时间；两条折线垂直方向的距离表示某一时刻在医务室停留病人的数量（累计看病人数－累计离开人数），即在制品库存。

如果用一条直线近似地代表折线，如图 1-6 中虚线所示，那么两条虚线的水平距离表示平均流程时间，垂直距离表示平均库存量。

输入－输出图适用的范围很广泛。对医务室整体来说，有一个输入－输出图；对某个医生来说，也可以画出一个输入－输出图。对一家企业来说，可以画出一个输入－输出图；对于其中一个车间，甚至一个工作地，也可以画出输入－输出图。

输入－输出图也可以连续绘制，连续绘制的输入－输出图适于连续工作的单位。

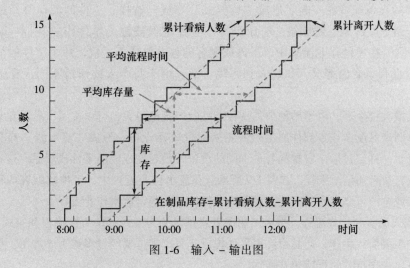

图 1-6 输入－输出图

3. 流程的分类

(1) 连续流程与离散流程。按照加工服务对象的物理状态的均质性，可以把流程分为连续流程和离散流程。连续流程是指物料均匀、连续不断地按一定工艺顺序流动，在流动中物料的形态和性能不断改变，最后形成产品，比如化工、炼油、造纸和食品的生产属于连续流程。离散流程是指物料是可分离的，间断地按一定工艺顺序流动，在流动中物料的形态和性能不断改变，最后组装成产品，比如机械、电子、服装和家具的生产属于离散流程。

(2) V形、A形和T形流程。按照物流的特征，制造企业可以分成V形、A形和T形三种或它们的混合型，如图1-7所示。V形流程是水库式的，由一个水源引出多个灌溉渠道，由一种原材料经过基本相同的加工过程转换成种类繁多的最终产品。例如，钢材的轧制，由钢锭轧制成板材、管材和型材等不同的产品；炼油厂将原油提炼成不同标号的汽油、柴油和润滑油。相反，A形流程像河流似的，多条支流汇聚成一条大河，由许多原材料和零部件转换成少数几种产品，如飞机制造、汽车制造等企业。T形企业的最终产品是由相似零部件以不同方式组装成不同的产品，加工零部件大体是平行进行的，装配时不同的产品会用到很多相同或相似的零部件，如家用电器的生产。

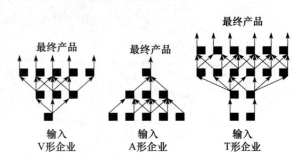

图1-7　V形、A形和T形企业

V形企业一般是资本密集型的，机械化和自动化程度很高，专用性强，专业化程度高，生产系统缺乏柔性，降低成本是关注的焦点。A形企业通用性较强，生产系统有柔性，加工过程复杂多样，生产管理十分复杂。T形企业一般分加工和装配两个部分，加工路线和装配时间都较短，库存高，交货状况参差不齐。

(3) 单件作业流程和流水作业流程。按照工件或顾客流动路线是否一致，可以把流程分为流水作业流程和单件作业流程两种。对于多品种小批量生产，为了提高设备利用率，不可能按某个品种的产品来组织生产流程，只能按加工工艺特点来布置加工设备，将完成相同或相近工艺过程的设备配置在一起，形成"机群式"布置。这样，工件的流动要经过不同的机群——车床组、钻床组、铣床组、磨床组等，这种流程被称为单件作业（job shop）流程，如图1-8所示。在单件作业流程中，工件或顾客的移动路线不一致，两个工件的加工路线不同。服务业也有类似的情况，如病人到医院看病，由于每个人的病情不同，看病的路线也不相同。

对于大量大批生产，由于品种少，每种产品的产量都很大，可以按照产品对象来组织生产流程，即按照产品制造或零部件加工的需要来配置机器设备，形成"流水线"布置。加工对象可以像流水一样经过顺序安排的各种不同的设备，最后变成成品零件或产品。这种流程被称为流水作业（flow shop）流程，如图1-9所示。在流水作业流程中，工件或顾客的移动路线都一致。制造业中的汽车生产装配线、服务业中的体检，都是流水作业流程。

(4) 推式流程和拉式流程。按生产驱动方式可以分为推式（push）流程和拉式（pull）流程。对于加工装配式生产，产品由许多零件构成，每个零件要经过多道工序加工。要组织这样的生产，可以采用推式流程或拉式流程。

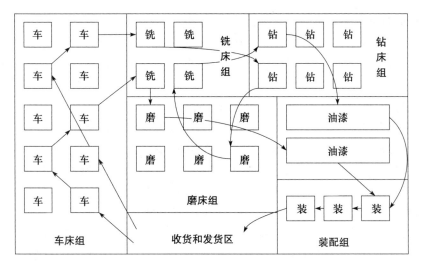

图 1-8 机群式布置流程

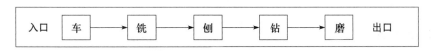

图 1-9 流水线布置流程

对于推式流程,每一工作地和生产车间都按计划加工零部件,将完成情况反馈到计划部门,并将加工完的零部件送到后一道工序和下游生产车间,不管后一道工序和下游生产车间当时是否需要。物料流和信息流是分离的。推式流程如图 1-10 所示。

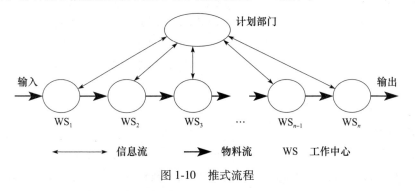

图 1-10 推式流程

对于拉式流程,每道工序和每个车间都按照当时的需要向前一道工序和上游车间提出要求,发出工作指令,上游工序和车间完全按这些指令进行生产。物料流和信息流是结合在一起的,形成拉式流程,如图 1-11 所示。拉式流程比推式流程具有更小的在制品库存。

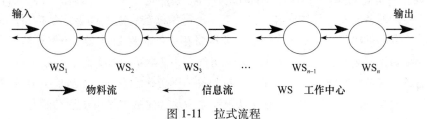

图 1-11 拉式流程

4. 组织流程的基本要求

组织流程的基本要求有两项。一是尽量减少以至消除不为顾客创造价值的活动。要求消除的时间有：等待时间、搬运时间和空闲时间；需要压缩的时间包括：加工时间和调整准备时间。

二是同步性，或称"工序同期化"。同步性是指组成一个流程的各个环节完成每项任务的时间相同。前面介绍了包饺子的流程，如果饺子馅已经拌好，面也已经和好，擀饺子皮和包饺子两项活动的时间如图 1-12 所示，会出现什么问题呢？一个人擀饺子皮比另一个人包饺子快一倍。如果两个人不停地工作，那么饺子皮就会越积越多，但产出饺子的速度仍然是 20 秒/个，不会因为擀饺子皮的速度快而加快。为了使饺子皮不至于放干或因时间长而粘在一起，擀皮的人要么干 10 秒钟，就休息 10 秒钟；要么干一段时间，然后帮助包饺子。这就是未实现工序同期化造成的结果。在一条流水线上，个别工序干得快，整条线的出产速率不会加快；个别工序干得慢，整条流水线的出产速率就会同最慢的工序一样慢。因此，同步性是组织流程的基本要求。为了保证同步性，福特汽车公司曾经采用强制节拍流水线，使工人不能随意地少干或多干。

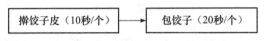

图 1-12　包饺子的流程及各项活动的时间

在设计生产运作系统时就需要考虑同步性。传统生产管理教科书讲的比例性和平行性，都是为了保证同步性，而物料流的连续性是流程同步性的结果，实现同步性可以消除物料的停顿与等待现象。准时性则是要求生产流程与市场需求同步，这是很难做到的。均衡性是指能够在相等的时间间隔内完成大体相等的工作量。生产不均衡会造成忙闲不均，既浪费资源，又不能保证质量，还容易引起设备、人身事故。均衡性与计划工作有关，即使是同步性很好的生产线，也可能因计划的前松后紧造成不均衡。当然，计划会受到需求波动的影响。

1.4.2　时间

1. 活动的时间

（1）加工时间。加工时间（processing time），或称处理时间，是改变物料形态或为顾客服务的时间。例如，加工零件、组装产品所耗费的时间；教师讲课、医生看病、律师咨询等为顾客服务的时间。显然，加工时间是为服务对象增加价值的，是不可消除的。对于物的加工需要提高效率，缩短加工时间；对于为人的服务，不应盲目提高效率，有时还需要保证服务时间，如按摩。

（2）调整准备时间和转换时间。调整准备时间（set-up time），是加工物料或为顾客服务之前需要花费的准备时间。具体地讲，在加工一个零件之前，需要调整准备机器设备、图纸、工艺文件、工具等的时间。教师讲课之前需要准备相应的教材和讲义，调整计算机和投影仪；医生看病要准备血压表及其他医疗器械。这部分时间不为顾客增加价值，却是加工零件和提供服务所必需的，应该尽可能缩短。调整准备时间是从不工作状态到开始从事一项活动所花费的时间。转换时间（change-over time）是从从事一项活动转向从事另一项活动所花费的时间。它的内容与调整准备时间类似，只不过还包括现在从事活动的收尾工作所花费的时间。例如，加工完一种零件之后，要加工另一种零件，先要将加工前一种零件需要的图纸、工具收拾好，拆卸相应的工艺装备，然后将随后要加工的零件所需的图纸、工具准备好，将所需的工艺装备安装好。

（3）等待时间和库存时间。等待时间（waiting time）是工件加工前或顾客得到服务前的等待时间。显然，等待时间不仅不为工件和顾客增加价值，而且增加了在制品库存，浪费了顾客的时间，增加了抱怨。等待时间应该尽可能减少。库存也是一种等待，是为了未来需求的等待。

（4）搬运时间。搬运时间包括装卸时间（handling time）和运输时间（transportation time），是物料和顾客发生位移所花费的时间。搬运时间对于物料不仅不增加价值，还常常因磕碰而减少价值。对于人，如果是要从甲地到乙地，"搬运"是必要的，当然，搬运时间也应尽可能压缩，除非是旅游观光。如果搬运不是服务内容，如做手术，搬运应该减少。做手术需要固定位置，用流水生产方式是不可取的。

（5）空闲时间。空闲时间（idle time）是服务者等待顾客或机器等待需加工的对象所耗费的时间，它不直接影响顾客的价值，但浪费了服务者或制造商的资源。顾客等待时间和机器空闲时间往往是互相矛盾的：要减少顾客或工件的等待时间，就需要增加服务台或机器的数量，这就增加了服务台或机器的空闲时间；要减少服务台或机器的空闲时间，往往又增加了顾客或工件的等待时间。

2. 涉及流程的时间

（1）节拍。如前所述，生产线上相邻两个产品（零件）出产的间隔时间就是节拍。节拍反映生产系统出产产品的速率，出产节拍越短，出产速率越快。产品的流程时间可能很长，但出产节拍可能很短。伞兵跳伞时，伞兵在空中停留的时间就是流程时间，前后两个伞兵相继着陆的时间间隔就是跳伞的节拍。

在生产线上，最长工序的加工时间，决定了这条生产线的节拍。图1-13表示两个相同的工件经过5道工序加工的情形，其中第3道工序加工时间最长，它的加工时间就决定了这5道工序构成的流程的出产节拍。在其他工序上压缩加工时间，对加快流程的出产节拍没有作用。要缩短生产线的节拍，就必须压缩最长工序时间。压缩工序时间可以通过平行作业，使一项活动同时由多台机器和多个工人操作；也可以通过细分工序，使一道工序分解成多道更细的工序，由多个工人完成。将工序细分会拉长生产线，生产线拉长之后，流程时间会上升，但生产节拍会加快。

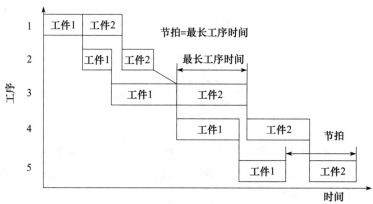

图1-13 节拍与最长工序时间的关系

（2）生产周期。生产周期（make span）是对一批生产对象而言的。对于一批零件，生产周期就是它们的加工周期。加工周期是指从第一个工件在第一台机器上开始加工算起，到最后一个工件在最后一台机器上加工完成为止的时间间隔。若一批工件同时到达加工场所，则最长的工件流程时间就等于这批零件的加工周期。如图1-14所示，最长流程时间就是工件3的流程时间。

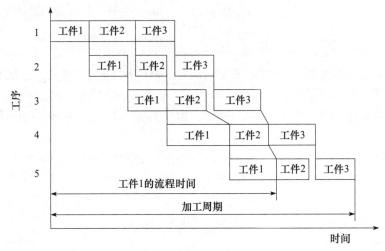

图1-14　加工周期

由于工件3和工件1同时到达车间，它的流程时间应该从工件1开始加工时间算起，因此等于加工周期。

（3）提前期。关于提前期，国内外生产运作管理教科书的含义是不相同的。国外教科书讲的提前期（lead time，LT）实际上相当于我们讲的加工周期、装配周期或制造周期。国内较早的生产运作管理教科书讲的提前期是从产品完工期限算起，需要提前多少时间开始采购、开始加工和开始装配，分别对应原材料采购提前期、零件加工提前期和产品装配提前期。为了区分，我们将国外教科书讲的提前期用LT表示，如图1-15所示。

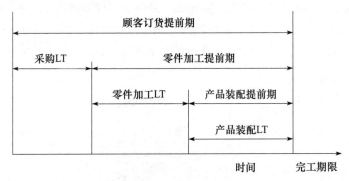

图1-15　提前期和LT

（4）订单处理时间。它是顾客订单处理所花费的时间，包括订单确认、订单录入、制造的可行性检查、物料清单转换等活动，最后进入订单库等待投产。实际订单处理时间往往比较长，并不像人们所感觉的那样短。

（5）新产品开发时间。它是企业在顾客需求的拉动和技术进步的推动下，开发新产品所需要的时间。新产品开发过程大致可以分为三个阶段——技术开发、生产开发和市场开发，三个阶段构成新产品开发时间。技术开发是指企业把新思想、新构思转变为新的产品原型或样品的过程，是对企业为开发新产品而组织相关研究人员所进行的构思创意、研制产品原型或样品，并对其进行测试、评价和筛选等工作的总称；生产开发是指企业把新的产品原型或样品转换为新产品的过程；市场开发是指企业把新产品转变成为市场上所需要的新商品的过程。

（6）采购时间。它是企业向供应商采购原材料和零部件所花费的时间。对于新设计的零部件的采购需要花费较长的时间，因为供应商需要进行生产技术准备，也需要采购原材料，然后进行生产。对于重复生产的产品，供应商一般是按计划提前生产出来，或者备有库存，采购时间比较短。

（7）配送时间。它是指产品制造出来到送达顾客之间的时间。配送可以直接从制造厂到达用户，也可以从制造厂送到经销商的仓库，然后配送到零售商，最后送达顾客。

（8）总流程时间。综上所述，从生产运作的全过程来看，总流程时间一般包括订单处理时间、编制计划时间、产品或服务的研发和设计时间（包括产品或服务设计和工艺设计）、采购时间、制造时间和配送时间。其中，有些过程是可以且应该并行的，如计划、设计、采购和制造。对于不同的生产类型，有些活动是不必要的，如老产品重复生产，就基本上不需要设计时间。

1.5 生产运作管理的历史和发展趋势

1.5.1 生产运作管理的历史

1. 产业革命

生产活动自从人类出现在地球上就开始了。伴随着生产活动，就有生产管理。古代中国人修建了万里长城，开凿了大运河，兴建了都江堰水利工程，古埃及人建造了金字塔。这些伟大的工程若无有效的管理，是不可思议的。但是，现代工厂系统是在产业革命之后出现的。

产业革命始于18世纪60年代的英国，随后扩展到欧洲其他国家和地区，19世纪传到美国。产业革命前，生产活动是以师傅带徒弟的方式以家庭为单位或在手工作坊中进行的，现在木匠制作家具就是这种生产方式的一个例子。在这种方式下，没有明确的分工，靠人力采用简单的工具进行操作。

18世纪，蒸汽机、珍妮纺纱机、动力织布机相继问世，这三项发明带来了纺织工业的革命。煤和铁的开采，使铁制机器代替了木制机器，机器的动力和耐久性大大提高。

早期的制造业，产品是手工方式（craft production）生产的：具有高超技能的工人利用简单而富有柔性的工具，按照顾客的要求制造产品。手工生产效率低、成本高，产品维修困难，其经济性不会随产量增加而改善，即不具有规模经济性，因此不会出现大的工厂，而是小的作坊。

2. 科学管理运动

科学管理的创始人是弗雷德里克·温斯洛·泰勒（Frederick Winslow Taylor）。泰勒将科学方法用于生产管理，他通过观察、测量和分析，得到最好的工作方法；他通过挑选和培训工人，极大地提高了操作效率。泰勒还研究工具的改进，制定劳动定额，实行差别计件工资制。泰勒的这套方法提高了生产效率,并将他这一套科学管理整理成一本著作——《科学管理原理》[一]。

与泰勒同时代的从事科学管理运动的代表人物,还有吉尔布雷斯夫妇、亨利·甘特(Henry Gantt)、哈林顿·爱默生(Harrington Emerson)和亨利·福特(Henry Ford)。吉尔布雷斯夫妇专门从事动作研究,将各种动作分解成动素(therblig),帮助工人消除多余、笨拙的动作,从而节省体力消耗,干活更灵巧。甘特看到非金钱奖励对刺激工人的价值,并发明了至今仍被广泛应用的用于编制作业计划的甘特图。爱默生将泰勒的思想运用于组织结构来提高组织的效率,并论证把科学管理运用于铁路则每天将节省数百万美元。福特是一位伟大的实业家,他将科学管理原理运用于汽车制造,将亚当·斯密(Adam Smith)的劳动分工论发挥得淋漓尽致,实行大量生产,极大地提高了生产率,降低了成本,使汽车进入美国普通居民家庭,进而使汽车工业成为美国的支柱产业,并改变了美国人的生活方式。

3. 管理科学

1915 年,哈里斯(F. W. Harris)提出了第一个库存管理数学模型,从此将数学引入管理领域。1930 年,贝尔电话实验室的道奇(H. F. Dodge)、罗明格(H. G. Romig)、休哈特(W. Shewhart)提出了抽样和质量控制的统计方法。1935 年,蒂皮特(L. H. C. Tippett)提出统计抽样理论。最初,数量方法在实业界的应用并不广泛。但是,到了第二次世界大战期间,由于战争对军需物资的要求,这些方法得到广泛的应用。大战期间,美国政府组织各方面的专家对战争中遇到的各种问题,例如,对如何搜索德国的潜艇和发现德国飞机的问题进行研究,使得作业研究或称运筹学(operations research,OR)发展起来。OR 在第二次世界大战中发挥了很大作用,战后,人们将其用于企业管理领域,发展成为管理科学(management science)。管理科学通过建模、提出算法、编制软件,有效地实现了需求预测、库存控制、生产作业计划编制和项目管理等。管理科学的作用是使普通人做事能够达到专家的水平。

4. 管理现代化

从 20 世纪 70 年代开始,生产运作管理发展过程中一次本质上的飞跃——计算机开始进入企业的应用领域,最具代表性的人物就是 IBM 的约瑟夫·奥利基(Joseph Orlicky)和奥利弗·怀特(Oliver Wight)。他们将计算机技术用于编制企业物料需求计划,研究出了著名的物料需求计划(material requirement planning,MRP)系统,到 20 世纪 70 年代初的时候发展成闭环 MRP、80 年代出现制造资源计划(manufacturing resources planning,MRPII)系统、90 年代出现企业资源计划(enterprise resources planning,ERP)系统,到了今天已成为企业普遍采用的计算机管理系统。

这一时期生产运作管理的贡献还表现在对服务质量与生产率(service quality and productivity)的关注上,典型的案例如麦当劳的运作方式。人们开始关心服务业企业的运作管理问题,生产管理也变成了生产与运作管理(production and operations management)。

这一时期出现在生产运作管理体系中的新的理论与方法包括:

- 准时生产(JIT)和精细生产(lean production)。
- 全面质量管理(TQM)。
- 工厂自动化(factory automation)。

[一] 本书中文版已由机械工业出版社出版。

- 制造战略（manufacturing strategy paradigm）。
- 同步制造（synchronous manufacturing）。
- 发展柔性制造系统，实现产品、服务的大批量定制（mass customization）生产。
- 构建基于时间的竞争（time-based competition）的运作管理模式。
- 通过"服务性工厂"（service factory）创造新的竞争力。
- 从服务性企业获得更好的服务，如物流服务等。

5. 供应链管理

总体上来说，从 20 世纪初到 20 世纪 90 年代，企业在生产运作管理上基本采用的都是"纵向一体化"（vertical integration）策略，即生产资源的整合立足于本企业或本国，一个企业几乎承担了从材料到零部件、再到产品的全部工艺流程，追求对生产过程的成本控制及效率最大化。这一模式适应了当时的市场环境。但是，从 20 世纪 90 年代末到 2000 年前后，由于经济全球化的发展、信息技术的进步，以及世界范围的市场竞争，企业感觉到新技术、新产品更新换代越来越快，用户需求的个性化要求越来越强，这就需要企业不断地推出新产品且须做到快速响应。在这种市场竞争的背景下，使企业在创新生产组织方式的时候不再局限于本企业、本国的资源，而是从全球范围内寻找最佳的资源配置。企业逐渐放弃了纵向一体化模式，纷纷将非核心业务从母体中剥离出去，企业只抓住核心业务。这就是后来人们所称的"横向一体化"（horizontal integration）。

在横向一体化思想的指导下，企业运作管理的范畴从企业内部扩展到供应商和分销商、零售商，从而形成了一条从上游的原材料、零部件加工、产品装配到下游的渠道管理、分销零售的一条网链状的系统，后来被人们统称为供应链管理（supply chain management）。供应链管理的思维模式打破了国家、地区、企业之间的界限，使得企业能够站在全球的视角进行资源整合，将发达国家的先进技术与发展中国家的资源和成本优势组合起来，形成了更具竞争力的企业经营模式，带动了世界各国的发展。

2020 年发生的全球性新冠疫情促使人们更加关注供应链的安全性和柔韧性。出于对新冠疫情防控的需要，很多地方采取了封闭措施以阻断病毒传播。此举虽然控制了疫情的恶化，却也暴露出封控手段对供应链运营的影响，很多工厂无法开工生产，物料无法运输，致使很多企业无法获得原材料和零部件，出现了大量的企业供应链中断现象，动摇了经典供应链管理的基础。经典供应链管理的基础是全球资源配置，因此可以获得最佳资源利用效益。新冠疫情后的供应链管理，除了继续追求成本低、服务好之外，还需要考虑全球供应链的安全性和柔韧性，全球供应链分工正在朝着纵向缩短、横向集聚的趋势发展。

1.5.2 生产运作管理的发展趋势

1. 产业互联网

互联网的发展已经经历了两个阶段：消费互联网阶段和产业互联网阶段。

消费互联网阶段的主要特征表现在，其主要针对的是个人用户，所要解决的问题是提升消费过程的体验，这是消费互联网得以迅速发展的主要原因。消费互联网的出现，使消费者在购物、出行、娱乐等诸多方面得到了有效改善，使消费者的大部分需求足不出户即可得到满足，而且方便快捷。为此，消费互联网公司采取的运营策略是"眼球经济"，消费互联网网络效应明显，价值高度集中，赢者通吃。因此，消费互联网公司成功的关键分别是引流和流量最大化，通过流量放大商业势能，使公司实现指数级增长。

产业互联网主要以生产者为主要用户，通过在生产、交易、物流和融资等各个环节的网络渗透从而达到提升效率、节约能源等作用。因此，产业互联网的运营有三个重要特点：

一是生产制造体系，以用户为导向的个性化设计；

二是销售物流体系，线上线下一体化是主要趋势；

三是融资体系，供应链金融与互联网金融。

产业互联网的发展大受企业经营者的欢迎。因为企业可以借助产业互联网将生产、资源配置和交易整合起来，使运营效率得以大幅度提升。

产业互联网改变了企业的运作管理模式。与消费互联网面向C端消费者不同，产业互联网不是要"吸引眼球"，而是以"价值经济"为主，即通过传统企业与互联网的融合，寻求全新的管理与服务模式，为消费者提供更好的服务体验，创造出不仅限于流量的更高价值的产业形态。所以，产业互联网不仅要使企业内部互联网化，还要使互联网平台在研发、生产、交易、物流和融资等各个环节达到网络渗透从而实现效率的提升、资源的优化配置，更要实现产业链互联网化，打通上下游，站在产业角度重塑企业核心竞争力。

产业互联网将促进以云计算、物联网、大数据为代表的新一代信息技术与现代制造业、生产性服务业的融合，发展壮大新兴业态，为产业智能化提供支撑。

2. 智能制造

智能制造（intelligent manufacturing，IM）源于人工智能的研究，人工智能通俗地讲就是用人工方法在计算机上实现的智能。

一般认为，智能是知识和智力的总和，知识是智能的基础，智力是指获取和运用知识求解的能力。智能制造包含智能制造技术和智能制造系统（intelligent manufacturing system，IMS）。智能制造系统不仅具有自学习功能，能够在实践中不断地充实知识库，而且还具有收集与理解环境信息和自身信息，进行分析、判断和规划自身行为的能力。

智能制造系统实质上是由智能机器和人类专家共同组成的人机一体化系统，它借助计算机模拟人类专家的智能活动，进行分析、判断、推理、构思和决策，取代或延伸制造环境中人的部分脑力劳动，同时收集、存储、完善、共享、继承和发展人类专家的制造智能。这种制造模式突出了知识在制造活动中的价值，智能制造成为影响未来经济发展过程的重要生产模式。

从制造系统功能的角度来看，可将智能制造系统细分为设计、计划、生产和系统活动四个子系统。在设计子系统中，突出了在产品概念设计过程中顾客需求的影响，关注产品可制造性、可装配性和可维护性以及可靠性。在计划子系统中，数据库构造将从简单信息型发展到知识密集型。在生产子系统中，综合应用模糊推理等多类专家系统，监测生产过程、获取生产状态数据、进行故障诊断。生产子系统是自治或半自治系统。在系统活动子系统中，应用神经网络技术进行系统控制，应用分布技术和多元代理技术，采用开放式系统结构，进行系统集成。

具有自律能力的设备，可称之为"智能机器"。智能机器在一定程度上表现出独立性、自主性和个性，甚至相互间还能竞争和协调运作。强有力的知识库和基于知识的模型是自律能力的基础。

智能制造系统是人机一体化的智能系统。"人机一体化"突出人在制造系统中的核心地位，同时在智能机器的配合下，更好地发挥出人的潜能，使人机之间相互理解，相互协作，使二者在不同的层次上各显其能、相辅相成。因此，在智能制造系统中，更需要高素质、高智能的人发挥作用。

所谓智能机器人，给人的印象是一个独特的进行自我控制的"活物"。其实，这个"活物"的主要器官并没有像真正的人那样微妙而复杂。智能机器人具备形形色色的内部信息传感器和外部信息传感器，如视觉、听觉、触觉、嗅觉。除具有传感器外，它还有作用于环境的效应器，这可以使手、脚、鼻子、触角等动起来。智能机器人至少要具备三个要素：感觉要素、运动要素和思考要素。智能机器人是一个多种高新技术的集成体，它融合了机械、电子、传感器、计算机硬件、软件、人工智能等许多学科的知识，涉及许多前沿领域的技术。目前，不少发达国家都将智能机器人作为未来技术发展的制高点。大量而复杂的信息量、瞬息万变的市场需求和激烈竞争的环境，都要求制造系统表现出更高的敏捷和智能。因此，智能制造越来越受到各国政府的重视。

（1）工业 4.0。为介绍工业 4.0，我们先从工业 1.0 说起。工业 1.0（第一次工业革命）为机械制造时代，即通过水力和蒸汽机实现工厂机械化，时间大约是从 18 世纪 60 年代至 19 世纪中期。这一期间，典型产品为蒸汽机车和蒸汽轮船。工业 2.0（第二次工业革命）为电气化与自动化时代，采用电力驱动的产品大量生产方式，时间大约是 19 世纪后半期至 20 世纪初，以福特的大量流水生产线为典型代表。工业 3.0（第三次工业革命）为电子信息化时代，广泛应用电子与信息技术，使制造过程自动化程度大幅提高，时间是 20 世纪 70 年代开始一直延续到现在。

工业 4.0，是德国政府提出的一项高科技战略计划，是以智能制造为主导的第四次工业革命，旨在提升德国制造业的智能化水平和竞争力。工业 4.0 是指利用信息物理系统（cyber-physical system，CPS）将生产中的供应、制造、销售信息进行数据化和智能化，实现快速、有效、个性化的产品供应。工业 4.0 概念包含了由集中式控制向分散式增强型控制的基本模式转变，目标是建立一个高度灵活的个性化和数字化的产品与服务的生产模式。在这种模式中，传统的行业界限将消失，并会产生各种新的活动领域和合作形式。创造新价值的过程将发生改变，产业链分工将被重组。

工业 4.0 项目主要包括三大主题：一是"智能工厂"，它重点研究智能化生产系统及过程，以及网络化分布式生产设施的实现；二是"智能生产"，它主要涉及整个企业的生产物流管理、人机互动以及 3D 打印技术在工业生产过程中的应用等；三是"智能物流"，它主要通过互联网和物联网，整合物流资源，充分发挥现有物流资源供应方的效率，需求方则能够快速获得服务匹配，得到物流支持。

工业 4.0 有一个关键点，就是不仅要使机器具有智能，而且要使加工对象具有信息。比如原材料被贴上一个标签，说明它是给某客户生产的某个产品的某项工艺中的原材料。这是加工对象和机器之间的沟通交流，加工对象告诉机器该怎么做。

未来制造业是以解决消费者问题为中心的。企业将不仅仅进行硬件的生产，而且通过提供服务来获取更多的附加价值，这是制造业与服务业的融合。制造企业要在制造过程中尽可能多地增加产品的附加价值，拓展更多、更丰富的服务，提出更好、更完善的解决方案，以满足消费者的个性化需求。

实施工业 4.0 需要建立标准，要使设备和加工对象不仅会"说话"，而且必须讲同一种"语言"，能够相互理解，这就涉及标准的制定和推广。现在，德国正致力于工业 4.0 标准的制定和推广。

事实上，并不只是德国在推行智能制造。美国的"先进制造业国家战略计划"、日本的"科技工业联盟"、英国的"工业 2050 战略"等，都是推行智能制造的国家战略计划。

《中国制造 2025》是我国实施制造强国战略第一个十年的行动纲领。根据规划，要通过"三步走"来实现制造强国的战略目标。第一步，到 2025 年迈入制造强国行列；第二步，到 2035 年我国制造业整体达到世界制造强国阵营中等水平；第三步，到新中国成立一百年时（2049 年），制造业大国地位更加巩固，综合实力进入世界制造强国前列。

当前，一个亟须实现的是从"中国制造"到"中国创造"的转变。德国制造在全球处于领先地位，提出工业 4.0 理所当然。我们应该从中国、从本企业的实际出发，既要有长远规划，又要脚踏实地，一步一个脚印地实现制造强国梦。著名企业家任正非认为不要妄谈工业4.0，这值得人们重视。他说："首先，我们要强调工业自动化；工业自动化以后，才可能走进信息化；只有信息化后，才能智能化。"

（2）智能制造会造成大量失业吗？智能制造，尤其是各种智能机器人的出现，会造成大量失业吗？要回答这个问题，先从人类利用工具的历史讲起。

①人类利用工具的历史。人类用眼观察环境，用耳听取声音，用鼻嗅出气味，用舌品尝味道，用手握住物体，用脚改变自己所处的位置，用感官感知环境的变化，用脑决定采取的行动。在人类发展的早期，人们通过采集植物果实、捕捉鱼类及其他小动物，以获取食物。人的这些行为，与动物尤其是大猩猩和黑猩猩这类高等动物相比，没有本质上的差别。

人类与动物相比，最大的优势是学会制造和使用工具。在人类进化的过程中，能够逐步自制工具和武器。最初是利用自然界现成的物品制作简单工具，如利用树枝和石块制作棍棒与石斧。后来发明了冶炼技术，人类能够利用金属（铜、铁）来制造长矛、利剑和大刀，并能够制造简单机械，如马车、独木舟和木筏。利用人力、畜力和自然力（风力、水力）来带动简单机械和木船。但是，这些动力受到自然界的限制。为了寻求动力源，人类发明了蒸汽机、内燃机和电动机，用来带动各种机械和车辆。机器的力量大大超过人的体力，而且能够持久而准确地工作。蒸汽机车、内燃机车和电动机车取代了马车，蒸汽动力轮船（如泰坦尼克号）和内燃机轮船取代了帆船。在这个阶段，机器只是人的体力的延伸，机器是需要人去操纵的。换句话说，机器是"死的"，只有人才是"活的"。

加工金属的机器，如车床、铣床、刨床、钻床、磨床，只能完成单一功能。而要完成具有特定功能零件的加工，则需要多种机床的协作，被加工零件需要不断地转换机床。为了制作特定的产品，需要各种机器的配合。亨利·福特将不同功能的机器用传送带连接起来，让被加工的工件依次经过不同的机器进行加工，创造了大量流水线生产方式，从而使制造汽车的效率大大提高、成本大幅下降。但是，流水线上机器的功能是单一的，需要多种机器的协作才能完成某种产品的加工。后来，人们设想用一台具有多种功能的机器代替多个单一功能的机器，只要事先编制一套指令，机器就能按部就班地完成一种特定零件的加工。于是，出现了数控机床、加工中心和柔性制造系统。虽然数控机床能够按人事先设定的一套程序去加工零件，但它不能识别加工对象、自己编程去加工零件，即没有智能。

现在，人们给机器赋予智能，使机器具有感知，通过它的"感官"，去识别被加工的工件和周围环境，然后采取相应的行动。比如智能汽车，它能够按出发地和目的地确定行驶路线，识别交通信号，判断与前车的距离，控制自己的速度，代替人去驾驶。智能汽车控制速度的能力比人要强，但它对道路上的突发事件缺乏人类特有的应变能力。智能机器人是具备识别环境的能力并采取适当动作的机器人。它们可以充当保姆、护士、清洁工等多种角色，为人类服务。

2016年，谷歌的人工智能机器人"阿尔法狗"（AlphaGo）以4：1的比分战胜韩国围棋九段高手李世石。与1997年IBM研制的计算机"深蓝"击败国际象棋世界冠军相比，AlphaGo依靠的并非"深蓝"那种庞大直接的运算能力，而是类似人类思考模式的自我学习与评估能力。人工智能的学习和进化速度，已经远超人类的想象，人们不由地发出惊叹：智能制造会不会造成大量失业，智能机器人将会战胜人类吗？

②智能制造会不会造成大量失业？工具使人类的感官、体力和智力得到延伸。收音机是人类听力的延伸；电话是人类语言传播能力的延伸；电视是人类视力和听力的延伸；而互联网传播文字、声音和图像，是人类视力、听力以及双向沟通能力的延伸。上述统称为人类感官的延伸，而机械及其动力是人类体力的延伸，人工智能是人类智力的延伸。

人类发明和利用工具的过程也是人的劳动逐步被工具取代的过程。机器不仅替代人的体力，而且力量更强，且不知"劳累"。计算机不仅比人的运算速度快，而且更准确。在规则明确的活动中，人工智能甚至战胜了人类的智力。这一切难免使人感到恐慌，机器取代了人类，会不会造成大量的失业，甚至威胁人类的生存？

事实上，人造工具一直在"排挤"人类。洗衣机排挤了洗衣工；自动生产线排挤了从事简单操作的工人；可以预见，智能机器人将取代保姆、月嫂和护工，去照顾儿童、产妇和病人。人工智能进展最快的领域之一是机器视觉，机器视觉是自动驾驶汽车的关键。机器人比人"听话""好用"，还不会"罢工"，确实会造成相应岗位的工作人员失业。

然而，换一个角度来看，机器一直在"解放"人类，将人类从繁重、单调、重复的劳动中解放出来，让人们去从事更适合的工作。机器代替了直接从事繁重体力劳动的工人，但增加了设计、制造和维护机器的岗位。关键是被机器解放的人应该去，而且也有能力去从事更需要人类智慧的工作。因此，只能从事简单劳动的人肯定是要被智能机器人淘汰的。

AlphaGo战胜了韩国围棋高手李世石，是因为它集中了众多围棋高手的智慧。现在，对于自然语言的理解，计算机只能做到限制主题后的简单问答，还不能代替人的翻译。在研究人工智能的时候，我们首先要弄清楚人的大脑是如何工作的。只有知道了大脑的工作原理，才有可能按照大脑的工作机制，设计一些算法或硬件来制造智能机器。现在，像客户服务和导游这样的工作，机器还难以代替人。从目前情况来看，人工智能能够求解的问题，必须是能够精确定义的问题，必须有明确的规则。下棋就是这样，如果"不按规则出牌"，机器是无计可施的。但是，生活中大量的问题并不能被精确地定义，范围也不受限，只有人能够处理。

总之，智能机器只是具有"小聪明"，而人类则有"大智慧"。基于人工智能的智能机器能够进行机械式的推理、预测、判断，它具有逻辑思维，但很难进行形象思维，而且完全做不了灵感思维。计算机可以通过细微的差别来辨别双胞胎兄弟或姊妹，但难以通过一个人儿时的照片和老年时的照片来识别是不是同一个人。智能机器人可以比人更高效而准确地工作，具有一定的环境识别能力，并采取相应的行动，但它没有灵感思维。像《黄帝内经》中的"通则不痛，痛则不通"这一医学理论，智能机器人是"顿悟"不出的，只有人类才同时具备逻辑思维、形象思维和灵感思维这三种思维能力。因此，想以人工智能全面取代人类专家的智能是不可能的。而人要想不被智能机器人淘汰，就要终生学习，不断增长知识和智能，去从事智能机器人所不能承担的工作。我们的教育不应该是培养"智能机器人"，而应该是培养能够研发、制造智能机器人的人才，这样才能适应社会发展的需要。

3. 绿色制造

人们发展生产，本意是不断提高物质生活和精神生活的质量。但事与愿违，在人们高喊"向自然界索取""向自然开战""人定胜天"的口号并付诸行动之后，大自然已开始对人类进行报复，人类面临生存环境日益恶化的问题。阳光、空气和水是维持人类生存的最基本条件。然而，资源的掠夺性开采和浪费，已造成森林、草原的破坏，气候恶化，水土流失，"沙尘暴"袭击，雾霾笼罩，以及河流断流。

大量的实体产品本是自然界没有的东西，产品的使用与报废产生大量的工业垃圾和生活垃圾，它们被随意排入江河和大气，使人们少有清洁的水可供饮用，少有新鲜的空气可供呼吸，大气臭氧层空洞使人们面临太阳紫外线的照射威胁，环境的破坏是人类为工业化付出的沉重代价。可喜的是，人类已开始觉醒。人们已经注意到工厂生产的不仅是对人们有用的产品，还有对人们无用甚至有害的废水、废气和固体废弃物。生产管理者不仅要对提供产品和服务负责，而且要对产生的"三废"负责。于是，"绿色制造"的概念被提出了。

自20世纪70年代以来，全球掀起一场绿色革命。1992年，联合国在巴西里约热内卢召开环境与发展会议，发表了《21世纪议程》，提出了全球可持续发展的战略框架。中国政府的《中国21世纪议程》，把可持续发展战略列为国家发展战略。可持续发展是既满足当代人的需求，又不对后代人满足其需求的能力构成危害的发展。绿色制造是可持续发展的重要组成部分，是可持续发展战略思想在制造业的体现，是21世纪制造业的可持续发展模式。

绿色制造是一个综合考虑环境影响和资源利用效率的现代制造模式，其目标是使产品从设计、制造、包装、运输、使用到报废处理的整个产品生命周期中，对环境的影响（副作用）最小，资源利用率最高。对制造环境和制造过程而言，绿色制造主要涉及资源的优化利用、清洁生产和废弃物的最少化及综合利用。

在美国国家科学基金（NSF）的支持下，密歇根州立大学的制造研究协会（MRC）进行名为"环境负责制造"（ERM）的项目研究，于1996年提出了"绿色供应链"（green supply chain）的概念，并将绿色供应链作为一个重要的研究内容。1996年和1997年，国际标准化组织发布国际环境管理标准ISO 14001和ISO 14040，规范了企业环境保护行为，也增强了人们对环境保护的关注。

2021年3月15日，中央财经委员会召开了第九次会议，其中一项重要议题就是研究实现碳达峰、碳中和的基本思路和主要举措。会议指出，"十四五"是碳达峰的关键期、窗口期。我国力争2030年前实现碳达峰，2060年前实现碳中和。要实施重点行业领域减污降碳行动，工业领域要推进绿色制造，建筑领域要提升节能标准，交通领域要加快形成绿色低碳运输方式。

本章小结

本章主要讨论了生产运作管理的基本概念、历史和发展趋势等。首先，阐述了生产运作概念的发展，提出了生产的定义；对社会组织的输入、输出、环境约束和资源支撑的关系进行了描述，分析了社会组织的三项基本职能（生产运作、财务和营销）及其关系；对生产运作管理的目标、基本内容和生产运作管理人员所需的技能进行了阐述。其次，介绍了生产运作的类型和特征，比较了连续性生产和离散性生产、备货型生产和订货型生产的特点，提出了产品生产和服务运作的共性与区别。再次，讨论了供需协调问题，界定了供需协调的概念，分析了供需失调的原因及后果，分别从宏观层面和微观层面提出了实现供需协调的途径。最后，介绍了流程和时间的基本概念，还回顾了生产运作管理的历史，探讨了生产运作管理的发展趋势，包括产业互联网、智能制造以及绿色制造。

复习思考题

1. 社会组织的三项基本职能是什么？说明它们之间的关系。
2. 阐述生产运作管理的定义、内容与目标。
3. 分别对制造业与服务业中的大量大批生产与单件小批生产各举一例，并说明其特点。
4. V形、A形和T形企业各自的特点是什么？
5. 需求变化呈现什么样的规律？
6. 举例说明备货型生产与订货型生产的特点。
7. 服务运作与产品生产有哪些不同？
8. 分析我国当前钢铁、煤炭和水泥产能过剩的原因，提出解决供需失调的对策。
9. 为什么AlphaGo能够战胜韩国九段围棋高手？你认为智能机器人最终会战胜人类吗？
10. 你认为智能制造会导致大量失业吗？
11. "先污染、再治理"是经济发展的必然过程吗？

讨论案例

中国建材集团的绿色发展之路

企业概况

中国建材集团自1984年成立以来，历经两个发展阶段：1984~2002年，为部委和企业工委领导的行业公司，致力于发展新型建材；2003年至今，为国务院国有资产监督管理委员会管理的中央企业，转型为综合性建材产业集团。中国建材集团2011年进入《财富》世界500强企业，2021年的排名为第177位，是全球最大的建材企业和最大的水泥制造商。10年来，中国建材集团实现了营业收入从20多亿元到超过4 000亿元的跨越，成为在充分竞争领域快速成长的央企典范。它成功的秘诀之一在于它所坚持的绿色发展思路，即大力推进水泥和玻璃的结构调整、联合重组与节能减排，大力发展新型建材、新型房屋和新能源材料"三新"产业。

大力推进传统产业绿色转型

2003年春天，公司正式更名为"中国建筑材料集团公司"（2009年10月，经国务院国有资产监督管理委员会批准和国家工商行政管理总局工商变更登记，中国建筑材料集团公司名称变更为"中国建筑材料集团有限公司"），由原来的中国新型建筑材料集团脱颖而出。这一战略调整改变了中国建材行业生态，也改变了全球建材行业格局。面对行业"多散乱"的现象和企业自身快速发展的迫切要求，中国建材集团确立了绿色发展思路，大力推进水泥和玻璃等传统建材工业的结构调整、联合重组与节能减排。2016年8月26日，中国建筑材料集团有限公司与中国中材集团公司实施重组，中国建筑材料集团有限公司更名为中国建材集团有限公司并作为重组后的母公司，中国中材集团公司无偿划转进入中国建材集团有限公司。

中国建材集团通过大规模联合重组，组建起中联水泥、南方水泥、北方水泥、西南水泥四大水泥公司，使全国水泥行业的集中度从2008年的16%提升到2020年的60%以上。2007年，在山东枣庄集中爆破9条立窑水泥生产线，被称为中国水泥第一爆，带动了全国淘汰落后小水泥工艺。之后，所有生产线采用国际最先进的水泥新型干法技术。"十二五"期间，中国建材集团投资150多亿元对所有符合条件的水泥厂，建设余热发电体系，配套脱硫脱硝、袋式收尘等体系，建设无烟无尘工厂。将原本排放到大气中占熟料烧成系统热耗35%的废气余热进行回收，企业能源利用率提高至95%以上，所有电力全部用于水泥生产，占到生产用电的40%左右。以徐州中联水泥有限公司两条万吨水泥生产线为例，建成两条18兆瓦发电机组，年发电2.15亿千瓦时。通过余热发电、窑炉烧成工艺和变频改造，年减少二氧化碳排放22万多吨，减少氮氧化物排放1.8万吨。

中国建材集团抢抓转型先机，推进整合优化，业务不断拓展，效益持续提升，推进了全行业的整合优化和转型升级，很多领域都正在走向和接近全球制造业前列。中国建材集团自主研发建造的泰安中联5 000吨水泥生产线，是中国水泥行业首条世界级低能耗新型干法水泥全智能生产线。生产线实现了矿山开采智能化、原料处理无均化、生产管理信息化、过程控制自动化、耐火材料无铬化、物料粉磨无球化、生产现场无人化、生产过程可视化。这条生产线成为国家工信部"2015年智能制造试点示范项目"，入选联合国全球契约组织"中国绿色技术创新成果"。

来到泰山脚下的泰安中联，直观印象就是"静"。与以往麦鸣作响的水泥企业形成鲜明对比，厂区非常安静，偶有员工经过，轻轻打着招呼，或者低声谈着事情。清风摇曳，令人心情愉悦。这条全新的生产线有着与传统水泥企业不同的"智能大脑"在"降噪"。泰安中联的绿色智能制造包括七个方面：进场原燃材料自动检测计量系统；厂内物流自动管理系统；矿山智能开采系统；在线分析自动控制系统；生产线全线专家优化系统，包括生料、烧成、水泥、煤磨等方面；生产现场无人值守系统；互联网远程终端管控及诊断系统。预热器一级筒出口温度248摄氏度，熟料综合电耗48.56千瓦时，标准煤耗96.85千克，均代表了世界领先水平；生产线用工100人，较传统生产线减少2/3；整个生产现场就是一幅行云流水的画卷。如果我国现有的1 700条水泥生产线都按照泰安中联生产线进行绿色智能改造，那么每年可节约电费200多亿元，节约煤炭成本250多亿元，同时使水泥工厂"零排放"成为可能。

大力发展"三新"循环经济

在推动传统产业绿色转型的同时，中国建材集团大力发展新型建材、新型房屋、新能源材料"三新"循环经济产业。新型建材和新能源材料业务包括：继续优化和完善石膏板、风电叶片、高性能玻璃纤维、电子玻璃、高端耐火材料等优势产业布局；提高与拓展高性能碳纤维、薄膜太阳能电池、石墨等产品的应用水平和市场能力。新型房屋业务包括：大力发展以轻钢结构和预制钢混结构为主的新型房屋体系以及住宅化部品部件的配套系统，在国内外推广"加能源5.0"房屋体系，建设"绿色小镇"，提供绿色生态智能住宅、健康养老居住全方位房屋解决方案。此外，高端装备业务包括发展和提升大型、高效、智能、节能环保的成套装备及技术，加强内部整合和联合重组。

纸面石膏板是以石膏为主要原料制成的一种新型建筑材料，轻质、隔声、隔热、防火、加工性能强且施工简便，是国际公认的节能型绿色建材。我国是石膏储量大国，已探明总储量576亿吨；但同时也是天然优质石膏储量穷国，可以用于制造石膏板的特级和一级石膏仅占总储量的8%。目前，中国约有3 000多家石膏板企业，如果每家企业年使用30万吨天然石膏，8%的储量仅够使用6年。寻找天然石膏的替代品成为中国石膏板工业的现实问题。

我国是以煤为主要能源的国家，每年二氧化硫的排放量约为3 000余万吨。其中，电厂燃煤烟气的排硫量约占总排放量的2/3。按照国家规定，电厂必须进行烟气脱硫，石灰石-石膏湿法脱硫是普遍采用的工艺。一吨二氧化硫可生成脱硫石膏2.7吨，全国电厂若实现脱硫，可生成烟气脱硫石膏近3 000万吨。但是，电厂脱硫在解决二氧化硫直接排进大气造成空气污染的同时，也带来了脱硫石膏露天堆存大量占用耕地、加重粉尘污染及酸性物质破坏土壤和水资源的风险。经试验对比发现，脱硫石膏品位高，完全可以作为石膏板生产的原材料。此外，众多化工企业在生产中也会产生大量的废渣，形成化学石膏、柠檬酸石膏等，也可以替代天然石膏。

然而，工业副产品替代天然石膏，需要突破大量应用技术难题。中国建材集团投入大量资金和人才进行联合攻关，开发全新的烘干处理、磨细改性、连续煅烧等过程控制技术。中国建材集团旗下的北新建材和泰山石膏掌握了以100%燃煤电厂烟气脱硫石膏为原料生产纸面石膏板的核心技术，开创了脱硫石膏替代天然石膏的先河。一条年产3 000万米²的生产线，每年能消耗30万吨脱硫石膏，相当于吃掉总装机容量300万千瓦的大型火力发电厂副产石膏总量，使石膏板企业与燃煤发电厂、化肥厂形成了良好的产业链，节约了宝贵的矿产资源，减少了开采、运输过程对生态的破坏，为工业废料处理找到了一条新路，从根本上解决了工业污染问题。按照北新建材目前20亿米²石膏板产量计算，每年可消纳工业副产石膏2 000万吨，折合减排二氧化硫752万吨，减少碳排放364万吨，产品替代实心黏土砖可减少耕地破坏3.03万亩⊖。

2012年9月，北新建材石膏板业务规模超越两家世界500强同行：法国圣戈班集团和拉法基集团，跃居全球第一。2013年，北新建材被全球石膏协会授予"全球石膏行业杰出贡献奖"。2020年8月，世界品牌实验室在北京发布2020年"中国500最具价值品牌"排行榜，中国建材集团以1 175.62亿元位居第45位（建材行业第一）；北新建材以752.65亿元位居第71位。

在新型房屋方面，经过了20多年的不懈努力，中国建材集团的新型房屋逐渐为市场所接受。"绿色小镇"如雨后春笋般涌现，正迎来快速发展的新时代。中国建材集团在北京密云建了"加能源5.0"绿色小镇示范项目，引起了行业内的极大反响。"一带一路"沿线国家也非常欢迎中国建材集团的新型房屋，最近中国建材集团"绿色小镇"项目在英国、智利、莫桑比克等不少国家纷纷落地。在新能源材料方面，玻璃纤维达到120万吨的规模、全球第一，广泛应用于风力发电等领域；兆瓦级风机叶片年产能1.5万片，位居全国第一；自主研发生产的T700、T800碳纤维填补了国内空白，国内市场占有率达到50%，支持了国家航天航空等事业的发展；收购德国Avancis公司，全力进入薄膜太阳能铜铟镓硒领域。

综上所述，中国建材集团水泥余热发电系统装机容量超过2 000兆瓦，形成年发电能力约100亿千瓦时，2015年实际发电61亿千瓦时，相当于节约75万吨标准煤、减少二氧化碳排放量200万吨，产生经济效益近27亿元，吨熟料发电量35.5千瓦时。在保证产品质量和环境安全的前提下，不断实施技术升级，提高矿渣、钢渣、粉煤灰、脱硫石膏等工业废渣替代天然矿产原材料的比重，协同处置工业废物。"十三五"期间累计综合利用各类大宗固体废弃物约130亿吨。

未来方向——"新四化"

在新常态下，中国经济告别两位数的高速增长进入中高速，建材行业也从高增长迈入平台期，需求下滑、产能过剩、恶性竞争、环境压力持续加大。在新形势下，中国建材集团强化创新和服务，培育新的经济增长点。

在技术服务业务方面，将研发、检验认证、大数据等业务产业化，形成开放式服务平台；积极开拓海外工程服务市场，创新EPC建设模式。在"互联网+业务"方面，大力推广"跨境电商+海外仓""智慧工业+智慧港口"和BNBM HOME等外贸新模式，打造全球领先的综合服务体系。

在新能源材料业务方面，在薄膜太阳能电池材料制造、光伏建筑一体化、光伏农业等领域取得重点突破，进入新能源电站领域，完善新能源产业链条。

中国建材人认为，"新常态"对建材行业来说既是一段难得的平台过渡期，也是一段黄金转型期。为此，中国建材集团继承和发展过往经验，围绕"创新、协调、绿色、开放、共享"新发展理念，充分结合当前时代变革和企业转型实质，将两个"大力"内容与时俱进，提出了"绿色化、智能化、高端化、国际化"的"新四化"转型方向。

中国建材集团始终坚守并践行自己的绿色发展理念，实现在转型中不断升级，经过

⊖ 1亩=666.67米²。

新一轮的变革，中国建材人坚信他们将引领中国建材行业摆脱过剩的危机，走出"红海"的泥泞，克服不可持续的桎梏，迎来一个健康有序、生机勃勃、万象更新的建材新时代。

资料来源：本案例由中国建材集团张健供稿。

讨论题

1. 中国建材集团是如何走绿色发展之路的？
2. 发展经济一定要走"先污染、再治理"的道路吗？

判断题

1. 制造业的本质是从自然界直接提取所需的物品。
2. 服务业不仅不制造产品，而且往往还要消耗产品，因此服务业不创造价值。
3. 教师讲课不创造实体产品，他们从事的不是生产活动。
4. 有什么样的原材料就制造什么样的产品，是输入决定了输出。
5. 社会组织的所有输出都是对社会所做的贡献。
6. 运作管理包括运作系统设计、系统运作和系统改进三大部分。
7. 生产运作管理包括对生产运作活动进行计划、组织和控制。
8. 运作经理不对运作系统设计负责。
9. 加工装配式生产是离散性生产。
10. 按照物流的特征，炼油厂属于V形企业。
11. 订货型生产的生产效率较低。
12. 订货型生产可能消除成品库存。
13. 大型船舶可以实行备货型生产。
14. 服务业生产率的测量要比制造业容易。
15. 纯服务业不能通过库存调节。
16. 准时性是组织生产过程的基本要求。
17. 资源集成是将尽可能多的不同质的资源有机地组织到一起。
18. 企业的产出物是产品，不包括废物。

选择题

1. 在大多数企业中存在的三项基本职能是：
   A. 制造、生产和运作
   B. 运作、营销和财务
   C. 运作、人事和营销
   D. 运作、制造和财务
   E. 以上都不是
2. 下列哪项不属于大量生产运作？
   A. 飞机制造　　　B. 汽车制造
   C. 快餐　　　　　D. 中小学教育
   E. 学生入学体检
3. 下列哪项不是生产运作管理的目标？
   A. 高效　　　　　B. 灵活
   C. 准时　　　　　D. 清洁
   E. 以上都不是
4. 相对于流程式生产，加工装配式生产的特点是：
   A. 品种较多　　　B. 资本密集
   C. 有较多标准产品　D. 设备柔性较低
   E. 只能停产检修
5. 按照物流特征，飞机制造企业属于：
   A. A形企业　　　B. V形企业
   C. T形企业　　　D. 以上都是
   E. 以上都不是
6. 按照生产要素密集程度和与顾客接触程度划分，医院是：
   A. 大量资本密集服务
   B. 大量劳动密集服务
   C. 专业资本密集服务
   D. 专业劳动密集服务
   E. 以上都不是
7. 哪项不是服务运作的特点？
   A. 生产率难以确定
   B. 质量标准难以建立
   C. 服务过程可以与消费过程分离
   D. 纯服务不能通过库存调节
   E. 与顾客接触
8. 当供不应求时，会出现下述情况：
   A. 供方之间竞争激化
   B. 价格下跌
   C. 出现回扣现象
   D. 质量和服务水平下降
   E. 产量减少

第 2 章
企业战略和生产运作战略

○ 引例　　　　　　　　美国西南航空公司

美国西南航空公司（以下简称"西南航空"）是美国最成功的企业之一，在全线亏损的民航业中创造了连续 31 年持续赢利的商业神话，它首倡的"员工第一，顾客第二"等全新管理理念被誉为"世界航空业最伟大的典范"，是最具传奇色彩的 500 强企业。其实，西南航空获得成功的秘诀根本就不算什么秘密。帮助西南航空跃上全行业顶峰的要素简单又众所周知，那就是：严格自律，始终盯住自己的目标。

从一开始，西南航空就确定了它的经营目标是向短途的、经常旅行的、点对点式旅行以及中途不改换航空公司的乘客，提供最及时的服务和最低廉的票价。

即便是在经营最成功的时候，西南航空也依然严格自律，确保不致偏离公司的既定方针。例如，它始终没有引进巨无霸式的喷气机，不开设国际航线，也不与主要的航空公司进行面对面的竞争。

西南航空主要面向短途飞行的旅客。这些旅客主要是在彼此相距 400 英里[⊖]，也就是 1 小时航程的城市之间飞行，他们希望能有更多的班次可供选择。为此，西南航空将短途飞行的时间安排完善到了极致，使航班密集而且有保证。当开通洛杉矶至凤凰城之间的航线时，每天共有 40 个班次的飞机。同为竞争对手的大陆航空公司和美洲航空公司分别将其在达拉斯与休斯敦之间的航班增加到每天 15 班。这条航线是全美最繁忙的航线之一。可是，与此同时，西南航空在这两个城市之间的航班数已经达到向南飞行 38 次、向北飞行 41 次。西南航空的登机口使用效率非常高，每天每个登机口平均要服务 10.5 个航班次，而全行业平均数仅为 5.0 航班次/登机口。航班如此之多，地勤人员的忙碌程度可想而知，西南航空员工的生产率被发挥到极致。

西南航空相信，乘客不愿意为了方便航空公司而改变自己的行程。1978 年美国航空管制解除之后，大多数航空公司建立起了"轴-辐式"（hub-and-spoke）的飞行体制。其设想是：

⊖　1 英里 = 1.609 344 千米。

先把短途乘客从较小的城市运送到中心城市,然后再把他们转移到另一架飞机上,由这架飞机把他们送往最终的目的地。这种"轴-辐式"体制对提高飞机乘坐率很有效,但它对提高飞机使用率却无能为力。而飞机只有在投入飞行时才能创造价值。简单地说,一架飞机每天飞行的班次越多,其所获得的营业收入也就越多,每个航班的单位成本也就越低。"轴-辐式"体制恰恰增加了飞行的成本,因为飞机要花很多时间在地面等候乘客从周边城市赶来汇合。飞机在地面停留时间过长,负责搬运行李、开启机门、装卸货物和添加油料的地勤人员就会处在无所事事的状态,他们的人工也就无形之中变得更昂贵。更重要的是,延长了乘客的旅行时间。

西南航空的经营战略则截然不同。该公司在不同城市之间直线飞行,最大限度地使用飞机。西南航空机队里一架普通的波音737通常一天要使用11.5小时,而其他航空公司的同类型飞机每天只飞8.6小时。西南航空的每个航班平均飞行时间只有1小时多一点。考虑到这个因素之后,该公司的飞机使用率之高就更是惊人了。西南航空认识到,航班延误就意味着更多的地面时间,而更多的地面时间也就等于飞机使用率的降低。西南航空不愿意与其他航空公司共营航线,部分原因是它不愿意让飞机在地面等候乘坐其他航空公司航班的乘客而花额外的时间与金钱。因为其他航空公司的航班经常晚点。西南航空还坚信,假如乘客可以选择的话,他们是绝对不会为了方便航空公司填满航班座位而改变行程,前往一个地区中心城市的。额外的飞行时间只是部分原因。凯莱赫指出:"我们怎能要求短途飞行的旅客在购票窗口前排着队,等候排在他前面的乘客花30分钟的时间和票务人员讲清楚跨航空公司转机的复杂航线,以及机票票款如何分割呢?"

西南航空还尽量避免使用拥挤的机场,在那些机场降落飞机并迅速返航是很困难的。在经过艰辛努力调整航班管理体系后,西南航空才使航班可以在15分钟内返航。可是,如果选择使用繁忙的机场,飞机就要在滑行跑道上等候45分钟才能起飞,此前为了争取时间而做的一切努力也都没有了意义。

西南航空挑选的机场大都不怎么拥挤,而且靠近市区。这些机场的设备可能不如休斯敦国际机场等,但由于可以更有效地利用飞机,西南航空反而节省了许多开销,降低了飞行成本,从而使低廉的票价成为可能。

企业战略是企业为求得生存和发展,在较长时期内对生产经营活动的发展方向和关系全局问题的谋划。这种谋划包括企业的宗旨、目标、总体战略、经营战略和职能战略。生产运作过程决定了企业的产品和服务的成本、质量、多样性、交付时间和对环境的影响,对企业竞争力有直接的影响。生产运作战略是在企业战略指导下制定的,它是企业总体战略成功的保证。本章阐述现代企业实施战略管理的重要性及战略管理理论的演进,分析影响企业竞争力的因素,描述企业战略管理过程中外部分析、内部分析和战略选择的问题,探讨生产运作战略的内容。

2.1 概述

企业之间的竞争,在相当程度上表现为企业战略定位、生产运作战略选择的竞争。方向正确,战略明确,企业的投入才能获得事半功倍的收益;否则,只能是南辕北辙,投入越多损失越大。

"人无远虑,必有近忧。"这句话充分说明了长远考虑与近期工作的关系。在激烈的市场竞争中，为什么有的企业成功，有的企业失败？为什么一度非常成功的企业后来又遭受很大的挫折？为什么有的企业却能保持持续的竞争优势？这不能不从企业运用的战略上找原因。现在，企业日益认识到制定发展战略的重要性。制定发展战略、实施战略管理是 20 世纪 70 年代西方企业在环境急剧变化的条件下，为了生存和发展而在管理上实行的一次大变革。其目的是使企业的组织结构、资源分配和经营方式与环境提供的各种机会取得动态平衡，以提高企业的竞争力，实现企业总体战略目标。未来学家托夫勒指出："对没有战略的企业来说，就像是在险恶气候中飞行的飞机，始终在气流中颠簸，在暴风雨中沉浮，最后很可能迷失方向，即使飞机不坠毁，也不无耗尽燃料之虞。"事实证明，在一个精心制定的、符合实际的战略的指导下，企业各部门和全体员工团结一致，朝着共同的目标努力，企业就会取得巨大的成功。相反，若战略制定失当，或者企业各部门追求各自的目标，缺乏总体协调，则会造成资源的巨大浪费，甚至给企业带来灾难。我国一些兴旺发达的企业也大都有战略规划或长期经营规划。

　　企业高层管理者最重要的工作就是进行战略管理。战略管理是指在企业战略的形成和实施过程中，制定的决策和采取的行动。企业高层管理者对设置企业长期发展目标负责，并采取各种措施使企业的各个部门朝着这个目标前进。对企业总体发展方向有长期作用的决策，被称为战略决策。战略管理是一个过程，包括战略制定、战略实施和战略评价。战略制定包括确定企业任务，识别外部机会和威胁、企业的优势和劣势，建立长期目标，开发多种战略方案，选择适当的战略。战略实施包括设计适当的组织结构和控制系统，设置企业年度目标、制定政策、激励员工和配置资源，以使制定的战略能够得到落实。战略评价是评价战略实施的效果，包括重新审视内外因素、度量业绩和采取纠正措施。战略管理是战略制定、战略实施和战略评价三个部分相互作用、相互衔接的过程。

　　为什么现代企业如此重视战略？最主要的原因是环境发生了巨大变化，企业竞争日益加剧。进入 20 世纪 90 年代以后，由于参与竞争的选手远远超过市场这个竞技场的容量，加上科学技术的发展日新月异，使竞争变得空前激烈。竞争不仅导致每年有大量的中小企业倒闭，也使一些著名的大企业破产。

　　企业环境是指企业赖以生存和发展的各种外部条件与外在因素。企业环境的构成是复杂的，可以从不同的角度看待环境。从范围上讲，企业环境可以由国内环境和国际环境构成；从企业经营要素上讲，企业环境可以由投资环境、劳动力环境、资金环境、技术环境、信息环境和市场环境等方面构成；从企业的社会联系上讲，企业环境可以由投资者、消费者、供应者、主管机关、政府部门和社会团体等方面构成。

　　现代企业所处环境的特点：技术革新步伐急剧加速，需求日益多样化、个性化，竞争全球化、白热化，产品生命周期越来越短。企业环境因素是多方面的、复杂的，这些因素相互依存、相互制约，综合地对企业发生影响，制约企业的行为。反之，企业战略的实施，又影响环境的变化。

2.1.1　战略管理理论的演进

　　1962 年，钱德勒（A. D. Chandler）出版了《战略与结构》一书，强调组织结构要随战略调整而调整，认为多事业部结构是多元化公司的主要形式。

　　1965 年，美国著名管理学家伊戈尔·安索夫（Igor Ansoff）根据他在美国洛克希德飞机制造公司等大型多种经营公司的实践，出版了著名的《公司战略》一书。他认为，公司战略是贯穿于企业生产经营和市场之间的一条"共同经营主线"。这条主线决定着企业目前所从事的或者计划要从事的经营业务的基本性质。安德鲁斯（K. R. Andrews）于 1971 年出版了《公司战略的概念》一书，强调战略管理是获胜关键。安德鲁斯和安索夫提出了用于战略分析的实用方法，即 SWOT（strength，weakness，opportunity，threat）方法。SWOT 方法的应用前提是企业对一个或几个业务已经有了初步的选择意向，SWOT 分析的目的是进一步研究这些业务领域是否适合企业在其中经营，能否建立持久的竞争优势。SWOT 分析的程序是：先进行环境分析和企业能力分析，然后将企业的优势和劣势与环境提供的机会和威胁进行配对分析，形成战略设想，并进行持久竞争优势检验，最后形成企业战略。

1980 年，波特（M. E. Porter）出版了《竞争战略》一书，提出产业分析的五力模型，五种力量包括潜在的竞争者、替代品的威胁、供应商的力量、购买者的力量和竞争对手。他认为，五种力量的合力决定了公司利润的平均水平和投资回报率，应该选择进入五种力量对比有利的产业，避免竞争过度的产业。波特还提出了事业部级的三种竞争战略：成本领先、差异化和聚焦。

波特的理论强调对环境的分析，认为外部环境尤其是产业环境基本上决定了公司战略选择的空间，波特的战略管理理论对公司战略的研究有着重要的影响，其不足是低估了公司内部的资源、能力和专长的增长，是按照产业组织模型来制定战略的。

以明茨伯格（H. Mintzburg）为代表的战略管理理论认为，传统的战略管理理论强调战略制定是一个自上而下的高度理性化和结构化的过程。他修正了这种看法，认为由于真实世界的不可预测性，基层管理者在战略制定的过程中也发挥了重要作用，战略可以从组织的基层冒出来，并没有任何预先的意图。他认为战略必须随环境而变化，战略可能自发形成。他以本田进入美国摩托车市场的案例说明战略并不是一成不变的，也不完全由高层管理者的认识所决定。明茨伯格提出从 5 个"P"方面定义战略：计划（plan）、计谋（ploy）、模式（pattern）、定位（position）和观念（perspective）。战略是一种计划，是在经营活动之前、有目的地制定的。战略是一种计谋，是威胁和战胜竞争对手的一种手段。战略是一种模式，是为了实现预定目标而进行的重要决策、采取的行动和对企业资源进行分配的一种模式。战略模式的概念将战略视为行动的结果，这种行动可能事先没有计划，最后却形成了已实现的战略。战略是一种定位，是确定企业在经营环境中有利于生存和发展的位置。战略是一种观念，是深藏于人们头脑中感知世界的方式。明茨伯格把战略分为 5 种类型：预想的战略（intended strategy）、实现的战略（realized strategy）、深思熟虑的战略（deliberate strategy）、自发形成的战略（emergent strategy）和未实现的战略（unrealized strategy），它们的关系如图 2-1 所示。

图 2-1　明茨伯格的战略示意

1989 年，哈默（G. Hamel）和普拉哈拉德（C. K. Prahalad）在《哈佛商业评论》上发表了

"战略意图"一文，1994年他们的共同著作《为未来而竞争》出版了。他们认为，传统的战略规划模式试图要在内部资源、能力与外部环境造成的机会与威胁之间获得一种匹配，忽略了创建新的资源和能力以及利用未来的机会，这是一种静态的战略管理模式。日本丰田和佳能之所以能够进入美国市场，不是因为它们当初就有资源和能力同美国通用、施乐等大公司竞争，而是它们有强烈的进入美国市场、取得全球性领导地位的意图，这种意图成为公司上下坚持的信念，从而逐步形成实现目标的资源和能力。他们称这种坚定不移的信念为"战略意图"。他们强调的不是现有资源、能力与环境的匹配，而是建立新的资源和能力去实现雄心勃勃的战略目标。他们的理论注重企业内部能力，是按照资源基础模型来制定战略。

实力战略的提出与买方市场的形成有关。工业化造成财富积累和人口增长停滞、市场需求萎缩。从20世纪80年代初开始，发达国家买卖双方的关系来了个180度的转变，卖方（制造商）不再处处占上风，相反，买方拥有了决定和支配力量。企业之间争夺有限的消费者，形成过度竞争的环境。另外，互联网的出现减少了信息不对称，使企业都可以在全球范围利用资源。既然外部是一种过度竞争的环境，机会又大体上是均等的，企业要取得竞争优势，就只有依靠自己特定的资源和能力。因此，产品和市场战略是企业生命中相对短暂的现象，不断培育企业的核心专长和能力才是可持续发展的本质，才是竞争优势之源。

2.1.2　影响企业竞争力的因素

价格、质量、品种、服务、时间和环保是影响顾客对产品和服务需求的六大因素，也是影响企业竞争力的因素。产品之所以成为产品就是因为它有使用价值，正是使用价值满足了顾客的需要。价格是顾客为获得一定的使用价值在经济上的付出。当顾客认为产品或服务的价值高于他所付出的价格时，满意度较高。质量反映产品使用价值的高低和范围。品种是顾客对不同产品的选择余地。服务是通过顾客在购买、使用与报废产品的过程中提供各种服务和担保，尽可能满足顾客个性化的需求，建立顾客与企业之间的信赖关系。时间用于衡量以多快的速度向顾客提供产品。环保是指产品在制造、使用和报废的过程中，对环境的污染和破坏程度最小。

顾客对这六大因素的满意度越高，产品和服务就越能赢得顾客的信赖，企业就越具有竞争力。竞争成败的关键在于明确知道顾客需要什么，然后付诸实施。显然，不同顾客对这六大因素的要求是不相同的。但随着消费水平的提高，影响需求的主要因素的变化是有一定规律性的。

在工业化初期，居民消费水平较低，"有没有"的问题比较突出。产品只要可用、便宜，就受欢迎。影响产品竞争力的主要因素是价格。20世纪60年代的中国，人们普遍看好处理品，喜欢逛处理品商店，正是当时低消费水平下的顾客行为。

随着消费水平的提高，"好不好"的问题凸显出来，"价廉质劣"的产品不再受人们青睐，影响产品竞争力的主要因素是质量。人们的观念已经转变为：只要产品质量好或服务档次高，贵一点儿也可以。

当"有没有"和"好不好"的问题得到一定程度的满足后，人们"厌恶重复"的本性使得顾客追求个性化的产品和服务，这就需要供方提供多种多样的产品和服务供顾客选择，且需要不断更新产品和服务。单一化的产品，即使质量好、价格低，也不能为顾客所接受。品种成为影响产品竞争力的主要因素。

提供多样化的产品供顾客选择，不仅使成本大幅度上升，而且依然不能满足顾客个性化的需求。顾客需要的不是产品，而是产品的功能，是帮助他们解决问题，满足他们个性化的需求。服务就成为影响竞争力的主要因素。服务的本质就是使顾客个性化的需求能够得到满足。提供"量身定做"的产品和服务，才能真正为顾客提供解决方案。早期的生产管理只讲生产"产品"，顾客也只看重有形产品；后来，生产运作管理教科书讲到提供"产品或服务"，即制造业提供产品，服务业提供服务；再往后，讲到提供"产品和服务"，说明产品和服务已经不可分离，不提供售前和售后服务，由现代技术支持的复杂产品是没有人敢购买的。但是，服务仍然是附加在产品上的。现在，主要讲服务，企业的宗旨就是为顾客服务，产品作为顾客需求的满足物，只是这种服务的一个部分。

当各家企业的产品和服务在前4种因素上的差别不大时，谁能够最及时地向顾客提供定制的产品和服务，谁能够最快地推出顾客意想不到的新产品和新服务，谁就会受到顾客的欢迎。时间成为影响竞争力的主要因素。时间已经成为影响产品和服务竞争力的例证在日常生活中都可以见到。国内邮件送达的时间，特快专递需要1~2天，普通信件需要4~5天。人们常常宁可花20倍左右的钱，用特快专递换来提早3天的时间。过去，请客吃饭是一种享受，现在往往成为负担，原因是花费的时间太多，也反映了时间成为竞争的主要因素。

随着消费水平的提高，人们更加关心健康和长寿。当各家企业提供的产品和服务在前5种因素上的差别不大时，哪种产品和服务能够清洁地生产出来，在使用中对环境的污染最小，报废处理也由企业承担，哪种产品就能得到顾客的青睐。由于产品的生命周期越来越短，还有使用价值的产品在功能上已经落后了，这样就出现了一个十分棘手的问题：大量需要报废的产品如何处理。我国家电产品即将面临大量报废的问题，环保成为影响竞争力的主要因素，人们的环保意识日益加强。例如，十分豪华但如果装修材料中含有过量对人体健康有害的物质（如甲醛），这种装修服务也是不受欢迎的。

图2-2描述了主要竞争因素随消费水平提高而变化的情况。需要说明的是，该图反映的是一种变化的总趋势，并不说明没有例外情况。比如马斯洛的需要层次理论，在低层次需要得到基本满足后，较高层次的需要就会凸显出来，但并不意味着低层次需要就没有了。主要竞争因素的变化也是一样，较高层次的因素凸显出来，并不意味着低层次因素不重要，只不过不是主要因素。

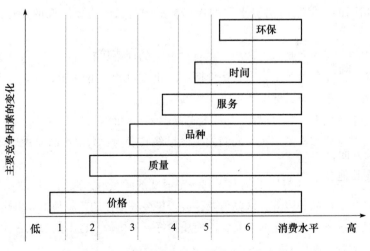

图2-2 主要竞争因素与消费水平的关系

影响需求的因素也是影响竞争的因素。当价格成为竞争的主要因素时，出现了"基于成本的竞争"，典型的生产方式是大量生产；当质量成为竞争的主要因素时，出现了"基于质量的竞争"，典型的生产方式是精细生产；当品种成为竞争的主要因素时，出现了"基于柔性的竞争"，典型的生产方式是计算机集成制造；当服务成为竞争的主要因素时，出现了"基于服务的竞争"，典型的生产方式是大规模定制生产；当交货期或上市时间成为竞争的主要因素时，出现了"基于时间的竞争"，典型的生产方式是敏捷制造和即时客户化定制；当环保成为竞争的主要因素时，出现了"基于环保的竞争"，典型的生产方式是绿色制造。

2.2 企业战略管理

2.2.1 战略管理过程

按照正式的战略规划制定和实施的模式，战略管理过程包括确定企业使命（宗旨）和主要目标、战略分析、战略选择和战略实施4个阶段，如图2-3所示。

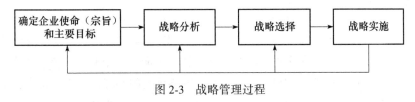

图2-3 战略管理过程

1. 确定企业使命（宗旨）和主要目标

使命（mission）是企业存在的基础和原因。不同组织的使命是不同的，学校的使命是培养优秀人才，医院的使命是治病救人，汽车制造厂的使命是生产顾客所需要的汽车。使命需要清晰而简要地表达出来，以作为企业的宗旨。

例如，联想公司的使命是——

为客户：联想将提供信息技术、工具和服务，使人们的生活和工作更加简便、高效、丰富多彩。为员工：创造发展空间，提升员工价值，提高工作、生活质量。为股东：回报股东长远利益。为社会：服务社会文明进步。我们的愿景：高科技的联想，服务的联想，国际化的联想。

企业战略不仅应该考虑如何为股东创造价值，而且还要将战略管理的范畴拓展到利益相关者。所谓利益相关者，就是那些直接或间接受到企业行为影响的个体或组织。不仅如此，还应考虑可持续发展：既要满足当代人的需求，又不损害后代人满足其需求的能力。

为了更好地理解这一拓展的观点，有学者提出了战略三角（triple bottom line）模型，如图2-4所示。该模型认为，应该从经济增长、社会责任和环境保护三个方面对企业使命进行评价。

在经济增长方面，企业有责任通过投资回报补偿那些购买了自己股票或其他金融产品的股东。企业战略应当促进发展，不断获取利润，创造长期股东价值。不仅为企业创造利润，而且为社会提供长久的经济效益。

图2-4 战略三角模型

在社会责任方面，要求企业努力为受其影响的员工、社区及其他社会实体寻求利益。企业不应聘用童工，应实行同工同酬，避免过长的工作时间和高强度的工作，为员工营造安全的工作环境，不能生产假冒伪劣产品，更不能制造对人体有害的产品。

在环境保护方面，应当减少浪费，减少对自然界不可再生资源的消耗，降低企业对生态环境的影响。同时，还要评估从原材料加工、生产、配送直至产品最终被顾客废弃整个过程中引起的环境成本。

传统的企业战略只重视战略三角模型中的经济增长方面。现在，很多国家的企业已经注重社会责任和环境保护。例如，美国加州有机能量食品公司克里夫巴尔（Clif Bar）的五个愿景中的前三个是：保护我们的地球——既要不断发展，也要坚持把对地球的影响降到最低限度；保护我们的社区——成为社区的好邻居，回报社会；保护我们的员工——为员工创造具有充实感的工作环境。与之形成鲜明对比的是，一些著名企业的使命中都没有提到环保问题，似乎保护环境只是政府的事情。

企业的使命和宗旨为企业发展提供了一个总的方向，并由此产生企业的目标。某种产品的市场占有份额、一定的盈利水平，都可以作为企业的目标。

2. 战略分析

战略分析包括两个方面：分析外部环境以找出机会（opportunity）与威胁（threat），分析内部条件以找出优势（strength）与劣势（weakness）。以美国哈佛大学商学院安德鲁斯教授为代表的战略规划学派，提出了著名的SWOT分析方法，全面分析企业的优势、劣势、机会和威胁4种因素，以选择适宜的战略加以实施，并强调在不确定的环境因素下，结合企业方针、目标和经营活动，认真分析设计，以形成竞争优势。SWOT分别代表优势（S）、劣势（W）、机会（O）、威胁（T）。优势和劣势都是就企业本身而言的，机会和威胁是从外部环境分析出来的，如表2-1所示。在SWOT矩阵中，各种优势、劣势与各种机会、威胁互相交叉，形成许多不同的区域。在有的区域里，要发挥优势，利用机会；在有的区域里，要克服企业劣势，利用机会；在有的区域组合里却要发挥优势，回避一些威胁；在另一区域里，不但企业内部是劣势，而且在企业外部威胁又很大，那就需要选择退出。

表 2-1 SWOT 分析矩阵

	优势（S） 列出企业所有优势因素	劣势（W） 列出企业所有劣势因素
机会（O） 列出企业所有机会因素	SO 战略 列出发挥优势、利用机会的企业战略	WO 战略 列出利用机会、克服劣势的企业战略
威胁（T） 列出企业所有威胁因素	ST 战略 列出发挥优势、回避威胁的企业战略	WT 战略 列出克服劣势、回避威胁的企业战略

3. 战略选择

在进行内部条件与外部环境分析的基础上，选择适当的战略。对企业来说，它有一个总体战略，称之为企业战略或公司战略。公司战略是公司最高层次的战略，内容包括两方面。第一，选择企业经营范围和领域，比如专注于某个事业，还是实行多元化？是垂直一体化还是水平一体化？第二，在各事业部之间进行资源分配，资源分配是战略实施的关键。一个大公司一般设有若干个事业部，事业部是相对独立的经营单位。事业部战略，也被称为经营单位战略或经营战略，内容是在选定的事业范围内，如何去竞争，因此有时也被称为竞争战略。若企业只从事一项事业，则公司战略和经营战略是一致的。由于每个事业部都下设不同的职能部门，职能部门的活动支持事业部的发展,相应地就有各种职能战略,如生产运作战略、财务战略和营销战略等。职能战略涉及企业的职能领域,它们支持事业部战略,而事业部战略支持公司战略,公司战略支持企业目标和使命。战术是实施战略的方法和行动,战术指导运作,战术解决"如何做"的问题,运作解决"做"的问题。

使命、宗旨、目标、总体战略、事业部战略、职能战略、战术、运作之间的关系,如图2-5所示。

制造业有战略和战略管理问题,服务业也有战略和战略管理问题。比如一所大学,它的宗旨可能是,为国家培养具有创造精神的高层次人才;目标是,30年内建成世界一流大学;战略是,发挥优势,在国内信息技术、生物工程和管理科学领域达到领先地位,创造出在世界上有影响的成果;战术是,发挥现有教师的创造性和潜能,并吸引国内外优秀人才来校工作;运作方法是,制定有效的激励措施和优惠政策。对个人来说,也可能有其宗旨和战略。比如,某人的宗旨是,成为企业界

图 2-5 从使命到运作的层次关系

的名人;他的目标是,大公司总经理,收入高,有声望;战略是,获得名牌大学 MBA 学位;战术是,选择著名的管理学院学习,创造入学条件;运作方法是,入学考试、注册、上课、研究。

4. 战略实施

设计好战略实施路线图,建立适当的组织结构与控制系统,并有效地分配资源,使组织确定的战略能够实现。在战略实施阶段,要特别注意抓主要矛盾,根据战略目标配备恰当的组织体系和人力资源。除此之外,还要注意对战略目标的实现进行跟踪和评估,对可能影响战略目标实现的问题及时破解,并反馈到上一阶段,做出是否调整战略目标的决策。

2.2.2 外部分析:识别机会与威胁

环境包括宏观环境、行业环境和竞争环境。竞争环境对企业战略的影响最直接、最大,行业环境次之,宏观环境的影响最间接、最小,如图2-6所示。

1. 宏观环境

宏观环境包括政治因素、经济因素、科技因素、社会因素,这些因素构成了企业生存的大环境。

(1) 政治因素。它包括国际形势、国家政治的稳定性、法令、关税政策、国家预算、就业政策、环境政策和国家经济政策等。从当今国际形势的总体情况来看,世界总体上是和平的,局势是缓和的、可控。进入21世纪后,国际形势呈现政治多极化、经济全球化的格局。20世纪70年代、80年代和90年代发生的多次石油危机,都与国际形势有关。20世纪70年代阿拉伯国家的石油禁运,1991年伊拉克入侵科威特,2003年美国进攻伊拉克,都影响了公司的

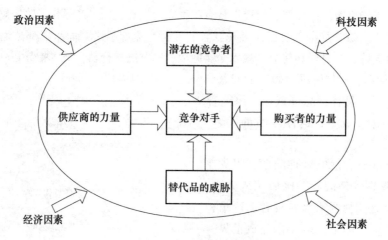

图 2-6 企业总体环境

资料来源：查尔斯 W. L. 希尔，加里斯 R. 琼斯. 战略管理：概念与案例 [M]. 薛有志，等译. 北京：机械工业出版社，2012. 本书略做修改。

战略制定。政治因素对我国企业的发展战略也有很大的影响。政府的一项新规定，既会给企业发展做出某些限制，同时又会给企业带来新的发展机会。例如转变经济增长方式，变外延式扩大再生产为内涵式扩大再生产，就会压缩基本建设规模，从而导致对水泥、木材和钢材的需求减少，相关生产企业就要及时调整自己的产品品种和产量。与此同时，提出了提高产品技术含量的需求，使高新技术产品的生产得到发展，进而促进科学技术以及教育的发展。

（2）经济因素。它包括国民消费水平、收入分配、投资水平、国民生产总值、国内生产总值、家庭数量和结构、经济周期、就业水平、储蓄率和利率等。如何把握趋势，取决于对经济发展情况的预测。由于未来的经济环境难以准确预料，企业在制定发展战略时，往往准备几套替代方案，以减少风险，把握成功的机遇。尽管如此，也不能保证绝对成功。壳牌石油公司曾制订了详细的方案以应对 1991 年的海湾战争，但在一些难以预料的突发事件中，如炼油厂爆炸和石油泄漏，仍遭受了巨大的损失。总体经济的研究对一些大的产业特别重要，如汽车产业的发展，不单单取决于国民收入水平，而且取决于国家的经济政策和基础设施条件。

（3）科技因素。新产品、新工艺、新材料、新能源的出现，为企业的发展提供了巨大的机遇和严重的威胁。例如，高清晰度电视的研制可能会给现存的电视机市场带来巨大的冲击；电动汽车如果在技术上取得突破性进展，使性能提高，成本大幅度下降，在给一些企业带来机会的同时，也给另一些企业带来很大的威胁。一些企业正是通过技术上的优势来保证其竞争优势的。英特尔（Intel）公司的领导在 286 微处理器风头正盛的时候，实行了在当时大多数人都觉得不可理解的名为"吃掉自己的孩子"的革新计划，即放弃仍然有利可图的 286 微处理器，开发 386 微处理器，以更新的技术和产品来保持并发展市场优势。事实证明，"吃掉自己的孩子"是一个极其英明的决策。抛弃虽然还是有利可图但已经不稳固的竞争优势，继续走创新之路，是英特尔公司长盛不衰的关键因素。

（4）社会因素。社会条件包括人们的生活方式和生活习惯、人口数和年龄结构、妇女和少数民族的地位、双职工家庭和单亲家庭的增加、外出吃饭人数的增加以及平均寿命的增加等。社会条件的变更也给企业带来了发展的机遇。

2. 行业环境与竞争环境

提供某种相同或相似的产品或服务的企业的集合称为行业。按照波特的五力模型，行业环境主要包括 5 种要素。

(1) 需方对行业内企业的影响。这种影响主要取决于需方与行业内企业讨价还价的能力。如果行业内企业的产品是标准化的或差别很小，需方在交易中就占优势；如果行业内企业的产品是差别化的，企业在与需方的交易中就占优势；如果需方对价格敏感，需方就会对行业内企业形成较大的成本压力；如果需方（如沃尔玛）采购量大，就有很强的讨价还价能力；如果需方转向购买替代品的转换成本小，对行业内企业的压力就大。

(2) 供方对行业内企业的影响。这种影响也主要取决于供方与行业内企业的讨价还价能力。

(3) 替代品的威胁。当一种产品的相对价格高于替代品的价格时，顾客就转向购买替代品。

(4) 新加入者的威胁。当行业具有较高的投资回报时，就会吸引很多潜在的加入者。新加入者的竞争将导致行业内平均利润的下降。

(5) 行业内企业的竞争。行业内企业既有竞争，又有合作。行业内企业竞争程度取决于以下一些因素：

- 行业内企业数量和力量对比。当数量较多且力量比较均衡时，竞争较激烈；当数量较多但力量不均衡时，多按龙头企业建立的游戏规则行事，行业竞争较平稳。
- 行业市场的增长速度。在市场迅速增长期，竞争弱；反之，竞争强。
- 行业内企业差别化程度与转换成本。当每家企业都服务于一个差别化的细分市场时，竞争不激烈；反之，激烈。当一家企业可以轻易转换到另一个细分市场时，竞争激烈；反之，不激烈。
- 战略赌注。行业内企业赌注下得很大时，竞争激烈；反之，不激烈。
- 行规。假如无论原材料价格涨落与否，最终产品价格不许改变，在这种情况下，竞争不激烈；反之，激烈。
- 行业的集中程度。当少数几家企业控制了行业绝大部分销售额时，竞争激烈，尤其是从分散向集中过渡时期，竞争尤为激烈，如国内彩电行业；反之，当行业分散时，竞争较弱，如修鞋行业。

综上所述，竞争越激烈，获利性就越低。因此，那些低进入屏障、需方和供方处于较强讨价还价地位、替代品威胁严重、行业内企业竞争激烈的行业，是没有吸引力的行业。

2.2.3　内部分析：确认资源与竞争优势

当一家企业的利润率高于行业的平均水平时，我们称该企业具有竞争优势。当一家企业的利润率持续高于行业的平均水平时，我们称该企业具有持续竞争优势。两个因素决定了产品或服务的竞争力：一是价值，用 V 表示；二是成本，用 C 表示。V 是由顾客决定的，是顾客获得满足的度量，按照波特（1985）在《竞争优势》中提出的观点，价值是买方愿意为企业提供给他们的产品和服务所支付的价格。但是由于企业之间的竞争，企业只能索取比独占供应情况下 V 要小的价格 P。$(V-P)$ 是顾客的剩余，是顾客认为"我赚了"的部分。由于 V 具有主观性，每个顾客对每种特定的产品或服务的 V 不同，而 P 相同，因此每个顾客的剩余不同。从总体水平上讲，$(V-P)$ 越大，表明企业之间竞争越激烈；对某个特定企业来说，$(V-P)$ 越大，说明顾客的满意程度越高,企业所提供的产品和服务就越有竞争力。($P-C$)是企业获得的利润。P是市场中形成的,C越低,企业获得的利润就越多。($V-C$)是企业创造的价值。V越高,C越小,企业创造的价值就越大,如图2-7所示。企业经营的核心就是提高V和降低C。理想的情况是,在提高V的同时降低C,企业创造的价值就越大。但由于降低成本C的空间有限,着眼于提高价值V有助于揭示竞争优势的来源。在大幅度提高V的同时,控制C不变或小幅度上升,是比较现实的情况。

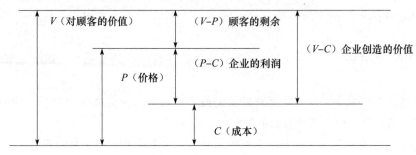

图2-7 价值V、价格P、成本C的关系

提高V主要依靠差异化战略,与众不同的产品和服务,包括不同的设计、不同的功能、不同的质量、不同的品牌、不同的服务,使顾客认为价值高而愿意支付较高的价格。应该强调的是,贴心的服务会使顾客感知价值得到难以预计的提升。降低C主要依靠低成本战略,日本企业不断消除浪费,进行永无休止的改进,目的就是不断降低成本。但是,成本的降低总是有限的,而且随着人工成本升高、原材料和能源价格上涨,单纯进行价格竞争是行不通的。关键是企业如何在控制成本的同时,提供有别于竞争者的差异化产品和服务,以创造更高的顾客价值V。

价值是在将投入转换成产出的过程中形成的。投入转换成产出包括一系列活动,这些活动可以分成两类:基本活动(primary activities)和支援活动(support activities)。每项活动都可能增加产品和服务的价值,如图2-8所示。

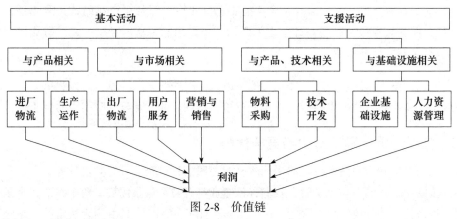

图2-8 价值链

资料来源:www.learnmarketing.net.

基本活动是与产品的形成、销售、发运及售后服务直接相关的活动,可分为与产品相关的活动和与市场相关的活动。与产品相关的活动包括进厂物流和生产运作,与市场相关的活动包括出厂物流、用户服务、营销与销售。进厂物流的组织决定了生产活动所需物资的供应效率及成本。通过生产运作活动实现投入产出最大化,高效率、低成本地生产高质量的产品。对企业来说，出厂物流影响到顾客能否及时收到合格的产品。通过营销与销售，可以提高顾客对企业产品的认知价值，并发现顾客需求，为研究与开发提供有价值的信息；营销与销售使顾客接受企业的产品和服务。服务可以增加顾客对企业及其产品的认知价值，如海尔良好的售后服务，使顾客愿意承受较高的价格购买海尔的产品。

支援活动是支持基本活动的活动，是基本活动取得成效的保证，同时也为企业创造价值。它可以分为与产品、技术相关的活动和与基础设施相关的活动。与产品、技术相关的活动包括物料采购和技术开发，与基础设施相关的活动包括企业基础设施和人力资源管理。通过采购与供应，企业获得能够增加产品价值的物资。采购的往往不只是实体物品，而且还有品牌等无形资产。例如，计算机制造商采购英特尔公司的微处理器，在计算机上标明"Intel inside"，就会提高计算机的价值。厂房、设备、生产线等基础设施的状况决定了生产运作的效率和产品的成本。通过招聘、培训和激励等活动，使企业获得各种优秀人才，并使他们充分发挥自己的积极性、创造性和潜能。人力资源的开发决定了其他资源作用的发挥。

并非价值链上每个环节都创造价值，实际上只有某些特定的活动才真正创造价值。那些真正创造价值的活动，就是价值链上的战略环节。企业要保持的竞争优势，实际上就是企业在价值链某些特定的战略环节上的优势。因此，战略管理要求企业特别关注和培养在价值链的关键环节上获得核心竞争力，以形成和巩固企业在行业内的竞争优势。

根据产品实体在价值链中的流转程序，企业的增值活动还可被分为上游环节和下游环节。产品开发设计、生产运作属于上游环节，市场营销和售后服务属于下游环节。中国台湾宏碁集团创办人施振荣先生在 1992 年提出了"微笑曲线"（smiling curve）理论，认为价值最丰厚的区域集中在价值链的上游和下游，即研发和市场。中游的加工、制造和装配价值增值最少。20 世纪 90 年代和 60~70 年代相比，差异更加扩大，这样构成的微笑曲线，如图 2-9 所示。华为公司的研发人员占 46%，市场营销和服务人员占 33%，管理及其他人员

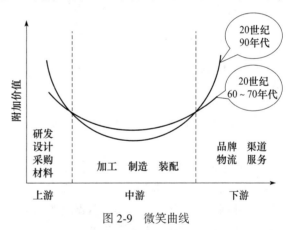

图 2-9 微笑曲线

占 9%，其余的 12% 才是生产人员。正是保持这样的比例，华为赢得了竞争优势。

企业要保持竞争优势，只需在价值链的某些环节上保持竞争优势。抓住了那些关键环节，也就能够提高价值。关键环节由本企业来完成，将非关键环节外包，这是企业利用外部资源的方法。这些决定企业经营成败和效益高低的关键环节可以是产品开发、工艺设计，也可以是市场营销、生产运作，或者是售后服务。

当发现机会和威胁之后，企业需要尽早对内部条件进行评审，以便有时间弥补本身的不足。需要评价的企业内部条件包括以下几点：

- 对市场的了解和适当的营销能力。
- 现有的产品和服务。
- 现有的顾客及与顾客之间的关系。

- 现有的分配和交付系统。
- 现有的供应商网络及与供应商之间的关系。
- 人力资源情况：管理层的能力、当前工人的技能和积极性，以及工人必要技能的获取。
- 对自然资源拥有的情况及获取能力。
- 当前的设施、设备、工艺及其位置。
- 对特殊技能的掌握。
- 产品和工艺的专利保护。
- 可获得的资金和财务优势。

在评价企业内部情况时，要回答这样一些问题：在满足现有的和将来的顾客需求方面，本企业有什么优势？本企业的不足是什么？如何才能弥补这些不足？本企业能够尽快吸引和培训足够的工人与管理人员吗？本企业能够更恰当地将获得的资金投入到不同的项目中去吗？在弥补本企业的不足方面有哪些内部限制？

由于条件随时间变化，加上竞争对手的对策也在不断变化，制定战略是一个动态过程和连续的工作。企业管理者需要不断研究新的情况，不断评价内外条件，不断调整、修改战略。一旦战略发生变化，就必须让企业内各个部门都知道，以提高工作的有效性。

企业战略制定之后，就要制定保证战略实施的政策，为下级部门设置目标。企业的各个组成部分在这些政策和目标的指导下运作，从而保证战略目标的实现。

2.2.4 战略选择

战略选择包括公司战略、经营战略和职能战略的选择，事业部战略又称经营战略或竞争战略。

1. 公司战略

公司战略是企业最高层次的战略，解决公司应该投入何种事业领域，以实现长期利润最大化的目标。公司既可以选择专注于单一事业（专业化战略），也可以选择多种不同的事业领域（多元化战略）；既可以采取垂直一体化，也可以采取水平一体化。

（1）专注于单一事业。麦当劳快餐店、可口可乐饮料和格力电器，都采取专注于单一事业专业化战略。其优点是：集中资源（员工、知识、技术、财务、领导者的精力）于单一领域，避免进入不熟悉或无能力创造高附加值的领域，容易取得优势。专业化战略需要产品、技术和管理不断创新，才能保持竞争优势。可口可乐曾渗透到娱乐事业，发现管理娱乐事业使其宝贵的经营注意力脱离核心饮料事业，于是撤资。

（2）垂直（纵向）一体化。垂直一体化（vertical integration）意味着公司自行生产它的投入（向后或向上游整合），或自行处理它的产出（向前或向下游整合）。钢铁公司将铁矿供应整合进来，是向上游整合的例子；汽车制造商建立销售网络，是向下游整合的例子。

垂直一体化的优点，具体如下：

①提高新竞争者的进入障碍。20世纪30年代，美铝公司（Alcoa）和加拿大铝业公司（Alcan）将当时唯一具有开采价值的牙买加铝土矿整合，使竞争者打消进入的念头，一直到1950年在澳大利亚和印度尼西亚发现高等级铝矿砂之后，这种情况才开始改变。

②提升专用资产的投资效率。专用资产可实现产品差异化，既可以提高价格，同时又具有高效率，可以降低成本，且专用资产在其他用途上会降低使用价值。对专用化资产投资引起的

问题通过垂直一体化能得到较好的解决。

③保证产品质量。麦当劳在莫斯科设店时,由于当时本地的马铃薯和肉类质量太差,麦当劳在那里建立自己的农场、养牛场、蔬菜区和食品处理工厂,实行垂直一体化。

④便于加强计划与控制。实行垂直一体化使得企业间的协调变成企业内的统一指挥,保证生产进度并降低库存。

垂直一体化的缺点有:

- 成本劣势。当低成本的外部供应商存在时,垂直一体化的成本较高。
- 垂直一体化缺乏适应技术变化的能力。当技术变化剧烈时,发现技术已落后,由于自己的投资形成包袱,会抗拒改变,导致市场占有率下降。
- 当需求不稳定时,垂直一体化有极大风险,协调也很困难。

(3) 水平(横向)一体化。将非核心业务委托外部完成或外包(outsourcing)是近年来的一个趋势。外包的优点是:①将非核心业务交给有优势的供应商来做会降低成本,更有效率,还可提升产品价值;②有可能将资源集中到公司的核心能力上;③容易回应顾客,适应市场变化。在急剧变化的环境下,各公司都只保留核心业务,将不擅长的业务外包,通过并购同种业务的企业,实行水平一体化,从事不同业务的企业形成集合优势能力的供应链,单个企业之间的竞争就变成供应链之间的竞争。

(4) 多元化。当公司拥有的财务资源超过维持现有的或核心业务的需要,同时又看到令人激动的发展机会时,就企图利用剩余资源去投资,以创造价值,从而形成不同的业务,这被称为多元化或多角度化战略。多元化有两种形式:相关多元化和非相关多元化。相关多元化是指经营在技术、生产、工艺和销售等方面有联系的多种业务,不相关多元化是指经营完全不相关的业务。

公司之所以追求多元化,最根本的原因是提高公司价值。市场需要多样化产品,但每种产品的批量都不大,通过多元化可以共用资源和能力,实现范围经济性。但是,波特的研究表明,多元化结果不容乐观,多元化所浪费的价值超过其所创造的价值。其原因主要是多元化使业务大量增加,企业领导者的精力不够。GE 20世纪70年代的总裁琼斯(Jones)曾说过,"我发现无论多么努力地工作,我永远无法深入了解40个独立事业单位的计划"。

2. 经营战略

(1) 波特的三种竞争战略。波特教授提出了三种基本的市场竞争战略:成本领先(overall cost leadership)战略、差异化(differentiation)战略和聚焦(focus)战略。

①成本领先战略。成本领先战略就是要使企业的某项业务在行业内成本最低的战略。采用成本领先战略,针对规模较大的市场提供较为单一的标准产品和服务,不率先推出新产品和服务。制造业中的格兰仕、服务业中的麦当劳和沃尔玛,都是运用成本领先战略的典型例子。运用成本领先战略一般需要采用高效专用的设备和设施;在组织生产的过程中,要提高设备利用率;要对物料库存进行严密控制;要提高劳动生产率;采用低工资率并降低间接费用。成本领先战略可获得大量生产、大量销售的好处。

②差异化战略。差异化战略的实质是要创造一种使顾客感到是独一无二的产品或服务,使消费者感到物有所值,从而愿意支付较高的价格。这种战略可以有多种形式,如唯一的品牌、唯一的技术、唯一的特点和唯一的服务等。

实施差异化战略的关键是创新。传统的战略都是把竞争对手击败的战略，考虑的都是如何战胜对手，如何扩大市场占有率，如何把竞争对手正在做的事情做得更好。这种战略好比众多的人要分享一块大小已经确定的饼，每个人都希望分到的份额大一些，结果拼个你死我活。新的战略是从顾客需求出发，考虑顾客需求的变化，并通过技术创新提供使顾客更为满意的产品和服务。这好比重新做一个不同的饼，它能满足顾客的不同需求。要做一个不同的饼，就需要创新。因此，这种竞争战略被称为"基于创新的战略"。按照创新战略，竞争对手可能成为合作者，公司之间既有竞争，又有合作。在急剧变化的时代，与其努力赶上和超过竞争对手，不如合作起来致力于创新，实现共赢（win-win）。在"做饼"的时候合作，合作才能共同创造市场，不合作将导致"双输"；在"分饼"的时候竞争，不应该忘记自己的利益，否则是"你输他赢"，合作就不会继续。国外有人将这种情况称为"合争"（co-opetition）或译成"竞合"。

③聚焦战略。成本领先和差别化都是雄霸天下之略，聚焦战略是对选定的细分市场进行专业化生产和服务的战略，它为特定的狭窄目标市场顾客的特殊需求提供良好的产品和服务。绝大部分小企业都是从聚焦战略起步的。

公司无论采取专业化战略或多元化战略，事业部都可以采用不同的竞争战略。

（2）快速响应战略。快速响应战略是基于时间竞争的产物，它要求企业更快捷地响应顾客需求的变化，及时提供顾客所需的产品和服务。

响应的第一层含义是能够可靠地按照计划交货。尽管德国的劳动力成本在全世界最高，但德国机械行业通过可靠的响应保持了竞争优势。这种响应体现在可靠的计划方面，德国机械行业的公司制订了翔实的计划，它们认真执行了这些计划。此外，它们还就这些计划事先和顾客进行沟通，于是，顾客也信赖这些计划。因此，可靠的响应所产生的竞争优势增加了最终顾客的价值。

响应的第二层含义是速度，即缩短顾客订货提前期。为此，需要压缩设计、采购、制造和配送上的时间，同时在交货等方面提高速度。例如，摩托罗拉公司三天就可以交付定制的传呼机。通常，采用快速响应战略的企业是可以获得竞争优势的。

响应的第三层含义是及时服务。要及时处理顾客在产品使用过程中出现的问题，减少顾客的损失。

要保证快速响应战略的实施，必须提高企业的柔性。企业的柔性是企业响应外界变化的能力，要提高企业的柔性，企业需要拥有各种不同的资源，包括掌握不同专业知识的人才，具有不同功能的机器设备，以及像团队那样适应变化的组织等。

3. 职能战略

职能战略是增进企业内职能性操作效果的战略，如生产、营销、物料管理、研究与开发及人力资源管理等战略，当然也包括跨职能的战略。通过职能战略的实施，实现高效率、高质量、创新和良好的顾客响应，以取得低成本并实现差异化，从而赢得竞争优势，如图2-10所示。

高效率导致低成本，良好的顾客响应造成差异化，具有创新和高质量的产品往

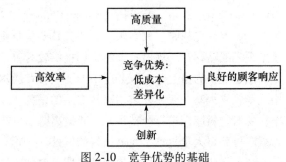

图2-10　竞争优势的基础

资料来源：查尔斯W.L.希尔，加里斯R.琼斯.战略管理：概念与案例［M］.薛有志，等译.北京：机械工业出版社，2012.

往往既能提高差异性又能降低成本。

效率、质量、创新以及好的顾客响应，都与生产运作有密切关系。要提高企业创造的价值，就要提高价值 V 并降低成本 C。V 和 C 都与生产运作活动密切相关。

效率是投入和产出的比较，是生产运作过程中形成的。如果其他条件相同，效率高就可以获得低成本优势。以往的生产运作管理教科书都把生产率作为最主要竞争因素。后来，质量提高到战略性高度，成为主要竞争因素，质量会增加顾客心目中产品的价值。质量也是生产运作过程中形成的，不是检验出来的。有创意的新产品，首先要设计出来，设计也属于生产运作范畴；设计的产品要变成实际的产品，还要经过制造。创新可以造成差异化，生产过程的创新对提高产品质量和降低成本有重要作用。对顾客的及时响应，完全取决于生产过程的准时性。因此，生产运作管理对于提高企业的竞争力具有举足轻重的作用，核心运作能力是企业形成核心竞争力的保证。

2.3 生产运作战略

生产运作战略主要包括三方面内容：①生产运作的总体战略；②产品或服务的选择、开发与设计策略；③生产运作系统的设计。

2.3.1 生产运作的总体战略

生产运作的总体战略主要包括：自制和外包的选择；产品结构和产业结构的选择；组织生产是预测驱动还是订单驱动；采用高效供应链还是敏捷供应链；配送网络的选择。

1. 自制和外包的选择

这是首先要决定的问题。若决定自己制造某种产品或由本企业提供某种服务，则需要建造相应的工厂或服务设施，采购所需要的设备，配备相应的工人、技术人员和管理人员。若决定购买，则不必配备这些资源。

自制或购买决策有不同的层次，在产品开发过程的不同阶段都有自制和外包问题。产品开发过程如图 2-11 所示。

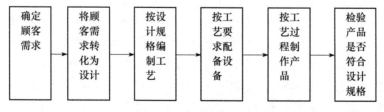

图 2-11 产品开发过程

在确定顾客需求之后可以将产品设计或制造任务外包，这是最高层次的自制或外包决策，影响到企业的性质。产品自制，需要建一个制造厂；产品外包，则需要设立一个经销公司。在产品设计完成之后，编制工艺及其后续活动也可以外包。在编制工艺完成后，可以自己配备设备、自己制造，也可以外包，还可以部分自己做、部分外包。若只在产品装配阶段自制，则只需要建造一个总装配厂，然后寻找零部件供应厂家。最后，产品检验可以在制造外包的情况下自己做，以保证质量；当然，也可以将其外包。

是什么原因导致企业实行外包呢？由于社会分工可以大大提高效率，而且当前外界环境变化的加剧，顾客需求的日益个性化以及竞争的白热化，企业只有集中特定的资源从事某些核心业务，将其余的业务外包。外包业务一般是自己不能做或做不好（如成本高、质量差），且能够比较容易找到供应商的业务。那么，应该如何确定哪些业务外包，哪些业务自制呢？一般而言，仅依赖产能的业务尽量外包，依赖知识的业务尽量自制。日本丰田汽车公司约70%的零部件设计和制造外包；美国通用汽车公司则相反，仅有30%左右的零部件设计和制造外包。但是，丰田在涉及企业核心竞争力的业务上大都是自制的。

2. 产品结构和产业结构的选择

如果产品设计由自己承担，首先要决定产品是一体化结构还是模块化结构。一体化产品（integral product）或称集成化产品、整合的产品，是由一组承担不同功能、能够相互组合的元件和组件构成的产品，如飞机。一体化产品的结构紧凑，组件之间的接口是特定的、非标准化的。组件往往有多个功能，如机翼的主要功用是产生升力，以支持飞机在空中飞行，但也起到稳定和操纵作用，机翼上还可以安装发动机、起落架和油箱等。模块化产品（modular product）是由若干模块组成的，每个模块具有一种功能，模块之间有标准的接口，模块可以单独升级，如组合音响、计算机。它们的元件可以由不同的厂商制造，由于接口标准化，装配到一起就形成一个系统（产品）。

一体化产品必须作为一个系统来设计和开发，设计过程是"自顶向下"的，它的组件不能通过购买获得，不能外包，需要自制。相反，模块化产品可以采用"自底向上"的方式设计，可以将现有市场上不同的产品组合到一起，形成一个新的产品。

与一体化产品结构相适应的是纵向的（垂直的）产业结构，与模块化产品结构相适应的是横向的（水平的）产业结构。20世纪70年代中期到80年代中期，计算机产业结构是纵向的，几个大的计算机公司，诸如IBM和DEC各自生产计算机所需要的微处理器、操作系统、外围设备和应用软件等。20世纪80年代中期以后，计算机产业演变成横向结构，微处理器由英特尔、摩托罗拉和AMD等几家公司专门制造，操作系统由微软、UNIX等企业生产，外部设备由惠普、爱普生等企业制造，应用软件由微软、Lotus生产。产业结构由纵向一体化向横向一体化转变并非不变的趋势，它们在一定条件下是互相转化的，如图2-12所示。在一体化的产品、纵向一体化的产业下，企业经营多种业务，内部指挥协调较容易，但细分市场的竞争者可能在某个传统业务上有优势（比如有专门技术，成本低、质量好等）；公司经营多种业务会造成多方面的复杂性，管理者顾此失彼；加上由于缺乏竞争而使企业失去活力，组织机构庞大、僵化。这些因素将导致一体化产品和纵向一体化产业拆分，走向模块化产品和横向一体化产业的发展之路。但是，由于技术进步，新材料、新工艺、新产品的出现，专利产品的独占性，导致对供应商的依赖，供应商的讨价还价能力提高，促使企业走向纵向一体化。同时，强大的供应商也会朝一体化方向努力，如微软从操作系统转向对应用软件和网络服务软件的整合。

产业结构变化的历史和事实也说明了产品和产业结构的演变。以汽车为例，19世纪90年代美国底特律的汽车产品是模块化的，产业是横向一体化的；大概从1905年开始，福特汽车公司和通用汽车公司采用了集成化产品与纵向一体化；21世纪，又重新回到模块化产品和横向一体化产业的轨道上来。

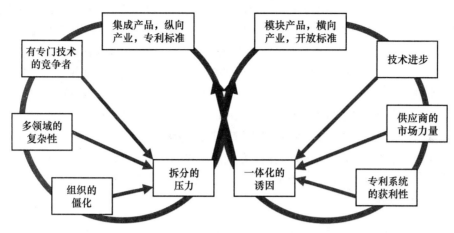

图 2-12 产品／产业结构演变的双螺旋模型

资料来源：Charles Fine. Strategic Value Chain Design and Roadmapping [OL]. http://cfp.mit.edu.

3. 组织生产是预测驱动还是订单驱动

对于自制产品如何组织生产，可以采取两种不同的方式：预测驱动或者订单驱动。预测驱动式生产是根据对市场需求的预测来组织生产活动的。它是一种推式的组织生产方式，由于预测难以精确，预测驱动式生产必然出现成品库存，形成备货型生产。它的好处是：①可以通过备货（维持成品库存）及时响应客户需求，可以做到"一手交钱，一手交货"；②可以提前进行生产准备活动，计划工作和生产活动可以主动进行，容易实现均衡生产；③可以有效地利用企业资源，降低产品的实物成本（生产成本、运输成本、库存成本）。它的缺点是：①顾客只能在有限的产品品种中挑选，不能满足他们的个性化需求；②生产是盲目的，若预测不准，就会造成大量成品库存，增加库存持有成本；如果通过降价处理来销售，又会增加成本，成品积压使资金周转受阻，使企业不能继续运作。现在，多数汽车制造企业仍然采用大生产时代沿袭下来的预测驱动式生产，是造成被动局面的根本原因。

订单驱动式生产是以顾客的订单为依据进行的生产活动。订单驱动式生产有以下好处：①可以按顾客真正的需要进行生产，能够满足顾客个性化需求；②从根本上避免了盲目性，避免了成品积压的风险；③产品一旦生产出来，就可以直接发送给顾客，不必维持成品库存，也不一定经过分销渠道销售；④由于满足顾客个性化需求，可能取得较高单价；⑤能够及时直接从顾客那里获得准确的需求信息。但是，订单驱动式生产的订货提前期长，这是实施按订单生产面临的最大问题。例如，2002 年普通订购车平均交付周期在欧洲是 48 天，在日本是 76 天；高档车则是 43 天。于是，人们想方设法缩短订货提前期，如"快速按订单生产"和英国的"三天车"项目。

预测驱动式生产适用于共性需求产品。在稳定的环境中，共性需求是主流，居民消费水平较低，"有没有"和"好不好"的问题突出，产品品种需求的变化较慢，顾客不太成熟，对产品没有或有很少的个性化要求，企业的发展取决于内部"效率"。订单驱动式生产适用于急剧变化的环境，居民消费水平高，"品种多不多"的问题突出，产品品种需求的变化快，顾客成熟，对产品有个性化要求，企业之间竞争激烈，企业生存条件取决于"适应性"。需要指出的是，按经销商订单生产不是真正的按订单生产，因为最终顾客仍然被迫在已生产出来的产品中选择。只有按最终顾客的订单生产，才是真正的按订单生产。

其实，预测驱动和订单驱动只是两个极端，实际生产活动大都是两者的结合。备货型生产和订货型生产是两种典型的组织加工装配式生产的方式。一般而言，备货型生产加工对象的标准化程度高，组织生产的效率高，但对顾客的个性化要求的满足程度低；订货型生产加工对象的标准化程度低，组织生产的效率低，但对顾客的个性化要求的满足程度高。为了兼顾顾客的个性化要求和组织生产的效率，可以将备货型生产和订货型生产组合成各种不同的生产方式，这种组合的关键是确定备货型生产与订货型生产的分离点，简称备货订货分离点（customer order decoupling point，CODP）。在 CODP 的上游是备货型生产，是预测和计划驱动的；在 CODP 的下游是订货型生产，是顾客订单驱动的。加工装配式生产可以划分为产品研发、设计、制造和装配等几个典型的生产阶段。将 CODP 设定在不同的生产阶段之间，就构成了不同的组织生产的方式，如图 2-13 所示。

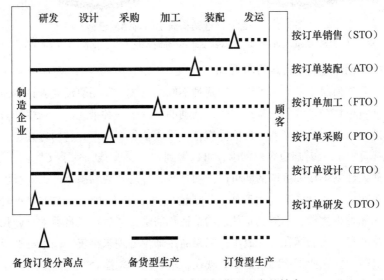

图 2-13　备货型生产和订货型生产的结合

当 CODP 在装配与发运之间时，说明装配及其上游的所有生产阶段都是备货型生产，产品已经制造出来，顾客只能在其中选购，即按订单销售（sale-to-order，STO），也就是单纯的备货型生产。当 CODP 在加工和装配之间时，零部件加工及其上游生产阶段都是备货型生产，零部件已经制造出来，按照顾客的要求装配成不同的产品，即按订单装配（assemble-to-order，ATO）。当 CODP 在原材料采购与零部件加工之间时，说明原材料采购及其上游生产阶段都是备货型生产，顾客可以对加工及其下游生产阶段提出特定要求，这就是按订单加工（fabrication-to-order，FTO）。当 CODP 在设计与采购之间时，说明设计是按照预测进行的，顾客可以对采购及其下游生产阶段提出特定要求，这就是按订单采购（purchase-to-order，PTO）。当 CODP 在设计与研发阶段之间时，说明研发是按预测进行的，顾客可以对设计及其下游生产阶段提出特定要求，这就是按订单设计（engineer-to-order，ETO）。当 CODP 出现在研发阶段之前时，说明产品研发及其下游生产阶段都是按顾客特定要求进行的，这就是按订单研发（develop-to-order，DTO），例如火星探测车的研制，就属于 DTO。

在实体上，CODP 是存放已经完成部分工作量的信息产品或实体原材料、零部件的地方。对于 STO，存放的是产成品，得到顾客订单之后，对实体产品不再进行加工，只是将它们发运到顾客指定的地点；对于 ATO，存放的是完成加工的零部件，需要按订单将零部件组装成产品，然后将它们发运到顾客指定的地点；对于 FTO，存放的是已采购到货的原材料，得到顾客订单之后，需要将原材料加工成零部件，再组装成产品，然后将它们发运到顾客指定的地点；对于 PTO，存放的是完成设计的产品图纸和工艺文件，得到顾客订单之后，需要按订单采购原材料、加工零部件和组装成产品，然后将它们发运到顾客指定的地点；对于 ETO，存放的是类似产品的设计和工艺文件，得到顾客订单之后，需要按顾客的要求修改设计或重新设计产品和工艺、采购原材料、加工零部件、组装产品，然后将它们发运到顾客指定的地点。若是 DTO，则 CODP 只存储现有的人才和知识，需要经过研究和试验研制出新的产品，然后才能进行设计、采购、加工、装配和发运等活动。

显而易见，随着 CODP 的左移（往上游生产阶段移动），产品的个性化程度越来越高，对顾客的响应时间越来越长。顾客需要在交货期和个性化选择上进行权衡，个性化程度越高的产品，等待时间就越长。DTO 和 STO 是两个极端，DTO 方式的产品个性化程度最高，等待时间最长；STO 生产的产品个性化程度最低，响应时间最短。随着 CODP 的右移（往下游生产阶段移动），则情况相反。

4. 采用高效供应链还是敏捷供应链

高效供应链（efficient supply chain）适合于品种少、产量高、可预见的市场环境；敏捷供应链（agile supply chain）适合于品种多、产量低、难以预见的市场环境。高效供应链追求的是降低"实物成本"（physical costs），实物成本指的是物流在各阶段发生的成本，如生产成本、运输成本和库存成本。敏捷供应链追求的是降低"市场协调成本"（market mediation costs），而市场协调成本是供需不协调造成的成本，涉及过量生产造成的积压成本和生产不足造成的机会成本。单纯追求降低实物成本或单纯追求降低市场协调成本都是片面的，应该同时考虑这两种成本。若产品高效率、低成本地生产并发运到销售点，实物成本很低，但由于货不对路，长期销售不出去，则实物成本上的节约完全被产品积压成本所抵消。

对于共性需求产品，如工业上用的紧固件、轴承，生活上的方便面、饮料，等等，这些产品生命周期长、需求稳定、可预测，市场协调成本较低。但由于生产厂家多、竞争激烈，对价格敏感，需要严格控制实物成本。因此，对于共性需求产品，应该采用高效供应链。

而对于个性化需求产品，如工业上的专用设备，生活上的太阳镜，等等，这些产品可以满足个性化需求，顾客容易接受较高价格，对实物成本的控制要求不高，但它们生命周期短、对时间敏感、需求不稳定、难以预测，往往市场协调成本高。因此，对于个性化需求产品，应该采用敏捷供应链。对于个性化需求产品，盲目追求高效、忽视敏捷，是当前的一种问题倾向。

5. 配送网络的选择

按照产品库存的位置和交付方式的不同，可以构成不同的配送网络：制造商存货加直送，制造商存货、直送加在途并货，分销商存货加承运人交付，分销商存货加到户交付，制造商或分销商存货加顾客自提，以及零售商存货加顾客自提 6 种模式。

（1）制造商存货加直送。在这种模式中，产品绕过零售商直接从制造商发送到最终顾客。直送模式的好处是能够将库存集中在制造商那里，以较低的库存水平提供高水平的产品可获得性。对于高价值、低需求量、需求不可预测的商品，直送模式的效益最大。直送模式也给制造商提供了采用延迟策略的机会，应用延迟策略可以进一步降低库存。例如，戴尔公司以通用零部件方式备货，延迟产品的定制，降低了库存量。但是，直送模式下运输成本较高，响应顾客需求的时间较长。另外，顾客订单如果涉及几个制造商的产品，采用直送方式将导致多次向顾客发货。对于需求量非常低的产品，直送也许是唯一的选择。

（2）制造商存货、直送加在途并货。与纯粹的直送模式不同之处是将来自不同地点的订单组合起来，使顾客只需接收、一次交付。在途并货方式已被戴尔采用。当一个顾客从戴尔公司订购一台 PC，同时需要一个索尼显示器时，则包裹承运人将从戴尔公司的工厂提取 PC，从索尼的工厂提取显示器，然后在一个中心将这两个产品组合，最后统一交付给顾客。

（3）分销商存货加承运人交付。不是制造商存货，而是由分销商或零售商存放在中间仓库里，并由包裹承运人将产品从中间仓库运送给最终顾客。亚马逊公司采用了这种方式并结合制造商或分销商的直送模式。

（4）分销商存货加到户交付。到户交付是指分销商或零售商将产品运送到顾客家门口而不通过承运人。

（5）制造商或分销商存货加顾客自提。存货存放在制造商或分销商的仓库，顾客通过在线或电话下订单，然后到指定的提货点领取他们的商品。

（6）零售商存货加顾客自提。它是最传统的方式，库存存放在零售店，顾客走进零售店购货，或者通过在线或电话下订单，然后到零售店提货。

以上讨论的各种网络有着不同的优势和劣势。在设计适当的配送网络时应当考虑产品的特征以及网络的需求。只有一些特定的企业采用单一方式的配送网络，大多数企业都采用几种配送网络的组合。

2.3.2 产品或服务的选择、开发与设计策略

企业进行生产运作，先要确定向市场提供的产品或服务，这就是产品或服务的选择或决策问题。产品或服务确定之后，就要对产品或服务进行设计，确定其功能、型号、规格和结构；接着，要对如何制造产品或提供服务的工艺进行选择，对工艺过程进行设计。

1. 产品或服务的选择

提供何种产品或服务，最初来自各种设想。在对各种设想进行论证的基础上，确定本企业要提供的产品或服务，这是一个十分重要而又困难的决策。产品或服务的选择往往决定一家企业的兴衰成败。一种好的产品或服务可以使一家小企业发展成一家国际著名的大企业；相反，一种不合市场需要的产品或服务也可以使一家大企业亏损甚至倒闭。这已为无数事实所证明。产品决策可能在工厂建成之前进行，也可能在工厂建成之后进行。要开办一家企业，首先要确定生产什么产品。在企业投产之后，也要根据市场需求的变化，确定开发什么样的新产品。

产品本质上是一种需求满足物，产品是通过它的功能来满足用户某种需求的。而一定的功能是通过一定的产品结构来实现的。满足用户需求，可能有不同的功能组合。不同的功能组合，由不同的产品来实现。因此，可能有多种产品满足用户大体相同的需求，这就提出了产品选择问题。比如，同是为了进行信息处理，是生产普通台式电脑还是生产笔记本电脑？同是为了满足运输需要，是生产轻型车还是生产重型车？必须做出选择。产品选择需要考虑以下因素：

（1）市场需求的不确定性。人的基本需求无非衣、食、住、行、保健、学习和娱乐等，可以说变化不大。但是，满足需求在程度上的差别却是巨大的。简陋的茅屋可以居住，配有现代化设备的高档住宅也可供人居住。显然，这两者对居住需求的满足程度的差别是很大的。人们

对需求满足程度的追求又是无止境的,因而对产品功能的追求也就无止境。随着科学技术进步速度的加快和竞争的激化,人们"喜新厌旧"的程度也日益加强,这就造成市场需求的不确定性增加。由于一夜之间某企业推出全新的产品,使得原来畅销的产品的销量一落千丈。现实情况是,很多企业不注意走创新之路。结果,由于市场容量有限,或者由于产品质量低劣,造成产品大量积压,企业因此而亏损。所以,企业在选择产品时,要考虑不确定性,以及今后几年内产品是否有销路。

(2) 外部需求与内部能力之间的关系。在外部需求与内部能力之间的关系上,首先要看外部需求。市场不需要的产品,企业即便有再强的技术能力和生产能力,也不应该生产。同时也要看到,对于市场上需求量大的产品,若与企业生产的产品在结构和工艺上差别较大,企业也不应该生产。企业在进行产品决策时,要考虑自己特定的技术能力和生产能力。一般而言,在有足够需求的前提下,确定生产一个新产品取决于两个因素:一是企业的主要任务,与企业的主要任务差别大的产品,不应生产。汽车制造厂的主要任务是生产汽车,绝不能因为彩色电视机走俏就去生产彩色电视机。因为汽车制造厂的人员、设备、技术都是为生产汽车配备的,要生产彩色电视机等于放弃现有的资源,能力上完全没有优势可言,是无法与专业生产厂家竞争的。当然,主要任务也会随环境变化而改变。如果石油枯竭,现在生产的燃油汽车都将被淘汰,汽车制造厂可能就要生产电动汽车或太阳能汽车。二是企业的优势与特长。与同类企业比较,本企业的特长决定了生产什么样的产品。如果选择没有优势的产品,那是不明智的。

在选择合适的生产能力或服务能力时,应该考虑规模经济因素、学习曲线的作用、各阶段能力平衡和提高设施的柔性。

当企业的生产规模扩大后,单位产品的成本会下降。因为一台设备的生产能力若是另一台设备的两倍,但它的购置成本和使用成本显然不会是另一台设备的两倍。企业规模过小会使一些资源(如物料搬运设备、计算机设备和管理人员)得不到充分利用,当然,企业规模也不是越大越好。若市场需求有限,必须对产品折价出售,以刺激需求,维持大型机器设备充分运转;此外,大型设备的维护费用一般都很高。

学习曲线是描述生产者"熟能生巧"的过程和效果的,它有三条假设:①每次完成同一性质的任务后,下一次完成该性质任务的时间将缩短;②单位产品的生产时间将以递减的速率下降;③单位产品生产时间的减少将遵循一个可预测的模式。航空工业的实践最先证明了学习曲线的正确。当产量为原来的两倍时,工人生产单位产品的时间缩短20%。

当产品和产量发生变化时,各生产阶段能力会出现不平衡,进而会出现瓶颈。扩大生产能力时首先要找出瓶颈,将有限的资源用到瓶颈上,就能做到"事半功倍"。

提高生产运作系统和人的柔性,将使企业很快地适应市场的变化,而不需要经常扩充能力。

(3) 原材料和外购件的供应。一家企业选择了某种产品,要生产该产品必然涉及原材料和外购件的供应。若没有合适的供应商,或者供应商的生产能力或技术能力不足,则该企业不能选择这种产品。美国洛克希德(Lookheed)"三星"飞机用的发动机是英国罗尔斯-罗伊斯公司供应的,后来罗尔斯-罗伊斯公司破产,使得洛克希德公司也濒于破产,最后不得不由美国政府担保。

(4) 企业内部各部门工作目标上的协调。通常,企业内部划分为多个职能部门,各个职能部门由于工作目标不同,在产品选择上会发生分歧。如果不能解决这些分歧,产品决策也难以进行。生产部门追求高效率、低成本、高质量和生产的均衡性，希望品种数少一些，产品的相似程度高一些，即使有变化，也要改动起来不费事。销售部门追求市场占有率、对市场需求的响应速度和按用户要求提供产品，希望扩大产品系列，不断改进老产品和开发新产品。财务部门追求最大的利润，要求加快资金流动，减少不能直接产生利润的费用，减少企业的风险。一般来说，希望只销售立即能得到利润的产品，销售利润大的产品，不制造不赚钱的产品。由于职能部门工作目标上的差异，往往造成产品决策的困难。销售部门要求创新、发展，愿冒风险，要求保持广而全的多种产品的生产线。财务部门往往守住目前成功的产品，以扩大销售；生产部门由于追求低成本和简化的管理而要求尽可能生产少的品种。而部门矛盾的解决，只有通过最高管理层来协调。

2. 产品或服务的开发与设计策略

在产品或服务的开发与设计方面有四种策略。

（1）做跟随者还是领导者。企业在设计产品或服务时是做新技术的领导者还是跟随者，这是两种不同的策略。做领导者就需要不断创新，需要在研究与开发方面进行大量投入，这样就会带来较大风险。但做领导者可以使企业引领新潮流，拥有独到的技术，在竞争中始终处于领先地位。英特尔公司采用的就是做领导者的策略。做跟随者只需要仿制别人的新产品，这样花费少、风险小，但得到的不一定是先进技术。如果跟随者善于将别人的技术和产品拿过来进行改进，那么有可能后来居上。这里，还有一个关于采用最先进的技术还是采用适用技术的问题。最先进的技术一旦拥有，便是优势在手。但是，采用先进技术的费用高、风险大。适用技术不一定是最先进的技术，但它是符合企业当前发展的、经过使用并检验的技术。采用适用技术花费少、风险也小。

（2）自己设计还是外包设计。同自制或购买决策一样，对产品开发和设计也可以自己做或外包。一般地，涉及独到技术的产品或服务必须自己做。

（3）购买技术或专利。利用大学和研究所的成果来节约研究与开发的费用，不失为一种聪明的办法。巴特尔研究所曾为施乐公司开发复印机产品；强生公司曾利用宾夕法尼亚州立大学的专门技术开发治疗粉刺和皱纹的 Retin-A 产品，利用哥伦比亚大学的专门技术开发一种抗癌药品。企业通过购买大学或研究所的生产许可证、专利权和设计，不仅可以降低风险，而且节约了开发和设计的时间。

（4）做基础研究还是应用研究。基础研究是对某个领域或某种现象进行研究，但不能保证新的知识一定可以得到应用。基础研究成果转化为产品的时间较长，而且能否转化为产品的风险很大。但是，一旦基础研究的成果可以得到应用，对企业的发展将起到很大的推动作用。例如，陶氏化学公司在 1982 年投入 50 万美元研究一种陶瓷化合物，这种陶瓷化合物与钢铁一样坚硬，却只有其一半的重量。几年以后，该公司就发现这种陶瓷化合物可以用于装甲车等军事装备。

应用研究是根据用户需求选择一个潜在的应用领域，有针对性地开展的研究活动。应用研究实用性强，容易转化为现实的生产力。但是，应用研究一般都需要基础理论的指导。

2.3.3 生产运作系统的设计

生产运作系统的设计对生产运作系统的运行有先天性的影响，它是企业战略决策的一个重要内容，也是实施企业战略的重要步骤。生产运作系统的设计涉及 4 个方面，即选址、设施布置、岗位设计以及工作考核和报酬，如表 2-2 所示。

表 2-2 生产运作系统的设计

选址	设施布置	岗位设计	工作考核和报酬
• 按长期预测确定所需能力 • 评估市场因素，有形和无形成本因素 • 确定是建造或购买新设施还是扩充现有设施 • 选择具体的地区、社区和地点	• 选择物料传送办法和配套服务 • 选择布置方案 • 评估建设费用	• 按照技术、经济和社会的可行性确定岗位 • 确定何时使用机器或人力 • 处理人机交互 • 激励员工 • 开发、改进工作方法	• 工作考核 • 设置标准 • 选择和实施报酬方案

1. 选址

生产服务设施建在什么地点的问题，对于企业的运行效率和效果来说都有先天性的影响，弄不好就会"铸成大错"。在当年"要准备打仗"的警惕下，一些工厂进了山沟或山洞，造成后来生产成本高，难管理、难发展的局面。大学、餐馆、商店也都有选址问题，有的大学就是由于过去迁址才造成其后来难以发展的局面。

在工厂建成运行之后，有时也需要扩大生产能力。采取扩充现有设施的办法比较经济易行，但往往受到空间的限制。另一种办法就是购买或租赁厂房和服务设施，但不一定能够满足要求。还有一种办法是另找地方建造新设施。这种办法选择的余地较大，但需要大量资金。关于设施，还有一个是集中布置还是分散布置的问题。

2. 设施布置

设施布置对生产运作的效率有很大影响。设施布置不当，会造成运输路程长、运输路线迂回曲折的局面，不仅浪费了人力、物力资源，而且延长了生产周期。

不同生产类型的设施，布置形式不同。①对大量大批生产来说，一般采用流水线布置。②对多品种、小批量生产来说，一般采用按功能布置（layout by process），或称工艺专业化布置，即将具有相同或相似功能的机器设备布置在一起，故也称为"机群式布置"。功能布置有较高的柔性，但物料运送的路线长。③按固定位置布置（fixed position layout），将原材料、零部件和人员集中到一个特定的地点，被加工的工件不动，机器设备和工具按加工需要配置，使用过的设备和工具随时拿走。飞机制造就是采用固定位置布置，大型电站锅炉的安装也是固定位置布置。采用固定位置布置的原因很简单：工件太大，不能移动。外科手术也是固定位置布置，病人（工件）在动手术时是不能移动的。④按生产单元布置，把不同的设备集中到一起，进行有限范围内的产品生产。在生产单元中，机器设备不动，工件的移动也很有限。

除了生产设备布置以外，设施布置还包括物料传送方法与其他服务性设施的选择和配置。

对于服务业，确定设施布置时，要考虑生产过程的组织方式。是准制造式（quasi manufacturing）、顾客参与式（customer-as-participant），还是顾客作为产品式（customer-as-product），运作方式不同，设施布置也不一样。麦当劳采用的是准制造式，在全世界都取得了成功，它为顾客提供的服务是标准化的，与顾客的接触也很少，有形的物品超过了无形的服务。

3. 岗位设计

岗位设计是制定与每个员工工作有关的活动的正规和非正规说明，包括岗位的结构和与同事、顾客之间的联系。岗位设计有不同的指导思想和方案：一种是进行细致分工，使每个员工只完成最简单的操作。这样可以提高工作效率，从而提高生产系统的产出。福特最早的流水生产线上的岗位就是这样设计的。这种方式使工作单调乏味，遭到工人的反对。另一种是进行粗略分工，每个员工都从事不同的操作，使工作丰富化。这样可以提高员工的工作兴趣，但在一定程度上牺牲了效率。

在岗位设计上，要正确处理人机分工。现在，完全用手工进行工作的情况很少，一般都使用机器（包括计算机）来完成既定的任务。因此，在岗位设计时要正确处理人机分工。人是最灵活而富有创造性的，适于完成非例行的工作；机器比人更持久、更准确地完成程序化的工作，但没有人的能动性。如果让人做机器能做的事，不仅浪费了宝贵的人力资源，而且是不人性化的。岗位设计要使机器和工作环境适合人的能力与需要，而不是相反。道理很简单：人不能重新设计来适应机器，机器可以重新设计来适应人。

4. 工作考核和报酬

对人的工作业绩要进行考核，并将考核结果与报酬挂钩。这样才能激励员工努力工作，不断改进工作方法，发挥创造性，提高工作效率。报酬涉及工资和薪水的数量与发放办法。通常有两种计酬的办法：计时付薪和按贡献付薪。计时付薪就是按小时、天或月付薪，适用于难以量化的工作。按贡献付薪包括计件和承包等办法，适用于能够量化的工作。报酬系统的选择和设计对发挥最重要的资源的潜力来说有十分重要的影响。

本章小结

本章阐述了企业战略、战略管理和生产运作战略问题。首先，介绍了战略管理理论的演进，分析了价格、质量、品种、服务、时间和环保六大因素随消费水平提高而变化的趋势。其次，论述了企业战略管理的有关概念和过程，通过分析外部环境，识别机会和威胁；通过分析内部条件，确认资源和竞争优势。从公司战略、经营战略和职能战略三个层次阐述了战略选择问题。最后，从产品或服务是自制还是外包，产品结构是一体化还是模块化，组织生产是预测驱动还是订单驱动，是采用高效供应链还是敏捷供应链，以及配送网络的选择等方面阐释了生产运作战略。另外还介绍了产品或服务的选择、开发与设计决策，以及生产运作系统的设计等方面的内容。

复习思考题

1. 什么是企业战略和战略管理？
2. 企业总体战略、经营战略与职能战略之间有什么联系？
3. 从战略管理理论的演进中能得到什么启示？
4. 生产运作战略如何保证经营战略的实现？
5. 生产运作总体战略包含哪些内容？
6. 产品选择需要考虑哪些因素？
7. 在产品或服务的开发与设计方面有哪些策略？
8. 生产运作系统设计有哪些重要决策？

讨论案例

格力电器股份有限公司

1985年，珠海格力电器股份有限公司（简称格力电器）的前身诞生了，它的使命是发展特区的工业，壮大珠海的经济实力。1991年，新成立的格力电器还是一家默默无闻的小厂。经过30多年的发展，当今的格力电器已成为营业收入超过2 000亿元、总市值超过3 000亿元的企业。

现在，格力电器是全球最大的集研发、生产、销售、服务于一体的国有控股专业化空调企业，拥有国内的珠海、重庆、合肥、郑州、武汉、石家庄与国外的巴西、巴基斯坦等9大生产基地，8万多名员工。已开发出包括家用空调、商用空调在内的20个大类、400个系列、7 000多个品种规格的产品，能充分满足不同消费群体的各种需求。同时，累计发明专利授权数量超过1万件，自主研发的超低温数码多联机组、高效直流变频离心式冷水机组、多功能地暖户式中央空调、1赫兹变频空调、R290环保冷媒空调和超高效定速压缩机等一系列"国际领先"产品，填补了行业空白。在国际舞台上赢得了广泛的知名度和影响力，引领"中国制造"走向"中国创造"。

格力电器的发展得益于它始终坚持实行专业化战略。经历了行业和企业的快速增长之后，格力电器忍住了扩张诱惑，坚持在空调专业化这一条道路上走下去。格力电器认识到，虽然多元化战略可以为企业营造更多后路，但也会分散企业的精力与财力，而空调市场一直都存在，新的技术也不断涌现，只要格力电器一直掌握核心科技，就一直掌握竞争优势。

现任公司董事长、总裁董明珠说："外部市场环境变化我们没有办法左右，唯一能做的就是加强品牌管理、成本控制、技术创新、售后服务"，"只有产品做得更好，才能在市场下滑的时候，让消费者首先选择的还是格力。所以虽然行业在下滑，但格力在增长。蛋糕小了，我切得大了。"董明珠介绍，格力电器获得行业内几乎唯一的逆势增长，其实并没有什么奥秘，"就在于我们长期以来加大研发投入，坚持自主创新，注重产品质量，在消费者心中赢得了口碑。此外，企业狠抓管理，充分发挥公司的产能、物流布局、规模化优势，不断降低生产成本，加大自主品牌产品出口力度，进一步提升了公司的整体盈利能力"。

愿景：缔造世界一流企业，成就格力百年品牌。

使命：弘扬工业精神，掌握核心科技，追求完美质量，提供一流服务，让世界爱上中国造。

经营理念：一个没有创新的企业是没有灵魂的企业；一个没有核心技术的企业是没有脊梁的企业；一个没有精品的企业是没有未来的企业。

服务理念：您的每一件小事都是格力的大事。

人力资源理念：以人为本。

建立区域性销售公司

格力电器在构建供应链过程中，始终站在合作共赢的高度，认识到只有供应链稳定的资源整合，才能建立供应链的协同优势。

区域销售公司的建立与整治。格力电器在每个省选定几家大的经销商，共同出资参股组建销售公司，组成利益共同体。统一渠道、统一网络、统一市场、统一服务，统一价格对外批货、共同开拓市场，共谋发展。格力电器以资产为纽带、以品牌为旗帜的区域销售公司和上下游商家紧密合作，增强了供应链的协同优势，有利于格力电器对销售终端进行价格控制和客户服务管理。格力电器应用一系列营销管理策略，"先付款后发货""淡季返利""废除年底退货"和"区域性销售公司"等销售举措，开创了空调行业营销渠道的新篇章，使格力电器在1995年销售额超过当时排名第一的春兰，2004年在撤离渠道霸主国美之后，销售额依然翻倍上涨，稳居第一。格力电器保证其经销商的总体利益，并坚决剔除供应链中某些只顾自己利益的经销公司。例如，湖北销售公司采用"移花接木"和"偷梁换柱"的手法，借格力品牌搞"体外循环"，将格力电器的资源转移到个人注册的小公司中去，损害二级和三级经销商的利益，从中牟取暴利。对此，格力电器在湖北另成立了一家"新欣格力公司"取代湖北格力销售公司。通过整治，格力电器建立了更加稳定的供应链长期合作伙伴关系。

用股权捆绑经销商。格力电器厂商之间的关系不仅仅靠双方的诚信、共同认可的企业文化和经营理念来维系，还通过转让10%的股权引进格力经销商作为战略投资者，与经销商建立了产权关系。对持股的经销商而言，利润归至上市公司所带来的股权价值的增值要远远超过直接归至其销售公司的利润。从制度上将经销商与格力电器的利益牢牢捆绑在一起，充分调动了经销商的积极性，进一步提高格力电器的市场竞争力。有了品牌和品质做支撑的格力专卖店渠道模式不仅有利于提升厂家品牌形象，而且专店专营的营销模式也有利于整合优势资源，为消费者提供更为周到和专业的售前、售中和售后服务，从根本上保障了厂家、商家和消费者三方的利益，促进企业长远发展和整个空调行业的健康有序发展。

2007年9月，根据"创造精品"的战略指导，格力电器在山东济南开设全国首家格力电器"4S+1"专业店，为消费者提供精品体验式消费。通过"4S"终端，格力电器将其品牌内涵向消费者渗透，通过优质服务和消费体验，使得消费者对格力品牌"精品"理念感知更加深刻。

格力电器的供应链管理强调以顾客为中心，建立起以市场需求拉动产品设计、生产和渠道销售的拉式系统。通过与当地优秀经销商合资创立经销公司，输出管理人员，不仅精简了销售队伍，缩减了销售成本，而且可以较低成本实现总部对渠道终端的掌控。在销售第一线的格力电器管理人员，能够及时收集分析市场的信息并快速把市场反馈到格力电器总部，保证市场信息的准确度和有效度。准确快速的市场信息让格力电器能够比竞争对手先行一步，总部可以据此协调产品研发、生产、运输和库存管理。

引入信息化技术，提升供应链效率。2001年10月，格力电器完成ERP信息系统对企业的全面覆盖，该系统可处理从财务管理到销售预测、采购、库存管理、制造控制、项目管理、服务与维修、分销和运输等环节的所有业务。该系统包括了针对分销环节的分销需求计划、销售合同管理、电子数据交换和销售控制等模块；针对制造环节的能力需求计划、生产控制、工程更改控制、主生产计划和工程数据管理等模块；针对财务管理的预收账款、应收账款、应付账款、现金管理和预算系统等。

实施供应链金融管理，资金低成本运营。2008年，格力电器持股比例由49.92%增加至88.31%，实现了绝对控股。通过财务公司平台，格力电器可以通过买方信贷促进产品的出口，进口商以不低于合同总价15%的预付款就可以拿货，余下分期支付，这也就增加了格力电器产品出口的竞争力。而消费信贷的利用可以促进产品销售，同时增加资金回转效率，有效应对金融危机下出口难度增加的风险。

产品创新

为什么格力空调的销量可以连续多年位居全国榜首？这与公司重视产品创新是分不开的。某专家评价说："格力高效直流变频离心机组不仅掌握了国外企业都不具备的核心技术，打破了国外企业在中央空调领域的垄断，同时极大地提升了我国空调行业的科研水平、创新能力，提高了我国空调行业的国际地位。尤其值得注意的是，该机组比普通离心机节能40%以上，机组效率提升了65%以上，远超国内外同类产品，对建筑节能乃至国家的能源战略，都具有十分重要的意义。"

格力电器董事长、总裁董明珠说："格力的核心竞争力很简单，就是诚信、共赢。怎么实现，靠创新。现在企业都讲创新，但是怎么创新，要拿出符合自己企业发展的措施，而不是盲目的模仿。"董明珠对研发的要求几乎达到"无理"的程度。有些产品被她否决多次，有时候其他人觉得可以了，可董明珠觉得还是不行。最终，很多看似不可能实现的目标都达到了。格力电器对研发的要求也很苛刻。一件新品研发出来后，研发人员还是会觉得有一些不足的地方，哪怕只有几毫米的不足。如此这般，格力"全能王"空调表面的平整度才能做到跟德国汽车标准一样。美国有苹果，德国有宝马，这些都是非常优秀的金字招牌。董明珠认为，中国一定会出这种优质的金字招牌。这个招牌怎么来？靠产品，靠创意，人品即产品，产品反过来看人品，产品的背后有很多人的精神在里面。

质量保证

格力电器1995年开始推行ISO 9000质量管理体系，1996年获得ISO 9001质量管理体系认证证书。2004年通过SGS国际认证服务公司的认证审核，分别获得ISO 14001：2004环境管理体系和OHSAS 18001：1999职业健康安全管理体系认证证书。2006年公司获得国家质量监督检验检疫总局（后经职责整合，组建了市场监督管理总局）颁发的特种设备制造许可证。2007年获得禁用物质管控体系证书。

在"出精品、创名牌、上规模、创世界一流水平"质量方针的指引下，格力电器不断追求完美的质量管理。为此公司成立了企业管理部，负责建立、监控和完善公司内综合管理体系，建立对供方的质量管理体系，全面推行质量管理工作，不断提升公司及供方整体质量管理水平。建立了筛选分厂，负责对公司所有外协和外购件的入厂检测；建立试验质量控制部，负责对整个生产流程的质量检验、质量控制及整机可靠性试验。完善的质量保证体系保证了每个供应商都经得起严格考验，每个零配件都经过了精挑细选，每一道工序都经历了千锤百炼，每一个产品都力求做到"零缺陷"。

格力电器对产品质量控制得很严，生产线上每5个人中就有一个质检人员。这还不够，他们还有"放蛇行动"进行监督。所谓"放蛇"，就是在生产线上的某个环节故意加入一个有瑕疵的零配件，看下面的质检程序能否发现。如果没发现，就要惩罚。"放蛇是一个检验，看我们的内控是否发挥作用。这种放蛇行动经常有，用了很多年了，能让我们的质量监督人员更加专注，不能有丝毫的松懈，不能说我昨天好，今天就好了，过去的好不能代表未来的好，就通过这种方式让自己不要松懈。"格力电器时任副总裁望靖东说。

为了获得极高的生产率、极佳的产品质量和很大的生产柔性，格力电器正在推行精细化管理和六西格玛管理方法。生产线采用条形码自动化管理，可同时生产和测试不同机型；所有机组的测试全部实现了条形码自动化管理。电脑对测试产品进行自动定位和识别，并根据条形码自动设定控制参数和合格判定参数，测试数据自动记录，对不合格项进行实时报告并打印出不合格标签，不仅大大提高了工作效率，而且有效消除了人工主观判断失误的风险，使产品质量更有保障。随着各种先进管理方法在生产中的应用，生产管理水平也将不断提高。

董明珠说，格力空调的质量，只有消费者说行才是真的行。对于品质和技术的苛刻，也成就了格力电器在海外市场的成功。格力空调产品目前已进入全球200多个国家和地区，在全球拥有两亿用户，其自主品牌空调产品已销往全球100多个国家和地区。

以人为本

当代年轻人的想法较多，有的企业领导抱怨一些年轻工人太不像话，难调教。董明珠说："错了，如果一个领导者以这样的思维看员工，这家企业必死无疑，我认为不是员工的问题，是干部的问题。干部的待遇比别人高，就要付出比别人多。"为了防止干部搞权权交易，她提出"公平公正，公开透明，公私分明"的12字管理方针，就是要营造公平公正的环境，让员工爱企业。

格力电器多年来一直重视自己培养人才，工作10年以上的老员工比比皆是。吴欢龙说："在格力，你会觉得这是一个公平公正的环境，只要肯努力，人人有机会。"在饱含理想与激情的工作状态中，员工得到了极大的心理满足，同时也为格力带来了溢出性的人才价值。

公司长期坚持"忠诚友善、勤奋进取"的企业文化，已建立起一支高素质的空调研发、制造、销售和管理团队。人才的引进、开发、培训成为公司持续发展的根本保证。近年来，先后引进博士、硕士生数百人，本科生数千人，均为制冷、机械、电子等方面的专业人才，如今公司已经形成一支从生产、管理到经营等各个环节都具有丰富经验的业务骨干队伍。公司坚持"以人为本"的用人理念，在"公平、公开、公正"的原则下，提供了一个广阔的职业发展空间，并形成了德才兼备、品德优先的选人机制，内部提升、岗位轮换的用人机制和竞争上岗、优胜劣汰的竞争机制。做事先做人，勇于承担责任、甘于奉献、诚信自律是公司注重的做人品质。锐意创新、追求卓越、团队协作是公司要求的做事风格。聚集和培养业内高素质的人才，致力于奉献社会和个人价值实现是公司不懈的追求。人才与企业长期性的、共同发展的人事政策，增强员工的归属感，使企业凝聚了一批一流人才。

公司为员工提供的职业生涯发展通道是"双轨制"模式，即管理职业发展通道和专业职业发展通道。两个发展通道中又各设置"纵向晋升发展"和"横向发展"两种方式："纵向晋升发展"是指管理职业或专业职业和岗位晋升发展；"横向发展"是指跨领域岗位的平移发展。员工可根据自身需要及公司实际情况选择职业生涯的发展方式。

资料来源：根据公司网站提供的材料和其他网站材料整理。

讨论题

1. 格力电器成功实行专业化战略的因素是什么？
2. 你认为，格力电器下一步应该向多元化发展吗？
3. 你认为，格力电器采用的是什么竞争战略？

判断题

1. 当价格是影响需求的主要因素时，就出现了基于成本的竞争。
2. 当质量成为影响需求的主要因素时，降低成本就没有意义了。
3. 成本可以无限降低。
4. 事业部战略又称为经营战略。
5. 公司自行处理其产出是横向一体化的例子。
6. 生产运作战略是一种职能战略。
7. 基于时间竞争战略的焦点在于缩短对顾客需求的响应时间上。
8. 高质量可能导致低成本和差异化。
9. 高效率不能导致产品差异化。
10. 良好的顾客响应导致成本领先。
11. 自制还是外包，不是生产运作战略要考虑的。
12. 在产品或服务的开发方面，只有做领导者才是正确的策略。
13. 只要提供多种型号、规格、花色的产品，就能够满足顾客的个性化需要。
14. 制定企业战略，只需考虑企业的经济发展。
15. 进行SWOT分析时，优势与劣势是和竞争对手相比较而言的。

选择题

1. 低层决策被称为：
   A. 战略决策　　B. 战术决策
   C. 操作决策　　D. 预测
   E. 设计决策
2. 对公司总的方向和基本特点起作用的战略是：
   A. 长期的　　B. 中期的
   C. 短期的　　D. 临时的
   E. 以上都不是
3. SWOT分析包括：
   A. 外部分析：识别机会和威胁
   B. 内部分析：发现优势和劣势
   C. 提出不同组合下的策略
   D. 以上都包括
   E. 以上都不是
4. 企业创造的价值是：
   A. V　　　　B. $V-P$
   C. $V-C$　　　D. $P-C$
   E. 以上都不是
5. 哪项是业务层战略？
   A. 相关多元化　　B. 不相关多元化
   C. 垂直一体化　　D. 水平一体化
   E. 成本领先
6. 哪项是公司层战略？

A. 成本领先　　B. 差异化
C. 集中化　　　D. 多元化
E. 以上都不是

7. 商场不等于战场，是因为：
   A. 要战胜竞争对手
   B. 要运用战略
   C. 要争夺市场份额
   D. 既要竞争，又要合作
   E. 以上都是

8. 以下哪项不是一体化产品结构的优点？
   A. 产品结构紧凑
   B. 一个组件常常具有多种功能
   C. 由于接口标准化，构成产品的元件可以由不同厂家制造
   D. 组件之间的接口是专门设计的
   E. 采用"自顶向下"的设计方法，产品较精细

第二篇　生产运作系统的设计

本篇将要讨论生产运作系统的设计问题。生产运作系统的设计对生产运作系统的运行有先天性的影响，它是企业生产运作战略的一个重要内容，也是实施企业总体战略的重要步骤。本篇将要讨论产品开发、工艺设计和技术选择，生产与服务设施选址、生产和服务设施布置、工作设计和工作测量等问题。从宏观角度考虑，还有生产布局问题。生产布局是一个广义概念，它是从企业供应链管理全局战略出发，对全国或一个大的地区的生产、分销、配送等项目分布的地区、地点的选择。生产布局对生产服务设施选址有直接影响。选址是在布局的前提下进行的，是从企业角度出发来考虑问题的，是布局的细化。设施和设备布置是在选址之后进行的。选址决定了企业的外部环境，设施和设备布置属于企业内部组织。岗位设计涉及员工的工作内容、职责，是员工工作内容方面的规定。

▶ 第3章　产品、服务设计和技术选择
▶ 第4章　生产、服务设施选址与布置
▶ 第5章　工作设计与作业组织

第 3 章
产品、服务设计和技术选择

🔘 引例　　　　　　　　国产手机大佬的命运

2015年,一家曾经的国产手机龙头厂商面临倒闭。该厂某品牌手机2006年的销量一度达到高峰,1 600万部的年出货量直逼当时在中国市场上称雄的诺基亚,成为国产手机销量冠军。但进入智能机时代,由于该品牌手机技术先天不足、没有拿出一款热卖产品而逐渐被边缘化。当年一起走出来的其他国产品牌手机厂商,在近几年的手机市场上不是日渐衰落就是已经破产倒闭。究其原因,就是面对功能机向智能机过渡的关口,在操作系统的选择上押错了宝,结果走上了"一步错,步步错"的没落之路。也可以这样说,是新产品开发战略的失误导致了它的没落。

进入21世纪以来,顾客个性化需求和市场的多变性进一步加剧了市场竞争的激烈程度。为了占据主动,企业纷纷加强产品创新与开发工作,特别重视产品生产过程的设计与优化工作。本章从个性化定制生产及新产品开发面临的压力出发,讨论现代企业的产品研究与开发问题,着重研究产品开发过程、产品设计过程、工艺设计与选择的组织与管理问题,介绍生产流程的种类和特点以及影响生产流程设计和决策的主要因素,并对计算机技术、产品开发外包及众包模式在企业新产品开发中的运用进行了简要介绍。

3.1　概述

3.1.1　21世纪企业面临市场环境的主要特征

20世纪90年代尤其是进入21世纪以来,由于科学技术的不断进步、经济的不断发展、全球经济一体化和全球化市场的形成及技术变革的加速,围绕新产品的市场竞争也日趋激烈。技术进步和需求多样化使得产品生命周期不断缩短,企业面临着缩短交货期、提高产品质量、降低成本和改进服务的压力。所有这些都要求企业能对不断变化的市场做出快速反应,源源不断地开发出满足用户需求的、定制的"个性化产品"去占领市场以赢得竞争,市场竞争也主要围绕新产品的竞争而展开。特别是在 2008 年全球性金融危机的影响下，企业所面临的市场环境更为严峻。

综合而言，企业面临的环境有如下几个方面的特点。

（1）互联技术迅速普及带来的信息爆炸的压力。人类社会进入 21 世纪之后，基于互联技术的信息化，使信息化水平得到大幅度的提高，大数据的出现更是将企业的信息环境提高到一个前所未有的程度，海量数据围困着企业的管理者，迫使企业把工作重心从如何迅速获得信息转到如何准确地过滤并有效利用各种信息上。

（2）技术进步越来越快。新技术、新产品的不断涌现一方面使企业受到前所未有的压力，另一方面也使企业的员工面临巨大的挑战，企业员工必须不断地学习新技术，否则他们将面临由于掌握的技能过时而遭淘汰的压力。

（3）高新技术的使用范围越来越广泛。互联网时代使所有的信息都极易获得和传播。面对每一个可能带来的机遇，参与竞争的企业越来越容易获取动态信息，于是，参与竞争的企业也就越来越多，从而大大加剧了竞争的激烈性。以计算机及其他高新技术为基础的高新制造技术在企业中的应用，是 21 世纪的主要特色之一。例如，3D 打印技术、智能工业机器人、网络设计与制造、柔性制造系统、智能物流系统、RFID 及自动条码识别系统等，在世界各国尤其是工业发达国家的生产和服务中得到广泛应用。虽然高新技术应用的初始投资很高，但它会带来许多竞争上的优势。高新技术的应用不仅在于节省人力、降低劳动成本，更重要的是它提高了产品和服务质量，减少了废品和材料损失，缩短了对顾客需求的响应时间。由于可以在很短的时间内就把新产品或服务推向市场，使企业赢得了时间上的优势。

（4）市场和劳务竞争全球化。企业在建立全球化市场的同时也在全球范围内造就了更多的竞争者。尽管发达国家认为发展中国家需要订单和产品，但许多发展中国家却坚持它们更需要最新技术，希望也能成为国际市场上的供应商。商品市场国际化的同时也创造了一个国际化的劳动力市场。教育的发展使得原本相对专业的工作技能成为大众化的普通技能，从而使得工人的工资不得不从他们原有的水准上降下来，以维持企业的竞争优势。

（5）产品研制开发的难度越来越大。越来越多的企业认识到新产品开发对企业创造收益的重要性，因此许多企业不惜成本投入，但是资金利用率和投入产出比却往往不尽如人意。原因之一是，产品研制开发的难度越来越大，特别是那些大型、结构复杂、技术含量高的产品，在研制中一般都需要各种先进的设计技术、制造技术、质量保证技术等，不仅涉及的学科多，而且大都是多学科交叉的产物。此外，21 世纪的定制化需求将主导整个市场，如何快速开发和生产出定制化产品，也是一个挑战。因此，如何解决产品开发问题是摆在企业面前的头等大事。

（6）可持续发展的要求。人类只有一个地球，维持生态平衡和环境保护的呼声越来越高。臭氧层、热带雨林、全球变暖、酸雨、核废料、能源储备、可耕地减少等，一个又一个的环境保护问题摆在人们面前。在全球制造和国际化经营趋势越来越明显的今天，各国政府将环保问题纳入发展战略，相继制定出各种各样的政策法规，以约束本国及外国企业的经营行为。人类在许多方面的消耗都在迅速接近地球的极限。随着发展中国家工业化程度的提高，如何在全球范围内减少自然资源的消耗成为全人类能否继续生存和持续发展的大问题。在市场需求变化莫测、制造资源日益短缺的情况下，企业如何取得长久的经济效益，是企业制定运营战略时必须考虑的问题。

（7）全球性技术支持和售后服务。赢得用户信赖是企业保持长盛不衰的竞争力的重要因素之一。赢得用户不仅要靠具有吸引力的产品质量，而且还要靠销售后的技术支持和服务。许多世界著名企业在全球拥有健全而有效的服务网就是最好的印证。

（8）用户的要求越来越苛刻。随着时代的发展，大众知识水平的提高和激烈的竞争带给市场越来越多、越来越好的产品，使用户的要求和期望越来越高。消费者的价值观发生了显著变化，需求结构普遍向高层次发展。一是对产品的品种规格、花色品种、需求数量呈现多样化、个性化要求，而且这种多样化要求具有很高的不确定性。二是对产品的功能、质量和可靠性的要求日益提高，而且这种要求提高的标准又是以不同用户的满意程度为尺度的，产生了判别标准的不确定性。三是要求在满足个性化需求的同时，产品的价格要像大量生产那样低廉。制造商将发现，最好的产品一定是需要用户参与设计的，而不是完全由他们为用户设计的。

这些变化导致产品生产方式革命性的变化。传统的生产方式是"一对多"的关系，即企业开发出一种产品，然后组织规模化大批量生产，达到高效低耗、占领市场的目的。然而，这种模式已风光不再。现在企业面临的是另一种生产模式：根据每一个顾客的特别要求定制产品或服务，即人们所说的"一对一"的定制化服务。正如大批量生产创造了 20 世纪的经济奇迹一样，个性化定制生产极有可能成为 21 世纪经济发展的源泉。例如，以生产芭比娃娃著称的美泰公司，从 1998 年 10 月起，可以让女孩子登录到 www.barbie.com 设计她们自己的芭比朋友。她们可以选择娃娃的皮肤弹性、眼睛颜色、头发式样和颜色、饰品和名字。当娃娃邮寄到孩子手上时，女孩子会在上面找到她们娃娃的名字。这是美泰公司第一次大量制造"一个一样"的产品。再如，位于美国戴顿的一家化学公司，有 1 700 多种工业肥皂配方，用于汽车、工厂、铁路和矿山的清洗工作。公司分析客户要清洗的东西，或者实地探寻客户所在地，分析之后，公司配制一批清洁剂提供给客户使用。大多数客户都会觉得没有必要再对另一家公司描述一遍他们清洁方面的要求，所以该化学公司 95% 的客户都不会离去。个性化定制生产或服务要求企业有很强的产品开发能力，这不仅指产品品种，更重要的是指产品上市时间，即尽可能提高对客户需求的响应速度。

与传统的规模化、大批量生产相比，个性化定制生产的优点在于大大削减了库存。例如，宝马公司在欧洲所销售汽车的 60% 都是根据订单制造的，其销售商在每一笔这样的交易中可以节省 450 美元的存货成本。除此之外，个性化定制生产还必须采用先进的制造和生产组织技术，因为只有这样才能做到高质量、低成本、快速响应客户需求，才能实现企业盈利的目标。

由此可见，企业面临外部环境变化带来的不确定性，包括市场因素（顾客对产品、产量、质量、交货期的需求和供应方面）和企业经营目标（新产品、市场扩展等）的变化。企业要想在这种严峻的竞争环境下生存下去，必须具备有力地处理环境的变化和由环境引起的不确定性的能力，即通常所说的柔性（flexibility）。

我国企业长期受传统经营模式的影响，过去比较注重生产而忽视创新，导致我国企业产品创新与开发能力都很弱，也就是人们常说的"中国制造"而非"中国创造"。如果在市场经济环境下无法快速响应用户需求，企业就会丧失许多市场机遇。当前许多企业陷入经营困境，与其产品创新与开发能力差有很大关系。对现代企业来说，加强新产品的研究与开发已经是一项常规性工作，因为在当今市场需求迅速变化、技术进步日新月异的环境下，新产品的研究与开发能力和相应的生产技术是企业赢得竞争的根本保证。

3.1.2 现代企业的研究与开发

1. 研究与开发的分类和特征

研究与开发（research and development，R&D）包括基础研究、应用研究和技术开发。基础研究进行的是探索新的规律、创建基础性知识的工作。应用研究是将基础理论研究中开发的新知识、新理论应用于具体领域。技术开发是将应用研究的成果经设计、试验而发展为新产品、新系统和新工程的科研活动。为了更好地理解这三类不同的工作，我们将这三者的目的、性质、内容及其在计划与管理上的不同特点进行了比较，如表3-1所示。

表3-1 三种科研类型的比较

	基础研究	应用研究	技术开发
目的	寻求真理，扩展知识	探讨新知识应用的可能性	将研究成果应用于生产实践
性质	探求发现新事物、新规律	发明新事物	完成新产品、新工艺，使之实用化、商品化
内容	发现新事物、新现象	探求基础研究应用的可能性	运用基础研究、应用研究成果从事产品设计、产品试制、工艺改进
成果	论文	论文或专利	专利设计书、图纸、样品
成功率	成功低	成功率较高	成功率高
经费	费用较少	费用较大，控制松	费用大，控制严
人员	理论水平高、基础雄厚的科学家	创造能力与应用能力强的发明家	知识和经验丰富、动手能力强的技术专家
管理原则	尊重科学家意见，支持个人成果，采用同行评议	尊重集体意见，支持研究组织在适当时做出评价	尊重和支持团体合作
计划	自由度大，没有严格的指标和期限	弹性、有战略方向、期限较长	硬性，有明确目标，期限较短

2. 新产品开发面临的压力

早在1980年，美国的《研究与管理》杂志就已报道了大多数企业销售额和利润的30%～40%来自本企业最近5年推出的新产品。并且产品是有生命周期的，新陈代谢是一种规律，企业必须改进老产品、开发新产品才能赢得市场。目前，新产品开发面临着费用高、成功率低、风险大和回报下降等压力。

格雷格 A. 史蒂文斯（Greg A. Stevens）和詹姆斯·伯利（James Burley）调查统计后提出：3 000个新产品的原始想法，只有1个能成功，用成功曲线表述在图3-1中。阿尔巴拉（Albala）在总结以往研究的基础上，指出新产品开发的死亡率为98.2%。在初期的项目中只有2%可以进入市场，其他的都半途而废。通过对从美

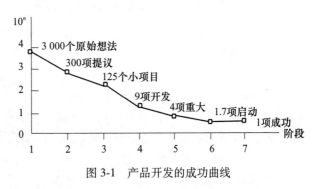

图3-1 产品开发的成功曲线

国和欧洲的文献中查到的所谓失败事例进行研究，其结果是：大约25%的工业新产品与开发者的愿望相去甚远，同时30%～35%的消费品也遭遇了同样的命运。

新产品失败可归纳为三个关键原因：没有潜在的用户和需求，新产品是按照设计人员的想

象开发出来的；新产品与当前的需求不匹配，要么不能满足需求，要么功能过剩；在营销方面，特别是在将产品介绍给顾客的相互沟通方面的工作不得力。

新产品开发的动力可分为技术推动、市场牵引和同行竞争。但归根结底，新产品开发成功首先必须满足技术与市场匹配的原则。新产品诞生的一个基本条件是特定的技术（科学、方法、思维过程和设备等）以某种特定的方式表现出来，即它对人类的需求产生了新满足，或在更高的层次上实现了这种满足。因此，了解和确定人们的需求，将这种需求用技术实现，提高在产品研究与开发过程中的管理水平，是新产品开发的关键。

3.2 产品研究与开发管理

3.2.1 产品开发过程

要了解企业技术系统的活动特征，首先应该了解产品开发过程。一般产品开发过程如图 3-2 所示。主要包括产品构思、产品设计和工艺设计等一系列活动。具体的产品开发过程包括新产品的需求分析、产品构思、可行性论证过程、结构设计（包括总体设计、技术设计、详细设计等）过程以及工艺设计过程。

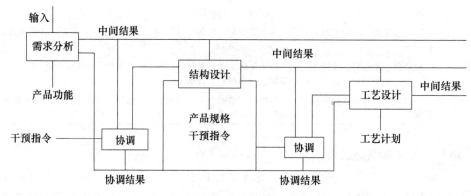

图 3-2 产品开发过程

3.2.2 产品开发对生产过程成本的影响

技术分系统是企业系统的重要组成部分。企业的任务是为社会提供产品和服务，而产品的开发周期、成本、质量和制造的效率无不受到产品开发的影响。

据统计，产品设计时间占总开发时间的近 60%，如图 3-3 所示。因此，为缩短新产品上市时间，必须缩短产品设计时间，产品设计和工艺设计影响着新产品的创新速度。

目前，国外新产品的研制周期大大缩短。AT&T 公司新款电话的开发时间从过去的 2

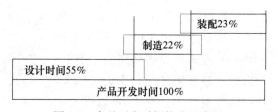

图 3-3 产品开发时间构成示意图

年缩短为 1 年；HP 公司新款打印机的开发时间从过去的 4.5 年缩短到 22 个月。与此同时，产品的生命周期越来越短，更新换代速度加快，如图 3-4 所示。实践证明，若产品生命周期为 5 年，产品开发时间每延长 6 个月，利润就损失 1/3。

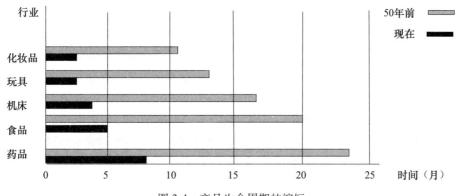

图 3-4 产品生命周期的缩短

更重要的是，企业的技术活动影响着产品的成本、质量和制造的效率。因此，企业在产品设计时采用许多新的开发手段和方法，以保证产品开发早期阶段能做出正确的决策，从而提高产品质量、降低产品成本，进一步缩短产品开发周期。请参见如下研究结果。

（1）布思罗伊德（Boothroyd）。福特汽车公司的报告表明，尽管产品设计和工艺费用只占整个产品费用的5%，却影响了总费用的70%以上（见图3-5）。

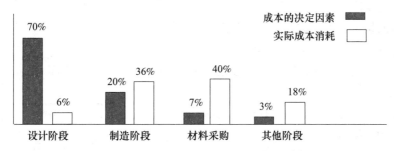

图 3-5 产品成本的决定因素构成及实际成本消耗构成示意图

（2）索勒纽斯（Sohlenius G.）。以波音公司为例进行分析后指出：一般产品成本的83%以上在产品设计阶段被决定，而这一阶段本身所占的费用不到产品全部成本的7%（见图3-6）。

由此可见，产品设计和工艺设计在产品开发中作用重大，它几乎占用了60%的开发时间，决定了70%的成本（见图3-7）。根据管理学中ABC分类思想，企业技术活动是企业快速响应客户要求的瓶颈，是提高企业竞争力的关键。

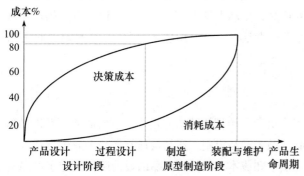

图 3-6 产品开发过程-成本曲线（波音）

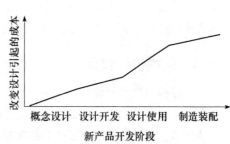

图 3-7 在不同的产品开发阶段改变设计对成本的影响示意图

3.2.3 技术活动的过程

1993年,迈克尔·哈默等在《企业再造》一书中提出了一套如何在企业中进行有效的彻底变革的理论,这就是企业流程重组(BPR)。BPR的基本思想是过程导向,即打破传统的思维方式,不再将精力集中在狭义的任务上,突破企业内部门间的界限,将分散在各功能部门的任务整合成过程流。因此,根据BPR的思想,企业的一切活动可归纳为一系列的过程。过程是一组有界的、相互之间紧密联系的活动集合,每个活动都有明确的输入和输出。从根本上说,企业的任何过程都是一个转换的过程,企业中的转换可以划分为以下四类:

- 物理转换。物料的转换,如原材料或半成品转换为具有更高价值的输出(产品)的过程。
- 位置转换。对象或物料在空间位置上的移动,如物料的移动、出入库等。
- 交易转换。与资金有关的交易,如物资采购、产品销售等。
- 信息转换。信息的处理、修改和生成过程,如产品设计、生产计划的生成。

技术活动包括新产品开发中产品设计阶段的结构设计和工艺设计活动。产品设计阶段的活动,是一个从产品的构思到产品结构、产品制造工艺的信息转换过程。它可以形象地描述为信息在顾客域、功能域、物理域之间连续的变换过程(见图3-8)。

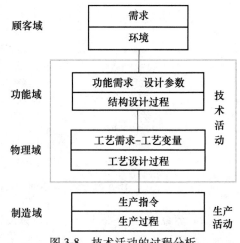

图 3-8 技术活动的过程分析

从以上分析可以看出,产品设计阶段的活动实际上是物料的变换过程。每一变换过程都是一次决策过程,也就是从许多设计方案中选出满足功能需求和企业资源约束的可行解,最终找出满意的或最优解。方案的可行性取决于方案满足约束的程度。由于后继过程的约束存在不确定性和随机性,约束的确定过程是一个从定性到定量、从模糊到清晰的过程。

顾客需求的多样化和个性化,使得市场演变和产品更新的速度越来越快,产品的生命周期越来越短。目前,一方面企业根据顾客需求设计产品的工作大大增加;另一方面,为在激烈的竞争中取胜,企业还需要不断研究和开发新产品,主动占领市场。因此,在快速多变的市场环境下,产品设计、工艺设计等技术活动在企业经营活动中的作用越来越突出。下面将具体分析技术系统中产品结构设计、工艺设计过程的内容。

3.2.4 结构设计过程

设计过程包括从明确设计任务开始,到确定产品的具体结构为止的一系列活动。无论是新产品开发、老产品改进,还是外来产品仿制、顾客产品定制,产品设计始终是企业生产活动中的重要环节。设计阶段决定了产品的性能、质量和成本。因此,产品的设计阶段决定了产品的前途和命运,一旦设计出了错误或设计不合理,将导致产品的先天不足,工艺和生产上的一切努力都将无济于事。

为了保证设计质量、缩短设计周期、降低设计费用，产品设计必须遵循科学的设计程序。产品设计一般分为总体设计、技术设计、工作图设计3个阶段（见图3-9）。

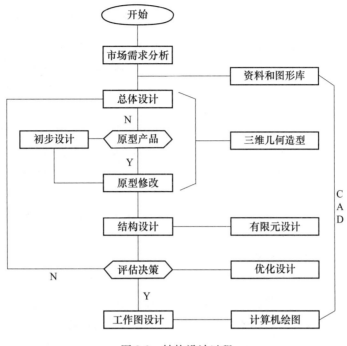

图 3-9　结构设计过程

（1）总体设计。通过市场需求分析，确定产品的性能、设计原则、技术参数，概略计算产品的技术经济指标并进行产品设计方案的经济效果分析。

（2）技术设计。将技术任务书中确定的基本结构和主要参数具体化，根据技术任务书所规定的原则，进一步确定产品结构和技术经济指标，以总图、系统图、明细表和说明书等总括形式表现出来。

（3）工作图设计。根据技术设计阶段确定的结构布置和主要尺寸，进一步进行结构的细节设计，逐步修改和完善，绘制全套工作图样并编制必要的技术文件，为产品制造和装配提供确定的依据。

产品设计是一个递阶、渐进的过程，总是从产品要实现的总体功能出发，从系统级构思产品方案，然后逐步细化，划分成不同的子系统、组件、部件、零件，最后确定设计参数。

3.2.5　工艺设计过程

工艺设计是指按产品设计要求，安排或规划出从原材料加工成产品开始所需要的一系列加工过程、工时消耗、设备和工艺装备需求等方面的说明。工艺设计过程是结构设计过程和制造过程之间的桥梁，它把产品的结构数据转换为面向制造的指令性数据。一方面，工艺设计过程的结果反馈给产品设计，用以改进产品设计；另一方面，工艺设计过程的结果也将作为生产实施的依据。工艺设计过程的主要任务是确定产品的制造工艺及其相应的后勤支持过程，具体而言是指按产品设计要求，安排或规划出由原材料加工出产品所需要的一系列加工步骤和设备、工装需求的过程。图3-10描述了工艺设计过程的内容。

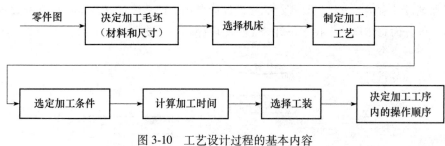

图 3-10　工艺设计过程的基本内容

工艺设计过程难度大,是技术系统中的瓶颈环节。它涉及的范围广,用到的数据和信息量相当庞大,又与生产现场和个人经验水平密切相关,工艺设计过程的程序包括:产品图纸的工艺分析和审查、拟定工艺方案、编制工艺规程以及工艺装备的设计与制造。

(1) 产品图纸的工艺分析和审查。产品图纸的工艺分析和审查,是保证产品结构工艺性的重要措施,主要内容有:产品结构是否与生产类型相适应、是否充分地利用已有的工艺标准、零件的形状尺寸和配合是否合适、所选用的材料是否适宜,以及在企业现有设备、技术力量等条件下的加工可能性和方便程度。

(2) 拟订工艺方案。拟订工艺方案是工艺计划的总纲。在工艺方案中,要明确产品制造过程中会存在哪些主要问题、关键件用什么方法加工、工艺路线怎样安排、工艺装备的原则和系数如何确定等重大原则问题。具体来说,工艺方案的内容一般包括:确定产品所采取的工艺原则,规定生产时应达到的质量要求、材料利用率、设备利用率、劳动量和制造成本等技术经济指标,列出产品的各类加工关键件,确定工艺路线,以及工艺方案的经济效果分析。

(3) 编制工艺规程。工艺规程是最主要的工艺文件,它是安排生产作业计划、生产调度、质量控制、原材料供应、工具供应和劳动组织的基础数据,是指导工人进行加工制造操作的具体文件。编制工艺规程包括:产品及零部件制造方法和顺序的确定、设备的选择、切削规范的选择、工艺装备的确定、设备调整方法的选择,以及产品装配与零件加工的技术条件的确定等。

(4) 工艺装备的设计与制造。为实现工艺设计过程所需要的工具、夹具、卡具、量具、模具等,总称为工艺装备。工艺装备的设计与制造对贯彻工艺规程、保证加工质量、提高生产效率具有重要作用。

3.2.6　产品设计的原则和绩效评价

选择一个真正能为企业带来效益的产品并不容易,关键看产品设计人员是否真正具备站在用户角度开发产品的思维模式。因为新技术的出现对新产品的形成有重要影响,很多技术人员习惯于从自己的好恶出发考虑产品的结构,这就不难理解为什么很多新产品上市后并不一定受市场欢迎。

因此,产品设计和选择应该遵循以下几条原则:

- 设计用户需要的产品(服务)。
- 设计制造性(manufacturability)强的产品。
- 设计鲁棒性(robustness)强的产品(服务)。
- 设计绿色产品(考虑环保要求)。

为了使企业保持长久的竞争力，必须不断向市场推出新的产品，为此，企业必须有效响应用户需求，并且能超过竞争对手。抓住机会的能力、快速开发出新产品、用很短的时间将产品推向市场，对一家企业而言是十分重要的，因为产品的市场寿命是有限的。

为此，必须对企业的产品和服务设计的绩效进行测量和控制，争取获得最大的效益。根据企业在市场上的竞争要素，通常用表3-2所列出的内容作为度量产品开发绩效的主要指标。

表3-2 产品开发绩效评价指标

绩 效 指 标	度 量	对竞争力的影响
上市时间	新产品引入频率 从新产品构思到上市的时间 构思数量和最终成功数量 实际效果与计划效果的差异 来自新产品的销售比例	顾客/竞争对手的响应时间 设计的质量——接近市场的程度 项目的频率——模型的寿命
生产率	每个项目的研发周期 每个项目的材料及工具费用 实际与计划的差异	项目的数量——新产品设计与开发的频率 项目的频率——开发的经济性
质量	舒适度——使用的可靠性 设计质量——绩效和用户的满意度 生产质量——工厂和车间的反映	信誉——用户的忠诚度 对用户的相对吸引力——市场份额 利润率

3.3 生产流程设计与选择

3.3.1 生产流程分类

根据生产类型的不同，生产流程有三种基本类型：按产品（product-focused）进行的生产流程、按加工路线（process-focused）进行的生产流程和按项目（project）进行的生产流程。下面做一个简要介绍。

1. 按产品进行的生产流程（对象专业化）

这种类型的生产流程就是以产品或提供的服务为对象，按照生产产品或提供服务的生产要求，组织相应的生产设备或设施，形成流水般的连续生产，有时又称为流水线（flow line）生产。比如，离散型制造业企业的汽车装配线和电视机装配线等就是典型的流水线生产。连续型企业的生产一般都是按产品组织的生产流程。由于是以产品为对象组织的生产流程，国内又叫对象专业化形式。这种形式适用于大批量生产类型。

2. 按加工路线进行的生产流程（工艺专业化）

对于多品种的生产或服务情况，每种产品的工艺路线都可能不同，因而不能像流水作业那样以产品为对象组织生产流程，只能以所要完成的加工工艺内容为依据来构成生产流程，而不管是何种产品或服务对象。设备与人力按工艺内容组织成一个生产单位，每一个生产单位只完成相同或相似工艺内容的加工任务，国外企业称之为"Job Shop"（单件生产车间）。不同的产品有不同的加工路线，它们流经的生产单位取决于产品本身的工艺过程，因而国内又叫工艺专业化形式。这种形式适用于多品种中的小批量或单件生产类型。

3. 按项目进行的生产流程（项目型）

对于有些任务，如拍一部电影、组织一场音乐会，或者生产一件产品、盖一座大楼等，每一项任务都没有重复。所有的工序或作业环节都按一定秩序依次进行，有些工序可以并行作业，有些工序又必须顺序作业。

三类生产流程的特征比较如表 3-3 所示。

表 3-3　不同生产流程的特征比较

特 征 标 记	对象专业化	工艺专业化	项 目 型
产品			
订货类型	批量较大	成批生产	单件、单项定制
产品流程	流水型	跳跃型	无
产品变化程度	低	高	很高
市场类型	大批量	顾客化生产	单一化生产
产量	高	中等	单件生产
劳动者			
技能要求	低	高	高
任务类型	重复性	没有固定形式	没有固定形式
工资	低	高	高
资本			
投资	高	中等	低
库存	低	高	中等
设备	专用设备	通用设备	通用设备
目标			
柔性	低	中等	高
成本	低	中等	高
质量	均匀一致	变化更多	变化更多
按期交货程度	高	中等	低
计划与控制			
生产控制	容易	困难	困难
质量控制	容易	困难	困难
库存控制	容易	困难	困难

3.3.2　产品 – 生产流程矩阵

生产流程设计的一个重要内容就是要使生产系统的组织与市场需求相适应。生产过程的成功与失败和生产过程组织有直接关系。什么样的需求特征，应该匹配什么样的生产过程，这就是产品 – 生产流程矩阵（product-process matrix），如图 3-11 所示。

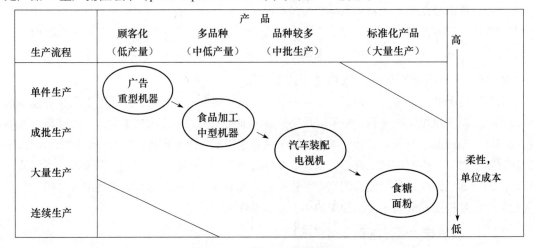

图 3-11　产品 – 生产流程矩阵

产品-生产流程矩阵最初由海斯（Hayes）和惠尔赖特（Wheelwright）提出，后来得到了广泛应用，具体反映在：其一，根据产品结构性质，沿对角线选择和配置生产流程，可以达到最好的技术经济性，换言之，偏离对角线的产品结构-生产流程匹配战略，无法获得最佳的效益。其二，那种传统的根据市场需求变化仅仅调整产品结构的战略，往往不能达到预期目标，因为它忽视了同步调整生产流程的重要性。因此，产品-生产流程矩阵可以帮助管理人员选择生产流程，对制定企业的生产战略有一定的辅助作用。

3.3.3 影响生产流程设计的主要因素

影响生产流程设计的因素很多，其中最主要的是产品或服务的构成特征，因为生产系统就是为生产产品或提供服务而存在的，离开了用户对产品的需求，生产系统也就失去了存在的意义（见图3-12）。

```
输入                     生产流程设计              输出
1. 产品/服务信息         1. 选择生产流程          1. 生产技术流程
    产品/服务要求            与生产战略相适应          工艺设计方案
    价格/数量            2. 自制-外购研究             工艺流程之间联系
    竞争环境                自制-外购决策         2. 布置方案
    用户要求                供应商的信誉和能力        厂房设计方案
    所期望的产品特点        配套采购决策              设备设施布置方案
2. 生产系统信息          3. 生产流程研究              设备选购方案
    资源供给                主要技术路线          3. 人力资源
    生产经济分析            标准化和系列化设计        技术水平要求
    制造技术                产品设计的可加工性        人员数量
    优势与劣势           4. 设备研究                  培训计划
3. 生产战略                 自动化水平                管理制度
    战略定位                机器之间的连接方式
    竞争武器                设备选择
    工厂设置                工艺装备
    资源配置             5. 布局研究
                            厂址选择与厂房设计
                            设备与设施布置
```

图3-12 生产流程设计的输入/输出信息

1. 产品/服务需求性质

生产系统要有足够的能力满足用户需求。首先要了解产品或服务需求的特点，从需求的数量、品种、季节波动性等方面考虑对生产系统能力的影响，从而决定选择哪种类型的生产流程。有的生产流程具有生产批量大、成本低的特点，而有的生产流程则具有适应品种变化快的特点，因此，生产流程设计首先要考虑产品或服务特征。

2. 自制-外购决策

从产品成本、质量生产周期、生产能力和生产技术等几个方面综合考虑，企业通常要考虑构成产品所有零件的自制-外购问题。本企业的生产流程主要受自制件的影响。企业自己加工的零件种类越多、批量越大，对生产系统的能力和规模要求越高。不仅企业的投资额高，而且生产准备周期长。因此，现代企业为了提高生产系统的响应能力，只抓住关键零件的生产和整机产品的装配，而将大部分零件的生产交由外部，充分利用其他企业的力量。这样一来，既可降低本企业的生产投资，又可缩短产品设计、开发与生产的周期。所以说，自制-外购决策影响着企业的生产流程设计。

3. 生产柔性

生产柔性是指生产系统对用户需求变化的响应速度，是对生产系统适应市场变化能力的一种度量，通常从品种柔性和产量柔性两个方面来衡量。所谓品种柔性，是指生成系统从生产一种产品快速地转换为生产另一种产品的能力。在多品种中小批量生产的情况下，品种柔性具有十分重要的现实意义。为了提高生产系统的品种柔性，生产设备应该具有较大的适应产品品种变化的加工范围。产量柔性是指生产系统快速增加或减少所生产产品产量的能力。在产品需求数量波动较大，或者产品不能依靠库存调节供需矛盾时，产量柔性具有特别重要的意义。在这种情况下，生产流程的设计必须考虑到具有快速且低廉地增加或减少产量的能力。

4. 产品或服务质量水平

产品质量过去是、现在是而且将来还是市场竞争的武器。生产流程设计与产品质量水平有着密切的关系。生产流程中的每一个加工环节的设计都受到质量水平的约束，不同的质量水平决定了采用什么样的生产设备。

5. 接触顾客的程度

对绝大多数的服务业企业和某些制造业企业来说，顾客是生产流程的一个组成部分，因此，顾客对生产的参与程度也影响着生产流程设计。例如，理发店、卫生所、裁缝铺的运营，顾客是生产流程的一部分，企业提供的服务就发生在顾客身上。在这种情况下，顾客就成了生产流程设计的中心，营业场所和设备布置都要把方便顾客放在第一位。而另外一些服务企业，如银行、快餐店等，顾客参与程度很低，企业的服务是标准化的，生产流程的设计则应追求标准、简洁、高效。

3.3.4 生产流程选择决策

按不同生产流程构造的生产单位形式有不同的特点，企业应根据具体情况选择最为恰当的一种。在选择生产单位形式时，影响最大的是品种数的多少和每种产品产量的大小。图3-13给出了不同品种-产量水平下生产单位形式的选择方案。一般而言，随着图中的A点到D点的变化，单位产品成本和产品品种柔性都是不断增加的。在A点，对应的是单一品种的大量生产，在这种极端的情况下，采用高效自动化专用设备组成的流水线是最佳方案，它的生产效率最高、成本最低，但柔性最差。随着品种的增加及产量的下降（B点），采用对象专业化形式的成批生产比较适宜，品种可以在有限范围内变化，系统有一定的柔性，尽管操作上的难度较大。另一个极端是D点，它对应的是单件生产情况，采用工艺专业化形式较为合适。C点表示多品种中小批量生产，采用成组生产单元和工艺专业化混合形式较好。

图3-13给出的是一种定性分析的示意图，根据这一概念确定出生产流程方案

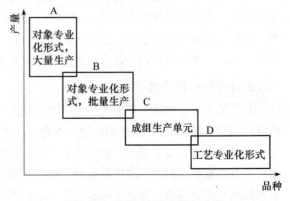

图3-13 品种-产量变化与生产单位形式的关系

后，还应从经济上做进一步分析，如图 3-14 所示。每一种形式的生产单位的构造都需要一定的投资，在运行中还要支出一定的费用，作为一种生产战略，要充分考虑这些费用对生产流程设计的影响。

图 3-14 中的纵轴表示费用，横轴表示产量。产量等于零时的费用是固定费用，通常指生产系统的初始投资。从图中可以看出，对象专业化生产过程方案的固定费用最高，这是因为对象专业化生产系统一般采用较为昂贵的自动化加工设备和自动化的物料搬运设备。由于对象专业化生产系统的生产效率很高，单位时间出产量很大，劳动时间消耗少，因此单位产品的变动费用相对最低（成本曲线变化最平缓）。以图中的数字为例，生产同一种产品的对象专业化系统

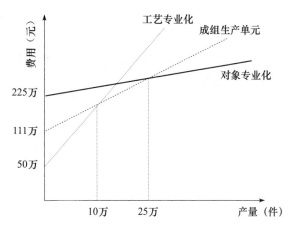

图 3-14　不同生产过程方案的费用变化

投资额为 225 万元，成组生产单元为 111 万元，工艺专业化为 50 万元。当产量在 10 万件以下时，选择工艺专业化最经济；当产量在 10 万~25 万件时，成组生产单元最经济；当产量在 25 万件以上时，对象专业化最经济。当然还有一种选择，当以上几种方案都不能得到满意的投资回报时，则应放弃该产品的生产。

3.4　并行工程：产品开发组织的新方法

3.4.1　串行的产品设计方法

按过程分析的方法，产品开发由许多过程组成。过程中存在两种类型的活动：一类是专业活动，如需求分析、结构设计和工艺设计；另一类是协调活动，通过协调顾客域、功能域、物理域及制造域的方案和建议，取得各方面一致认可的决策。

多年来，企业的产品开发一直采用串行的方法（见图 3-15a），即从需求分析、结构设计、工艺设计一直到加工制造和装配是一步步在各部门之间顺序进行。产品开发的工作流程是：首先由熟悉顾客需求的市场人员提出产品构想，再由产品设计人员完成产品的精确定义，之后交制造工程师确定工艺工程计划，确定产品总费用和生产周期，质量控制人员做出相应的质量保证计划。

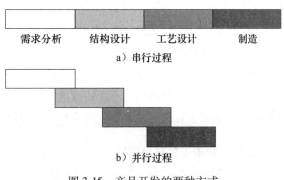

图 3-15　产品开发的两种方式

串行的产品开发过程存在着许多弊端，首要的问题是以部门为基础的组织机构严重妨碍了产品开发的速度和质量。产品设计人员在设计过程中难以考虑到顾客的需求、制造工程、质量

控制等约束因素，易造成设计和制造的脱节，所设计的产品可制造性、可装配性较差，使产品的开发过程变成了设计、加工、试验、修改的多重循环，从而造成设计改动量大、产品开发周期长、产品成本高。归纳起来，串行的产品开发过程存在的关键问题有如下两点：

（1）各下游开发部门所具有的知识难以加入早期设计，越是在设计的早期阶段，降低费用的机会越大。而发现问题的时间越晚，修改费用就越大，费用随时间成指数增加。

（2）各部门对其他部门的需求和能力缺乏理解，目标和评价标准的差异和矛盾降低了产品整体开发过程的效率。

要进一步提高产品质量、降低产品成本、缩短产品上市时间，必须采用新的产品开发策略，改进新产品开发过程，消除部门间的隔阂，集中企业的所有资源，在产品设计时同步考虑产品生命周期中所有因素，以保证新产品开发一次成功。

3.4.2 并行的产品设计方法

为解决串行的产品设计方法的弊端，减少产品的开发时间和成本。近几年提出了并行工程的产品设计方法，它能够并行地集成设计、制造、市场、服务等资源。根据美国国防分析研究所（IDA）的温纳（Winner）等人（1988）对并行工程的定义，并行工程是对产品及其相关过程，包括制造过程和支持过程，进行并行、一体化设计的一种系统化方法。这种方法力图使产品开发者从一开始就考虑到产品全生命周期从概念形成到产品报废的所有因素，包括质量、成本、进度和用户需求（见表3-4）。

表 3-4 产品设计时要考虑的因素

过程	需求阶段	设计阶段	制造阶段	营销阶段	使用阶段	终止阶段
考虑的因素	顾客需求 产品功能	降低成本 提高效率	易制造 易装配	竞争力（低成本、标新立异）	可靠性，可维护性，操作简便	环境保护

并行工程是一种强调各阶段领域专家共同参与的系统化产品设计方法，其目的在于将产品的设计和产品的可制造性、可维护性、质量控制等问题同时加以考虑，以减少产品早期设计阶段的盲目性，尽可能早地避免因产品设计阶段不合理因素对产品生命周期后续阶段的影响，缩短研制周期。并行工程的特点如下：

- 设计时同时考虑产品生命周期的所有因素（可靠性、可制造性）。作为设计结果，同时产生产品设计规格和相应的制造工艺和生产准备文件。
- 产品设计过程中各活动并行交叉进行。
- 产品生命周期有关的不同领域技术人员的全面参与和协同工作，实现生命周期中所有因素在设计阶段的集成，实现技术、资源、过程在设计中的集成。

并行工程的主要思想包括：

（1）并行的活动和过程。将过去的多种独立活动并行或重叠进行，设法使开发者从项目一开始就考虑到产品整个生命周期中的所有因素，包括质量、成本、进度和用户需求等。其主要目的是通过各生产、技术准备部门的并行工作，使产品的生产、技术准备时间显著缩短；由于各部门的工作同步进行，各种相关的生产制造问题和用户的不满意问题，在项目研发准备阶段便能得到及时沟通和解决。这些目标可以通过组建跨职能产品开发小组来实现。

（2）连续的信息转化。并行的产品开发过程中，信息的转化是随着活动的进行而随时进行传递的。这种信息传递方式，解决了传统的产品开发过程中，信息从一个活动向另一个活动分批进行转化而造成的时间浪费。

（3）连续地完成各阶段的工作。在工作允许的情况下，并行的产品开发过程将分阶段的活动转化成连续的活动。这种各阶段工作的密切衔接，解决了过去产品开发中由于各活动分阶段进行，前后工作衔接过于线性化，使流程控制着重于技术方面而忽视了市场压力这一问题。

（4）高效率的组织结构。产品的开发过程是需要涉及所有职能部门的活动。通过建立跨职能产品开发小组，能够打破部门间的壁垒，降低产品开发过程中各职能部门之间的协调难度。

并行的产品开发流程是：当初步的需求规格确定后，以产品设计人员为主，其他专业领域的人员为辅，共同进行产品的概念设计，概念设计方案作为中间结果为所有开发人员所共享，开发人员以此作为基础展开相应的概念设计，如工艺过程概念方案、后勤支持概念方案等。每一专业领域输出的中间结果既包括方案，又包括建议的修改意见。所有的中间结果经协调后，达成一致的认识，并根据此修改意见完善概念设计方案，然后逐步进入初步设计阶段和详细设计阶段（见图 3-16）。

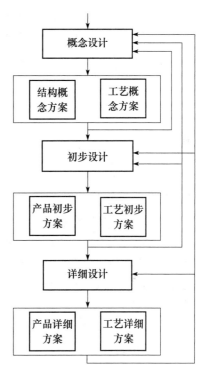

图 3-16　并行的产品设计方法

根据并行工程的思想，可以采用更好的产品设计的并行方法。其特点是：

（1）产品设计的各阶段是一个递阶、渐进的连续过程，概念设计、初步设计和详细设计等设计阶段的划分只标志着产品和设计的粒度和清晰度。粒度是设计人员在设计过程中所考虑和处理问题要素的大小。清晰度表明设计对象在相应粒度水平上的确定性程度的度量。

（2）产品设计过程和产品信息模型经历着从定性到定量、从模糊到清晰的渐进演化。设计每前进一步，过程每循环一次，设计的粒度减小，信息的清晰度增加，不确定性减少，并行程度逐渐增加。

（3）产品设计过程和工艺设计过程不是顺序进行，而是并行展开、同时进行。

在设计早期，必须从总体上着眼，设计的粒度大；随着设计工作的进展，要处理的问题越来越细，粒度越来越小，清晰度越来越高。至粒度最小时，产品和过程的设计也结束，清晰度最高。

根据霍尔的系统工程（SE）三维结构，产品设计的时间维为：总体设计、初步设计和详细设计。逻辑维为：结构和工艺。时间维和逻辑维构成了产品设计的系统活动域。

作为新产品开发策略上的创新，并行工程的实际应用已经取得了巨大的效益。并行工程从提出至今已有 20 多年的时间。由于并行工程能带来明显的经济效益，能增强企业的竞争力，它已引起了企业经营者、研究机构和政府部门的密切关注。特别在汽车、计算机、航空航天及电子等制造业备受重视。IDA 将并行工程用于武器系统的发展研究，我国自然科学基金会委员会（NSFC）和国家高技术研究发展计划（863）也大力支持开展并行工程的有关技术研究。

并行工程的目的是在设计阶段就能周密考虑产品生命周期各阶段的各种因素（见图 3-17），以减少产品早期设计阶段的盲目性，尽早避免因产品设计的不合理对产品生命周期后续阶段的影响，缩短研制周期，更好地满足用户需求。产品设计时要采取的措施如表 3-5 所示。

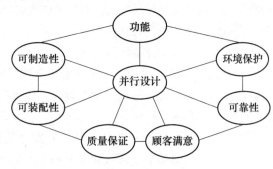

图 3-17 并行设计时考虑的因素

表 3-5 产品设计时要采取的措施

	需求阶段	设计阶段	制造阶段	营销阶段	使用阶段	终止阶段
采取的措施	顾客参与 质量功能部署	CAD、CAPP VRP、GT	DFM、DFA	价值工程 CE	工业工程 IE	绿色制造
	并行工程					

根据并行工程的思想，要提高产品开发过程的效率和柔性，需从两方面进行变革：①过程重构，从传统的串行过程转变为集成的、并行的产品开发过程；②组织的重构，打破功能部门制的组织机构，建立跨部门、跨专业的开发小组。产品设计的过程重构已介绍过，这里讨论并行工程的组织重构，即工作小组方式。

3.4.3 并行工程技术

1. 虚拟设计

（1）面向并行工程的 DFx 设计模式体现了开发过程的集成。DFx 同时考虑制造、质量、环境等方面的约束，已超越了设计与制造间简单的信息共享，引起了广泛的关注。目前研究的关键技术包括：计算机辅助概念设计、集成产品信息模型、产品可制造性模型及其评价方法和并行设计过程分析等，已有面向制造（DFM）的商品化的软件推出。

（2）PDM 发展成为 CAD、CAPP、CAM 系统的集成平台。PDM 确保了整家企业中的人员在适当时候以适当形式得到所需产品数据，使集成水平达到了更高阶段。

（3）互联网使设计集成的范围更加广泛。互联网技术为世界范围的信息共享提供了一个很好的平台。CAD 软件将面向互联网发展，SDRC 公司的 I-DEAS 软件已经能够调用 Web 浏览器。

（4）STEP 标准作为设计开发集成的标准接口。STEP 克服了 I-GEAS 的局限性，已经发展到了实用阶段。1995 年年初，许多著名的 CAD、CAM 系统供应商已开始推出商品化的 STEP 转换器，一些公司就利用 STEP 描述语言和参考模型开发其集成系统。

2. 产品数据管理

在国内已有数以千计的企业实施了 CAD、CAPP、CAM 等单元技术，近百家制造企业实施了 CIMS 工程，而且越来越多的企业都期望利用现代信息技术和先进制造技术来满足上市产品

TQCSE 的要求。

产品数据管理（product data management，PDM）技术是在数据库基础上发展起来的一门面向工程应用的信息管理技术，它管理所有与产品有关的信息和过程，是支持企业重构、并行工程、虚拟制造、计算机集成制造和 ISO 9000 认证的技术。PDM 系统继承了数据库的基本功能，但二者又有本质的不同。在 PDM 中，用户对文件的操作和对数据库的操作达到了形式上的统一；在应用系统与 PDM 系统中被操作的对象形成了更紧密的关系。

工程知识和数据管理功能紧密结合。目前，PDM 技术发展有如下特点：

- 基于 Internet 或 Intranet 平台的 PDM 系统，支持全球化虚拟企业的信息管理。
- 面向对象技术的应用及信息模型的标准化。
- PDM 与 MRP Ⅱ 的功能相渗透。
- 流程管理、项目管理和配置管理功能越来越强。

3. 产品系列化，零部件标准化、通用化

为扩大产品结构继承性、提高产品设计质量、减轻设计工作量、缩短设计周期，在设计阶段推行产品系列化，零部件标准化、通用化。

（1）产品系列化是对相同的设计依据、相同的结构性和相同使用条件的产品，将其基本尺寸和参数按一定的规律编排，建立产品系列型谱，以减少产品品种，简化设计。

（2）零部件标准化，是在产品系列化的基础上，在企业内不同型号的产品之间扩大相同的通用零部件。在产品品种数相同的情况下，就可以大大地减少零部件的种类。

（3）零部件通用化，是按国家标准生产零部件。当标准化水平提高后，会缩短设计的工作量，相应地缩短了设计周期。

标准化技术（ST）通过制定标准、选择使用标准件，使小批量生产获得大批大量生产的规模效益，的确可以很大程度地减少单个零件的制造成本，但过多选择或一味追求使用标准件必然造成零件的某些功能的冗余和浪费，就实现某一功能而言，往往会造成成本的增加。

4. 成组技术

成组技术（group technology，GT）是一种利用零件的相似性来组织生产的原理和方法。从设计属性和工艺属性考虑，许多零件具有相似性，将相似零件归并为一族，就可以采用相同或相近的设计和工艺编制方法，从而减少重复工作，节省时间，提高效率，改进工作质量和产品质量。

5. 减少变化的方案

在 20 世纪 90 年代后期，日本学者 Toshio Suzue 和 Akira Kohdate 提出了"变化减少方案"（variety reduction program，VRP）。VRP 是一种面向多品种生产的有效方法，其核心思想是变产品的多品种为零部件的少变化，从而达到简化生产和管理、降低成本的目的。它提出了"变化是成本增加的根源"，从产品的变化性入手，分析了产品结构变化性和制造结构变化性对产品制造成本的影响，创造性地将产品成本按"功能成本""变化成本"和"控制成本"加以考虑，通过寻求三种成本间的均衡来达到控制产品成本、生产多样化产品的目的。

VRP 以产品系列为研究对象，系统地归纳了减少变化的五项技术：固定或可变技术、模块化技术、功能复合和集成技术、范围划分技术以及趋势分析技术。

（1）固定或可变技术。将零部件划分成固定件和可变件。用固定的零部件来满足产品系列中不同型号产品的某些基本功能，提高零件、工艺的通用性和效率。使用可变零部件满足市场多样化的需求。

（2）模块化技术。按功能将产品分解成若干模块，通过模块的不同组合得到不同品种、不同规格的产品。

（3）功能复合和集成技术。利用组合、删除和交换等方法，将多个功能的零件复合集成于一个零件，以减少零件的数目和加工工序数，降低成本，如集成电路。

（4）范围划分技术。将零件的各项数值尺寸、设计参数进行分析，使之能在尽可能多的产品中适用。

（5）趋势分析技术。对由品种带来的规格和尺寸的变化进行数据分析，得出产品发展趋势的统计规律，设计并开发符合这一规律的产品系列，保证现有零件在未来产品中的适应性和继承性。

3.4.4 并行工程的参与对象

由于技术的复杂性和产品复杂性的增加，产品的研究和开发更加依赖于多种对象和人员的参与，因而组织和人员之间的沟通、协作显得尤为重要。

1. 制造、装配、质量、营销人员

让制造、装配、质量、营销人员等下游人员加入开发小组，参与产品设计的早期活动，有利于预防设计的先天不足，减少开发的时间和费用，确保产品设计一次成功。越是设计的早期阶段，降低成本的机会越大。因为，修改错误的费用随着发现问题的时间的推后成指数增长。而且产品总成本的大约70%在设计阶段就已经确定了，在制造阶段降低成本的努力往往事倍功半。在设计界，流行这样一种说法："产品的质量远不是制造出来的，更重要的是设计决定了产品的性能，产品的质量是设计出来的。"

2. 顾客

将顾客加入产品开发之中，能减少对需求理解的不确定性，在设计中更好地反映顾客需求，提高产品适应市场的能力。对企业来说，获得利润的唯一途径，就是给顾客提供他们认为有价值并情愿为此付出的东西。现在，产品是否有价值越来越少地体现在经济上，而更多地体现在社会心理上。因此，顾客的所见、所想、所需及他们所信任的就决定了企业开发的产品是否有价值。企业如果只顾闭门造车，设计的产品要么过时了，要么不受顾客欢迎。我们知道，新产品开发成功率不高、风险大。顾客和市场人员的加入能降低风险，增加成功的可能性。

如今，企业和顾客之间是一种新型的和谐关系。以前顾客只能被动地取得现有的产品和劳务，如今他们参与产品的设计。企业中每个人都有责任倾听顾客的意见，而且根据顾客的需求将这些信息反馈到产品的设计中。产品不只是作为满足顾客需求和反映顾客价值的手段，它们还是企业参与和改变顾客生活方式的日常活动。成功企业的经验是：向顾客学习，尤其是向有主见的关键顾客学习，不断地将顾客的意见反馈到产品的开发过程中，不断地完善和改进产品的性能。快速的反馈提高了产品开发的效率，它使倾听到的信息发挥作用，使得学习的过程加快。产品的设计过程不是一个封闭或单向交流的过程，而是一个顾客参与的、问询调研相结合

的过程。不仅要向外部顾客学习，而且要向内部顾客学习，甚至要向竞争对手学习。产品开发小组成员和顾客的联系是一种积极的相互学习和了解的关系。学习有助于产品设计的细化，清晰度增加，循环次数减少。

3. 供应商

供应商的加入，可以在很大程度上帮助企业降低新产品开发的时间和成本，尤其是在降低成本方面，如果能让供应商早期介入产品开发过程，那么对于产品开发的绩效和价值会有很大帮助。因为企业在日常生产过程中，都会与很多供应商进行合作，采购自己所需要的原材料及零部件等，与供应商形成了较好的合作关系，双方都对合作方有比较好的了解。此时如果能够利用供应商的资源和技术优势，让其参与到企业的新产品开发中来，有助于提高改进产品价值的机会。

如图 3-18 所示，新产品开发过程一般可分为产品构思、结构设计、工艺设计、产品试制、批量生产等几个主要环节。在传统的思维模式下，企业出于技术保密或其他原因，通常都是在通过了样品试制、进入量产的时候，才与供应商进行沟通，寻找合适的原材料和零部件供应商，供应商则只需"照图加工"即可。由于此时新产品的试制都已完成，即使供应商发现了新产品中的某些缺陷（供应

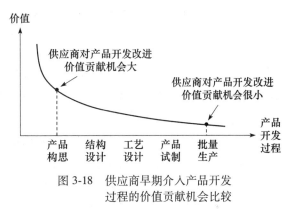

图 3-18　供应商早期介入产品开发过程的价值贡献机会比较

商对某些技术更专业、更精通），也无法进行更改，因为此时推倒前面的工艺和结构，带来的代价太大，但如果不进行更改，又会留下隐患。如果企业能在产品构思或者结构设计阶段，就引入关键供应商（或战略供应商），让供应商及早地参与到开发过程中，这样就可以借助供应商的优势，将可能产生的缺陷消除在萌芽状态之中，可以减少今后出现的问题，降低不必要的成本。

让战略性供应商提前加入企业产品的开发过程，是从根本上降低成本、缩短开发周期的有效举措。

4. 环保人员

环保人员加入产品设计小组中，其作用是在产品设计时要考虑到产品终止时的资源重复利用和环境保护问题。日趋严格的环境和资源约束，使可持续发展越来越受重视，绿色制造将成为 21 世纪制造业的一个重要特征。据统计，环境污染问题十分严重，产品报废时，环保费用急剧增加。因此，企业不仅要解决生产过程中的污染和资源浪费问题，更重要的是在产品设计阶段就要考虑环保问题。

在产品开发的不同时期，项目组成员的作用是不同的。随着产品开发过程的进展，小组中成员之间的主次关系是变化的。概念形成阶段，以市场营销人员和顾客为主，其他人员为辅；在设计阶段，以设计人员为主，制造、营销、质量等人员为辅；到制造阶段，以制造人员为主。以此类推，形成"车轮式"运作方式。

3.5 先进技术在产品设计中的运用

为提高产品开发系统的效率和柔性,在企业中广泛采用了先进的信息技术和管理技术。例如,计算机辅助设计(CAD)、计算机辅助过程(CAPP)和产品生命周期管理等技术已得到了广泛运用。以计算机网络为基础的各种支撑技术在产品设计中的作用越来越重要,先进组织管理技术对新产品开发的影响也越来越大。

3.5.1 CAD、CAPP 系统

CAD、CAPP 的应用使得产品设计的手段发生巨大的变化。它们提高了设计效率,缩短了产品设计周期,采用 CAD 便于建立产品数据库,消除重复设计,减少设计工作量。还可将产品设计和产品制造直接连在一起,实现 CAD、CAPP 的集成。借助于计算机辅助技术,增大了产品获得最佳性能和设计一次成功的可能性。新一代 CAD、CAPP 系统发展迅速,主要特点是:

(1) CAD、CAM 系统性能不断提高。现代的 CAD、CAM 系统已从简单的绘图工具发展成为更高一级的建模和集成系统,可实现 2D 及 3D 曲面、实体建模、特征建模、参数化设计、约束管理及相关性设计等多种功能。

(2) 参数化、变量化设计技术发展到实用化阶段。参数化 CAD 系统的关键技术,如约束定义与求解等问题的研究取得了很大的进展。

(3) 特征建模技术使 CAD、CAM 集成进一步发展,解决了传统 CAD 只面向几何形状的问题,已成为实现 CAD、CAM 集成的主要手段之一;有关特征分析、归纳、描述等特征模型方面的研究也取得了长足的进步,特征建模系统达到原型化阶段。

20 世纪 80 年代,在 CAPP 的研究开发中开始探索人工智能和专家系统技术。有人将这一进程视为一种新方法的出现,但大多数人将它视为原有两种方法的进一步发展,即向智能化方向发展。集成化、智能化的综合的 CAPP 系统是发展的趋势,概括国内外许多学者的看法,将来的 CAPP 应具有下述特点:

- 兼有创新和继承修改综合功能。
- 具有更大的灵活性和适应性。
- 闭环反馈,动态设计。
- 基于知识的智能系统。

3.5.2 计算机网络支撑技术

计算机网络是信息集成的基础,网络从局域网发展到互联网,互联网是一个开放的网络集合,它为不同种类、不同性质信息的共享提供了有力支持。安全、高速、易于使用和群件解决方案是网络技术发展的四大方面。

数据库技术是信息集成的工具,数据库技术朝着面向分析的网络化数据仓库发展。数据库从传统的事务驱动、面向应用的在线事务处理(OLTP)发展到面向主题、集成稳定的、面向分析(OLAP)的数据仓库,从而能够有效地支持决策系统。数据挖掘技术为数据仓库提供了提取隐藏的预测性信息的新方法。对象型关系数据库、数据库与互联网连接,利用多媒体、网

络与通信、分布式处理等技术，为群体工作建立一个多模式协同环境，以支持并行工程、群体决策等，也是计算机支撑技术在产品设计中应用的一个重要方面。

3.5.3 产品生命周期管理

产品生命周期管理（product lifecycle management，PLM）是指对从产品设计、工艺制造、生产、使用、维护到回收的整个产品生命周期中产生的所有数据进行管理。PLM 现已成为制造商整合和改进产品生命周期流程的有效工具。

近年来，全球化浪潮使企业把自身业务扩展到世界各地。一家企业把某个项目的设计和制造过程分散到地理上位于不同地区的工厂现在已经很普遍了。现在，随着制造业的分散化、不同厂商的核心竞争力专业化，运作上的协同逐渐成为各个制造业厂商的突出要求。因为制造离散化之后，整个设计制造的过程是否还能像在一家公司里那样顺利完成就非常关键了。在 PLM 的环境下，如果有一个变更，各个方面的人员马上就可以知道，这就是 PLM 对于客户的价值所在。

PLM 打破了限制产品设计者、产品制造者、销售者和使用者之间进行沟通的技术桎梏。通过互联网进行协作，PLM 可以让企业在产品的设计创新上突飞猛进，同时可以缩短开发周期、提高生产效率、降低产品成本。

据业内人士分析，企业全面实施 PLM 后，可节省 5%～10% 的直接材料成本，提高库存流转率 20%～40%，降低开发成本 10%～20%，进入市场时间加快 15%～50%，降低用于质量保证方面的费用 15%～20%，降低制造成本 10%，提高生产率 25%～60%。

具体来说，在产品开发过程中修改错误的成本随着产品开发阶段的推进会有巨大的变化。研究表明，75% 的产品质量是由产品形成阶段引起的，80% 的修改是在制造阶段以后完成的。有资料表明，如果在设计阶段修改一个错误需要花费 1 000 元的话，在设计检验阶段这个数字将上升到 1 万元，在试验生产阶段则上升至 10 万元。PLM 的解决方案是在设计阶段发现错误，避免在制造阶段花费昂贵的修改费用。

PLM 的实施主要由三个因素决定：人力、企业流程和技术。其中技术由厂商提供，人力因素产生的问题需要通过沟通来解决，而企业流程则是一个重要但容易被忽视的部分。企业的流程必须与先进的管理方案相适应，在引进新的管理软件的同时，企业的流程需要同步增长，才能达到方案实施效果的最大化。

3.5.4 产品开发外包

产品开发外包（product development outsourcing，PDO）管理，是指企业将产品设计、工艺设计或制造活动全部或部分地外包给其他专业企业的一种管理方法。由于现代产品开发程度越来越复杂、技术进步越来越快、顾客要求越来越高，很多企业在产品开发上选择了与其他企业合作的方式，与它们建立战略性合作伙伴关系，利用合作伙伴的专业优势和资源开发新产品。例如，在手机生产企业中，就有一家代号为 N 的品牌商将手机的研发、设计和制造活动外包给了它的合作伙伴，N 企业自身则注重品牌打造和渠道销售。N 企业是一家全球知名的跨国手机制造商，在应用最新的无线技术研发高科技手机领域扮演着举足轻重的角色。N 企业采取了把产品设计、制造到分销等各个阶段的整条供应链都外包给了合作伙伴的策略，自己集中精力做好品牌和营销工作。N 企业的合作伙伴为它提供从初始设计、批量生产、测试、分销直至售后服务及支持等所有环节的服务。当然，合作伙伴为了完成 N 企业的委托，又对供应链上的资源进行了整合，最后取得了多赢的效果。应该说，这种模式也取得了成功。

产品开发外包模式虽然可以整合社会资源、快速响应市场需求，但是也存在一定的风险，如技术和专利的保护、企业商业机密的安全等。如果管理得不到位，也可能会给企业带来其他损失。

3.5.5 基于网络众包的新产品开发

美国《连线》杂志的记者杰夫·豪（Jeff Howe）于 2006 年 6 月在该杂志上首次提出了"众包"（crowdsourcing）的概念。众包指的是一个企业或机构把过去由员工执行的工作任务，以自由自愿的形式外包给非特定的（而且通常是大型的）大众网络完成的方法。

"众包"的出现是企业开放式创新的一次有益实践。把众包用于新产品开发，改变了传统的企业自行研发、设计等闭门式的管理活动，打破了企业创新和新产品开发的企业边界，加速了创意的产生。利用众包还可以激励顾客也参与到新产品设计与开发中来，能够在产品开发过程中尽可能地反映顾客的需求，这也是当下顾客参与定制的主流模式之一。

新产品开发众包的优势十分明显。对企业来说，首先可以利用众包以相对较低的成本获得大量的具有创新性的创意。其次，通过大量贡献者的通力合作可以在设计中避免出现质量隐患，有利于提高产品质量。再次，由于可以借助更多的社会力量解决新产品开发中的难题，有利于缩短新产品开发和引入市场的时间。有学者通过研究发现，最好的创意往往产生在顾客群体的方案中，而不是企业内部的专业人士，因此，通过众包收集和转化顾客的创意可以完善企业的新产品开发。最后，基于众包的机制在捕获重要价值方面效果显著。从顾客（或潜在顾客）那里众包得来的创意和设计揭示了他们的消费行为、需求偏好等信息；并且，典型的众包平台通常让顾客对创意和设计进行投票、改进、交流等，从而使选出来的方案更加具有创新性和盈利能力。

当然，新产品开发采用众包方式也存在一些问题。第一，目前"众包"还处于发展和尝试阶段，本身还存在许多缺陷和不足。第二，新产品如何保密。第三，新产品的方案并非专业人士设计，可能会存在后期工艺设计和制造可行性方面的缺陷。第四，如何与众包的贡献者分享收益；等等。但是，作为企业的管理者，可以利用众包的优势而尽量避免其问题对本企业新产品开发的干扰，众包还是有很大的价值空间的。

本章小结

随着全球经济一体化和全球供应链管理水平的提高，以及激烈的全球性市场竞争，产品生命周期越来越短。产品研究与开发项目的决策、计划和组织管理，研究开发队伍的构成，科技人员的管理培训等对加快研究与开发的速度、提高研究与开发的经济效果是十分重要的。本章就是从个性化定制生产及新产品开发面临的压力出发，讨论现代企业的研究与开发问题，着重研究产品开发过程、产品设计过程、工艺设计与选择的组织与管理问题，介绍生产流程的种类和特点及影响生产流程设计和决策的主要因素，并对计算机技术在产品开发和服务业运作中的运用进行了简要介绍。

复习思考题

1. 讨论面向顾客设计思想的重要性。
2. 讨论产品开发在企业战略中的重要地位。
3. 如何组织好与产品开发有关的技术系统和生产系统之间的关系？

4. 研究产品开发过程对产品成本的影响,并讨论科学和合理地组织产品开发过程的重要性。
5. 讨论工艺设计在产品开发中的地位。
6. 影响生产流程选择的主要因素有哪些?
7. 分析几种生产流程形式的特征,说明其适用条件。
8. 说明产品-生产流程矩阵在生产流程选择决策中的作用。
9. 比较分析并行工程与传统的产品开发组织的区别。
10. 并行工程的实现技术有哪些?
11. 计算机和信息技术从哪些方面支持企业产品开发过程?
12. 现代研究与开发工作是如何分类的?各有何特征?
13. 企业 R&D 的主要内容是什么?在产品生命周期各阶段应各采取何种策略?
14. 企业 R&D 的主要策略有哪些?应如何加快企业 R&D 的速度?企业外包 R&D 的好处和风险是什么?
15. 什么是新产品?其开发方向和程序是什么?
16. 什么是产品设计的"三化"?为什么要实行"三化"?
17. 什么是并行工程?其主要思想和特点是什么?
18. 产品设计是怎样进行的?如何进行产品设计方案的技术经济分析?
19. 产品生命周期管理(PLM)的核心思想是什么?
20. 你如何看待众包?众包将会怎样影响产品开发的组织和管理手段?

讨论案例

FH 公司跨职能产品开发模式的实践

FH 公司的主营产品是光纤通信系统,并且一直在该领域保持国内技术领先。由于全球通信产品制造行业中的竞争越来越激烈,近年来 FH 公司面临的市场竞争压力明显增大。FH 公司认识到,要想使企业在激烈的竞争中保持核心竞争力,持续生存下去,就必须不断开发出新的产品,而要达到这一目的,优化新产品研发的项目管理、不断提高新产品开发的管理水平,就成为当务之急。

说干就干,恰逢 FH 公司正在进行多业务传送平台(multi-service transmission platform,MSTP)的开发,因此公司决定采用更加有效的研发管理机制提高项目(简称 FH-MSTP)的开发进度。近年来,MSTP 已经发展成为各电信运营商构建基础网络平台的主要建设方案。由于目前 MSTP 解决方案主要采用基于 SDH(同步传送体制)的构架,因此又被称为下一代 SDH 传送技术。

可想而知,FH 公司能否在 MSTP 上领先一步,决定着公司未来在市场上的竞争力。为此,FH 公司组建了新的研发项目组织模式——跨职能产品开发小组。

组建 MSTP 跨职能产品开发小组

并行工程是近年来业内讨论较多的研发项目管理方法。它是一种企业组织、管理和运行的先进设计、制造模式;是采用多学科团队和并行过程的集成化产品开发模式。FH 公司决定采用并行工程以提高产品开发的绩效。公司以 FH-MSTP 项目为对象,成立了跨部门的产品总体小组,负责对研发项目进行满足市场需求、技术可行性和制造工艺等方面的把关。

具体做法是,把产品开发同市场、用户、销售、采购、生产等各方面紧密结合起来,协同工作,使信息利用最大化、资源使用最佳化,并通过跨职能产品开发小组的工作方式,打破各职能部门之间的信息壁垒,把生产制造过程中的缺陷及用户不满意的问题落实到前期的产品开发过程中,使开发出来的产品开发成本低、时间短、用户满意。成立的跨职能产品开发小组如图 3-19 所示,总体组、跨职能项目小组成员涵盖了公司内部各部门,以及公司所处价值链的上下游,以做到在项目开发之初就能够充分发现项目可能存在的各方面问题。

总体组为跨部门常设单位，负责全公司产品开发的总体评审和过程管理。MSTP跨职能项目组在总体组领导之下开展工作，负责该项目的具体研发。

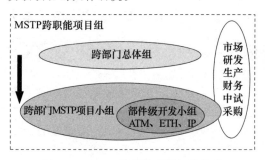

图3-19　MSTP跨职能项目组的构成

市场部负责调查市场需求，并通过与关键用户充分沟通，形成该项目的市场需求分析报告，提交总体组；在产品研发的各阶段，市场部成员负责将产品信息实时传递到销售一线，直至最终用户，提前做好市场铺垫工作。

MSTP跨职能项目小组的工作原则

在构建项目开发小组以及小组实施产品开发工作的过程中，FH公司遵循如下基本管理原则。

（1）建立包含多学科的集成化产品开发团队。根据产品复杂程度的不同和涉及范围的不同，团队可以有企业级、产品级、部件级和零件级等不同层次。在MSTP项目中，成立了企业级（前面谈及的项目小组）和部件级（负责MSTP项目中某些重要单盘的实现）两个层面的跨职能项目组。

（2）对团队予以充分的授权，给予团队正常工作所需要的各种资源和环境，团队则对所开发的产品对象负全部责任。

（3）组长有相当的权力安排产品开发对象的计划，并能决定组内成员的奖惩问题。对于团队成员的考核，采用"工作在哪里，就由哪里负责"的原则。

（4）团队成员来自各功能部门，他们的日常工作指令来自团队的领导，而不再像过去那样由部门领导为他们分配任务。

（5）强调自我管理及团队精神，所有成员共同决定项目进度及开发方案，共同解决项目的重要环节，但项目经理享有最终决策权。

（6）团队的协同工作基于必要的网络化平台和计算机辅助设计工具，利用信息数字化及企业内部网络平台在一定程度上保证团队工作的高效率和可协作性。MSTP项目组中人员协同工作所需的信息共享通过企业的内部、外部网络完成。在内部网络中，由公司的IT管理人员为项目组划分专用的VLAN（虚拟局域网），使不同部门、处于公司不同办公区域的项目组成员，能够通过网络安全地实现信息共享。在外部网络中，主要利用向电信局申请的VPN业务，帮助遍布全国的市场人员、上下游客户交互信息。FH公司内外部的计算机网络帮助项目组成员及时、准确地实现信息互通，极大地提高了工作效率。

（7）规范团队的协同工作，如定期例会、电子化文档等。

（8）强调项目计划的完成依靠小组全体成员而不是依赖某个人。

（9）如果部分子项目的完成需要某小组成员所在部门其他资源的调动，此时该小组成员将承担联系跨职能产品开发小组和其行政隶属部门资源间的沟通、衔接工作，保证研发项目所需资源的及时到位或由于工作并行的要求而需要其他职能部门同步检查、测试某些中间结果。

MSTP跨职能产品开发实施效果

由于技术的改进，FH-MSTP项目的研发工作分为两个阶段：第一个阶段采用传统的项目管理方法，使公司感觉到效率很低；第二个阶段将并行工程的管理方法引入进来，使MSTP的第二阶段研发工作大为改观，提前完成了公司下达的开发计划。前后对比，为分析并行工程在通信制造企业研发项目管理中的应用提供了很好的例证。FH公司采用MSTP跨职能管理研发模式工作以后，效果得到了充分显现。

讨论题

1. 从FH公司MSTP跨职能项目组的工作方式来看，成功实施并行工程的核心因素是什么？

2. 如何规避跨职能协作模式带来的潜在风险？

判断题

1. 产品或服务设计是影响客户需求满足、产品或服务质量、制造费用和竞争优势的主要因素。
2. 零件标准化是提高生产率的一个主要因素。
3. 模块设计是标准化的一种形式。
4. 模块设计比较容易处理产品失效。
5. CAD可以提高设计者的生产率。
6. 基础研究是为了实现近期的商业应用。
7. "并行工程"就是将本来为串行的活动变成并行的技术。
8. 应用研究是要发现物质运动的基本规律。
9. 基础研究是企业基本的研究活动。
10. 开发是将应用研究的成果转变为产品。

选择题

1. 研究与开发是指如下哪些活动?
   Ⅰ. 基础研究　　　　Ⅱ. 应用研究
   Ⅲ. 将应用研究的成果转化为商业上的应用
   A. Ⅰ
   B. Ⅰ和Ⅱ
   C. Ⅱ和Ⅲ
   D. Ⅰ和Ⅲ
   E. Ⅰ、Ⅱ和Ⅲ

2. 下列哪一项是产品和服务设计标准化的缺点?
   A. 增加库存品种数
   B. 增加培训费用
   C. 减少设计费用
   D. 减少产品多样性
   E. 以上都是

第4章
生产、服务设施选址与布置

引例　　　　　　　　　家乐福中国台湾选址

一年的夏天，家乐福的杰拉德·克拉克被派往中国台湾开拓市场。在那个时候，中国台湾的情况还不为人知。但是，家乐福的主席、创始人雅克·福朗尼（Jacques Founier）和他的合伙人丹尼斯（Denis）、雅克·德弗瑞（Jacques Defforey）一致认为家乐福在这个小岛上大有可为。

克拉克加入家乐福之前，在法国的一家新闻杂志机构担任审计师。进入家乐福之后，克拉克先是当了6年的店面经理，然后到总部负责制订5~10年的发展计划，最后分别在巴黎和波尔多担任区域经理。

克拉克怀揣着家乐福经营圣典到中国台湾做的第一件事就是收集了很多数据，包括台湾地区的人口、居民人均生产总值、交通网络情况、汽车普及率等，虽然这些数据并不十分可信。那个时候，中国台湾有将近2 000万的总人口，能够支撑很多店面的发展，这值得家乐福为之付出努力。人均生产总值已近4 000美元，不过食品支出还很低，有高增长的潜力。汽车普及率也是个关键指标，这里有很多摩托车和自行车，但总的普及率还很低。

克拉克也考察了房地产的价格和支付条件，以估算与现有本土经营者的价格差异，估算收入和现金流的情况。当然，这种办法有些保守和机械，但这是估计投资项目回报的必需手段。

粗看起来，亚洲其他国家和地区的市场机会也不错。然而，中国香港和新加坡的城市化程度太高，并且人口基数太小，满足不了家乐福的扩张野心；韩国的人均GNP太低；日本市场容量够大，但太过封闭，外国的零售商很难进入。

虽然进行海外投资决策所固有的不确定性依然存在，但是克拉克已经对这个地方有了好感。在他10月份向董事会汇报了调查情况的一个月以后，他收到了肯定的答复。

本章介绍生产与服务设施选址在企业运作中的重要性和难度，研究影响选址的因素和选址的一般步骤，并介绍选址的评价方法。在选址问题解决后，接着研究企业内部的设施布置问题。主要内容有设施布置的概念及影响布置的因素，介绍几种典型的布置形式，具体讨论有关车间与库房布置的常用方法、车间布置的定量分析，如从－至表法、线性规划方法、计算机辅助布置等。另外，对服务业的设施布置、办公室布置、零售业企业的布置等进行了研究。

4.1 当今市场竞争特点对选址决策的影响

选址决策在企业运作管理中具有十分重要的地位。一个产品从原材料制成零件、组装成部件、装配成产品，再经过分销、零售，最后到达消费者手中，要经过不同企业的劳动，克服地域和时间的限制，才能达到消费的目的。这本身就是一个系统，如图4-1所示。选址的问题就是在这样一个系统的基础上加以优化的。现代的企业运作，不仅要关注本企业的业务流程，而且还要考虑整个供应链系统，选址的含义早已扩展到整个供应链上的合作伙伴那里。

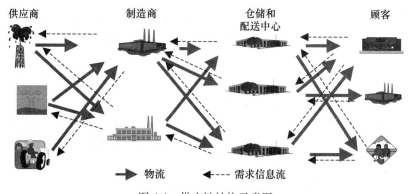

图 4-1 供应链结构示意图

因此，一家企业的竞争力将直接受到其地理位置和环境的影响。对制造业企业来说，其地理布局决定着某些直接成本的高低，如原材料和产品的运输成本、劳动力成本及其他辅助设施的成本等。对服务业企业来说，选址的问题直接影响着供需关系（如客流量）。此外，选址的问题还影响着员工的情绪、相互之间的关系以及公共关系等。

选址是一项巨大的永久性投资，一旦工厂或者商店已经建成，再发现地址选择错误，则为时已晚，难以补救。因为新建的厂房既然不利于经营，那么出售也必定惨淡；将厂房移动是不可能的，将设备搬迁而易地重建，则耗资巨大；如果继续维持下去，投资大、成本高、职工队伍不稳，企业将永远处于不利地位，一旦发生市场冲击，很可能就要倒闭。因此可以说，选址不当，将"铸成大错"，也就决定了企业失败的命运。

除了以上所看到的直接影响外，选址决策的正确与否还影响着企业运作的机会成本。机会成本不是账面上反映出来的费用，它是一种隐性的却对企业收益有重要影响的费用，因此，在企业进行选址时，不仅要考虑直接的、显性的成本，而且要考虑隐性成本及机会成本。

在21世纪的市场竞争环境下，选址决策更显得十分重要。与传统市场竞争环境下只有单一线下渠道相比，最大的不同就是当今企业面临的线上、线下和社交网络等全渠道的挑战，企业的供应商、生产厂、分销商和零售商如何选址布局，事关企业能否快速满足顾客的个性化需求。例如，有些企业同时开辟了传统零售渠道和电商渠道，而电商渠道面临的最大问题就是如何保证低成本、高质量、快速准时地将产品送到顾客手中，因此现在出现了"仓配一体化"的选址布局模式。也就是说，同步考虑全国性的仓储中心和配送中心的集成布局决策，最大限度地将响应速度和成本控制目标结合起来，以取得综合绩效最优。

4.2 选址决策的基本内容

4.2.1 选址决策的基本概念

设施选址（facility location），就是确定在何处建厂或建立服务设施，完成对供应基地、制造基地、仓储中心和配送中心的综合布局优化。它不仅关系到设施建设的投资和建设的速度，而且在很大程度上决定了所提供的产品和服务的成本，从而影响到企业的生产管理活动和经济效益。特别是服务设施选址，直接关系到营业额的多少。除了少数的原材料采掘企业，如矿产企业、原木采伐企业必须将选址定在矿产资源或者森林的所在地之外，绝大多数企业都面临着不同的选址问题的决策。随着全球制造的出现，现在企业的选址问题涉及的范围已超出某一地区、某一国家了，而是在全球范围内考虑厂址选择的问题。厂址选择的问题也超出了过去的自己建厂的决策，而是将选择位于不同地区的合作伙伴（如零部件的供应商）也纳入了选址的决策问题中。

选址的决策方法是多种多样的。有的可能很简单，有的可能很复杂。不管是简单还是复杂，所提出的选址决策方法都有很好的实用性，可以帮助管理人员进行选址问题的决策。一般情况下，如果决策者发现在某处存在一个市场机会，就应该组织一个选址工作小组，前往该地进行调查并收集有关资料，然后再用适当的方法进行评价，最后由决策者做出决策。

4.2.2 选址决策与物流系统

从图4-2中可以看出，在物流系统中，一家企业的选址，与供应商、消费者及其他相关因素有密切关系。一家企业做出的选址决策应使企业的利润最大化，至少应使物流链处于控制之中。从物流系统的观点出发，就是要综合考虑所有的因素，使得物流链上的每一个节点都能达到最优。然而实际上大多数企业都只考虑很小一段，或者是没有办法影响其他企业的选址决策。结果是，选址的系统被破坏了，成为支离破碎的片段，这显然会影响企业整体竞争力。

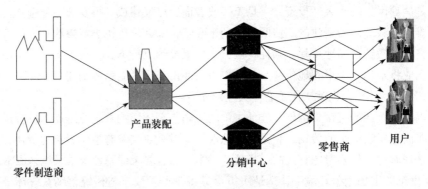

图4-2 产品制造-销售物流网络

4.2.3 影响选址的因素

选址通常涉及许多因素，与显性成本相关的因素有：运输成本、人工成本、实施成本、建设费用等。与隐性成本相关的因素有：国家间文化差异的考虑、法律、环境、地方政府的态度、房价、气候、学校、医院、再创造机会等。

选址决策需要考虑很多因素。这些因素可分为四类：经济因素、政治因素、社会因素和自然因素。其中经济因素是基本的，将单独阐述。

1. 经济因素

（1）运输条件与费用。企业一切生产经营活动都离不开交通运输。原材料、工具和燃料进厂，产品和废物出厂，零件协作加工，都有大量的物料需要运输；职工上下班，也需要交通方便。交通便利可以使物料和人员准时到达需要的地点，使生产活动能正常进行，还可以使原材料产地与市场紧密联系。

运输工具中，水运运载量大，运费较低；铁路运输次之；公路运输运载量较小，运费较高，但最具灵活性，能实现门到门运输；空运运载量小，运费最高，但速度最快。因此，选择水、陆交通都很方便的地方是最理想的。在考虑运输条件时，还要注意产品的性质。生产粗大笨重产品的工厂，要靠近铁路车站或河海港口；制造出口产品的工厂，厂址要接近码头。

在企业输入和输出过程中，有大量的物料进出。有的企业输入运输量大，有的企业输出运输量大，有的企业输入、输出量都很大。在选址时，要考虑是接近原材料供应地，还是接近消费市场。

优质的原材料与合理的价格，是企业所希望的。下述情况的企业应该接近原料或材料产地（供应地）：

- 原料笨重而价格低廉的企业，如砖瓦厂、水泥厂、玻璃厂、钢铁冶炼厂和木材厂等。
- 原料易变质的企业，如水果、蔬菜罐头厂。
- 原料笨重，产品由原料中的一小部分提炼而成，如金属选矿和制糖。
- 原料运输不便，如屠宰厂。

工厂区位接近消费市场的主要目的，是节省运费并及时提供服务。在做选址决策时，要追求单位产品的生产成本和运输成本最低，不能追求只接近消费市场或只接近原料或材料产地。一般来说，下述情况的企业应该接近消费市场：

- 产品运输不便，如家具厂、预制板厂。
- 产品易变化和变质，如制冰厂、食品厂。
- 大多数服务业，如超市或商店、消防队、医院等。

（2）劳动力可获性与费用。对于劳动密集型企业，人工费用占产品成本的大部分，必须考虑劳动力的成本。设厂在劳动力资源丰富、工资低廉的地区，可以降低人工成本。一些发达国家的公司纷纷在经济不够发达的国家设厂，一个重要原因就是降低人工成本。凡使用粗工的企业，工人易于训练，可以随时招用，劳动力的可获性不会成为选址的条件。但是，随着现代科学技术的发展，只有受过良好教育的员工才能胜任越来越复杂的工作任务，单凭体力干活的劳动力越来越不受欢迎。对于大量需要具有专门技术员工的企业，人工成本占制造成本的比例很大，而且员工的技术水平和业务能力，又直接影响产品的质量和产量，劳动力资源的可获性和成本就成了选址的重要条件。在大城市较容易获得高水平的劳动力资源，选择在城市或城郊建厂，容易解决劳动力资源问题。过去搞"三线建设"，在偏僻的山区建厂，劳动力资源的可获性就成了大问题。人们一般不愿离开自己长期居住的地方。

(3) 能源可获性与费用。没有燃料（煤、油、天然气）和动力（电），企业就不能运转。对于耗能大的企业，如钢铁、炼铝、火力发电厂，其厂址应该靠近燃料、动力供应地。

(4) 厂址条件和费用。建厂地方的地势、利用情况和地质条件，都会影响到建设投资。显然，在平地上建厂比在丘陵或山区建厂施工要容易得多，造价也低得多。在地震区建厂，则所有建筑物和设施都要达到抗震要求。同样，在有滑坡、流沙或下沉的地面上建厂，也都要有防范措施，这些措施都将导致投资增加。此外，选择在荒地上还是良田上建厂，也会影响投资大小。需要强调的是，我国人均耕地面积十分有限，选择厂址要尽可能不占良田或少占良田。

地价是影响投资的重要因素。城市地价高，城郊地价较低，农村地价更低。

厂址条件还应考虑协作是否方便。和自然人一样，企业也需要"群居"，与世隔绝的企业是难以生存的。由于专业化分工，企业必然与周围其他企业发生密切的协作关系。大城市是企业群居的地方，但地价高。因此，这些因素需要综合考虑。

2. 其他因素

其他因素包括政治因素、社会因素和自然因素等。

(1) 政治因素。政治因素包括政治局面是否稳定，法制是否健全，税负是否公平，等等。建厂，尤其是在国外建厂，必须要考虑政治因素。

政治局面稳定是发展经济的前提条件。在一个动荡不安或打内战的国家投资建厂，是要冒极大风险的。有些国家或地区的自然环境很适合设厂，但其法律变更无常，资本权益得不到保障，也不宜设厂。要了解当地有关法规，包括环境保护方面的法规，不能将污染环境的工厂建在法规不允许的地方。若税负不合理或太重，使企业财务负担过重，也不宜设厂。相反，一些国家为了吸引外资，制定建厂地价从优，保障外商合法权益，并采取减免税收等政策，营造了一个有利的投资环境。

(2) 社会因素。投资建厂要考虑的社会因素包括居民的生活习惯、文化教育水平、宗教信仰和生活水平。

不同国家和地区、不同民族的生活习惯不同。企业的产品一定要适合当地的需要。本国流行的产品或流行的款式，拿到外国就不一定流行了。同样，外国流行的产品或流行的款式，拿到中国也不一定流行，富康轿车就是一个典型的例子。

在文化教育水平高的地区设厂，不仅有利于招收受过良好教育和训练的员工，而且该地区的氛围也有利于吸引更多的优秀人才，这对企业的发展是至关重要的。

到经济不发达地区建厂，要注意当地居民的开化程度和宗教信仰。清朝末年，修建铁路曾遭到举国上下的反对，甚至受到愚民和顽吏的破坏。如果生产企业的性质与当地宗教信仰相矛盾，则不仅原料来源和产品销路有问题，招收员工有困难，而且会遭到干涉和破坏。

建厂地方的生活条件和水平决定了对员工的吸引力。人们的住房、交通工具、饮食、衣着以及能耗，反映了人们的生活水平。但生活水平高的地区，企业付给员工的工资也高，从而产品的成本也高。到贫困地区设厂，人工费用低，如果产品的科技含量不高，对劳动力素质要求不高，是可行的。

(3) 自然因素。自然因素主要是气候条件和水资源状况。气候条件将直接影响职工的健康和工作效率。根据美国制造业协会的资料，气温在15~22℃时，人们的工作效率最高。气温过高或过低，都会影响工作效率。气温的高低关系着厂房和办公室的建筑设计。通过空调来保持适宜的温度，不仅作用范围有限，而且耗费能源，增加成本。有的产业对气候条件的要求较高，如纺织厂和乐器厂。英国的曼彻斯特是世界著名的纺织工业区，温度及湿度合适是一个主要原因；电影制片厂之所以集中在好莱坞，是因为该地终年温和而干燥，适于室外拍摄活动。

有些企业耗水量巨大，应该靠近水资源丰富的地区。例如，造纸厂、发电厂、钢铁厂、化纤厂等。水资源短缺，是世界性问题。我国北方缺水，不仅影响了工业生产，而且影响了人民生活。耗水量大的企业给水质造成的污染也大。选址时，要同时考虑当地环保的有关规定，并安装治理污染的设施，这又会增加投资。有些企业，如啤酒厂，对水质要求高，则不仅要靠近水源，而且要考虑水质。

4.2.4　选址的一般步骤

选址没有固定不变的程序。一般步骤为：选择某一个地区；在同一地区选择若干适当的地点；比较不同地点，做出决定。

1. 选择某一个地区

按照企业发展战略，选择若干地区新建厂或扩建厂。选择地区时要综合考虑经济因素、政治因素、社会因素和自然因素，最后确定某一个地区。可以选择在城市设厂、农村设厂或城郊设厂。

（1）城市设厂。城市人口稠密，人才集中，交通便利，通信发达，各种企业聚集，协作方便，动力供应便利，资金容易筹集，基础设施齐备。但是，城市高楼林立，地价昂贵，生活水平高，对环境保护要求高。综合比较，以下情况较适于在城市设厂：①工厂规模不大，需要大量受过良好教育和培训的员工；②服务业，因大部分服务业需要与顾客直接接触；③工厂占用空间少，最好能设置于多层建筑内；④对环境污染小。

（2）农村设厂。在农村设厂与城市设厂的优缺点相反，以下情况较适于在农村设厂：①工厂规模大，需占用大量土地；②生产对环境污染较大，如噪声、有害气体或液体；③需大量非技术性粗工；④有高度制造机密，需与周围隔离。

（3）城郊设厂。城郊兼具城市和农村的部分优点，且由于现代交通和通信发达，将有越来越多的工厂设在城郊。

2. 选择适当的地点

地区选定之后，要确定在哪片土地建厂。这时要针对企业的特点，更深入地分析研究各种有关因素。通常考虑的是产品的可变成本，如直接人工、物料搬运费和管理费等。具体要求还有：

（1）确定厂址应考虑厂区平面布置方案，并留有适当的扩充余地。按一般程序，先定厂址，再搞厂区平面布置设计。实际上，做任何工作都不可能如此刻板，要有一个交互的过程。在购置厂地之前，即应有厂区平面布置方案。留有余地会增加投资，但不考虑长远发展可能会导致更多的投资。

（2）整理厂地环境的费用。不能只考虑厂房和仓库的建设费用，还要考虑周围环境、道路、供水、下水道及废料堆放处理的场地等费用。尤其在远离城市的地方建厂，公共设施缺乏，一切都需自理，所需费用往往很大。

（3）职工生活方便。在远离城市的地区建厂，还要考虑员工的住房问题，厂区和生活区要同时考虑。在城市或城郊建厂,要考虑员工的通勤问题。

对于选址的方法将在本章的后面介绍。

4.3 设备或设施布置决策

生产和服务设备或设施布置就是指合理安排企业或某一组织内部各个生产作业单位和辅助设施的相对位置与面积、车间内部生产设备的布置。生产和服务设施布置要在确定了企业内部生产单位组成和生产单位内部采用的专业化形式之后才能进行。

4.3.1 影响企业生产单位构成的因素

本节以制造业企业为例讨论企业内部生产结构问题。从我国制造业企业的一般结构特点来看,企业内部的生产车间(或生产分厂)是基本生产单位,车间下设工段或生产小组,实行分层管理,分别完成各项生产任务。

企业生产单位的构成因行业不同差异甚大,尤其是机械制造企业生产单位设置比较复杂。每家企业都有自身的特点,多受下列因素的影响。

1. 产品的结构与工艺特点

生产单位的设置应根据产品结构要求,设置相应的制造车间,如生产机械产品的制造企业,生产单位可由毛坯、加工、装配车间组成;流程式的化工行业则严格按工艺流程的阶段组成车间。同类型的产品,结构相似,可能采用不同的工艺方法,如齿轮厂的毛坯,可以模锻而成或精密铸造,因而相应地设置锻造车间或铸造车间,或者锻造车间与铸造车间均设置。

2. 企业的专业化与协作化水平

企业的专业化是以生产的产品品种多少和工艺类型与方法的单一化程度来衡量的。专业化程度高的企业,年产量较大,生产单位(车间)的任务比较单一。企业的生产专业化形式不同,相应设置的生产单位也不同。采用产品专业化形式的企业,要求企业有较为完整的生产单位,应设置毛坯车间、机械加工车间、热处理车间、装配车间等,如汽车制造企业。采用零件专业化形式的企业,多数没有完整的加工过程、各个工艺阶段,可不设置装配车间或毛坯车间,如齿轮厂等。采用工艺专业化的企业,一般只设有相应工艺阶段的车间,如装配厂,只有部件装配车间、总装车间等。

企业的专业化程度高,必然有大量的外协件需要协作化生产,企业将零部件的制造扩散出去,采用外包的方式组织制造资源。这样,企业自身的制造活动就少了许多,这时就更强调企业间的合作。有时地理上的因素是一个很重要的考虑,对选址和布置的要求更高了。

企业的协作化水平不同,相应地由不同的生产单位组成。协作范围越广,则企业的生产车间组成越简单。

3. 企业的生产规模

企业的生产规模是指劳动力和生产资料在企业集中的程度,如企业职工人数、固定资产总值、产品总产值等,可分为大、中、小规模企业。大型企业的车间规模大,为了便于组织生产,同类生产性质的车间往往设置多个,如机械加工一车间、机械加工二车间;对于小型企业,则可将加工与装配设置在一个车间。

4.3.2 生产单位的专业化原则和形式

生产单位的专业化原则和形式，影响企业内部的生产分工和协作关系，决定着物料流向、物流路线和运输量，它是企业与车间平面布置中必须考虑的重要问题。按照生产流程的不同类型，生产单位专业化原则有工艺专业化和对象专业化原则。

1. 工艺专业化原则

按照工艺专业化（process focused）特征建立的生产单位，形成工艺专业化车间。工艺专业化形式的生产单位内集中了完成相同工艺的设备和工人，可以完成不同产品上相同工艺内容的加工，如制造业企业中的机械加工车间、锻造车间、车工工段、铣工工段等生产单位。工艺专业化生产单位具有对产品品种变化适应能力强、生产系统可靠性高、工艺管理方便的优点，但由于完成整个生产过程需要跨越多个生产单位，因而也有加工路线长、运输量大、运输成本高、生产周期长、组织管理工作复杂等缺点。同时，由于变换品种时需要重新调整设备，耗费的非生产时间较多，生产效率低。

2. 对象专业化原则

按照产品（或零件、部件）建立的生产单位，形成对象专业化（product focused）车间。对象专业化形式的生产单位内集中了完成同一产品生产所需的设备、工艺装备和工人，可以完成相同产品的全部或大部分的加工任务，如汽车制造厂的发动机车间、曲轴车间、齿轮工段等生产单位。对象专业化生产单位便于采用高效专用设备组织连续流水作业，可缩短运输路线、减少运输费用，有利于提高生产效率、缩短生产周期，同时还简化了生产管理。但是，对象专业化生产单位只固定了生产一种或很少几种产品的设备，因而对产品品种变化的适应能力很差。

按对象专业化形式组成的车间（工段）的主要优点是，有利于提高工作地的专业化程度，可以采用高效率的专用设备，提高工作效率，提高生产过程的连续性，缩短生产周期，简化生产管理工作。在以对象专业化形式建立的车间与工段内多是采用流水生产组织形式。这种形式的主要缺点是，适应市场需求变化的应变能力较差。对象专业化原则布置形式适用于大量大批生产类型。

上述两种专业化形式相应有两种车间内部的布置形式，如图4-3、图4-4所示。

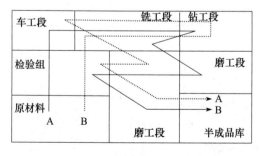

图4-3 工艺专业化形式示意图

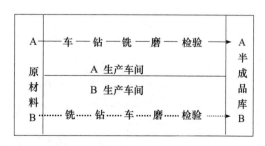

图4-4 对象专业化形式示意图

事实上，现实中的企业，特别是机械制造企业，纯粹按工艺专业化形式或对象专业化形式布置的较少，常常是同时采用两种专业化形式进行车间或企业的布置。工艺专业化原则适用于批量生产，对象专业化原则适用于大量大批生产。

工艺专业化原则和对象专业化原则具有普遍的适用意义。例如，政府部门有各种不同职能部门，一般是按职能分工布置，可以认为是工艺专业化原则。在这种布置下，一份公文的审批要经过若干个部门，耗费时间长，效率较低。如果围绕某种特殊任务，如审批外商投资项目，为提高办公效率，从有关职能部门抽出办事人员集中在一起，采用流水作业方式处理项目申请，很快就可以办完手续，这就是对象专业化原则的具体应用。

4.3.3 影响生产和服务设施布置决策的因素

影响生产和服务设施布置决策的因素有：

- 厂房的布置应满足生产过程的要求，以避免互相交叉和迂回运输，缩短生产周期，节省生产费用。
- 生产联系和协作关系密切的单位应相互靠近布置，比如机械加工和装配车间应该安排在相邻的位置上。
- 充分利用现有运输条件，如公路、铁路、港口及供水、供电等公共设施。
- 按照生产性质、防火和环保要求，合理划分厂区，如热加工车间区、冷加工车间区、动力设施区。为了减少居民生活区的污染，生活区应设在上风区。
- 在考虑防火和卫生条件下，总平面布置应力求占地面积小。
- 工厂布置应考虑有扩建的余地。

4.3.4 几种典型布置形式

1. 物料流程形式

如前所述，布置问题方法的目标是使物流成本最小。当物流成本最小是主要目标时，流程分析在布置中就是很重要的问题。流程形式可以分为水平和垂直两种。当所有的设备、设施都在同一个车间里时，就按水平方式考虑；当生产作业是在多个楼层周转时，就按垂直方式考虑。常见的水平流程形式如图 4-5 所示。

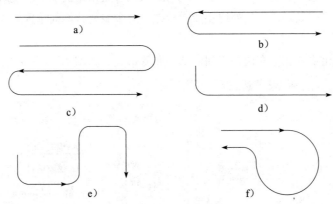

图 4-5 常见流程布置形式

2. 布置类型

（1）固定式布置。固定式布置（fixed position layout）是指加工对象位置固定，生产工人和设备都随加工产品所在的某一位置而转移，如内燃机车的装配、造船装配等，这种布置形式适用于大型产品的装配过程。

由于某些产品体积庞大笨重，不容易移动，因此可保持产品不动，将工作地按产品的要求来布置，如图 4-6 所示。诸如大型飞机、船舶、重型机床等，就是如此。对于这样的项目，一旦基本结构确定下来，其他一切功能都围绕着产品而固定下来，如机器、操作人员、装配工具等。

（2）按产品布置。按产品布置（product layout）就是按对象专业化原则布置有关机器和设施。最常见的如流水生产线或产品装配线，如图 4-7 所示。

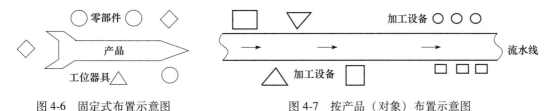

图 4-6　固定式布置示意图　　　　图 4-7　按产品（对象）布置示意图

（3）按工艺过程布置。按工艺过程布置（process layout）又称工艺专业化布置，就是按照工艺专业化原则将同类机器集中在一起，完成相同工艺加工任务，如图 4-8 所示。

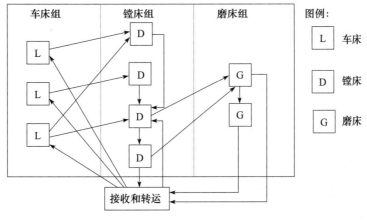

图 4-8　按工艺过程布置示意图

（4）按成组制造单元布置。按工艺专业化布置生产和服务设施，带来的问题是很明显的。它容易造成被加工对象在生产单位之间交叉往返运输，不仅引起费用上升，而且延长了生产周期。人们经过研究，通过实践创造了按成组制造单元布置（layouts based on group technology）的形式。它的基本原理是，先根据一定的标准将结构和工艺相似的零件组成一个零件组，确定出零件组的典型工艺流程，再根据典型工艺流程的加工内容选择设备和工人，由这些设备和工人组成一个生产单元，如图 4-9 所示。成组制造单元很类似对象专业化形式，因而也具有对象专业化形式的优点。但成组

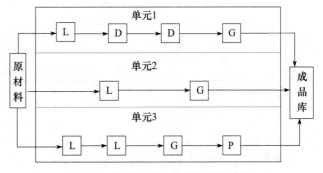

图 4-9　按成组制造单元布置示意图

制造单元更适合于多品种的批量生产，因而又比对象专业化形式具有更高的柔性，是一种适合多品种中小批量生产的理想生产方式。

（5）C形制造单元布置。成组制造单元具体地可以布置成C形，简称C形制造单元布置（C-line cell），如图4-10所示。

（6）U形制造单元及生产线布置。U形制造单元及生产线布置（U-line cell）如图4-11所示。

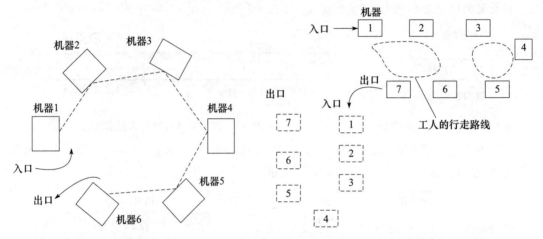

图4-10　C形制造单元布置示意图　　　图4-11　U形制造单元及生产线布置

在实际生产中，一般都综合运用上述几种形式，针对不同的零件品种数和生产批量选择不同形式的生产单元。

4.4　仓库布置

一般情况下，企业都有不同类型的仓库，储存不同种类的物资。生产或服务过程中会经常有物资运进搬出，工作量很大。如果仓库布置不合理，也会影响生产成本。仓库类似于制造业的工厂，因为物品也需要在不同地点（单元）之间移动。因此，仓库布置也可以有多种不同的方案。下面举一简单例子说明。

假设有一个家电用品仓库，共有 M 个货区，分别储存7种家电。仓库有一个出入口，进出仓库的货物都要经过此出入口（见图4-12）。假设该仓库每种物品每周的存取次数如表4-1所示，应该如何布置不同物品的货区，才能使总搬运量最小？

图4-12　仓库平面示意图

表4-1　家电用品仓库的存储信息

存 储 物 品	搬运次数（每周）	所需货区	存 储 物 品	搬运次数（每周）	所需货区
1. 电烤箱	280	1	5. 电视	800	4
2. 空调	160	2	6. 收音机	150	1
3. 微波炉	360	1	7. 其他	100	2
4. 音响	375	3			

这实际上就是一个典型的仓库布置问题。显而易见，这个问题的关键是寻找一种布置方

案,使得总搬运量最小。这个目标函数与一般设施布置的目标函数是一致的。实际上,这种仓库布置的情况比制造业工厂中的生产单元的布置更简单,因为全部搬运都发生在出入口和货区之间,而不存在各个货区之间的搬运。

这种仓库布置要进一步区分两种不同情况:①各种物品所需货区面积相同,在这种情况下,只需把搬运次数最多的物品货区布置在靠近出入口之处,即可得到最小的总负荷数;②各种物品所需货区面积不同,需要首先计算某物品的搬运次数与所需货区数量之比,取该比值最大者靠近出入口,依次往下排列。(请读者自己考虑,为什么?)如在上例中,各种物品的该比值从大到小的排列顺序为(括号中为比值数):3(360)、1(280)、5(200)、6(150)、4(125)、2(80)、7(50)。图 4-13 是根据这种排列所做出的布置方案。

上面是以总负荷数最小为目标的一种简单易行的仓库货区布置方法。在实际中,根据情况的不同,仓库布置可以有多种方案、多种考虑目标。例如,不同物品的需求经常是季节性的,因此,在上例中,也许在元旦、春节期间应把电视、音响放在靠近出入口处,而在

图 4-13 布置好的仓库平面示意图

春夏之季将空调放在靠近出入口处。又如,空间利用的不同方法也会带来不同的仓库布置要求,在同一面积内,高架立体仓库可存储的物品要多得多,如图 4-14 所示。由于拣运设备、存储记录方式等的不同,也会带来布置方法上的不同。再如,新技术的引入会带来考虑更多有效方案的可能性:计算机仓储信息管理系统可使得拣运人员迅速知道每一物品的准确仓储位置,并为拣运人员设计一套汇集不同物品于同一货车上的最佳拣货行走路线,自动分拣运输线可使仓储人员分区工作,而不必跑遍整个仓库,等等。总之,根据不同的目标、所使用技术不同以及仓储设施本身的特点,仓库的布置方法有多种。

图 4-14 立体仓库布置示例

4.5 选址与布置决策的定量分析

4.5.1 量本利分析法

量本利分析法可以用来评价不同的选址方案。任何选址方案都有一定的固定成本和变动成

本，图 4-15 表示两个不同的选址方案的成本和收入随产量变化的情况。

假定无论厂址选在何处，其产品的售价是相同的。因此，收入曲线相同。对制造业来说，厂址不影响其销售量。只要销售量大于 V_0，两个选址方案都盈利。但是，由于厂址 1 的总成本较低，在销售量相同的情况下，其盈利较多。然而，我们并不能得出总成本最低的选址方案盈利最高的结论。因为，以上结论是在售价和销售量都相同的假设下才成立。如果是服务业，如零售店，不同选址方案的销售量不同。如图 4-15 所示，选址 1 的销售量为 V_1，选址 2 的销售量为 V_2。可能会出现这种情况，选址 2 的总成本虽然比选址 1 的总成本高，但由于选址 2 的销售额高，造成选址 2 的盈利高（$P_2 > P_1$）。

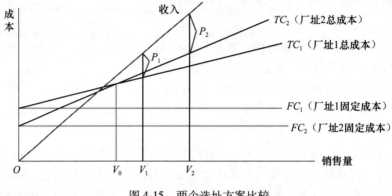

图 4-15　两个选址方案比较

量本利分析法也能用于多个选址方案的比较，成本曲线和收入曲线也不一定像本例那样为直线。

4.5.2　评分法

量本利分析法只是从经济上进行比较。如前所述，选址涉及多方面因素，有些因素是无形的、难以量化的。全面比较不同选址方案，是一个多目标或多准则的决策问题。由于不同的目标对选址决策的重要程度不同，就要对不同的目标分配不同的权重。权重通过分配给不同目标以不同的最高分数来体现。表 4-2 为评分法的举例。有 3 个候选厂址：A、B 和 C，它们的经济因素相当。现按 7 个难以量化的因素对它们进行进一步比较。这 7 个因素对选址的重要性不同，这种不同从表 4-2 中第 2 列"最高分数"可以看出。通过专家估计每个方案的分数，得出第 3～5 列中的数字。比较这些数字可以看出，厂址 C 的每项分数都没有超过厂址 B 的分数，厂址 B 与厂址 A 都有优于对方的因素。因此，可以不考虑厂址 C。厂址 B 的总分数为 900，厂址 A 的总分数为 840，可以优先选择厂址 B。

表 4-2　评分法举例

选址因素	最高分数	候选厂址		
		A	B	C
未来燃料可获性	300	200	250	220
水源供应的充足程度	100	80	90	80
劳动力供应情况	250	220	200	200
生活条件	150	120	120	100
运输的灵活性及前景	200	160	160	140
环境污染法规	50	30	40	30
税收稳定性	50	30	40	30
共计	1 100	840	900	800

评分法也可以采用其他形式，如表 4-3 所示的加权法。用加权法，每一个选址因素最多为 100 点，其重要程度由权重表示。这样专家评分时会感觉方便些。

表 4-3　加权法

选址因素	权重	备选厂址		
		A	B	C
交通条件	0.25	70	100	80
土地状况	0.10	80	70	100
停车场地可获性	0.20	70	60	60
公众态度	0.25	90	80	90
扩展潜力	0.20	90	80	80

对于多目标决策问题，如有多个备选方案（厂址），可以采取以下办法进行决策：

（1）淘汰法。如果多个备选方案中有一些方案的每项指标值（点数）都不优于某一方案的对应的指标值，则这些备选方案都可以淘汰，如同表 4-2 中的厂址 C。

（2）设置最低指标值。对某些评价指标设置最低值，任何方案的相应指标若低于这个最低值，则该方案被淘汰。这种方法在入学考试中经常采用，某门功课低于某一分数线，则不予录取。在厂址选择中有些因素也是不能太差的，比如水源，达不到一个最低标准，则不能建厂。

（3）加权和法。将每个方案的各项指标分值乘以各项指标的权重之后求和，取加权和最大者。在表 4-3 所示的例子中，比较厂址 A 和厂址 B 就是采用的这种方法，只不过将权重体现在分数设置上。

4.5.3　作业相关图

作业相关图法是由穆德提出的，它是根据企业各个部门之间的活动关系密切程度布置其相互位置的。首先将关系密切程度划分为 A、E、I、O、U、X 六个等级，其意义如表 4-4 所示。

表 4-4　关系密切程度分类

代号	密切程度	代号	密切程度
A	绝对重要	O	一般
E	特别重要	U	不重要
I	重要	X	不予考虑

然后，列出导致不同程度关系的原因（见表 4-5）。使用这两种资料，将待布置的部门一一确定出相互关系，根据相互关系重要程度，按重要等级高的部门相邻布置的原则，安排出最合理的布置方案。

表 4-5　关系密切原因

代号	关系密切原因	代号	关系密切原因
1	使用共同的原始记录	6	工作流程连续
2	共用人员	7	做类似的工作
3	共用场地	8	共用设备
4	人员接触频繁	9	其他
5	文件交换频繁		

【例 4-1】

一个快餐店欲布置其生产与服务设施。该快餐店共分成 6 个部门，计划布置在一个 2×3 的区域内。已知这 6 个部门间的作业关系密切程度，如图 4-16 所示，请据此做出合理布置。

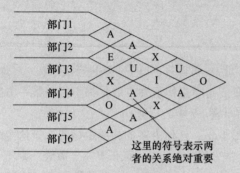

这里的符号表示两者的关系绝对重要

图 4-16 作业相关图示例

解： 第一步，列出关系密切程度分类表（只考虑 A 和 X）。

A	X	A	X	A	X
1-2	1-4	2-6	3-4	4-6	5-6
1-3	3-6	3-5		5-6	

第二步，根据列表编制主联系簇，如图 4-17 所示。原则是，从关系 "A" 出现最多的部门开始，如本例的部门 6 出现 3 次，首先确定部门 6，然后将与部门 6 的关系密切

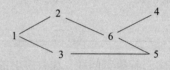

图 4-17 联系簇

程度为 A 的——联系在一起。

第三步，考虑其他 "A" 关系部门，如能加在主联系簇上就尽量加上去，否则画出分离的子联系簇。本例中，所有的部门都能加到主联系簇上去，如图 4-18 所示。

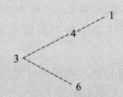

图 4-18 联系簇

第四步，画出 "X" 关系联系图，如图 4-19 所示。

图 4-19 X 关系联系簇

第五步，根据联系簇图和可供使用的区域，用实验法安置所有部门，如图 4-20 所示。

1	2	6
3	5	4

图 4-20 最后结果

4.5.4 从-至表法

从-至（from-to）表是一种常用的生产和服务设施布置方法。利用从-至表列出不同部门、机器或设施之间的相对位置，以对角线元素为基准计算各工作点之间的相对距离，从而找出整个单位或生产单元物料总运量最小的布置方案。这种方法比较适合于多品种、小批量生产的情况。其基本步骤如下：

- 选择典型零件，制定典型零件的工艺路线，确定所用机床设备。
- 制定设备布置的初始方案，统计出设备之间的移动距离。
- 确定出零件在设备之间的移动次数和单位运量成本。
- 用实验法确定最满意的布置方案。

【例 4-2】

一个金属加工车间有六台设备,已知其生产的零件品种及加工路线,并据此给出如表 4-6 所示的零件在设备之间的每月移动次数,表 4-7 给出了单位距离运输成本。请用这些数据确定该车间的最佳布置方案。

表 4-6 零件在设备间的月平均移动次数矩阵

	锯床	磨床	冲床	钻床	车床	插床
锯床		217	418	61	42	180
磨床	216		52	190	61	10
冲床	400	114		95	16	20
钻床	16	421	62		41	68
车床	126	71	100	315		50
插床	42	95	83	114	390	

表 4-7 单位距离运输成本矩阵 (元)

	锯床	磨床	冲床	钻床	车床	插床
锯床		0.15	0.15	0.16	0.15	0.16
磨床	0.18		0.16	0.15	0.15	0.15
冲床	0.15	0.15		0.15	0.15	0.16
钻床	0.18	0.15	0.16		0.15	0.16
车床	0.15	0.17	0.16	0.20		0.15
插床	0.15	0.15	0.16	0.15	0.15	

将运输次数矩阵与单位距离运输成本矩阵的相同位置的数据相乘,得到从一台机器到另一台机器的每月运输成本,如表 4-8 所示。然后,再按对角线对称的成本元素相加,得到两台机器间的每月总的运输成本,如表 4-9 所示。

表 4-8 单位距离每月运输成本 (元)

	锯床	磨床	冲床	钻床	车床	插床
锯床		32.6	62.7	9.8	6.3	28.8
磨床	38.9		8.3	28.5	9.2	1.5
冲床	60.0	17.1		14.3	2.4	3.2
钻床	2.9	63.2	9.3		6.2	10.9
车床	18.9	12.1	16.0	63.0		7.5
插床	6.3	14.3	13.3	17.1	58.5	

表 4-9 单位距离每月总运输成本 (元)

	锯床	磨床	冲床	钻床	车床	插床
锯床		71.5③	122.7①	12.7	25.2	35.1
磨床			25.4	91.7②	21.3	15.8
冲床				23.6	18.4	16.5
钻床					69.2④	28.0
车床						66.0⑤
插床						

接着,确定紧密相邻的系数。其确定依据就是总运输成本的大小。按总运输成本的大小,从大到小降序排列,就得到了机器(或部门)之间的紧密相邻程度。如本例,根据表 4-9 中的①②③④⑤的顺序,应将锯床与冲床相邻布置,磨床与钻床相邻布置,锯床与磨床相邻布置,钻床与车床相邻布置,车床与插床相邻布置。最后结果如图 4-21 所示。

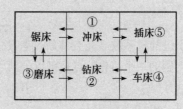

图 4-21 最后布置方案

从-至表法的另一种应用是扩展成物料运量图法。物料运量图法是按照生产过程中物料的流向及生产单元之间的运输量布置企业的车间及各种设施的相对位置,其步骤为:

(1)根据原材料、在制品在生产过程中的流向,初步布置各个生产车间和生产服务单位的相对位置,绘出初步物流图。

(2)统计车间之间的物料流量,制定物料运量表,见表 4-10。

表 4-10 车间之间运量表
(单位:10 吨)

	01	02	03	04	05	总计
01		7	2	1	4	14
02			6	2		8
03		4		5	1	10
04		6			2	8
05			2			2
总计	0	11	14	10	7	

（3）按运量大小进行初试布置，将车间之间运输量大的安排在相邻位置，并考虑其他因素进行改进和调整。

最后的结果如图 4-22 所示。因为部门 01 和部门 02、部门 02 和部门 03、部门 03 和部门 04 之间的运量较大，所以应该相邻布置。

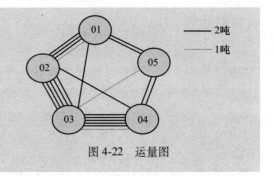

图 4-22 运量图

4.5.5 新设备的布置问题

这里考虑一种常见的设施布置问题。为适应生产或服务要求，人们常常对原有的部门进行改造，如在已有的设备设施中，再安置一台新装备。该问题的目标是使从新设备到老设备的加权直线移动距离的总和最小。为方便起见，假设物料或人员在两台设备或两个部门之间移动时，只能按交叉垂直的路线运动，即两个点之间不能走对角线。设原有设备在坐标内的点为 (a_1, b_1)，(a_2, b_2)，$\cdots$，(a_n, b_n)，则目标是求出 x，y 使得

$$f(x, y) = \sum_{i=1}^{n} w_i (|x - a_i| + |y - b_i|)$$

最小。引进加权系数 w 是允许新、老设备间有不同的流量。

该问题的一个简化特点是可以分别求出 x 和 y 的最优值，即

$$f(x, y) = g_1(x) + g_2(y)$$

这里

$$g_1(x) = \sum_{i=1}^{n} w_i |x - a_i|$$

$$g_2(y) = \sum_{i=1}^{n} w_i |y - b_i|$$

为使读者有一个清楚的认识，这里先讨论一个简化了的问题。假设现已有两台设备，分别坐落在 (5，10) 和 (20，30) 的位置，如图 4-23 所示。取权重为 1。若 x 可取 5 和 20 之间的任何值，则 $g_1(x)$ 等于 15（例如，$x = 13$，$g_1(x) = |5 - 13| + |13 - 20| = 15$）。同样，若 y 可取 10 和 30 之间的任何值，则 $g_2(y)$ 等于 20。任何在 [5，20] 外的 x，任何在 [10，30] 外的 y 都将导致更大的 $g_1(x)$ 和 $g_2(y)$。因此，(x, y) 的最优解应为 $5 \leq x \leq 20$，$10 \leq y \leq 30$。落在图 4-23 阴影内的解都是最优的。从这个例子可以看出，x 等于 a_i 的某个值，y 等于 b_i 的某个值，该问题总存在最优解。

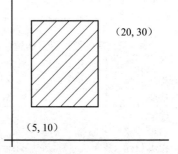

图 4-23 新设备布置的最优区域

【例 4-3】

某大学购买一台新设备，以便全校教师制作教学视频。这台设备由校园内六个学院的教师使用，这六个学院的位置如图 4-24 所示，其坐标和各学院使用该设备

的教师人数如表 4-11 所示。各学院间用草坪隔开，所以通道都是交叉垂直的。该视频制作设备安置在何处可使所有教师的总行程最小？

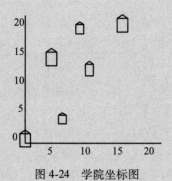

图 4-24　学院坐标图

表 4-11　学院坐标和使用人数

学院	坐标	教师人数
商学院	(5, 13)	31
教育学院	(8, 18)	28
工学院	(0, 0)	19
人文学院	(6, 3)	53
法学院	(14, 20)	32
理学院	(10, 12)	41

解：设布置视频制作设备的坐标为 x 和 y，取每个学院使用该设备的教师人数为加权数。下面分别求出 x 和 y 的值。

首先求 x 的最优解。将 x 的坐标按递增的顺序排列，同时求出累计加权值，如表 4-12 所示。

表 4-12　x 坐标和累计加权值

学院	x 坐标	权数	累计加权值
工学院	0	19	19
商学院	5	31	50
人文学院	6	53	103
教育学院	8	28	131
理学院	10	41	172
法学院	14	32	204

x 最优值求解方法：

（1）将累计加权值除以 2，本例为 (204/2) = 102。

（2）在累计加权值中从小到大找出第一个大于 102 的值，本例为 103。

（3）与 103 相对应的 x 坐标即为最优解，即 $x = 6$。

y 值的求法与此相同。由表 4-13 可知，$y = 12$，则本例的最优解为 (6, 12)，即新的视频制作设备应布置在坐标为 (6, 12) 的地方，这样所有教师的行走路程的总和最小。

表 4-13　y 坐标和累计加权值

学院	y 坐标	权数	累计加权值
工学院	0	19	19
人文学院	3	53	72
理学院	12	41	113
商学院	13	31	144
教育学院	18	28	172
法学院	20	32	204

4.5.6　线性规划方法

设：n——机器数量。

c_{ij}——机器 i 布置在 j 时，单位时间的成本。

d_{jr}——从位置 j 到位置 r 物料移动一次的成本。

f_{ik}——单位时间内机器 i 到机器 k 的平均移动次数。

S_i——机器 i 可能布置的位置的集合。

$$a_{ijkr} = \begin{cases} f_{ik}d_{jr} & \text{如果 } i \neq k \text{ 或 } j \neq r \\ c_{ij} & \text{如果 } i = k \text{ 和 } j = r \end{cases}$$

$$x_{ij} = \begin{cases} 1 & \text{如果机器 } i \text{ 布置在位置 } j \\ 0 & \text{其他} \end{cases}$$

a_{ijkr}——单位时间内机器 i 布置在位置 j 和机器 k 布置在位置 r 的物料运输费用，这个费

用仅在 x_{ij} 等于 x_{kr} 情况下出现。

因此，总成本的表达式为：

$$\frac{1}{2}\sum_{i=1}^{n}\sum_{j=1}^{n}\sum_{k=1}^{n}\sum_{r=1}^{n}a_{ijkr}x_{ij}x_{kr}$$

约束条件有：

$$\sum_{j=1}^{n}x_{ij}=1 \quad i=1,2,\cdots,n$$

$$\sum_{i=1}^{n}x_{ij}=1 \quad j=1,2,\cdots,n$$

$$x_{ij}=0 \text{ 或 } 1 \quad i=1,2,\cdots,n \quad j=1,2,\cdots,n$$

$$x_{ij}=0 \quad i=1,2,\cdots,n \quad j\notin S_i$$

优化的目标是使总的物料搬运成本最低。这是一个四重分配问题，一般来说，该问题用人工求解是极为困难的。不过，现在市场上有许多软件公司开发出来的优化软件包，如 LINGO，可以非常方便地解决这些问题。

4.5.7 计算机辅助选址决策与设施布置

运用计算机仿真软件可以更直观地分析设施布局过程中的成本和其他绩效指标变化的情况，可以随时根据管理上的目标调整参数，得到一个令人满意的布局方案。这里简单介绍两款比较适用的计算机仿真软件。

（1）Flexsim。Flexsim 将可视化、建模和仿真过程、数据观察和收集以及二次开发结合于一体，方案优化者创建好一个模型也就同时创建好了该模型的动画演示；它用强大的 3D 动画效果使仿真模型更加直观、真实。无论是在建模阶段还是在模型运行阶段，Flexsim 直观的 3D 动画显示都可以很方便地观察系统在立体空间中的状态和相关的统计数据，并且能够通过简单的操作实现平移、旋转、缩放等效果。如图 4-25 所示，就是运用 Flexsim 仿真软件对美国某企业的供应链物流网络布局过程的一个截图。

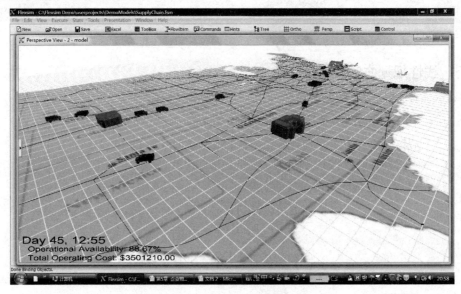

图 4-25　Flexsim 物流仿真分析示意图

（2）Arena。Arena 是一个模拟功能强大的计算机仿真软件，具有非常专业的分析和优化功能：输入分析器用来进行输入数据概率分布函数的拟合；过程分析器用于比较不同模型中具体参数或者同一模型中的多次仿真中的具体参数的值，并以各种图表的形式提供比较的结果；输出分析器包括对输出数据的多样显示功能和强大的数理统计分析，以确保输出分析的准确性和可靠性；优化工具 OptQuest 采用 Tabu 搜索算法和遗传算法对仿真模型进行优化，大大增强了 Arena 对复杂问题的决策支持；Arena 的数据报告足以详尽到允许研究仿真模型中的任何一个微小环节；Arena 可以与 Microsoft Office 进行数据交换，极大地丰富了 Arena 的输入、输出形式；Arena 还包含了与 Visio 的内部接口，可以使用 Arena 提供的 Visio 过程模拟器建立模型的流程图，然后直接转化成 Arena 的模型，等等，还有很多其他方面的功能，有兴趣者可参考相关资料。图 4-26 是用 Arena 进行仓储仿真模型时的截图。

图 4-26　Arena 仓储仿真分析示意图

计算机辅助选址决策与设施布置的软件水平目前已经越来越高。图 4-27、图 4-28 和图 4-29 是一个实际企业物流网络选址决策的应用示例。图 4-27 是该企业"工厂-配送中心-客户"系统的地理分布图。图中的圆圈表示配送中心，三角形表示工厂，大大小小的黑色方块表示客户所在地。

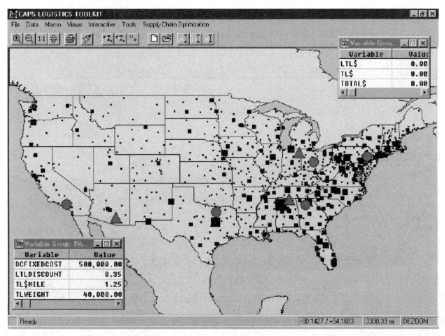

图 4-27　某企业物流网络的地理分布

图 4-28 是某种布局方案。在这种方案下，该企业现行的"工厂-配送中心-客户"设置总成本为 12 621 293.00 美元。

通过采用某软件公司开发的选址优化软件进行的重新设计，如图 4-29 所示。在这种方案下，该企业的"工厂-配送中心-客户"设置总成本为 10 012 763.00 美元。两者相比，后一方案比前一方案节约了大约 260 多万美元。

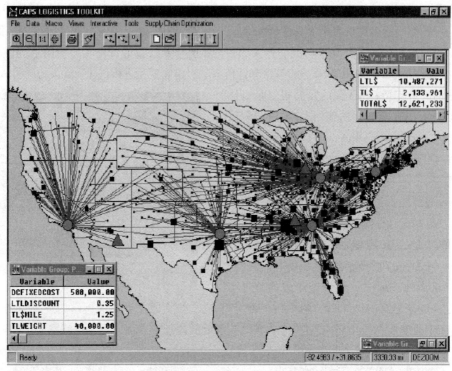

图 4-28　某企业物流网络布局方案

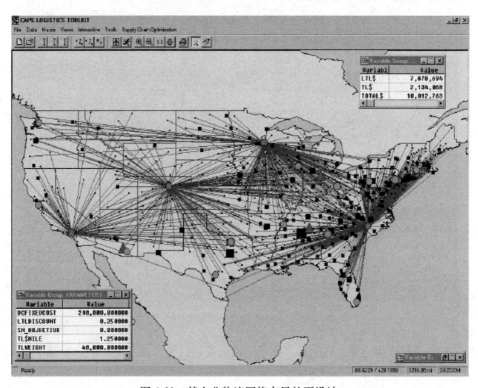

图 4-29　某企业物流网络布局的再设计

4.6 装配线平衡

装配线平衡，又称工序同期化，是对于某装配流水线，在给定流水线的节拍后，求出装配线所需工序的工作地数量和用工人数最少的方案。装配线平衡问题还可以表述为：对于特定的产品，给定工作地数量，求出使流水线节拍最小的配置方案。这两种表达方式都是要使各工作地的单件作业时间尽可能接近节拍或节拍的整数倍。

4.6.1 为什么要进行装配线时间平衡

如图 4-30 所示，某装配线有 6 道工序，其作业顺序和工序作业时间如图所示。假定节拍为 5 分钟/件，计算一下工序负荷率。通过简单分析不难看出，工序负荷率最高的只有 60%，即 3、4 两道工序，而工序 1 的负荷率只有 20%。这种现象会导致：

- 浪费时间资源。
- 忙闲不均，引起矛盾。
- 浪费人力资源。

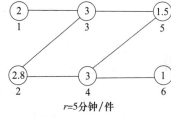

图 4-30 装配线顺序图

为了解决这些问题，必须对装配线的工序进行新的组合分析，重新组织工作地。重新组织工作地涉及装配线（流水线）节拍的概念。所谓流水线的节拍，是指流水线上连续出产两件相同制品的时间间隔。

$$r = \frac{\text{计划期有效工作时间}}{\text{计划期内计划产量}} = \frac{F_e}{N} = \frac{F_0 \cdot \eta}{N} (\text{分钟}/\text{件})$$

【例 4-4】

某流水线计划日产量为 150 件，采用两班制生产，每班规定有 21 分钟停歇时间，计划不合格品率为 2%。每个工作班按 8 小时计，计算该流水线的节拍。

$$r = \frac{\text{计划期有效工作时间}}{\text{计划期内计划产量}} = \frac{F_e}{N}$$

$$= \frac{8 \times 2 \times 60 - (21 \times 2)}{150 \times (1 + 0.02)} = 6 (\text{分钟}/\text{件})$$

4.6.2 装配线平衡的方法

以适当的方式将装配线上若干个相邻工序合并成一个大工序（又称工作地），并使这些大工序的作业时间接近或等于装配线的节拍。具体步骤如下：

① 确定装配流水线节拍。
② 计算装配线上需要的最少工作地数：

$$S_{\min} = \left\lceil \frac{\sum t_i}{r} \right\rceil$$

③ 组织工作地。按以下条件向工作地分配小工序：

- 保证各工序之间的先后顺序。

- 每个工作地分配到的小工序作业时间之和（T_{ei}），不能大于节拍。
- 各工作地的作业时间应尽量接近或等于节拍（$T_{ei} \to r$）。
- 应使工作地数目尽量少。

④计算工作地时间损失系数、平滑系数：

$$SI = \sqrt{\sum_{i=1}^{S}(T_{emax} - T_{ei})^2}$$

4.6.3 装配线平衡举例

【例 4-5】

启明公司开发出一种款式新颖的三轮童车，试销结果表明深受顾客欢迎。公司决定建立一条装配流水线，大批量生产这种三轮童车，面向全国销售。现需要对这条装配线进行组织设计，装配线平衡过程如下。

三轮童车装配路线如图 4-31 所示，三轮童车装配作业先后顺序如图 4-32 所示。

(1) 装配作业的分解和节拍的确定。由生产计划和工作班次，三轮童车装配线的节拍为：

$$r = 20 \text{ 秒／件}$$

(2) 最少工作地数为：

$$S_{min} = [253/20] = [12.65] = 13$$

(3) 组织工作地。根据装配作业顺序图，用试算法进行工作地重新划分，共划分出 15 个工作地，如图 4-33 所示。

(4) 装配线的时间损失系数和平滑系数分别为：

$$\varepsilon_L = \frac{S \cdot r - \sum_{i=1}^{S} T_{ei}}{S \cdot r} \times 100\%$$

$$= \frac{15 \times 20 - 253}{15 \times 20} \times 100\%$$

$$= 16\%$$

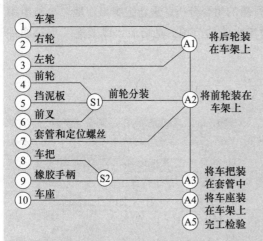

图 4-31 三轮童车装配路线

$$SI = \sqrt{\sum_{i=1}^{S}(T_{emax} - T_{ei})^2} = \sqrt{(20-20)^2 + (20-18)^2 + (20-18)^2 + \cdots + (20-12)^2} = 15.52$$

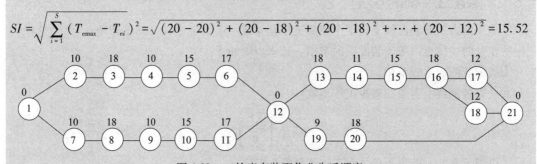

图 4-32 三轮童车装配作业先后顺序

注：1，12，21 的引入是为了方便计算机处理。

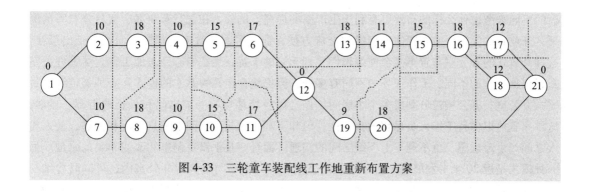

图 4-33　三轮童车装配线工作地重新布置方案

4.7　非制造业的设施布置

如本书前面几章所述，非制造业行业种类繁多，难以像制造业一样归纳成几种基本类型。这里仅介绍一下办公室布置。当今，"白领"阶层在一国就业人口中所占比重越来越大，因此，如何通过合理、有效的办公室布置提高工作效率，提高"白领"的劳动生产率正在日益成为一个重要问题。

办公室布置对于办公室工作效率的提高、"白领"人员劳动生产率的提高以及改善"工作生涯质量"都具有重要作用。在今天，办公室工作人员在整个就业人员中所占的比重越来越大，因此，办公室布置的问题就显得格外重要。近 20 年来，不断有新的相关研究结果出现，这里仅做简单概述。办公室与生产制造系统相比，有许多根本不同的特点。首先，生产制造系统加工处理的对象主要是有形的物品，因此，物料搬运是进行设施布置的一个主要考虑因素。而办公室工作的处理对象主要是信息以及组织内外的来访者，因此，信息的传递和交流方便与否，来访者办事是否方便、快捷是主要的考虑因素。其次，在生产制造系统中，尤其是自动化生产系统中，产出速度往往取决于设备的速度，或者说与设备速度有相当大的关系。而在办公室，工作效率的高低往往取决于人的工作速度，而办公室布置，又会对人的工作速度产生极大的影响。最后，在生产制造系统中，产品的加工特性往往在很大程度上决定设施布置的基本类型，生产管理人员一般只在基本类型选择的基础上进行设施布置。而在办公室布置中，同一类工作任务可选用的办公室布置有多种，包括房间的分割方式、每人工作空间的分割方式、办公家具的选择和布置形式等。此外，组织结构、各个部门的配置方式、部门之间的相互联系和相对位置的要求对办公室布置有更重要的影响作用，在办公室布置中要予以更多的考虑。但在办公室布置中，也有一些考虑原则与生产制造系统是相同的，例如，按照工作流程和能力平衡的要求划分工作中心和个人工作站，使办公室布置保持一定的柔性，以便于未来的调整和发展等。

办公室布置的主要考虑因素可以说是两个：信息传递与交流的迅速、方便以及人员的劳动生产率。其中信息的传递与交流既包括各种书面文件、电子信息的传递，也包括人与人之间的信息传递和交流。对于需要跨越多个部门才能完成的工作，部门之间的相对地理位置也是一个重要问题，这一点与生产系统相似。本章所述的各种图表分析技术也同样可以应用于办公室布置。

办公室布置中要考虑的另一个主要因素是办公室人员的劳动生产率。当办公室人员主要是由高智力、高工资的专业技术人员构成时，劳动生产率的提高就具有更重要的意义。而办公室布置，会在很大程度上影响办公室人员的劳动生产率。但也必须根据工作性质的不同、工作目标的不同来考虑什么样的布置更有利于生产率的提高。例如，在银行营业部、贸易公司等情况下，开放式的大办公室布置使人们感到交流方便，促进了工作效率的提高；而在一个出版社，这种开放式的办公室布置可能会使编辑们受到无端的干扰，无法专心致志地工作。尽管办公室布置根据行业的不同、工作任务的不同有多种，但仍然存在几种基本的模式：一种是传统的封闭式办公室，办公楼被分割成多个小房间，伴之以一堵堵墙、一扇扇门和长长的走廊。显然，这种布置可以保持工作人员足够的独立性，但却不利于人与人之间的信息交流和传递，使人与人之间产生疏远感，也不利于上下级之间的沟通。而且，几乎没有调整和改变布局的余地。另一种模式是近20年来发展起来的开放式办公室布置，在一间很大的办公室内，可同时容纳一个或几个部门的十几人、几十人甚至上百人共同工作。这种布置方式不仅方便了同事之间的交流，也方便了部门领导与一般职员的交流，在某种程度上消除了等级的隔阂。但这种方式的一个弊病是，有时会相互干扰，会带来职员之间的闲聊等。因此，后来进一步发展起来的一种布置是带有半截屏风的组合办公模块。这种布置既利用了开放式办公室布置的优点，又在某种传递上避免了开放式布置情况下的相互干扰、闲聊等弊病。而且，这种模块式布置有很大的柔性，可随时根据情况的变化重新调整和布置。有人曾估计过，采用这种形式的办公室布置，建筑费用比传统的封闭式办公建筑费用能节省40%，改变布置的费用也低得多。实际上，在很多组织中，封闭式布置和开放式布置都是结合使用的。20世纪80年代，在西方发达国家又出现了一种称为"活动中心"的新型办公室布置。在每一个活动中心，有会议室、讨论间、电视电话、接待处、打字复印、资料室等进行一项完整工作所需的各种设备。楼内有若干个这样的活动中心，每一项相对独立的工作集中在这样一个活动中心进行，工作人员根据工作任务的不同在不同的活动中心之间移动。但每人仍保留有一个小小的传统式个人办公室，如图4-34所示。

20世纪90年代以来，随着信息技术的迅猛发展，一种更加新型的办公形式——"远程"办公也正在从根本上冲击着传统的办公室布置方式。所谓"远程"办公，是指利用信息网络技术，将处于不同地点的人们联系在一起，共同完成工作。例如，人们可以坐在家里办公，也可以在出差地的另一个城市或飞机、火车上办公，等等。可以想象，当信息技术进一步普及，其使用成本进一步降低以后，办公室的工作方式、对办公室的需求以及办公室布置等，均会发生很大的变化。

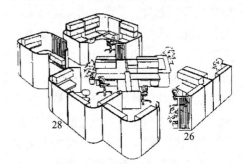

图4-34　办公室布置示意图

本章小结

本章在介绍生产与服务设施选址的内容时，从供应链结构的角度对此问题进行新的探索。传统的生产管理教科书中，生产与服务设施选址都是针对单家企业内部运作问题的，很少涉及其他企业。在当前这种竞争环境下，任何一家企业已经很难包打天下了，必须与其他企业合作才有可能不被市场淘汰。因此，生产与服务设施选址也要跳出原有的框框，这是本章一个新的出发点。本章介绍了布置决策的主要内容及影响布置决策的主要因素，讨论了在组织生产单位决策中的两个原则——工艺专业化原则和对象专业化原则，分析了这两个原则的特点及应用场合。为了帮助管理人员优化布置方案，还介绍了几种常用的布置方案优化方法。作为一种普遍应用的布置问题，本章介绍了装配线的时间平衡，讨论了装配线时间平衡的概念及平衡方法。

复习思考题

1. 你所在地区的印刷厂或其他你所熟悉的企业的布置是什么样的？
2. 你如何收集数据帮助一家小企业（如小餐厅）改进它的布置？
3. 有哪些影响企业生产单元构成的主要因素？
4. 分别叙述生产单元的专业化原则和形式，并对其优缺点做简要比较，说明其适用条件。
5. 讨论几种布置类型的特点。
6. 为什么要进行装配线时间平衡？装配线平衡的方法是什么？
7. 研究非制造业设施布置的主要特点，提出几种布置方法。
8. 在一家零售店的布置中，经理能操作的变量是什么？
9. 走访一家超级市场并绘出其布置图，谈谈你的主要观察结果。
10. 你最近注意到的零售业所进行的布置创新是什么？
11. 为了适应快速响应市场需求，制造业的生产系统布置应进行哪些创新？

讨论案例

海喻公司光缆厂选址分析

海喻光纤光缆有限公司（以下简称海喻公司）是一家大型的光纤光缆制造企业，公司总部位于武汉高新技术产业开发区，产品销往国内各地尤其是华东地区，以及国外市场。为了保持和发展公司在国内光纤光缆领域的优势，海喻公司决定扩大光缆的制造能力，以满足不断增长的市场需求。海喻公司总部所在地受厂房、设备设施及服务能力，特别是地域空间的限制，已不具备继续扩大生产规模的条件，因此海喻公司决定在国内合适的地区另觅新址，并为此对未来的厂址提出了如下要求：

（1）地理位置好，要接近市场、运输方便。光缆产品一般按客户订单组织生产，属于多品种、小批量的生产类型。交货期短，平均为7天，短的为两三天。因此，产品的快速交付逐渐成为竞争力的重要因素。所以，光缆产品属于"消费地指向"的产品。

（2）要有足够的厂区面积。根据新厂建设规划的要求，新厂目标年生产能力要达到200万芯千米。考虑到光缆生产工艺流程的要求、厂区平面布置和厂内运输的要求，需要征地4.5万平方米左右。

（3）人力资源丰富。新建工厂拟采用四班三转制，工厂定员大约为220人。因此，要求新厂所在地区具有较好的工业历史，能比较容易从当地招聘技术工人和管理人员。

（4）土地价格相对较低。

（5）投资政策和环境好。

（6）配套基础设施及服务好。

（7）气候、环境、生活条件适宜，以便吸引所需的技术员工和管理人员。

（8）离主要生活区的距离不超过2小时车程，以利于员工上下班。

（9）金融服务体系完善，包括外币业务。

因为现在全球性的光纤短缺持续时间不能确定，所以时不我待，海喻公司必须尽快做出决策。海喻公司为此特别成立一个项目小组，负责项目的可行性研究、项目选址、项目批报和项目建设等工作。项目小组根据公司对选址初步考虑的条件，决定新建的工厂应位于中国经济最发达的华东地区，即上海、南京、杭州等所在的长江三角洲地区。经过进一步的分析，决定优先考虑上海地区。项目小组经过考虑，在上海初选了以下几个地区进行考察和评价，考察和了解的地区包括：金桥出口加工区、张江高科技园区、外高桥出口保税区、漕河泾工业区、莘庄工业区和松江工业区。

项目小组的调查结果如下所述。外高桥出口保税区地理位置和政策较适宜于完全的出口加工或出口贸易企业。保税区的土地价格达90美元／平方米，以内销为主的光缆厂并不适合。漕河泾工业区是上海最早的开发区，已经发展成为一个成熟的工业区，并不具备进一步发展的空间。闵行的莘庄工业区发展较为成熟，计划开发中的地区地理位置偏僻，开发周期太长。由于上述原因，这三个区域首轮就被淘汰。张江高科技园区产业导向十分强烈，对非微电子企业不欢迎，而且由于张江成为新的投资热点，土地开发能力明显不够，无法满足海喻公司建设的需要。从供应链和运输因素综合来看，松江和金桥基本上都能满足要求，因此海喻公司将选址的重点集中于金桥和松江。

金桥和松江是上海开发区中两种类型的代表，前者是上海市政府的重点开发区，后者则是当地区政府的重点开发区。从地理位置和园区级别来看，松江工业区位于上海市南郊松江区，距离上海市中心30千米。金桥出口加工区是国家级开发区，位于浦东新区中部，地理位置相对来说比松江工业区优越。松江工业区周边有沪杭高速公路等几条高等级的公路，沪杭铁路也横穿园区，距离港口、集装箱码头、机场都不超过50千米，而且有连接上海市区的轻轨，这对以后来自上海市区的员工上下班都很有好处，可以降低公司的运行费用。金桥出口加工区位于上海市内和外环线之间，距虹桥国际机场25千米，距浦东国际机场30千米，交通便利，但暂时无地铁和轻轨到达。两个园区的基本配套设施和生活设施都能满足项目的要求，在2小时车程范围内的生活区条件方面，金桥要略优于松江，但是这基本上不会对高级别员工的吸引力方面造成显著影响。人力资源方面，两个地区相对来说都很丰富，高级管理人才主要来自上海市区。松江原来是一个非工业县城，劳动力的素质并不是很高，缺乏熟练劳动力，但普通技术工人的工资水平低于金桥出口加工区。从地区政府的态度来看，引资部门态度都很积极，都有很优惠的政策，如"三免二减半"；同时松江工业区还对总投资额在1 000万美元以上的新办生产性投资企业，可以延长3年免征所得税。在土地供应方面，两个园区的土地价格分别为：松江工业区24美元／平方米，金桥出口加工区80美元／平方米，都是50年工业用地批租。在可供选择地块条件上，松江要优于金桥，松江的综合用地成本具有优势。从进入园区的企业来看，各有世界500强的20多家企业进驻，而金桥出口加工区所在的浦东新区内国际知名大企业较多，规模较大。

讨论题

1. 海喻公司项目组在选址因素方面的考虑是否周全？还有其他需要考虑的因素吗？
2. 根据你的分析，在松江工业区和金桥出口加工区两个可选的地域空间上，海喻公司应当选择哪一个？

判断题

1. 选址决策只是新企业进行的一次性决策。
2. 服务性组织的选址，要考虑的主要是与市场相关的那些因素。
3. 固定位置布置适合标准产品的生产。
4. 汽车生产流水线是按工艺布置的例子。
5. 按工艺（过程）布置的生产系统具有柔性。
6. 外科手术病人应该采取固定位置布置。
7. 循环时间（cycle time）是由最长的工作站的加工时间决定的。
8. 空闲时间为零，说明已达到完美的线平衡。

选择题

1. 用于高度标准化产品的加工系统是：
A. 流水线式连续的　　B. 间断的

C. 项目式的　　D. 批量的
E. 单件的
2. 用于生产复杂的、有特殊要求的一次性产品的加工系统是：
　　A. 流水线式连续的　　B. 间断的
　　C. 项目式的　　D. 批量的
　　E. 单件的

3. 哪种加工类型更适合多品种生产？
　　A. 装配线（assembly）
　　B. 单件小批生产（job-shop）
　　C. 批量生产（batch）
　　D. 连续生产（continuous）
　　E. 项目（project）

计算题

1. 一个制造厂计划在某车间旁增加一侧房，建一条新的生产线，可生产5种型号的产品：A、B、C、D和E。现有两个布置备选方案，如表4-14所示。5种产品在6个部门间的移动距离和移动次数如表4-14所示。哪一种布置方案的月运输量最小？

表 4-14

产品型号	产品工艺路线	月产量（件）	移动方向	设备间的距离（米）	
				方案A	方案B
A	1-2-3	2 000	1-2	15	25
B	4-5-6	2 000	1-5	30	10
C	1-5-6	3 000	2-3	15	35
D	2-5-6	1 000	2-4	20	10
E	2-4-3	3 000	2-5	15	15
			3-4	35	25
			4-5	15	25
			5-6	10	10

2. 根据如图4-35所示的作业活动关系图，将9个部门安排在一个3×3的区域内，要求把部门5安排在左下角的位置上。

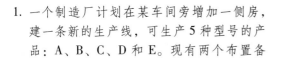

图 4-35

3. 一产品装配线计划每班出产300件产品，每班用于生产的时间是500分钟。如表4-15所示是装配线工序、每道工序的作业时间及紧前工序等信息。①画出装配线工序先后顺序图。②该装配线的节拍是多大？③计算每班装配300件产品的最小工作地数。

表4-15　装配线工序及作业时间

工序	工序作业时间（分钟）	紧前工序
A	0.69	—
B	0.55	A
C	0.21	B
D	0.59	B
E	0.70	B
F	1.10	B
G	0.75	C, D, E
H	0.43	G, F
I	0.29	H

4. 一装配线计划每小时装配200件产品，每小时用于生产的时间是50分钟。如表4-16所示是装配线工序、每道工序的作业时间及紧前工序等信息。①画出装配线工序先后顺序图。②该装配线的节拍是多大？③计算每小时装配200件产品的最小工作地数。

④进行装配线平衡，使时间损失率最小。

表 4-16 装配线工序及作业时间

工序	工序作业时间（分钟）	紧前工序
A	0.20	—
B	0.05	—
C	0.15	—
D	0.06	—
E	0.03	A, B
F	0.08	C, D
G	0.12	E, F
H	0.05	—
I	0.05	—
J	0.12	G, H, I
K	0.15	J
L	0.08	K

5. 如表 4-17 所示，利用以下因素评分，以最大综合得分为基础，选择地点 A、B、C 中哪一个？

表 4-17

因素 每项总分 100 分	比重	位置		
		A	B	C
便利设施	0.15	80	70	60
停车场	0.20	72	76	92
显示区域	0.18	88	90	90
顾客交通	0.27	94	86	80
运营成本	0.10	98	90	82
邻近	0.10	96	85	75
	1.00			

第 5 章
工作设计与作业组织

○ 引例　　　　　　　　UPS 配送工作设计的效果

总部位于美国佐治亚州亚特兰大市的全球最大快递公司 UPS，5 个工作日在全球的送件量就能达到 15.8 亿件，之所以能达到如此高效的节奏，UPS 拼的不是货车速度，而是靠一个简单的规定——货车不能向左转。

面对每天马路两边络绎不绝的车辆，你看到的可能是出行的疲累，而有些企业却会兴奋不已。将车流转化成现金流，这一实践者正是全球最大的快递公司 UPS。

UPS 因高效闻名世界，而保证 UPS 完成海量派件任务的奥秘，并不是什么新技术，而是公司研究并设计了一项新的配送工作方案——要想多派件，快速到达任何目的地的正确方法是尽量避免左转。

此后，UPS 的司机宁愿绕远也不会向左转，听着有些荒唐，因为不向左转而绕远路的费时和耗油真的可以忽略不计吗？根据 UPS 对其中某一年的数据分析，由于执行尽量避免左转的方案，UPS 货车在行驶路程减少 2.04 亿的前提下，多送出了 350 000 件包裹。

UPS 这个项目的工程师解释到，全球大部分国家的路面是实行左驾右行政策的，当货车与相反方向的车辆交叉行驶时，会导致货车在左转道上长时间等待，不但增加油耗，而且发生事故的比例也会上升。于是，工程师给不同区域的货车司机绘制了"连续右转环形行驶"的送货路线图，帮助司机选择最适合的道路，长期固定执行这个路线图后，效益也慢慢呈现出来了。

自启动这项规定之后，UPS 就设置了相关的部门来跟进货车，定时追踪送货卡车的性能表现。根据这些跟踪数据，面对物流业日趋激烈的竞争，UPS 也进一步优化了自己的业务，包括减少公司已有的 9.6 万辆卡车、降低数百辆飞机的燃油消耗，通过缩减停车场卡车间的距离和解决后视镜相互重叠的问题等办法充分利用空间。

一个简单的拒绝左转弯的规定，让 UPS 这样的快递公司实现了高效出货率，不仅带来了可观而且流转更快的现金流，同时还因为对环境做出了贡献，公司形象也得到了加分。

提到创新和改革，公司第一时间想到的可能还是借助科技力量，而 UPS 不左转的案例意义,给了我们一个启示,思维的创新其实并不比科学技术的创新弱。

资料来源:根据网络资料整理,http://www.360che.com/news/141220/36475.html。

本章介绍工作设计、工作测量等与岗位设计和作业组织有关的内容。对岗位设计决策、岗位设计中的行为因素、岗位设计中的物理因素等内容进行了详细讨论。同时,还介绍了工作设计、工作标准制定和作业测定方法,讨论如何通过工作的多样化、丰富化、扩大化和职务轮换等措施来满足操作者的心理需求,如何保持和提高操作者对工作的热情,进而提高生产率等有关问题。另外,讨论了几种激励工资制度和激励策略。最后从人-机-环境系统的关系出发,介绍了工作环境研究与设计等内容;从温度、空气流通、照明、色彩、噪声对劳动者心理和生理的影响出发,简单讨论了在工作环境设计中应注意的问题。

5.1 概述

"人力资源是企业最大的财富",这样的话已经被人们说过成千上万遍了。然而,如果你仔细考察一下所在的企业或单位就不难发现,很多企业都没有认真设计员工的工作岗位,对于如何才能发挥人力资源的最大优势也很少有人去认真思考。尤其是"80 后""90 后"等新生代员工大量进入企业,更是对传统的管理模式提出了挑战。如果管理人员不重视岗位设计,或者岗位设计不合理、薪酬制度不合理,或者工作设计缺乏多样化和丰富性,就很难使员工形成与企业目标一致的工作行为,出现人员流失也就不足为奇了。因此,现代企业管理中的重要一环就是科学地进行工作设计。

工作设计是人力资源工作的核心内容之一,是从事生产与运作管理人员必须掌握的管理技能之一。

5.1.1 生产率与人的行为

1. 生产率及其影响因素

生产管理的目标之一,就是在满足市场需求的前提下提高生产系统的生产率。所谓生产率,是指生产系统输出的产品或服务与生产这些产品或服务所消耗的资源之比,即

$$生产率 = \frac{系统输出的产品或服务}{使用的资源}$$

生产率是经济发展的基础,这一问题历来为管理科学的研究所关注。对管理者来说,生产率是一个比较工具,它把生产系统的产品生产(输出)与消耗的资源进行比较,从而判断生产系统的运行效率。

从上式可以看出,要想提高生产率,就必须尽可能地提高生产系统的输出而减少其消耗的资源。可能的组合方案有:

- 在资源消耗量一定或减少的情况下,增加产出。
- 在产出一定或增加的情况下,减少资源消耗量。
- 资源消耗量略微增加,但产出大幅度增加。
- 产出略微减少,但资源消耗量大幅度减少。

要把握提高生产率的要点，必须了解影响生产率的因素。从企业内部环境来说，影响生产率的因素有两大类：技术因素和操作者行为因素。技术因素主要指企业生产产品或提供服务所必需的生产技术和生产装备的技术水平，如新设备、新工艺、新材料的采用可以大大提高生产率。由于技术因素与生产设备、设施等有密切关系，因此有人将其称为"硬因素"。操作者行为因素是指操作者的心理需求和感情变化对生产率的影响。由于操作者的行为因素是易变的，因此有人将其称为"软因素"。新技术的应用必须通过人的劳动才能落到实处，随着接受教育程度的不断提高，人们的心理需求逐渐超越经济需求而占据主导地位。

2. 生产管理中人的行为影响

为达到提高生产率的目的，人们除了采用技术先进的装备之外，还必须考虑使用和管理这些设备的人的因素。在人类目前所能掌握的生产技术水平条件下，任何设备的使用和维护都离不开人。除了操作者的技能等技术要素外，其心理活动、情绪等也会影响到生产率的提高。图 5-1 给出了影响员工生产率的主要因素及其相互关系。

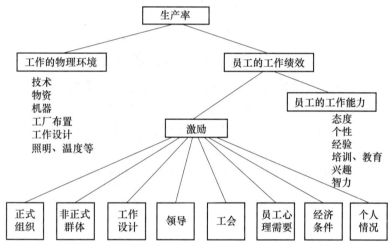

图 5-1 影响员工生产率的主要因素

传统的生产与运作管理在考虑人的因素对生产率的影响时，主要关注的是操作者的工作环境，如工作地布置、照明强度、通风、温度、劳动场所的色彩等方面，而对操作者的社会需要关注较少。随着社会经济的发展，人们在解决基本生存问题之后，越来越注重心理需求。单调乏味的流水作业渐渐为工人所厌倦，经过精确设计的操作动作并没有给企业带来期望中的高效率。经过研究发现，一个人长期从事一种简单的劳动会使他丧失对工作的热情，为了保持操作者对工作的热情，应该不断变化工作内容，增加对操作者的吸引力。因此，现代生产与运作管理中非常强调工作的多样化、丰富化和扩大化，通过工作轮换保持操作者的兴趣和对工作的热情。所有这些措施，都是为了满足操作者的心理需求，通过强化其行为因素保持和提高生产率。

经过不断实践和理论探索，在生产与运作管理系统中逐渐形成了工作设计（job design）和工作测量（work measurement）学说；在生产系统设计中同时考虑技术和社会两个方面的因素，争取为操作者提供一个理想的劳动场所。

5.1.2 工作设计与工作测量

生产管理人员的关键任务之一就是对员工工作的设计。所谓工作，是指一个工人承担的一组任务（tasks）或活动（activities）的总称。工作设计则是确定具体的任务和责任、工作环境以及完成任务以实现生产管理目标的方法。工作设计要满足两个目标，一是满足生产率和质量的目标，二是保证工作安全、有激励性、能使工人有满足感。一个经过良好设计的工作，可以使员工在工作中心情愉快，疲劳感下降，自我实现感得到满足，对实现企业总体目标很有帮助。通过工作设计，达到提高生产率和质量、降低成本、缩短生产周期的目的。

工作测量在工业工程中又被称为时间研究（time study），是各种时间测定技术的总称，用以制定各项工作或作业的时间标准、确定劳动定额，并通过某种研究方法（如工作抽样）评价现实的工作时间利用情况以及人员工作效率。简言之，工作测量就是在一定的标准测定条件下，确定人们作业活动所需的时间，并制定出时间标准或定额的一种科学管理方法。工作测量是企业制订劳动力需求计划、确定生产能力需求、预测生产成本、制定劳动工资及奖励激励等工作的基础。

5.1.3 工作设计与工作测量的基础——科学管理原理

20世纪初，科学管理运动的创始人，美国工程师和管理学家泰勒首创了时间研究和动作研究。与泰勒同时代的一些著名的科学管理运动先驱，如吉尔布雷斯夫妇、甘特以及埃默森等人，发展了泰勒的科学管理思想，丰富了方法研究和工作测定的方法，发展形成工作研究体系。一个世纪过去了，社会生产已进入了自动化和计算机控制的时代，就业结构已从制造业为主转向了服务业为主。面对如此巨大的变革，科学管理的思想和方法仍然有效。工作设计发展过程如图5-2所示。

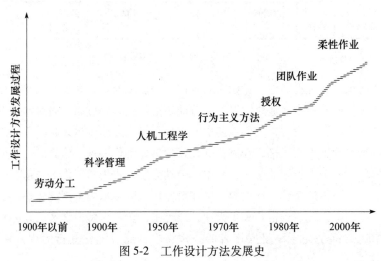

图 5-2 工作设计方法发展史

泰勒在倡导科学管理运动时，提出过一些重要的思想。在泰勒看来，管理技术就是"确切知道要别人干什么，并注意让他们用最好、最经济的方法去干"。他认为整个作业管理制度应当"建立在对单位工时精确和科学的研究上，这是科学管理中最重要的因素"。倘若工作的性质要求多次重复，则时间研究应当做得更仔细、更精确。每项工作应当妥善地分成若干基本动作,对每个单位工时应当加以最细致的时间研究,而不是笼统地对整项工作定出一个工时和工资数额。泰勒最著名的思想是他提出的科学管理四原则:

- 对工人操作的每个动作进行科学研究,用以代替传统单凭经验的办法。
- 科学地挑选工人,并进行培训和教育,使之成长。
- 与工人亲密协作,以保证一切工作都按已发展起来的科学原则去办。
- 资方(管理者)和工人之间在工作和职责上几乎是均分的,资方把自己比工人更胜任的那部分工作承担下来。

泰勒早就预见到并提出,高工资和低劳动成本相结合是可能的,这种可能性"主要在于一个第一流的工人,在有利环境下所能做的工作量和普通水准的工人实际做的工作量间的巨大差距"。而使这种可能性变为现实的途径就是基于方法研究和时间研究基础上的科学管理。我们看到,泰勒的这种预言已经被当代一些发达国家和许多世界级企业实现了。

任何组织和作业几乎都可以应用工作研究的原理和方法,以寻求一种更好的作业程序和作业方法。无论是制造业还是服务业,无论是企业、政府还是其他非营利组织,都面临改进作业方法与提高生产率的问题。过去如此,现在如此,将来也是如此。提高生产率是一个永恒的主题,随着技术的进步,工作的改进永无止境。现代社会中的各种服务性作业,如商店的售货作业、餐馆的烹调作业、银行的出纳作业、邮局的打包作业、医院的门诊作业、电话局的维修作业、政府部门的审批作业以及办公室的收发作业等,如果都能像吉尔布雷思研究砌砖那样加以细致分析,使之简化和标准化,我们这个社会的效率将大大提高,人们的生活也将更加舒适愉快。

5.2 工作设计

5.2.1 工作设计的主要内容

工作设计是指为了有效组织生产劳动过程,确定一个组织内的个人或小组的工作内容,实现工作的协调和确保任务的完成。它的目标是建立一个工作结构,以满足组织及其技术的需要,满足工作者的个人心理需求。图5-3给出了与工作设计决策有关的几项主要内容。

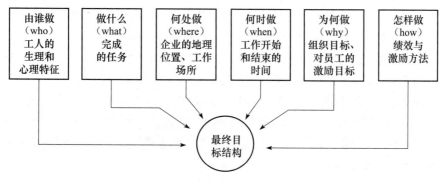

图 5-3　工作设计决策

工作设计的内容包括明确生产任务的作业过程;通过分工确定工作内容;明确每个操作者的工作责任;以组织形式规定分工后的协调,保证任务的完成。

这些决策受到以下几个因素的影响：

- 员工工作组成部分的质量控制。
- 适应多种工作技能要求的交叉培训。
- 工作设计与组织的员工参与及团队工作方式。
- 自动化程度。
- 对所有员工提供有意义的工作和对工作出色员工的奖励。
- 远程通信网络和计算机系统的使用，扩展工作的内涵，提高员工的工作能力。

5.2.2　工作设计中的社会技术理论

工作设计中的社会技术理论（sociotechnical theory）是由英国学者特里斯特（Trist）及其研究小组首先提出来的。这种理论认为，在工作设计中应该把技术因素与人的行为、心理因素结合起来考虑，如图 5-4 所示。任何一个生产运作系统都包括两个子系统：技术子系统和社会子系统。如果只强调其中的一个而忽略另一个，就有可能导致整个系统的效率低下，因此应该把生产运作组织视为一个社会技术系统，其中包括人和设备、物料等。生产设备、生产工艺及物流组织与控制方法反映了这个系统的技术性，而人是一种特殊的、具有灵性的投入要素，这个系统还应该具有社会性。人与这些物性因素结合得好坏，不仅决定着系统的经济效益，还决定着人对工作的满意程度，而后者对现代人来说是一个很重要的问题。因此，在工作设计中，着眼点与其放在个人工作任务的完成方式上，不如放在整个工作系统的工作方式上。也就是说，工作小组的工作方式应该比个人的工作方式更重要。

图 5-4 中左侧的圆代表从技术的角度设计的所有可行工作方案的集合，右侧的圆代表从社会因素（心理学和社会学）的角度设计的所有工作方案的集合。交叉部分代表能满足社会和技术要求的工作设计。该理论认为，最佳的社会技术设计应该在这个交叉部分。

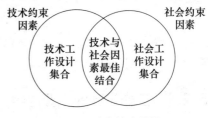

图 5-4　社会技术设计

社会技术设计理论的价值在于它同时强调技术因素与社会变化对工作设计的影响，这与早期工业工程师们过度强调技术性因素对生产效率的影响有很大不同。早期的工业工程师将工人视为机器的一部分，而社会技术设计理论除了考虑技术要素的影响外，还将人的行为因素考虑进来，例如把工人调动工作、缺勤、厌倦等与技术选择联系起来。

如果把生产运作组织方式、新技术的选择应用和工作设计联系起来考虑的话，还应该看到，随着新技术革命和信息时代的到来，以柔性自动化为主的生产模式正在成为主流。但是，这种模式如果没有在工作设计的思想和方法上进行深刻变革，是不可能取得成功的。为此，需要把技术引进和工作设计作为一个总体系统来研究，将技术、生产组织和人的工作方式相结合，强调在工作设计中促进人的个性发展，注重激发人的积极性，提高劳动效率。这种理论实际上就奠定了现在所流行的团队工作方式的基础。

5.2.3　工作设计中的行为理论

行为理论的主要内容之一是研究人的工作动机，这一理论对于进行工作设计也有直接的参考价值。人们工作的动机有多种：经济需要、社会需要以及特殊的个人需要等（感觉到自己的重要性，实现自我价值等）。人的工作动机对人如何进行工作以及对工作结果有很大的影响，因此，在工作设计中，必须考虑到人的这些精神因素。当一个人的工作内容和范围较狭窄，或工作的专业化程度较高时，人往往无法控制工作速度（如装配线），也难以从工作中得到成就感、满足感；此外，也会造成与他人的交往、沟通较少，进一步升迁的机会渺茫（因为只会很单调地工作）。因此，像这样的专业化程度高、重复性很强的工作往往容易使人产生单调感，导致对工作变得淡漠，从而影响工作结果。西方的一些研究表明，这种状况给"蓝领"工人带来的结果是频繁变换工作、缺勤率高、闹情绪，甚至故意制造生产障碍。对于"白领"工人，也有类似的情况。

随着"90后"渐入职场，"80后"成为职场的中坚力量，很多企业除了在薪酬等传统方面吸引或保留人才，也开始关注企业的工作设计，着重建设良好的企业愿景，以达到吸引人才的目的。这些人也有比较明显的特征：学习能力很强，他们受到的教育是以前的员工无法比拟的；思想束缚少，有更强的创造力和想象力；多数人经济压力不大，面对困难比较乐观；对新鲜事物更容易接受，同时这些人也有缺乏耐力和承压能力、遇到挫折容易钻牛角尖等弱点。企业管理者必须特别注意针对"80后""90后"员工的工作设计。由于这些问题直接影响一个生产运作系统的产出，因此，需要在工作设计中考虑一些方法来解决这些问题，以下是三种可以考虑的方法。

1. 工作扩大化

工作扩大化（job enlargement）是指工作的横向扩大，即增加每个人工作任务的种类，从而使他们能够完成一项完整工作（例如，一个产品或提供给顾客的一项服务）的大部分程序。这样，他们可以看到自己工作对顾客的意义，从而提高工作积极性。进一步地，如果顾客对这个产品或这项服务十分满意并加以称赞，这还会使该员工感受到成功的喜悦和满足。工作扩大化通常需要员工有较多的技能和技艺，这对提高员工钻研业务的积极性，使其从中获得一种精神上的满足也有极大帮助。

2. 职务轮换

职务轮换（job rotation）是指允许员工定期轮换所做的工作，时间可以是几小时、几天或数月。这种方法可以给员工提供更丰富、更多样化的工作内容。当不同工作任务的单调性和乏味性不同时，采用这种定期轮换方式很有效。采用这种方式需要员工掌握多种技能，可以通过在岗培训（on-the-job training）来实现。这种方法还增加了工作任务分配的灵活性，例如，派人顶替缺勤的员工；往瓶颈环节多派人手，等等。此外，由于员工互相交换工作岗位，可以体会到不同岗位工作的难易，这样比较容易使员工理解他人的不易之处，互相体谅，结果使整个生产运作系统得到改善。

在很多国家的企业中都使用职务轮换的方法，但各企业的具体实施方法和实施内容却多种多样。

3. 工作丰富化

1959年，弗雷德里克·赫茨伯格（Ferderick Herzberg）和他的助手发表了一项著名的研究成果，指出内在工作因素（如成就感、责任感、工作本身）是潜在的满足因素，而外在工作因素（如监督、工资、工作条件等）是潜在的不满足因素。赫茨伯格指出满足感和不满足感不是一条直线上的对立面，而是两个范围。满足感的对立面不是满足，不满足感的对立面不是不满足。根据这个原理，改进外在因素，比如增加工资可能降低不满足感，但不会产生满足感。根据赫茨伯格的理论，唯一能使员工获得满足感的是工作本身的内在因素。赫茨伯格将对工作的满足感与激励联系起来，提出了强化内在因素使工作丰富化的观点，不仅可以提高员工的满足感，而且可以提高生产率。

工作丰富化（job enrichment）是指工作的纵向扩大，即给予员工更多的责任、更多参与决策和管理的机会。例如，一个生产第一线的员工，可以让他负责若干台机器的操作，检验产品，决定机器何时进行保养，或自己进行保养。工作丰富化可以给人带来成就感、责任心和得到认可（得到表彰等）的满足感。当他们通过学习，掌握丰富化的工作内容之后，他们会感到取得了成就；当他们从顾客那里得到了关于自己工作成果，即产品或服务的反馈信息时，他们会感受到被认可；当他们需要自己安排几台设备的操作，自己制订保养计划、制订所需资源的计划时，他们的责任心也就会大为增强。

图5-5是哈克曼-奥德海姆（Hackman-Oldham）实施工作丰富化的一个理论框架，也是一个实施模式。该模式从右端的工作丰富化后员工和产出的结果开始，前溯到关键心理状态、核心工作范围、定义概念。

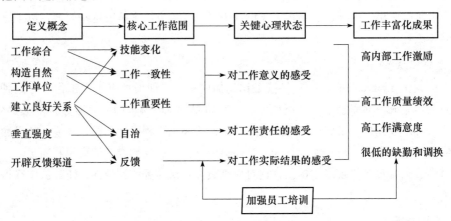

图 5-5　哈克曼-奥德海姆的工作丰富化框架

根据这个框架，个人与工作成果是由下列关键心理状态决定的：

- 对工作意义的感受。
- 对工作责任的感受。
- 对工作实际结果的感受。

这三种方法的实施有时是通过团队进行的，这样会使成员之间得到更好的沟通，从而取得更大的工作成就。

5.2.4　团队工作方式

团队工作（team work）方式是指，与以往每个人只负责一项完整工作的一部分（如一道工序、一项业务的某一程序等）不同，由数人组成一个小组，共同负责并完成这项工作。在小组内，每个成员的工作任务、工作方法以及产出速度等都可以自行决定；在有些情况下，小组成员的收入与小组的产出挂钩，这种方式就称为团队工作方式。其基本思想是全员参与，从而调动每个人的积极性和创造性，使工作效果尽可能好。这里，工作效果是指效率、质量、成本等的综合结果。

团队工作方式与传统的泰勒制工作方式的主要区别如表 5-1 所示。这种工作方式可以追溯到 20 世纪二三十年代，在现代管理学中，是指 20 世纪 80 年代后期才开始大量研究、应用的一种人力资源管理方法。这种方法实际上是一种工作方法，即如何进行工作，因此在工作设计中有更直接的参考意义。

表 5-1 泰勒制与团队式工作方式的对比

泰勒制工作方式	团队式工作方式
最大分工和简单工作	工作人员高素质、多技能
最少的智能工作内容	较多的智能工作内容
众多的从属关系	管理层次少、基层自主性强

团队工作方式也可以采取不同的形式，以下是三种常见的方式。

（1）解决问题式团队。解决问题式团队（problem-solving teams）实际上是一种非正式组织，它通常包括七八名或十几名自愿成员，他们可能来自一个部门内的不同班组。成员每周有一次或几次碰头，每次几小时，研究和解决工作中遇到的一些问题，例如质量问题，生产率提高问题，操作方法问题，设备、工具的小改造问题（使工具、设备使用起来更方便），等等，然后提出具体的建议，提交给管理决策部门。这种团队的最大特点是，他们只提出建议和方案，但并没有权力决定是否实施。这种团队在 20 世纪 70 年代首先被日本企业广泛采用，并获得了极大的成功，日本的 QC 小组就是这种团队的最典型例子。这种方法对于提高日本企业的产品质量、改善生产系统、提高生产率起到了极大的作用，同时，对于提高工作人员的积极性，改善工人之间、工人与经营者之间的关系也起了很大的作用。这种思想和方法率先被日本企业带到了其在美国的合资企业中，在当地的美国工人中运用，同样取得了成功。其他美国企业也开始效仿，进而又扩展到其他的国家和企业中，并且在管理理论中也开始对这种方式加以研究和总结。这种方式有很多优点，但也有其局限性。因为它只能建议，不能决策，又是一种非正式组织，所以，如果这样的团队提出的建议和方案被采纳的比率很低，就会自行消亡。

（2）特定目标式团队。特定目标式团队（special-purpose teams）是为了解决某个具体问题，达到一个具体目标而建立的，例如一个新产品开发、一项新技术的引进和评价、劳资关系问题等。在这种团队中，其成员既有普通员工，又有与问题相关的经营管理人员。团队中的经营管理人员拥有决策权，也可以直接向最高决策层报告。因此，他们的工作结果、建议或方案可以得到实施，或者他们本身就是在实施一个方案，即进行一项实际的工作。这种团队不是一个常设组织，也不是为了进行日常工作，而通常只是为了一项一次性的工作而组建的，实际上类似于一个项目组。这种团队的特点是，一般员工直接与经营管理层沟通，使一般员工的意见直接反映到决策中。

（3）自我管理式团队。自我管理式团队（self-managing teams）是最具完整意义的团队工作方式。解决问题式团队是一种非正式组织，其目标只是在原程序中改善任务，而不是建立新程序，也无权决策和实施方案；特定目标式团队主要是为了完成一些一次性的工作，类似于项目组织。而在自我管理式团队中，由数人（几人至十几人）组成一个小组，共同完成一项相对完整的工作，小组成员自己决定任务分配方式，像任务轮换，自己承担管理责任，诸如制订工作进度计划（人员安排、轮休等）、采购计划、决定工作方法等。这种团队包括两个重要的新概念。

①员工授权（employee empowerment）。员工授权即把决策的权力和责任一层层下放，直至

每一个普通员工。如上所述,以往任务分配方式、工作进度计划、人员雇用计划等是由不同层次、不同部门的管理人员来决定的,现在则将这些权力交给每一个团队成员,与此同时,相应的责任也由他们承担。

②组织重构(organizational restructuring)。组织重构实际上是将权力交给每一个职工的必然结果。采取这种工作方式后,原先的班组长、工段长、部门负责人(科室主任、部门经理等)等中间管理层几乎就没有必要存在了,他们的角色由团队成员自行担任。因此整个企业组织的层次变少,变得更"扁平"。

这种团队工作方式是近几年才开始出现并被采用的,在美国企业中取得了很大成功,在制造业和非制造业都有很多成功案例。

5.3 工作测量

5.3.1 生产产品时间消耗的结构及工时定额

1. 生产产品时间消耗的结构

产品在加工过程中的作业总时间包括产品的基本工作时间、产品设计缺陷的工时消耗、工艺过程缺陷的工时消耗、管理不善而产生的无效时间、工人因素引起的无效时间,如图5-6所示。

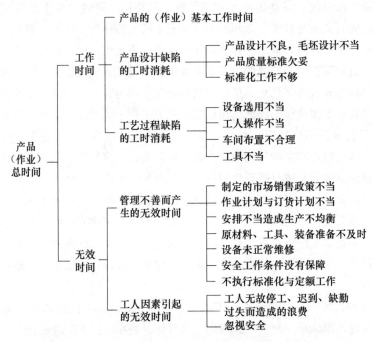

图5-6 生产产品的时间构成

(1)工作时间。产品的基本工作时间是指在产品设计正确、工艺完善的条件下,制造产品或进行作业所用的时间,也称定额时间。

基本工作时间由作业时间与宽放时间构成。所谓宽放时间是劳动者在工作过程中,因工作需要、休息与生理需要等消耗的时间,在确定作业时间时给予补偿的时间。宽放时间一般用宽放率表示。

$$宽放率 = \frac{宽放时间}{作业时间}$$

宽放时间由三部分时间组成：

①休息与生理需要时间是指由于劳动过程中正常疲劳与生理需要所消耗的时间，如休息、饮水、上厕所所需的时间。

②布置工作地时间是指在一个工作班内，生产工人用于照管工作地，使工作地保持正常工作状态和文明生产水平所消耗的时间，例如交接班时间、清扫机床时间等。它以一个工作班内所消耗地用于布置工作地的时间作为计量单位。

③准备与结束时间是指在加工一批产品或进行一项作业类型之前的技术组织准备和事后结束工作所耗用的时间，不同的生产类型其准备与结束时间不同。准备与结束时间一般可通过工作抽样或工作日写实来确定。

对休息与生理需要时间的确定，应进行疲劳研究，即研究劳动者在工作中产生疲劳的原因、劳动精力变化的规律，测量劳动过程中的能量消耗，从而确定恢复体力所需要的时间。

一般用能量代谢率标度作业过程中能量消耗的程度，其计算过程如下所示：

$$能量代谢率 = \frac{作业时能量消耗量 - 安静时能量消耗量}{基础代谢量}$$

式中，基础代谢量为劳动者在静卧状态下维持生命所需的最低能量消耗量；安静时能量消耗量为劳动者在非工作状态，即安静状态时的能量消耗，按基础代谢量的 1.2 倍计算。

能量代谢率用 RMR 表示。上述公式中每一项的取值都是在同样时间范围内的能量消耗量。能量代谢率划分为不同级别，按照不同级别的能量代谢率确定相对应的疲劳宽放率。

由于宽放时间直接影响作业者一天的工作量及定额水平的制定，外国对此类时间的研究十分重视，对宽放时间做了更细致的分类，并制定了各种宽放时间的宽放率，具体为：

- 作业宽放。作业过程中不可避免的特殊的作业中断或滞后，如设备维护、刀具更换与刃磨、切屑清理、熟悉图纸等。
- 个人宽放。与作业无关的个人生理需要时间，如上厕所、饮水等。
- 疲劳宽放。休息宽放。
- 管理宽放。非操作者个人过失所造成的无法避免的作业延误，如材料供应不足、等待领取工具等。

（2）无效时间。无效时间是由于管理不善或工人控制范围内的原因而造成的人力、设备的窝工闲置时间。无效时间造成的浪费十分惊人。以生产管理为例，超过必要数量的人、设备、材料和半成品、成品等的闲置与存放造成浪费，就会使生产成本提高，产生第一次浪费。人员过多，生产过程各环节不平衡，工作负荷不一致，导致奖惩不公，引起部分员工不满，进而怠工或生产效率降低等。企业管理者为了解决上述问题，增加管理人员，制定规章制度，最终浪费了人力、物力、财力，消耗了时间，形成恶性循环，这是第二次浪费。最终造成劳务费、折旧费和管理费增加，提高了制造成本。这些浪费往往会将占销售总额 10% ~ 20% 的利润全部"吃掉"。若能消除上述两次浪费，减少无效劳动所带来的无效时间损失，则对企业意义重大。在企业产品成本中，材料、人工费、管理费之和占总成本的 90%，减少生产过程中无效劳动的浪费是比较容易做到的，但利润提高一成就需营业额提高一倍，这是十分困难的。因此，减少无效劳动、走挖掘企业内部潜力的道路是生产与运作管理的首要任务。

生产过程中由于无效劳动所带来的浪费主要有以下几个方面：

- 生产过剩的浪费。整机产品中部分零件生产过多或怕出废品有意下料过多，造成产品的零件不配套，积压原材料、浪费加工工时。
- 停工等待的浪费。由于生产作业计划安排不当，工序之间衔接不上，或由于设备突发事故等原因造成停工等待。
- 搬运的浪费。如由于车间布置不当造成产品生产过程中的迂回搬运。
- 加工的浪费。如加工过程中切削用量不当，造成时间浪费。
- 动作的浪费。由于操作工人操作动作不科学，造成时间浪费。
- 制造过程中产生废品的浪费。

减少以致消除无效时间，是工业工程中工作研究探讨的基本内容之一。

2. 工时定额

工时定额，又称为标准工作时间，是在标准的工作条件下，操作人员完成单位特定工作所需的时间。这里标准工作条件的含义是指，在合理安排的工作场所和工作环境下，由经过培训的操作人员，按照标准的工作方法，通过正常的努力完成工作任务。可见，工时定额的制定应当以方法研究和标准工作方法的制定为前提。

工时定额是企业管理的一项基础工作，其作用如下：

①确定工作所需人员数和确定部门人员编制的依据。

②计划管理和生产控制的重要依据。任何生产计划的编制，都必须将产品出产量转换成所需的资源量，然后同可用的资源量进行比较，以决定计划是否可行，这步工作称为负荷平衡。无论是出产量转换，还是可用资源量的确定，都应当以工时定额为标准，这样的生产计划才具有科学性和可行性。此外，生产进度的控制和生产成果的衡量，都是以生产计划为基础的，从而也是以工时定额为依据的。

③控制成本和费用的重要依据。在绝大多数企业中，尤其是服务企业中，人工成本在全部成本中都占有较大的比重。降低人工成本必须降低工时消耗，而工时定额是确定工时消耗的依据，从而也是制订成本计划和控制成本的依据。

④提高劳动生产率的有力手段。劳动生产率的提高，意味着生产单位产品或提供特定服务所需的劳动时间的减少。而要减少和节约劳动时间，必须设立工时定额，据以衡量实际的劳动时间，找到偏差，采取改进措施。无标准，则难分优劣；无规矩，则不成方圆。

⑤制定计件工资和奖金的标准。在实行计件工资的条件下，工时定额（有时换算成小时或每日的工作量或产量）是计算计件工资单价的重要依据，在实行奖金制度条件下，工时定额是核定标准工作量（或产量）、计算超额工作量（或产量）、考核业绩、计算奖金和进行赏罚的主要依据。

通过工作测量法，可以得到科学合理的工时定额。工作测量法常用的技术有测时法、预定时间标准法、模特法和工作抽样法，下面进行简单介绍。

5.3.2 测时法

测时法，又称直接时间研究，是用秒表和其他一些计时工具，来实际测量完成一件工作所需要的实际时间，其基本过程叙述如下。

（1）选择观测对象。被观测的操作者应是一般熟练工人。避免选择非熟练和非常熟练的人员，因为非熟练人员不能很好地完成标准作业；而非常熟练的人员的动作过于灵巧，如果以超出正常作业速度为依据的话，就很难为大多数人所接受。被选定的操作者还应与观测者协作，心理和操作尽量不受观测因素的影响。

（2）划分作业操作要素，制定测时记录表。

（3）记录观察时间，剔除异常值，并计算各项作业要素的平均值。设 t_{ij} 是作业要素 i 的第 j 次观察时间，则作业要素 i 的平均观察时间为

$$平均观察时间 = \frac{1}{n}\sum_{j=1}^{n} t_{ij}$$

（4）计算作业的观察时间。作业的观察时间等于该作业的各项作业要素平均时间之和。

例如，观测某车床加工某种零件的标准工作时间，根据测时法的基本要求，将该作业分解为 5 个作业要素进行观测，然后求出每个作业要素的平均时间。

置零件于卡盘并压紧	13.2 秒
开车与进刀	3.0 秒
车削	27.0 秒
关车与退刀	12.0 秒
卸下零件	12.8 秒
作业时间	68.0 秒

（5）效率评定，计算正常作业时间。评定也称评比，是指时间研究人员将所观测到的操作者的速度与自己理想中的速度（正常速度）进行对比。

例如，如果研究人员认为工人以 115% 的速度工作，也就是比正常速度（100%）快 15%，研究人员就要将作业时间的观测值调整为

$$正常时间 = 68 \times (1 + 0.15) = 78.2(秒)$$

另一种情况，如果研究人员认为工人以 90% 的速度工作，比正常速度慢 10%，则正常时间应为

$$正常时间 = 68 \times (1 - 0.1) = 61.2(秒)$$

（6）考虑宽放时间比率，确定标准作业时间。例如，通过调查研究发现，个人生理需要时间占正常时间的 4%；疲劳时间占正常时间的 5%；不可避免的耽搁时间占正常时间的 3%，则总的宽放时间系数为（4%+5%+3%）=12%，标准作业时间为

$$标准作业时间 = 78.2 \times (1 + 0.12) = 87.58(秒)$$

以上例子虽高度简化，但从中可以看出用测时法确定标准作业时间的基本过程。

5.3.3 预定时间标准法

预定时间标准法（predetermined time standard，PTS）把人们所从事的所有作业都分解成基本动作单元，经过详细观测，对每一种基本动作都根据它的性质与条件，制成基本动作的标准时

间表。当要确定实际工作时间时，只要把作业分解为这些基本动作，从基本动作的预定时间表查出相应的时间值，累加起来作为正常时间，再适当考虑宽放时间，即得到标准作业时间。

PTS 的具体操作形式有多种，常见的有工作要素法（work factor）、标准时间测量法（methods of time measurement，MTM）、基本动作时间研究法（basic motion study，BMT）等。其中用得较多的是 MTM。

PTS 起源于 20 世纪 30 年代，目前已发展到了第三代。第一代 PTS 主要有动作因素分析法和动作时间测定法，上述两种方法很复杂，动作分类很细，不易掌握，目前国外仍在使用。第二代 PTS 如简易动作因素分析和动作时间测定法 II（MTM-2）等，是在第一代 PTS 方法基础上简化而来的。第三代 PTS 是模特法（modolar arrangement of predetermined time standard，MOD）。MOD 是澳大利亚的海德（G. C. Heyde）在长期研究第一代与第二代 PTS 的基础上创立的更简便且精度不低于传统 PTS 的新方法，目前得到了较为普遍的应用。

5.3.4 模特法

模特法（MOD）与上述两种 PTS 相比具有形象直观、动作划分简单、好学易记、使用方便的优点。模特法适用于加工、生产技术、设计、管理、服务等方面，以及制定时间标准、进行动作分析等。模特法将动作分为四大类：移动动作、终止动作、身体动作、其他动作，共计 21 个动作。

1. 移动动作

移动动作指抓住或挪动物件的动作。根据手臂所使用的身体部位不同，手臂移动距离的不同，时间值也不相同。移动动作分为如下 5 种：

- 手指动作（M1）。手指第三关节前部分进行的动作，每动作一次时间值为 1MOD。
- 手的动作（M2）。手腕关节前部分进行的动作，每次时间值定为 2MOD。
- 前臂动作（M3）。肘关节前部分进行的动作，每次时间值定为 3MOD。
- 上臂动作（M4）。上臂及前面各部分以自然状态伸出的动作，每次时间值定为 4MOD。
- 肩动作（M5）。整个胳膊伸出再伸直的动作，每次时间值定为 5MOD。

以手拿着工具重复上述移动动作，称为反射动作，可视为移动动作的特殊形式，所用的时间值小于正常移动动作。如手指反射时间值为 1/2MOD，手反射时间值为 1MOD，前臂反射时间值为 2MOD，上臂反射时间值为 3MOD。

2. 终止动作

终止动作指在移动动作之后动作的终结。动作终结时，操作者的手必定作用于目的物。终止动作有下列 6 种：

（1）触碰动作（G0）。用手接触目的物的动作，如摸、碰等动作，它仅仅是移动动作的结束，并未进行新的动作，每次时间值定为 0MOD。

（2）简单抓握（G1）。在移动动作触及目的物之后，用手指或手掌捏、抓握物体的动作。简单抓握必须保证目的物附近无妨碍物，动作没有迟疑，每次时间值定为 1MOD。

（3）复杂抓握（G3）。抓握时要注视，抓握前有迟疑，手指超过两次的动作，每次时间值为 3MOD。

(4) 简单放下 (P0)。目的物到达目的地之后立即放下的动作，每次时间值为 0MOD。

(5) 注意放下 (P2)。注视目的物放到目的地的动作，在放置目的物的过程中只允许进行一次方向与位置的修正，每次时间值定为 2MOD。

(6) 特别注意放下 (P5)。把目的物准确地放置在规定的位置或进行装配的动作，动作有迟疑，眼睛注视，有两次以上的方向、位置的修正动作，时间值定为 5MOD。

3. 身体动作

身体动作指躯干、下肢的动作，分为下列 4 种类型：

(1) 踏板动作 (F3)。足颈摆动进行脚踏地的动作，每下踏一次时间值定为 3MOD，返回一次其时间值也为 3MOD。因此往返踏板一次，时间值定为 6MOD。

(2) 步行动作 (W5)。步行或转动身体的动作，每次时间值定为 5MOD。

(3) 向前探身动作 (B17)。以站立状态弯曲身体、弯腰、单膝跪地，之后再返回站立状态的一个循环过程的动作，每一动作循环时间值定为 17MOD。

(4) 坐和站起动作 (S30)。坐在椅子上，站起之后再坐下的动作，每一循环过程时间值为 30MOD。

4. 其他动作

其他动作包括以下内容：

(1) 校正动作 (R2)。改变原来抓握物体方式的动作，但只有独立的校正动作才赋予时间值，每次时间值定为 2MOD。

(2) 施压动作 (A4)。作用于目的物推、拉、压的动作，推、拉、压的力在 20 牛顿以上，并为独立的施压动作，每次时间值定为 4MOD。

(3) 曲柄动作 (C4)。以手腕或肘关节为轴心划圆形轨迹的动作，每次时间值定为 4MOD。

(4) 眼睛动作 (E2)。眼睛移动动作或眼睛对准目标的动作，每次时间值定为 2MOD。在正常视界内（距眼睛 40 厘米范围内），不赋予眼睛移动时间值。当眼睛注视范围较广时，颈部需要伴随眼球运动而转动时，其时间值定为 6MOD。

(5) 判断动作 (D3)。在两个动作之间判断要从事的下一动作所需时间的动作，每次时间值定为 3MOD。判断动作一般是在前一动作停止时，判断下一个动作如何进行时发生的。

(6) 重量修正 (L1)。用手搬运时，不同物体重量所耗用的时间需要修正。单手负重，若不足 2 千克时不做重量修正；每增加 4 千克重量，单手负重的时间值增加 1MOD。双手搬运时应换算为单手搬运进行修正。当物体滑动时，手的负重减轻，用有效重量计算，有效重量为实际重量的 1/3；在滚道上滑动时，有效重量为实际重量的 1/10。

图 5-7 列出模特法动作图解，表 5-2 列出模特法的动作分类与时间值。

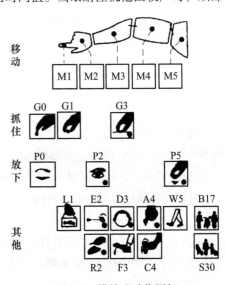

图 5-7 模特法动作图解

表 5-2 模特法的动作分类与时间值

动作分类	动作名称	符号	时间值（MOD）
移动动作	手指动作	M1	1
	手的动作	M2	2
	前臂动作	M3	3
	上臂动作	M4	4
	肩动作	M5	5
终止动作	触碰动作	G0	0
	简单抓握	G1	1
	复杂抓握	G3	3
	简单放下	P0	0
	注意放下	P2	2
	特别注意放下	P5	5
身体动作	踏板动作	F3	3
	步行动作	W5	5
	向前探身动作	B17	17
	坐和站起动作	S30	30
其他动作	校正动作	R2	2
	施压动作	A4	4
	曲柄动作	C4	4
	眼睛动作	E2	2
	判断动作	D3	3
	重量修正	L1	1

模特法的原理是根据操作时人体动作的部位、动作距离、工作物的重量，通过分析和计算，确定标准的操作方法，并预测完成标准动作所需要的时间。模特法的制定比较科学，使用也十分方便。模特法的实施过程包含操作方法的改进和工作场地的合理布置，以方便工人操作。

模特法特别适用于手工作业较多的劳动密集型产业，如电子仪表、汽车工业、纺织、食品、建筑、机械等行业。在中外合资企业的改造与发展过程中，模特法是有效的手段。

模特法以 MOD 为时间单位，其与标准时间的换算关系为：

$$1\text{MOD} = 0.129 \text{ 秒}$$

$$1 \text{ 秒} = 7.75\text{MOD}$$

$$1 \text{ 分} = 465\text{MOD}$$

按人类工程学原理，以人的最小能量消耗为原则，以手指移动 2.5 厘米距离所需的平均时间为基本单位，即 1MOD，其他任何动作时间都是它的倍数。

使用模特法进行作业分析，作业时间值计算举例如下。

例如，将螺丝刀插入螺钉槽内这一动作排列式为：

$$\text{M2 G1 M2 P5}$$

M2 表示开始手的移动时间为 2MOD；G1 表示简单抓取的时间为 1MOD；M2 表示第二次手的移动时间为 2MOD；P5 表示螺丝刀特别注意放下插入螺钉槽内的时间为 5MOD。

动作时间值为：

$$(2 + 1 + 2 + 5) \times 0.129 = 1.29(\text{秒})$$

5.3.5 工作抽样法

工作抽样法（work sampling method）在工作测量中也是广泛使用的一种方法。工作抽样法又称间接时间研究，其特点是采取间断性观测的方法，不用秒表直接观测操作者的作业时间，而是通过大量的随机观察；通过确认操作者是在工作还是处于空闲状态，按"工作"和"空闲"分类记录发生次数，不记录事件的延续时间；通过对样本的分析计算出百分比，对操作者实际工作时间和空闲时间的百分比做出估计。这种方法的基本原理是，并不关心具体动作所耗费的时间，而是估计人或机器在某种行为中所占用的时间比例。例如加工产品、提供服务、处理事务、等候指示、等候检修或空闲等，这些都可视为某种"行为"，都会占用一定的时间。对这些行为所占用时间的估计是在大量观察的基础上做出的。其基本假设是，在样本中观察到的某个行为所占用的时间比例，一般来说是该行为发生时实际所占用的时间比例。在给定的置信度下，样本数的大小将影响估计的精度。

从这样的样本观察中所获得的数据除用于作业测定外，还可以用来估计人或设备的利用率、确定在其他作业研究方法中已经讨论过的宽放时间、确定工作内容以及估计成本等。

1. 工作抽样法的应用步骤

选择好准备用抽样法进行观测的行为或活动后，需要经过以下几个步骤来测定其占用的时间比例。

①设计观测方式。观察被观测对象工作的方式可以有多种，通常根据将工作划分为不同行为的详略程度和划分方式的不同而不同。

②决定观测的时间长度。抽样法中的观测时间长度必须具有代表意义，即在该时间段内，每一行为都应该有发生若干次的机会。例如，某行为一周只发生一次，那么将观测时间设定为一天就毫无意义，在这种情况下，观测的时间也许要几个月。

③决定最初的样本数。通常，研究人员在观测开始之前需要对被观测行为所占用的时间比例进行初步估计，并设定一个所希望的估计精度，在此基础上决定最初的样本数。经观测得出数据后，再进一步考虑是否要增加样本数。

由于工作抽样法是以随机抽样理论为指导的制定定额的方法，其准确程度与观察次数成正比。观察次数少，观测误差大，结果无实际价值；但观察次数太多，又耗费不必要的人力和时间。

设：p 为观测到的某事件发生率；n 为观测总次数；m 为事件实际发生的次数，则 p 的估计值为

$$\bar{p} = \frac{m}{n}$$

标准偏差为

$$\sigma_p = \sqrt{\frac{\bar{p}(1-\bar{p})}{n}}$$

根据抽样统计理论，将观测结果的置信度取为95%，即认为用抽样法处理的现象接近正态分布。因此，当置信度为95%时，工作抽样的范围在 $\pm 2\sigma_p$。

定义抽样的绝对精度为 ε，且有

$$\varepsilon = 2\sigma_p = 2\sqrt{\frac{\bar{p}(1-\bar{p})}{n}}$$

定义抽样的相对精度为 θ,且有

$$\theta = \frac{\varepsilon}{\bar{p}} = 2\sqrt{\frac{(1-\bar{p})}{n\bar{p}}}$$

所以,当抽样开始之前规定了抽样精度,就可以确定相应的观测次数,即

$$n = \frac{4\bar{p}(1-\bar{p})}{\varepsilon^2} \quad \text{或} \quad n = \frac{4(1-\bar{p})}{\theta^2 \cdot \bar{p}}$$

④选择随机的观测时间。观测者去观测现场获取数据的时间应该在选定的时间长度内随机确定,以避免数据失真。假如被观测对象知道观测者每天下午 2:30 来进行观测,他们就有可能在这一时间有意调整其行为方式,这样所获数据就代表不了他们真实的工作方式。

⑤观察和获取数据。观察并采用一定方式记录下有关数据。

⑥检查是否需要更多的样本数。

⑦数据计算、分析与结论。

接下来,举例说明工作抽样法的应用。

【例 5-1】

某车间有车床若干台,任意抽查了 140 次,观测到的在工作的有 54 次。问该车间车床的利用率 p 的估计值和绝对精度是多少?

解:由题意,$n=140$,$m=54$,则

$$\bar{p} = \frac{m}{n} \times 100\% = \frac{54}{140} \times 100\% = 38.57\%$$

绝对精度为(95%的概率意义下):

$$\varepsilon = 2\sigma_p = 2\sqrt{\frac{p(1-\bar{p})}{n}}$$

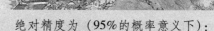

所以,车床的利用率在(30.34,46.80)之间。

【例 5-2】

某种活动占规定的工作时间百分比为 25%左右,要求对实际百分比 p 做出比较准确的估计,估计的相对精度为 10%,问大体上要观测多少次?

解:设 $\bar{p}=25\%$,$\theta=(\varepsilon/\bar{p})=10\%$,则观测次数为:

$$n = \frac{4(1-\bar{p})}{\theta^2 \cdot \bar{p}} = \frac{4 \times (1-0.25)}{0.1^2 \times 0.25}$$
$$= 1\ 200(次)$$

下例为根据抽样结果计算时间定额。

【例 5-3】

对某操作者的作业观测 100 小时,共 1 000 次。其中观测到"工作"的有 800 次,其余均为"空闲"。其间产量为 500 件,设效率评定系数为 0.882 5,宽放率为 15%,试确定单件时间定额。

解:(1) 计算实际工作时间

实际工作时间 = 总工作时间 × $\dfrac{\text{实际作业次数}}{\text{总观测次数}}$

(2) 计算实际作业时间

实际作业时间=实际工作时间×效率评定系数
=80×0.882 5=70.6(小时)

(3) 计算单件产品作业时间

$$单件时间 = \frac{实际作业时间}{总件数} = \frac{70.6}{500}$$

= 0.141 2(小时)(或 8.472 分钟)

(4) 计算单件产品定额时间。考虑宽放 15%，得：

单件产品定额时间=单件时间×(1+宽放率)
=8.472×(1+0.15)
=9.74（分钟）

2. 工作抽样法的特点

工作抽样法的几个主要优点如下：

- 观测者不需要受专门训练（其他方法都需要）。
- 不需要使用秒表，因此可同时进行几种行为的观测。
- 在工作循环较长的情况下，因为所需的观测时间不多，所以是一种很经济的工作研究方法。
- 与其他的作业测定方法相比，被观测人员更喜欢这种方法。

它的局限性在于所需观察的样本数较大，需要保证一定的估计精度等。此外，这种方法对于重复性工作标准时间的制定是不经济的。

5.3.6 工作测量中人的因素

方法研究和工作测量用来制定工人工作的标准方法和标准时间，其成功推行离不开工人的认同和合作。工作研究的目的是提高生产率，从而从根本上和从长远角度改善工人的工作条件，满足他们的物质和社会需要。但实践过程中，工作改进的根本和长远的利益，往往不能被工人认识到和直接感受到，工人们更关心的是他们从工作改进中可以立刻得到的直接好处是什么。他们会很自然地认为，工作研究会使他们付出过分的努力，受到更多的管制和约束，生产率的提高会使他们中的一些人失去工作甚至失业。在服务企业或政府机构中，当开展工作研究时常会听到这样的议论，"我们的工作无法计划!""你们怎么能用秒表来测定我们!"其实，这并不奇怪。

方法研究和工作测量不应当成为一种榨取工人的手段，也绝不应当以牺牲一部分人的利益作为提高生产率的代价。减轻工人的劳动强度，以同样的付出获取更多报偿，或是以额外的付出获取加倍的补偿，在组织中和其成员之间公平地分配工作改进的成果，这些既是工作研究追求的目标，也是工作研究取得成功的保证。

在研究人员与工人之间建立起良好的沟通和信任关系，是工作研究取得成功的关键。管理学发展史中著名的霍桑（Hawthone）工厂试验，雄辩地证明了这一点。正如梅奥（George Elton Mayo）所提出的，解释霍桑秘密的关键因素是小组中精神状态的一种巨大改变，实验室中的工人对于受到试验者越来越多的关心而高兴，并培养出一种参与试验计划的感觉；试验者对试验小组的真正影响，在于整体上改造了其全部工作情境。霍桑试验得出的结论，不是要低估方法研究与工作测量的作用，而是要提醒工作研究人员，在专注于工作研究过程的技术细节时，别忘了承担工作的人们。

5.4 人-机工程

5.4.1 人-机-环境系统

生产过程也是人与机器和环境发生交互作用的过程，几次产业革命的结果使这种关系变得更加广泛与复杂。现在无论是要提高效率还是要保证系统安全或正常运行，都必须处理好人-机器-环境三者之间的关系。

在生产过程中工人为了完成生产任务必须操作设备、控制机器，而控制的前提是首先利用人的感官系统从机器上的显示系统中获取机器运行状态信息，然后根据人的判断指挥命令人的操作系统对机器的控制系统施加影响，机器受到其控制系统作用后产生响应并重新在显示系统中反映出状态信息。这便是一个人-机系统在运行过程中会发生的交互作用过程，但还应注意的是机器与人之间是依靠环境来沟通的，环境既是媒体也是干扰源，有时会阻断人与机器的联系、使人犯错误，或对机器施加不正确的影响而使系统失效。因此，研究人与机器的关系不可能脱离环境的影响，平时所说的人-机系统实际上也包含环境因素。

人-机工程正是以人-机系统为对象，研究其内部相互作用与结合的规律，使设计的机器和环境系统更适合人的生理和心理特点，达到在生产中具有安全、健康、舒适和高效率的目的。

人-机工程在不同的国家有不同的称呼，英国称其为 ergonomics，可译为人类工程学；美国称其为 human engineering，"人-机工程"实际由此转译而来；日本称其为人间工学，在我国也有人根据其目的直接称之为工效学。这门学科之所以有这么多的名称，一个原因是它经历了漫长而曲折的发展过程，很多国家都注意到该问题的重要性并由基层相对独立地进行研究；另一个原因是这门学科是在几个基础性学科的交叉点上产生的，不同背景的人或研究侧重点不一样，也会导致命名上的差异。不管其名称如何多，它们的目标都是一致的。

由于人-机系统由三大要素构成，人-机工程也围绕它们进行了深入的探讨。其中对于人的方面，人-机工程主要在感官神经系统和人体构造与测量学等方面，对人接受信息、进行判断、做出反应这一过程的机制、素质及极限能力进行了研究，并对人体肌体特征、动作的生物力学特性等方面进行了研究，并形成人因工程（human factor engineering）的专门分支；对于机器方面，人-机工程主要结合人的特性探讨了机器显示、控制、空间布置、作业地设计等方面的专门问题。由于以上两方面的研究涉及较多医学、生理、心理学等方面的内容，属于工业工程师较深的知识层次，故在此不做介绍，而仅就人-机系统中环境因素的影响做一简单介绍。

5.4.2 工作环境研究与设计

工作环境是指人操纵机器设备或利用各种工具进行劳动生产时在工作地周围的物理环境因素，它们主要包括气候状况、照明与色彩状况、噪声状况三大类影响因素。

1. 气候状况

工作地和工作用房的气候状况取决于下列因素：空气温度、空气流动速度、空气污染等。

（1）空气温度对人劳动的影响。一个有生命的人本身就是一个热源，需要向外散发热量。

如果人体产生的热量等于向体外散发的热量，人便处于热平衡状态，此时体温约在36.5℃，人会感到比较舒适；当产生的热量大于散发的热量时，人便会感到发热，相反则会感到发冷。人体无时无刻不在产生和散发着热，研究表明正常男子在休息或静止状态下平均每小时要产生293焦耳的热量，而在劳动和剧烈运动时产生的热量可达到平常值的20倍。所以在工作环境中有适宜的温度条件是获得良好工作能力的前提。室内的温度高会引起瞌睡、疲劳，从而使工作能力降低，增加差错。若室内温度低则会分散注意力，因此需要确定一个适宜的温度（包括湿度）。但对于冷热的主观感觉不仅依赖于温度条件，而且也与工作人员的体质、年龄、性别、对水土的适应、工作的难易、服装等因素有关。也就是说对适宜温度的评定与主观态度有关。因此，所谓最佳温度不是某一固定的数值，而是指某一区域，再加上主观因素的影响，最佳温度的评定就更不一样了。例如美国的统计资料规定的最佳温度范围是脑力劳动为60°F~65°F（相当于15.5℃~18.3℃），轻劳动为55°F~65°F（相当于12.7℃~18.3℃）；体力劳动为50°F~62.5°F（相当于10℃~16.9℃）。

我国一般企业对温度控制比较困难，而且往往多限于冬季供暖。冬季供暖的温度以距地板1.5米、离墙1米处的干泡温度为准，表5-3为各种用途建筑物内的最佳温度。

表5-3 我国各种建筑物内的最佳温度范围标准

地点	最佳温度范围
学校教室	18.3℃~21.1℃
医院病房	21.1℃~22.2℃
剧院电影院	18.3℃~20℃
食堂	18.3℃
工厂车间	12.8℃~18.3℃
住宅	18.3℃

（2）空气流动速度对人劳动的影响。工作环境的空气流动情况也会影响劳动效率，实验表明在温度相同的情况下，人们在保持空气新鲜的工作地要比空气浑浊的工作地效率高出约10%。一般认为在工作人员不多的房间中，空气流动的最佳速度约为0.3m/s，在拥挤的房间中约为0.4m/s，而当室内温度、湿度都很高时，空气流速应最好达到(1~2)m/s。

（3）空气污染对人劳动的影响。工作环境中的空气污染源有两个，第一个来源于人。在人的呼吸过程中会排出二氧化碳，随着劳动强度的增大，二氧化碳的排放量会随之增加，成年男子在不同劳动强度下的二氧化碳呼出量如表5-4所示。与此同时，劳动汗水的蒸发也会污染空气。

表5-4 不同劳动情况下成年男子的二氧化碳呼出量

能量代谢率	劳动强度	二氧化碳呼出量（m^3/h）	计算用量（m^3/h）
0	睡觉	0.011	0.011
0~1	极轻劳动	0.012 9~0.023	0.022
1~2	轻劳动	0.023~0.033	0.028
2~4	中劳动	0.033~0.053 8	0.046
4~7	重劳动	0.053 8~0.084	0.069

第二个空气污染源来自生产过程（包括加工、运输、储存等），生产过程中产生出的粉尘、烟雾、气体、纤维质、蒸汽都会对人体不同器官造成刺激、损害。有些污染不仅影响效率，更严重的是损害健康，甚至影响工作安全。因此应保持室内空气清洁，至少把污染限制在许可范围之内。

2. 照明与色彩状况

（1）照明的影响与设计。视觉对人在工作环境中正确定向起着最重要的作用，正常人通过视觉刺激的反应大约可以获得全部信息的80%。眼睛作为接受视觉显示信息的器官，其功能及其效率的发挥依赖于照明条件和显示物的颜色特征。

①照明对工作人员的影响。人的视觉功能的发挥依赖于周围环境的照明水平和对比度。所谓对比度是反映观测物体与其背景的亮度差。统计分析表明，照明条件与对比度情况越好，工作中的差错率、事故率越低，而且对于效率的提高也有促进作用。图5-8给出了国外一项对在不同照明度情况下眼睛疲劳的研究，在该项研究中，眨眼次数用来作为衡量眼睛疲劳的指标。从图中可以看出，在照明强度增加的情况下，眨眼的次数减少，说明视觉疲劳减少。

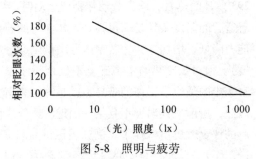

图5-8　照明与疲劳

照明除对工作人员的效率有一定的影响外，实验还表明，在照明不好时人会更快感到疲劳，工作效果更差。如果创造舒适的光线条件，不仅在从事手工劳动时，而且在从事要求紧张的记忆、逻辑思维的脑力劳动时，都会提高工作能力。此外照明对人的自我感觉也有影响，它主要影响工作人员的情绪状态和动机，而这些对工作能力也有影响。一般认为明亮的房间是令人愉快的，而且许多人都认为光应从左侧投射。因此人选择工作地点时都喜欢比较明亮的地方。反过来，在休息的房间里，多数人都喜欢较暗的地区。

②工作场地和厂房的照明。工作场地必须有适宜的照明，一般在设计照明系统时应考虑以下几方面的因素：

- 工作附近的适当亮度。
- 工作附近的固定照明。
- 工作与背景之间应有适当的亮度差。
- 避免光源或作业区域发出眩光。

根据以上这些因素，并结合科研成果和经验，确定最适宜的照明条件（照明要求、照明方式选择、照明方法的确定、照明设备的安装等）。既要避免作业损失和工伤设备事故的发生，又要防止照明浪费。因此，合理的工作地照明应是使工作照明适宜、均匀、稳定，而且无目眩感。良好的照明，不仅要明亮，还需要消除黑角暗道，更要避免闪光反射，且不发生过高热量。因此在进行工作地照明的组织工作时，不仅考虑光源，还要考虑距离及分布，也应考虑操作者视网膜对光线的适应性。表5-5提供的数据可供参考。

表5-5　不同工作的照明条件要求

工作分类	例	标准照度（lx）	照度范围（lx）
超精密工作	钟表、超精密机械加工、刺绣	1 000	700~1 500
精密工作	排字、汽车飞机组装	500	300~700
普通工作	机加工、铸造、焊接	200	150~300
粗工作	木工	100	70~150
非工作	车间非工作区	50	30~70
	附属生活区及厕所	20	15~30

（2）色彩对工作人员的影响。由于色彩容易创造形象与气氛，激发心理联想和想象，因此色彩能够比普通照明产生进一步的效果。许多国家的工业卫生、环境保护专家、劳动心理学

家以及医学家证明，厂房、建筑物及工作地装备的色调，对工人的劳动情绪、生产效率和作业质量有明显的影响。实践证明，色彩已不是可有可无的装饰，而是一种管理手段，可以为改善劳动环境、提高生产效率服务。

①颜色的表示方法。为分辨不同的颜色，人们以色调（H）、明度（V）和彩度（C）三个要素将各种各样的颜色排列起来。

色调分为5种基本色调，即红（R）、黄（Y）、绿（G）、蓝（B）、紫（P），加上5种中间色调，即黄红（YR）、绿黄（GY）、蓝绿（BG）、紫蓝（PB）、红紫（RP），统称10色环。每一色调又分为10个等级。

明度指在一定背景下的明亮感觉，在白黑中间分成由0~10感觉上等距离的等级。

彩度指颜色的浓淡饱和程度。无彩色如黑、白、灰的彩度为0。彩度分为12~14个等级。当某颜色达到饱和时，便为纯色。

色彩的标定方法

$$V/C = 色调、明度/彩度$$

例如，7.5YR8/4的颜色，就代表色调是7.5橙，明度8，彩度4。这种颜色对保护眼睛很有效。

②色彩对人的影响。色彩对工作人员的影响表现在两个方面，一方面是对人的机体的影响，另一方面是对人的心理的影响。

医学上证实，颜色光对人体的机能和过程会发生作用，影响到内分泌系统、含水量的平衡、血液循环和血压。红色和红的色调会使人各种器官的机能兴奋和不稳定，而蓝色和绿色色调则会使人各种器官的机能稳定。之所以颜色对人的心理会产生影响，是因为色彩与它所属的对象和物品是紧密相连的。所以，颜色对心理的影响受制于生活中积累起来的人与物交往的经验，以及对物的态度。也就是说，色彩能引起某种情绪或改变某种情绪。比如"明快"的颜色引起愉快感，"阴郁"的颜色可能是心情不佳的起因。一般情况下，红、橙、黄色给人以温暖的感觉，这些颜色叫暖色；青、绿、紫色给人以寒冷的感觉，这些颜色叫冷色。因此朝北的房间室内温度低时可用暖色，高温车间则必须用冷色。

暖色一般起积极、兴奋的心理作用。红色系列颜色对人在生理上起升高血压及脉搏的作用，在心理上有兴奋作用，并有不安感及令神经紧张的副作用，因此一般不广泛使用。橙色系列颜色可以增加食欲，故适用于食堂。在暖色中黄色系列颜色的生理反应近于中性，所以可用于一般工作场所，特别是女性工作人员为主的场所，用暖色为宜。

冷色一般起消极、镇静的心理作用。青色系列颜色对人在生理上起降低血压及脉搏的作用，在心理上有镇静作用，有清洁感，但大面积使用会给人荒凉的感觉，所以只能配合使用。在冷色中，绿色系列颜色的生理反应近于中性，可给人以平静感。

明色调与暗色调，由反射决定的色彩亮度可能影响人的情绪。如明色调会使人产生轻松、自在、舒畅的感觉。暗色调会使人产生压抑和不安的感觉。色彩的选择除了上述的一般情况外，还与人的个别特点，如年龄、性别、生活经验等有关。例如，儿童喜欢更鲜艳的色调，如红色或黄色，成年人往往更喜欢蓝色、绿色和红色。曾有统计调查得出成人所喜爱的色调顺序为：蓝、红、绿、黄、橙、紫、褐、灰、黑、白与粉色。

③生产环境与设备的色彩调节。对于生产用房，一般不主张把房间涂成单一的颜色或者一种色调占主要地位。因为单一的颜色会使视觉疲劳，把表面涂成对比色是有效的。具体颜色还

要适合房间的用途，如普通生产用房应采用明快的色调；温度很高的房间最好涂上冷色调；俱乐部和休息室应采用使人感到舒适的暖色调；而会客室则可涂上暗色调。通常天花板要具有较大的反射值；而墙与地板的反射值应较小。表 5-6 列举了作业环境色彩参考。

表 5-6 建议作业环境用色

场所	天花板	墙壁上部	墙壁下部
车间	7.5GY9/2	7.5GY8/2	10GY5.5/2
办公室	7.5GY9/2	7.5GY8.5/2	7.5GY7.5/2
食堂	7.5GY9/2	6YR8/3	7.5YR8/2
候诊所	N（白）9/0	6.5YR8/2	5YR6/3
走廊	7.5GY9/2	7.5GY9/2	7.5GY7.5/3

关于设备色彩，设备不论规模大小，大体上可分为主机、辅机和动力来源以及控制盘、桌面和工作台等。对这些进行色彩装饰时，要考虑生产用房的环境色和工作内容才能确定设备本体的色调。一般来说，设备使用中性色的绿色系列和没有刺激的灰色系列较佳，因为这种色彩能提供安静感且不会使工作人员眼睛过度疲劳。因此，生产用房的环境色、机械色、作业时的材料色要结合在一起考虑。此外，对于需要卫生管理的食品、饮料工厂的设备，则采用白色或近于白色为最佳。对于搬运设备如堆高机、手推车等尽量避免深色，而以使用较明快的色彩为好。

3. 噪声状况

人-机工程对噪声的理解是：它对生产者形成了干扰，是使其感到不快、不安或者有伤害的一切声音信号。它主要包括城市交通噪声、工厂噪声、建筑施工噪声以及商业、体育和娱乐场所的人群喧闹声等。

（1）噪声对工作效率的影响。噪声直接或间接影响工作效率。在嘈杂的环境里，人们心情烦躁，工作容易疲劳，反应迟钝，注意力不容易集中等都直接影响工作效率、质量和安全。尤其是对一些非重复性的劳动影响更为明显。通过许多实验得知，在高噪声下工作，心算速度降低，遗漏和错误增加，反应时间延长，总体效率降低。降低噪声给人带来舒适感，精神轻松，工作失误减少，精确度提高。例如，对打字员做过的实验表明，把噪声从 60dB 降低到 40dB，工作效率提高 30%。对排字、速记、校对等工种进行的调查发现，随着噪声级增高，错字率迅速上升。对电话交换台调查的结果是，噪声级从 50dB 降至 30dB，差错率可减少 12%。

噪声干扰对人的脑力劳动有消极影响，会使人的精力分散。例如，让一组脑力劳动的人记住几组单词，然后复述出来。在安静的环境中他们能按顺序再现出单词，但是随着从安静转入噪声环境，其思路遭到破坏，记忆的东西会按另一种顺序排列，所记单词的数量会减少。可见，从事脑力劳动的人对噪声特别敏感。分散注意力的噪声会使劳动生产率下降，可能导致劳动能力的损耗，在从事要求长时间内保持紧张注意的工作，如检查作业、监视控制作业等，噪声干扰会大大降低工作能力。

由于噪声分散人们的注意力，高噪声掩饰危险、警报信号，因此容易引起工伤事故。实践证明，噪声较高的工厂，如钢铁厂等，噪声是酿成事故不可忽视的原因。噪声造成经济损失也是巨大的。据世界卫生组织估计，仅工业噪声，每年由于低效率、缺勤、工伤事故和听力损失赔偿等，就使美国损失近 40 亿美元。

值得注意的是，声音过小也会成为问题。在一个寂静无声的房间里工作，心理上会产生一种可怕的感觉，使人痛苦，也必然影响工作。

（2）噪声控制。形成噪声干扰的过程是声源-传播途径-接收者。因此，噪声控制必须从这三方面研究解决。首先是降低声源本身的噪声级，如果技术上不可行或经济上不合算，就考虑从传播途径入手；如果这种考虑达不到要求或不合算，就可在接收者方面采取个人防护措施。

①声源控制。减少机器设备本身的振动和噪声，通过研制和选择低噪声的设备和改进生产加工工艺，提高机械设备精度和安装技术，使发声体不发声或降低发声强度，就可以从根本上解决噪声的污染。工厂中的噪声主要是机械噪声和空气动力性噪声。要选择低噪声机器或对现有声源采取措施，首先需要了解各种声源的性质和发声机理。目前，我国机械制造部门正在着手制定有关低噪声产品的噪声允许标准，并且开始研制和生产各种低噪声的生产设备。

②限制噪声传播。在传播途径上阻断和屏蔽声波的传播，或使声源传播的能量随距离增大而衰减，这是控制噪声、限制噪声传播的有效方法。a. 工厂总体设计布局要合理。预计工厂建成后可能出现的厂区环境噪声情况，在总图设计时全盘考虑。例如，将高噪声车间、场所与噪声较低的车间、生活区分开设置，以免互相干扰，对特别强烈的噪声源，可设在厂区比较偏僻的地区，使噪声级最大限度地随距离自然衰减。b. 利用天然地形，如山冈土坡、树丛草坪和已有的建筑屏障等有利条件，阻断或屏蔽一部分噪声。在噪声严重的工厂、施工现场或交通道路的两旁设置足够高的围墙或屏障，可以减弱声音的传播。绿化不仅能净化空气、美化环境，而且还可以限制噪声的传播。c. 利用声源的指向性来控制噪声。d. 在声源周围采用消声、隔音、吸声、隔振、阻尼等局部措施，降低噪声。

③接收者的防护。当其他措施不成熟或达不到预期效果时，使用防护用具进行个人防护是一种经济、有效的方法。防护用具常见的有橡胶或塑料制的耳塞、耳罩、防噪声帽以及耳孔内塞以及防声棉（加上蜡或凡士林）等，可以降低噪声 20dB～30dB。在噪声强烈的车间，也可以开辟小的隔声间，工人在其中进行仪表控制或休息。

此外，可以从劳动组织上采取轮换作业，缩短工人在高噪声环境中的工作时间。

本章小结

人是生产系统中有灵性的要素。为了提高生产系统的运行效率，生产与运作管理中非常强调工作设计。本章介绍了工作设计的有关原理、方法及技术和社会两个方面的因素，讨论了通过工作的多样化、扩大化和丰富化，以及工作轮换等措施满足操作者的心理需求，保持和提高操作者对工作的热情，进而提高生产率等问题。本章中还研究了工作测量问题，介绍了测时法、预定时间标准法、模特法及工作抽样法等制定标准作业时间和劳动定额的方法，并对每一种方法的应用要点做了简要分析。最后，本章从劳动者工作环境对生产率的影响出发，介绍了人-机工程的基本常识，从空气温度、空气流动速度、照明、色彩、噪声对劳动者的心理和生理影响出发，简单讨论了在进行工作环境设计时应注意的问题，避免因工作环境设计不当而降低生产效率。

复习思考题

1. 你认为应该如何定义一个良好的工作环境？
2. 什么是工作设计，它的重要意义是什么？
3. 标准化和专业化的优点和缺点是什么？
4. 试叙述工作扩大化和工作丰富化的区别。

5. 请解释社会技术理论的主要含义。
6. 许多管理人员都认为通过自动化可以提高生产效率，你的观点是什么？在引进自动化技术时应注意哪些问题？
7. 某些日本公司制定了部门经理轮换制度，而美国的公司则强调在一个岗位上的专业化（如财务经理或生产经理）。讨论每一种策略的优缺点。
8. 工作扩大化、职务轮换、工作丰富化的内涵是什么？它们对于缓解"80后""90后"流失率较高的现象有什么作用？
9. 工作扩大化、职务轮换、工作丰富化对职工授权的区别是什么？
10. 你知道哪些工作使人-机界面突破了人的能力局限吗？
11. 什么是标准时间？标准时间真的标准吗？它的作用是什么？
12. 在时间研究中，为什么要考虑操作者的效率评定？
13. 时间研究的局限性是什么？
14. 人-机工程可从哪些方面帮助提高生产率？讨论注重工作环境布置，如照明、色彩、噪声、温度等对操作者产生的有利影响。

讨论案例

丰田汽车公司某工厂的职务定期轮换

该工厂某作业现场的组织体系如图5-9所示。

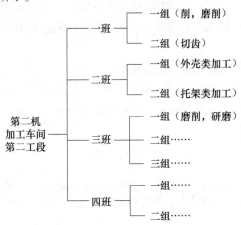

图5-9 某作业现场的组织体系

工段、班、组中分别设工段长、班长及组长，组长下面是一般作业人员。工段长、班长以及组长统称为基层管理人员。在这样一个工段，配置有数百台设备，共有220余名作业人员。

该工厂职务轮换的主要目的是使职员"多能化"，即具有多种技能。其具体含义包括：

（1）定期调动。以若干年为周期的工作场所（主要指班或工段）的变动，职务内容、所属关系、人事关系都发生变化。主要以基层管理人员为对象进行。

（2）班内定期轮换。根据情况而进行的班内变动，所属关系、人事关系基本不变。班内定期轮换的主要目的是培养和训练多面手。

（3）岗位定期轮换。以2~4小时为单位的有计划的交替作业。

在具体实施中，无论是对基层管理人员还是现场作业人员，都应有计划地进行。要求一般作业人员成为多面手、基层管理人员必须先做出典范。基层管理人员的定期调动计划由车间制订，主要应考虑被调动人员到目前为止的经历、尚未担任过的工作、本人的意愿、对现场工作的影响等几方面因素。基层管理人员的定期调动主要是使他们能在新的人事关系、工作环境中学习未曾掌握的知识和技能，进一步扩大视野，提高管理能力。在一个新环境中，容易发现原有人员司空见惯、不能引起注意的问题，而且采取新的对策及改善问题的积极性也较高，因此有利于促进生产率的提高。

对于一般作业人员"多能化"的实现，班内定期轮换具有更重要的意义。班内定期轮换的计划由班长制订。具体做法是把班内所有的作业工序分成若干个作业单位，排出作业轮换训练表，使全体作业人员轮换进行各工序的作业，在实际操作中进行教育和训练，最后使每个人都能掌握各工序作业。在具体实施中,还可制定出多能化实现率的年度计划指标,逐步有计划地进行。

通过实施这样的职务轮换,使班内流动的可能性增大后,一天中数次班内作业交替也就成为可能。一般来说,一个有序的作业组织内,每个作业人员作业的时间应该基本一样。但是由于作业内容的差异,作业者的疲劳程度是不同的,在长时间作业的情况下,各个作业者之间会出现疲劳度的差异,由此容易引起一部分工序作业时间的延长或容易出差错。所以,以2~4小时为单位的岗位定期轮换的另一个重要意义是避免作业人员的这种工作疲劳。

交替间隔应根据具体情况具体设定,如对生产节奏较快的工序来说,因其持有的作业区域比较窄,故交替间隔应短一些,反之亦然。

通过实施这样的职务定期轮换,不仅实现了作业人员的多能化,还带来了如下附带结果:

(1) 有利于安全生产。以小时为间隔单位的岗位定期轮换,不仅减轻了作业人员的身体疲劳,也使人的情绪得到了调节。一般来说,工作内容的改变本身就是一种强烈的刺激,对人的工作积极性有很大影响。由于情绪调节和疲劳减少,注意力提高了,因不留神、注意力分散而引起的劳动事故就会大大减少。

(2) 改善了作业现场的人际关系。制订作业交替计划表的基本原则是使全体作业人员平等。制订时既要考虑到对年老体弱者的照顾,也要考虑到当天每个人的身体情况、作业熟练程度、个人意愿以及相互之间的照顾等,这样就容易促成全体的协作。在职务调换时,每个人前后工序的成员不同,通过作业中的接触很自然地扩大了人与人之间的交流圈子。此外,全体作业人员对各个工序都熟悉、都做过,即使他人因为某种原因在某工序上发生了延迟,也更容易理解。因为大家都相互了解,所以也都尽量互相帮助,以避免发生作业延迟。

(3) 促进了知识与技能的扩大与积累。在促进作业人员多能化的过程中,老工人和班组长教新工人和部下的机会多了,同时自己也从中得到提高。以往被称为"本事"的诀窍、技能也得以公开,作为要领书、标准书在作业现场积累起来。职务定期轮换使彼此之间形成一种相互理解、互教互学的关系,"本事是自己的"这种手艺人气质渐渐减少,大家汇总起来的技能与知识通过这种方法不断迅速地传给后来的人,使这些知识和技能扩散到全体人员中去。这样,就能形成一个即使有人缺勤也能够应付的强有力的作业现场。

(4) 提高了作业人员参与管理的积极性。由于职务定期轮换,全体人员与作业现场的各个工种都发生了关系,因而视野扩大了,对整个作业流程的关心也提高了。这种方法使作业人员逐渐产生一种意识,即安全、质量、生产、成本等工作目标或任何其他事情都不只是班组长或某个人的问题,而是大家共同的问题。大家团结一致,为了同一目标而思考与合作,采取对策,解决问题,形成一种作业现场的自主管理,也给了每个人充分发挥自己潜在能力的机会,增加了其对工作的兴趣和积极性。

讨论题

1. 工作轮换对员工工作积极性的影响有哪些?
2. 工作的频繁轮换有哪些缺点?

判断题

1. 工作设计与工作测量的基础之一是泰勒提出的科学管理四原则。
2. 为提高企业效率,测时法应该选择非常熟练的员工作为观测对象。
3. 预定时间标准法和工作抽样法都是间接的时间研究方法。
4. 测时法和工作抽样法都需要考虑宽放时间。
5. 测时法和模特法都需要进行作业分解,并且分解的方法完全一样。
6. 工作测量中,因为存在由于管理不善而产生的无效时间,所以要考虑宽放时间。
7. 宽放时间属于产品的基本工作时间。

选择题

1. 下述哪一项包括产品在加工过程中的作业总时间？
   A. 产品的基本工作时间和无效时间
   B. 产品的基本工作时间和宽放时间
   C. 产品的基本工作时间和调整准备时间
   D. 产品的基本工作时间和产品设计缺陷的工时消耗
2. 团队工作方式的特点和要求不包括下述哪一项？
   A. 工作人员高素质，多技能
   B. 较多的智能工作内容
   C. 基层自主性强
   D. 众多的从属关系
3. 人-机工程研究的工作环境不包括哪一项？
   A. 气候状况
   B. 照明与色彩状况
   C. 噪声与振动状况
   D. 人际关系状况

计算题

1. 一个管理人员欲制定一个金属切削作业的时间定额。共对此操作观测了 50 次，每次的平均时间是 10.40 分钟，标准偏差是 1.20 分钟，操作工人的工作效率评定为 125%。假设宽放率是 16%，请确定该项作业的标准时间。
2. 观测一项作业，共 60 次，平均每次观测到的作业时间是 1.2 分钟。对操作者的效率评定是 95%，宽放率为 10%，在每天工作 8 小时的条件下，确定以下各种时间值。①观测到的时间；②正常时间；③标准时间。
3. 保险公司办公室的工作之一是通过电话与客户交谈。办公室的经理估计其中一位职员将一半时间花在打电话上，为了证实这一点，该经理打算做一次工作抽样研究。他希望绝对误差在 6% 以内，置信度为 98%，问至少要观察多少次？
4. 在一个 40 周期的测表研究过程中，发现一人-机操作每周期需 3.3 分钟的机器工时，每周期工人的时间平均为 1.9 分钟，工人的绩效水平为 120%（机器绩效等级为 100%）。在研究过程中，工人休息了 10 分钟，假设时间允许量因子为 12%，计算这项工作的标准时间。
5. 一新达成的工会合同允许货运部门的工人有 24 分钟的休息时间，10 分钟的个人时间允许量，每 4 小时有 14 分钟的工作延迟。一个时间研究分析员对一持续工作进行观察，发现工人每周期的平均工作时间为 6 分钟，对于这项操作合适的标准时间为多少？
6. 某时间研究分析员对一操作进行研究。此操作每件有 1.5 分钟的标准差，在 95.5% 的置信度下，要使其每件平均时间估计值误差在 0.4 分钟以内，应计划进行多少次观察？
7. 对某工作的操作时间进行初步研究，得出如下结果：5.2、5.5、5.8、5.3、5.5、5.1（分钟）。要达到对工作的平均工作误差在其样本均值的 2% 以内，置信度为 99% 的估计，应定多少个作业测定周期？
8. 在一个对航空特快货运飞机处于空闲的时间百分数估计的初步调立中，分析员发现，60 次观察中有 6 次是货运飞机处于闲置状态。请问：
   (1) 闲置时间百分数的估计值是多少？
   (2) 基于初始的观察，要达到对闲置时间实际百分数误差不超过 5%，置信度为 95% 的估计，大约需要进行多少次观察？

第三篇　生产运作系统的运行

　　生产运作系统的运行，主要是指在现存的生产运作系统中，如何适应市场的变化，按用户的需求，高效、灵活、准时、清洁地生产合格产品和提供满意服务。要进行生产，先要进行需求预测。与生产运作系统运行有关的是中期需求预测和短期需求预测。本篇首先讨论在中期需求预测的基础上编制综合生产计划，平衡能力与需求，制订产品生产计划。其次，确定补充成品库存的订货量和订货时间，对独立需求库存进行控制；对相关需求的零部件、毛坯和原材料进行计算；控制加工进度和在制品库存。再次，专门阐述如何对供应链进行有效管理。最后，通过短期需求预测，制订制造业和服务业的作业计划，并介绍工程项目的计划管理。

- ▶ 第6章　需求预测
- ▶ 第7章　生产计划
- ▶ 第8章　库存管理
- ▶ 第9章　MRP
- ▶ 第10章　供应链管理
- ▶ 第11章　制造业的作业计划与控制
- ▶ 第12章　服务业的作业计划
- ▶ 第13章　项目计划管理

第6章
需求预测

引例　　　　　　　沃尔玛的需求预测

山姆·沃尔顿于1962年在美国阿肯色州的罗杰斯开设了第一家沃尔玛商店。长期致力于"天天低价"并保持顾客满意，使沃尔玛成为一家年营业额超过5 000亿美元的世界最大零售商。山姆·沃尔顿曾说："让我们成为最友好的商店，向那些赏光走进我们商店的顾客献上欢迎的微笑和尽心尽力的帮助，提供比顾客期望更好的服务。"在24个国家，沃尔玛拥有1万多家商店、220多万名员工，每周约2亿人次光临。"天天低价"源于沃尔玛的低成本，它的商品成本比主要竞争对手低5%~10%。

沃尔玛最早利用"协同预测和补货"（collaborative forecast and replenishment，CFAR）通过零售企业与生产企业的合作，共同做出商品预测，并在此基础上实行连续补货的系统。后来，基于信息共享的CFAR系统又向CPFR（collaborative planning forecasting and replenishment）系统发展。CPFR是在CFAR的基础上，进一步推动共同计划的制订，即不仅合作企业实行共同预测和补货，同时将原来属于各企业内部事务的计划工作（如生产计划、库存计划、配送计划、销售计划等）也由供应链上的各企业共同参与。CPFR建议供应链合作伙伴成员基于一个集体认同的需求预测值进行工作，而不是每一成员自行进行预测。CPFR的成功实施可以减小订单波动，提高销售收入，降低安全库存，提升订单履行率，提高预测精度。CPFR帮助沃尔玛建立起一套商品需求预测方法，用来指导订货，实现了对供应和库存的更好控制，节省了大量的维持库存费用。

沃尔玛实施了一个数据仓库项目。数据仓库中除了沃尔玛的运行数据之外，还包括竞争对手的数据。这些数据向沃尔玛的买家、中间商、物流提供商的相关人员以及3 000多家合作伙伴开放。通过数据仓库发现每家商店的购买模式和销售模式都不相同，将这些情况提供给沃尔玛的自动订货和供给系统，实现了在恰当的时间、按合适的价格、以正确的数量送到合适的商店以卖给顾客，从而取得了零售行业的竞争优势。

资料来源：作者根据网上资料整理。

预测是决策的基础。生产运作管理活动是建立在需求预测结果基础上的,预测对生产运作活动有指导意义。本章将首先介绍预测的基础知识,然后着重介绍几种常见的定性和定量预测方法,最后介绍预测监控和预测方法的选择问题。

6.1 预测

6.1.1 预测及其分类

1. 什么是预测

谈到预测,人们立即想到的就是天气预报。要出门旅行的人更关心天气预报,以便带好所需的衣物。常言道,"天有不测风云"。过去认为不能预报的天气,在现代科学技术的支持下,不仅能够预报,而且预报的时间范围越来越大,准确度越来越高。过去,预测24小时的天气变化常常不准,而现在,预报72小时内的天气还相当准确。

预测是对未来可能发生的情况的预计与推测。"凡事预则立,不预则废"。预测为人们提供了即将发生的情况的信息,增加了成功的机会。但是,由于未来情况有很大的不确定性,预测不可能是绝对准确的。企业预测失败,是常常出现的情况。即使是十分周密的预测,也可能与未来事实不完全相符,甚至相差很远。需求预测不能说是一门精确的科学,确切地讲,它是科学与艺术的结合。预测离不开科学测定的数据,离不开数学模型和电脑模拟,但也离不开人们的经验和判断。然而,不能因为有时天气预报不准确,就完全不相信天气预报,也不能因为预测有失误而否定预测。

预测不仅是长期战略性决策的重要输入,还是短期日常经营活动的重要依据。任何组织都应当通过预测来指导自己的生产活动。比如服务行业,其服务一般是不能存储的,因此,必须尽可能准确地估计未来的需求,以配置适当的服务能力。如果员工太多,势必造成浪费;如果员工太少,就可能失去生意、丧失顾客,或者加重员工的工作负担。

在组织内部,预测为编制各部门的计划提供了基础。显然,当各部门基于相同的预测结果开展工作时,它们的步调是一致的,它们间的活动是相互支持的。比如在一个制造企业里,人事部门雇用适当数量的具有不同技能的员工;采购部门签订各种各样的原材料、零部件购销合同;财务部门在对销售收入和资金需求的估计基础上,决定在适当的时间以适当的速度筹措资金。这些活动都是以共同的预测为基础开展的。

2. 预测的种类

(1) 科学预测。科学预测是对科学发展情况的预计与推测。它有时可以精确计算出来,如门捷列夫制作了世界上第一张元素周期表,并按照元素周期表预测有三个元素尚未发现,他称这三个元素为亚铝、亚硼和亚硅。后来,这三个元素被确认为镓、钪和锗。科学预测应该由科学家来做。

(2) 技术预测。技术预测是对技术进步情况的预计与推测。电力行业对太阳能和核能方面的技术进步速度感兴趣,石油化工行业关心从油页岩里提炼油的技术的发展状况。一方面,技术进步为很多企业提供了新的产品和原材料,另一方面也使一些企业面临同行业或相近行业的更加激烈的竞争。因为技术进步即使不能从根本上改变一种产品,但它引起的生产方式变化也可能导致大量的资金节约(对使用新技术的企业而言)或浪费(对未使用新技术的企业而言)。技术预测最好由该领域的专家进行。

(3) 经济预测。政府部门以及其他一些社会组织经常就未来的经济状况发表经济预测报告。对政府部门而言,关于未来总的经济形势的估计是十分重要的,因为它是预计税收收入、就业水平、货币需求等经济指标的基础。企业可以从这些报告中获取长期和中期的经济增长指标,规划自己的行动。

(4) 需求预测。需求预测不仅为企业提供了其产品在未来一段时间里的需求期望水平,而且为企业的计划和控制决策提供了依据。既然企业生产的目的是向社会提供产品或服务,其生产决策无疑会很大程度地受到需求预测的影响。

(5) 社会预测。社会预测是对社会未来发展状况的预计和推测,比如人口预测、人们生活方式变化预测、环境状况预测等。

需求预测与企业生产经营活动关系最密切,是本章讨论的重点。需求预测的方法可以应用到其他领域的预测中去。

6.1.2 影响需求预测的因素

对企业产品或服务的实际需求是市场上众多因素作用的结果。其中有些因素是企业可以影响甚至决定的,而另外一些因素则是企业可以影响但无法控制的。在众多因素中,一般地讲,某产品或服务的需求取决于该产品或服务的市场容量以及该企业所拥有的市场份额,即市场占有率。图 6-1 给出了影响需求预测的各种因素,其中,用曲线圈起来的因素是通过企业的努力可以做到的。我们只对一些主要因素进行讨论。

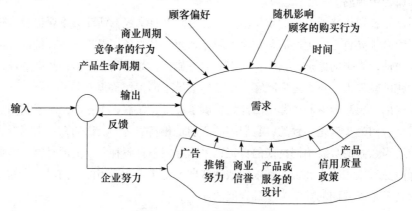

图 6-1 影响需求预测的因素

1. 商业周期

商业周期从复苏、高涨、衰退到萧条,周而复始。处于商业周期的不同阶段,企业总的需求不同。

2. 产品生命周期

任何成功的产品都要经过导入期、成长期、成熟期和衰退期 4 个阶段。4 个阶段对产品的需求是不同的。在导入期,顾客对产品了解得不多,销售量不会很大,但销售呈逐步上升趋势。到了成长期,产品需求急剧上升,一般会出现仿制品,仿制品的出现将影响销售量上升的速度。到了成熟期,每个希望拥有某种产品的人都能买到这种产品,销售量达到最高点。到了衰退期,产品销售量下降,若不进行更新换代或改进,产品就难有销路。

6.1.3 预测分类

按不同的目标和特征可以将预测分为不同的类型。这里是按预测时间的长短、主客观因素在预测中的作用等进行分类的。

1. 按预测时间的长短分类

按照预测时间的长短，可将预测分为长期预测、中期预测和短期预测三种。

（1）长期预测（long-range forecast）。长期预测是指对 5 年或 5 年以上的需求前景的预测。它是企业长期发展规划、产品开发研究计划、投资计划、生产能力扩充计划等的依据。长期预测一般通过对市场的调研、技术预测、经济预测、人口统计等方法，加上综合判断来完成，其结果大多是定性的描述。

（2）中期预测（intermediate-range forecast）。中期预测是指对一个季度以上两年以下的需求前景的预测。它是制订年度生产计划、季度生产计划、销售计划、生产与库存预算、投资和现金预算的依据。中期预测可以通过集体讨论、时间序列法、回归法、经济指数相关法或组合等方法并结合人的判断而做出。

（3）短期预测（short-range forecast）。短期预测是指以日、周、旬、月为单位，对一个季度以下的需求前景的预测。它是调整生产能力、采购、安排生产作业计划等具体生产经营活动的依据。短期预测可以利用趋势外推、指数平滑等方法与判断的有机结合来进行。

2. 按主客观因素所起的作用分类

按主客观因素所起的作用分类，可分为定性预测方法和定量预测方法（见图 6-2）。

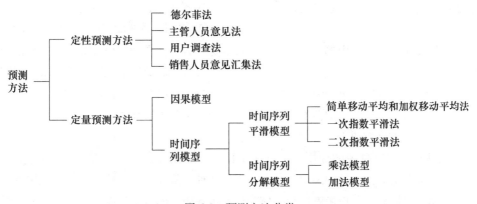

图 6-2　预测方法分类

（1）定性预测方法（subjective or qualitative approach）。定性预测方法也称主观预测方法，它简单明了，不需要数学公式。它的依据是来源各种不同的主观意见。定性预测适用于历史数据较少或无历史数据的情况。例如，2001 年 iPod 上市时，苹果公司是基于主观判断和直觉对 iPod 的最初销售量进行预测的。定性预测方法包括德尔菲法、主管人员意见法、用户调查法、销售人员意见汇集法等。6.2 节将对以上方法做进一步说明。

（2）定量预测方法（quantitative or statistical approach）。定量预测方法又称统计预测法，其主要特点是利用统计资料和数学模型进行预测。然而，这并不意味着定量方法完全排除主观因素，相反，主观判断在定量方法中仍起着重要的作用，只不过与定性方法相比，各种主观因素所起的作用小一些罢了。定量预测方法可分为因果模型和时间序列模型，时间序列模型还可以进一步细分，如图6-2所示。定量预测方法是本章的重点，6.3节将深入讨论各种具体方法。

6.1.4 预测的一般步骤

预测的一般步骤可简单叙述如下：

- 决定预测的目的和用途。明确预测的目的有助于确定所需资料的详细程度、必要资源的数量和预测的精度。
- 确定预测的时间跨度。
- 选择适当的预测方法或模型。
- 收集并分析所有可以利用的过去和现在的资料。
- 预测。
- 对预测过程进行监控。检查所采用的预测方法、提出的前提条件以及数据的合理性等，必要时要做适当调整，再行预测。

6.1.5 预测中应注意的几个问题

1. 判断在预测中的作用

如前所述，不能把预测当成数学、物理一样的精确科学，而应将其看成科学与艺术的结合，是一种特别的技巧。预测的输入不像数学、物理的输入那样，是自然现象的、确定的表现，而是经验、主观分析等不确定的信息或历史数据。同时，影响预测结果的诸因素间也不存在过去、现在和将来都起着同样作用的联系和规律。因此，判断在预测中起着十分重要的作用。

（1）判断在选择预测方法中的作用。面对一个预测问题，首先要确定采用什么样的方法：用定性方法还是定量方法，用哪一种具体的定性或定量方法，是否用由多种方法组成的混合预测方法，等等。要回答这些问题，必须仔细分析预测的目的、预测问题的环境以及预测者在人、财、物、信息各方面资源的情况，然后再做出判断，选出合适的预测方法。另外，当实际需求发生以后，若实际值与预测值有较大的偏差，原方法是否继续使用；应选用什么新的方法也需要预测者及时做出选择。

（2）判断在辨别信息中的作用。不管使用什么样的预测方法，都存在输入信息的问题：哪些信息，比如历史数据、各种图表、影响需求的各种因素等是有价值的，是必须输入的；所有选定的信息是否同等重要地影响需求；应如何确定各因素的重要程度；等等。这些问题也只能通过判断来解决。

（3）判断在取舍预测结果时的作用。单个预测值往往是不准确的，百分之几到百分之几百的偏差都不足为奇。因此，常常使用多种方法或用一种方法做出悲观、乐观等多种预测。对于各种不同的预测结果如何取舍，同样需要判断。

应该指出的是，上面强调了判断的作用，但绝不能把预测等同于判断。预测虽不具备数学、物理那样的科学性，但较之"拍脑袋"这类纯粹主观的判断，仍要科学得多。这里所强调的判断是指在应用预测方法基础之上的判断，是对迷信预测结果态度的一种批判。

2. 预测精度与成本

在选择预测方法时，显然要在成本和精度之间权衡。精确的预测方法在实施时的成本一般较高，但它能取得精度较高，即与实际需求偏离较小的预测值，从而最终使生产经营成本降低。图 6-3 说明了预测精度与成本之间的关系。应该注意的是：第一，不存在百分之百准确的预测方法，因而不要为了预测的绝对准确而白费心机；第二，就任何一个预测问题而言，存在精度比较合理的最低费用区间。

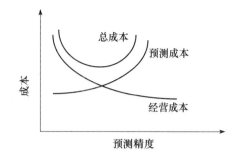

图 6-3　预测精度与成本的关系

3. 预测的时间范围和更新频率

预测是基于历史，立足现在，面向未来的。从现在到未来之间的时间就是预测的时间范围。不同的预测方法有不同的时间范围，因而在选用预测方法时应特别留意这一点。另外，时间范围越大，预测结果越不准确。

同时，任何一种预测方法都不可能完全适用于某一预测问题，应根据实际需求不断检验预测方法。若预测值与实际值偏离过大，则应更新预测方法。

4. 稳定性与响应性

稳定性与响应性是对预测方法的两个基本要求。稳定性是指抗拒随机干扰，反映稳定需求的能力。稳定性好的预测方法有利于消除或减少随机因素的影响，适用于受随机因素影响较大的预测问题。响应性是指迅速反映需求变化的能力。响应性好的预测方法能及时跟上实际需求的变化，适用于受随机因素影响小的预测问题。良好的稳定性和响应性都是预测追求的目标，然而对于时间序列模型而言，这两个目标却是互相矛盾的。如果预测结果能及时反映实际需求的变化，它也将敏感地反映随机因素影响。若要兼顾稳定性和响应性，则应考虑除时间以外的内外因素的影响，运用其他预测方法。

6.2　定性预测方法

6.2.1　德尔菲法

德尔菲法（Delphi method）又称专家调查法，是 1946 年由美国兰德公司（Rand Corporation）创始实行且很快在世界上流行起来的一种调查预测方法。现将此方法的应用过程概述如下。

首先是挑选专家，具体人数视预测课题的大小而定，一般问题需 20 人左右。在进行函询的整个过程中，自始至终由预测单位函询或派人与专家联系，不让专家互相发生联系。

专家选定之后，即可开始第一轮函询调查。一方面向专家寄去预测目标的背景材料，另一方面提出所需预测的具体项目。首轮调查，任凭专家回答，完全没有限制。专家可以以各种形式回答问题，也可以向预测单位索取更详细的统计材料。预测单位对专家的各种回答进行综合整理，把相同的事件、结论统一起来，剔除次要的、分散的事件，用准确的术语进行统一的描述。然后将结果反馈给各位专家，进行第二轮函询。

第二轮函询要求专家对所预测目标的各种有关事件发生的时间、空间、规模大小等提出具体的预测，并说明理由。预测单位对专家的意见进行处理，统计出每一事件可能发生日期的中位数，再次反馈给有关专家。

第三轮是各位专家再次得到函询综合统计报告后，对预测单位提出的综合意见和论据加以评价，修正原来的预测值，对预测目标重新进行预测。

上述步骤，一般经过三至四轮，预测的主持者要求各位专家根据提供的全部预测资料，提出最后的预测意见。若这些意见收敛或基本一致，即可以此为根据做出判断。

以上所述是德尔菲法的基本过程。德尔菲法是在专家会议的基础上发展起来的一种预测方法。其主要优点是简明直观，预测结果可供计划人员参考，受到计划人员的欢迎。德尔菲法避免了专家会议的许多弊端。在专家会议上，有的专家崇拜权威，跟着权威一边倒，不愿发表与权威不同的意见；有的专家随大溜，不愿公开发表自己的见解。德尔菲法是一种有组织的咨询，在资料不甚完全或不多的情况下均可使用。

德尔菲法虽有比较明显的优点，但同时也存在缺点。例如，专家的选择没有明确的标准，预测结果的可靠性缺乏严格的科学分析，最后趋于一致的意见，仍存在随大溜的倾向。

在使用德尔菲法时必须坚持三条原则。第一条是匿名性。对被选择的专家要保密，不让他们彼此通气，避免他们受到权威、资历等方面的影响。第二条是反馈性。一般的征询调查要进行三至四轮，要给专家提供充分反馈意见的机会。第三是收敛性。经过数轮征询后，专家们的意见相对收敛，趋向一致，若个别专家有明显的不同观点，应要求他详细说明理由。

6.2.2 主管人员意见法

主管人员意见（jury of executives）法通常由高级决策人员召集销售、生产、采购、财务、研究与开发等各部门主管开会讨论。与会人员充分发表意见，对某一问题进行预测，然后由召集人按照一定的方法，如简单平均或加权平均，对所有个人的预测值进行处理，得出预测结果。这种方法常用于制定长期规划以及开发新产品。

这种方法的优点是：①简单易行；②不需要准备和统计历史资料；③汇集了各主管的经验与判断；④如果缺乏足够的历史资料，此法是一种有效的途径。

这种方法的缺点是：①由于是主管人员的主观意见，故预测结果缺乏严格的科学性；②与会人员间容易相互影响，个别权威的观点可能左右其他人发表意见；③耽误了各主管的宝贵时间；④因预测是集体讨论的结果，故无人对其正确性负责，责任不明会导致草率地发表意见。

6.2.3 用户调查法

当对新产品或缺乏销售记录的产品的需求进行预测时，常常使用用户调查（users' expectation）法。销售人员通过信函、电话或访问的方式对现实的或潜在的顾客进行调查，了解他们对与本企业产品相关的产品及其特性的期望，再考虑本企业可能的市场占有率，然后对各种信息进行综合处理，即可得到所需的预测结果。用户的需求决定企业所要生产的产品和提供的服务，但由于顾客太多，同时又很难确定哪些是潜在的顾客，所以常常用用户调查法来征询顾客意见。

这种方法的优点是：①预测直接来源于顾客期望，较好地反映了市场需求情况；②可以了解顾客对产品优缺点的看法，了解一些顾客不购买这种产品的原因，掌握这些信息有利于改善产品，有利于开发新产品且有针对性地开展促销活动。

这种方法的缺点是：①很难获得顾客的通力合作，函询的低回收率和消费者的不认真回应不可避免；②顾客期望不等于实际购买，而且其期望容易随着一些新的情况（如办展销会）出现而发生变化；③调查时需耗费较多的人力和时间。

6.2.4 销售人员意见汇集法

销售人员和售后服务人员直接与顾客接触，他们比较了解顾客的需求。销售人员意见汇集（field sales force）法通常由各地区的销售人员根据其个人的判断或与地区有关部门（人士）交换意见并判断后做出预测。企业对各地区的预测进行综合处理后，即得到企业范围内的预测结果。有时企业也将各地区的销售历史资料发给各销售人员作为预测的参考；有时企业的总销售部门还根据自己的经验、历史资料、对经济形势的估计等做出预测，并与各销售人员的综合预测值进行比较，得到更加正确的预测结果。

这种方法的优点是：①预测值很容易按地区、分支机构、销售人员、产品等区分开；②销售人员的意见受到了重视，增加了其销售信心；③抽样较多，预测结果较稳定。

这种方法的缺点是：①带有销售人员的主观偏见，难以区分哪些是顾客想要购买的，哪些是顾客实际要购买的；②受地区局部性的影响，总的预测结果难以准确；③当预测结果要作为销售人员未来的销售目标时，预测值容易被低估；④当预测涉及紧俏商品时，预测值容易被高估。

6.3 定量预测方法

时间序列模型和因果模型是两种主要的定量预测方法。时间序列模型以时间为独立变量，利用过去需求随时间变化的关系来估计未来的需求。时间序列模型又分为时间序列平滑模型和时间序列分解模型。因果模型利用变量（可以包括时间）之间的相关关系，通过一种变量的变化来预测另一种变量的未来变化。需要指出的是，在使用时间序列模型和因果模型时，存在着这样一个隐含的假设：过去存在的变量间关系和相互作用机理，今后仍将存在并继续发挥作用。这个假设是使用这两种定量预测模型的基本前提。

6.3.1 时间序列的构成

时间序列是按一定的时间间隔，把某种变量的数值依发生的先后顺序排列起来的序列。这些数值可能是销售量、收入、利润、产量、运量、事故数等。每天、每周或每月的销售量按时间的先后所构成的序列，是时间序列的典型例子。通常，一个时间序列可以分解成趋势、季节、周期、随机4种成分，如图6-4所示。

（1）趋势成分：数据随时间的变化表现出一种趋势，它按某种规则稳步上升、下降，或停留在某一水平。

（2）季节成分：在一年里按通常的频率围绕趋势做上下有规则的波动。

（3）周期成分：在较长的时间里（一年以上）围绕趋势做有规则的上下波动。这种波动常被称作经济周期。它可以没有固定的周期，一般需要数十年的数据才能描绘出这种周期。

（4）随机成分：由很多不可控因素引起

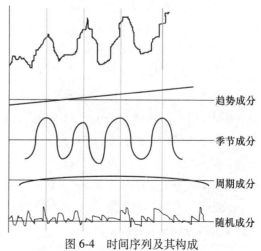

图6-4 时间序列及其构成

的没有规则的上下波动。

对于时间序列的4种成分,本章只讨论趋势成分和季节成分。随机成分的影响由于无法预测,不在讨论之列。周期成分也因需要长期的历史数据而不做介绍。不过,这样做并不影响绝大多数生产经营决策的科学性,因为其时间一般都比较短,周期成分对它们不会造成明显的影响。即使对于长期预测而言,预测也是滚动的,是随着时间的推移而不断修改的,因而周期成分的影响也很小。

6.3.2 时间序列平滑模型

当由于随机成分的影响而导致需求偏离平均水平时,应用时间序列平滑模型。通过对多期观测数据取平均值的办法,可以有效地消除或减少随机成分的影响,使预测结果较好地反映平均需求水平。这里将讨论简单移动平均、加权移动平均、指数平滑等几种时间序列平滑模型。

1. 简单移动平均和加权移动平均

简单移动平均值(simple moving average,SMA)可按式(6-1)计算:

$$SMA_{t+1} = \left(\frac{1}{n}\right) \sum_{i=t+1-n}^{t} A_i \tag{6-1}$$

式中,SMA_{t+1}——t 周期末简单移动平均值,它可作为 $t+1$ 周期的预测值;

A_i——i 周期的实际需求;

n——移动平均采用的周期数。

加权移动平均值(weighted moving average,WMA)可按式(6-2)计算:

$$WMA_{t+1} = \left(\frac{1}{n}\right) \sum_{i=t+1-n}^{t} \alpha_{i-t+n} A_i \tag{6-2}$$

式中,WMA_{t+1}——t 周期末加权移动平均值,它可作为 $t+1$ 周期的预测值;
α_1,α_2,$\cdots$,α_n——实际需求的权重系数;其余符号意义同前。

显然,若对每个时段,α_i 都取相同的值,即同等地对待序列中的每个值,加权移动平均预测值就变成了简单移动平均预测值。因而,简单移动平均是加权移动平均的一种特例。

【例 6-1】

某电子音响器材公司 SONY 牌单放机的逐月销售量记录如表 6-1 所示。取 $n=3$ 和 $n=4$,试用简单移动平均法进行预测。

解: 当 $n=3$ 时,式(6-1)为:$SMA_{t+1} = (A_{t-2} + A_{t-1} + A_t)/3$,如预测5月销售量,则
$SMA_{4+1} = (A_2 + A_3 + A_4)/3 = (21 + 23 + 24)/3 = 22.67$(百台);

当 $n=4$ 时,式(6-1)为:$SMA_{t+1} = (A_{t-3} + A_{t-2} + A_{t-1} + A_t)/4$,如预测5月销售量,则
$SMA_{4+1} = (A_1 + A_2 + A_3 + A_4)/4 = (20 + 21 + 23 + 24)/4 = 22$(百台)。

全部计算结果如表6-1所示。

表6-1 简单移动平均法预测

月份	实际销售量(百台)	$n=3$(百台)	$n=4$(百台)
1	20.00		
2	21.00		
3	23.00		
4	24.00	21.33	
5	25.00	22.67	22.00
6	27.00	24.00	23.25
7	26.00	25.33	24.75
8	25.00	26.00	25.50
9	26.00	26.00	25.75
10	28.00	25.67	26.00
11	27.00	26.33	26.25
12	29.00	27.00	26.50

从表 6-1 中可以看出，预测值同简单移动平均所选的时段长 n 有关。n 越大，对干扰的敏感性越低，预测的稳定性越好，响应性就越差。

简单移动平均法对数据不分远近，同等对待。有时，最近的数据反映了需求的趋势，用加权移动平均法更合适些。加权移动平均法则弥补了简单移动平均法的不足。在例 6-1 中，当 $n=3$ 时，若取 $\alpha_1=0.5$，$\alpha_2=1.0$，$\alpha_3=1.5$，则预测结果如表 6-2 所示。

表 6-2 加权移动平均预测

t（月）	实际销售量（百台）	3 个月的加权移动平均预测值（百台）
1	20.00	
2	21.00	
3	23.00	
4	24.00	$(0.5\times20+1\times21+1.5\times23)/3=21.83$
5	25.00	23.17
6	27.00	24.33
7	26.00	25.83
8	25.00	26.17
9	26.00	25.67
10	28.00	25.67
11	27.00	26.83
12	29.00	27.17

从表 6-2 所示的计算结果可以看出，若对最近的数据赋予较大的权重，则预测数据与实际数据的差别较简单移动平均法的结果要小。一般地说，α_i 和 n 的取值不同，预测值的稳定性和响应性也不一样，受随机干扰的程度也不一样。n 越大，则预测的稳定性就越好，响应性就越差；n 越小，则预测的稳定性就越差，响应性就越好。近期数据的权重越大，则预测的稳定性就越差，响应性就越好；近期数据的权重越小，则预测的稳定性就越好，响应性就越差。然而，α_i 和 n 的选择都没有固定的模式，都带有一定的经验性，究竟选用什么数值，要根据预测的实践而定。

2. 一次指数平滑法

一次指数平滑（single exponential smoothing）法是另一种形式的加权移动平均。加权移动平均法只考虑最近的 n 个实际数据，指数平滑法则考虑所有的历史数据，只不过近期实际数据的权重大，远期实际数据的权重小。一次指数平滑平均值 SA_t 的计算公式为

$$SA_t = \alpha A_t + (1-\alpha)SA_{t-1} \tag{6-3}$$

若把 t 期一次指数平滑平均值 SA_t 作为 $t=1$ 期的一次指数平滑预测值 SF_{t+1}，即一次指数平滑法的预测公式为

$$SF_{t+1} = \alpha A_t + (1-\alpha)SF_t \tag{6-4}$$

式中，SF_{t+1}——（$t+1$）期一次指数平滑预测值；

A_t——t 期实际值；

α——平滑系数，它表示赋予实际数据的权重（$0 \leqslant \alpha \leqslant 1$）。

式（6-4）可以改写成：

$$SF_{t+1} = SF_t + \alpha(A_t - SF_t) \tag{6-5}$$

式（6-4）是一个递推公式。它赋予 A_t 的权重为 α，赋予 SF_t 的权重为（$1-\alpha$）。将式（6-4）展开，得

$$\begin{aligned}
SF_{t+1} &= \alpha A_t + (1-\alpha)[\alpha A_{t-1} + (1-\alpha)SF_{t-1}] \\
&= \alpha A_t + \alpha(1-\alpha)A_{t-1} + (1-\alpha)^2 SF_{t-1} \\
&= \alpha A_t + \alpha(1-\alpha)A_{t-1} + (1-\alpha)^2[\alpha A_{t-2} + (1-\alpha)SF_{t-2}] \\
&= \alpha A_t + \alpha(1-\alpha)A_{t-1} + \alpha(1-\alpha)^2 A_{t-2} + (1-\alpha)^3 SF_{t-2} \\
&\vdots \\
&= \alpha[(1-\alpha)^0 A_t + (1-\alpha)^1 A_{t-1} + (1-\alpha)^2 A_{t-2} + \cdots + (1-\alpha)^{t-1}A_1] + (1-\alpha)^t SF_1 \\
&= \alpha \sum_{j=0}^{t-1}(1-\alpha)^j A_{t-j} + (1-\alpha)^t SF_1
\end{aligned} \tag{6-6}$$

式中，$SF_1 = SA_0$，它可以事先给定或令 $SF_1 = A_1$。

在式（6-6）中，当 t 很大时，$(1-\alpha)^t SF_1$ 可以忽略。因此，第 $t+1$ 期的预测值可以看作前 t 期实测值的指数形式的加权和。随着实测值"年龄"的增大，其权数以指数形式递减。这正是指数平滑法名称的由来。

【例 6-2】

某公司的月销售额记录如表 6-3 所示，试分别取 $\alpha = 0.4$ 和 $\alpha = 0.7$，$SF_1 = 11.00$，计算一次指数平滑预测值。

解：$SF_{t+1} = \alpha A_t + (1-\alpha)SF_t = 0.4A_t + 0.6SF_t$

当 $t=1$，$SF_2 = 0.4 \times 10.00 + 0.6 \times 11.00 = 4.00 + 6.60 = 10.60$（千元），其余计算相同，结果如表 6-3 和表 6-4 所示。

表 6-3 某公司的月销售额一次指数平滑预测表（$\alpha = 0.4$）

月份	实际销售额 A_t（千元）	$\alpha \times$上月实际销售额（千元）	上月预测销售额（千元）	$(1-\alpha) \times$上月预测销售额（千元）	本月平滑预测销售额（千元）
1	10.00	—	—	—	11.00
2	12.00	4.00	11.00	6.60	10.60
3	13.00	4.80	10.60	6.36	11.16
4	16.00	5.20	11.16	6.70	11.90
5	19.00	6.40	11.90	7.14	13.54
6	23.00	7.60	13.54	8.12	15.72
7	26.00	9.20	15.72	9.43	18.63
8	30.00	10.40	18.63	11.18	21.58
9	28.00	12.00	21.58	12.95	24.95
10	18.00	11.20	24.95	14.97	26.17
11	16.00	7.20	26.17	15.70	22.90
12	14.00	6.40	22.90	13.74	20.14

表 6-4 某公司的月销售额一次指数平滑预测表（$\alpha = 0.7$）

月份	实际销售额（千元）	$\alpha \times$上月实际销售额（千元）	上月预测销售额（千元）	$(1-\alpha) \times$上月预测销售额（千元）	本月平滑预测销售额（千元）
1	10.00	—	—	—	11.00
2	12.00	7.00	11.00	3.30	10.30
3	13.00	8.40	10.30	3.09	11.49
4	16.00	9.10	11.49	3.45	12.55
5	19.00	11.20	12.55	3.77	14.97
6	23.00	13.30	14.97	4.49	17.79
7	26.00	16.10	17.79	5.34	21.44
8	30.00	18.20	21.44	6.43	24.63
9	28.00	21.00	24.63	7.39	28.39
10	18.00	19.60	28.39	8.52	28.12
11	16.00	12.60	28.12	8.44	21.04
12	14.00	11.20	21.04	6.31	17.51

将预测值和实际值进行比较，结果如图 6-5 所示。由图 6-5 可以看出，用一次指数平滑法进行预测，当出现趋势时，预测值虽然可以描述实际值的变化形态，但预测值总是滞后于实际值。当实际值呈上升趋势时，预测值总是低于实际值；当实际值呈下降趋势时，预测值总是高于实际值。比较不同的平滑系数对预测的影响，当出现趋势时，取较大的 α 得到的预测值与实际值比较接近。

综上可知，预测值依赖于平滑系数 α 的选择。一般说来，α 选得小一些，预测的稳定性就比较好；反之，其响应性就比较好。在有趋势的情况下，用一次指数平滑法预测，会出现滞后现象。面对有上升或下降趋势的

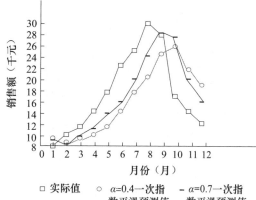

图 6-5　$\alpha=0.4$ 和 $\alpha=0.7$ 预测值的比较

需求序列时，就要采用二次指数平滑（double exponential smoothing）法进行预测；对于出现趋势并有季节性波动的情况，则要用三次指数平滑（triple exponential smoothing）法进行预测。下面将介绍二次指数平滑法，本书不介绍三次指数平滑法。

3. 二次指数平滑法

二次指数平滑预测值可按式（6-7）计算

$$F_{t+p} = SA_t + (p)T_t \tag{6-7}$$

式中，F_{t+p}——从 t 期计算，第 p 期的二次指数平滑预测值；

T_t——t 期平滑趋势值，T_0 事先给定；

SA_t——t 期平滑平均值，又称之为"基数"，SA_0 事先给定。

SA_t 可按式（6-8）计算：

$$SA_t = \alpha A_t + (1-\alpha)(SA_{t-1} + T_{t-1}) = \alpha A_t + (1-\alpha)F_t \tag{6-8}$$

T_t 可按式（6-9）计算：

$$T_t = \beta(SA_t - SA_{t-1}) + (1-\beta)T_{t-1} \tag{6-9}$$

式中，β——斜率偏差的平滑系数；其余符号意义同前。

【例 6-3】

对例 6-1 提供的数据，设 $\alpha=0.4$，$\beta=0.5$，$SA_0=11.00$，$T_0=0.80$，求二次指数平滑预测值。

解： 由式（6-8）计算 SA_t，再由式（6-9）计算 T_t，最后由式（6-7）计算 F_{t+p}，结果如表 6-5 所示。当 α 都取 0.4 时，二次指数平滑预测值、一次指数平滑预测值与实际值的比较，如图 6-6 所示。由图 6-6 可以看出，二次指数平滑预测的结果比一次指数平滑预测的结果在有趋势存在的情况下，与实际值更加接近，且滞后要小得多。

二次指数平滑预测的结果与 α 和 β 的取值有关。α 和 β 越大，预测的响应性就越好；反之，稳定性就越好。α 影响预测的基数，β 影响预测值的上升或下降的速度。

表 6-5 二次指数平滑预测

t	A_t	αA_t	$(1-\alpha)F_t$	SA_t	$\beta(SA_t-SA_{t-1})$	$(1-\beta)T_{t-1}$	T_t	F_t
(1)	(2)	(3)	(4)	(5)=(3)+(4)	(6)	(7)	(8)=(6)+(7)	(9)=(5)+(8)
				11.00			0.80	11.80
1	10.00	4.00	7.08	11.08	0.04	0.40	0.44	11.52
2	12.00	4.80	6.91	11.71	0.32	0.22	0.54	12.25
3	13.00	5.20	7.35	12.55	0.42	0.27	0.69	13.24
4	16.00	6.40	7.94	14.34	0.90	0.35	1.25	15.59
5	19.00	7.60	9.35	16.95	1.31	0.63	1.94	18.89
6	23.00	9.20	11.33	20.53	1.79	0.97	2.76	23.29
7	26.00	10.40	13.97	24.37	1.92	1.38	3.30	27.67
8	30.00	12.00	16.60	28.60	2.12	1.65	3.77	32.37
9	28.00	11.20	19.42	30.62	1.01	1.89	2.90	33.52
10	18.00	7.20	20.11	27.31	−1.65	1.45	−0.20	27.11
11	16.00	6.40	16.27	22.67	−2.32	−0.10	−2.42	20.25
12	14.00	5.60	12.15	17.75	−2.46	−1.21	−3.67	14.08

图 6-6 二次指数平滑预测值、一次指数平滑预测值与实际值的比较

6.3.3 时间序列分解模型

实际需求值是趋势的、季节的、周期的或随机的等多种成分共同作用的结果。时间序列分解（time series decomposition）模型企图从时间序列值中找出各种成分，并在对各种成分进行单独预测的基础上，综合处理各种成分的预测值，以得到最终的预测结果。

时间序列分解方法的应用基于如下的假设：各种成分单独作用于实际需求，而且过去和现在起作用的机制将持续到未来。因此，在应用该方法时要注意各种成分是否已经超过了其起作用的期限。同时，还应该分析过去出现的"转折点"情况。比如，1973 年的石油危机对美国 1973 年以后的汽车销售量产生了重大影响。当应用某种模型来预测今后 10 年的汽车销售量时，就应该考虑类似石油危机这样的重大事件是否会发生。

时间序列分解模型有两种形式：乘法模型（multiplicative model）和加法模型（additive model）。乘法模型比较通用，它是通过将各种成分（以比例的形式）相乘的方法来求出需求估计值的。加法模型则是将各种成分相加来预测的。对于不同的预测问题，人们常常通过观察其时间序列值的分布来选用适当的时间序列分解模型。式（6-10）和式（6-11）分别给出了乘法模型与加法模型。

$$TF = TSCI \tag{6-10}$$

$$TF = T + S + C + I \tag{6-11}$$

式中，TF——时间序列的预测值；

T——趋势成分；

S——季节成分；

C——周期性变化成分；

I——不规则的波动成分。

图 6-7 给出了几种时间序列类型，本小节将以类型 c 为例，介绍时间序列分解模型的应用。线性趋势、相等的季节波动类型是线性趋势和季节性变化趋势共同作用的结果。

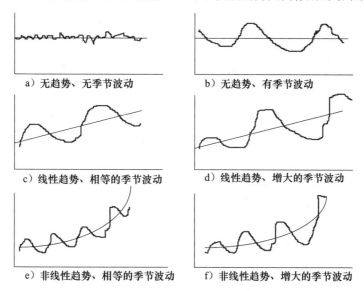

图 6-7　几种可能的时间序列类型

用这种方法进行预测的关键在于求出线性趋势方程（直线方程）和季节系数。下面通过一个实例来说明。

【例 6-4】

表 6-6 是某旅游服务点过去 3 年各季度快餐的销售记录。试预测该公司未来 1 年各季度的销售量。

表 6-6　某旅游服务点过去 3 年快餐销售记录

季度	季度序号 t	销售量 A_t	4 个季度销售总量	4 个季度移动平均	季度中点
夏	1	11 800			
秋	2	10 404			
冬	3	8 925			
春	4	10 600	41 729	10 432.3	2.5
夏	5	12 285	42 214	10 553.5	3.5
秋	6	11 009	42 819	10 704.8	4.5
冬	7	9 213	43 107	10 776.8	5.5
春	8	11 286	43 793	10 948.3	6.5
夏	9	13 350	44 858	11 214.5	7.5
秋	10	11 270	45 119	11 279.8	8.5
冬	11	10 266	46 172	11 543.0	9.5
春	12	12 138	47 042	11 756.0	10.5

解：求解可分三步进行。

（1）求趋势直线方程。首先根据表 6-6 给出的数据绘出曲线图形（见图 6-8），然后用简单移动平均法求出 4 个季度的平均值，将它们标在图上（圆圈）。为求趋势直线，可采用最小二乘法。为简单起见，这里采用目测法。让直线穿过移动平均值的中间，使数据点分布在直线两侧，尽可能地各占一半。此直线代表着趋势，它与纵轴的截距为 a，这里 $a=10\,000$（份）。

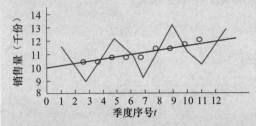

图 6-8　快餐销售情况

另一端在 $t=12$ 时，销售量为 12 000（份）。故 b 的值为

$$b=(12\,000-10\,000)/12=167$$

由此得到趋势直线方程为

$$T_t=10\,000+167t$$

（2）估算季节系数。所谓季节系数（seasonal index, SI），就是实际值 A_t 与趋势值 T_t 的比值的平均值。例如对季度 1，$A_1/T_1=11\,800/10\,167=1.16$。类似地，可以求出各个季度的 A_t/T_t，如表 6-7 所示。

表 6-7　A_t/T_t 计算表

t	1	2	3	4	5	6
A_t/T_t	1.16	1.01	0.85	0.99	1.13	1.00
t	7	8	9	10	11	12
A_t/T_t	0.82	1.00	1.16	0.95	0.87	1.01

由于季节 1、5、9 都是夏季，应求出它们的平均值作为季节系数

$$SI(夏)=(A_1/T_1+A_5/T_5+A_9/T_9)/3$$
$$=(1.16+1.13+1.16)/3=1.15$$

同样可得，

$$SI(秋)=0.99,\quad SI(冬)=0.85,$$
$$SI(春)=1.00$$

需要指出的是，随着数据的积累，应该不断地对季节系数进行修正。

（3）预测。在进行预测时，关键是选择正确的 t 值和季节系数。在这里，该旅游点未来一年的夏、秋、冬、春各季对应的 t 值分别为 13、14、15、16，对应的季节系数分别为 SI（夏），SI（秋），SI（冬），SI（春）。因此该公司未来一年销售量分别为：

夏季：$(10\,000+167\times13)\times1.15$
　　　$=13\,997$（份）
秋季：$(10\,000+167\times14)\times0.99$
　　　$=12\,215$（份）
冬季：$(10\,000+167\times15)\times0.85$
　　　$=10\,629$（份）
春季：$(10\,000+167\times16)\times1.00$
　　　$=12\,672$（份）

由例 6-4 可以看出，对线性趋势、相等的季节性波动类型可以用一种简明的周期性预测方法，它应用起来比较方便。

6.3.4　因果模型

时间序列模型将需求作为因变量，将时间作为唯一的独立变量。这种做法虽然简单，但忽略了其他影响需求的因素，如政府部门公布的各种经济指数、地方政府的规划、银行发布的各种金融方面的信息、广告费的支出、产品和服务的定价等，都会对需求产生影响。因果模型则有效地克服了时间序列法的这一缺点，它通过对一些与需求（如书包）有关的先导指数（如学龄儿童数）的计算，对需求进行预测。

由于反映需求及其影响因素之间因果关系的数学模型不同,因果模型又分为回归模型、经济计量模型、投入产出模型等。

本书只介绍一元线性回归模型预测方法。

一元线性回归模型可用下式表达

$$Y_T = a + bx \tag{6-12}$$

$$b = \frac{n\sum XY - \sum X \sum Y}{n\sum X^2 - (\sum X)^2} \tag{6-13}$$

$$a = \frac{\sum Y - b\sum X}{n} \tag{6-14}$$

式中,Y_T——一元线性回归预测值;

a——截距,为自变量 $x=0$ 时的预测值;

b——斜率;

n——变量数;

X——自变量的取值;

Y——因变量的取值。

【例 6-5】

对例 6-4 应用一元线性回归法进行预测。

解:计算 b 和 a,然后求 Y_T,结果如表 6-8 所示。

表 6-8 一元线性回归计算

X	Y	X^2	XY
2.5	10 432.3	6.25	26 080.75
3.5	10 553.5	12.25	36 937.25
4.5	10 704.8	20.25	48 171.60
5.5	10 776.8	30.25	59 272.40
6.5	10 948.3	42.25	71 163.95
7.5	11 214.5	56.25	84 108.75
8.5	11 279.8	72.25	95 878.30
9.5	11 543.0	90.25	109 658.50
10.5	11 756.0	110.25	123 438.00
$\sum X=$ 58.5	$\sum Y=$ 99 209.0	$\sum X^2=$ 440.25	$\sum XY=$ 654 709.50

$b = (9 \times 654\,709.5 - 58.5 \times 99\,209.0)/$
$\quad (9 \times 440.25 - 58.5^2)$
$\quad = 164.183$

$a = (99\,209 - 164.183 \times 58.5)/9$
$\quad = 9\,956.03$

$Y_T = 9\,956.03 + 164.183x$

为了衡量一元线性回归方法的偏差,可采用两个指标:线性相关系数 r 和标准差 s_{yx}。

$$r = \frac{n\sum XY - \sum X \sum Y}{\sqrt{[n\sum X^2 - (\sum X)^2][n\sum Y^2 - (\sum Y)^2]}} \tag{6-15}$$

$$s_{yx} = \sqrt{\frac{\sum(Y - Y_T)^2}{n-2}} \tag{6-16}$$

当 r 为正,说明 Y 与 X 正相关,即 X 增加,Y 也增加;当 r 为负,说明 Y 与 X 负相关,即 X 增加,Y 减小。r 越接近于 1,说明实际值与所做出的直线越接近。s_{yx} 越小表示预测值与直线的距离接近。

6.4 预测误差与监控

6.4.1 预测精度测量

由于需求受许多不确定因素的影响,不可避免地存在预测误差(forecast error)。出现预测误差的原因一般有:①忽略了重要的变量,变量发生了大的变化,或新的变量出现,使所采用的预测模型不适用;②由于气候或其他自然现象的严重变化,如大的自然灾害引起的不规则变化;③预测方法应用不当或错误地解释了预测结果;④随机变量的存在是固有的。

所谓预测误差,是指预测值与实际值之间的差异。误差有正负之分。当预测值大于实际值时,误差为正;反之,误差为负。预测模型最好是无偏的模型(unbiased model),即应用该模型时,正负误差出现的概率大致相等。平均误差是评价预测精度、计算预测误差的重要指标。它常被用来检验预测与历史数据的吻合情况,同时也是判断预测模型能否继续使用的重要标准之一。在比较多个模型孰优孰劣时,也经常用到平均误差。

本节将介绍平均绝对偏差、平均平方误差、平均预测误差和平均绝对百分误差这 4 个常用的评价指标。

1. 平均绝对偏差

平均绝对偏差(mean absolute deviation,MAD)就是整个预测期内每一次预测值与实际值的绝对偏差(不分正负,只考虑偏差量)的平均值。用公式表示

$$MAD = \frac{\sum_{t=1}^{n} |A_t - F_t|}{n} \tag{6-17}$$

式中,A_t 表示时段 t 的实际值;F_t 表示时段 t 的预测值;n 表示整个预测期内的时段个数(或预测次数)。

MAD 的作用与标准偏差相类似,但它比标准偏差容易求得。如果预测误差是正态分布,MAD 约等于 0.8 倍的标准偏差。这时,1 倍 MAD 内的百分比约为 58%,2 倍 MAD 内约为 89%,3 倍 MAD 内约为 98%。

MAD 能较好地反映预测的精度,但它不容易衡量无偏性。

2. 平均平方误差

平均平方误差(mean square error,MSE)就是对误差的平方和取平均值。沿用式(6-17)中的符号,MSE 用公式表示为

$$MSE = \frac{\sum_{t=1}^{n} (A_t - F_t)^2}{n} \tag{6-18}$$

MSE 与 MAD 相类似,虽可以较好地反映预测精度,但无法衡量无偏性。

3. 平均预测误差

平均预测误差(mean forecast error,MFE)是指预测误差的和的平均值。用公式表示为

$$MFE = \frac{\sum_{t=1}^{n} (A_t - F_t)}{n} \tag{6-19}$$

在式（6-19）中，$\sum_{t=1}^{n}(A_t - F_t)$ 被称为预测误差滚动和（running sum of forecast errors，RSFE）。如果预测模型是无偏的，RSFE 应该接近于零，即 MFE 应接近于零。因而 MFE 能很好地衡量预测模型的无偏性，但它不能够反映预测值偏离实际值的程度。

4. 平均绝对百分误差

平均绝对百分误差（mean absolute percentage error，MAPE）用公式表示如下：

$$MAPE = \left(\frac{100}{n}\right) \sum_{t=1}^{n} \left|\frac{A_t - F_t}{A_t}\right| \tag{6-20}$$

MAD、MFE、MSE、MAPE 是几种常用的衡量预测误差的指标，但任何一种指标都很难全面地评价一个预测模型，在实际应用中常常将它们结合起来使用。

表 6-9 中是计算 MAD、MSE、MFE、MAPE 的例子。

表 6-9　MAD、MSE、MFE、MAPE 计算一览表

实际值 (A)	预测值 (F)	偏差 (A−F)	绝对偏差 |A−F|	平方误差 (A−F)²	百分误差 100(A−F)/A	绝对百分误差 100|（A−F)/A|
120	125	−5	5	25	−4.17	4.17
130	125	+5	5	25	3.85	3.85
110	125	−15	15	225	−13.64	13.64
140	125	+15	15	225	+10.71	10.71
110	125	−15	15	225	−13.64	13.64
130	125	+5	5	25	3.85	3.85
		−10	60	750		49.86

$$MAD = 60/6 = 10$$
$$MSE = 750/6 = 125$$
$$MAPE = (49.86/6) \times 100\% = 8.31\%$$
$$MFE = -10/6 = -1.67$$

6.4.2　预测监控

预测的一个十分重要的理论基础是，一定形式的需求预测模型在过去、现在和将来起着基本相同的作用。然而，实际情况是否如此呢？换句话说，过去起作用的预测模型现在是否仍然有效呢？这需要通过预测监控来回答。

检验预测模型是否仍然有效的一种方法是应用跟踪信号（tracking signal，TS），另一种方法是利用控制图。

所谓跟踪信号，是指累计预测误差与平均绝对偏差的比值，即

$$TS = RSFE/MAD = \frac{\sum_{t=1}^{n}(A_t - F_t)}{MAD} \tag{6-21}$$

式（6-21）中各符号意义同前。当 MAD 的初始值给定后，MAD 可用指数平滑法计算

$$MAD_t = MAD_{t-1} + \alpha(|A_t - F_t| - MAD_{t-1}) \tag{6-22}$$

TS 的控制上下限按照判断和经验确定，取值范围为 ±3～±8，一般取 ±4。每当实际需求发

生时，就应该计算 TS。只有当 TS 在一定范围内（如图 6-9 所示）时，才认为预测模型可以继续使用。否则，就应该重新选择预测模型。

TS 的预测误差的上下限是为累计误差设置的，控制图的上下限是为单个预测误差设置的。运用控制图的假设条件是：①预测误差是均值为零的随机分布；②误差的分布是正态的。取 MSE 的平方根 $s=\sqrt{MSE}$，控制上下限设为 $0\pm2s$ 时，95%的误差将落入其中；当控制上下限设为 $0\pm3s$ 时，99.7%的误差将落入其中。

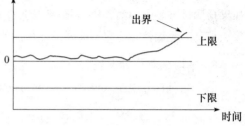

图 6-9 预测跟踪信号

如表 6-10 所示，某商店 24 个月内皮夹克的销售数字和预测数字，现用 TS 和控制图来检查所用预测方法是否合适。TS 从第 10 个月开始计算，更新 MAD 用指数平滑法，取 $\alpha=0.2$，TS 上下限取 ±4；图取 $\pm2s$ 作为控制上下限，利用前 8 个月的数字做控制图，然后用该控制图评价其余数据。

表 6-10 某商店 24 个月内皮夹克销售与预测情况

月份数	A（实际销售）	F（预测值）	A−F	$\lvert e \rvert$	累计 $\lvert e \rvert$
1	47	43	4	4	4
2	51	44	7	7	11
3	54	50	4	4	15
4	55	51	4	4	19
5	49	54	−5	5	24
6	46	48	−2	2	26
7	38	46	−8	8	34
8	32	44	−12	12	46
9	25	35	−10	10	56
10	24	26	−2	2	58
11	30	25	5	5	
12	35	32	3	3	
13	44	34	10	10	
14	57	50	7	7	
15	60	51	9	9	
16	55	54	1	1	
17	51	55	−4	4	
18	48	51	−3	3	
19	42	50	−8	8	
20	30	43	−13	13	
21	28	38	−10	10	
22	25	27	−2	2	
23	35	27	8	8	
24	38	32	6	6	
			−11		

资料来源：William J. Stevenson, Production Operations Management, p118 Example 11.

1~10 月的绝对偏差的和为 58，因此，初始 MAD 的值为 58/10=5.8，按 $MAD_t = MAD_{t-1} + \alpha(\lvert e \rvert - MAD_{t-1})$ 将计算结果列入表 6-11。

表 6-11 TS 的计算

T（月）	$\|e\|$	$MAD_t = MAD_{t-1} + 0.2(\|e\| - MAD_{t-1})$	累计误差	跟踪信号
10			-20	-20/5.800 = -3.45
11	5	5.640 = 5.8 + 0.2(5 - 5.8)	-15	-15/5.640 = -2.66
12	3	5.112 = 5.640 + 0.2(3 - 5.64)	-12	-12/5.112 = -2.35
13	10	6.090 = 5.112 + 0.2(10 - 5.112)	-2	-2/6.090 = -0.33
14	7	6.272 = 6.090 + 0.2(7 - 6.090)	5	5/6.272 = 0.80
15	9	6.818 = 6.272 + 0.2(9 - 6.272)	14	14/6.818 = 2.05
16	1	5.654 = 6.818 + 0.2(1 - 6.818)	15	15/5.654 = 2.65
17	4	5.323 = 5.654 + 0.2(4 - 5.654)	11	11/5.323 = 2.07
18	3	4.858 = 5.323 + 0.2(3 - 5.323)	8	8/4.858 = 1.65
19	8	5.486 = 4.858 + 0.2(8 - 4.858)	0	0/5.486 = 0.00
20	13	6.989 = 5.486 + 0.2(13 - 5.486)	-13	-13/6.989 = -1.86
21	10	7.591 = 6.989 + 0.2(10 - 6.989)	-23	-23/7.591 = -3.03
22	2	6.473 = 7.591 + 0.2(2 - 7.591)	-25	-25/6.473 = -3.86
23	8	6.778 = 6.473 + 0.2(8 - 6.473)	-17	-17/6.778 = -2.51
24	6	6.662 = 6.778 + 0.2(6-6.778)	-11	-11/6.622 = -1.66

从 TS 的情况看，都没有超过±4，因此预测方法没有问题。

现在分析控制图情况。平均误差 = -11/24 = 0.46，接近于 0；

$$s = \sqrt{\frac{\sum e^2}{n-1}} = \sqrt{\frac{4^2 + 7^2 + 4^2 + 4^2 + (-5)^2 + (-2)^2 + (-8)^2 + (-12)^2}{8-1}} = 6.91$$

$0 \pm 2s = 0 \pm 2(6.91) = -13.82$ 到 +13.82，所有误差都在内。

将所有的误差标在控制图上，如图 6-10 所示。从图 6-10 可以看出，预测误差呈周期性波动，说明预测方法需要改进。除此之外，对于有偏情况或趋势情况，都要对预测方法进行调整。控制图方法一般要比 TS 方法优越。TS 方法的主要缺点是使用累计误差，掩盖了单个误差。可能出现很大的正偏差和负偏差，但通过累计被掩盖了。相反，在控制图上可以反映每个预测数据的误差。现在计算机应用已普及，尽量使用控制图来对预测进行监控。

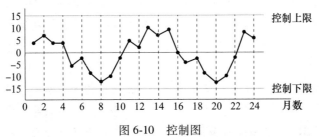

图 6-10 控制图

本章小结

本章首先阐述了预测及其分类，对影响需求的主要因素进行了分析，从不同的角度对预测和预测方法进行分类，提出了预测的一般步骤和进行预测应该注意的问题。其次，介绍了常用的几种定性预测方法，包括德尔菲法、主管人员意见法、用户调查法和销售人员意见汇集法。再次，分析了时间序列的构成，阐述了定量预测方法，包括时间序列平滑模型（简单移动平均法、加权移动平均法、一次指数平滑法和二次指数平滑法）、时间序列分解模型（加法模型和乘法模型）、因果模型。最后，讨论了平均绝对偏差、平均平方误差、平均预测误差和平均绝对百分误差这四个常用的评价指标来衡量预测精度，提出了预测监控问题和用于监控的两种方法：预测跟踪信号 TS 和控制图。

复习思考题

1. 为什么说预测不是一门精确的科学?
2. 影响需求预测的因素是有哪些?
3. 有哪些定性预测方法和定量预测方法?说明它们各自的特点和适用范围。
4. 预测可分为哪些类型?时间序列分析预测法一般用于哪些方面?它有哪些明显的优缺点?

讨论案例

PC 纸杯公司的市场需求预测

王济华在 PC 纸杯公司的计划部门已经工作快三年了,平时除了在计算机上按设计好的表格排排公司的采购、生产和营销等计划外,好像也没什么要紧的事情做。他的顶头上司刘部长对他的工作很满意,因为在他看来,小王很胜任这项工作,而且做得确实很好。公司领导只要一做"拍脑袋"的临时性决策,计划部门就需要对刚刚做好的计划进行大幅度的修改,甚至全部推倒重来。这样的事情到现在还是经常发生。在小王来计划部门之前,计划部门编制计划主要依赖手工计算,碰到大幅度修改计划的情况时,刘部长很可能就得亲自加班了,而且最让他担心的是,这样辛苦赶出来的计划还经常出错。现在刘部长觉得问题好像已经解决了,无论领导怎么"拍脑袋",计划部门的工作都可以做得很漂亮。但是,王济华感觉非常不好,他觉得自己三年来的工作简直就是在做数字游戏,他感觉公司在管理上一定存在需要改进的地方。他现在的工作无论做得有多漂亮,其实都无益于解决根本问题。他将自己的困惑跟刘部长谈过了好几次,并且希望公司对产品的需求预测工作重视起来,刘部长也非常热心地与他进行交流,而且告诉他公司的领导也在考虑解决这个问题。但是,谈归谈,事情还是按照老样子去做。

一天晚上下班之后,王济华又接到了刘部长的电话,告诉他刚交上去的生产计划得重做,并且务必在第二天下午三点半之前做好。因为公司领导考虑到 6 月份以后冰激凌市场可能会出现的异常火爆场面,公司似乎应该提前做好一定的产成品储备,所以决定在这次计划好的生产任务上再追加 600 万只纸杯的产量。王济华差不多已经习惯了这类事情,他表示一定努力按时完成编制计划的任务,不过他同时也提醒刘部长注意,虽然数字可以修改,但是仓库里原材料的库存是不可能满足这一生产要求的。上个月做采购计划的时候没有考虑到这个月追加的生产任务,临时追加采购原材料不是不可以,但是临时采购的周期可能会比较长,是否会影响到生产进度谁也不敢保证。刘部长沉默了一会儿,然后告诉他:计划还是先按公司领导的意思做起来,库存短缺的问题先找采购部商量解决办法,实在不行再请示公司领导修改本月的追加任务。如果追加任务再有变动,就只好再修改生产计划了。同时他也表示,一定要以这件事情为契机,好好在周末的办公例会上与公司领导商量一下对策,刘部长郑重地请王济华综合、深入地对这个问题进行分析,并且非常希望能在周末的会议上听到具有建设性的建议。

背景介绍

PC 纸杯公司创立于 1999 年,位于素有九省通衢之称的武汉市。当时国家经济贸易委员会提出在 2000 年前淘汰一次性发泡塑料餐具的要求,公司现任董事长李总抓住机会,创立了 PC 纸杯公司,并致力于纸杯等纸餐具的生产和销售。作为一项新兴的环保产业,公司创办初始就以"保护环境,造福社会"

为宗旨，先后投资 1 000 多万元发展绿色环保项目。公司拥有国内最先进的一次性环保型纸杯生产流水线 20 条，厂房 6 000 多平方米，年产"碧水蓝天"牌纸杯 2.5 亿只以上，是华中地区餐具行业中颇具影响力的企业。目前，公司主要生产"碧水蓝天"牌一次性纸质冰激凌杯、冷热杯、快餐杯、餐盘、欧美式快餐连锁店成套餐具及食品包装等。公司采用先进的技术设备，用进口原料，以科学的配方，研制开发出不同规格的一次性纸杯；并且可以根据用户的不同需求定制不同规格的专用杯，还可在纸杯杯体上印刷客户所需的各种图案和文字。产品具有防水、防油、耐热、不渗漏、无污染、无异味、强度好、质感好、可自然降解、用料广泛、回收价值大等特点。公司生产的产品质量稳定可靠，美观大方，广泛用于快餐、酒楼、车站、码头、民航、医疗、金融、电信、政府机关等企事业、行政单位。从 2011 年起，公司又进一步拓展产品在方便食品包装和冷饮方面的市场，取得了良好的效果。

在市场一片欣欣向荣的同时，李总发现工作变得越来越不轻松了，虽然公司各个部门工作都很努力，但他感到这种努力有时候并没有带来理想的结果。上周销售部门报上来的报表显示 150mL 和 240mL 的冰激凌纸杯及 480mL 的大饮料杯严重缺货，不得不追加生产。这样既影响销售业绩，也不利于控制生产成本，而同时财务部门报告 120mL 冰激凌纸杯和 270mL 的饮料杯已经严重积压，需要尽快处理。由于不能对纸杯市场的需求做出相对准确的预测，公司已经并且在继续付出缺货和积压的代价。

计划部门的刘部长反映过好几次这方面的情况，言下之意希望其他部门给予计划部门更多的配合，尽量提供稳定的相关数据，减少计划部门反复修改的工作。刘部长的要求也是合理的，李总也希望改变这种局面，他找到销售部门的张部长一起探讨解决办法。

但是张部长认为，市场预测工作确实很重要，但是市场在不断地变化，预测工作需要用到很专业的数理知识和大量的数据；这项工作对销售部门来说可能是勉为其难，销售部门暂时没有这样的人能担此重任，而他本人除了努力将产品销售出去之外，也不清楚各种型号的纸杯需求量到底是多少；张部长希望计划部门能将这个任务担当起来，销售部门可以大力配合。

张部长是李总的得力干将，从公司成立开始就一直跟着他，虽然学历不高，但在市场开拓工作上做得很好，李总对他也非常信任和爱护。这样，每次排生产计划之前，李总只好先根据销售部上月提供的报表，再通过他本人对市场的预计，估计本月的生产数据，交给计划部门做生产计划。因为要处理的事情非常多，还有销售部门不断汇报上来的市场新的变化动向，他有时候不得不要求计划部门对已经做好的计划进行重排。虽然他也很不希望出现这样的情况，但是，计划就是不如变化快，李总也只好经常"拍脑袋"了。可是公司的产品品种不断增多，纸杯的市场需求结构变得越来越复杂，李总靠"拍脑袋"解决问题的压力越来越大。很显然，他在这类事情上花费了巨大的精力，还是改变不了同时发生产品缺货和积压的情况。

这种事情必须得到妥善解决，李总想到计划部门的刘部长刚给他反馈的追加 600 万只纸杯的原材料短缺问题，眉头不禁紧锁起来，这个周末的办公例会应当重点讨论一下这个问题。

需求预测过程

在周末办公例会上，王济华向公司领导汇报了他的计划工作情况，并且根据刘部长的要求重点对公司市场需求预测工作的紧迫性和重要性做了说明，同时也对这项工作开展提出了自己的初步建议。李总对他的建议很感兴趣，决定暂时将产品需求预测工作交由计划部门来做，销售部门给予大力配合。李总同时也强调了需求预测工作不要做得太复杂，一定要做得简单有效，而且尽量不要影响公司正常的生产和销售工作。计划部门的刘部长当然更希望王济华能做好这项工作，他在李总提出的简单有效的基础上还加了一条要求，就是力求准确，最好是彻底改变让他最为头痛的反复修改计划的现状。领导的重视和支持对王济华来说是一个机会，也是一个挑战，他准备好好表现一下。

怎么做呢？他的第一个想法就是建立一个完美的数学模型，设置几个重要参数，这样每次做预测的时候只要变几个数字，结果就出来了。对于每种不同类型的产品，建立各自的预测模型；对于相似的产品则通过统计学的方法发现它们之间的相关性，通过调整相关系数来进行预测。根据重要性原则，王济华首先选择公司目前销售量最大的150mL纸杯为主要预测对象进行建模。

很显然，预测的基本前提是假定过去存在的变量间的关系和作用机理，今后仍将存在并继续发挥作用。小王需要收集过去大量的历史数据来发现这些关系和机理。他首先找到销售部门，要求销售部门提供近10年来华中地区的冰激凌销售量、150mL冰激凌用纸杯的消耗数量，以及冰激凌消费在各月中的波动情况的数据。为了让销售部门工作更方便，他甚至把收集数据的表格都设计好了。销售部门的张部长非常配合工作，专门指派他的助理蒋圆圆配合王济华的工作，王济华把要求详细地跟蒋圆圆交代清楚了，并谈好了在第二天下午上班前准备好所有的数据。第二天下午上班时间都过了半个小时了，王济华还没有等到蒋圆圆送过来的数据，只好自己过去拿。刚踏进销售部门，王济华就看到张部长的办公室里报表和单据堆得满桌子都是，张部长拿着个计算器在不停算。看到他进来了，张部长赶紧站起来，满脸歉意地对他说："济华，真不好意思，我们耽误了你的工作，这些数据太多了，而且也不知道全不全。昨天蒋圆圆统计了一天，晚上加了很晚的班，还是没有做完。我今天也专门留下来统计，说实在的这么多数据统计起来还真有难度。"王济华看到蒋圆圆在那里埋着头飞快地按着计算器，眼睛还有点红红的，一脸委屈。看看他需要的表格里没填几个数据，心里不禁有点着急。销售部门确实很尽力，但是十有八九帮不上什么忙。照这样的做法，就是统计出来的数据也还不知道能不能用。王济华只好笑笑说："没关系，你们把公司历年的销售数据给我就行了，其他的我来想办法吧。"

查找和统计数据确实不是件容易的事情，差不多涉及公司所有的部门。幸亏李总在办公会上明确表示其他部门必须配合，否则王济华的工作开展起来还真有点儿麻烦。虽然大家对他这种兴师动众地找"陈谷子、烂芝麻"数据的做法不太理解，合作也不太积极，但经过努力，基本数据总算是有了。数据准不准，全不全也许只有天知道。

下面是预计的过程：

（1）各年度的冰激凌消费量（见表6-12）。王济华对表6-12的数据绘制了折线图，以发现曲线的大致形状。由图6-11可知近年来冰激凌消费量基本呈线性增长。可以采用一元线性趋势法建立预测模型，预测2013年及以后各年的冰激凌消费量。

设冰激凌消费量的线性回归模型为$Y=a+bt$（t为选定的时间变量，a为截距，b为斜率）。

表6-13为预测计算过程。

表 6-12　各年度的冰激凌消费量

年份	2002	2003	2004	2005	2006	2007	2008	2009	2010	2011	2012
冰激凌消费量（吨）	7 416	9 720	11 934	11 700	12 456	15 084	18 090	22 050	25 524	27 828	29 520

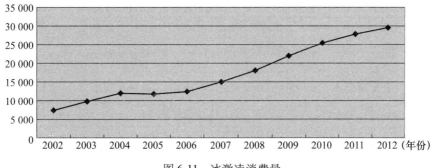

图 6-11 冰激凌消费量

表 6-13 冰激凌消费量线性回归预测模型 $Y=a+bt$

年份	2002	2003	2004	2005	2006	2007	2008	2009	2010	2011	2012
选定时间变量 t_i	−5	−4	−3	−2	−1	0	1	2	3	4	5
冰激凌消费量 y_i（吨）	7 416	9 720	11 934	11 700	12 456	15 084	18 090	22 050	25 524	27 828	29 520
a	17 393	$a = \mathrm{average}(y_i)$									
b	2 273	$b = \mathrm{sum}(t_i y_i)/\mathrm{sum}(t_i^2)$									
预测年份	2013	2014	2015	2016	2017	2018	2019	2020	2021	2022	2023
预测变量 t	6	7	8	9	10	11	12	13	14	15	16
预测值 Y（吨）	31 032	33 305	35 578	37 852	40 125	42 398	44 671	46 944	49 218	51 491	53 764

由表中数据可知，当 $t=6$ 时，$Y_{2013}=31\,032$ 吨；当 $t=7$ 时，$Y_{2014}=33\,305$ 吨；当 $t=8$ 时，$Y_{2015}=35\,578$ 吨，依此类推。下面再来分析冰激凌消费量与公司典型纸杯（150mL）的相关需求量。

（2）冰激凌消费量与典型纸杯的相关需求量（见表 6-14）。首先，对以上数据绘制以下折线图（见图 6-12）以发现曲线的大致形状。

由图 6-12 可知，纸杯与冰激凌的消费量之间存在着近似的线性相关关系，也可以建立一元回归模型来预测纸杯的需求量。计算过程见表 6-15。

表中数据显示，预计 2003 年纸杯需求量为 75.268 百万只；2004 年需求量为 80.585 百万只。当然年度数据难以对短期生产与营销计划提供良好的支持，下一步还需要进一步预测每月的纸杯需求数量。

表 6-14 各年度的冰激凌消费量与纸杯需求量相关表

年份	2002	2003	2004	2005	2006	2007	2008	2009	2010	2011	2012
冰激凌消费量（吨）	7 416	9 720	11 934	11 700	12 456	15 084	18 090	22 050	25 524	27 828	29 520
纸杯需求量（百万只）	17.96	26.17	27.12	31.68	32.15	42.36	45.33	52.28	64.2	65.75	71.96

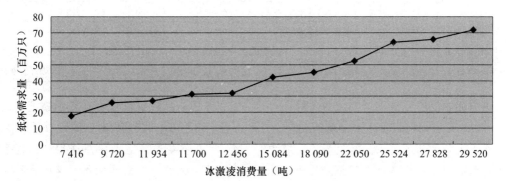

图 6-12 冰激凌与 150mL 纸杯相关图

表 6-15　冰激凌消费量与 150mL 纸杯需求量的线性回归预测模型 $Y=a+bX$

年份	2002	2003	2004	2005	2006	2007	2008	2009	2010	2011	2012
冰激凌消费量 x_i（吨）	7 416	9 720	11 934	11 700	12 456	15 084	18 090	22 050	25 524	27 828	29 520
纸杯需求量 y_i（百万只）	17.96	26.17	27.12	31.68	32.15	42.36	45.33	52.28	64.20	65.75	71.96
b	0.002 3	$b=\{sum(x_iy_i)-average(x_i)sum(y_i)\}/\{sum(x_i^2)-average(x_i)\cdot sum(x_i)\}$									
a	2.670 7	$a=average(y_i)-b\cdot average(x_i)$									
预测年份	2013	2014	2015	2016	2017	2018	2019	2020	2021	2022	2023
预测变量 X	31 032	33 305	35 578	37 852	40 125	42 398	44 671	46 944	49 218	51 491	53 764
纸杯预测值 Y（百万只）	75.268	80.585	85.903	91.222	96.54	101.86	107.17	112.49	117.81	123.13	128.45

（3）月度需求预测表。冰激凌的需求量受季节影响较大，通常每年 4~10 月是畅销季节，对纸杯的需求量也大，尤其是 7 月、8 月两个月更是达到高峰。从 11 月开始到次年 3 月由于气候转冷，冰激凌的需求量减少，纸杯的需求量也随之下降，在 1~2 月降到谷底。

表 6-16 列出了从 2007~2012 年各月销售量的统计数据，本表按照以前各年数据首先求出样本年度内的应月平均值 A_i，然后计算 A_i 占应月平均值合计数即 $sum(A_i)$ 的比率，也就是各月比率指数 R_i。R_i 的含义即当月需求量在当年需求量中的份额。于是根据前面预计的 2013 年、2014 年的纸杯年度需求量可以预测到 2013 年及 2014 年各月的纸杯需求量。有了各月的需求预测值，做生产计划终于有了依据。

表 6-16　月度需求预测表

月份 年份	1月	2月	3月	4月	5月	6月	7月	8月	9月	10月	11月	12月	合计
2007	1.41	1.85	3.01	4.20	4.33	4.50	5.10	5.30	4.52	3.54	2.84	1.76	42.36
2008	1.50	2.13	2.81	4.52	4.20	4.66	5.36	5.70	4.76	3.80	3.40	2.49	45.33
2009	1.71	2.31	3.81	5.20	4.72	5.21	6.12	6.51	5.34	4.45	3.92	2.98	52.28
2010	1.92	2.82	4.67	6.38	5.91	6.55	7.46	7.99	6.68	5.75	4.78	3.29	64.20
2011	2.10	2.98	4.84	6.50	6.03	6.72	7.67	8.12	7.35	5.68	3.98	3.78	65.75
2012	2.23	3.20	5.02	7.15	6.78	7.22	8.54	9.61	9.57	6.02	4.38	2.24	71.96
累计	10.87	15.29	24.16	33.95	31.97	34.86	40.25	43.23	38.22	29.24	23.30	16.54	341.88
应月平均值 A_i	1.811 7	2.548 3	4.026 7	5.658 3	5.328 3	5.810 0	6.708 3	7.205 0	6.370 0	4.873 3	3.883 3	2.756 7	56.980 0
各月比率指数 R_i	0.031 8	0.044 7	0.070 7	0.099 3	0.093 5	0.102 0	0.117 7	0.126 4	0.111 8	0.085 5	0.068 2	0.048 4	1.000 0
2013 年预计需求 Y_j	2.39	3.37	5.32	7.47	7.04	7.67	8.86	9.52	8.41	6.44	5.13	3.64	75.27
2014 年预计需求 Y_j	2.56	3.60	5.69	8.00	7.54	8.22	9.49	10.19	9.01	6.89	5.49	3.90	80.59

各方面的反应

150mL 纸杯的需求量终于大致算出来了，根据各产品间的相关关系，其他产品的需求预测模型的建立也应该没有问题。让王济华不放心的是该模型所推测的数据与 2013 年 5 月以前的实际销售数据吻合度比较理想，而 6 月、7 月两个月预测数与实际数差距在加大，8 月就要进入需求的高峰期了，这个花了不少心血做出来的需求预测模型是不是可以充分信赖呢？王济华心里真的没有底。

刘部长很高兴看到预计出来的每个月的精确数字，他充分相信和肯定这个预测模型的科学性。但是销售部门的张部长觉得很不放心，市场变化太快了，太多的因素会影响到市场对本公司产品的实际需求，而且这种影响的程度还都挺大，就根据过去那么多年的、说不定一点用处也没有的数字不知怎么就推出来了后10年的市场需求数据，而且还能精确到每个月，这简直太让人不可思议了。他极为怀疑预测模型的准确性和可靠性。与李总依赖自己的经验临时"拍脑袋"拍出的数字相比，他宁可相信李总而不是什么预测模型。

李总在对王济华的预测模型做了分析并听取了各方的意见之后，表示相信模型的科学性，但需要用实际数据来做进一步检验。他希望销售部门继续与计划部门进行合作，寻找更好的办法来尽量准确预测公司产品的市场需求，而不是靠他每个月的临时估计。他希望王济华能进一步努力，不断尝试，找到能够将客户的意见、销售部门甚至会计部门对产品的市场预计需求量的意见综合考虑起来的办法，改进预测模型，使预测模型更加实用。他充分肯定了王济华的努力，表示今后公司其他工作也应该逐步走向科学化和规范化，要求公司各部门努力改掉依赖"拍脑袋"来解决问题的坏习惯。

就产品需求预测这件事情来说，王济华知道这才刚刚开始。想起这几天为做这个并不复杂的需求预测所遇到的阻力和自身经验的不足，他感到了沉甸甸的压力。

资料来源：改编自周晓东编写的案例。

讨论题

1. 有哪些方式可以对 PC 纸杯公司的需求量进行预测？
2. 王济华的需求预测工作是否恰当？
3. 就 PC 纸杯公司的现状来看，采取什么样的方式进行市场需求预测更为有效？
4. 如何收集数据？如何防止掉入数字陷阱？
5. 如何看待"精确预测"和"拍脑袋"行为？
6. 请评价李总、刘部长、张部长和王济华对需求预测工作的态度。各自的态度对需求预测工作的影响如何？
7. 请为 PC 纸杯公司设计出更优秀的需求预测方案。

判断题

1. 时间序列预测模型是以历史数据分析为基础对未来的预测。
2. 对一组产品的预测比对个别产品的预测要准确。
3. 预测帮助管理者对生产系统的发展做出规划，同时也帮助管理者对生产系统的应用做出计划。
4. 预测的准确性随着预测时间范围的缩短而提高。
5. 德尔菲法就是让专家在一起讨论，以取得共识的方法。
6. 当采用简单移动平均法预测时，取平均值的数据越多，则对实际变化的反应就越灵敏。
7. 简单移动平均法实际上是给每个数据分配相等的权重。
8. 指数平滑法也是一种加权移动平均法。
9. 平滑系数取 0.1 比取 0.3 将使预测值更快反映外部需求的变化。
10. MAD 等于 MSE 的平方根。
11. 稳定性好的预测方法适用于受随机因素影响小的问题。
12. 响应性好的预测方法适用于受随机因素影响小的问题。
13. 用一次指数平滑法预测，平滑系数 α 越大，则预测的响应性越好。
14. MAD 可以衡量预测值的无偏性。

选择题

1. 预测能帮助经理:
   A. 预期未来
   B. 对生产系统的发展进行规划
   C. 对生产系统的使用进行计划
   D. 以上都是
   E. 以上都不是
2. 预测是以下活动的依据:
   A. 能力计划 B. 预算
   C. 销售计划 D. 制造计划
   E. 以上都是
3. 预测:
   A. 时间比较长的更准确
   B. 对单项产品的预测比整体项目的更准
   C. 是不完美的
   D. 以上都对
   E. 以上都不对
4. 两个一般的预测方法是:
   A. 数学的和统计的
   B. 定性的和定量的
   C. 判断的和定性的
   D. 历史的和相关的
   E. 判断的和相关的
5. 下列哪一项不是主观判断的预测方法?
   A. 主管的意见   B. 销售队伍的意见
   C. 用户调查法   D. 德尔菲方法
   E. 时间序列分析
6. 时间序列数据可能表现为:
   A. 趋势   B. 季节波动
   C. 周期波动 D. 不规则波动
   E. 以上都是

计算题

1. 某种式样的墨黑滑雪橇在过去5个月内的销售情况如表6-17所示:

   表 6-17

4月	321
5月	396
6月	487
7月	482
8月	331

   (1) 假定4月的预测值为330,令 $\alpha=0.2$,用一次指数平滑模型预测5~9月各月的产品需求量;
   (2) 利用5~8月的数据计算该预测模型的 MAD。
2. (1) 将1题中的 α 换为0.4,重新计算;
   (2) 利用5~8月的数据,计算该模型预测的 MAD;
   (3) 当 $\alpha=0.2$ 和 $\alpha=0.4$ 时,哪一种预测效果更好。
3. 表6-18给出了某种摩托车比赛专用轮胎的月销售量:

   表 6-18

月	销售量
1	107
2	107
3	103
4	95
5	108
6	98
7	98
8	107
9	107
10	110
11	113
12	112

   (1) 若1月最初预测值为100,令 $\alpha=0.20$,进行一次指数平滑预测;
   (2) 若用初始预测值为100, $\alpha=0.40$,进行一次指数平滑预测;

(3) 计算两次预测的 MAD。
4. 冰山冰激凌专卖店近 6 周来，某种口味冰激凌销售记录如表 6-19 所示。

表 6-19

周	重量（升）
5 月第一周	19
5 月第二周	18
5 月第三周	22
5 月第四周	25
6 月第一周	29
6 月第二周	32

（1）用 3 周移动平均的方法预测下一周需求量；
（2）用加权移动平均预测的方法预测下一周需求量，按与预测期的接近程度，平滑指数分别为 0.6、0.3 及 0.1；
（3）比较上述两种预测模型，哪一种更适合，为什么？

5. 表 6-20 给出了某流动医务中心 10 周来的每周门诊病人就诊数量，以及用 A、B 两种模型预测的相应各周预测就诊数量。

表 6-20

实际应诊	A 模型预测值	B 模型预测值
572	616	586
626	636	606
590	616	586
658	636	636
754	646	708
709	656	686
676	661	686
631	661	686
578	636	606
624	636	606

（1）计算两种模型的 MAD；
（2）计算两种模型的预测误差滚动和 RSFE；
（3）哪一种模型较好？为什么？

6. 某啤酒店老板想预测未来两年的销售水平，以便确定对库房、冷藏空间、运输能力、劳动力、资金等各种资源需求，表 6-21 给出了过去两年及今年上半年的季度销售情况：

表 6-21

季度	前年	去年	今年
1	24 500	26 200	29 200
2	33 200	36 600	38 100
3	36 900	39 700	
4	26 400	28 500	

（1）分别求出前两年的平均销售量，并依此建立起这两个点所确定的直线方程，作为销售随季度变化的函数；
（2）利用前两年的数据，计算各季度实际需求与函数值的比值。

7. 一位建筑材料供应连锁店经理猜测屋顶材料的销售与一或两个月前的建筑用木材销售总数有关，利用表 6-22 的数据材料判断，木材销售与一两个月内的屋顶材料销售量是否高度相关？

表 6-22

月份	木材销售	屋顶材料销售
1	96	52
2	116	53
3	119	63
4	127	65
5	146	71
6	145	76
7	153	77
8	143	84
9	137	82
10	122	75
11	111	72
12	103	66

第 7 章
生产计划

🔷 引例　　　　　综合生产计划为菲多利公司带来竞争优势

菲多利公司依靠有效的综合计划，使它旗下 36 家北美工厂的产能与规模达数十亿美元波动的市场需求保持平衡。有效的综合计划加上紧凑的作业计划、有效的设备维护、高效的员工及设备运转计划，是提高工厂设施利用率的关键，而这也是像菲多利这样的资金密集型企业的重要特点之一。

菲多利公司拥有 30 多种休闲食品和薯制品，其中 15 种年销售额超过 1 亿美元，6 种年销售额超过 10 亿美元。一些广为人知的产品有 Fritos、Lay's、Doritos、Sun Chips、Cheetos、Tostitos、Flat Earth 和 Ruffles。生产这些产品需要专门的流程和专用设备。这些专业化设施构成了很高的固定成本，所以采用大量生产方式。这种以产品为中心的生产得益于较低的变动成本。要想保持较高的设备利用率并有所盈利，关键在于使产能和市场需求匹配。设备闲置会造成巨大浪费。

在美国达拉斯附近的菲多利公司总部，计划员首先计算总需求，他们利用产品的历史销售数据、新产品和创新产品的预测数据、促销数据以及大客户经理对当地需求波动的预测数据来预测市场需求。然后，计划员将现有产能、产能扩充计划、成本与总需求相匹配，这就是综合生产计划。菲多利公司分布于 17 个地区的 36 家工厂均有综合生产计划。每个季度，总部都会与各工厂一起根据市场情况和工厂生产来调整每个工厂的计划。

工厂根据季度计划编制 4 周计划，使特定产品在特定生产线上批量生产。最后，原材料和劳动力按周分配到相应的生产流程中。综合生产计划是提高设备利用率、降低成本的主要因素。菲多利公司 60% 的市场占有率表明，卓越的综合生产计划产生了竞争优势。

资料来源：杰伊·海泽，巴里·伦德尔. 运作管理 [M]. 陈荣秋，张祥，等译. 北京：中国人民大学出版社，2012.

计划是管理的首要职能。没有计划，企业内一切活动都会陷入混乱。现代企业生产运作的社会化程度很高，企业内部分工十分精细，协作非常严密，任何活动都离不开其他部门，因此需要统一的计划来指挥企业各部门的活动。企业里没有计划，就好比一支交响乐队没有指挥，是无法完成任何生产经营活动的。

本章介绍企业计划的层次、制订计划的一般步骤、滚动式计划方法、生产能力和市场需求的平衡、处理非均匀需求的策略、综合生产计划与产品出产计划的编制。

7.1 概述

按照计划来管理企业的生产经营活动，被称为计划管理。计划管理是一个过程，通常包括编制计划、执行计划、检查计划完成情况和拟订改进措施四个阶段。计划管理包括企业生产经营活动的各个方面，如生产、技术、劳资、供应、销售、设备、财务、成本等。计划管理不仅仅是计划部门的工作，企业所有部门都要通过四个阶段来实行计划管理。

7.1.1 企业计划的层次

企业里有各种各样的计划，这些计划是分层次的。一般可以分成战略层计划、战术层计划与作业层计划三个层次，如图7-1所示。

图7-1 计划的层次

（1）战略层计划又称长期计划，它涉及企业在市场竞争中地位的变化、产品和服务的发展方向、生产的发展规模、技术的发展水平、新生产服务设施的选址和布置等。企业战略层计划是一种十分重要的计划，它关系到企业的兴衰。作为企业的高层领导者，必须站得高，才能看得远。只看到眼前事务的领导者，谈不上领导。实质上，战略层计划为战术层计划提供生产能力的限制。

（2）战术层计划又称中期计划，是确定在现有资源条件下所从事的生产经营活动应该达到的目标，如产量、品种、产值、库存、员工和利润。战术层计划为作业层计划制定了边界。

（3）作业层计划又称短期计划，是确定日常生产经营活动的安排，如任务分配、负荷平衡、作业排序、生产和订货的批量确定、进度控制等。

作业层计划支持战术层计划，战术层计划支持战略层计划，从而保证企业战略的实现。

三个层次的计划有不同的特点，如表7-1所示。从表7-1中可以看出，从战略层到作业层，计划期越来越短，计划的时间单位越来越细，覆盖的空间范围越来越小，计划内容越来越详细，计划期内的不确定性越来越小。

表7-1 不同层次计划的特点

	战略层计划	战术层计划	作业层计划
计划期	长（≥5年）	中（1年）	短（月、旬、周）
计划的时间单位	粗（年）	中（月、季）	细（工作日、班次、小时、分）
空间范围	企业、公司	工厂	车间、工段、班组
详细程度	高度综合	综合	详细
不确定性	高	中	低
管理层次	企业高层领导者	中层或部门领导者	低层或车间领导者
特点	资源获取	资源利用	日常活动处理

战略计划下面最主要的是企业经营计划（business plan），经营计划下面是各种职能计划，其中包括生产计划大纲、产品交付计划、产品出产计划等。

7.1.2 生产计划的层次

生产计划包括生产计划大纲（aggregate planning，也称综合计划）、产品交付计划（master schedule，MS）和产品出产计划（master production schedule，MPS，也称主生产进度计划）。生产计划大纲或综合计划不涉及具体产品型号、规格，它以假定产品为计划对象，这样便于对中期生产能力进行全面决策，而不涉及细节。产品交付计划和产品出产计划以具体产品和配件为计划对象。在企业计划体系中，生产计划是一种战术性计划。生产计划也可以进一步细分成不同的层次。生产作业计划是生产计划的执行计划，是指挥企业内部生产活动的计划。对于大型加工装配式企业，生产作业计划一般分成厂级生产作业计划和车间级生产作业计划两级。厂级生产作业计划的对象为原材料、毛坯和零件。从产品结构的角度来看，也可称为零件级作业计划。车间级生产作业计划的计划对象为工序，故也可称为工序级生产作业计划。表 7-2 列出了生产计划的层次及特征。

表 7-2 生产计划的层次及特征

	计划层	执行层	操作层
计划的形式及种类	生产计划大纲 产品交付计划 产品出产计划	零部件（毛坯）投入出产计划、原材料（外购件）需求计划等	双日（或周）生产作业计划、关键机床加工计划等
计划对象	产品（假定产品、代表产品、具体产品）、配件	零件（自制件、外购件、外协件）、毛坯、原材料	工序
编制计划的基础数据	企业政策、成品库存、单位成本	产品结构、加工制造提前期、零部件、原材料、毛坯库存	加工路线、加工时间、在制品库存
计划编制部门	经营计划处（科）	生产处（科）	车间计划科（组）
计划期	一年	一月~一季	双日、周、旬
计划的时间单位	季（细致到月）	旬、周、日	工作日、小时、分
计划的空间范围	全厂	车间及有关部门	工段、班组、工作地
采用的优化方法举例	线性规划、运输问题算法、搜索决策法则（SDR）、线性决策法则（LDR）	MRP、批量算法	各种作业排序方法

7.1.3 制订计划的一般步骤及滚动式计划方法

1. 制订计划的一般步骤

制订计划的一般步骤，如图 7-2 所示。

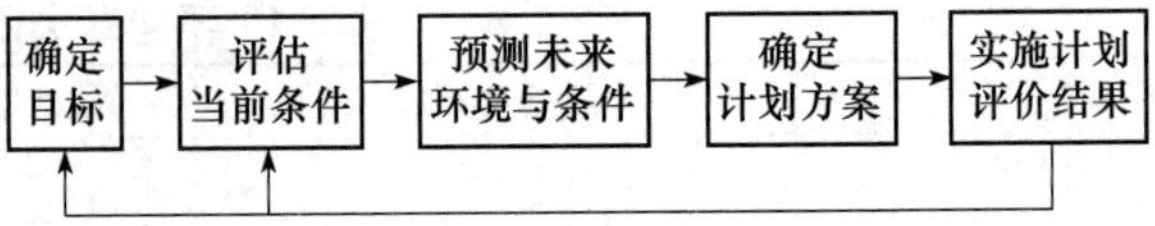

① 确定目标要根据上期计划执行的结果，目标要尽可能具体，如利润指标、市场占有率等。

图 7-2 制订计划的一般步骤

② 评估当前条件是指弄清楚现状与目标有多大差距。当前条件包括外部环境与内部条件。外部环境主要包括市场情况、原材料、燃料、动力、工具等供应情况，以及协作关系情况。内部条件包括设备状况、工人状况、劳动状况、新产品研制及生产技术准备状况、各种物资库存情况及在制品占用量等。

③ 预测未来环境与条件是指根据国内外各种政治因素、经济因素、社会因素和技术因素综合作用的结果，把握现状，预测未来，找出达成目标的有利因素及不利因素。

④确定计划方案包括拟订多个可实现目标的可行计划方案,并从中按一定的标准选择一个计划方案。

⑤实施计划,评价结果。检查目标是否达到,如未达到是什么原因;需采取什么措施;是否需修改计划;等等。

2. 滚动式计划的编制方法

编制滚动式计划是一种编制计划的新方法,这种方法可以用于编制从战略层到作业层各种层次的计划。

按照编制滚动式计划的方法,整个计划期被分为几个时间段,其中第一个时间段的计划为执行计划,后几个时间段的计划为预计计划。执行计划较具体,预计计划较粗略。每经过一个时间段,根据执行计划的实施情况以及企业内外条件的变化,对原来的预计计划要做出调整与修改,原预计计划中的第一个时间段的计划就变成了执行计划。比如,2015年编制的5年计划,计划期从2016~2020年。若将5年分成5个时间段,则2016年的计划为执行计划,其余4年的计划均为预计计划。当2016年的计划实施之后,又根据当时的条件编制2017~2021年的5年计划,其中2017年的计划为执行计划,2018~2021年的计划为预计计划。依次类推,修订计划的间隔时间被称为滚动期,它通常等于执行计划的计划期,如图7-3所示。

滚动式计划方法有以下优点:①计划的严肃性和应变性都得到保证。由于执行计划与编制计划的时间接近,企业内外条件不会发生大的变化,可以基本保证执行计划的完成,体现了计划

图7-3 编制滚动式计划的示例

的严肃性;预计计划允许修改,体现了应变性。如果不是采用滚动式计划方法,第一期实施的结果出现偏差,以后各期计划若不做出调整,就会流于形式。②提高了计划的连续性。逐年滚动,自然形成新的五年计划。

当然,编制滚动式计划需要较大的工作量,但在计算机已经普及的今天,工作量不应该成为编制滚动式计划的障碍。

7.2 能力计划

7.2.1 生产运作能力

编制生产计划大纲的一个主要任务就是要使任务和能力协调。生产运作能力是生产运作系统在一定时间内可以实现的最大产出量。对制造企业来讲,生产能力是指在一定时期内,在先进合理的技术组织条件下所能生产一定种类产品的最大数量。对服务业来讲,运作能力可以表现为一定时间内得到服务的顾客人数。

实际上,生产运作能力与具体的产出有关。对于流程式生产,生产能力可以是一个准确而清晰的概念。例如某化肥厂年产48万吨尿素,这是由设备的能力和实际运行时间决定的。对于加工装配式生产,生产能力则是一个模糊的概念。不同的产品组合,表现出的生产能力是不一样的。大量生产,品种单一,可以用具体产品数表示生产能力;对于大批生产,品种数少,可用代表产品数量表示生产能力;对于多品种、中小批量生产,则只能以假定产品(pseudoproduct）的产量来表示生产能力。对于服务业，由于顾客的参与，运作能力更难以确定。

生产能力有设计能力、查定能力和现实能力之分。设计能力是建厂或扩建后应该达到的最大年产量；查定能力是原设计能力已不能反映实际情况，重新调查核实的生产能力；现实能力为计划年度实际可达到的生产能力，是编制生产计划的依据。国外有人将生产能力分成固定能力（fixed capacity）和可调整能力（adjustable capacity）两种，前者指以固定资产所表示的能力，是生产能力的上限；后者是指以劳动力数量与每天工作时间和班次所表示的能力，是可以在一定范围调整的。

1. 代表产品与假定产品

代表产品是结构与工艺有代表性，且产量与劳动量乘积最大的产品。在多品种生产企业里，产品的结构、工艺、劳动量差别很大，难以确定代表产品，这时可采用假定产品。假定产品是按各种具体产品工作量比重构成的一种实际上不存在的产品。

设 t_{pj} 为假定产品 p 在机床 j 加工的台时定额，n_i 为具体产品 i 的年计划产量，t_{ij} 为机床 j 加工产品 i 的单位产品台时定额，则 $t_{pj} = \sum_i \dfrac{n_i}{N} t_{ij}$，$N$ 为各种产品年产量总和。

设有 A、B、C、D 四种产品，其计划年产量和各产品的单位产品台时定额如表 7-3 所示。

表 7-3 代表产品和假定产品

产品	计划年产量	单位产品台时定额	折换成代表产品 C 的产量	折换成假定产品的产量
A	50	20	25	27
B	100	30	75	82
C	125	40	125	136
D	25	80	50	55
合计	300		275	300

现以产品 C 为代表产品，将各产品的计划年产量折算成代表产品 C 的产量

A：50×20/40＝25（台）   B：100×30/40＝75（台）   D：25×80/40＝50（台）

即按工作量可将 50 台产品 A 折算成 25 台代表产品 C，将 100 台产品 B 折算成 75 台代表产品 C，将 25 台产品 D 折算成 50 台代表产品 C。这样，A、B、C、D 四种产品共 300 台，折算成代表产品（25+75+125+50）＝275（台）。

现以表 7-3 所示的产品组合为对象，计算假定产品。首先，计算假定产品的台时定额

$$t_{pj} = (50 \times 20 + 100 \times 30 + 125 \times 40 + 25 \times 80)/300 = 36.67(台时)$$

然后，将各产品的计划产量折合成假定产品的产量：

A：50×20/36.67＝27   B：100×30/36.67＝82

C：125×40/36.67＝136   D：25×80/36.67＝55

按假定产品得出的产品年产量为 27+82+136+55＝300，与具体产品得出的年产量之和相等。这不是巧合，因为

$$\frac{\sum n_i t_{ij}}{t_{pj}} = \frac{\sum n_i t_{ij}}{\dfrac{\sum n_i t_{ij}}{N}} = N$$

于是，只要知道各种具体产品的年产量之和，就能知道假定产品的年产量。

在采用自上而下（top-down）的生产计划编制方法时，先用假定产品（比如，电视机厂的电视机，不涉及具体型号，就是假定产品）进行优化，然后将优化的结果换算成具体产品的产

量。换算时，只要将假定产品的产量乘以权数 n_i/N 即可。

采用假定产品时，需要知道各种产品的计划年产量和单位产品台时定额。

2. 生产能力与生产任务（负荷）的平衡

生产能力与生产任务的平衡包括三个方面：将生产任务与生产能力进行比较；按比较的结果采取措施；计算生产能力利用指标。

比较生产任务与生产能力有两种方法：产品数和台时数。后者用得较多。对于单品种生产企业，可用具体产品数进行比较。

$$设备生产能力 = 设备年有效工作小时数 / 单位产品台时定额$$

其中，设备年有效工作小时数＝全年工作日数×每天工作小时数×(1-设备停修率)。

取最小的设备生产能力（台数）作为生产线或企业的生产能力，将其与计划年产量比较。

对于多品种生产，可用代表产品或假定产品，但计算较复杂，不如用台时数计算方便。

$$j 设备生产任务 = \sum n_i t_{ij}(1 + r_i)$$

式中，r_i 为 i 产品补废台时损失系数，由统计确定。

将 j 设备年有效工作小时数与 j 设备生产任务台时数比较，可知能力是否足够。需说明的是，这是一种能力与任务总量上的比较。由于需求不均匀，即使总量上平衡，某段时间内负荷仍可能超过能力。总量平衡还有一个问题，就是无论作业计划安排得如何好，机床的空闲是不可避免的。因此，在实际应用时，有的企业将能力再打一个折扣，比如任务量达到能力的 90%，就算平衡了。

生产能力利用指标有多种，其中有代表性的是生产能力综合利用系数，它等于生产任务与生产能力之比。

7.2.2 生产能力计划

对制造业而言，编制生产能力计划首先要进行需求预测，然后按照预测的产品出产数量计算需投入的设备和劳动力数量，最后合理配置可以获得的设备和劳动力。

下面举例说明如何计算对生产能力的需求。

【例 7-1】

某企业生产 A、B 两种产品，其工时定额如表 7-4 所示。根据需求预测，得出 6 个月的产品出产预计划如表 7-5 所示。

表 7-4　工时定额

A 产品生产		B 产品生产	
加工中心（号）	工时定额（小时）	加工中心（号）	工时定额（小时）
16	2.1	10	2.8
19	6.8	18	1.3
25	4.1	19	3.6
41	7.2	35	2.1
52	3.9	52	1.7

表 7-5　产品出产预计划

产品	月份					
	1	2	3	4	5	6
A（台）	400	200	250	350	200	100
B（台）		300	350	200	300	300

(1) 计算 19 号和 52 号加工中心的工作负荷；

(2) 调整产品出产预计划使生产量更加均衡，并满足如下条件：1 月结束前至少完成 400 台 A 产品，5 月结束前再完成 750 台 A 产品并完成 1 100 台 B 产品。

解：（1月生产400台A产品）×（每台A产品需19号加工中心加工6.8小时）= 2 720小时；

（2月生产200台A产品）×（每台A产品需19号加工中心加工6.8小时）= 1 360小时；

（2月生产300台B产品）×（每台B产品需19号加工中心加工3.6小时）= 1 080小时；

按照同样的方法，可以计算19号加工中心1~6月生产负荷，将各月19号加工中心加工A、B两种产品的负荷相加，如表7-6所示。

表7-6 19号加工中心的负荷

月份	1	2	3	4	5	6
A产品（工时）	2 720	1 360	1 700	2 380	1 360	680
B产品（工时）	0	1 080	1 260	720	1 080	1 080
总计	2 720	2 440	2 960	3 100	2 440	1 760

19号加工中心的最高负荷在4月，达到3 100工时；最低负荷在6月，负荷为1 760工时。用同样方法可计算52号加工中心的负荷（见表7-7）及其他各加工中心的工作负荷。

表7-7 52号加工中心的负荷

月份	1	2	3	4	5	6
A产品（工时）	1 560	780	975	1 365	780	390
B产品（工时）	0	510	595	340	510	510
总计	1 560	1 290	1 570	1 705	1 290	900

52号加工中心的负荷不均衡，也有类似于19号加工中心的负荷情况。

（3）按照要求调整产品出产预计划，使负荷尽可能均衡，如表7-8所示。结果分别如表7-9、表7-10所示。

表7-8 调整后的产品出产计划

月份	1	2	3	4	5	6
A产品（工时）	400	210	250	290	200	150
B产品（工时）		300	300	200	300	350

表7-9 19号加工中心的负荷

月份	1	2	3	4	5	6
A产品（工时）	2 720	1 428	1 700	1 972	1 360	1 020
B产品（工时）	0	1 080	1 080	720	1 080	1 260
总计	2 720	2 508	2 780	2 692	2 440	2 280

表7-10 52号加工中心的负荷

月份	1	2	3	4	5	6
A产品（工时）	1 560	819	975	1 131	780	585
B产品（工时）	0	510	510	340	510	595
总计	1 560	1 329	1 485	1 471	1 290	1 180

产品出产预计划调整后，负荷比较均衡。若负荷不超过生产能力，则不需采取措施就能完成任务。

若生产负荷大大超过生产能力，且运用加班加点或转包的办法都不能解决问题，则需扩大生产能力。

扩大生产能力可以采取新建、扩建新设施的办法。要进行扩大生产能力的决策，可以以决策树为工具，评价不同的扩大生产能力方案。

7.2.3 服务能力计划

服务业的服务能力计划同制造业的生产能力计划大体类似，但也有许多差别。服务能力计划对时间和空间的依赖性更大。在时间上，由于服务不能储存，必须提供及时服务。今天酒店客满，不能利用昨天的空房，昨天的空房（能力）将永远得不到利用，永远损失掉了。在空间上，制造业的生产设施可以远离顾客，而服务能力必须在顾客周围，距离服务对象越近越好。一个城市的医院人满为患，另一个城市的医院有再多富裕的医疗设施也无济于事。另外，由于服务不能储存且服务是个性化的，造成服务需求极其不稳定，使得服务者常常要在半小时之内做出合理的服务计划。

同样，服务能力需要随服务需求的增长而扩大。扩大服务能力的方式一般要经历生命周期的4个阶段：创业期、服务地点合理化期、成长期和成熟期。

在创业期，服务机构只在一个地区进行单项服务。小零售店、小餐馆永远处于这一阶段。

当所处地区的市场已经饱和时，若想进一步发展，可以采取两种方式：在另一个地区设立分支机构从事原来的服务；在同一地区增加新的服务项目。这两种方式也可以同时进行。大学或旅游景点一般是通过原地扩大业务的形式来扩充经营规模的；餐馆、酒店则采取在多地区设立分支机构的做法来扩大规模。采取不同的扩张方式会有不同的效果。在原地区扩大经营，会获得规模经济效益；建立分支机构，会出现规模不经济。若在同一地点提供多种类型的相关服务，则成本低于在多个地点提供单一服务的成本，这是范围经济性。这一阶段是服务地点合理化期。

当服务机构进入成长期时，其营业额和管理复杂性都会显著上升，服务设施需要更新和重新布置，经营观念和管理模式也需要更新。到了成熟期，经营效率特别重要，服务机构之间更多的是价格竞争。

7.3 处理非均匀需求的策略

编制生产计划大纲需要解决的一个基本问题是，如何处理非均匀需求。市场需求的起伏和波动是绝对的，而企业的生产能力又是相对稳定的，要解决这个矛盾，就要研究处理非均匀需求的策略。处理非均匀需求可以从需求和产能两方面努力。如果总的产能和需求是平衡的，就要减少需求波动并改变产能使之适应需求波动；如果总的产能和需求是不平衡的，就要限制需求或者刺激需求，并增加产能或者将多余产能出售。

7.3.1 调节需求的方法

1. 通过调节价格转移需求

通过价格差别使高峰时期的需求转移到低峰时期。例如，平时上班时间的电话费率高，节假日、周末和夜间电话费率低；白天飞行票价高，晚间飞行票价低；影剧院周末票价高，平时票价低；晚上打保龄球费率高，上午打保龄球费率低；0点以后过桥不收过桥费；等等。这些都是通过调节价格转移需求的例子。这种方法在服务业用得多，且对需求价格弹性大的产品和服务最有效。

2. 推迟交货

由于服务能力有限，无论采用什么策略，都会有一些顾客的要求得不到及时满足，这就出现推迟交货的情况。比如家用电器突然出现故障需要修理，若维修站无任务排队，则可及时修理；若有很多任务排队，则需按一定的优先顺序修理，某些修理任务就要推迟。能否成功应用这种策略取决于顾客的态度，推迟交货存在损失销售额和失去顾客的危险。

3. 按需求来源不同转移需求

顾客来源不同，需求也有差异。航空公司有商务乘客和旅游乘客，旅店客人与医院病人有预约的和随机到达的。商务乘客对出行时间要求高，对票价不太计较，应该尽量保证他们的航班要求；旅游乘客要求尽可能低的票价，但出行时间较为灵活，应该尽可能利用有余力的航班，并提供较低的票价。为了转移需求高峰，应将有预约的客人和病人尽量安排在一周（或一个月）的需求低谷期。

4. 刺激低谷需求

低谷需求导致能力浪费，如冬季的避暑胜地、淡季的宾馆、酒店、夜间的电话，可以通过低价格刺激需求。

5. 供不应求时适当限制需求

当资源短缺，供不应求时，要限制需求总量。城市交通拥堵、电力供应紧张以及水资源短缺，是当前和今后一段时间面临的大问题，可以根据用量制定阶梯收费标准。例如，某市实行党政机关封存30%公务用车，公务用车按车牌尾号每周停驶一天的规定，拥堵程度降低了三成；电力供应部门按用量和用电时间实行不同电价；对城市用水实行定额管理，超额用水实行累进加价；等等。

6. 开发预订（约）系统

预订（约）系统在航空公司和医院（尤其是牙医）中得到普遍应用，它对顾客和公司来说都是有利的。随机需求不可避免地产生排队现象，预订（约）系统将随机需求转化为计划需求，可以减少甚至消除排队现象，对顾客来说是有利的。同时，预订（约）系统可以将需求转移到低谷期或者转移到其他服务设施上，对公司充分利用其产能来说也是有利的。但是，当顾客未按预订（约）时间履行，又不承担经济责任时就会造成损失。为了控制"未出现者"，航空公司可发售不许退钱的机票。另外，航空公司还可以采取超售策略，即通过接受超过座位总数的预订，以防范大量未履行的预订的风险。然而，过多的超售又会产生旅客坐不上飞机的风险。为此，航空公司要给未坐上飞机的旅客以赔偿并安排下一班航班或住宿的旅店。

7. 调节上下班时间

对于大城市的市内交通，在上下班时间出现拥堵是普遍现象。北京市从2010年4月12日起，市属各级党政机关、社会团体、事业单位、国有企业和城镇集体企业，开始实行错峰上下班。上班时间从早8点30分调整为9点，下班时间由17点30分调整为18点。但学校、医院、大型商场和在京中央国家机关及所属社会团体与企事业单位上下班时间不变。

8. 固定时间表

如果完全按照顾客的需求来安排服务，会造成巨大的浪费。例如，随时都有顾客要出门旅行，若满足顾客随时旅行的要求，则需要无数次航班、汽车和火车。采用固定时间表来满足顾客的需求，使顾客按固定时间表行动，既可以满足绝大多数顾客的需求，又可以减少服务能力的浪费。例如，火车、轮船和飞机按固定时间表运行。采用固定时间表策略就像采用产品系列化策略一样，可以兼顾顾客的需求和企业的生产能力。

7.3.2 调整产能的方法

1. 改变劳动力数量

任务重的时候多雇工，任务轻的时候少雇工。这种方法在服务业用得较多。一些旅游点具有明显的季节性，夏天或节假日游客多，服务能力不能满足需求；冬天和工作日游客少，人员闲置。在一天的工作时间内，有时工作负荷很重，有时又很清闲。对这种企业来说，可以少用固定员工，在接待任务重时招募临时工。使用这种方法要求工作是非专业性的，一般人经简单训练或观摩就可以胜任。对于制造业，由于需要专门技术，难以随时招募技术员工，或者需要经过系统培训才能上岗，这种办法不可行。而且，解雇员工会受到法律的限制和工会的反对，还会影响员工劳动情绪。

2. 合理的人员班次安排

许多服务组织，如医院、保安部和警察局，需要每周 7 天，每天 24 小时工作。但是，需求每天不同，一天 24 小时的波动也很大。如何将班次和人员数量安排得合理，使每时每刻有足够的人员值班，又不造成人员空闲，还要保证每个人法定的休息时间，这就是人员班次安排问题。人员班次安排是使产能适应需求波动的科学方法。

3. 忙时加班加点，闲时培训

加班加点是员工比较容易接受的策略，也容易实行，有利于企业维持稳定的员工队伍和增加员工收入。但这种方法也不是永远可行的，过多的超时工作会使人厌倦、工作效率和质量降低，甚至引起安全事故。在工作任务少时，抽调部分员工进行培训，可以提高他们的技能。

4. 利用库存调节

制造业多采取利用库存调节生产的办法。市场需求是波动的，而生产能力在一定时期是稳定的。如果总量上生产能力与负荷是平衡的，为了使生产能力在一定时间内满足任务的需要，就可以利用库存来调节生产，即维持稳定的生产率。当需求较低时，库存增加；当需求较高时，库存减少。

通过改变库存水平来适应市场波动，会产生持有库存成本。在市场需求急剧变化的今天，成品库存会带来极大的风险。库存也破坏了生产的准时性，掩盖了管理问题。另外，纯服务不能采用这种策略。

5. 转包

转包（subcontracting）就是把一部分生产任务转给其他企业去做，利用其他企业的产能加工本企业的产品，相当于扩大了本企业的产能。当然，转包可能会带来交货不及时和质量问题，本企业会丧失部分控制权和收益。但是，处在激烈变化环境中的企业，不可能完全通过本企业的产能生产多变的产品或提供多样化的服务。与其花费巨大的投资扩充产能，不如借用其他企业的资源来满足特定的需要。

6. 改变"自制还是外购"的决策

如果能力不够，可以变某些自制产品或零部件为外购；如果能力有富余，可以变某些外购产品或零部件为自制。前提是市场可以提供所需的产品或零部件，而且本企业也有能力制造原先确定为外购的产品或零部件。

7. 通过顾客参与调节产能

顾客参与是服务运作的一个特点。有些服务可以通过顾客自我服务来增加服务能力，如自助餐。顾客自我服务使产能随时与需求同步，不需要额外增加产能。同时，顾客自我服务使顾客得到体验，增加了顾客的满意度。然而，不是所有顾客可参与的服务都可以实行顾客自我服务，像牙医、理发等服务是不能自我服务的。当然，顾客也可以做一些辅助性的操作，如操作过程中自己漱口，自己洗头、擦干等，以配合主要的服务。制造企业的生产过程一般不允许顾客参与，以免影响效率和出现安全事故。但是，由于顾客个性化要求的突出，顾客参与生产过程的现象也越来越多。房屋装修过程是顾客参与的一个典型例子，顾客在装修过程中也能完成一些辅助性工作。

8. 将固定产能变成可调节产能

以前北京—武昌之间的 Z37/38 次直达快车全部是软卧车厢，空卧率很高。后来该车次既有软卧车厢，也有硬卧车厢，车厢的利用率就提高了。又如客机的头等舱与经济舱也应该有适当比例，以充分满足顾客需要。工厂里的生产单元由于是按最高产量来配备机器数量的，可以通过调节当班人数而不改变机器数来调节产能。

9. 分享产能

当人员不足时可以将服务设施出租，例如餐馆白天自己经营，晚上租给他人经营。

10. 培训多技能员工。

员工若具备多种技能，则一个人可以做多个岗位的工作，使负荷不足的岗位不致浪费人力资源。例如超市里收银不忙时，收银员可以去整理货架。

7.4 生产计划大纲的制定

7.4.1 生产计划大纲的制定过程

在第 6 章，我们讲了需求预测。需要说明的是，预测的需求并不一定等于生产需求。由于生产出来的产品还需经过包装、发运到批发商手中，然后从批发商到零售商，最后才能到顾客手中。因此，生产必须提前一段时间进行，才能满足市场需求。另外，受能力所限，生产并不一定要满足所有的需求。

制定生产计划大纲的一般步骤：

- 确定每段时间的需求。
- 确定每段时间的能力，包括正常工作时间、超时工作时间和转包。
- 明确企业和部门对于安全库存、员工队伍的流动程度等方面的有关政策。
- 确定正常工作、加班工作、转包、维持库存、推迟交货、雇用和解雇等方面的单位费用。
- 提出备选计划并计算每种计划的费用。
- 选择最满意的计划方案。

生产计划大纲制定过程如图 7-4 所示。

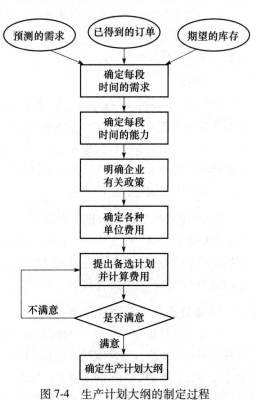

图 7-4　生产计划大纲的制定过程

7.4.2 制定生产计划大纲的方法

制定生产计划大纲可以采用非正规的方法和正规的数学方法。在实际生产中用得最多的是非正规方法，尤其是反复试验法或称试错法（the trial-and-error method）。反复试验法是人类认识世界和改造世界最常用也是最有力的方法。研究得最多的是正规方法，如线性规划法、线性决策法则（linear decision rule）等。

反复试验法是在管理实践中应用最广的方法。面对复杂的管理对象，人们很难找到最优的方法处理，于是通过直觉和经验得出一种方法。将这种方法用于实践，取得经验，发现问题，做出改进，再用于实践……如此反复。虽然不一定能得到最优解，但一定可以得到可行的且令人满意的结果。制定生产计划大纲，也可采用反复试验法。

从生产运作方面考虑，有三种纯策略来处理非均匀需求：改变库存水平、改变员工的数量和改变生产速率（production rate）。三种纯策略可以任意组合成无数混合策略，比如，可以将改变员工的数量与改变库存水平结合起来。混合策略一般要比纯策略的效果好。究竟采用什么样的策略，一般要通过反复试验确定。

下面将以一个例子来说明如何应用反复试验法。⊖

【例 7-2】

某公司将预测的市场需求转化为生产需求，如表 7-11 所示。该产品每件需 20 小时加工，工人每天工作 8 小时。招收工人需广告费、考试费和培养费，折合雇一个工人需 300 元，裁减一个工人需付解雇费 200 元。假设生产中无废品和返工。为了应对需求波动，有 1 000 件产品作为安全库存。单位维持库存费为 6 元／件·月。假设每年的需求类型相同，因此在计划年度开始时的工人数等于计划年度结束时的工人数。相应地，库存量也近似相等。现比较以下不同策略下的费用。

表 7-11 预测的需要量

(1)月份	(2)预计月生产需求量（件）	(3)累计需求量（件）	(4)每月正常工作日数（天）	(5)累计正常工作日数（天）
4	1 600	1 600	21	21
5	1 400	3 000	22	43
6	1 200	4 200	22	65
7	1 000	5 200	21	86
8	1 500	6 700	23	109
9	2 000	8 700	21	130
10	2 500	11 200	21	151
11	2 500	13 700	20	171
12	3 000	16 700	20	191
1	3 000	19 700	20	211
2	2 500	22 200	19	230
3	2 000	24 200	22	252

（1）仅改变工人的数量。采取这种纯策略需要假定随时可以雇到工人，这种策略可见表 7-12，总费用为 200 000 元。

维持 1 000 件安全库存需 1 000×6×12 = 72 000（元）。

总费用 128 000+72 000 = 200 000（元）。

⊖ 本例摘自 James B. Dilworth, *Production and Operations Management*, Fourth Edition, Random House, Inc., 此处略作修改。

(2) 仅改变库存水平。这种策略需允许晚交货。由于 252 天内需生产 24 200 件产品，则平均每个工作日生产 96.03 件，需 96.03×20 = 1 920.63 小时，每天需工人 1 920.63/8 = 240.08 人。取 241 人，则每天平均生产 241×8/20 = 96.4 件产品。仅改变库存水平的策略如表 7-13 所示。总费用为 209 532 元。

(3) 一种混合策略。混合策略可以多种多样。考虑到需求的变化，在前一段时间采取相对低的均匀生产率，在后一段时间采取相对高的均匀生产率。生产率的改变不是通过加班加点，而是通过变更工人的数量。4 月初需生产 1 600 件，每天需生产 76.19 件。设前一段时间采用每天 80 件的生产率，则每天需 80×20/8 = 200 人。生产到 8 月底，累计 109 天生产了 109×80 = 8 720 件。在余下（252-109）= 143 天内，要生产（24 200-8 720）= 15 480 件产品，平均每天生产 15 480/143 = 108.25 件，需 108.25×20/8 = 270.6 人，取 271 人，因此，9 月初要雇 71 人，每天可生产 271×8/20 = 108.4 件产品。年末再裁减 71 人。这种混合策略的总费用为 179 275 元（见表 7-14）。

表 7-12　仅改变工人数量的策略

(1) 月份	(2) 预计生产月需求量（件）	(3) 所需生产时间 20×(2)	(4) 月生产天数	(5) 每人每月生产小时 8×(4)	(6) 需工人数 (3)/(5)	(7) 月初增加工人数	(8) 月初裁减工人数	(9) 变更费 300×(7) 或 200×(8)（元）
4	1 600	32 000	21	168	190		37	7 400
5	1 400	28 000	22	176	159		31	6 200
6	1 200	24 000	22	176	136		23	4 600
7	1 000	20 000	21	168	119		17	3 400
8	1 500	30 000	23	184	163	44		13 200
9	2 000	40 000	21	168	238	75		22 500
10	2 500	50 000	21	168	298	60		18 000
11	2 500	50 000	20	160	313	15		4 500
12	3 000	60 000	20	160	375	62		18 600
1	3 000	60 000	20	160	375			0
2	2 500	50 000	19	152	329		46	9 200
3	2 000	40 000	22	176	227		102	20 400
总计						256	256	128 000

表 7-13　仅改变库存水平的策略

(1) 月份	(2) 累计生产天数	(3) 累计产量 (2)×96.4	(4) 累计生产需求	(5) 月末库存 (3)-(4)+1 000	(6) 维持库存费 6×(月初库存量+月末库存量)/2（元）
4	21	2 024	1 600	1 424	7 551
5	43	4 145	3 000	2 145	10 707
6	65	6 266	4 200	3 066	15 633
7	86	8 290	5 200	4 090	21 468
8	109	10 508	6 700	4 808	26 694
9	130	12 532	8 700	4 832	28 920
10	151	14 556	11 200	4 356	27 564
11	171	16 484	13 700	3 784	24 420
12	191	18 412	16 700	2 712	19 488
1	211	20 340	19 700	1 640	13 056
2	230	22 172	22 200	972	7 836
3	252	24 293	24 200	1 093	6 195
总计					209 532

表 7-14 一种混合策略

(1)月份	(2)累计生产天数	(3)生产率	(4)累计产量	(5)累计需求	(6)月末库存 (4)-(5)+1 000	(7)维持库存费（元）	(8)变更工人数费用（元）
4	21	80	1 680	1 600	1 080	6 240	
5	43	80	3 440	3 000	1 440	7 560	
6	65	80	5 200	4 200	2 000	10 320	
7	86	80	6 880	5 200	2 680	14 040	
8	109	80	8 720	6 700	3 020	17 100	
9	130	108.4	10 996	8 700	3 296	18 948	71×300 = 21 300
10	151	108.4	13 273	11 200	3 073	19 107	
11	171	108.4	15 441	13 700	2 741	17 442	
12	191	108.4	17 609	16 700	1 909	13 950	
1	211	108.4	19 777	19 700	1 077	8 958	
2	230	108.4	21 836	22 200	636	5 139	
3	252	108.4	24 221	24 200	1 021	4 971	71×200 = 14 200
总计						143 775	35 500

反复试验法不能保证获得最优策略，但可以不断改善所采取的策略，读者还可改变混合策略来减少总费用。

7.4.3 服务业综合计划的特点

服务业综合计划的制订可以采取类似制造业的方法，但与制造业有所不同。

（1）纯服务不能使用改变库存水平的策略。服务能力若得不到利用则会浪费，如酒店的房间、飞机上空闲的座位，得不到利用造成的损失无法挽回。所以，必须尽量使能力与需求匹配。但是，固定能力在短期内是很难改变的，且扩充的服务能力在需求不足时又造成浪费。可以通过收入管理来提高对服务资源的利用率。

（2）服务需求更难预计。服务需求的变动很大，有的必须提供及时服务，如救火和医院急救；有的要求提供及时服务，否则就会丧失顾客。这些情况都使得服务需求难以预计。

（3）服务业的能力也难以预计，因为与顾客直接接触，服务效率就会受到不同程度的影响。服务业的测量标准也难以制定，如办公室主任的工作多种多样，对他们的能力建立恰当的测量标准非常困难。

（4）服务业劳动力的柔性比制造业大，一个人往往能够从事多种多样的服务。

7.5 产品出产计划的编制

7.5.1 从生产计划大纲到产品出产计划

生产计划大纲或综合计划不涉及具体产品，不能直接用于指挥生产活动。为此，必须将假定产品或代表产品转换成具体产品，从而将综合计划变成产品交付计划（master schedule,

MS）和产品出产计划（master production schedule，MPS）。产品交付计划规定了要向顾客交付的产品的具体型号、规格和交付时间，产品出产计划规定了要出产的产品的具体型号、规格和出产时间。

现在，我们来看如何将综合计划变成产品交付计划。

例如，经过反复试验法，得出某电视机厂一季度要提供的彩电的数量，如表 7-15 所示。综合计划以假定产品为单位：1 月提供 200 台，2 月提供 300 台，3 月提供 400 台。将其变成具体产品，就构成产品交付计划。具体产品合计数等于假定产品数。

得到产品交付计划之后，就可以得出产品出产预计划。每个月将交付数量减去相应月份的成品库存，加上相应月份顾客需要提走的数量，便可计算出每个月需要产出的数量，由此

表 7-15 综合计划和产品交付计划

（单位：台）

	1月	2月	3月
彩电（假定产品）	200	300	400
具体产品：			
21 英寸彩电	100	100	100
25 英寸彩电	75	150	200
29 英寸彩电	25	50	100
合计	200	300	400

就生成了产品出产预计划。得出产品出产预计划之后，要进行负荷能力平衡。如果某些时段超负荷，还需要调整产品出产计划，使产品出产计划可行。

产品出产计划是物料需求计划（material requirements planning，MRP）的主要输入。通过 MRP 处理，对具体产品的需求就会变成对构成产品的零部件和原材料的需求，使计划得以执行。

7.5.2 备货型生产企业产品出产计划的制订

备货型生产企业编制生产计划的核心内容是确定品种和产量，有了品种和产量就可以计算产值。备货型生产无交货期设置问题，因顾客可直接从成品库提货。大批和中批生产一般是备货型生产。

1. 品种的确定

对于大量大批生产，品种数很少。既然是大量大批生产，所生产的产品品种一定是市场需求量很大的产品，因此没有品种选择问题。对于多品种中批量生产，则有品种选择问题。确定生产什么品种是十分重要的决策。

确定品种可以采取收入-利润顺序法。收入-利润顺序法是将生产的多种产品按销售收入和利润排序，并将其绘制在收入-利润图上，如表 7-16 所示的 8 种产品的收入和利润顺序，可绘制在图 7-5 上。

表 7-16 销售收入和利润次序表

产品代号	A	B	C	D
销售收入	1	2	3	4
利润	2	3	1	6
产品代号	E	F	G	H
销售收入	5	6	7	8
利润	5	8	7	4

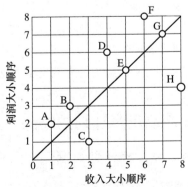

图 7-5 收入-利润顺序图

由图 7-5 可以看出，一部分产品在对角线上，一部分产品在对角线的上方，还有一部分产品在对角线的下方。销售收入高，利润也大的产品，即处于图 7-5 左下角的产品，应该生产。相反，对于销售收入低，利润也小的产品（甚至是亏损产品），即处于图 7-5 右上角的产品，需要做进一步分析。其中，很重要的因素是产品生命周期。如果是新产品，处于导入期，因顾客不了解，销售额低；同时，由于设计和工艺未定型，生产效率低、成本高、利润少，甚至亏损，就应该继续生产，并做广告宣传，改进设计和工艺，努力降低成本。如果是老产品，处于衰退期，就不应继续生产。除了考虑产品生命周期因素以外，还可能有其他因素，比如质量较差，则需提高产品质量。

一般来说，销售收入高的产品，利润也高，即产品应在对角线上。对于处在对角线上方的产品，如 D 和 F，说明其利润比正常的少，是售价低了还是成本高了则需要考虑。反之，处在对角线下方的产品，如 C 和 H，利润比正常的高，可能由于成本低所致。可以考虑增加销售量，以增加销售收入。

2. 产量的确定

品种确定之后，确定每个品种的产量，可以采用线性规划方法。利用线性规划，可求得在一组资源约束下（生产能力、原材料、动力等）各种产品的产量，使利润 Z 最大。例如有 n 种产品品种，m 种资源约束，可采用以下形式的线性规划来优化：

$$\max Z = \sum_{i=1}^{n}(r_i - c_i)x_i$$

满足：

$$\sum_{i=1}^{n} a_{ik}x_i \leq b_k, \ k = 1, 2, \cdots, m$$

$$x_i \leq U_i$$

$$x_i \geq L_i, \ L_i \geq 0, \ i = 1, 2, \cdots, n$$

式中，x_i——产品 i 的产量；

b_k——资源 k 的数量；

a_{ik}——生产一个单位产品 i 需要资源 k 的数量；

U_i——产品 i 最大潜在销售量（通过预测得到）；

L_i——产品 i 的最小生产量；

r_i——产品 i 的单价；

c_i——产品 i 的单位可变成本。

线性规划可用单纯形法求解。关于单纯形法，运筹学中已有详细介绍，本书不再赘述。

3. 产品出产计划的编制

用线性规划确定的最优产品产量，是一定时期（如 1 年）内的产品产量，还需要安排每种产品的出产期。要安排产品的出产期，需要考虑需求的波动性。按前面讲的处理非均匀需求的策略，可以编制产品出产计划。由于不同的生产类型有不同的特点，在编制产品出产计划的方法上也有一定差别。

（1）大量大批生产企业。由于它的品种数很少、产量大、生产的重复程度高，大量大批生产是典型的备货型生产，它生产的直接目标是补充成品库存，可以采用改变库存水平的策略。这样可以通过成品库将市场与生产系统隔开，使生产率均匀，保证生产的节奏性。

有三种方式分配各季、各月的产量：

①均匀分配方式。将全年计划产量按平均日产量分配给各月。这种方式适用于需求稳定，生产自动化程度较高的情况。

②均匀递增分配方式。将全年计划产量按劳动生产率和每季（或每月）平均增长率，分配到各月生产。这种方式适用于需求逐步增加，企业劳动生产率稳步提高的情况。

③抛物线递增分配方式。将全年产量按开始增长较快，以后逐渐缓慢的递增方式安排各月任务。

（2）成批生产企业。由于品种较多，各种产品产量相差较大，不能采用大量大批生产企业的方式安排生产。具体可采用以下方法：

- 对于订有合同的产品，要按合同规定的数量与交货期安排，以减少库存。
- 对于产量大、季节性需求变动小的产品，可按"细水长流"方式安排。
- 对于产量小的产品，要权衡库存费用与生产准备费用，确定投产批量，做到经济合理。
- 同一系列不同规格的产品，当产量较少时，尽可能安排在同一时期内生产，这样可以集中组织通用件的生产。

7.5.3 订货型生产企业年度生产计划的制订

单件小批生产（job-shop production）是典型的订货型生产，它的特点是按用户订单的要求，生产规格、质量、价格、交货期不同的专用产品。

单件小批生产方式与大量大批生产方式都是典型的生产方式。大量大批生产以其低成本、高效率与高质量取得的优势，使一般中等批量生产难以与之竞争。但是，单件小批生产却以其产品的创新性与独特性，在市场中牢牢地站稳了脚跟。其原因主要有三个：

①大量大批生产中使用的各种机械设备是专用设备，专用设备是以单件小批生产方式制造的。

②随着技术的飞速进步和竞争的日益加剧，产品生命周期越来越短，大量研制新产品成为企业赢得竞争优势的关键。新产品即使是要进行大量大批生产，在研究与试制阶段，其结构、性能、规格也要做各种改进，只能是单件小批生产方式。

③单件小批生产制造的产品大多为生产资料，如大型船舶、电站锅炉、化工炼油设备、汽车厂的流水线生产设备等，它们都是为新的生产活动提供的手段。

对于单件小批生产，由于订单到达具有随机性，产品往往又是一次性需求，无法事先对计划期内的生产任务做总体安排，也就不能应用线性规划进行品种和产量组合上的优化。但是，单件小批生产仍需要编制生产计划大纲。生产计划大纲可以对计划年度内企业的生产经营活动和接受订货决策进行指导。一般来讲，编制生产计划大纲时，已有部分确定的订货，企业还可根据历年的情况和市场行情，预测计划年度的任务，然后根据资源的限制进行优化。单件小批生产企业的生产计划大纲只能是指导性的，产品出产计划是按订单做出的。因此，对单件小批生产企业而言，接受订货决策十分重要。

1. 接受订货决策

当用户订单到达时，企业要做出接不接、接什么、接多少及何时交货的决策。在做出这些决策时，不仅要考虑企业所能生产的产品品种，现已接受任务的工作量，生产能力与原材料、燃料、动力供应状况，交货期要求，等等，而且还要考虑价格能否被接受。因此，这是一项十分复杂的决策，其决策过程可用图 7-6 描述。

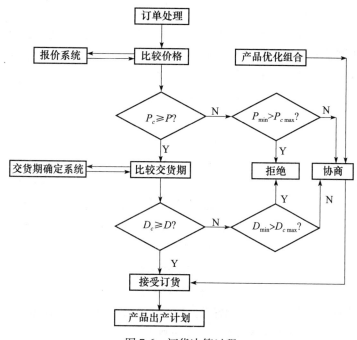

图 7-6　订货决策过程

用户订货一般包括要订货的产品型号、规格、技术要求、数量、交货时间 D_c 和价格 P_c。在顾客心里可能还有一个最高可以接受的价格 $P_{c\,max}$ 和最迟的交货时间 $D_{c\,max}$。超过此界限，顾客将另寻生产厂家。

对生产企业来说，它会根据顾客所订的产品、对产品性能的特殊要求以及市场行情，运用它的报价系统（计算机和人工的系统）给出一个正常价格 P 和最低可接受的价格 P_{min}；也会根据现有任务情况、生产能力、生产技术准备周期和产品制造周期，通过交货期设置系统（计算机或人工的系统）设置一个正常条件下的交货期和赶工情况下的最早交货期 D_{min}。

在品种、数量等其他条件都满足的情况下，显然，当 $P_c > P$ 和 $D_c > D$ 时，订货一定会接受。接受的订货将列入产品出产计划。当 $P_{min} > P_{c\,max}$ 或 $D_{min} > D_{c\,max}$ 时，订货一定会被拒绝。若不是这两种情况，就会出现复杂的局面，需经双方协商解决。其结果是可能接受，也可能拒绝。较紧的交货期和较高的价格，或者较松的交货期和较低的价格，都可能成交。符合企业产品优化组合的订单可能在较低价格下成交，不符合企业产品优化组合的订单可能在较高价格下成交。

由接受订货决策过程可以看出，品种、数量、价格与交货期的确定对跨国企业来说十分重要。

2. 品种、价格与交货期的确定

（1）品种的确定。对于订单的处理，除了前面讲的即时选择的方法外，有时还可将一段时间内接到的订单累积起来再做处理，这样做的好处是可以对订单进行优选。

对于小批生产，也可用线性规划方法确定生产的品种与数量。对于单件生产，无所谓产量问题，可采用 0-1 型整数规划来确定要接受的品种。例如，已接到 A、B 和 C 三种订货，其加工时间和可获利润如表 7-17 所示，能力工时为 40 个时间单位，应该接受哪些品种最有利？这是一个 0-1 型整数规划问题。决策变量取 0 表示该品种不生产，取 1 表示生产。其数学模型为

表 7-17　产品的加工时间和利润

产品	A	B	C
加工时间	12	8	25
利润	10	13	25

$$\max 10x_a + 13x_b + 25x_c$$

满足

$$12x_a + 8x_b + 25x_c \leq 40$$
$$x_a, x_b, x_c = 0 \text{ 或 } 1$$

0-1 型整数规划的解法十分复杂，对于 n 个品种，有 2^n 种组合情况。对于规模较大的实例，在正常的时间范围内是得不到最优解的。因此，需要采用启发式算法。有一种启发式算法是按利润/加工时间的值从大到小排序，即优先考虑单位加工时间的利润最大的任务。对于本例：

A：$10/12 = 0.83$

B：$13/8 = 1.63$

C：$25/25 = 1$

于是，得到优选顺序为 B-C-A。选择 B，余下能力工时为 32；再选择 C，余下能力工时为 7，不足以加工产品 A。只能选择 B 和 C，结果获利 38。

0-1 型整数规划问题的一般形式为

$$\max \sum p_i x_i$$

满足

$$\sum t_{ij} x_i \leq c_j$$
$$x_i = 0 \text{ 或 } 1 \quad i = 1, 2, \cdots, m; \quad j = 1, 2, \cdots, n$$

式中，p_i——产品 i 的单位利润；

t_{ij}——单位产品 i 对资源 j 的需要量；

c_j——j 种资源可供量。

（2）价格的确定。确定价格可采用成本导向法和市场导向法。成本导向法是以产品成本作为定价的基本依据，加上适当的利润及应纳税金，得出产品价格的一种定价方法。这是从生产厂家的角度出发的定价法，其优点是可以保证所发生的成本得到补偿。但是，这种方法忽视了市场竞争与供求关系的影响，仅在供求基本平衡的条件下比较适用。

市场导向法是按市场行情定价，然后再推算成本应控制的范围。按市场行情，主要是看具有同样或类似功能产品的价格分布情况，然后再根据本企业产品的特点，确定顾客可以接受的价格。按此价格来控制成本，使成本不超过某一限度并尽可能地小。

对于单件小批生产的机械产品，一般采用成本导向定价法。由于单件小批生产产品的独特性，它们在市场上的可比性不是很强。因此，只要考虑少数几家竞争对手的类似产品的价格就可以了。而且，大量统计资料表明，机械产品的原材料占成本比重的 60%~70%，按成本定价是比较科学的。

由于很多产品都是第一次生产，而且在用户订货阶段，只知产品的性能和容量上的指标，并无设计图纸和工艺，按原材料和人工的消耗来计算成本是不可能的。因此，往往采取类比的

方法来定价，即按过去已生产的类似产品的价格，找出一大类产品价格与性能参数、重量之间的相关关系，以确定未来接受订货的产品价格。

（3）交货期的确定。出产期与交货期的确定对单件小批生产来说十分重要。产品出产后经过发运才能交到顾客手中，交货迅速而准时可以争取顾客。正确设置交货期是保证按期交货的前提条件。交货期设置过松，对顾客没有吸引力，还会增加成品库存；交货期设置过紧，超过了企业的生产能力，造成误期交货，会给企业带来经济损失和信誉损失。

现将常用的交货期设置方法进行简单介绍：

① CON（constant） $\qquad d_i = r_i + k$

式中，d_i——产品（工件）i 的完工期限；

r_i——产品（工件）i 的到达时间或准备就绪时间；

k——固定常量，对所有产品都一样，由经验决定。

CON 法建立在所有产品从接受订货后的生产技术准备与生产制造所花的时间都一样的假设的基础上。显然，这是一种比较粗略的处理方法。

② RAN（random） $\qquad d_i = r_i + e_i$

式中，e_i——随机数。其余符号同前。

RAN 法是指交货期按顾客要求决定，因而具有随机性。完全按顾客要求确定交货期的情况也比较少。

③ TWK（total work content） $\qquad d_i = r_i + kp_i$

式中，k——系数，由经验确定，一般取 3~8；

p_i——产品（工件）i 的总工作量。其余符号同前。

TWK 法考虑了不同产品的工作量，在实际中用得较多。

④ SLK（slack） $\qquad d_i = r_i + p_i + k$

式中，k——固定常量。

SLK 法与 CON 法的不同之处是将产品的总工作量分离出来，体现了不同产品之间的差别。

⑤ NOP（number of operations） $\qquad d_i = r_i + kn_i$

式中，n_i——产品（工件）i 的工序数。其余符号同前。

NOP 法实际上认为排队时间是主要的。

还有一些其他设置交货期的方法，这里就不一一介绍了。

对于单件小批量生产，设置交货期不仅要考虑产品从投料到出产之间的制造周期，还要考虑包括设计、编制工艺、设计制造工装、准备大型铸锻件和采购供应原材料等活动所需的生产技术准备周期。然而，由于产品的独特性，生产技术准备周期和制造周期也难以估计。因此，统计方法一直是最广泛使用的方法。

7.6　收入管理

收入管理（revenue management）最初被称为收益管理（yield management），是在不同时期对具有不同需求的顾客采取不同的产品或服务定价，以产生最大收入或收益的综合计划策略。收益管理的历史可以追溯到 20 世纪 70 年代末 80 年代初，美国政府放弃对机票的定价权，转而让航空公司自己定价。这时，收益管理系统发挥了重大作用。美国航空公司售票系统（SA-

BRE）允许各航空公司根据市场需求情况实时更改各自的票价，变更飞行航线。该系统根据实际的订票量和需求量，实时调整机票价格，使得航空公司能够最大限度地获取利润。10年前，美国大型航空公司 70%～80% 的利润来自这个系统。

美国航空公司在收益管理上的成功吸引了很多其他行业的公司也采用这种理念，旅馆、歌剧院、租车公司纷纷采用收益管理，取得了可观的收入。例如著名的美国华盛顿歌剧院在 1993～1994 年时发生亏损，后来通过将票价从当时的三种价格（47、63、85 美元）改变为 29～150 美元的九种价格，使不同地位和收入的顾客按需购买，从而 90% 以上的座位都能卖出，1994～1995 年度收入增长了 5%。

实施收入管理的公司通过预测市场需求，针对细分市场进行差别性定价，优化资源配置，实现"将座位按不同的票价适时地卖给不同的旅客"的理念，在成本不变的情况下使收益机会最大化，同时将机会成本和风险降到最低。

公司实行收益管理具有下列特点：①产品价值的易逝性，如酒店的房间和床位；②产品或服务可以在消费前进行销售；③需求的变化比较大；④企业生产或服务能力相对固定，短期内不易改变；⑤市场可以根据顾客需求偏好进行细分，这是实行差别价格的前提；⑥变动成本比较低，而固定成本比较高。

现对收入管理举例说明。

【例 7-3】

某酒店拥有 100 间客房，以前，该酒店对每间客房收取一样的费用，每晚 150 元。每间客房的变动费用很低，估计每间客房每晚只需要 15 元，包括打扫清洁、使用空调，以及肥皂、洗发香波等物品的消耗费用。客房的平均出售率为 50%。目前，客房收费情况如图 7-7 所示。采用单一价格的净销售额是每晚 6 750 元。

图 7-8 显示该酒店设置的两种房价。据估计，100 元一间的客房每晚可以销售约 30 间，而 200 元一间的客房每晚也可以销售 30 间。现在总的收益是 8 100 元（其中，100 元的房价带来 2 550 元，200 元的房价带来 5 550 元）。比设置一种价格的收入高（8 100−6 750）= 1 350（元）。

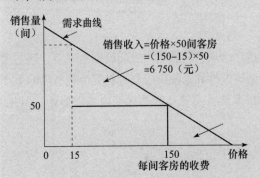

图 7-7　一种价格下的酒店收入

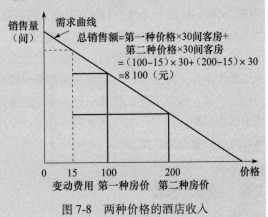

图 7-8　两种价格的酒店收入

其实，阔气的客人原本愿意每晚支付高于 150 元的价格，实惠的客人则愿意支付低于 150 元。

从数学上分析，设置更多的价格档次，可以带来更多的收入。但实际上，应该考虑下面三点：

①不同层次的价格必须可行,顾客感到公平合理。

②做好资源使用的预测工作并预计所需时间。例如,需要安排多少经济舱的座位?顾客会为能看到海景的房间支付多少钱?

③应对需求变化。这意味着在提供更多服务内容时需要管理更多的服务,也意味着需要调整价格结构,还可能因预测的不完美而意味着需要应对新出现的情况。

本章小结

本章主要讨论生产计划。首先,论述了企业计划和生产计划的层次、不同层次计划的特点,制订计划的一般步骤和滚动式计划编制方法。接着阐述了生产能力、代表产品和假定产品的概念,生产能力计划和服务能力计划。然后,阐释了处理非均匀需求的策略,包括调节需求和调整产能的方法。接下来,讨论了生产计划大纲的制定过程和方法,通过一个例子重点阐述了反复试验法,介绍了服务业制订综合计划的特点。紧接着阐述了从生产计划大纲、产品交付计划到产品出产计划的制订过程;详细讨论了备货型生产企业产品出产计划的制订方法,主要涉及品种与产量的确定;订货型生产企业产品出产计划的制订方法,主要涉及接受订货决策以及品种、价格、交货期的确定。最后,简要介绍了收入管理的概念和方法。

复习思考题

1. 什么是计划管理?企业计划的层次和生产计划的层次如何划分?
2. 何谓滚动式计划方法?它有什么优点?
3. 什么是代表产品?什么是假定产品?如何进行生产任务与生产能力的平衡?
4. 服务业的服务能力计划同制造业的生产能力计划有什么差别?
5. 处理非均匀需求有哪几种策略?其应用条件及限制如何?
6. 制订服务业的综合计划有什么特点?
7. MTS企业和MTO企业如何确定产品品种与数量?
8. 收入管理能否用于制造业?

讨论案例

红番茄工具公司的综合计划

红番茄工具公司是一家小型园艺设备制造商,生产设施在墨西哥,产品通过零售商在美国出售。红番茄工具公司的业务主要是把购买的零部件装配成多功能的园艺工具,产能主要由员工数量决定。

产品需求季节性很强,需求旺季是春季,因为春季人们开始打理自家花园。这种季节性的需求沿着供应链从零售商传递到红番茄工具公司。红番茄工具公司应对季节性需求的方法有旺季增加员工数量、签订转包合同,淡季建立库存、延期交货等。公司的副总裁把进行需求预测作为第一项任务。公司的预测结果,如表7-18所示。

表 7-18 红番茄工具公司的需求预测

月份	需求预测（件）
1	1 600
2	3 000
3	3 200
4	3 800
5	2 200
6	2 200

公司通过零售商以每件 40 美元的价格售给顾客，1 月园艺工具初始库存为 1 000 件，1 月开始时，公司有员工 80 名。工厂每月工作 20 天，每个员工在正常工作时间每小时赚 4 美元，每天工作 8 小时，其他为加班时间。产能主要由员工总的劳动时间决定，机器能力不构成约束。根据劳动法，被雇用者每月加班不允许超过 10 个小时，各种成本如表 7-19 所示。

表 7-19 红番茄工具公司的成本

成本项目	成本
原材料成本	10 美元/单位
库存成本	2 美元/(单位·月)
缺货或延期交货的边际成本	5 美元/(单位·月)
雇用或培训员工的成本	300 美元/人
解雇员工的成本	500 美元/人
需要的劳动时间	4 小时/单位
正常工作成本	4 美元/小时
加班成本	6 美元/小时
转包成本	30 美元/单位

目前，红番茄工具公司没有转包、库存和缺货或延期交货方面的约束，所有缺货都由下个月生产出来的产品来满足。目标就是制订一个综合计划，使 6 月底至少有 500 单位库存量。

假定所有需求都将被满足，尽管有时可能是延迟交货。因此，计划期内收益是固定的。那么，成本最小化也就意味着利润最大化。

讨论题

1. 应该如何确定红番茄工具公司综合计划的决策变量和目标函数？
2. 如何计算正常工作时间的劳动力成本、加班时间的劳动力成本、雇用和解雇的成本、持有库存的成本、缺货的成本、转包的成本及原材料成本？
3. 该公司有哪些约束条件？它们是如何确定的？
4. 计划期的单位产品在库存中的平均停留时间是多少？
5. 试确定一个满足各项约束的使总成本最小的综合计划。

案例来源：苏尼尔·乔普拉，彼得·迈因德尔. 供应链管理：战略、规划与运作 [M]. 陈荣秋，等译. 北京：中国人民大学出版社，2008.

判断题

1. 滚动计划的连续性和应变性好，但严肃性差。
2. 我们通常所说"某企业年产电视机多少台"，是以假定产品而言的。
3. 用收入-利润顺序法确定品种，收入少、利润小的产品不应再生产。
4. 用改变库存水平的策略处理非均匀需求，对劳务性生产也适用。
5. 产品出产计划是生产计划大纲的关键输入。

选择题

1. 在生产计划大纲确定后，一般来说，紧接着进行哪项活动？
   A. 流程设计
   B. 制订战略性的能力计划
   C. 编制产品出产计划
   D. 编制物料需求计划
2. 下述哪项方法将产品出产计划中的具体产品的需求转化为构成产品的零部件和原材

料的需求？
A. 粗略能力计划　　B. 物料需求计划
C. 能力需求计划　　D. 库存计划

3. 制定生产计划大纲需要多项输入，哪项输入来自企业外部？
A. 现有库存水平　　B. 原材料供应能力
C. 现有员工数量　　D. 现有设备能力
E. 员工技术水平

4. 制定生产计划大纲需要多项输入，哪项输入来自企业内部？
A. 转包商能力
B. 市场需求
C. 现有设备能力和员工数量
D. 竞争者行为
E. 原材料供应能力

5. 制定生产计划大纲时，下述哪种方法是实际生产中应用最多的？
A. 线性决策法则　　B. 线性规划
C. 反复试验法　　　D. 模拟法

6. 制定生产计划大纲时，下述哪种方法是正规的数学方法？
A. 反复试验法　　　B. 线性规划
C. 图表法　　　　　D. 模拟法

7. 制定生产计划大纲，哪种方式是准时生产制的思想？
A. 改变生产率使之与需求率同步
B. 推迟交货
C. 改变库存水平
D. 既改变库存水平，又推迟交货
E. 转包

计算题

1. 中储物资公司生产A、B两种产品。两种产品都可库存，并且一个单位的A产品每月平均维持库存费用为2元，而B产品则为4元，表7-20给出该公司今后6个月的需求预测。

表 7-20　　（单位：件）

产品组	月份					
	1	2	3	4	5	6
A	800	650	800	900	800	850
B	425	300	500	500	400	500

该公司的三个加工中心生产单位A产品和B代表产品的工时定额如表7-21所示。

表 7-21

产品组	加工中心		
	X	Y	Z
A	1.4	0.7	1.1
B	1.5	1.3	0.8

(1) 若X加工中心按照预测生产A、B两种产品，请确定X加工中心的工作负荷。

(2) 为制定均衡工作负荷，考虑到B产品的单位维持库存费用是A产品的2倍，所以计划制订者决定按B产品的预测量进行生产，并打算合理安排A产品的生产以使X加工中心的工作总负荷始终高于6个月的平均值，制订一个生产计划来满足这些目标。

(3) 针对在（2）中所制订的计划，计算Y加工中心和Z加工中心的工作负荷。

(4) 为什么计划制订者优先选择加工中心X而不是另两个加工中心制定均衡工作负荷，说明理由。

2. 表7-22给出了远东维修公司2017年的维修业务需求预测，以两个月为周期表示，需求以假定的标准维修业务计量。每件标准维修业务需要20个小时完成。工人每月正常工作22天，每天正常工作8小时。不管有无工作任务，正常工作时间内工人每小时可得报酬5元。

表 7-22

周期	预测需要（标准维修业务，件）
1	400
2	380
3	470
4	530
5	610
6	500

(1) 请绘制累积需求与累积工作日的关系曲线图。

(2) 在不安排加班的情况下，在需求的高峰周期内需要多少个工人？

(3) 在不安排加班的情况下，为全年的工作维持一批适当的工人来应对需求高峰，问每个单位工作量的劳务费用为多少？

(4) 除了需求高峰周期外的所有周期，由于聘用了过量的工人而造成标准工时成本增加的百分比为多少？

3. 经预测，今后12个月内长达公司代表产品的月需求量分别为 418、414、395、381、372、359、386、398、409、417、421、425 台。目前有40个工人，平均每人每月生产10件代表产品。若有10%的加班时间，则每月生产11件代表产品；若有20%的加班时间，则每月生产12件代表产品。聘用和解雇一名工人需分别支付500元和450元，正常工作时间每月支付员工1 250元，而加班时间则支付1.5倍的报酬。单位库存的成本为4元/月，现在库存为800台，这也是该公司希望的库存水平。

(1) 制定一个混合策略的生产计划大纲来满足预测需求。

(2) 这个策略的总成本是多少？

(3) 请简要说明，还有没有使成本更低的策略？

4. 吉利玩具厂生产 A、B 两种高级玩具，主要有结构制造、组装和喷漆等工序。一个玩具 A 的利润为450元；一个玩具 B 的利润为550元。表7-23给出了工厂各车间在全部生产某一种玩具时的生产能力；若混合生产时，可对表7-23中的数据进行线性组合。利用线性规划图解法确定两种产品各生产多少，从而使利润最大，并求出总利润。

表 7-23

车间	A	B
结构制造	550	550
组装	800	300
喷漆	600	400

第8章

库存管理

○ 引例　　　　　　菲多利公司的库存管理

作为百事公司旗下的公司,菲多利公司发展快速。这家总部设于达拉斯的资产达到数十亿美元的公司如今生产 41 种产品。其中 15 种产品年销售额达到 1 亿美元以上,7 种产品年销售额超过 10 亿美元。菲多利公司在美国和加拿大拥有 36 家产品专业化工厂,雇员达 48 000 人。

对许多企业来说,库存是一项主要的投资和昂贵的资产,维持库存费用通常超过产品价值的 25%。由于原料容易变质,菲多利公司的维持库存费用比这个数字还要高得多。在食品行业,库存物品容易变质腐坏,因此不良的库存管理不仅使公司耗费大量的资金,而且会导致令人不满的产品,甚至毁掉市场。

菲多利产品的主要原料是玉米粉、玉米、马铃薯、油和调味料。让我们用土豆片的生产来展示菲多利公司快速的库存流动:用卡车把土豆从农场运至地区工厂进行加工,加工好后进入仓库,最后运至零售商店进行销售。这一过程是在数小时内完成的,而不是以天或周来计算的。因此,菲多利的产品十分新鲜,同时维持库存费用很低。

下面,让我们来看一看其佛罗里达工厂所用主要原料频繁交付的例子:

- 每天交付 10 卡车土豆,每个班次使用 68 吨土豆。整个土豆的储存区域只保存 7.5 小时生产所需的土豆量。
- 每次用轨道机车运输 4.5 天所需的食用油。
- 玉米粉主要来源于美国中西部地区的农场,通常存储 4 天生产所需的玉米粉。
- 调味料库存平均为 7 天。
- 包装产品的库存平均为 8~10 天。

菲多利公司产品专业化的生产设施昂贵,表明公司投入了大量资金,必须确保设备的高使用率。这部分固定成本必须尽可能地分摊到更大数量的产品上,以降低所生产快速方便食品的总成本。

设备的高使用率一方面要求设备运行可靠,另一方面要求紧凑的计划安排。要使设备运行可靠，需要关键配件库存，也就是我们所知的MRO（维护、维修、运行物品）物资库存。电机、开关、齿轮、轴承以及其他关键的非通用件使得MRO库存很昂贵，但非常必要。

菲多利公司的非MRO库存流动快速。在约1.5个班次的工作时间内，原料变为在制品并最终成为袋装土豆片出厂。在不到1.4天的时间内，包装好的产成品就由生产厂进入分销渠道。

资料来源：Jay Heizer, Barry Render. Operations Management[M]. 10th ed. London：Prentice Hall, 2011：503-504.

库存是制造业和服务业经常遇到的问题，库存控制是生产运作管理的一个主要内容。究竟什么是库存；库存的作用是什么；什么是库存控制系统；对库存管理有什么要求；库存问题有哪些基本模型；模型又如何应用；等等，这些都是本章将要回答的问题。本章阐述了库存的有关概念，对多周期库存问题的基本模型和单周期的基本模型进行了详细阐述。

8.1 库存

库存（inventory）有时被译为"存储"或"储备"，无论对制造业还是服务业来说都十分重要。传统意义上的库存是指存放在仓库中的物品。每家企业都有大量的物资库存，从铅笔、纸张、螺钉、螺帽到机器设备和汽车。企业库存的物资都是其生产经营活动所需要的。企业物资库存有4大类：原材料（raw materials）库存、在制品（work-in-process）库存、成品（finished goods）库存，以及维护、修理和运行物品（maintenance, repair, and operating supplies, MRO）库存。管理好库存，对于提升库存系统的服务水平、降低成本、提高企业的经济效益十分重要。

8.1.1 库存的定义

从直观上理解，库存就是"仓库里存放的东西"，这是对库存狭义的理解。一般而言，库存是为了满足未来需要而暂时闲置的资源。闲置的资源就是库存，与这种资源是否存放在仓库中没有关系，与是否处于运动状态也没有关系。放在仓库里是闲置，处于运动状态也可能是闲置。汽车运输的货物处于运动状态，但这些货物是为了未来需要而闲置在途中，就是库存，是一种在途库存。这里所说的资源，不仅包括工厂里的各种原材料、毛坯、工具、半成品和成品，而且包括银行里的现金，医院里的药品、病床，运输部门的车辆，等等。一般来说，人、财、物、信息各方面的资源都有库存问题。专门人才的储备就是人力资源的库存，计算机硬盘储存的大量信息是信息的库存。

8.1.2 库存的作用

库存既然是资源的闲置，就一定会造成浪费，增加企业的开支。那么，为什么还要维持一定量的库存呢？这是因为库存有其特定的作用。归纳起来，库存有以下几方面的作用：

（1）缩短订货提前期。当制造厂维持一定的成品库存时，顾客就可以很快地采购到他们所需的物品。这样缩短了顾客的订货提前期，加快了社会生产的速度，也使供应厂商更易争取到顾客。

（2）稳定作用。在当代激烈的竞争中，外部需求的波动性是正常现象，生产的均衡性又是企业内部组织生产的客观要求。外部需求的波动性与内部生产的均衡性是矛盾的。要满足需方的要求，又要使供方的生产均衡，就需要维持一定量的成品库存。成品库存将外部需求和内部生产分隔开来，像水库一样起着稳定作用。

(3) 分摊订货费用。需要一件采购一件，可以不需要库存，但不一定经济。订货需要一笔费用，这笔费用若摊在一件物品上，将是不经济的。如果一次采购一批，分摊在每件物品上的订货费就少了，但这样做会有一些物品一时用不上，造成库存。对生产过程采取批量加工，可以分摊调整准备费用（setup cost），但既然加工了一批，一时用不完，就会造成库存。这是一种周转库存，经过一段时间，库存使用完了，又将补充一批。

(4) 防止短缺。维持一定量的库存，可以防止短缺。商店没有一定量的货物库存，顾客就很可能买不到东西；医院没有一定的床位库存，病人就无法住院治疗；银行没有现金库存，储户就取不到钱；为了应对自然灾害和战争，一个国家也必须要有各种物资储备。

(5) 防止中断。在生产过程中维持一定量的在制品库存，可以防止生产中断。显然，当某道工序的加工设备发生故障时，如果工序间有在制品库存，其后续工序就不会中断生产。同样，在运输途中维持一定量的库存，保证供应，就能使生产正常进行。例如，某工厂每天需要100吨原料，供方到需方的运输时间为2天，则在途库存为200吨，才能保证生产不中断。

尽管库存有如此重要的作用，但库存也有其不利的一面：库存占用大量的资金，物资库存要修建仓库，要维持库存物品不变质、不生锈、不老化等，都需要额外支出。不仅如此，库存还掩盖了管理中的问题。因此，库存管理的目标不是增加库存，而是在保证一定服务水平的基础上，不断降低库存。

8.1.3 库存问题的分类

可以从不同角度对库存问题进行分类，按不同的分类方法可以把库存分成以下几类。

1. 单周期库存与多周期库存

根据对物品的需求是否重复，可将物品分为单周期需求与多周期需求。

(1) 单周期需求。单周期需求是指对物品在一段特定时间内的需求，过了这段时间，该物品就没有原有的使用价值了。报纸、新年贺卡、圣诞树等属于这种物品；易腐食品（如海鲜、活鱼、新鲜水果）属于这种物品；机器设备的备件也属于这种物品。虽然机器使用寿命较长，但机器一旦报废，相应的备件也就没用了。对于已过时的物品，还需要进行善后处理，或折价卖出，收回部分成本；或额外花费一笔钱才能处理掉。对单周期物品的订货被称为一次性订货量问题，一次订货有一定的批量，就构成了单周期库存问题。圣诞树问题和报童问题都是典型的单周期库存问题。

(2) 多周期需求。多周期需求是指在足够长的时间里对某种物品重复的、连续的需求，其库存需要不断补充。机械厂所需的钢材，用完了还需要补充；家庭所需的粮食，吃完了还得再买。与单周期需求相比，多周期需求问题较为普遍。对多周期需求物品的库存控制问题，被称为多周期库存问题。

2. 独立需求库存与相关需求库存

来自用户的对企业产品和服务的需求，被称为独立需求。独立需求最明显的特征是需求的对象和数量不确定，只能通过预测的方法粗略估计。相反，我们把企业内部物料转化各环节之间所发生的需求称为相关需求。

相关需求，也被称为非独立需求，它可以按对最终产品的独立需求精确地计算出来。比如，某汽车制造厂年产汽车30万辆，这是通过需求预测来确定的。一旦30万辆汽车的生产任务确定之后，对构成该种汽车的零部件和原材料的数量及所需时间是可以通过精确计算得到的。对零部件和原材料的需求就是相关需求。相关需求可以是垂直方向的，也可以是水平方向的。产品与其零部件之间垂直相关，与其附件和包装物之间则水平相关。

独立需求库存问题和相关需求库存问题是两类不同的库存问题。后者将在下一章专门介绍，前者则是本章讨论的重点。另外，相关需求和独立需求都是多周期需求，对单周期需求来说，不必考虑是相关需求还是独立需求。企业里成品库存问题属于独立需求库存问题，在制品库存和用于产品的原材料库存问题属于相关需求库存问题。

8.1.4 库存控制系统

库存控制系统有输入、输出、约束条件和运行机制四个方面，如图 8-1 所示。库存控制系统的输入和输出都是各种资源。与生产运作系统不同，在库存控制系统中没有资源形态的转化。输入是为了保证系统的输出（相对用户的供给而言）。约束条件包括库存资金的约束、空间约束等。运行机制包括控制哪些参数以及如何控制。通常，在输出端，独立需求不可控；在输入端，库存控制系统向外发出订货的提前期也不可控，它们都是随机变量。可以控制的一般是何时发出订货（订货点和订货间隔期）与一次订多少（订货量）两个参数。库存控制系统正是通过控制何时订货和订多少来满足外界需求并使总库存费用最低的。

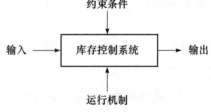

图 8-1 库存控制系统

任何库存控制系统都必须回答如下三个问题：

- 隔多长时间检查一次库存量？
- 何时提出补充订货？
- 每次订多少？

按照对以上三个问题的回答方式的不同，可以分成三种典型的库存控制系统。

1. 固定量系统

所谓固定量系统就是订货点和订货量都为固定量的库存控制系统，如图 8-2 所示。当库存控制系统的现有库存量降到订货点（reorder level，RL）及以下时，库存控制系统就向供应厂家发出订货，每次订货量均为一个固定量 Q。经过一段时间，我们称之为提前期（lead time，LT），所发出的订货到达，库存量增加 Q。订货提前期是从发出订货至到货的时间间隔，其中

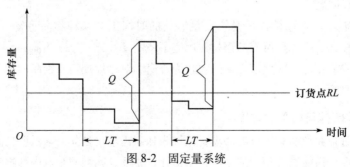

图 8-2 固定量系统

包括订货准备时间、发出订单、供方接受订货、供方生产、产品发运、产品到达、提货、验收、入库等过程。显然,提前期一般为随机变量。

要发现现有库存量是否到达订货点,必须随时检查库存量。固定量系统需要随时检查库存量,并随时发出订货。这样,增加了管理工作量,但它使库存量得到严密的控制。因此,固定量系统适用于重要物资的库存控制。

为了减少管理工作量,可采用双仓系统(two bin system)。所谓双仓系统,是运用两个货仓来管理库存与订货作业的固定量系统。当第一货仓(供应物品的货仓)用空时发出补货订单,在补货提前期使用第二货仓的物品;当收到订货时,将第二货仓(存储量为提前期内需求量加上安全库存)重新装满,余下物料放入第一货仓。再次从第一货仓取货,一直进行到第一货仓再次没货。双仓(箱)系统比较适用于低值物品的库存控制。

2. 固定间隔期系统

固定量系统需要随时监视库存变化,对于物资种类很多且订货费用较高的情况,是很不经济的。固定间隔期系统可以弥补固定量系统这方面的不足。

固定间隔期系统就是每经过一个相同的时间间隔,发出一次订货,订货量为将现有库存补充到一个最高水平 S,如图8-3所示。当经过固定间隔时间 t 之后,发出订货,这时库存量降到 L_1,订货量为 $S-L_1$;经过一段时间 LT 到货,库存量增加 $S-L_1$。再经过固定间隔期 t 之后,又发出订货,这时库存量降到 L_2,订货量为 $S-L_2$;经过一段时间 LT 到货,库存量增加 $S-L_2$。

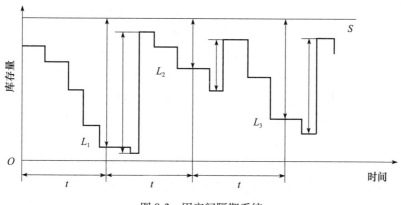

图 8-3 固定间隔期系统

固定间隔期系统不需要随时检查库存量,到了固定的间隔期,各种不同的物资可以同时订货。这样,简化了管理,也节省了订货费。不同物资的最高水平 S 可以不同。固定间隔期系统的缺点是,固定量系统只需在提前期内防止缺货,而固定间隔期系统需要提前期加下一个周期以防缺货,因而需要较高的安全库存。另外,不论库存水平降得多还是少,都要按期发出订货,当库存水平很高时,订货量是很少的。为了克服这个缺点,就出现了最大最小系统。

3. 最大最小系统

最大最小系统仍是一种固定间隔期系统,只不过它需要确定一个订货点 s。当经过时间间隔 t 时,若库存量降到 s 及以下,则发出订货;否则,再经过时间 t 后,再考虑是否发出订货。最大最小系统如图8-4所示:当经过间隔时间 t 之后,库存量降到 L_1,L_1 小于 s,发出订货,订货量为 $S-L_1$,经过一段时间 LT 到货,库存量增加 $S-L_1$。再经过时间 t 之后,库存量降到 L_2,L_2 大于 s,不发出订货。再经过时间 t,库存量降到 L_3,L_3 小于 s,发出订货,订货量为 $S-L_3$,

经过一段时间 LT 到货,库存量增加 $S-L_3$。如此循环。

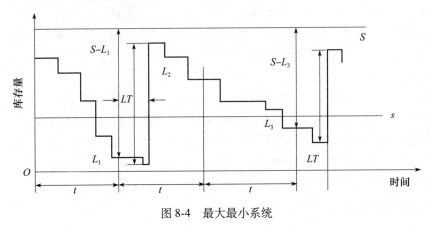

图 8-4 最大最小系统

8.1.5 对库存管理的要求

要对库存物资建立一个跟踪系统,不论是在库的还是在途的物资,都要有准确的信息。要做出何时发出订货和一次订多少的决策,为有效地进行库存管理,有以下一些基本要求。

1. 库存记录系统

要进行库存管理,就需要知道各种物品的库存数量,以便决定何时发出订货和订货批量。这就需要库存记录系统。库存记录系统可以是周期性系统,也可以是及时的(连续的)系统。周期库存记录系统按一定时间间隔(周或月)对货架上和仓库里的物品进行盘点,然后根据对每种物品的需求情况和盘点数量决定每种物品的订货数量。周期性系统的优点是一次对所有物品进行处理、发出订货,节省了订货费。它的缺点是不能随时了解物品库存变化的情况;为了防止缺货,需要过量的库存;每次订货都要按照每种物品的盘点数量决定它们的订货批量,工作量大。一般小杂货店多采用周期性系统。

及时库存记录系统可以随时提供当时的库存情况,凡是到达订货点的物品都要发出订货,根据预先确定的固定经济订货批量决定每次的订货量,使计算简化。及时系统的缺点是随时要清点每种物品,工作量大。同时,随时清点也避免不了定期盘点,因为在物品存放过程中,不可避免地会发生丢失和损耗。银行的存款和取款,就是及时库存记录系统的例子。

及时库存记录系统可以非常简单,也可以十分复杂。前面提到的"双仓系统"就是一种简单的及时库存记录系统。复杂的可以采用通用产品条形码和读码机,自动记录物品出入库情况,使得库存记录系统能够随时提供现有库存情况,大大改善了库存管理。

2. 可靠的需求预测

库存控制系统不可控的因素主要有两个:需求和供货提前期。如果需求预测不准或提前期计算不准,采用的控制策略就会失效。需求和提前期都是随机变量,难以做到十分准确,但应该知道它们的变化幅度。变化幅度越大,则过量库存越大,缺货的风险也越大。

3. 费用

与库存有关的费用有三个:维持库存费(holding costs or carrying costs)、订货费(ordering costs)和缺货损失费(shortage costs)。只有这些费用确定了,才有可能进行库存控制优化。下节将介绍有关这些费用的详细情况。

4. ABC 分类

管理讲求效率，力求事半功倍。ABC 分类法是一种重点管理法，抓住重点就可以事半功倍。ABC 分类法简单易行，在管理中得到广泛的应用。

（1）ABC 分类的基本思想。意大利经济学家帕累托（Pareto）在统计社会财富的分配时，发现大约占人口总数 20% 左右的人占有社会财富的 80% 左右。后来，从很多社会现象中都发现了这种统计规律，即所谓 80/20 定律。ABC 分类法基于 80/20 定律，简单地说就是 20% 左右的因素占有（带来）80% 左右的成果。比如，占品种数 20% 左右的产品为企业赢得了 80% 左右的利润，占用户总数 20% 的用户提供了 80% 左右的订单，占员工总数 20% 左右的员工做出了 80% 左右的贡献，等等。物资管理的 ABC 分类法正是在 80/20 定律的指导下，试图对物资进行分类，以找出占用大量资金的少数物资，并加强对它们的控制与管理。对那些占少量资金的大多数物资，则施以较松的控制和管理。这样，只用 20% 左右的精力就控制了 80% 左右的资金。在实际上，人们将占用了 65%～80% 的价值的 15%～20% 的物品划为 A 类；将占用了 15%～20% 的价值的 30%～40% 的物品划为 B 类；将占用了 5%～15% 的价值的 40%～55% 的物品划为 C 类，如图 8-5 所示。

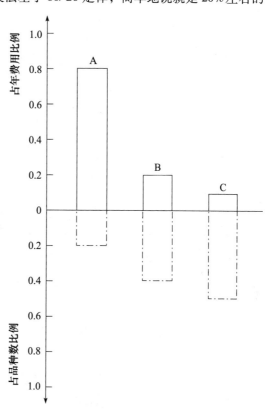

图 8-5　物资的 ABC 分类

（2）物资 ABC 分类法的实施。物资 ABC 分类法，或称按价值分配法，其具体做法是将每一种物资的年用量乘上单价，然后按价值从大到小排列而成。年用量可以根据历史资料或预测数据来确定。为了更好地反映现状，人们更多地使用预测数据。下面用一个实例来进一步说明如何实施物资 ABC 分类法。

第一步，列出所有产品及其全年使用量（预测值）。将年使用量乘以单价求得其价值。按价值的高低标明各种物资的大小序号，如表 8-1 所示。

表 8-1　物资及其用量情况表（一）

物资代码	年使用量（件）	单价（元）	年费用（元）	序号
X-30	50 000	0.08	4 000	5
X-23	200 000	0.12	24 000	2
K-9	6 000	0.10	600	9
G-11	120 000	0.06	7 200	3
H-40	7 000	0.12	840	8
N-15	280 000	0.09	25 200	1

(续)

物资代码	年使用量（件）	单价（元）	年费用（元）	序号
Z-83	15 000	0.07	1 050	7
U-6	70 000	0.08	5 600	4
V-90	15 000	0.09	1 350	6
W-2	2 000	0.11	220	10

第二步，按序号大小将物资重新排序，并计算累积年使用金额和累积百分比，如表8-2所示。

表8-2 物资及其用量情况表（二）

物资代码	年费用（元）	累积年使用金额（元）	累积百分比（%）	分类
N-15	25 200	25 200	36	A
X-23	24 000	49 200	70	A
G-11	7 200	56 400	81	B
U-6	5 600	62 000	88	B
X-30	4 000	66 000	94	B
V-90	1 350	67 350	96	C
Z-83	1 050	68 400	98	C
H-40	840	69 240	99	C
K-9	600	69 840	99	C
W-2	220	70 060	100	C

对表8-2进行整理，即可得到ABC分类汇总表，如表8-3所示。

表8-3 ABC分类汇总表

类别	物资代码	种类百分比（%）	每类价值	价值百分比（%）
A	N-15、X-23	20	49 200	70
B	G-11、U-6、X-30	30	16 800	24
C	V-90、Z-83、H-40、K-9、W-2	50	4 060	6

（3）ABC分类的运用。具体如下：

①A类物资。应施以尽可能紧的控制，包括最完整、精确的记录，最高的作业优先权，高层管理人员经常检查，小心精确地确定订货量和订货点，紧密的跟踪措施，以使库存时间最短。

②B类物资。正常的控制，包括做记录和固定时间的检查；只有在紧急情况下，才赋予较高的优先权；可按经济批量订货。

③C类物资。简单的控制，如设立简单的记录或不设立记录，可通过半年或一年一次的盘存来补充大量的库存，给予最低的优先作业次序等。

8.2 库存问题的基本模型

对于多周期库存模型，本书将讨论经济订货批量模型、经济生产批量模型和价格折扣模型。在介绍这些模型之前，先要对与库存有关的费用进行分析。只有在对费用分析的基础上，才能有明确的优化方向。

8.2.1 与库存有关的费用

有两种费用,一种随着库存量的增加而增加,另一种随着库存量的增加而减少。正是这两种费用相互作用的结果,才有最佳订货批量。

1. 随库存量增加而增加的费用

(1) 资金成本。库存的资源本身有价值,占用了资金。这些资金本可以用于其他活动来创造新的价值,库存使这部分资金闲置起来,造成机会损失。资金成本是维持库存物品本身所必需的花费。

(2) 仓储空间费用。要维持库存必须建造仓库、配备设备,还有供暖、照明、修理、保管等开支。这是维持仓储空间的费用。

(3) 物品变质和陈旧。在闲置过程中,物品会发生变质和陈旧,如金属生锈、药品过时、油漆褪色、鲜货变质。这会造成一部分损失。

(4) 税收和保险。

以上费用都随着库存量的增加而增加。若只要随着库存量的增加就增加的费用,则库存量越少越好。但也有随着库存量的增加而减少的费用,使得库存量既不能太低,也不能太高。

2. 随库存量增加而减少的费用

(1) 订货费。订货费与发出订单活动和收货活动有关,包括评判要价、谈判、准备订单、通信、收货检查等。它一般与订货次数有关,而与一次订多少无关。一次多订货,分摊在每项物资上的订货费就少。

(2) 调整准备费。在生产过程中,工人加工零件,一般需要准备图纸、工艺和工具,需要调整机床、安装工艺装备。这些活动都需要时间和费用。若花一次调整准备费,多加工一些零件,则分摊在每个零件上的调整准备费就少,但扩大加工批量会增加库存。

(3) 购买费和加工费。采购或加工的批量大,可能会有价格折扣。

(4) 生产管理费。加工批量大,为每批工件做出安排的工作量就会少。

(5) 缺货损失费。批量大则发生缺货的情况就少,缺货损失就少。

3. 库存总费用

计算库存总费用一般以年为时间单位。归纳起来,年库存费用包括以下 4 项:

(1) 年维持库存费(holding cost),以 C_H 表示。顾名思义,它是维持库存所必需的费用,包括资金成本、仓库及设备折旧、税收、保险、陈旧化损失等。这部分费用与物品价值和平均库存量有关。

(2) 年补充订货费(reorder cost),以 C_R 表示。它与全年发生的订货次数有关,一般与一次订多少无关。

(3) 年购买费(加工费)(purchasing cost),以 C_P 表示。它与价格和订货数量有关。

(4) 年缺货损失费(shortage cost),以 C_S 表示。它反映失去销售机会带来的损失、信誉损失以及影响生产造成的损失。它与缺货多少、缺货次数有关。

若以 C_T 表示年库存总费用,则

$$C_T = C_H + C_R + C_P + C_S \tag{8-1}$$

对库存进行优化的目标就是要使 C_T 最小。

8.2.2 经济订货批量模型

经济订货批量（economic order quantity，EOQ）模型最早由 F. W. Harris 于 1915 年提出的。该模型有如下假设条件：

- 外部对库存系统的需求率已知、需求率均匀且为常量。年需求率以 D 表示，单位时间需求率以 d 表示。由于需求率均匀，D 与 d 是相同的。例如 $D=365$ 吨/年，当需求均匀时，则 $d=1$ 吨/天。
- 一次订货量无最大最小限制。
- 采购、运输均无价格折扣。
- 订货提前期已知，且为常量。
- 订货费与订货批量无关。
- 维持库存费是库存量的线性函数。
- 不允许缺货。
- 补充率为无限大，全部订货一次交付。
- 采用固定量系统。

在以上假设条件下，库存量的变化如图 8-6 所示。从图 8-6 中可以看出，系统的最大库存量为 Q，最小库存量为 0，不存在缺货。库存按值为 D 的固定需求率减少。当库存量降到订货点 RL 时，就按固定订货量 Q 发出订货。经过一个固定的订货提前期 LT，新的一批订货量 Q 到达（订货刚好在库存变为 0 时到达），库存量立即达到 Q。显然，平均库存量为 $Q/2$。

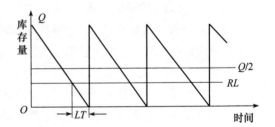

图 8-6 经济订货批量假设下的库存量变化

在 EOQ 模型的假设条件下，式（8-1）中 C_S 为零，C_P 与订货批量大小无关，为常量。

因此，

$$C_T = C_H + C_R + C_P = H(Q/2) + S(D/Q) + pD \tag{8-2}$$

式中 p 为单价，其余符号意义同前。由式（8-2）可见，年维持库存费 C_H 随订货批量 Q 的增加而增加，是 Q 的线性函数；年订货费 C_R 与 Q 的变化呈反比，随 Q 增加而下降。不计年采购费用 C_P，总费用 C_T 曲线为 C_H 曲线与 C_R 曲线的叠加。C_H 曲线与 C_R 曲线有一个交点，其对应的订货批量就是最佳订货批量，如图 8-7 所示。为了求出经济订货批量，将式（8-2）对 Q 求导，并令一阶导数为零，可得，

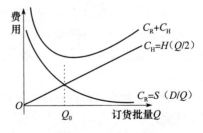

图 8-7 年费用曲线

$$Q_0 = EOQ = \sqrt{\frac{2DS}{H}} \tag{8-3}$$

式中，S——一次订货费或调整准备费；

H——单位维持库存费，$H=ph$（p 为单价，h 为资金效果系数）；
D——年需求量；
Q_0——最佳订货批量或经济订货批量。

订货点 RL 可按式（8-4）计算

$$RL = d \cdot LT \tag{8-4}$$

在最佳订货批量下，

$$C_R + C_H = S(D/Q_0) + H(Q_0/2) = \frac{DS}{\sqrt{\frac{2DS}{H}}} + \frac{H}{2}\sqrt{\frac{2DS}{H}} = \sqrt{2DSH} \tag{8-5}$$

从式（8-3）可以看出，经济订货批量随单位订货费 S 的增加而增加，随单位维持库存费 H 的增加而减少。因此，价格昂贵的物品订货批量小，难采购的物品一次订货批量要大一些。这些都与人们的常识一致。

【例 8-1】
G 公司每年以单价 10 元购入某种产品 8 000 件。每次订货费用为 30 元，资金年利息率为 12%，单位维持库存费按所库存货物价值的 18% 计算。若每次订货的提前期为 2 周，试求经济订货批量、最低年总成本、年订购次数和订货点。

解：这是一个直接利用 EOQ 公式的问题。显然，$p=10$ 元/件，$D=8\,000$ 件/年，$S=30$ 元，$LT=2$ 周。H 则由两部分组成——资金利息和仓储费用，即 $H=10\times12\%+10\times18\%=3$ 元/(件·年)。

因此，$EOQ = \sqrt{\dfrac{2DS}{H}} = \sqrt{\dfrac{2\times8\,000\times30}{3}}$
$= 400$（单位）

最低年总费用为
$C_T = pD + (D/Q)\cdot S + (Q/2)\cdot H$
$= 8\,000\times10 + (8\,000/400)\times30 + (400/2)\times3$
$= 81\,200$（元）

年订货次数 $n = D/EOQ = 8\,000/400 = 20$
订货点 $RL = (D/52)\cdot LT = 8\,000/52\times2$
$= 307.7$（单位）

8.2.3 经济生产批量模型

EOQ 假设整批订货在一定时刻同时到达，补充率为无限大。这种假设不符合企业生产的实际过程。一般来说，在进行某种产品生产时，成品是逐渐生产出来的。也就是说，当生产率大于需求率时，库存是逐渐增加的，不是一瞬间上去的。要使库存不致无限增加，当库存达到一定量时，应该停止生产一段时间。由于生产运作系统调整准备时间的存在，在补充成品库存的生产中，也有一个一次生产多少最经济的问题，这就是经济生产批量问题。经济生产批量（economic production lot，EPL；或称 economic production quantity，EPQ）模型，其假设条件除与经济订货批量模型第⑧条假设不一样之外，其余都相同。

图 8-8 描述了在经济生产批量模型下库存量随时间变化的过程。生产在库存为 0 时开始进行，经过生产时间 t_p 结束，由于生产率 P 大于需求率 d，库存将以 $(P-d)$ 的速率上升。经过时间 t_p，库存达到 I_{max}。生产停止后，库存按需求率 d 下降。当库存减少到 0 时，又开始了新一轮生产。Q 是在 t_p 时间内的生产量，Q 又是一个补充周期 T 内消耗的量。

在 EPL 模型的假设条件下，式（8-1）中的 C_S 为零，C_P 与订货批量大小无关，为常量。与 EOQ 模型不同的是，由于补充率不是无限大，这里平均库存量不是（$Q/2$），而是（$I_{max}/2$）。于是，

$$C_T = C_H + C_R + C_P = H(I_{max}/2) + S(D/Q) + pD$$

问题现在归结为求 I_{max}。由图 8-8 可以看出：

$$I_{max} = t_p(P - d)$$

由 $Q = Pt_p$，可以得出 $t_p = Q/P$。所以，

$$C_T = H(1 - d/P)Q/2 + S(D/Q) + pD \tag{8-6}$$

将式（8-6）与式（8-2）比较，可以得出：

$$EPL = \sqrt{\frac{2DS}{H\left(1 - \dfrac{d}{P}\right)}} \tag{8-7}$$

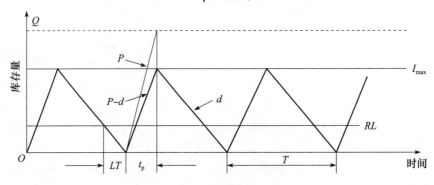

图 8-8 经济生产批量模型假设下的库存量变化

注：图中，P——生产率（单位时间产量）；
　　　　d——需求率（单位时间出库量），$d<P$；
　　　　t_p——生产的时间；
　　　　I_{max}——最大库存量；
　　　　Q——生产批量；
　　　　RL——订货点；
　　　　LT——生产提前期。

【例 8-2】

根据预测，市场每年对 X 公司生产的产品的需求量为 20 000 台，一年按 250 个工作日计算。生产率为每天 100 台，生产提前期为 4 天。单位产品的生产成本为 50 元，单位产品的年维持库存费为 10 元，每次生产的生产准备费用为 20 元。试求经济生产批量 EPL、年生产次数、订货点和最低年总费用。

解： 这是一个典型的 EPL 问题，将各变量取相应的单位，代入相应的公式即可求解。

$$EPL = \sqrt{\frac{2DS}{H(1-d/P)}} = \sqrt{\frac{2 \times 20\,000 \times 20}{10 \times (1-80/100)}}$$

$$= \sqrt{\frac{800\,000}{2}} = 632$$

$d = D/N = 20\,000/250 = 80$（台/日）

年生产次数 $n = D/EPL = 20\,000/632 = 31.6$

订货点 $RL = d \cdot LT = 80 \times 4 = 320$（台）

最低年库存费用 $C_T = H(1-d/P)Q/2 + S(D/Q) + pD$

$$= 10(1-80/100)(632/2) +$$
$$20(20\,000/632) + 50 \times 20\,000$$
$$= 1\,001\,265 \text{ (元)}$$

EPL 模型比 EOQ 模型更具一般性，EOQ 模型可以看成 EPL 模型的一个特例。当生产率 P 趋于无限大时，EPL 公式就同 EOQ 公式一样。

EPL 模型对分析问题来说十分有用。

由 EPL 公式可知，一次生产准备费 S 越大，则经济生产批量越大；单位维持库存费 H 越大，则经济生产批量越小。在机械行业，毛坯的生产批量通常大于零件的加工批量，是因为毛坯生产的准备工作比零件加工的准备工作复杂，而零件本身的价值又比毛坯高，从而单位维持库存费较高。

8.2.4 经济批量模型的应用

在建立 EOQ 和 EPL 模型时，学者曾做出一些不切实际的假设。比如需求率已知、均匀且为常量；订货提前期已知，且为常量。实际上，需求率是随机的，也不可能均匀；订货提前期受多种因素干扰，不可能为已知的常量。既然如此，经济批量模型还有实际意义吗？准时生产（JIT）的提出，追求零库存，需要一件生产一件，追求经济批量还有意义吗？下面，我们就来讨论这些问题。

由于经济批量模型对单位维持库存费和一次订货费的变化反应不灵敏，即当它们不够准确时，得出的经济批量的变化不大，而且经济批量 20% 的偏差对库存费用的影响也不大，EOQ 模型和 EPL 模型的实用性是比较好的。

经济批量的另一个作用是帮助人们分析问题。例如毛坯的生产批量与零件的加工批量，哪个应该大一些？利用 EOQ 模型，很快就可以得出毛坯的生产批量应该比零件的加工批量大一些的结论。因为相对于零件来说，毛坯本身的价值较低，因而单位维持库存费较少；而且毛坯的生产准备牵涉模型制造、造型、熔炼、浇铸等一系列工序，调整准备费很高；按照经济批量公式，其经济批量一定要大一些，这种推断与实际情况是一致的。

从准时制生产的观点考虑，首先想到的不是需要多少库存，而是为什么需要库存。JIT 追求不断改善，而不是维持现状。经济批量模型是现状的合理反映。既然一次订货或一次生产需要付出代价，则必须一次准备之后要多采购或多生产一些才合算。很难想象，花两天时间换一套模具，就压制一个冲压件（几分钟），再花两天时间又换一套模具，压制另一个冲压件。这是人们都了解的常识，也是经济批量模型反映的思想。但从 JIT 的观点考虑，为什么更换一次模具需要两天时间，能不能缩短？从这个思路考虑，"三分钟换模"实现了。既然能够做到三分钟换模，按照经济批量模型，换一套模具加工一个零件就合算了，所以两者并不矛盾。

8.2.5 价格折扣模型

为了刺激需求，诱发更大的购买行为，供应商往往在顾客的采购批量大于某一值时提供优惠的价格。这就是价格折扣。图 8-9 表示有两种数量折扣的情况。当采购批量小于 Q_1 时，单价为 p_1；当采购批量大于或等于 Q_1 而小于 Q_2 时，单价为 p_2；当采购批量大于或等于 Q_2 时，单价为 p_3。$p_3 < p_2 < p_1$。

价格折扣对于供应商是有利的。因为生产批量大，则生产成本低，销售量扩大可以占领市

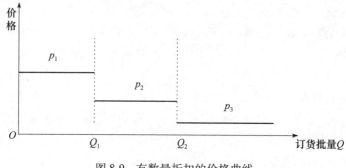

图 8-9 有数量折扣的价格曲线

场,获取更大利润。价格折扣对顾客是否有利,要进行具体分析。在有价格折扣的情况下,由于每次订购量大,订货次数减少,年订货费用会降低。但订购量大会使库存增加,从而使维持库存费增加。按数量折扣订货的优点是单价较低,年订购成本较低,较少发生缺货,装运成本较低,而且能比较有效地应对价格上涨。其缺点是库存量大,储存费用高,存货周转较慢且容易陈旧。接不接受价格折扣,需要通过价格折扣模型计算才能决定。

基本思想

价格折扣模型的假设条件仅有一条(第③条)与 EOQ 模型的假设条件不一样,即允许有价格折扣。由于有价格折扣时,物资的单价不再固定了,因而不能简单地套用传统的 EOQ 公式。如图 8-10 所示,有两个折扣点的价格折扣模型的费用。年订货费 C_R 与价格折扣无关,曲线与 EOQ 模型的一样。年维持库存费 C_H 和年购买费 C_P 都与物资的单价有关,因此,费用曲线是一条不连续的折线。3 条曲线的叠加,构成的总费用曲线也是一条不连续的曲线。但是,不论如何变化,经济订货批量仍是总费用曲线 C_T 上最低点所对应的数量。因为价格折扣模型的总费用曲线不连续,所以成本最低点或者是曲线斜率(一阶导数)为零的点,或者是曲线的中断点。求有价格折扣的最优订货批量可按下面步骤进行:

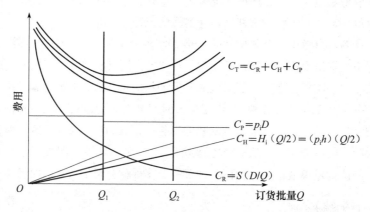

图 8-10 有两个折扣点的价格折扣模型的费用

步骤一:取最低价格代入基本 EOQ 公式求出最佳订货批量 Q_0,若 Q_0 可行(所求的点在曲线 C_T 上),Q_0 即为最佳订货批量,停止。否则转步骤二。

步骤二:取次低价格代入基本 EOQ 公式求出 Q_0。如果 Q_0 可行,计算订货量为 Q_0 时的总费用和所有大于 Q_0 的数量折扣点(曲线中断点)所对应的总费用,取其中最小总费用所对应的数量即为最佳订货批量，停止。

如果 Q_0 不可行，重复步骤二，直到找到一个可行的 EOQ 为止。

【例 8-3】

G 公司每年要购入 1 200 台 X 产品。供应商的条件是：①订货量大于等于 75 单位时，单价 $p_{i+1}=32.50$ 元；②订货量小于 75 单位时，单价 $p_i=35.00$ 元。每次订货的费用为 8.00 元；单位产品的年库存维持费用为单价的 12%。试求最优订货量。

解：这是一个典型的数量折扣问题，可按这类问题的一般求解步骤求解。

第一步，当 $p_{i+1}=32.50$ 时，$H=32.50\times 12\%=3.90$，$S=8.00$，$D=1\ 200$。则

$$EOQ(32.50)=\sqrt{\frac{2\times 1\ 200\times 8}{3.90}}=70.16$$

因为只有当订货量大于等于 75 时，才可能享受单价为 32.50 元的优惠价格，也就是说，70.16 是不可行的（70.16 所对应的点不在曲线 C_T 的实线上）。

第二步，求次低的单价 $p_i=35.00$ 时的情况。此时，$H=35.00\times 12\%=4.20$，$S=8.00$，$D=1\ 200$。

$$EOQ(35.0)=\sqrt{\frac{2\times 1\ 200\times 8}{4.20}}=67.61$$

当单价为 35.00 元时，经济订货批量取 68 单位，这与供应商的条件是不矛盾的，因而 68 为可行的订货量。在这里，订货量大于 68 的数量折扣点只有一个，即 75 单位。因此应该分别计算订货量为 68 单位和 75 单位时的总成本 $C_T(68)$ 和 $C_T(75)$。

$$\begin{aligned}C_T(68)&=(68/2)\times 4.20+(1\ 200/68)\times 8+\\&\quad 1\ 200\times 35.00\\&=42\ 283.98(\text{元})\end{aligned}$$

$$\begin{aligned}C_T(75)&=(75/2)\times 3.90+(1\ 200/75)\times 8+\\&\quad 1\ 200\times 32.50\\&=39\ 274.25(\text{元})\end{aligned}$$

由于 $C_T(75)<C_T(68)$，因此最佳订货批量应为 75 单位。

8.2.6 随机库存问题的订货量和订货点

在前面的讨论中，需求率和订货提前期都被视为确定的，这只是一种理想情况。在现实生活中，需求率和订货提前期都是随机变量。需求率和订货提前期中有一个为随机变量的库存控制问题，就是随机型库存问题。

1. 假设条件

①需求率 d 和订货提前期 LT 为已知分布的随机变量，且在不同的补充周期，这种分布不变。

②补充率无限大，全部订货一次同时交付。

③允许晚交货，即供应过程中允许缺货，但一旦到货，所欠物品必须补上。

④年平均需求量为 D。

⑤已知一次订货费为 S，单位维持库存费为 H，单位缺货损失费为 C_S。

⑥无价格折扣。

按照以上假设条件，库存量的变化如图 8-11 所示。

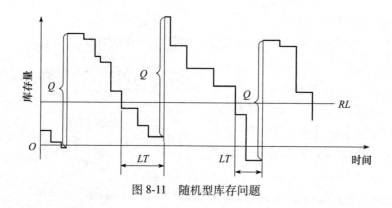

图 8-11 随机型库存问题

2. 求订货量和订货点的近似方法

求最佳订货量和订货点的方法十分复杂，难以在生产实际中应用。加之实际数据并不一定很准确，用精确的方法处理不精确的数据，其结果还是不精确。因此，有必要研究简单易行且足够准确的求订货量和订货点的近似方法。对于订货量，可以直接用 EOQ 公式计算。对于订货点，可以采用经验方法确定，经验方法比较粗糙。比如，手头库存是提前期内需求的 2 倍（或 1.5 倍、1.2 倍）时，就提出订货。通过安全库存或服务水平来计算，则比较精确。

安全库存和服务水平，具体如下：

（1）安全库存。安全库存（safety stock，SS）如已确定，就可以按下式来计算订货点

$$RL = SS + D_E \tag{8-8}$$

式中，SS——安全库存；

D_E——提前期内需求的期望值。

在随机型库存系统中，需求率和订货提前期的随机变化都被预设的安全库存吸收。安全库存是一种额外持有的库存，它作为一种缓冲器用来补偿在订货提前期内实际需求量超过期望需求量，或实际提前期超过期望提前期所产生的需求。图 8-12 表示提前期内需求近似服从正态分布的情况，左边阴影部分面积表示不发生缺货的概率，可以作为库存系统的服务水平；右边阴影部分面积表示发生缺货的概率。从图 8-12 可以看出，如果没有安全库存，缺货的概率可达到 50%。安全库存对公司的成本有双重的影响：降低缺货损失费，

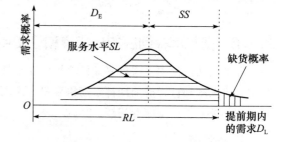

图 8-12 提前期内需求的概率分布

提高了服务水平（service level，SL），却也增加了维持库存费用。但是，即使有安全库存的存在，仍不能保证顾客的每一次需求都能得到满足，因此缺货是不可避免的。

（2）服务水平。服务水平是衡量随机型库存系统的一个重要指标，它关系到库存系统的竞争能力。有很多种衡量服务水平的方法：

- 整个周期由供货的数量／整个周期的需求量。
- 提前期内供货的数量／提前期的需求量。
- 顾客订货得到完全满足的次数／订货发生的总次数。
- 不发生缺货的补充周期数／总补充周期数。

- 手头有货可供的时间／总服务时间。

我们取提前期内需求 D_L 不超过订货点 RL 的概率作为服务水平：

$$SL = P(D_L \leq RL) \tag{8-9}$$

（3）安全库存与服务水平的关系。很明显，服务水平越高，安全库存量越大，所花的代价也越大；但服务水平过低又将失去顾客，减少利润。因此，确定适当的服务水平是十分重要的。图 8-13 中的曲线描述了订货点和服务水平的关系。在服务水平比较低时，将服务水平提高同样比例，订货点增加幅度（安全库存增加幅度）小（L_1）；在服务水平比较高时，将服务水平提高同样比例，订货点增加幅度（安全库存增加幅度）大（L_2），$L_2>L_1$。这就是说，在服务水平较低时，稍稍增加一点安全库存，服务水平提高的效果就很明显。但是，当服务水平增加到比较高的水平（如 90%），再提高服务水平就需大幅度地增加安全库存。

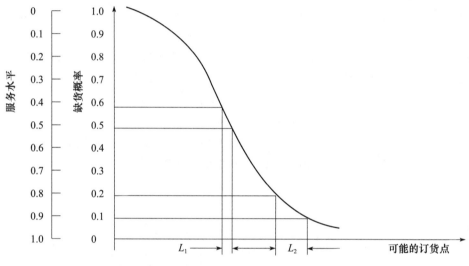

图 8-13　订货点和服务水平的关系

对于提前期内需求符合正态分布的情形，式（8-9）可以改写成

$$RL = D_E + Z\sigma_L \tag{8-10}$$

式中，σ_L 为提前期内需求量的标准差。对于提前期内各单位时间内需求分布相互独立的情况，则有：

$$\sigma_L = \sqrt{(LT)\sigma_p^2} \tag{8-11}$$

式中，LT——提前期所含时间单位数；

σ_p——提前期内各单位时间需求量的标准差。

【例 8-4】

根据历年资料，可知 C 公司在提前期内需求呈正态分布，提前期平均销售 A 产品 320 台，其标准差为 40 台。订货提前期 1 周，单位订货费是 14 元，单位维持库存费用是每台每年 1.68 元，缺货成本是每台 2 元。试确定该公司的库存策略。

解：$EOQ = \sqrt{\dfrac{2DS}{H}}$

$= \sqrt{\dfrac{2 \times 320 \times 52 \times 14}{1.68}}$

$= \sqrt{277\,333.33} = 526.62$

利用有关公式可求公司订货批量为 527 台。最优服务水平下的缺货概率为

$$P(D_L)^* = HQ/C_sD$$
$$= (1.68 \times 527)/(2 \times 320 \times 52)$$
$$= 0.0266$$

查正态分布表可求得 $Z = 1.93$。

利用式（8-10）计算订货点，$RL = 320 + 1.93 \times 40 = 397$（台）

安全库存 $SS = RL - D_E = 397 - 320 = 77$（台）

服务水平 $SL = 1 - 0.0266 = 0.9734 = 97.34\%$

8.3 单周期库存模型

对单周期需求来说，库存控制主要是在两个费用之间取得平衡：超储（overstocking）费用和欠储（understocking）费用。

由于预测误差的存在，根据预测确定的订货量和实际需求量不可能一致。如果需求量大于订货量，就会失去潜在的销售机会，导致机会损失和信誉损失，即订货的欠储费用。如果由于备件缺货，那么造成的损失还包括生产中断带来的损失。用 C_u 表示单位欠储费用，则

$$C_u = 单位收入 - 单位成本$$

相反，假如需求量小于订货量，所有未销售出去的物品将可能以低于成本的价格出售，甚至可能还要额外支付一笔处理费。这种由于供过于求导致的费用被称为超储费用。用 C_o 表示单位超储费用，则

$$C_o = 单位成本 - 单位处理费用$$

处理费用可能是正值，如折价变卖；也可能是负值，如还要交处理费。

显然，理想的情况是订货量恰好等于需求量。为了确定最佳订货量，需要考虑各种由订货引起的费用。由于只发出一次订货和只发生一次订购费用，因此订货费用为一种沉没成本，它与决策无关。库存费用也可视为一种沉没成本，因为单周期物品的现实需求无法准确预计，而且只通过一次订货满足。所以即使有库存，其费用的变化也不会很大。这样，只有欠储费用和超储费用才对最佳订货量的确定起决定性的作用。

单周期库存问题可以按需求情况分成两种：需求近似于连续的和需求是离散的。连续需求理论上可以用均匀分布或正态分布来描述；离散需求可以用统计频数或理论上用泊松分布来描述。

8.3.1 连续需求的单周期库存模型

设 $P(D)$ 为需求量大于或等于 D 的概率，如果欠储费用的期望值 $P(D) \cdot C_u$ 大于超储费用的期望值 $[1-P(D)] \cdot C_o$，则 D 还应增加，一直加到

$$P(D) \cdot C_u = [1 - P(D)] \cdot C_o$$

这时的 D，我们用 D^* 表示，则

$$P(D^*) \cdot C_u = [1 - P(D^*)] \cdot C_o$$
$$P(D^*) = C_o/(C_u + C_o) \tag{8-12}$$

D^* 就是最佳订货量。

【例8-5】

某酒吧对苹果汁的周需求为300~500升，均匀分布。已知进价为每升1.60元，售价为每升4.00元。如果一周之内卖不出去，就不能继续销售，单位处理费用为0，求最佳订货量和服务水平。

解：$C_u = 4.00 - 1.60 = 2.40$（元／升）

$C_o = 1.60 - 0 = 1.60$（元／升）

$P(D^*) = 1.60/(2.40+1.60)$
$= 0.40$（见图8-14）

$D^* = 300 + (1-0.40)(500-300) = 420$

$SL = 1 - 0.40 = 0.60 = 60\%$

图8-14 最佳订货量和服务水平

8.3.2 离散需求的单周期库存模型

假定原计划订货量为Q，考虑追加一个单位订货的情况。由于追加了1个单位的订货，使得期望损失的变化为

令 $\Delta E_L(Q) = E_L(Q+1) - E_L(Q) = \left[C_u \sum_{d>Q}(d-Q-1)P(d) + C_o \sum_{d<Q}(Q+1-d)P(d) \right]$

$+ \left[C_u \sum_{d>Q}(d-Q)P(d) + C_o \sum_{d<Q}(Q-d)P(d) \right]$

$= (C_u + C_o) \sum_{d=0}^{Q} P(d) - C_u = 0$

则
$$\sum_{d=0}^{Q^*} P(d) = 1 - P(D^*) = \frac{C_u}{C_u + C_o},$$

$$P(D^*) = \frac{C_o}{C_o + C_u} \tag{8-13}$$

确定了$P(D^*)$，然后再根据经验分布就可以找出最佳订货量。公式与连续性需求是一致的，但由于是离散变量，符合公式的订货量可能处于两个给定需求量之间，这时应该取这两个需求量中较大的一个，以保证对顾客有较高的服务水平，使企业承受多一些超储费用。

【例8-6】

水压机的某种维修备件每个6 400元，缺货损失包括水压机出故障后的停机损失和专门的订货费，平均为每次32 000元，备件的处理费为0，使用备件的数量的相对频率如表8-4所示。求储备多少备件为好。

表8-4 备件使用频率

使用的备件数	相对频率	累计频率
0	0.20	0.20
1	0.40	0.60
2	0.30	0.90
3	0.10	1.00
4及4个以上	0	

$C_u = 32\,000$元，$C_o = 6\,400$元

$P(D^*) = 6\,400/(6\,400+32\,000) = 0.167$

$1 - P(D^*) = 0.833$

D^*处于1~2，应该取2。说明储备2个备件为好。

本章小结

本章系统地对独立需求库存问题及其模型进行了阐述。首先，提出了库存的定义，分析了库存的作用，提出了库存问题的分类，描述了三种典型的库存控制系统，即固定量系统、固定间隔期系统和最大最小系统，阐述了对库存管理的要求。其次，介绍了库存问题的基本模型，包括经济订货批量模型、经济生产批量模型和价格折扣模型，以及求随机库存问题订货量和订货点的近似方法。最后，讨论了单周期库存模型，包括连续需求的单周期库存模型和离散需求的单周期库存模型，以及求订货量的边际分析法。

复习思考题

1. 什么是库存？怎样认识库存的作用？
2. 不同种类的库存问题各有什么特点？
3. 哪些费用随库存量增加而上升，哪些费用随库存量增加而减少？
4. 试述三种典型的库存控制系统的控制机制。
5. 经济批量模型有哪些假设条件？它如何在生产实际中应用？
6. 单周期库存问题有什么实际背景？

讨论案例

在线药品公司应如何同制造商协调订货

根据以往统计，在线药品公司每月销售的 B 族维生素为 10 000 瓶，需求均匀。该公司每次向制造商订购维生素的订货成本（含运输成本、收货成本）为 $S_R = 1\,000$ 美元。在线药品公司的库存持有成本费率为 $h_R = 0.2$，每瓶维生素的零售价格为 $C_R = 3$ 美元。按 EOQ 公式计算，得出最佳订货批量为 6 324 瓶，年总成本为 3 795 美元。

制造商有一条装瓶生产线，装瓶生产线以稳定速率运行。在线药品公司每次订购，制造商都需要加工、打包、装运订购的产品。制造商的生产准备成本为 250 美元，每瓶维生素的生产成本为 2 美元，制造商库存持有成本费率为 $h_M = 0.2$。

讨论题

1. 如果按在线药品公司的最佳订货批量订购，制造商的年总成本为多少？制造商年总成本与在线药品公司的年总成本之和为多少？
2. 若按制造商的经济生产批量计算，制造商年总成本与在线药品公司的年总成本之和为多少？
3. 若要使制造商年总成本与在线药品公司的年总成本之和最小，订货批量应为多少？
4. 若按题 3 得出的批量订货，在线药品公司的年总成本会上升吗？如果上升，制造商应该如何对在线药品公司进行补偿？
5. 你能否设计一种价格折扣方案，使双方都感到满意？

判断题

1. 维持库存费高的库存系统趋向于低库存水平和频繁补充订货。
2. 因为平均库存水平低，固定量库存系统更适用于低价格产品。
3. 按 EOQ 公式，毛坯的生产批量应该大于零件的加工批量。
4. 对于价格折扣模型，按最低价求得的经济订货批量若可行，则一定是最佳订货批量（相应的总费用最低）。
5. 安全库存是由年需要量决定的。
6. 提前期和需求率中有一个不为随机变量，就不是随机型的库存问题。
7. ABC 分类法是按照物品的单价高低进行的。

8. 按照 ABC 分类法，得出的 A 类物资总是占少数。
9. 平均库存量和每年订货次数成反比。
10. EOQ 模型就是要使订货费用最省。
11. 准备安全库存是为了满足预期的需求。
12. 提高库存系统的服务水平就降低了缺货风险。
13. 单周期库存模型的超储费用是指过量进货带来的损失。
14. 单周期库存模型的欠储费用是指过量进货带来的损失。

选择题

1. 下述哪项不属于维持库存费？
   A. 物料费用　　B. 运输费
   C. 保险费　　　D. 被盗损失
   E. 仓储设施折旧
2. 在制定库存量的决策时，不需考虑下述哪项费用？
   A. 维持库存费　B. 调整准备费
   C. 订货费　　　D. 固定成本
   E. 缺货损失费
3. 固定量库存系统的基本模型不包括下述哪项假设？
   A. 一次订货费或调整准备费是常量
   B. 根据平均库存计算维持库存费
   C. 库存回报是库存的减函数
   D. 提前期为常量
   E. 需求率均匀且为常量
4. 下述哪项费用组合构成了固定量库存系统的总费用？
   A. 年购买费、年补充订货费和固定费用
   B. 年维持库存费、年补充订货费和单价
   C. 年维持库存费、年补充订货费和年购买费
   D. 年提前期内费用、年维持库存费和年购买费
   E. 单价、年调整准备费和年购买费
5. 假定无须安全库存，某产品的平均日消耗量为 30 件，提前期为 10 天，现有库存量为 500 件，订货点是多少？
   A. 200　　　　B. 300
   C. 400　　　　D. 500
   E. 600
6. 求随机型库存问题的订货点时，除了计算提前期内需求的期望值外，还需加上下述哪一项？
   A. 需求的均值乘以提前期的标准差
   B. Z 值乘提前期
   C. 需求的标准差乘提前期的标准差
   D. 提前期乘提前期的标准差
   E. 提前期内需求量的标准差乘 Z 值
7. 下面哪一项不是 EOQ 模型的假设条件？
   A. 年需求为已知的常量
   B. 提前期已知且固定
   C. 不允许缺货
   D. 有数量折扣
   E. 补充率为无限大
8. 如下哪一项不是维持库存的原因：
   A. 使生产系统平稳运行
   B. 减少缺货风险
   C. 使生产活动准时进行
   D. 减少订货费
   E. 防止短缺
9. 在双仓系统（two-bin inventory system）中，每个仓内的存储量为：
   A. RL
   B. EOQ
   C. 安全库存量
   D. 安全库存加上最佳订货量
   E. 以上都不是
10. 哪项费用不属于维持库存费：
    A. 保险
    B. 利息
    C. 缺货损失费
    D. 仓库照明
    E. 陈旧化损失

计算题

1. 华海羽毛球俱乐部每周大约丢失、损坏 20 打羽毛球，羽毛球市场价格是 5 元钱一个；俱乐部保存羽毛球的费用每月是采购费用的 1.5%，每次订货需要 7 元钱的订货费；由于业务需要，俱乐部要保持 200 打的最低库存；另外羽毛球的订货提前期是 3 周。试求：
   (1) 经济订货批量是多少？
   (2) 订货点是多少？
   (3) 已知每次对所剩的羽毛球进行清点，需要花费 12 元的人工费用，试提供一种方法来解决这个问题。

2. 新华纺织厂生产牛仔衣面料，生产能力是 2 500 米／天；已知市场需求稳定，每年（按 250 天计算）市场需求量为 180 000 米，每次生产的调整准备费为 175 元，每米布的年维持库存费用是 0.40 元，试求：
   (1) 工厂的经济生产批量是多少？
   (2) 每次开工，工厂需要持续生产多少天才能完成任务？
   (3) 最大库存水平是多少（假设第一次生产前的库存为零）？

3. 人民医院平均每天使用 100 个注射器。注射器厂家给医院的售价根据订货量不同而不同，其中，订货量在 1~999 个时，单价为 1 元；订货量在 1 000~2 499 个时，单价为 0.80 元；订货量在大于或等于 2 500 个时，单价为 0.70 元。已知每个注射器的库存费用是其价格的 30%，每次订货费是 15 元。在不考虑安全库存的情况下，确定最佳订货批量。

4. 据统计，志武自行车行平均每周销售永久牌自行车 10 辆，标准差为 3。车行的每次订货费是 20 元，每辆自行车的年维持库存费为 25 元；另据估计，如果出现缺货现象，车行将以 50% 的概率失去订单。已知销售一辆自行车的利润是 60 元，订货提前期是 3 周。试求：
   (1) 经济订货批量。
   (2) 在最优服务水平下的缺货概率。
   (3) 最优订货点。
   (4) 解释为什么订货点大于订货批量。

5. 圣诞节前某商店要购买一批圣诞树，买进单价为 5 元／株，卖出单价为 15 元／株。若这些树在节日期间卖不出去，则需以每株 1 元的代价处理。已知对圣诞树需求的分布律如表 8-5 所示，求最佳订货批量。

表 8-5

需求量 (D)（株）	40	50	60	70	80	90	100	110	120 以上
分布率	0	0.1	0.15	0.25	0.20	0.15	0.1	0.05	0
需求 ($\geq D$) 概率 $p(D)$	1.00	1.00	0.90	0.75	0.50	0.30	0.15	0.05	0

第9章
MRP

○ 引例　　　　　　　应该如何计算零部件需求

　　宏宇汽车制造厂是一家小型装配轻型卡车的工厂，专门承接某大型汽车公司不愿生产的、用户有一定特殊要求的变型汽车。这些变型汽车生产批量小、品种较多，适合宏宇汽车制造厂生产。

　　今年2月，宏宇汽车制造厂接到生产100辆某种型号轻型卡车的任务。生产科李科长让新来的科员小张安排生产和采购计划。由于过去宏宇汽车制造厂生产过这种车型，尚有余下的零部件。经小张查点，库房里还有该车型可以使用的零部件，其中，变速器2件，用于该变速器的齿轮箱组件15件，用于齿轮箱的最大齿轮7个以及制造该齿轮的毛坯46件。

　　小张看了看零部件清单和图纸，发现1辆轻型卡车除了其他零部件之外，还包含变速器1件，每个变速器包括齿轮箱组件1件，每个齿轮箱中有最大齿轮1个，而制造这种齿轮需要锻件毛坯1个。

　　小张计算了一下，生产100辆轻型卡车还需要（100-2）=98件变速器，需要（100-15）=85件齿轮箱组件，需要（100-7）=93个大齿轮，需要（100-46）=54件毛坯。

　　当小张兴致勃勃地找到李科长，告诉他需要生产和采购的零部件数量时，李科长连连摇头，说："错了，错了！"小张顿时感到不解，"难道我连这么简单的算术都不会吗？"

　　物料需求计划（material requirements planning，MRP）已经走了一条很长的发展道路，从一个需求计算器变成了具有全球多点应用的集成的实时系统。MRP是20世纪60年代发展起来的一种计算物料需求量和需求时间的系统。所谓"物料"，泛指原材料、在制品、外购件以及产品。最初，它只是一种需求计算器，是开环的，没有信息反馈，也谈不上控制。后来，从供应商和生产现场取得了信息反馈，形成了闭环MRP（closed-loop MRP）系统，这时的MRP才成为生产计划与控制系统。

　　20世纪80年代发展起来的制造资源计划（manufacturing resource planning，MRPⅡ），不仅涉及物料，而且涉及生产能力和一切制造资源，是一种资源协调系统。MRP包含在MRPⅡ内。如果没有特别说明，本章将用MRP泛指物料需求计划与制造资源计划，读者可根据实际内容区分具体指哪一种。

20世纪90年代初,由美国高德纳公司(Gartner Group Inc.)首先提出企业资源计划(enterprise resource planning, ERP)的概念。ERP已经超出单家企业的范围,涉及供应链和客户关系管理。ERP的概念现在仍处于发展中。

MRP具有广泛的适用性。它不仅适用于多品种中小批量生产,而且适用于大批量生产;不仅适用于制造企业,而且适用于某些非制造企业。不过,MRP的长处在多品种中小批量生产的加工装配式企业中得到了有效的发挥。因此,本章将介绍MRP原理、系统结构、输入和输出、处理逻辑、MRP Ⅱ及DRP的相关问题。

9.1 概述

加工装配式生产的工艺顺序是:将原材料制成各种毛坯,再将毛坯加工成各种零件,零件组装成部件,最后将零件和部件组装成产品。如果要求按一定的交货时间提供不同数量的各种产品,就必须提前一定时间加工所需数量的各种零件;要加工各种零件,就必须提前一定时间准备所需数量的各种毛坯;要形成各种毛坯,必须提前一定时间准备各种原材料。要使各生产阶段和环节相互衔接,必须准确地确定原材料、毛坯和零件的投入出产时间与数量。现代工业产品日益复杂,一个产品常常包括成千上万个零件,而加工这些零件需要各种不同的原材料,要把每种零件和每种原材料的需要量与需要时间计算出来,其复杂性和工作量可想而知。

过去,由于缺乏现代化生产管理的方法与工具,只能采用手工方式编制生产作业计划,对这样复杂的计算无能为力。随着计算机在我国企业中的应用越来越广泛,MRP已经在我国的一些企业中得到应用。因此,研究MRP的有关概念及方法,无论是对消化国外MRP软件,还是结合本企业的特点自行开发MRP系统,都有十分重要的意义。

9.1.1 MRP的基本思想

MRP的基本思想是,围绕物料转化组织制造资源,实现按需准时生产。

对加工装配式生产来说,如果确定了产品出产数量和出产时间,就可按产品的结构确定产品的所有零件和部件的数量,并可按各种零件和部件的生产周期,反推出它们的出产时间和投入时间。物料在转化的过程中,需要不同的制造资源(机器设备、场地、工具、工艺装备、人力和资金等),有了各种物料的投入出产时间和数量,就可以确定对于这些制造资源的需要数量和需要时间。这样就可以围绕物料的转化过程来组织制造资源,实现按需准时生产。

MRP按反工艺顺序来确定零部件、毛坯直至原材料的需要数量和需要时间,并不是什么新思想,一般生产管理人员都能想到。那么,为什么到20世纪60年代MRP才发展起来呢?

由于现代工业产品的结构极其复杂,一个产品常常由成千上万种零件和部件构成,用手工方法不可能在短时间内确定如此众多的零件和部件及相应的制造资源的需要数量和需要时间。据报道,在使用计算机以前,美国有些公司用手工计算各种零部件的需要数量和需要时间,一般需要6~13周的时间。人们称这种编制生产作业计划的方式为"季度订货系统"。由于这种制订计划只能每季度更新一次,计划不可能很细、很准,而且计划的应变性很差。

由于企业处于不断变化的环境之中,实际情况必然偏离计划的要求,其原因可能是对产品的需求预测不准确,引起产品的交货时间和交货数量的改变;也可能是外协件、外购件和原材料的供应不及时；还可能是其他一些偶然因素，如产出废品、设备故障、工人缺勤等，使生产不能按计划进行。

当计划与实际执行情况出现了较大偏差，通过主观努力已不可能达到计划的要求，或者计划本身不能完全反映市场需求时，必须修改计划。但是，修改计划和制订计划一样费事，计划制订得越细致，修改计划的工作量就越大、越困难。而且，修订计划要求在很短的时间内完成，否则，修订的计划跟不上变化。显然，不使用计算机，单靠手工方式是无法及时对计划做出修改和调整的。MRP 的出现，是计算机应用于生产管理的结果。

为什么要以物料转化为中心来组织生产呢？在生产过程中，物料不断地改变其形态和性质，从原材料逐步转变为产品，企业很大一部分流动资金被物料占用。同时，企业的固定资金主要为设备所占用。因此，管理好设备和物料，对于提高企业的经济效益有举足轻重的作用。

以物料为中心来组织生产，还是以设备为中心来组织生产，代表了两种不同的指导思想。以物料为中心组织生产，体现了为顾客服务的宗旨。物料的最终形态是产品，它是顾客所需要的东西，物料的转化最终是为了提供使顾客满意的产品。因此，围绕物料转化组织生产是按需定产思想的体现。以设备为中心组织生产，即有什么样的设备就生产什么样的产品，是以产定销思想的体现。以物料为中心来组织生产，要求一切制造资源围绕物料转。要生产什么样的产品，决定了需要什么样的设备和工具，进而决定需要什么样的人员。以物料为中心可以把企业内各种活动有目的地组织起来。比如，某工艺装备是为满足某零件的某道工序的加工要求而设计制造的，该工艺装备应该在该零件的那道工序开始进行时提供，既不能早，也不能迟。以设备或其他制造资源为中心组织生产，则会陷入盲目性。比如，追求所有设备的满负荷，追求每个人每时每刻都必须有活干，等等。

既然最终是要按期给顾客提供合格的产品，在围绕物料转化组织生产的过程中，上道工序应该按下道工序的要求进行生产，前一生产阶段应该为后一生产阶段服务，而不是相反。MRP 正是按这样的方式来完成各种生产作业计划编制的。

对一种产品或零部件的需求，若与对其他产品或零部件的需求无关，则对这种产品或零部件的需求为独立需求。对产品和某些维修使用的零部件的需求来自企业外部，是独立需求。若对某种产品项目的需求取决于对另一些产品项目的需求，则对这种产品项目的需求为相关需求。对原材料、毛坯、零件、部件的需求，来自制造过程，是相关需求。独立需求来自企业外部，需要通过预测和顾客订货来确定；相关需求发生在制造过程中，可以通过计算得到。正是制造过程中的相关需求使得 MRP 能够"围绕物料转化组织准时生产"，也使得订货点方法不能使用。

用传统的订货点方法来处理制造过程中的供需矛盾，有很大的盲目性，结果会造成大量的原材料及在制品库存。传统的订货点方法和 MRP 一样也是要解决订什么、订多少与何时提出订货这三个问题，它是靠维持一定量的库存来保证需要的。为了叙述方便，下面将用"元件"来代表零件、部件、毛坯和原材料。将订货点方法用于制造过程有以下缺点：

（1）盲目性。对需求的情况不了解，盲目地维持一定量的库存会造成资金积压。例如，对某种零件的需求可能出现如表 9-1 所示的三种情况。按经济订货批量（EOQ）公式，可以计算出经济订货批量，比如 50 件。这样，对于情况 1，第一周仅需 20 件，若一次订 50 件，则余下 30 件需存放 3 周，到第 4 周再消耗 20 件，余下的 10 件还需存放 4 周，而且还满足不了第 8 周的需要。因此，在第 8 周前又要提出数量为 50 件的订货。对于情况 2，订货量不足以满足前 3 周的需要。对于情况 3，剩余的 30 件无缘无故地存放了 9 周，而且还不满足第 10 周的需要。经常靠维持库存来保证需要，是由对需求的数量及时间不了解所致。通常，盲目性造成了浪费。

表 9-1 对某零件的需求

周次	1	2	3	4	5	6	7	8	9	10
情况 1	20	0	0	20	0	0	0	20	0	0
情况 2	20	0	40	0	0	0	0	0	0	0
情况 3	20	0	0	0	0	0	0	0	0	40

(2) 高库存与低服务水平。用订货点方法会造成高库存与低服务水平并存。由于对需求的情况不了解，只有靠维持高库存来提高服务水平。这样会造成很大浪费。传统的订货点方法使得低库存与高服务水平两者不可兼得。由第 8 章可知，服务水平越高则库存越高。而且，服务水平达到 95% 以上时，再要提高服务水平，库存量就会上升很快。从理论上讲，服务水平接近 100% 则库存量必然趋于无穷大。

如果装配一个部件需要 5 种零件，当以 95% 的服务水平供给每种零件时，每种零件的库存水平会很高。即使如此，装配这个部件时，5 种零件都不发生缺货的概率仅为 $(0.95)^5 = 0.774$，即装配这个部件时，几乎 4 次中就有一次碰到零件配不齐的情况。一个产品常常包含上千种零部件，装配产品时不发生缺件的概率就更低了。这就是采用订货点方法造成零件积压与短缺共存局面的原因。

(3) 形成"块状"需求。采用订货点方法的条件是需求均匀。但是，在制造过程中形成的需求一般都是块状的：不需要的时候为零，一旦需要就是一批。采用订货点方法加剧了这种需求的不均匀性。图 9-1 所示的例子清楚地表明了这一点。

在这个例子中，产品、零件和原材料的库存都采用订货点方法控制。对产品的需求由企业外部多个用户的需求所决定。

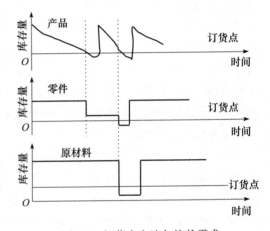

图 9-1 订货点方法与块状需求

由于每个用户的需求相差不是很大，综合起来，对产品的需求比较均匀，库存水平变化的总轮廓呈锯齿状。当产品的库存量下降到订货点以下时，就要组织该产品的装配。接着，就要从零件库中取出各种零件。这样，零件的库存水平陡然下降一块。而在此之前，尽管产品库存水平在不断下降，由于没下降到订货点，不必提出订货，因而零件的库存水平维持不变。类似地，当零件的库存水平未降到订货点以下时，也不必提出订货。于是，原材料的库存水平维持不变。随着时间的推移，产品的库存逐渐被消耗，当库存水平再降到订货点以下时，再次组织产品装配，这时又消耗一部分零件库存。如果这时零件的库存水平降到零件的订货点以下，那就要组织零件加工。这样，就要消耗一部分原材料库存。

由此可以看出，在产品的需求率均匀的条件下，由于采用订货点方法，造成对零件和原材料的需求率不均匀，呈"块状"。"块状"需求与"锯齿状"需求相比，平均库存水平几乎提高一倍，因而占用更多的资金。

订货点方法是用于处理独立需求问题的，它不能令人满意地解决相关需求问题。而且，订货点方法不适于 MTO 企业。于是，人们找到了 MRP。它可以精确地确定对零部件、毛坯和原材料的需要数量与需要时间，消除了盲目性，同时实现了低库存与高服务水平。

9.1.2 MRP 能够用在哪里

按照生产工艺的特点，MRP 主要用于加工装配式生产行业，如机械制造厂、家具厂、服装厂、电子设备厂等。对于流程式生产企业，如炼油、炼钢，则难以应用或者应用中并没有什么优势。按照生产类型的特点，MRP 主要用于批量生产企业，产品种类较多，每种产品都有一定的批量。对按订单装配（ATO）和按订单制造（MTO）式生产来说，都牵涉及时供应和生产零部件，MRP 可以充分发挥其功能和优势。对于复杂产品的单件小批生产，即使是加工装配式生产，由于提前期太长，而且牵涉很多不确定因素，采用网络计划方法、按照项目管理方式更有效，不宜应用 MRP。

9.1.3 应用 MRP 的目的

MRP 的基本目的是使生产过程的各个环节能够互相衔接，让生产过程保持连续性。而要保持生产过程的连续性，生产阶段之间、各道工序之间既不能有在制品的积压，又不能因在制品供应不上而中断生产。当上游生产阶段或工序供不应求时，下游生产阶段或工序就会出现等工，造成生产过程中断；反之，当上游生产阶段或工序供过于求时，下游生产阶段或工序就会出现零件积压，造成库存。

为了控制库存，MRP 可以提供零部件投入出产计划和外购件需求计划，保证在正确的时间、按照正确的数量生产与采购需要的零部件和原材料。为了保持生产过程的连续性，需要生产能力作为保证，MRP 能够提供准确的能力需求计划。对于紧缺件和特急件的加工，MRP 系统能够提供零部件优先权方面的信息，使生产调度有条不紊地进行。

9.2 MRP 系统

9.2.1 MRP 在生产经营系统中的地位和作用

图 9-2 描述了 MRP 在生产经营系统中的地位和作用。企业最高层领导确定企业的经营战略与目标，全面安排本企业生产经营活动的经营计划。然后，根据预测和企业当前资源条件确定年度和季度生产计划。在确定生产计划的过程中，要进行任务与能力平衡。这种平衡是粗略的，是以假定产品或代表产品为计划单位核算的。

将生产计划细化到具体产品，明确每种产品的出产数量与出产时间，就得到产品出产预计划。确定产品出产预计划时，要进行粗略能力平衡，然后变成产品出产计划。MRP 中的产品出产计划与我国企业通常的产品出产计划有区别。后者一般以月为计划的时间单位，不符合 MRP 的需求。按照 MRP 的需求，应转化为以周为时间单位。MRP 中的产品出产计划（master production sched-

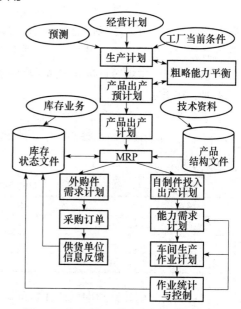

图 9-2 MRP 在生产经营系统中的地位

ule，MPS，也称主生产作业计划）是 MRP 系统的主要输入。这里说的 MRP 系统，指的是仅涉及物料需求的基本 MRP 系统，它是 MRP 的核心部分。除产品出产计划之外，MRP 系统的另外两项输入为产品结构文件和库存状态文件。

经过 MRP 程序的处理，将产品出产计划转化为自制件投入出产计划和外购件需求计划。自制件投入出产计划是一种生产作业计划，它规定了构成产品的每个零件的投入和出产的时间及数量，使各个生产阶段互相衔接，准时地进行。外购件需求计划规定了每种外购零部件和原材料的需要时间及数量。

由自制件投入出产计划可以计算出对每个工作地的能力需求，从而得出能力需求计划。若生产能力得不到充分利用或者负荷超过能力，则可采取调节办法，如加班加点、调整人力与设备、转外协等。若调整行不通，则将信息反馈到编制产品出产计划模块，对该计划做出调整。当任务与能力基本上平衡后，各车间可按自制件投入出产计划编制车间生产作业计划。车间生产作业计划的实施情况要通过车间作业统计得到。由统计发现实际与计划的偏离，通过修改计划或采用调度方法纠正这种偏离，实行生产控制。从实际生产中得到的反馈信息可用来调整车间生产作业计划与能力需求计划，从而使计划具有应变性。

按照外购件需求计划，按时向供货单位提出订货。提出订货后，不断从供货单位得到信息，连同生产过程中零部件的完工信息，一起输送到库存状态文件中。

9.2.2 MRP 的输入

MRP 的输入主要有三个部分：产品出产计划、产品结构文件和库存状态文件。

1. 产品出产计划

产品出产计划是 MRP 的主要输入，它是 MRP 运行的驱动力量。产品出产计划中所列的是最终产品项。它可以是一个完整的产品，也可以是一个完整的部件，甚至是零件。总之，它是企业向外界提供的东西。

产品出产计划中规定的出产数量可以是总需要量，也可以是净需要量。若是总需要量，则需扣除现有库存量，才能得到需要生产的数量；若是净需要量，则说明已扣除现有库存量，可按此计算对下层元件的总需要量。一般来说，在产品出产计划中列出的为净需要量，即需生产的数量。于是，由顾客订货或预测得出的总需要量不能直接列入产品出产计划，而要扣除现有库存量，算出净需要量。

表 9-2 为某产品出产计划的一部分。它显示产品 A 的计划出产量为：第 5 周 10 台，第 8 周 15 台；产品 B 的计划出产量为：第 4 周 13 台，第 7 周 12 台；配件 C，计划 1~9 周每周出产 10 件。

表 9-2 产品出产计划

周次	1	2	3	4	5	6	7	8	9
产品 A（台）	—	—	—	—	10	—	—	15	—
产品 B（台）	—	—	—	13	—	—	12	—	—
配件 C（件）	10	10	10	10	10	10	10	10	10

产品出产计划的计划期，即计划覆盖的时间范围，一定要比最长的产品生产周期长。否则，得到的零部件投入出产计划不可行。产品出产计划的滚动期应该同 MRP 的运行周期一致。

若 MRP 每周运行一次,则产品出产计划每周更新一次。

另外,可以把产品出产计划从时间上分成两部分,近期为确定性计划,远期为尝试性计划。这是因为近期需要的产品项目都有确定的顾客订货,而远期需要的产品,只有部分是顾客订货,而另一部分是预测的。确定性计划以周为计划的时间单位,尝试性计划可以以月为计划的时间单位。没有尝试性计划往往会失去顾客,因为很多顾客订货较迟,而对交货又要求比较急。随着时间的推移,预测的订货将逐步落实到具体顾客身上。

2. 产品结构文件

产品结构文件又被称为物料清单文件(bill of materials,BOM),它不只是所有元件的清单,还反映了产品项目的结构层次以及制成最终产品的各个阶段的先后顺序。

在产品结构文件中,各个元件处于不同的层次。每个层次表示制造最终产品的一个阶段。通常,最高层为零层,代表最终产品项;第一层代表组成最终产品项的元件;第二层为组成第一层元件的元件……依此类推;最低层为零件和原材料。各种产品由于结构复杂程度不同,产品结构层次数也不同。

为了形象地说明产品结构文件,以图 9-3 所示的三屉文件柜为例,并以图 9-4 所示的产品结构树来说明。三屉文件柜由 1 个箱体、1 把锁和 3 个抽屉组成,1 个箱体又由 1 个箱外壳和 6 根滑条(每个抽屉需 2 根滑条)装配而成;每个抽屉又由 1 个抽屉体、1 个把手和 2 个滚子组成;锁为外购件。为了简单起见,我们将各种具体产品

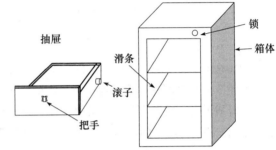

图 9-3 三屉文件柜组成示意图

及其构成部分统称为产品和元件,用英文字母代表它们,并将产品及其元件之间的关系用一种树形图表示出来,如图 9-4 所示。这种树形图通常被称为"产品结构树"。在图 9-4 中,1 个单位 N 产品(文件柜)由 1 个 B 部件(箱体)、3 个 C 组件(抽屉)和 1 个 D 零件(锁)构成;1 个 B 部件又由 1 个 E(箱外壳)和 6 个 F(滑条)构成;1 个 C 组件由 1 个 G 零件(抽屉体)、1 个 H 零件(手柄)和 2 个 M 零件(滚子)构成;每个 E 零件要消耗 20 千克钢材 J,每个 G 零件要消耗 5 千克钢材 K。图中方框里字母后括号中的数字表示单位上层元件包含的该元件的数量,如 B(1)表示 1 个 A 中包含 1 个 B,J(20 千克)表示 1 个 E 零件要消耗 20 千克材料 J。

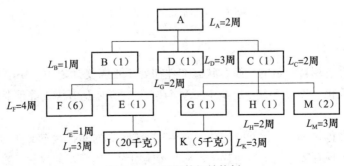

图 9-4 三屉文件柜结构树

图 9-4 中 L_X 表示加工、装配或采购所花的时间,被称为提前期 (lead time)。它相当于通常所说的加工周期、装配周期或订货周期。比如 $L_A = 2$ 周,说明产品 A 从开始装配到完成装配需要 2 周时间;$L_G = 2$ 周,说明零件 G 从开始加工到完成加工需要 2 周时间;$L_K = 3$ 周,说明采购钢材 K 从订货至到货需要 3 周时间。

为使树形图具有一般性,另绘一产品 A 的结构树,如图 9-5 所示。

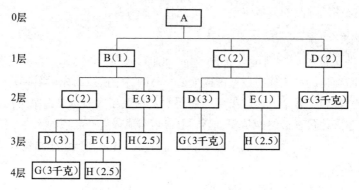

图 9-5 产品 A 结构树

由图 9-5 可以发现,相同的元件出现在不同的层次上。比如元件 E,既出现在第 2 层,又出现在第 3 层,这固然可以清楚地表示各个不同的生产阶段,但给计算机处理带来麻烦。为了便于计算机处理,凡是遇到同一元件出现在不同层次上的情况,取其最低层次号,作为该元件的低层码。图 9-5 所示的产品结构树可以变成如图 9-6 所示的产品结构树。按照改进的产品结构树,可以从上到下逐层分解,每一元件只需检索一次,节省了计算机的运行时间。

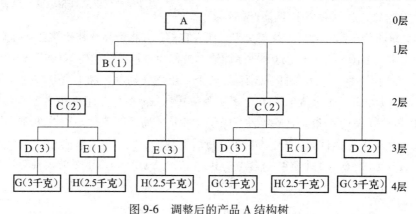

图 9-6 调整后的产品 A 结构树

3. 库存状态文件

产品结构文件是相对稳定的,库存状态文件却处于不断变动之中。MRP 每运行一次,它就发生一次大的变化。MRP 系统关于订什么、订多少、何时发出订货等重要信息,都存储在库存状态文件中。

库存状态文件包含每一个元件的记录。表 9-3 为部件 C 的库存状态文件的记录。其中,时间是这样规定的:现有数为周末时间数量,其余 4 项均为一周开始的数量。数据项可以做更细的划分,比如预计到货量可以细分成不同的来源,现有数可以按不同的库房列出。

表 9-3　库存状态文件

部件 C $L_C = 2$ 周	周次										
	1	2	3	4	5	6	7	8	9	10	11
总需要量	—	—	—	—	—	300	—	—	300	—	300
预计到货量	—	400	—	—	—	—	—	—	—	—	—
现有数	20	420	420	420	420	120	120	120	-180	-180	-480
净需要量	—	—	—	—	—	—	—	—	180	—	300
计划发出订货量	—	—	—	—	—	—	180	—	300	—	—

总需要量是由上层元件的计划发出订货量决定的。在本例中，A 产品在第 6 周、第 9 周和第 11 周的开始装配数量各为 150 台，一台 A 包含 2 个 C，则对 C 的总需要量各为 300 件。

预计到货量为已发出的订货或开始生产的元件的预计到货或预计完成的数量。本例中，元件 C 将在第 2 周得到 400 件。

现有数为相应时间的当前库存量。对于本例，在制订计划的时候，元件 C 的当前库存量为 20 件；到第 2 周，由于预计到货 400 件，因此现有数为 420 件。到第 6 周用去 300 件后，现有数为 120 件。到第 9 周，需用 300 件，现有数已不足以支付，将欠 180 件。因此，现有数将为负值，那时需要发出订货。

第一种计算净需要量的逻辑为：若不进行补充，则：

$$期初现有数 + 预计到货量 - 总需要量 = 期末现有数 \tag{9-1}$$

期末现有数如果为负值，说明尚有部分需要量得不到满足，这部分就是净需要量。显然，前一周期末现有数 = 下一周期初现有数。

在逐周计算净需要量时，期末现有数第一次出现负值的周期的净需要量就等于该周期末现有数的绝对值，随后各周的净需要量为前后周现有数的差。各周期末负值现有数的绝对值，表示累计的净需要量。计算过程如表 9-4 所示。

第二种计算净需要量的逻辑为：

$$总需要量 - 预计到货量 - 现有数 = 净需要量 \tag{9-2}$$

现有数应为计划期开始时的现有库存数。当计算结果为负值时，净需要量为零。

上例的计算过程如表 9-5 和表 9-6 所示。

表 9-4　净需要量的计算（第一种方式）

周次	期初现有数	预计到货量	总需要量	期末现有数
1	20	0	0	20
2	20	400	0	420
3	420	0	0	420
4	420	0	0	420
5	420	0	0	420
6	420	0	300	120
7	120	0	0	120
8	120	0	0	120
9	120	0	300	-180
10	-180	0	0	-180
11	-180	0	300	-480

表 9-5　净需要量的计算（第二种方式）

周次	总需要量	预计到货量	期初现有数	结果	净需要量
1	0	0	20	-20	0
2	0	400	20	-420	0
3	0	0	420	-420	0
4	0	0	420	-420	0
5	0	0	420	-420	0
6	300	0	420	-120	0
7	0	0	120	-120	0
8	0	0	120	-120	0
9	300	0	120	180	180
10	0	0	0	0	0
11	300	0	0	300	300

表 9-6 库存状态文件（第二种方式）

部件 C $L_C = 2$ 周	周次										
	1	2	3	4	5	6	7	8	9	10	11
总需要量						300			300		300
预计到货量		400									
现有数	20										
净需要量	0	0	0	0	0	0	0	0	180		300
计划发出订货量							180		300		

计算结果，第 9 周对 C 的净需要量为 180 件，第 11 周净需要量为 300 件。计划发出订货要考虑提前期。第 9 周需 180 件，提前期为 2 周，则第 7 周必须开始制造 180 件 C。

两种计算方法的结果是一致的。第二种方法比较直观，第一种方法数据存储效率较高，仅"现有数"一行，不仅反映了现有数的状态，而且反映了净需求。

如果考虑安全库存量和经济批量，相应的计算就会复杂一些。

9.2.3 MRP 的输出

MRP 系统可以按照需要提供多种不同内容与形式的输出，其中主要是各种生产与库存控制用的计划和报告。结合我国企业情况的主要输出，列举如下：

- 零部件投入出产计划。零部件投入出产计划规定了每个零件与部件的投入数量和投入时间、出产数量和出产时间。若一个零部件要经过几个车间加工，则要将零部件投入出产计划分解成"分车间零部件投入出产计划"。分车间零部件投入出产计划规定了每个车间一定时间内投入零件的种类、数量及时间，出产零件的种类、数量及时间。
- 原材料需求计划。它规定了每个零件所需的原材料的种类、需要数量及需要时间，并按原材料品种、型号、规格汇总，以便供应部门组织供料。
- 互转件计划。它规定了互转零件的种类、数量、转出车间和转出时间、转入车间和转入时间。
- 库存状态记录。它提供各种零部件、外购件及原材料的库存状态数据，随时可供查询。
- 工艺装备机器设备需求计划。它提供每种零件不同工序所需的工艺装备和机器设备的编号、种类、数量及需要时间。
- 计划将要发出的订货。
- 已发出订货的调整，包括改变交货期，取消和暂停某些订货等。
- 零部件完工情况统计，外购件及原材料到货情况统计。
- 对生产及库存费用进行预算的报告。
- 交货期模拟报告。
- 优先权计划。

9.2.4 MRP 的处理过程

在介绍库存状态文件时，曾提出五种库存状态数据：总需要量、预计到货量、现有数、净需要量和计划发出订货量。这五种库存状态数据可以分成两类，一类为库存数据，另一类为需求数据。预计到货量和现有数为库存数据，这些数据要经过检查才能进入系统；总需要量、净需要量和计划发出订货量为需求数据，是由系统计算得出的，只有通过计算才能验证。

进行 MRP 处理的关键是找出上层元件（父项）和下层元件（子项）之间的联系。这种联系就是：按父项的计划发出订货量来计算子项的总需要量，并保持时间上一致。

要提高 MRP 的处理效率，可采用"自顶向下"、逐层处理的方法。按照这种方法，先处理所有产品的零层，然后处理第 1 层……一直到最低层，而不是逐个产品"自顶向下"地处理。这样做的好处是每一个项目只需检索处理一次，效率较高。为此，需要对每个元件编一个低层码。低层码有助于逐层处理。

为了具体说明 MRP 的处理过程，以图 9-6 所示的产品为例，逐层计算，元件 C 的低层码为 2，计算过程如表 9-7 所示。

表 9-7 MRP 的处理过程

产品项目	提前期	项目	周次										
			1	2	3	4	5	6	7	8	9	10	11
A（零层）	2 周	总需要量								10			15
		预计到货量											
		现有数 0	0	0	0	0	0	0	0	−10	−10	−10	−25
		净需要量								10			15
		计划发出订货量						10			15		
B（1 层）	1 周	总需要量						10			15		
		预计到货量	10										
		现有数 2	12	12	12	12	12	2	2	2	−13		
		净需要量									13		
		计划发出订货量								13			
C（2 层）	2 周	总需要量						20		26	30		
		预计到货量		10									
		现有数 5	5	15	15	15	15	−5	−5	−31	−61		
		净需要量						5		26	30		
		计划发出订货量				5		26	30				

计算过程是"自顶向下"、逐层处理的过程。从零层开始，产品 A 在第 6 周的计划发出订货量为 10 台，第 9 周为 15 台。零层处理完毕，再处理第 1 层。第 1 层只有 B 部件。由产品结构树形图可知，1 台 A 产品包含 1 个 B 部件。于是，对 B 部件的总需要量为第 6 周 10 件，第 9 周 15 件。只有按对 B 部件的总需要量供货，才能保证 A 产品按时装配。经过 B 部件内部平衡计算，得出第 8 周需要发出 13 件 B 部件的订货。第 1 层处理完毕，再处理第 2 层。第 2 层只有组件 C。由产品结构树形图可知，1 台 A 产品包含 2 个 C 组件，1 个 B 部件也包含 2 个 C 组件。按 A 产品第 6 周计划发出 10 台订货和第 11 周发出 15 台订货的需求，可计算出 C 组件第 6 周的总需要量为 20 件，第 9 周的总需要量为 30 件；按 B 部件第 8 周计划发出 13 件订货的需求，可计算出 C 组件第 8 周的总需要量为 26 件。按这样的方法继续进行，读者可以处理第 3 层的 D 元件和 E 元件。

在多个产品的情况下，有的元件为几个产品或几个上层元件所共有，有的元件直接提供给顾客（如维修需要的备件）。这样，同一个元件就有多个需求源。在计算该元件的总需要量时就必须考虑多个需求源，如图 9-7 所示。

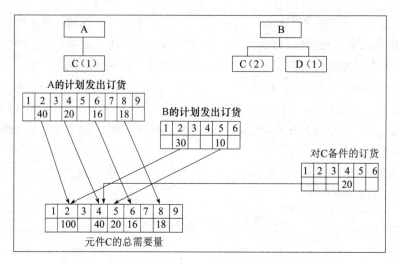

图 9-7　多个需求源下元件 C 总需要量的计算

9.2.5　应用 MRP 系统需要考虑的问题

1. 安全库存

设置安全库存是为了应对不确定性。从理论上讲，相关需求库存不需要设置安全库存，因为一旦产品出产计划确定，对元件的需要量都是计算出来的，无须设置安全库存。这是 MRP 的主要优点之一。然而，尽管是相关需求，仍有不确定性。比如，不合格品的出现、外购件交货延误、设备故障、停电、缺勤等。一般仅对产品结构中最低层元件设置安全库存，不必对其他层次元件设置安全库存。对零件到货延迟的情况，也可以设置安全期。

2. 提前期

MRP 中使用的提前期与我们通常所讲的提前期在含义上有差别。前者实际上指零件的加工周期和产品的装配周期；后者是以产品的出产时间作为计算起点来确定零件加工和部件装配何时开始的时间标准。

提前期按计划时间单位计，此处是按周计，这是比较粗糙的。提前期为 5 个工作日时，按 1 周计；提前期为 1 天，也按 1 周计。这样处理会出现一些极端的情况。比如，元件 C 的提前期为 1 个工作日。由元件 C 装成元件 B 也需 1 个工作日，由元件 B 装成元件 A 也需 1 个工作日。这样圆整成周以后再相加，需 3 周。实际上，由元件 C 开始加工到元件 A 装成，仅 3 天时间，应该圆整成 1 周。

确定提前期要考虑以下几个因素：排队（等待加工）时间、运行（切削、加工、装配等）时间、调整准备时间、等待运输时间、检查时间和运输时间。对于一般单件生产车间，排队时间是最主要的，约占零件在车间停留时间的 90% 左右。这个数值只是对于所有零件的平均数。对某个具体零件来说，排队时间是其优先权的函数。优先权高的零件，排队时间短；优先权低的零件，排队时间长。所以，排队时间是一个很不稳定的因素。除了排队时间之外，其他几个因素也是很难确定的。这些因素与工厂里的工时定额、机器设备及工艺装备的状况、工人的熟练程度、厂内运输的条件以及生产组织管理的水平都有关系。因此，要得出精确的计算公式或程序来确定每批零件的提前期，几乎是不可能的。当然，人们也提出一些经验公式，用来计算提前期。当排队时间是主要因素时，可采用下面的公式：

$$L = 2N + 6 \tag{9-3}$$

式中，L——提前期，以工作日计；

N——工序数。

当加工时间是主要因素时（如大型零件的加工），可采用下面的公式：

$$L = k \cdot T \tag{9-4}$$

式中，T——工件的总加工时间；

k——系数，可取 1.5~4。

MRP 采用固定提前期，即不论加工批量如何变化，事先确定的提前期均不改变。这实际上假设生产能力是无限的，它是 MRP 的一个根本缺陷。

3. 批量

无论是采购还是生产，为了节省订货费用或生产调整准备费用，都要形成一定的批量。

对于 MRP 系统，确定批量十分复杂。这是因为产品是层次结构，各层元件都有批量问题，每一层元件计划发出订货的数量和时间的变化，都将波及下属所有元件的需要量及需要时间，这样将引起一连串变动。而且，由于下层元件的批量一般比上层的大，这种波动还会逐层放大。这种上层元件批量的变化引起下层元件批量的急剧变化，我们称之为系统紧张（nervousness）。批量问题还与提前期互相作用，批量的变化应该导致提前期的改变，而提前期的改变又会引起批量的变化。为了简化，一般都把提前期当成已知的确定量来处理。为了避免引起系统紧张，一般仅在最低层元件订货时考虑批量。

MRP 零件层批量问题是离散周期需求下的批量问题，它与连续均匀需求下的批量问题不同。因此，不能用 EOQ 公式求解。处理离散周期需求下的批量问题，一般假设周期内需求连续均匀，不允许缺货，订货提前期为零。对于这个问题，人们提出了很多算法。这里仅介绍一个较好的启发式算法——最大零件周期收益（maximum part-period gain，MPG）法。

MPG 法的思想是这样的：当把某周（t）的需求 $D(t)$ 合并到相对 t 的第 1 周一起订货时（第 1 周有需求），可以节省一次订货费（S），但却增加了维持库存费 $(t-1) \cdot D(t) \cdot H$，H 为单位维持库存费。因此，只要 $(t-1) \cdot D(t) \cdot H < S$，即 $(t-1) \cdot D(t) < S/H$，就将 $D(t)$ 合并到第 1 周一起订货。第 1 周是相对 t 周而言的。$(t-1) \cdot D(t)$ 越小，则合并订货就越划算。$(t-1) \cdot D(t)$ 单位为"零件-周期"。将一个零件提前 1 周订货为一个"零件-周期"。MPG 法步骤如下：

① 从 MRP 计算出的净需求表中，挑选最小的"零件-周期"对应的净需求。

② 将相应的净需求合并到该周前面有净需求的周一起订货。

③ 合并后，若所有的"零件-周期"值均大于 S/H，停止；否则，转步骤①。

现在，通过一个算例来说明 MPG 法的应用。

【例 9-1】

已知 $S = 300$ 元，$H = 2$ 元/件·周，零件净需求如表 9-8 所示。计算 $(S/H) = 150$ 件·周。用 MPG 法求订货批量的过程，如表 9-9 所示。

表 9-8 零件净需求

周	1	2	3	4	5	6	7	8	9	10	11	12
净需求量	10	10	15	20	70	180	250	270	230	40	0	10

表 9-9 用 MPG 法求订货批量的过程

移动次数	最小零件周期	周次											
		1	2	3	4	5	6	7	8	9	10	11	12
0	10	10	10	15	20	70	180	250	270	230	40	0	10
1	20	20	0	15	20	70	180	250	270	230	40	0	10
2	20	20	0	35	0	70	180	250	270	240	40	0	10
3	50	20	0	35	0	70	180	250	270	230	50	0	0
4	70	20	0	35	0	70	180	250	270	280	0	0	0
5	180	55	0	0	0	70	180	250	270	280	0	0	0
期初库存 Q_s		55	45	35	20	70	180	250	270	280	50	10	10
期末库存 Q_f		45	35	20	0	0	0	0	0	50	10	10	0

从给出的净需求量表中可以看出，将第 2 周的需求合并到第 1 周订货时，"零件-周期"值最小。因此，将其合并到第 1 周订货。第 1 周净需求由 10 变为 20。然后，将第 4 周的需求合并到第 3 周订货的"零件-周期"值最小。于是，将其合并到第 3 周订货。按这样的方式一直进行到最小"零件-周期"值大于 150 为止。最终订货安排为：第 1 周订 55，保证第 1~4 周的需求能够得到满足；第 5 周订 70，第 6 周订 180，第 7 周订 250，第 8 周订 270，都是为满足当周需要；第 9 周订 280，可满足第 9、10 和 12 周的需求。

求出订货安排之后，可按下式计算总费用：

$$C_T = C_R + C_H = kS + 0.5H\sum(Q_{si} + Q_{fi})$$

式中，C_R——总订货费；

　　　C_H——总维持库存费；

　　　k——订货次数；

　　　Q_{si}——i 周期初库存量；

　　　Q_{fi}——i 周期末库存量。

对于本例，

$C_R = 6 \times 300 = 1\,800(元)$

$C_H = 0.5 \times 2(55 + 45 + 45 + 35 + 35 + 20 + 20 + 70 + 180 + 250 + 270 + 280 + 50 +$
　　　$50 + 10 + 10 + 10 + 10) = 1\,445(元)$

$C_T = 1\,800 + 1\,445 = 3\,245(元)$

4. 变型产品

需求多样化使变型产品数急剧增加。变型产品往往是几种标准模块的不同组合。以小轿车为例，比如，车身有 2 个门和 4 个门 2 种选择，发动机有 3 种选择，空调有 3 种选择，轮胎有 4 种选择，变速器有 3 种选择，颜色有 10 种选择，则有 2×3×3×4×3×10 = 2 160 种变型产品。按前面所讲的方法，则有 2 160 种产品结构文件，而每种文件中的绝大部分内容是重复的。这将占用大量的存储空间。若以变型产品为最终产品项编制产品出产计划，则产品出产计划也将大大复杂化，而且很难预测每种变型产品的需求量。为了处理大量的变型产品，可以模块代替变型产品，建立模块物料清单（modular bill of materials），以模块为对象编制产品出产计划。这样，产品结构文件将大大减少。对于本例，仅 2+3+3+4+3+10 = 25 种模块物料清单。只需将模块做适当组合，就可在较短的时间内提供顾客所需的特定产品。

9.3 MRP 的扩展

9.3.1 MRP Ⅱ

制造资源计划，即 MRP Ⅱ，并不是一种与 MRP 完全不同的新技术，而是在 MRP 的基础上发展起来的一种新的生产方式。

MRP 可以将产品出产计划变成零部件投入出产计划和外购件、原材料的需求计划。但是，只知道各种物料的需要量和需要时间是不够的，如果不具备足够的生产能力，计划将会落空。在考虑生产能力时，从内部必然涉及车间层的管理，从外部必然涉及采购。这样，单靠 MRP 不够了，这就从 MRP 发展到了闭环 MRP。

闭环 MRP 的"闭环"实际上有双重含义。一方面，它不单纯考虑物料需求计划，还将与之有关的能力需求、车间生产作业计划和采购等考虑进去，使整个问题形成"闭环"；另一方面，从控制论的观点，在计划制订与实施之后，需要取得反馈信息，以便修改计划与实行控制，这样又形成"闭环"。

在 MRP 出现之前，人们常常在没有物料需求计划的条件下，谈论对生产能力的需求，使得对生产能力的需求建立在一种粗糙的估算上。这样得出的能力需求计划是不准确的。与对物料的需求一样，对生产能力的需求也有时间性，即在什么时候，需要什么类型的设备，需要多少能力工时。若不考虑时间性，则无法准确判断生产能力能否满足生产任务的要求。可能从总量上讲，能力工时不少于任务工时，但在某一特定时间内，能力可能不够，也可能有富余。只有得出了物料需求计划，才能确定对能力的需求计划。同样，单纯谈论车间生产作业控制，而不管各个零部件的计划完工期限是否有效，也是没有意义的。要使每个零部件的计划完工期限有效，也需要 MRP 提供准确的零部件计划出产时间。采购更是这样，没有 MRP 提供的原材料及外购件需求计划，采购将是盲目的。

在没有 MRP 之前，各种生产经营活动都是孤立地进行的，也只能孤立地进行。因为没人能够及时做出如此准确的物料需求计划。有了 MRP，才使企业内各项活动建立在更自觉的基础上，使盲目性造成的浪费减到最少。

企业里其他活动单向地从 MRP 取得信息是不够的。MRP 必须从车间、供应部门和设备部门得到信息和反馈信息，才能得出切实可行的物料需求计划。正是基于此，闭环 MRP 将 MRP 向前推进了一步。成功地应用闭环 MRP 的人们很自然地联想到，既然库存记录足够精确，为什么不可以根据它来计算费用？既然 MRP 得出的是真正要制造或购买的元件，为什么不能依据它做采购方面的预算？既然生产计划已被分解成确定要实现的零部件投入出产计划，为什么不可以把它转化为货币单位，使经营计划与生产计划保持一致？把生产活动与财务活动、人事活动联系到一起，从考虑物料和能力到考虑所有的制造资源，是从闭环 MRP 向 MRP Ⅱ 迈出的关键一步。MRP Ⅱ 包括了企业其他职能部门的计划和活动，包括销售、生产、库存、生产作业计划与控制等，它实际上是整个企业的系统。

由于对各种物料都有确定的时间要求，因而对加工这些物料所需的机器设备、工具、工艺装备、场地和工人也有时间要求，进而对一些后勤部门，如食堂、医院、澡堂等，也有确定的时间要求，使企业内一切活动都围绕物料转化准时进行。这就是 MRP Ⅱ。在 MRP Ⅱ 系统中，对物料的需求转化成对资源的需求，MRP Ⅱ 就成了制造资源计划。

例如，加工零部件需要工时、台时、应付账款（现金）等资源。每种资源都可以像零部件数量一样转化成 MRP 的数据形式。在表 9-10 中，我们看到如何计算产品出产计划在每个时段所需要的工时、台时和资金。通过将这些需求和能够提供的能力进行比较，管理人员便可以制订切实可行的生产作业计划。

表 9-10 制造资源计划

		周次			
		5	6	7	8
A	工件（提前期 1 周）				100
	工时：（每件 10 小时）				1 000
	台时：（每件 2 小时）				200
	应付账款：0				0
B	工件（提前期 2 周，每次 2 件）			200	
	工时：（每件 10 小时）			2 000	
	台时：（每件 2 小时）			400	
	应付账款：每件原材料 5 元			1 000	
C	工件（提前期 4 周，每次 3 件）	300			
	工时：（每件 2 小时）	600			
	台时：（每件 1 小时）	300			
	应付账款：每件原材料 10 元	3 000			

以往，一家企业内往往有很多系统，如生产系统、财务系统、销售系统、供应系统、设备系统、技术系统、人事系统等，它们各自独立运行，缺乏协调，相互关系并不密切，在各个系统发生联系时，常常互相扯皮，互相埋怨。而且，各个部门往往要用到相同类型的数据，并从事很多相同或类似的工作，但往往是同一对象，各部门的数据不一致，造成管理上的混乱。这都是由于缺乏一个统一而有效的系统所致。

企业是一个有机整体，它的各项活动相互关联、相互依存，应该建立一个统一的系统，使企业有效地运行。

由于 MRP Ⅱ 能够提供一个完整而详尽的计划，可使企业内各部门的活动协调一致，形成一个整体。MRP Ⅱ 不再是生产部门的 MRP 了，它是整个企业的 MRP。各个部门享用共同的数据，消除了重复工作和不一致，也使得各部门的关系更加密切，提高了整体的效率。下面简要叙述 MRP Ⅱ 如何改变了企业各个部门的生产经营活动。

1. 营销部门

营销部门通过产品出产计划与生产部门建立了密切的联系。按照市场预测与顾客订货，使产品出产计划更符合市场的要求。有了产品出产计划，使销售合同的签订有了可靠依据，可大大提高按期交货率。由于 MRP Ⅱ 有适应变化的能力，它可以弥补预测不准的弱点。

2. 生产部门

过去，生产部门的工作是最不正规的，由于企业内部条件和外部环境的不断变化，生产难以按预定的生产作业计划进行。这使得第一线生产管理人员不相信生产作业计划，他们认为那是"理想化"的东西，计划永远跟不上变化，因此他们只凭自己的经验和手中的"缺件表"去工作。事实上，在第一线指挥生产的工段长们不是不喜欢计划，而是不喜欢那些流于形式的、不能指挥生产的计划。有了 MRP Ⅱ 之后，计划的完整性、周密性和应变性大大加强，调度工作大为简化，工作质量得到提高。采用计算机可以实现日生产作业计划的编制，充分考虑了内外部条件的变化。这就使得人们从经验管理走向科学管理。由于采用 MRP Ⅱ 及其他现代管理方法，生产部门的工作逐渐走向正规化。

3. 采购部门

采购人员往往面临两方面的困难：一是供方要求提早订货，二是本企业不能提早确定需要的物资数量和交货期。这种情况促使他们早订货和多订货。有了 MRP Ⅱ，采购部门有可能做到按时、按量供应各种物资。由于 MRP Ⅱ 的计划期可长到一两年，使得一两年后出产的产品所需的原材料和外购件能提前相当长的时间告诉采购部门，并能准确地提供各种物资的"期"和"量"方面的要求，避免了盲目多订和早订，节约了资金，也减少了短缺。MRP Ⅱ 不是笼统地提供一个需求的总量，而是要求按计划分期分批地交货，也为供方组织均衡生产创造了条件。

4. 财务部门

实行 MRP Ⅱ，可使不同部门采用共同的数据。事实上，一些财务报告在生产报告的基础上是很容易做出的。例如，只要将生产计划中的产品单位转化为货币单位，就构成了经营计划。将实际销售、生产、库存与计划数相比较就会得出控制报告。当生产计划发生变更时，马上就可以反映到经营计划上，从而使决策者迅速了解这种变更在财务上造成的影响。

5. 技术部门

以往技术部门似乎超脱于生产活动以外，生产上那些琐事似乎与技术人员无关。但是，对 MRP Ⅱ 这样的正规系统来讲，技术部门提供的却是该系统赖以运行的基本数据，它不再是一种参考性的信息，而是一种用于控制的信息。这就要求产品结构清单必须正确，加工路线必须正确，而且不能有含糊之处。修改设计和工艺文件也要经过严格的手续，否则，就会造成很大的混乱。按照 MRP Ⅱ 用户的经验，产品结构清单的准确率必须达到 98% 以上，加工路线的准确率必须达到 95%~98%，库存记录的准确率达到 95%，MRP Ⅱ 才能运行得比较好。

9.3.2 MRP Ⅱ 应用中的管理问题

MRP Ⅱ 是一个很好的计划方法，它不仅是一个计算机化了的生产计划与控制系统，而且是企业资源的协调系统。然而，据报道，在我国成功实施 MRP 系统达到预期目标的企业比例并不高，且成功实施的企业中大多数为外资企业。

这到底是什么原因？是因为 MRP Ⅱ 本身有缺陷，还是因为管理有问题？应该说，两方面的原因都存在。任何一种新的管理技术都不可能是完美无缺的，MRP Ⅱ 也不例外。

MRP Ⅱ 提前期是以周为单位计算的，这是比较粗糙的处理。提前期为 5 个工作日时，按 1 周计；提前期为 1 天，也按 1 周计。确定提前期要考虑以下几个因素：排队（等待加工）时间、运行（切削、加工、装配等）时间、调整准备时间、等待运输时间、检查时间和运输时间，这几个因素都是很难事先确定的。这些因素与工厂里的工时定额、机器设备及工艺装备的状况、工人的熟练程度、厂内运输的条件以及生产组织管理的水平都有关系。因此，要得出精确的计算公式或程序来确定每批零件的提前期，几乎是不可能的。采取固定提前期固然不太符合实际，但这样做大大简化了计算。由此隐含的假设是，只要按照已经确定的提前期得出的作业计划就是可行的。这就说明，MRP 实质上是一种"无限能力"作业计划。这可以说是 MRP

的一个固有缺陷，MRP Ⅱ 也不例外。

尽管 MRP Ⅱ 有缺陷，但是它仍不失为一个编制生产作业计划的好工具。国外很多企业应用得很成功，它给企业带来的效益也是明显的，这也正是 MRP Ⅱ 大受欢迎的原因。

"橘生淮南则为橘，生于淮北则为枳"，我国企业应用 MRP Ⅱ 不够成功，原因还在于我国企业的内外部环境。从一定意义上讲，我国企业管理"先天不足"，改变需要一个较长的过程。一个完全处于被动状态的组织，是一个死的组织、封闭的组织。改革开放之后，我国企业才开始走向市场。但人们的思想观念、企业制度、管理模式、工作习惯，都有一个逐步适应的过程。MRP Ⅱ 是建立在市场经济下的一种生产管理系统，如果管理模式不改变，就是人们常说的："穿新鞋走老路，走到后来没了路。"

从应用 MRP Ⅱ 比较成功的企业的经验看，以下几条是成功实施 MRP Ⅱ 的保证。

1. 领导重视

这似乎又是一个老生常谈的话题，但确实是颠扑不破的真理。实施 MRP Ⅱ 是"一把手工程"，企业高层领导不关心、不始终如一地给予坚决的支持，是绝对不能成功的。因为实施 MRP Ⅱ 不是购买或开发一个软件的问题，而是一场管理变革。这种变革将涉及部门与个人权利和利益的再分配，将改变人们多年的工作习惯，还需要外部条件的配合，阻力和干扰是相当大的。山西经纬纺织机械厂能成为应用 MRP Ⅱ 系统的明星企业，其最关键的因素是厂长的全力支持。该厂厂长表示："宁肯 3 个月不生产，也要把 MRP Ⅱ 搞上去。"就是凭着这种改革的决心和气魄，MRP Ⅱ 才能成功实施。相反，另一家纺织机械厂，在国内开发 MRP Ⅱ 比较早，但第一线主要领导从不过问，结果 MRP Ⅱ 软件始终处于"演示"状态。

2. 改革企业计划管理体制和模式

MRP Ⅱ 是按照产品出产的需要，反工艺顺序得出各种生产作业计划和外购计划。这与我国企业多年采用的以产定销模式不协调。如果企业计划管理体制不变，就会产生很大矛盾。某叉车厂历时 8 年抓库存管理系统的开发，但是由于始终不能摆脱传统的库存管理模式，收效甚微。实施 MRP Ⅱ 要有敢于试错的勇气，要按 MRP Ⅱ 的逻辑来改变现行工作方式，而不是用 MRP Ⅱ 来适应手工方式，最终把 MRP Ⅱ 变成一个高级计算器和打印机。

3. 管理制度的健全和严格执行

从某种意义上讲，实施 MRP Ⅱ 要"法治"，管理要规范，要彻底改变人的随意性。制度规定什么时候输入数据，就得什么时候输入；该什么时候付款，就得什么时候付；该什么时候投料，就得什么时候投。

4. 基础数据的精确性

产品结构文件、库存状态文件中包含的数据一定要准确。输入错误的或不及时的数据，MRP Ⅱ 就生成错误的结果。

5. 全员参与

实施 MRP Ⅱ 需要人人参与，因为 MRP Ⅱ 渗透到企业的各种活动之中。尤其是各种业务人员，他们虽然十分忙，也必须要直接参与、进行数据输入和处理操作。因此，要对员工进行培训，让每位员工都学会使用 MRP Ⅱ 系统来完成本职工作。

6. 总体规划，分步实施

MRP Ⅱ 是整个企业的系统，必须要有总体规划。但实施中又不可能一步到位，必须选择突破口,集中精力解决某个局部问题(是库存管理,还是产品结构文件管理),总结经验、见到效果,也使人们在干中学到实施经验,进而全面推开。在开始时可能要搞"双轨制"运行,即计算机系统和手工系统同时运行,条件成熟后完全切换到计算机系统。

9.3.3 分配需求计划

MRP 的逻辑和形式可以应用到服务领域,这种应用的典型例子就是分配需求计划(distribution requirements planning,DRP)。企业生产的产品发送到批发商,再通过零售商送到顾客手中。物资部门和商业部门一般都有分层次的销售网点,下层零售点由上一层供货,最上层直接向生产企业订货,最低层零售点直接将物品卖给顾客。这些供应网点形成了一个多级分配网络(multilevel distribution network,MDN)。

1. DRP 的处理逻辑

虽然最低层网点的需求属于独立需求,但它们之间的需求关系也可以用类似 MRP 的逻辑处理。多级分配网络中每一个网点的每一种物品的需求和库存情况都可以用一个表来表示。表中有 3 项:预计总需求量、现有数和计划发出订货量,如表 9-11 所示。最低层网点的预计总需求量由各网点根据以往的销售情况预测确定,其余网点的预计总需求量可按下级网点的计划发出订货量计算。与 MRP 不同,DRP 中库存现有数包括预计到货量,它可按下式计算:

$$下期现有数 = 上期现有数 - 预计需求量 + 预计到货量 \tag{9-5}$$

每个服务网点对每项库存物品都设置了安全库存量。发出订货的条件是,预计的现有数到达规定的安全库存量以下。计划发出订货量可以按实际需要多少就提出多少,也可按确定的最佳订货批量或最小订货批量订货。订货需要按提前期提早一段时间发出。上一层网点的预计需求量是根据下一层网点的计划发出订货量确定的,并在时段上保持一致。表 9-11 说明了分配需求计划的处理过程。

表 9-11 DRP 的处理过程

零售点 A					周次				
提前期 2 周,安全库存 50 件,订货批量 250 件		1	2	3	4	5	6	7	8
预计需求		40	40	40	50	60	70	70	70
现有数	230	190	150	110	60	250	180	110	290
计划发出订货				250			250		
零售点 B					周次				
提前期 3 周,安全库存 70 件,订货批量 300 件		1	2	3	4	5	6	7	8
预计需求		60	60	60	60	65	65	65	65
现有数	90	330	270	210	150	85	320	255	190
计划发出订货				300					
批发部					周次				
提前期 3 周,安全库存 1 000 件,订货批量 1 500 件		1	2	3	4	5	6	7	8
预计需求				550			250		
现有数	1 750	1 750	1 750	1 200	1 200	2 700	2 450	2 450	2 450
计划发出订货			1 500						

表 9-11 所示的例子设在某城市有 1 个批发部，在该城市的不同地区设有 2 个零售点。零售点对某种物品的预计需求量，如表 9-11 所示。零售点 A 现有库存量为 230 件，按式（9-5）计算其现有数。在第 4 周现有数为 60，仅够满足第 5 周 60 件的需求量，低于安全库存 50。因此，第 5 周必须有补充。因为该物品从零售点 A 订货的提前期为 2 周，订货批量为 250 件，所以需在第 3 周发出 250 件订货。假定第 5 周到达 250 件订货，则现有数变成 250 件。到第 7 周，现有数为 110 件，第 8 周预计需求量为 70 件，110-70=40<50，需补充订货。提前 2 周在第 6 周计划发出订货，订货量为 250 件。用同样的方法可以算出零售点 B 的计划发出订货量（第 3 周 300 件）。

批发部的预计总需求按零售点 A 和零售点 B 的计划发出订货量计算得出：第 3 周为 250+300=550 件，第 6 周为 250 件。按式（9-5）计算得出，批发部第 2 周应该发出 1 500 件订货。批发部可以向上一级批发部或直接向企业订货。

2. DRP 与 MRP 的异同

（1）相同点。第一，DRP 和 MRP 都是按时段的订货点（time-phased order point，TPOP）方法。TPOP 的准时性比一般订货点方法好得多。第二，DRP 和 MRP 都采用固定提前期。第三，DRP 和 MRP 都假设能力无限。

（2）不同点。第一，MRP 处理的是生产过程的物料流问题，其形态在不断变化。如果若干不同零件装配成一个产品，计划的对象不断发生变化。DRP 处理的是流通领域的物料流，其形态并不改变，计划对象无论是在最底层的服务网点还是最高层的批发部门，都是不变的。第二，MRP 是从总体（产品）出发，按产品结构文件，自上而下地处理到部分（如零部件、原材料）；DRP 是从局部（最低层服务网点）出发，按分配网络，自下而上地处理到全局（如全国服务中心）。

9.3.4 企业资源计划

将顾客和供应商的信息加入 MRP II 中，便形成了企业资源计划（ERP）。ERP 是由 MRP、MRP II 发展而来的。ERP 的概念最先是由美国著名咨询公司高德纳公司于 20 世纪 90 年代初提出的。当时，ERP 主要是在功能上对 MRP II 有所扩展，在 MRP II 的基础上增加了设备管理、质量管理、分销管理、固定资产管理、工资管理和人力资源管理，管理信息的集成度更高。ERP 的基本思想是将企业的制造流程看成一条联结供应商、制造商、分销商和顾客的供应链，强调对供应链的整体管理，使制造过程更有效，使企业流程更加紧密地集成到一起，从而缩短从顾客订货到交货的时间，快速地满足市场需求。ERP 跨出了对企业内部制造资源的管理，这是 ERP 对 MRP II 最主要的改进。

除了 MRP、财务、人力资源、供应链和客户关系管理五个功能模块外，ERP 软件商们还提供很多其他功能模块。这些软件供应商通过不同的软件功能模块来为企业提供各种"解决方案"，这些软件包可以根据需要进行组合和搭配，以满足不同企业的需要。

随着计算机技术的发展和 ERP 实践的深入，ERP 逐渐出现了适应各个行业的版本，主要有离散制造业的 ERP 和流程制造业的 ERP。流程制造业重视对设备的监控、维护和计划维修，以确保设备完好。流程制造业已形成了独特的 ERP 模式，主要功能包括：生产计划与统计、生产数据管理、车间管理、库存管理、采购管理、销售管理、质量管理、设备管理、动力管理、账务管理、成本管理、固定资产管理、工资管理和人力资源管理等。

有关 MRP Ⅱ、ERP 软件的产品约有 500 余种。ERP 产品以大型化、特色化和多种行业版本为特征，Windows NT 版本增多。著名的 ERP 公司是 SAP 和 BANN。SAP 是一家大型 ERP 软件供应商，它开发了上千个业务应用程序界面（BAPI），供访问数据库之用，而其他软件供应商则使自己的程序能够兼容第三方的软件。对 ERP 系统界面的需求是如此强烈，以至于形成了一个专门开发软件界面的新行业。这种新的软件类别有时也被称为中间件或者企业应用集成软件（EAI）。这些程序界面可以不断扩展 ERP 系统来集成其他软件系统，如仓库管理、物流系统、电子目录（electronic catalogs）、质量管理以及产品生命周期管理。正是这种能够集成其他系统的潜在优势，特别是种类丰富的第三方软件，才使得 ERP 如此吸引人。

ERP 出现不久，就遇到互联网热潮和制造业的国际化，从而使 ERP 的功能得到进一步扩展，将 ERP 推向一个新的阶段。

①它纳入了产品数据管理（product data management，PDM）功能。BANN 公司出台了自己的 PDM 产品，SAP 公司的 R/3 中直接加入了与 PDM 重叠的功能，增加了对设计数据的管理、对设计文档的应用和管理，减少了 MRP Ⅱ 庞大的数据管理和数据准备工作量。

②它增加了工作流功能。使用 ERP 后出现了电子文档在要求的时间按规定的路线传递到指定人员处的问题，需要采取工作流管理进行控制。新的管理模式也要求将重构后的业务流程用计算机软件的方式控制起来。对工作流的管理使 ERP 的功能扩展到办公自动化和业务流程的控制之中。

③它增加了数据仓库（data warehouse）和联机分析处理（OLAP）的功能，为企业高层管理者提供了企业级决策所需的数据。

使用 Web 客户机具有费用低、安装和维护方便、跨平台运行和具有统一友好的用户界面的优点，加之所有数据库厂商对 Web 技术的支持，使得几乎所有客户／服务器应用程序的开发厂商都将 Web 浏览器的前端安装到它们的产品上去。Oracle、SAP 和 BANN 都把它们的 MRPⅡ／ERP 客户／服务器应用程序的客户机"Web 化"。

本章小结

本章全面阐述了 MRP 及其扩展的内容。首先，论述了 MRP 的基本思想，即围绕物料转化组织制造资源，实现按需要准时生产，讨论订货点方法的局限性。其次，分析 MRP 在企业生产经营系统中的地位和作用，从系统的观点详细地介绍了 MRP 系统的输入、输出、处理逻辑和处理过程，应用 MRP 时应该考虑的问题，包括安全库存、提前期、批量和变型产品处理。最后，介绍了 MRP 的扩展，包括制造资源计划（MRP Ⅱ）及其实施中的管理问题、分配需求计划（DRP）和企业资源计划（ERP）。

复习思考题

1. MRP 的基本思想是什么？为什么需要且能够以物料转化为中心组织准时生产？
2. 将订货点方法用于处理相关需求库存有何问题？为什么？
3. MRP 系统有哪些输入和输出？MRP 系统的处理过程如何？为什么要采用低层码？
4. 为什么说 MRP Ⅱ 是整个企业的系统？
5. MRP Ⅱ 在我国实施成效不大，原因何在？

讨论案例

A 公司实施 ERP 的问题

A 公司是一家精密马达生产企业，拥有先进制造技术，是全球马达行业中的一流企业。A 公司可以生产用于办公设备、家电、住宅设施等方面的 STEP 马达、DR 马达、AC 马达、多面镜马达四大类，70 多个品种，1 000 多种型号的马达，已成为国内乃至全球的知名企业。

A 公司占地 6 万平方米，拥有 3 000 多名员工，月产马达约 200 万台。公司在世界各地有众多的客户，如松下、爱普生、夏普、佳能、富士施乐、理光、海尔、格力电器、TCL、能率等公司。

为什么要实施 ERP

由于市场需求一路上升，订单纷至沓来，但是目前主要以 Excel 表格甚至部分手工作业为主的管理系统逐渐显示出极大的不适应性，经常出现由于订单信息处理不及时而导致供应链效率降低、订单交付延误等现象，公司不得不为此支付巨大的违约赔偿金。更要命的是如期交货的信誉受到了很大的影响。

与十多年前相比，目前 A 公司生产的机种数和产量已发生了很大的变化，现在的机种数和产量已达到 800 个机种、月产 266 万台，但现有的管理系统无法及时应对变化，已达到极限。

与十多年前更大的不同还在于客户订单的变化非常快，交货周期越来越短。现有管理系统要想柔性应对客户变化和不断进步的新技术，已是非常困难。

经营环境急剧变化，信息技术日新月异，A 公司的领导层也认识到了，公司并不是需要单纯的信息管理功能，而是信息化能否为经营创造价值，这才是实施信息化的核心所在。

在这种情况下，并从 A 公司长远发展考虑，领导层决定实施 ERP 系统。A 公司任命了一位过去主管生产和采购的王副总经理负责项目的推进，希望能够在 A 公司顺利实施 ERP 系统。

ERP 恐惧症

"70%的信息化转型项目失败""不上 ERP 是等死、上 ERP 是找死"，等等。业内同行们在一起交流时，时常听到这样的说法，使很多企业患上了"ERP 恐惧症"。

王副总经理在接手实施 ERP 系统的重任后，曾经阅读过一份研究报告，里面提到在接受调查的 4 500 名首席信息官（CIO）中，有 43%的人将抗拒变革作为成功转型战略的最大障碍。抵制变化可能会使 ERP 系统的实施陷入停顿。因此，为了使 ERP 系统成功落地，必须将新流程、新功能与人员准备以及组织结构调整有机融合。

当 A 公司决定实施 ERP 系统时，毫无疑问地也会发出这样的感慨。

A 公司实施 ERP 系统的几个有利条件

王副总经理把有关问题和需要考虑的事项梳理了一下，通过仔细思考，初步梳理出了 A 公司实施 ERP 系统的几个有利条件。

第一，在 A 公司，总经理拥有非常高的威望。虽然公司在前段时间的 ERP 系统实施的过程中缺乏总体规划，而且在决策的过程中存在某些明显的错误，但总经理对 ERP 系统实施的态度非常坚决，他是一位经营型领导而不是投机型领导。所以，王副总经理必须牢牢抓住一把手对项目支持的机会，及时获得帮助，以便在系统实施过程中，及时获得人、财、物等方面资源的配合和支持。

第二，公司高管层对实施 ERP 系统的意义和价值认识比较一致。ERP 系统的实施，意味着公司现有运作机制将发生巨大变化。ERP 系统通过信息化和数字化为公司带来变革，将改变有关产品的设计、制造、交付、销售和服务方式等的现有工作模式，并使公司高管们重新思考公司的运营方式，从而形成新的业务流程、客户关系、管理实践和信息系统，因此，在上马 ERP 项目的问题上，大家认识到这不仅是项目小组的事情，更是整个公司的事情，而且涉及人事及财务变动，没有公司高层的鼎力支持是无法保证成功的。

第三，公司员工虽然对 ERP 的理解不是很全面，甚至完全不熟悉，但非常愿意学习，因为他们都认识到竞争的压力，公司实施 ERP 系统也是为了提升竞争力。尽管前期关于 ERP 系统的培训工作做得不是很好，但是很多人都在想办法学习 ERP 的相关知识，因为他们也认识到，适应 ERP 环境下的工作方式，也是保证自己不至于被淘汰的必备能力。

第四，公司领导的支持和参与是公司实施 ERP 系统成功的关键，这已被国内外的经验所证实。A 公司的高层和中层领导不仅在思想认识上与公司实施 ERP 战略保持一致，而且在人力、物力和资金的投入上也是大力支持，在公司资金比较紧张的情况，已经做出了要优先保证 ERP 系统投入的决定。为了更好地推进 ERP 项目，公司已经在管理机制、组织结构、管理模式和方法的重大调整上开展了必要的宣传，以便协调人们的思维和行为方式，正是这些前期的准备工作比较到位，公司员工对实施 ERP 系统有了充分的思想准备。

A 公司领导认为，有了 ERP 系统，决策层可以清楚地了解各个部门的运行情况，通过数据的挖掘与分析，可以发现在经营管理过程中存在的问题，及时做出决策。同时，由于公司运营数据清楚地摆在各级领导及所有相关环节面前，哪一个环节有问题大家一目了然，不像过去容易"扯皮"，那样也给各类业务人员造成了一种巨大的压力。在这样的氛围下，系统一定能够得以顺利地实施和高效地运行。

A 公司实施 ERP 系统的路线图

王副总经理坚定了实施 ERP 系统的信心，并且动手制定了一个在公司实施 ERP 系统的路线图（见图 9-8），准备按照这个路线图逐步推进 A 公司 ERP 项目的实施。

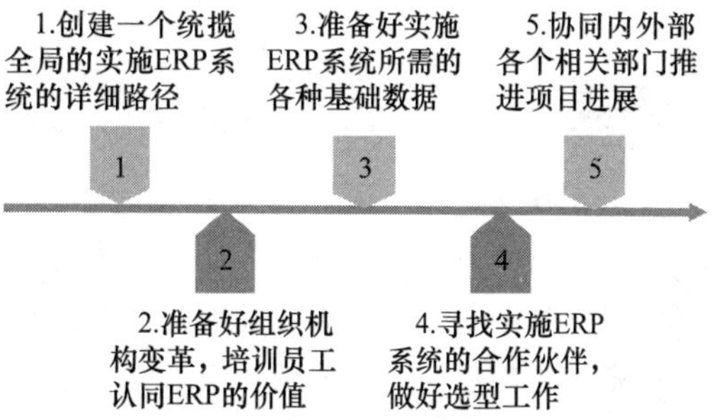

图 9-8　A 公司实施 ERP 系统的路线图

讨论题

你认为王副总经理实施 ERP 系统的路线图完整吗？所涉及的关键环节合理吗？他应该重点抓好哪几项关键工作？请你给出自己的见解。

判断题

1. MRP 也适用单件小批量生产环境。
2. MRP 处理的是相关需求。
3. 产品的包装物不是相关需求。
4. 产品结构文件是 MRP 系统产生的。
5. MRP Ⅱ 与 MRP 是完全不相关的系统。
6. MRP 处理的是相关需求，因此不需要安全库存。
7. 实施 ERP 通常要求企业变革运行方式。
8. MRP 的三项主要输入是产品出产计划、库存状态文件和物料清单文件。
9. 产品出产计划说明哪些零件何时出产多少。
10. 物料清单文件包含提前期的信息。
11. 逐批订货法（lot-for-lot）比 MPG 法的维

持库存费低。
12. 相关需求较独立需求的不均匀程度大。
13. MPG法的实质是要在订货费和维持库存费之间取得平衡。

选择题

1. 哪个行业最适合应用MRP？
   A. 机床厂　　　B. 医院
   C. 造纸厂　　　D. 炼油厂
2. 以下哪项不是MRP的输入？
   A. 生产大纲　　B. 产品出产计划
   C. 产品结构文件　D. 库存状态文件
3. 哪项是产品出产计划的输入？
   A. 库存状态文件　B. 生产计划大纲
   C. 产品结构文件　D. 车间生产作业计划
4. MRP与DRP的主要不同点是？
   A. 假设能力无限　B. 固定提前期
   C. 按时段订货　　D. 自上而下处理
5. 哪一项不是相关需求？
   A. 原材料　　　B. 在制品
   C. 成品　　　　D. 外购零件
   E. 产品说明书
6. 某种零件的总需要量是由哪一项决定的？
   A. 净需要量
   B. 现有数
   C. 上层元件的总需要量
   D. 上层元件的计划发出订货量
   E. 以上所有因素

计算题

1. 雪山冰激凌厂推出新款奶油雪糕，此种类型的雪糕由两根冰糕棍、牛奶和橙味香精做成，并且每个雪糕在包装时需要包装纸一张；在出厂时，需用纸盒再次包装，且每盒装12个包装过的雪糕。试画出产品结构树。

2. 长丰汽修厂在维修过程中用到A型轮胎，据调查，后10周各周总需要量、预计到货量以及现有库存数如表9-12所示。已知订货提前期为4周，试确定净需求量和计划发出订货量。

表 9-12

A型轮胎 LT=4周	周次									
	1	2	3	4	5	6	7	8	9	10
总需求量	100	250	300	150	250	150	300	250	150	100
预计到货量		600		350						
现有数（100）	0	350	50	250	0	-150	-450	-700	-850	-900
净需要量										
计划发出订货量										

3. 部件A和部件B的产品结构树如图9-9所示，在预计的13个星期内，产品出产计划如表9-13所示。试确定对零件C下12个星期的需求量。

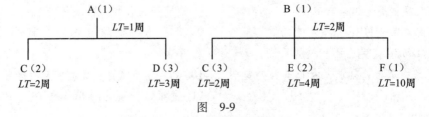

图 9-9

表 9-13

周次	1	2	3	4	5	6	7	8	9	10	11	12	13
部件 A			200	150	200	200	150	250	300	200	250	150	200
部件 B			100	150	200	150	250	200	200	250	300	200	150

4. 东风公司生产台扇，产品结构树如图 9-10 所示，现有库存和预计到货量如表 9-14 所示。要在第 10 周生产 600 台，第 11 周生产 700 台，试说明灯和灯泡的库存情况。

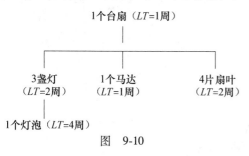

图 9-10

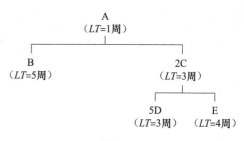

图 9-11

表 9-14

品名	存货	预计到货
灯	920	0
灯泡	739	2 100, 第 2 周

5. 产品 A 的结构树如图 9-11 所示，B、C、D、E 的现有库存和预计到货量见表 9-15。要在第 8 周生产 200 件 A，第 9 周生产 300 件，第 10 周生产 100 件，试确定 C、D 的库存状况。

表 9-15

品名	存货	预计到货
B	500	500, 第 4 周
C	500	
D	200	1 000, 第 2 周
E	1 000	

6. 已知对某零件的净需求如表 9-16 所示，单位订货费为 130 元，单位维持库存费用为 0.25 元/(件·周)。

（1）用 EOQ 公式确定订货批量时的总费用；

（2）试用 MPG 法确定订货安排时的总费用。

表 9-16

周次	1	2	3	4	5	6	7	8	9	10
需求量	200	50	200	100	300	100	150	200	50	200

第 10 章
供应链管理

> **引例**　　　　　迪美空调的供应商关系

迪美空调事业部在高速发展中面临失去生产与供应平衡的风险。迪美空调与供应商之间的关系还停留在竞争博弈这种较为传统的供应链管理模式,通过引发供应商之间的竞争来获取管理收益,供应链企业相互不信任,信息、知识、经验独占而不希望共享的倾向严重。同一类供应商少则两三家,多则七八家,管理幅度大,管理成本高。

为降低计划多变和超量采购带来的呆滞物料的风险,迪美空调推出了零库存的政策。这也是迪美空调供应链管理追求的一个目标。然而,实施的效果却与公司的愿望相去甚远,公司物料呆滞是下降了,但因拿不出系统的解决方案而引发出其他问题,某种程度上负面影响更大。

供应商为避免物料呆滞,对公司的订单、储备计划的执行力、备料意愿显著下降。"不见兔子不撒鹰"形象地反映了供应商的这种心态。只有在公司采购人员一再催问,供应商确认订单风险较小的情况下,才愿意供货。但由于没有足够的储备,断货的情况还是经常发生。公司利用目前采购所处的强势地位,对采购回来的物料用不上时强行退回给供应商,造成供应商的库存呆滞,激化双方的矛盾。

公司库存目标是以大工作量的追货、牺牲供应商对公司的信任感、供应商物料呆滞的增加来实现的。

最后,品质领导一切的方针很难得到彻底的贯彻。公司内的事业部制定了品质领导一切的企业经营方针,但遇到来自成本、交货期方面的压力时,经常出现打折扣的现象,质量经营方针很难得到彻底的贯彻。

面向 21 世纪全球性市场竞争环境,企业管理者已经认识到,要想取得竞争优势仅靠单打独斗已远远不能适应新的竞争环境了。于是,供应链管理就成为企业决策者关注的提高企业竞争力的新模式。不同的企业或同一企业的不同产品,都有不同的竞争特性,如何根据竞争特性选择与之相适应的供应链管理模式,是企业实施供应链管理的一个基本问题。本章首先介绍了供应链和供应链管理的概念，然后介绍了供应链管理思想产生的历史背景，分析了传统管理模式存在的弊端，阐述了供应链管理的主要特征及实施战略，对供应链管理体系中的物流管理、库存控制、采购管理与供应商管理以及服务供应链管理等内容做了详细介绍。

10.1 供应链管理思想的提出

20 世纪后半叶，特别是进入 90 年代以后，由于生产力的发展，顾客（customer）消费水平的提高，导致需求日益多样化。随着科学技术的飞速进步，企业之间的竞争（competition）加剧，加上政治、经济、社会环境的巨大变化（change），使得需求的不确定性大大加强。"3C"是带来市场需求多样化与不确定性的根源，也是促使企业不断提高自身竞争能力的外在压力。企业之间在全球市场的激烈竞争中面对一个变化迅速且无法预测的买方市场，致使传统的生产模式对市场剧变的响应越来越迟缓和被动。为了摆脱困境，企业虽然采取了许多先进的单项制造技术和管理方法，如 CAD、CAM、FMS、JIT、MRP Ⅱ 等，并取得了一定实效，但在响应市场的灵活性、快速满足顾客需求方面并没有实质性的改观，而且巨额投资与实际效果形成了强烈反差。人们才意识到问题不在于具体的制造技术与管理方法本身，而是它们仍在传统的生产模式框框内。当代先进生产模式就是在对传统的大量生产模式的质疑、反思和扬弃过程中应运而生的。

当今世界各种技术和管理问题日益复杂化，促使人们认识、分析和解决问题的思想方法开始从点的思考和线的思考向面的思考和多维空间的思考转化，或从纵向思维方法向横向思维方法转化。在此背景下，出现了以供应链管理（supply chain management）为代表的新的管理理论与方法。

一直以来，企业出于管理和控制上的目的，对与产品制造有关的活动和资源一直采取自行投资或兼并的"纵向一体化"（vertical integration）模式，即某核心企业与其他为其提供原材料、半成品或零部件的企业是一种所有权关系。例如，美国福特汽车公司拥有一个牧场，出产的羊毛用于生产汽车坐垫；某报业大王拥有一片森林，专为生产新闻用纸提供木材。脱胎于计划经济体制下的中国企业更是有过之而无不及，"大而全、小而全"的思维方式至今仍在各层企业管理者头脑中占据主要位置，许多制造业企业拥有从铸造、零件加工、装配到包装、运输、销售等一整套的设备、设施及组织机构。

"纵向一体化"管理模式的主要特征可以从它的决策背景、管理制度等几个方面来看。首先，它以规模化需求和区域性的卖方市场为决策背景，通过规模效应降低成本，获得效益。在这种决策背景之下，它所选择的生产方式，必然是少品种、大批量式的，采用刚性和专用的流水生产线。因为这种生产方式可以最大限度地提高效率，降低成本，其规模化效益是最好的。但是，其致命弱点是适应品种变化的能力很差，一旦外界发生新的需求，原有的生产系统很难适应。其次，从组织结构的特征来看，它是一种多级递阶控制的组织结构，管理的跨度小、层次多，管理层次的增加必然影响整个企业的响应速度。再次，从管理思想和管理制度的特征看，主要是一种集权式管理，以追求稳定和控制为主。也就是说，过去为了控制影响企业生产的这些资源，企业要么是自己投资建设，要么是参资控股，目的只有一个，就是要控制可能影响自己生产和经营的资源。要最大限度地来控制这些资源，必然走向集权式，因为只有集权式管理才能实现企业最大限度地对资源进行控制的愿望。最后，由于采取的是高度自治的策略，企业形成了高度封闭的系统，与外界的交互很少，企业之间纯粹是竞争关系。"纵向一体化"的目的是加强企业对原材料、制造、分销和销售全过程的控制，使企业能很好地适应市场的发展变化，增加各个业务活动阶段的利润。在相对稳定的市场环境中，采用"纵向一体化"战略是有效的；但是，面对高科技的迅速发展、全球性竞争日益激烈、顾客需求不断变化的局势，对大多数企业来说，纵向发展战略不仅无法实现上述目的，而且还会增加企业的投资负担，背上沉重的利息负担，并且迫使企业从事并不擅长的业务活动。纵向发展战略不仅使企业在各项业务活动阶段面临极大风险，还增大了企业面临的行业风险。如果整个行业不景气，采用纵向发展战略的企业不仅会在最终用户市场上遭受损失，而且会在各个纵向发展的市场上遭受损失。

现在，人们已经认识到了在新的历史时期"纵向一体化"模式的弊端，越来越多的企业放弃了这种经营模式。20世纪80年代中期以后，在工业发达国家有近80%的企业放弃了"纵向一体化"，转向了供应链管理这一新的经营模式。

供应链是围绕核心企业，通过对信息流、物流、资金流的控制，从采购原材料开始，制成中间产品以及最终产品，最后由销售网络把产品送到消费者手中的将供应商、制造商、分销商、零售商，直到最终用户连成一个整体的功能网链结构。它是一个范围更广的企业结构模式，包含了所有加盟的节点企业，从原材料的供应开始，经过链上不同企业的制造加工、组装、分销等过程直到最终用户。它不仅是一条连接供应商与用户的物流链、信息链、资金链，而且是一条增值链，物料在供应链上因加工、包装、运输等过程而增加其价值，给相关企业都带来收益。例如，美国VTI公司通过电子通信系统，与不同企业一起设计特殊应用集成电路。该公司在美国的硅谷使用计算机软件设计完掩模，然后在日本蚀刻芯片，在韩国切割、固定，在马来西亚封装集成电路，再由货运公司将产品送到世界各地的用户。VTI的产品从设计、制造到运输、销售，形成了一条从供应商到最终用户的供应链系统。它既是一条从供应商的供应商到用户的用户的物流链，又是一条价值增值链，因为各种物料在供应链上的移动，是一个不断增加其市场价值或附加价值的增值过程。所以，供应链管理不同于企业中传统的采购供应管理职能。

供应链管理的基本思想就是"横向一体化"（horizontal integration），即把原来由企业自己生产的零部件外包出去，充分利用外部资源，于是就跟这些企业形成了一种水平关系，人们形象地称之为"横向一体化"。供应链管理跟我们通常所讲的一个组织内部的管理是不一样的，组织内部的管理体现为一种权力关系，即上级可以指挥下级。而供应链是具有独立法人地位企业的合作链，企业无论大小都是平等的，因此，供应链管理主要体现为如何加强合作，提高对资源的协调运作和管理水平。

供应链管理的效益很明显。实践证明，供应链的实施可以给企业带来很多好处，如降低成本，改善用户服务，加快资金周转，增加市场占有率等。过去由于信息不协调，在很大程度上导致企业生产或订货批量决策的盲目性，而且越往原材料这个方向移动，投入的批量越大，即理论上所讲的"需求放大效应"，这样就导致多余的货物只能降价处理。实施供应链管理之后，加强了信息流和物流的协调，信息可以及时、准确地传递给合作企业，这样就减少了削价处理的损失。更重要的是，供应链上各节点企业，不论大小都能成为受欢迎的业务伙伴，增加了自己的生存能力。图10-1是供应链系统的分层结构示意图，供应链管理体系如图10-2所示。

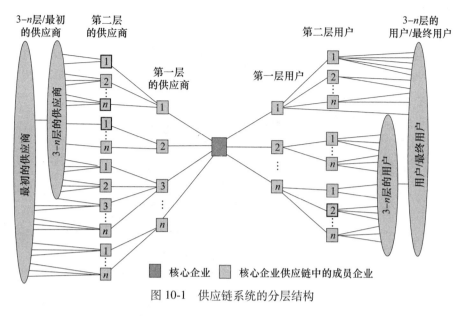

图 10-1 供应链系统的分层结构

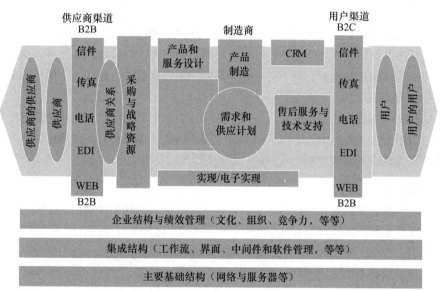

图 10-2 供应链管理体系

10.2 供应链系统设计

10.2.1 供应链系统的典型结构

人们一般所说的供应链系统,是站在一个核心企业的角度来看的,图 10-3 是这种供应链系统的典型结构。整个供应链系统就是考虑从"源"到"汇"的整体特征。实际的供应链系统在形式上可能是千差万别的,但是其主要特征确实是共同的。更确切地讲,供应链是一个网状的"链",或简称网链,这个网链上有一家核心企业,以核心企业为中心,上下游各有若干节点企业。核心企业可以是制造型企业,也可以是零售型企业。有的供应链系统上游企业多一些，有的供应链系统下游企业多一些，不一而同。

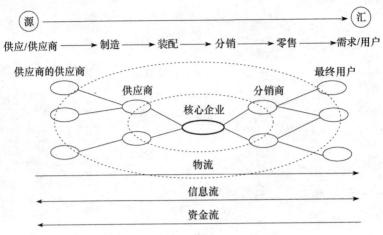

图 10-3　供应链系统的典型结构

10.2.2　供应链系统的设计

供应链系统的设计，就是要建立以一家企业为核心、集成上游企业和下游企业的协调系统。供应链系统的设计比前几章介绍的选址布局的范围更大，涉及的因素更多，也更复杂。要想提高供应链管理的运作绩效，除了要有一个高效的运行机制外，建立一个优化的供应链系统也是一个极为重要的环节。

供应链的构成不是一成不变的，但是在实际经营中，不可能像改变办公室的桌子那样随意改变供应链上的节点企业。因此，作为供应链管理的一个重要环节，无论是理论研究人员还是企业实际管理人员，都非常重视供应链的构建问题。

1. 供应链设计与环境因素

与前面介绍的选址问题一样，构建和设计一个供应链，也必须考虑供应链的运行环境（地区、政治、文化、经济等因素），不仅如此，还应同时考虑未来环境变化对实施供应链的影响。必须用发展的、变化的眼光来设计供应链，无论是信息系统的构建还是物流通路的设计都应具有较高的柔性，以提高供应链对环境的适应能力。

2. 供应链设计与企业管理组织重构

从企业的角度来看，供应链的设计是一个围绕企业战略目标的社会资源配置（上下游企业）优化问题。因为供应链管理是一种新的管理思想，要按照这种思想重构企业的运作框架和战略系统，就要对原有的管理架构进行反思，必要时要进行一些革命性的变革。所以，供应链系统的建设也就是企业或者企业群体进行业务流程的重构过程。要从管理思想革新的角度，以创新的观念武装企业（比如动态联盟与虚拟企业、精细生产）。

3. 供应链设计与先进制造模式的关系

供应链设计既是从管理新思维的角度去改造企业，也是先进制造模式的客观要求和推动的结果。如果没有全球制造、虚拟制造这些先进制造模式的出现，供应链管理思想是很难实现的。正是先进制造模式的资源配置沿着"劳动密集—设备密集—信息密集—知识密集"的方向发展才使得企业的组织模式和管理模式发生相应的变化，从制造技术的集成演变为组织和信息等相关资源的集成。供应链管理适应了这种趋势，因此，供应链的设计应把握这种内在的联系，使供应链管理成为适应先进制造模式发展的先进管理思想。例如，近几年快速发展的3D打印技术，将会影响今后供应链的结果。

10.2.3 供应链系统设计的指导思想和原则

供应链系统设计的指导思想可以分为以下几个方面：

- 根据不同群体的需求划分顾客，以使供应链适应市场面需求，按市场面进行物流网络的顾客化改造，满足不同顾客群需求及确保供应链企业能够盈利。
- 根据市场动态使整个供应链的资源计划成为一体，保证资源的最优配置。上下游企业的计划应该跟市场需求动态协调编制，保证需求与供给之间在时间、品种、数量上满足配套要求。一方面保证生产能力的有效利用，另一方面减少由于不协调而产生的库存。
- 产品差异化尽量靠近用户，并通过供应链实现快速响应。
- 对供应资源实施战略管理，减少物流与服务的成本。
- 实施整个供应链系统的技术开发战略，建立能够集成所有合作伙伴的信息技术平台，以支持多层决策，清楚掌握供应链的产品流、服务流、信息流。
- 采用供应链绩效测量方法，度量满足最终用户需求的效率与效益。除了供应链设计的指导思想之外，还有一些供应链设计的原则。遵循这些基本原则，就可以减少供应链系统设计中的失误，节省时间，并且保证供应链的设计和重建能够满足供应链管理的战略目标。

供应链系统设计的原则包括：

（1）自顶向下和自底向上相结合的设计原则。在系统设计方法中，有两种设计方法，即自顶向下和自底向上的方法。自顶向下的方法是从全局走向局部的方法，自底向上的方法是从局部走向全局的方法；自上而下是系统分解的过程，而自下而上则是集成的过程。在设计一个供应链系统时，往往是先由高层主管做出战略规划与决策，规划与决策的依据来自市场需求和企业发展规划，然后由下层部门实施决策过程，因此供应链的设计是自顶向下和自底向上的综合。

（2）简洁性原则。简洁性是供应链的一个重要原则，为了能使供应链具有灵活快速响应市场的能力，供应链的每个节点都应是精简"具有活力的"能实现业务流程的快速组合。比如供应商的选择就应以少而精的原则，通过同少数的供应商建立战略伙伴关系，有利于减少采购的成本，有利于实施JIT采购和准时生产。生产系统的设计更是应以精细思想为指导，从精细的制造模式到精细的供应链是努力追求的目标。

（3）互补性原则。供应链的各个节点的选择应遵循强强联合的原则，达到实现资源外用的目的，每家企业只集中精力于各自核心的业务流程，就像一个独立的制造单元（独立制造岛），这些所谓的单元化企业具有自我组织、自我优化、面向目标、动态运行和充满活力的特点，能够实现供应链业务的快速重组。

（4）协调性原则。供应链绩效的好坏取决于供应链合作伙伴关系是否和谐，因此，建立战略伙伴关系的合作企业关系模型是实现供应链最佳效能的保证。席西民教授认为，和谐与否描述了系统是否形成充分发挥系统成员和子系统的能动性、创造性及系统与环境的总体协调性。只有和谐而协调的系统才能发挥最佳的效能。

（5）动态性原则。不确定性在市场中随处可见，供应链运作效率也会受到不确定性的影响。由于不确定性的存在，导致需求信息的扭曲，因此要预见各种不确定性因素对供应链运作的影响，减少信息传递过程中的信息延迟和失真。降低安全库存总是和服务水平的提高相矛盾。增加透明性，减少不必要的中间环节，提高预测的精度和时效性对降低不确定性的影响来说都是极为重要的。

（6）战略性原则。供应链的建模应有战略性观点，从战略的角度考虑减少不确定性的影响。供应链设计的战略性原则还体现在供应链发展的长远规划和预见性上，供应链的系统结构发展应和企业的战略规划保持一致，并在企业战略的指导下进行。

10.2.4 供应链系统设计的步骤

图 10-4 给出了供应链系统设计的基本步骤。在上述供应链系统设计指导思想和原则的指引下，参考图 10-4 中的设计步骤，借用一定的方法，就可以将供应链系统设计出来了。

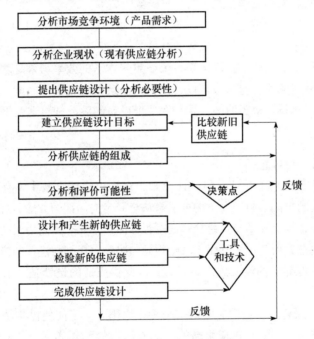

图 10-4 供应链系统设计的基本步骤

10.2.5 供应链系统设计和优化的方法

用于供应链系统设计和优化的方法很多，许多运筹学工具可以用于设计供应链系统。有很多方法已经成功地用于物流配送中心的设计和优化，并且已经给企业运营带来了盈利。这里给出一个简单例子，仅作为一种供应链设计的概念性介绍，目的是让有关人士了解什么是供应链系统的设计。现实中，供应链系统的设计是很复杂的，有时要借助专业研究人员的力量。

【例 10-1】

假定只考虑单个产品，有两家工厂 P1 和 P2 可以生产这种产品。其中工厂 P2 的年生产能力是 60 000 件产品，另外，两家工厂的生产成本相同。为了把产品销往各地，设置两个分销中心 W1、W2，且具有相同的库存成本。目标是 3 个市场 C1、C2、C3，需求量分别为 50 000 件、100 000 件、50 000 件该种产品。有关运送的路线及运输成本见图 10-5 中箭头上的数字（元／件）。[⊖]

方案一：

对于每一个市场，选择从分销中心到需求地成本最低的方案，即 C1、C2 和 C3 由 W2 供应。为每一个分销中心选择成本最低的工厂，即从 P2 得到 60 000 件，剩余的 140 000 件从 P1 得到。

总成本：

$TC1 = 2×50\,000+1×100\,000+2×50\,000+$
$\quad\quad 2×60\,000+5×140\,000$
$\quad = 1\,120\,000$（元）

方案二：

对于每一个市场，选择不同的分销中心，使从分销中心获得产品的总成本最低。比如对于 C1，有 P1→W1→C1，P1→W2→C1，P2→W1→C1，P2→W2→C1。当然，成本最低的是 P1→W1→C1，即用 W1 供应 C1。同样可决定，选择 W2 供应 C2 和 C3。

按这样的方案，可以计算总成本是：$TC2 = 920\,000$ 元。显然比上一个方案要好一些。

方案三：

下面给出一个优化的方案（方法和计算过程略），见表 10-1。按这一方案运作的总成本是：$TC3 = 740\,000$ 元。

表 10-1 方案三的优化解

分销中心	工厂				
	P1	P2	C1	C2	C3
W1	140 000	0	50 000	40 000	50 000
W2	0	60 000	0	60 000	0

由以上几个方案的比较结果可以看出，三种不同的方案得到三种不同的结果，而且差异很大。这就告诉我们这样一个事实：在供应链的设计与优化过程中，选择适当的方法对于提高整个供应链系统的绩效非常重要。

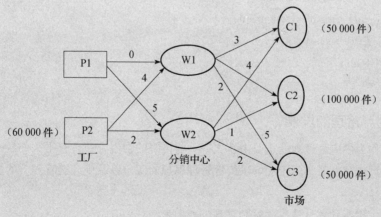

图 10-5 供应链系统设计示例

⊖ 本例没有考虑工厂上游的企业。

10.3 供应链管理下的物流管理

近年来，随着经济的全球化和市场竞争的自然化，物流对社会和企业发展的重要性被提高到了一个新的水平，特别是最近几年，供应链管理思想的实践对物流管理提出了更高的要求，物流的地位从未如此重要过。

10.3.1 物流及物流管理的含义

物流，从狭义的角度看，日本学者的解释是"物的流动"的意思，美国学者则用 physical distribution 来表示。例如，早在 1935 年，美国销售协会对物流下的定义是："包含于销售之中的物质资料和服务，从生产地点到消费地点流动过程中伴随的种种经济活动。"第二次世界大战后，physical distribution 一词逐渐被 logistics 所取代。

物流管理的含义目前也是多种多样的。现在，人们普遍采用美国供应链管理专业委员会（CSCMP）对物流管理的定义："物流是供应链的一个组成部分，是为了满足顾客需求而进行的货物、服务及信息从起始地到消费地的流动过程，以及为使之能有效、低成本地进行而从事的计划、实施和控制行为。"新的定义将物流管理明确定义为供应链管理的一个组成部分。一般而言，物流活动包含以下几个方面的内容：

- 运输（transportation）
- 存储（warehousing and storage）
- 包装（packaging）
- 物料搬运（material handling）
- 订单处理（order processing）
- 预测（forecasting）
- 生产计划（production planning）
- 采购（purchasing or procurement）
- 客户服务（customer service）
- 选址（location）
- 其他活动

10.3.2 物流管理的发展

现代物流作为供应链管理的重要内容之一，与传统的物流管理有着很大的区别。因此，了解物流管理的形成和发展，对于理解供应链管理思想的实质以及供应链管理下的物流管理的作用很有必要。

一般认为，物流管理是从军事后勤管理发展而来的。

军事后勤管理在物流管理的起源和发展过程中扮演着重要的角色。后勤管理最初起源于战时军事物资的供应管理。第二次世界大战期间，美国根据军事上的需要，在对军火进行供应时，首先采用了后勤这个词。后来，后勤形成一个独立的分支并且不断发展，形成了后勤工程（logistics engineering）、后勤管理（logistics management）、后勤分配（logistics distribution）等应用领域，在军队的后勤保障方面取得了显著效果。管理者也逐渐认识到后勤管理在企业运作方面的重要性，后勤管理遂走出军事应用领域而成为企业管理体系中的重要内容。

美国学者鲍尔索克斯在 1974 年出版的《物流管理》（*Logistics Management*）一书中曾对后勤管理下了定义："以买主为起点，将原材料、零部件、制成品在各家企业之间有策略地加以流转，最后到达用户手中，其间所需要的一切活动的管理过程。"这是比较全面的关于后勤管理的论述。

从 20 世纪 70 年代后期起，后勤管理逐渐发展为物流管理。尽管两者都是用英文 logistics management 来表示，但是其含义已经有了较大的差别。企业把物流活动视为其战略的组成部分之一，而不是仅仅视为后勤系统。因此，在 20 世纪 80 年代，企业完成了内部物流的集成，许多企业设立了物流管理部门，设置了物流管理的副总裁。到了 90 年代，企业开始考虑企业之间的物流集成，成为实现供应链管理的一个重要组成部分。

10.3.3　供应链环境下的物流管理

供应链管理的实施离不开物流、信息流、资金流、工作流的集成。尤其是物流，对供应链管理的运作影响最大。因为其他几种"流"都可以不受空间因素的影响，可以在不改变空间位置的情况下完成交易活动，但是物流功能是一定要发生地理空间上的转移才能实现的。一旦发生地理空间的转移，就需要消耗时间。如果供应链各节点企业间不协调，就会影响物流的绩效，致使物流过程消耗时间过长、成本过高。因此，供应链管理的运作绩效在很大程度上要受到物流管理的影响。当然，这几种"流"又是相互影响的，信息流不畅势必影响物流，资金流的中断同样会使物流停顿。从这个角度出发，物流的最终绩效又是对供应链管理的综合反映。

供应链物流管理水平的高低直接影响整个供应链的竞争力。例如，欧洲一家日杂公司的负责人说，他们生产的产品从渔场码头得到原材料，经过加工、配送到产品的最终销售需要 150 天时间，而真正消耗在产品加工上的时间只需要 45 分钟，其余的时间都消耗在物流过程中了。如果能提高物流绩效，缩短物流周期，就可以大幅度降低整个供应链上的供货周期，提高产品的总体竞争力。

过去，企业里没有独立的物流管理业务部门和职业物流管理人员，通常是把物流当成制造活动的一部分。直到 20 世纪 60 年代物料管理（materials management）和物资配送（physical distribution）的出现，情况才发生变化。物料管理被认为是对企业原材料的采购与运输、原材料和在制品的库存管理；而配送管理是对企业的输出物流的管理，包括需求预测、运输、库存管理和用户服务。但是，此时的物流管理被分割在不同的管理职能部门，经常出现物流不协调的现象。20 世纪 80 年代出现了集成物流（integrated logistics）的概念后，把企业的输入与输出物流管理以及部分市场和制造功能集成在一起，许多企业相继设立了物流管理部门，使得过去分散于不同职能部门的物流管理功能集中于一个独立部门，其变化如图 10-6 和图 10-7 所示。

把物流管理置身于供应链管理环境下，应具有三重作用，也可以说表现为三种形式，即物流的物质表现形式、价值表现形式和信息表现形式。物流的物质表现就是企业之间的物质资源的转移（包括时间、空间和形态的转移）；物流的价值表现是指作为一个价值增值过程，物流过程是一个能创造时间价值和空间价值的过程；物流的信息表现是指，物流过程是一个信息采集、传递与加工的过程，伴随物流的运动而产生信息，再将这种信息进行加工处理，为整个供

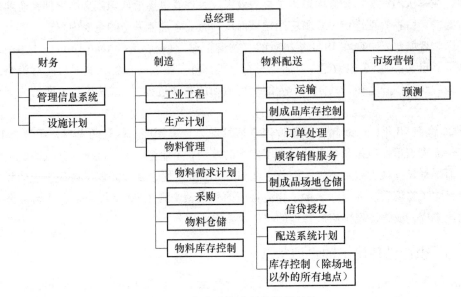

图 10-6　物流功能独立的组织结构

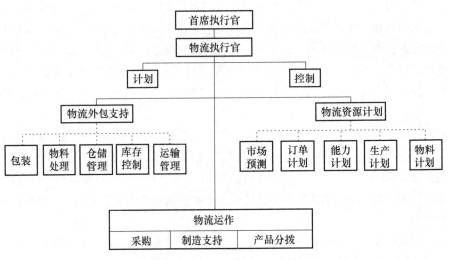

图 10-7　一体化物流组织结构

应链的运行提供决策参考。基于这种情况，现代物流管理的研究应置于供应链管理环境之下，才能使物流有更大的发展空间。这一观点也可以从近几年物流管理飞速发展的过程看出来，在供应链管理没有形成系统的思想之前，物流管理范畴相对很小，也没有像现在这样引起人们如此广泛的注意。供应链管理理念的出现，不仅使管理者的思维方式和管理模式发生了巨大变化，也使物流管理获得了从未有过的发展机遇。企业之间的原材料、半产品、产品的供应与采购关系，更具体地说是供应链联盟内的物流活动。

　　站在供应链管理的环境下看物流管理，也要改变原有的物流管理追求的目标。例如，人们经常用 7 "R" 来形容物流管理的目标，即把恰当的产品（right product），按恰当的数量（right quantity）和恰当的条件（right condition），在恰当的时间（right time），用恰当的成本（right cost）将物品送到在恰当地点（right place）的恰当顾客（right customer）手中。这一切都是从物流管理本身出发的。如果从供应链管理的整体出发，那么这里的成本就应该是供应链的总成本，而不是哪一个局部物流的成本。

例如，一般来讲，货运商总是要把集装箱装满才肯满足。如果你告诉他不要装满，他会认为你疯了。如果考虑的只是运输成本，那么装满集装箱是应该的；但如果考虑的是整个价值链系统的成本，那么，需要降低的是总成本而不是某一步骤的成本，也许不装满更为明智。比如，你要把10种产品（每种产品都是由不同的工厂生产的）分发到10个分销中心，标准的做法是每家工厂各自把产品装到集装箱中然后运走。这10个集装箱中的产品都必须混合，因而需要打开，然后重新装箱才能运到分销中心。现在，假定你把集装箱从一家工厂运到另一家工厂，要求每家工厂装1/10。那么，最后一家工厂装满后，就可以直接运到分销中心，并且能够满足消费者的要求。这样做的运输成本要高一些，但考虑到这样能够把产品准确堆放而不需要对产品进行混装，总成本反而会降低。因此，如果对整条供应链进行积极的管理和组织，就会节约成本。

因此，目前物流管理已经扩展到包括上下游供应链企业之间的协调管理上，特别是随着第三方物流的介入，物流管理的概念已经发生巨大变化，而且在供应链管理中的作用越来越重要。

10.4 供应链管理下的库存控制

10.4.1 供应链管理环境下的库存问题

如第8章所述，虽然库存管理是企业运作管理理论与实践中最成熟的领域之一，但是过去的库存管理只是针对单家企业而言的，这些理论与方法难以适应供应链管理环境的要求。

1. 没有供应链的整体观念，库存管理的思想落后

供应链的整体绩效取决于各个供应链节点的绩效，但是各个节点都是各自独立的单元，都有各自独立的目标。一般的供应链系统都没有针对全局供应链的绩效评价指标，这是普遍存在的问题。有些企业采用库存周转率作为供应链库存管理的绩效评价指标，但是没有考虑对用户的响应时间与服务水平，用户满意应该成为供应链库存管理的一项重要指标。

2. 对用户服务的理解与定义不恰当

供应链管理的绩效好坏应该由用户来评价，或者利用对用户的响应能力来评价。但是，对用户服务的理解与定义各不相同，导致对用户服务水平的差异。许多企业采用订单满足率来评估用户服务水平，这是一种比较好的用户服务考核指标。但是用户满足率本身并不保证运作问题，比如，一家计算机工作站的制造商要满足一份包含多产品的订单要求，产品来自各供应商，用户要求一次性交货，制造商要等各个供应商的产品都到齐后才一次性装运给用户。这时，用总的订单满足率来评价制造商的用户服务水平是恰当的，但是，这种评价指标并不能帮助制造商发现是哪家供应商的交货迟了或早了。

传统的订单满足率评价指标也不能评价订货的延迟水平。两家同样具有90%的订单满足率的供应链，在如何迅速补给余下的10%订货要求方面差别是很大的。其他服务指标也常常被忽视了，如总订单周转时间、平均回头订单、平均延迟时间、提前或延迟交货时间等。

3. 低效率的信息传递系统

在供应链中，各个供应链节点企业之间的需求预测、库存状态、生产计划等都是供应链管理的重要数据，这些数据分布在不同的供应链组织之间，要做到有效地快速响应用户需求，必须实时地传递。但是目前许多企业的信息系统并没有很好地集成起来，当供应商需要了解用户的需求信息时，常常得到的是延迟的信息和不准确的信息。由于延迟引起误差和影响库存量的精确度，短期生产计划的实施也会遇到困难。例如，企业为了制订一个生产计划，需要获得关于需求预测、当前库存状态、订货的运输能力、生产能力等信息，这些信息需要从供应链的不同节点企业获得，数据收集的工作量很大，有时根本无法获得，致使制造商对最新订单信息的有效响应能力减小。

4. 库存控制策略简单化

无论是生产性企业还是物流企业，库存控制都是为了保证供应链运行的连续性和应对不确定需求。了解和跟踪不确定性状态的因素是第一步，第二步是要利用跟踪到的信息去制定相应的库存控制策略。但是，许多公司对所有物品采用统一的库存控制策略，物品的分类没有反映供应与需求中的不确定性。在传统的库存控制策略中，多数是面向单一企业的，采用的信息基本上来自企业内部，其库存控制没有体现供应链管理的思想。

5. 缺乏合作与协调性

为了应对不确定性，供应链的各节点企业都设有一定的安全库存，这在运作中是必要的。问题在于，在供应链中，组织的协调涉及更多的利益群体；如果企业间缺乏协调与合作，相互之间的信息透明度不高，就会导致交货期延迟和服务水平下降，同时库存水平也由此而增加。在这样的情况下，各家企业都不得不维持一个较高的安全库存，形成不必要的多余库存，供应链系统则为此付出了高昂的代价。

组织之间存在的障碍有可能使库存控制变得更为困难，因为各自都有不同的目标和绩效评价尺度，拥有不同的仓库，也不愿意与其他部门共享资源。在分布式的组织体系中，组织之间的障碍对库存集中控制的阻力更大。

10.4.2 供应链管理环境下的库存控制方法

以上分析了传统库存控制方法和思想在供应链管理环境下出现的问题，针对这些问题，人们提出了能够较好适应供应链管理的库存控制新方法，下面做一简要介绍。

1. VMI 系统

长期以来，企业运作中的库存管理是各自为政的。物流通路中的每一个部门都是各自管理自己的库存。零售商有自己的库存，批发商有自己的库存，供应商也有自己的库存，这些供应链各个环节都有自己的库存控制策略。由于各自的库存控制策略不同且相互封闭，因此不可避免地产生需求的扭曲现象，从而导致需求变异放大，无法使供应商准确了解下游用户的需求。近年来，在管理上出现了一种新的供应链库存管理方法——供应商管理库存（vendor managed inventory，VMI）。这种库存管理策略打破了传统的各自为政的库存管理模式，体现了供应链的集成化管理思想，适应市场变化的要求，是一种新的有代表性的库存管理思想。

（1）VMI 的基本思想。关于 VMI 的定义，国外有学者认为："VMI 是一种在用户和供应商之间的合作性策略，对双方来说都是以最低的成本优化产品的可获性，在一个相互同意的目标框架下由供应商来管理库存,这样的目标框架被经常性监督和修正以产生一种连续改进的环境。"VMI 系统就是供货方代替用户(需求方)管理库存,库存的管理职能转由供应商负责。

VMI 策略的关键措施主要体现在如下几个原则中:

- 合作精神。在实施该策略中,相互信任与信息透明是很重要的,供应商和用户(零售商)都要有较好的合作精神,才能相互保持较好的合作。
- 使双方成本最小。VMI 不是关于成本如何分配或谁来支付的问题,而是通过该策略的实施减少整个供应链上的库存成本,使双方都能获益。
- 目标一致性原则。双方都明白各自的责任,观念上达成一致的目标。比如库存放在哪里,什么时候支付,是否要管理费,要花费多少等问题都需要双方达成一致。
- 连续改进原则。它使供需双方共同努力,逐渐消除浪费。

VMI 的主要思想是供应商在用户的允许下设立库存,确定库存水平和补给策略,行使对库存的控制权。精心设计与开发的 VMI 系统,不仅可以降低供应链的库存水平,而且用户可以获得高水平的服务,改进资金流,与供应商共享需求变化的透明性和获得更好的用户信任。

(2) VMI 的实施方法。实施 VMI 策略,首先要改变订单的处理方式,建立基于标准的托付订单处理模式。供应商和用户一起确定供应商的订单业务处理过程所需要的信息和库存控制参数,然后建立一种订单的处理标准模式,如 EDI 标准报文,最后把订货、交货和票据处理各个业务功能集成在供应商这边。

库存状态透明性(对供应商)是实施 VMI 的关键。供应商能够随时跟踪和查到用户(分销商)的库存状态,快速、准确地做出补充库存的决策,对企业的生产(供应)状态做出相应的调整,从而敏捷地响应市场需求的变化。为此,需要建立一种能使供应商和用户的库存信息系统透明连接的方法。

VMI 策略的实施可以分为如下几个步骤:

①建立用户情报信息系统。供应商要有效地管理销售库存,必须能够获得用户的有关信息。通过建立用户的信息库,供应商能够掌握需求变化的有关情况,把由用户(分销商)进行的需求预测与分析功能集成到供应商的系统中来。

②建立物流网络管理系统。供应商要很好地管理库存,必须建立起完善的物流网络管理系统,保证自己的产品需求信息和物流畅通。目前,已有许多企业开始采用 MRP Ⅱ 或 ERP 系统,这些软件系统都集成了物流管理的功能,通过对这些功能的扩展,就可以建立完善的物流网络管理系统。

③建立供应商与用户(分销商)的合作框架协议。供应商和用户一起通过协商,确定订单处理的业务流程以及库存控制的有关参数,如补充订货点、最低库存水平、库存信息的传递方式(EDI 或 Internet)等。

④组织机构的变革。这一点也很重要,因为 VMI 策略改变了供应商的组织模式。引入 VMI 策略后,在订货部门产生了一个新的职能部门负责控制用户的库存,以实现库存补给和高服务水平。

(3) VMI 的支持技术。VMI 的支持技术主要包括:EDI/Internet、ID 代码、条码或二维码、条码应用标识符、连续补货程序等。

2. 联合库存管理

联合库存管理的思想可以从分销中心的联合库存功能谈起。地区分销中心体现了一种简单的联合库存管理的思想。传统的分销模式是分销商根据市场需求直接向工厂订货，比如汽车分销商（或批发商），根据用户在车型、款式、颜色、价格等方面的不同需求，向汽车制造厂订货，需要经过一段较长时间才能到货。因为顾客不想等待这么久的时间，所以各个分销商不得不进行库存备货，这样大量的库存使分销商难以承受，以至于破产。据估计，在美国，通用汽车公司销售 500 万辆轿车和卡车，平均价格是 18 500 美元，分销商维持 60 天的库存，库存费是车价值的 22%，一年总的库存费用达到 3.4 亿美元。而采用地区分销中心，就大大减轻了库存浪费的问题。采用分销中心后的销售方式，各个分销商只需要少量的库存，大量的库存由地区分销中心储备，也就是各个分销商把其库存的一部分交给地区分销中心负责，从而减轻了各个分销商的库存压力。分销中心就起到了联合库存管理的功能。

从分销中心的功能得到启发，我们对现有的供应链库存管理模式进行新的拓展和重构，提出联合库存管理新模式——基于协调中心的联合库存管理系统。

近年来，在供应链企业之间的合作关系中，更加强调双方的互利合作关系，联合库存管理就体现了战略供应商联盟的新型企业合作关系。

联合库存管理是解决供应链系统中因各节点企业的相互独立库存运作模式而导致的需求放大问题，是提高供应链同步化程度的一种有效方法。联合库存管理和 VMI 不同，它强调双方同时参与，共同制订库存计划，使供应链过程中的每个库存管理者（供应商、制造商、分销商）都从相互之间的协调性考虑，保持供应链相邻两个节点之间的库存管理者对需求的预期保持一致，从而消除了需求变异放大现象。任何相邻节点需求的确定都是供需双方协调的结果，库存管理不再是各自为政的独立运作过程，而是变成供需连接的纽带和协调中心。VMI 是一种供应链集成化运作的决策代理模式，它把用户的库存决策权代理给供应商，由供应商代理分销商或批发商行使库存决策的权力。联合库存管理则是一种风险分担的库存管理模式。

3. 发挥第三方物流系统的作用

第三方物流系统（third party logistics，TPL）是供应链集成的一种手段。TPL 也被称为物流服务提供商（logistics service provider，LSP），它为用户提供各种服务，如产品运输、订单选择、库存管理等。第三方物流系统的产生，一种形式是由一些大的公共仓储公司通过提供更多的附加服务演变而来，另一种形式是由一些制造企业的运输和分销部门演变而来。

把库存管理的部分功能委托给第三方物流系统管理，可以使企业更加集中精力于自己的核心业务，第三方物流系统起到了联系供应商和用户的桥梁作用。第三方物流系统可以为企业带来诸多好处，具体如下：

- 减少成本。
- 使企业集中于核心业务。
- 获得更多的市场信息。
- 获得一流的物流咨询。
- 改进服务质量。
- 快速进入国际市场。

面向协调中心的第三方物流系统使供应与需求双方都取消了各自独立的库存，增加了供应链的敏捷性和协调性，并且能够大大改善供应链的用户服务水平和运作效率。

4. 多级库存的优化与控制

多级库存的优化与控制是在单级库存控制的基础上形成的。多级库存系统根据不同的配置方式，有串行系统、并行系统、纯组装系统、树形系统、无回路系统和一般系统。

供应链管理的目的是使整个供应链各个阶段的库存最小，但是，现行的企业库存管理模式从单一企业内部的角度去考虑库存问题，因而并不能使供应链整体达到最优。为此需要对多级库存进行优化与控制，这是一种对供应链的资源做全局性优化的管理技术。

多级库存控制的方法有两种：一种是非中心化（分布式）策略，另一种是中心化（集中式）策略。非中心化策略是各个库存点独立采取各自的库存策略，这种策略在管理上比较简单，但是并不能保证产生整体的供应链优化。如果信息的共享度低，多数情况产生的是次优的结果，因此，非中心化策略需要更多信息共享。中心化策略，是指所有库存点的控制参数是同时确定的，考虑了各个库存点的相互关系，通过协调的办法获得库存的优化。但是中心化策略在管理上协调的难度大，特别是供应链的层次比较多，即供应链的长度增加时，更增加了协调控制的难度。

供应链系统的多级库存优化与控制的难度较大。一方面是因为很难找到用于多级库存控制的方法，技术上存在着一定的难度；另一方面，多级库存控制涉及多家企业，在利益及权益上的协调存在着更难解决的问题。因此，多级库存优化与控制还是一个正在积极探索中的管理问题。

10.5 供应链管理下的采购管理

采购管理是物流管理的重点内容之一，它在供应链企业之间、在原材料和半成品生产合作交流方面架起一座桥梁，沟通生产需求与物资供应的联系。为使供应链系统实现无缝连接，并提高供应链企业的同步化运作效率，就必须加强对采购的管理。

在供应链管理模式下，采购工作要做到五个恰当：恰当的数量、恰当的时间、恰当的地点、恰当的价格、恰当的来源。

10.5.1 传统的采购模式

传统采购模式比较注重如何与供应商进行商业交易的活动，尤其是注重交易过程中供应商价格的高低。往往通过供应商的相互竞争，从中选择价格最低的作为供应商。虽然质量、交货期也是采购过程中的重要考虑因素，但在传统的采购模式下，质量、交货期等都是通过事后把关的办法进行控制，如到货验收等，交易过程的重点放在价格的谈判上。因此，在供应商与采购部门之间经常要进行报价、询价、还价等谈判，并且多头进行，最后从多个供应商中选择一个价格最低的供应商签订合同，订单才确定下来。

传统采购模式的主要特点表现在如下几个方面。

1. 传统采购过程是典型的非信息对称博弈过程

选择供应商在传统的采购活动中是一个首要的任务。在采购过程中，采购一方为了能够从多个竞争性的供应商中选择一个最佳的供应商,往往会保留私有信息。因为如果给供应商提供的信息越多,供应商的竞争筹码就越大,这样对采购一方不利,所以采购一方尽量得保留私有信息,而供应商也在和其他供应商竞争中隐瞒自己的信息。这样,采购、供应双方都不进行有效的信息沟通,这就是非信息对称的博弈过程。

2. 验收检查是采购部门一项重要的事后把关工作,质量控制的难度大

质量与交货期是采购一方要考虑的另外两个重要因素,但是在传统的采购模式下,要有效控制质量和交货期只能通过事后把关的办法,因为采购一方很难参与供应商的生产组织过程和有关质量控制活动,相互的工作是不透明的。所以,需要通过各种有关标准,如国际标准、国家标准等,进行检查验收。缺乏合作的质量控制导致了采购部门对采购物品的质量控制的难度增加。

3. 供需关系是临时的或短期的合作关系,而且竞争多于合作

在传统的采购模式中,供应与需求之间的关系是临时性的或者短期的合作,而且竞争多于合作。由于缺乏合作与协调,采购过程中各种抱怨和扯皮的事情比较多,很多时间消耗在解决日常问题上,没有更多的时间用来做长期性预测与计划工作,在供应与需求之间这种缺乏合作的氛围增加了许多运作中的不确定性。

4. 响应用户需求能力迟钝

由于供应与采购双方在信息的沟通方面缺乏及时的信息反馈,在市场需求发生变化的情况下,采购一方也不能改变供应一方已有的订货合同,因此采购一方在需求减少时库存增加,需求增加时出现供不应求的情况。重新订货需要增加谈判过程,所以,供需之间对用户需求的响应没有同步进行,缺乏应对需求变化的能力。

10.5.2　供应链管理下采购的特点

在供应链管理的环境下,企业的采购方式和传统的采购方式有所不同,如图 10-8 所示。这些差异主要体现在如下几个方面。

1. 从为库存而采购到为订单而采购的转变

在传统的采购模式中,采购的目的很简单,就是为了补充库存,即为库存而采购。采购部门并不关心企业的生产过程,不了解生产的进度和产品需求的变化,因此,采购过程缺乏主动性,采购部门制订的采购计划很难适应制造需求的变化。在供应链管理模式下,采购活动是以订单驱动方式进行的,制造订单的产生是在用户需求订单的驱动下产生的,然后,制造订单驱动采购订单,采购订单再驱动供应商。这种准时化的订单驱动模式,使供应链系统得以准时响应用户的需求,从而降低了库存成本,提高了物流的速度和库存周转率。

订单驱动的采购方式有如下特点:

(1) 由于供应商与制造商建立了战略合作伙伴关系,建立供应合同的手续大大简化,不再需要双方的询盘和报盘的反复协商,交易成本也因此大为降低。

(2) 在同步化供应链计划的协调下,制造计划、采购计划、供应计划能够并行进行,缩短了用户响应时间,实现了供应链的同步化运作。采购与供应的重点在于协调各种计划的执行,使制造计划、采购计划、销售计划保持同步。

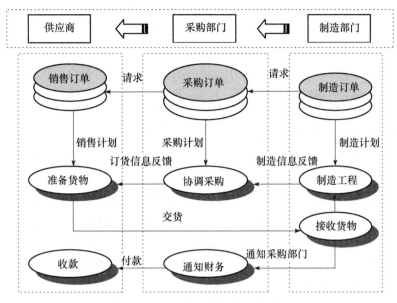

图 10-8 订单驱动的采购业务原理

（3）采购物资直接进入制造部门，减少采购部门的工作压力和不增加价值的活动过程，实现供应链精细化运作。

（4）信息传递方式发生了变化。在传统采购方式中，供应商对制造过程的信息不了解，也无须关心制造商的生产活动，但在供应链管理环境下，供应商能够共享制造商的信息，这提高了供应商的应变能力，减少了信息失真。同时在订货过程中不断进行信息反馈，修正订货计划，使订货与需求保持同步。

（5）实现了面向过程的作业管理模式的转变。订单驱动的采购方式简化了采购工作流程，采购部门的作用主要是沟通供应与制造部门之间的联系，协调供应与制造的关系，为实现精细采购提供基础保障。

2. 从采购管理向外部资源管理转变

在建筑行业中，当采用工程业务承包时，为了对承包业务的进度与工程质量进行监控，负责工程项目的部门会派出有关人员深入承包工地，对承包工程进行实时监管。这种方法也可以用到制造企业的采购业务活动中，这是将事后把关转变为事中控制的有效途径——供应管理（外部资源管理）。

那么，为什么要进行外部资源管理，以及如何进行有效的外部资源管理呢？

正如前面所指出的，传统采购管理的不足之处，就是与供应商之间缺乏合作，缺乏柔性和对需求快速响应的能力。准时化思想出现以后，对企业的物流管理提出了严峻的挑战，需要改变传统的单纯为库存而采购的管理模式，提高采购的柔性和市场响应能力，增加与供应商的信息联系和相互之间的合作，建立新的供需合作模式。

一方面，在传统的采购模式中，供应商对采购部门的要求不能得到实时的响应；另一方面，关于产品的质量控制也只能进行事后把关，不能进行实时控制，这些缺陷使供应链企业无法实现同步化运作。为此，供应链管理下的采购模式的第二个特点就是实施有效的外部资源管理。实施外部资源管理也是实施精细生产、零库存生产的要求。供应链管理中的一个重要思想是，在生产控制中采用基于订单流的准时生产模式，使供应链企业的业务流程朝着精细生产努力，即实现生产过程的几个"零"化管理：零缺陷、零库存、零交货期、零故障、零（无）纸文书、零废料、零事故、零人力资源浪费。

供应链管理的思想就是系统性、协调性、集成性、同步性，外部资源管理是实现上述供应链管理思想的一个重要步骤——企业集成。从供应链企业集成的过程来看，它是供应链企业从内部集成走向外部集成的重要一步。

要实现有效的外部资源管理，制造商的采购活动应从以下几个方面着手进行改进：

（1）与供应商建立一种长期的合作关系，一种互惠互利的合作关系。这种合作关系保证供需双方有合作的诚意和共同解决问题的积极性。

（2）通过提供信息反馈和教育培训支持，在供应商之间促进质量改善和质量保证。传统采购管理的不足在于没有给予供应商在有关产品质量保证方面的技术支持和信息反馈。在顾客化需求的今天，产品的质量是由顾客的要求决定的，而不是简单地通过事后把关所能解决的。因此，在这样的情况下，质量管理的工作需要下游企业提供相关质量要求的同时，应及时把供应商的产品质量问题反馈给供应商，以便及时改进。对个性化产品的质量要提供有关技术培训工作，使供应商能够按照要求提供合格的产品和服务。

（3）参与供应商的产品设计和产品质量控制过程。同步化运作是供应链管理的一个重要思想。通过同步化的供应链计划使供应链各企业在响应需求方面取得一致性的行动，增加供应链的敏捷性。实现同步化运作的措施是并行工程。制造商应该参与供应商的产品设计和质量控制过程，共同制定有关产品质量标准等，使需求信息能很好地在供应商的业务活动中体现出来。

（4）协调供应商的计划。一个供应商有可能同时参与多条供应链的业务活动，在资源有限的情况下必然会造成多方需求争夺供应商资源的局面。在这种情况下，下游企业的采购部门应主动参与供应商的计划协调。在资源共享的前提下，保证供应商不至于出现资源分配不公的现象或出现供应商抬杠的矛盾，保证供应链的正常供应关系，维护企业的利益。

（5）建立一种新的有不同层次的供应商网络，并通过逐步减少供应商的数量，致力于与供应商建立战略合作伙伴关系。在供应商的数量方面，一般而言，供应商越少越有利于双方的合作。但是，企业的产品对零部件或原材料的需求是多样的，因此，不同企业的供应商数目不同，企业应该根据自己的情况选择适当数量的供应商，建立供应商网络，并逐步减少供应商的数量，致力于和少数供应商建立战略合作伙伴关系。

外部资源管理并不是采购一方（下游企业）的单方面努力就能取得成效的，需要供应商的配合与支持，为此，供应商也应该从以下几个方面提供协作：

- 帮助拓展用户（下游企业）的多种战略。
- 保证高质量的售后服务。
- 对下游企业的问题做出快速响应。
- 及时报告可能影响用户服务的内部问题。
- 基于用户的需求，不断改进产品和服务质量。
- 在满足自己能力需求的前提下提供一部分能力给下游企业——能力外援助。

3. 从一般买卖关系向战略合作伙伴关系转变

供应链管理模式下采购管理的第三个特点,是供应与需求的关系从简单的买卖关系向双方建立战略合作伙伴关系转变。

在传统的采购模式中,供应商与需求企业之间是一种简单的买卖关系,因此无法解决一些涉及全局性、战略性的供应链问题,而基于战略合作伙伴关系的采购方式为解决这些问题创造了条件。这些问题是:

(1) 库存问题。在传统的采购模式下,供应链的各节点企业都无法共享库存信息,因此,各节点企业都独立地采用订货点技术进行库存决策(在第 8 章中有详细论述),不可避免地产生需求信息的扭曲现象,进而,供应链的整体效率得不到充分的提高。但在供应链管理模式下,通过双方的战略合作伙伴关系,供应与需求双方可以共享库存数据,因此采购的决策过程变得透明多了,减少了需求信息的失真现象。

(2) 风险问题。供需双方通过战略合作伙伴关系,可以降低因不可预测的需求变化而带来的风险,比如运输过程的风险、信用的风险、产品质量的风险等。

(3) 通过战略合作伙伴关系可以为双方共同解决问题提供便利的条件。通过战略合作伙伴关系,双方可以为制订战略性的采购供应计划而共同协商,不必为日常琐事消耗时间与精力。

(4) 降低采购成本问题。通过战略合作伙伴关系,供需双方都为降低交易成本而获得好处。由于避免了许多不必要的手续和谈判过程,信息的共享避免了因信息不对称决策可能造成的成本损失。

(5) 战略合作伙伴关系消除了供应过程的组织障碍,为实现准时采购创造了条件。

10.5.3 准时采购策略

1. 准时采购的基本思想

准时采购也叫 JIT 采购,是一种先进的采购模式,是一种管理哲学。它的基本思想是:在恰当的时间、恰当的地点,以恰当的数量、恰当的质量提供恰当的物品。它是从准时生产发展而来的,是为了消除库存和不必要的浪费而进行的持续性改进。要进行准时生产必须有准时的供应,因此,准时采购是准时生产管理模式的必然要求。它和传统的采购方式在质量控制、供需关系、供应商的数目、交货期的管理等方面有许多不同,其中,供应商的选择(数量与关系)、质量的控制是其核心内容。

准时采购包括供应商的支持与合作以及制造过程、货物运输系统等一系列的内容。准时采购不但可以减少库存,还可以加快库存周转、降低提前期、提高所购物品的质量、获得满意交货等效果。

2. 准时采购对供应链管理的意义

准时采购(JIT 采购)对于供应链管理思想的贯彻实施有重要的意义。从前面的论述中可以看到,供应链环境下的采购模式和传统采购模式的不同之处,在于采用订单驱动的方式。订单驱动使供需双方都围绕订单运作,也就实现了准时化、同步化运作。要实现同步化运作,采购方式就必须是并行的,当采购部门产生一个订单时,供应商即开始着手物品的准备工作。与此同时,采购部门编制详细采购计划,制造部门也进行生产的准备过程。当采购部门把详细的采购单提供给供应商时,供应商就能很快地将物资在较短的时间内交给用户。当用户需求发生改变时，制造订单又驱动采购订单发生改变。这样一种快速的改变过程，如果没有准时的采购方法，供应链企业很难适应这种多变的市场需求。因此，准时采购增加了供应链的柔性和敏捷性。

综上所述，准时采购策略体现了供应链管理的协调性、同步性和集成性，供应链管理需要准时采购来保证供应链的整体同步化运作。

3. 准时采购的特点

从表10-2可以看出，准时采购和传统采购之间存在许多不同之处，主要表现在如下几个方面。

表10-2 准时采购与传统采购的区别

项目	准时采购	传统采购
采购批量	小批量，送货频率高	大批量，送货频率低
供应商选择	长期合作，单源供应	短期合作，多源供应
供应商评价	质量、交货期、价格	质量、价格、交货期
检查工作	逐渐减少，最后消除	收货、点货、质量验收
协商内容	长期合作关系、质量和合理价格	获得最低价格
运输	准时送货、买方负责安排	较低的成本、卖方负责安排
文书工作	文书工作少，需要的是有能力改变交货时间和质量	文书工作量大，改变交货期和质量的采购单多
产品说明包装	供应商革新，强调性能宽松要求小，标准化容器包装	买方关心设计，供应商没有创新，普通包装、没有特地说明
信息交流	快速、可靠	一般要求

（1）采用较少的供应商，甚至单源供应。传统的采购模式一般是多源采购，供应商的数目相对较多。从理论上讲，采用单供应源比多供应源好，一方面，供应商管理比较方便，也有利于降低采购成本；另一方面，有利于供需之间建立长期稳定的合作关系，质量上比较有保证。但是，采用单一的供应源也有风险，比如供应商因意外情况中断交货，供应商缺乏竞争意识等。

在实际工作中，许多企业也不是很愿意成为单一供应商。原因很简单，供应商是思想上具有较强独立性的商业竞争者，也不愿意把自己的成本数据披露给用户；供应商不愿意成为用户的一个产品库存点，实施准时采购，需要减少库存，但库存成本原先是在用户一边，现在转移到供应商。因此，用户必须意识到供应商的这种担忧。

（2）对供应商的选择标准不同。在传统的采购模式中，供应商是通过价格竞争而选择的，供应商与用户的关系是短期的合作关系。当发现供应商不合适时，可以通过市场竞标的方式重新选择供应商。但在准时采购模式中，由于供应商和用户是长期的合作关系，供应商的合作能力将影响企业的长期经济利益，因此对供应商的要求就比较高。在选择供应商时，需要对供应商进行综合的评估；在评估供应商时，价格不是主要的因素，质量是最重要的标准，这种质量不仅指产品的质量，还包括工作质量、交货质量、技术质量等内容。高质量的供应商有利于建立长期的合作关系。

（3）对交货准时性的要求不同。准时采购的一个重要特点是要求交货准时，这是实施精细生产的前提条件。交货准时取决于供应商的生产与运输条件。对供应商来说，为使交货准时，要不断改进企业的生产条件，提高生产的可靠性和稳定性，减少由于生产过程的不稳定导致延迟交货或误点现象。作为准时化供应链管理的一部分，供应商同样应该采用准时生产管理模式，以提高生产过程的准时性。另外，为了提高交货准时性，运输问题也不可忽视。在物流管理中，运输问题是一个很重要的问题，它决定准时交货的可能性。特别是全球的供应链系统，运输过程长，而且可能要先后经过不同的运输工具，需要中转运输等，要进行有效的运输计划与管理，使运输过程准确无误。

（4）对信息交流的需求不同。准时采购要求供应与需求双方信息高度共享，保证供应与需求信息的准确性和实时性。由于双方的战略合作伙伴关系，企业在生产计划、库存、质量等方面的信息都可以及时进行交流，以便出现问题时能够及时处理。

（5）制定采购批量的策略不同。小批量采购是准时采购的一个基本特征。准时采购和传统采购模式的一个重要不同之处在于，准时生产需要减少生产批量，直至实现"一个流生产"，因此，采购的物资也应采用小批量办法。当然，小批量采购自然增加运输次数和成本，对供应商来说，这是很为难的事情，特别是供应商在国外等远距离的情况，在这种情况下，实施准时采购的难度就很大。解决的办法可以通过混合运输、代理运输等方式，或尽量使供应商靠近用户等办法。

4. 准时采购的原理与方法

前面分析了准时采购的特点，从中我们看到，准时采购和传统采购的一些显著差别。要实施准时采购，以下三点是十分重要的：

- 选择最佳的供应商，并对供应商进行有效的管理，这是准时采购成功的基石。
- 供应商与用户的紧密合作是准时采购成功的关键。
- 卓有成效的采购过程的质量控制是准时采购成功的保证。

在实际工作中，如果能够根据以上三点开展采购工作，那么成功实施准时采购的可能性就很大了。

如何有效地实施准时采购呢？如下几点可供实施准时采购时参考：

（1）创建准时采购班组。世界一流企业的专业采购人员有三个责任：寻找货源；商定价格；发展与供应商的协作关系并不断改进。因此，专业化的高素质采购队伍对实施准时采购来说至关重要。为此，首先应成立两个班组，一个是专门处理供应商事务的班组，该班组的任务是认定和评估供应商的信誉、能力，或与供应商谈判签订准时化订货合同，向供应商发放免检签证等，同时要负责供应商的培训；另一个班组是专门从事消除采购过程中的浪费的班组。这些班组人员，对准时采购的方法应有充分的了解和认识，必要时要进行培训。如果这些人员本身对准时采购的认识和了解都不彻底，就不可能指望供应商的合作了。

（2）制订计划，确保准时采购策略有计划、有步骤地实施。要制定采购策略，以及改进当前采购方式的措施，例如，如何减少供应商的数量、供应商的评价、向供应商发放签证等内容。在这个过程中，要与供应商一起商定准时采购的目标和有关措施，保持经常性的信息沟通。

（3）精选少数供应商，建立伙伴关系。选择供应商应从以下几个方面考虑：产品质量、供货情况、应变能力、地理位置、企业规模、财务状况、技术能力、价格、与其他供应商的可替代性等。

（4）进行试点工作。先从某种产品或某条生产线的试点开始，进行零部件或原材料的准时化供应试点。在试点过程中，取得企业各个部门的支持是很重要的，特别是生产部门的支持。通过试点，总结经验，为正式的准时采购实施打下基础。

（5）搞好供应商的培训，确定共同目标。准时采购是供需双方共同的业务活动，单靠采购部门的努力是不够的，需要供应商的配合，只有供应商也对准时采购的策略与运作方法有了认识和理解，才能获得供应商的支持和配合，因此，需要对供应商进行培训。通过培训，大家取得一致的目标，相互之间就能够很好地协调，做好采购的准时化工作。

（6）向供应商颁发产品免检合格证书。准时采购和传统采购的不同之处在于买方不需要对采购产品进行比较多的检验手续，要做到这一点，需要供应商做到提供百分之百的合格产品。当其做到这一要求时，就发给免检手续的免检证书。

（7）实现配合准时生产的交货方式。准时采购的最终目标是实现企业的准时生产，为此，要实现从预测的交货方式向准时化交货方式转变。

（8）继续改进，扩大成果。准时采购是一个不断完善和改进的过程，需要在实施过程中不断总结经验教训，从降低运输成本、提供交货的准确性、提高产品的质量和降低供应商库存等方面进行改进，不断提高准时采购的运作绩效。

10.6 供应商管理

供应商管理是供应链管理中一个很重要的问题，它在实现准时采购中有很重要的作用。在物流与采购中，客户关系管理并不是什么新概念。在传统的市场营销中早就提出了关系营销的思想，但是，在供应链环境下的客户关系和传统的客户关系有很大的不同。市场营销中的客户指的是最终产品的用户，而这里的客户是指供应商，不是最终用户。另外，从供应商与客户关系的特征来看，传统的企业关系表现为三种：竞争性关系、合同性关系（法律性关系）、合作性关系，而且企业之间的竞争多于合作，是非合作性竞争。供应链管理环境下的客户关系是一种战略合作伙伴关系，提倡一种双赢机制。从传统的非合作性竞争走向合作性竞争、合作与竞争并存，是当今企业关系发展的一个趋势。

10.6.1 两种供应关系模式

在供应商与制造商关系中，存在两种典型的关系模式：传统的竞争关系和合作性关系（或称双赢关系）。两种关系模式的采购特征有所不同。

竞争关系模式是价格驱动的。这种关系的采购策略表现为：

- 买方同时向若干供应商购货，通过供应商之间的竞争获得价格好处，同时也保证供应的连续性。
- 买方通过在供应商之间分配采购数量对供应商加以控制。
- 买方与供应商保持的是一种短期合同关系。

双赢关系模式，是一种合作性关系，这种供需关系最先在日本企业中采用。它强调在合作的供应商和制造商之间共同分享信息，通过合作与协商协调相互的行为。其特点为：制造商对供应商给予协助，帮助供应商降低成本、改进质量、加快产品开发进度；通过建立相互信任的关系提高效率，减少交易、管理成本；通过长期的信任合作取代短期的合同；信息交流频繁。

前面介绍的准时采购采用的模式就是合作性关系模式，供应链管理思想的集中表现就是合作与协调性。因此，建立一种双赢的合作关系对实施准时采购来说很重要。

10.6.2 双赢关系对实施准时采购的意义

从前面对准时采购原理和方法的探讨中可以看到，供应商与制造商的合作关系对于准时采购的实施是非常重要的。只有建立良好的供需合作关系，准时采购策略才能得到彻底的贯彻和落实，并取得预期的效果。图 10-9 显示了准时采购中供需合作关系的作用与意义。

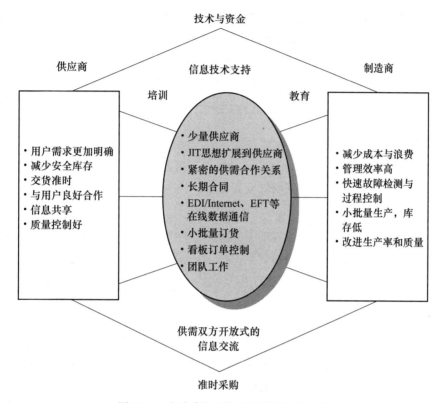

图 10-9 准时采购环境下的供需合作关系

对供应商来说，如果不实施准时采购，由于缺乏与制造商的合作，库存、交货批量都比较大，而且在质量、需求方面都无法获得有效的控制。通过建立准时采购策略，把制造商的 JIT 思想扩展到供应商，加强了供需之间的联系与合作，在开放性的动态信息交互下，面对市场需求的变化，供应商能够做出快速响应，提高了供应商的应变能力。对制造商来说，通过和供应商建立合作关系，实施准时采购，管理水平得到提高，制造过程与产品质量得到有效的控制，成本降低，制造的敏捷性与柔性增加。

概括起来，双赢关系对于采购中供需双方的作用表现在：

1. 供应商方面

- 增加对整个供应链业务活动的共同责任感和利益的分享。
- 增加对未来需求的可预见性和可控能力，长期的合同关系使供应计划更加稳定。
- 成功的用户有助于供应商的成功。
- 高质量的产品增强了供应商的竞争力。

2. 制造商方面

- 增加对采购业务的控制能力。
- 通过长期的、有信任保证的订货合同保证了满足采购的要求。
- 减少或消除了不必要的采购产品的检查活动。

建立互惠互利的合同是巩固和发展供需合作关系的根本保证。互惠互利包括了双方的承诺、信任、持久性。信守诺言，是商业活动成功的一个重要原则，没有相互的信任，不可能产生长期的合作关系，即使建立起合作关系也是暂时性的。持久性是保持合作关系的保证，没有长期的合作，双方就没有诚意做出更多的改进和付出。机会主义和短期行为对供需合作关系将产生极大的消极作用。

10.6.3 双赢供应关系管理

双赢关系已经成为供应链企业之间合作的典范，因此，要在采购管理中体现供应链的思想，对供应商的管理就应集中在如何与供应商建立、维护和保持双赢关系上。

1. 信息交流与共享机制

信息交流有助于减少投机行为，有助于促进重要生产信息的自由流动。为加强供应商与制造商的信息交流，可以从以下几个方面着手：

（1）在供应商与制造商之间经常进行有关成本、作业计划、质量控制等信息的交流与沟通，保持信息的一致性和准确性。

（2）实施并行工程。制造商在产品设计阶段让供应商参与进来，这样供应商可以在原材料和零部件的性能与功能要求上提供有关信息，为实施 QFD（质量功能展开）的产品开发方法创造条件，把用户的价值需求及时地转化为供应商的原材料和零部件的质量与功能要求。

（3）建立联合的任务小组解决共同关心的问题。在供应商与制造商之间应建立一种基于团队的工作小组，由双方的有关人员共同组成，解决供应过程以及制造过程中遇到的各种问题。

（4）供应商和制造商之间互访。供应商与制造商采购部门应经常性地互访，及时发现和解决各自在合作活动过程中的困难和出现的问题，便于建立良好的合作气氛。

（5）使用电子数据交换（EDI）和互联网技术进行快速的数据传输。

2. 供应商的激励机制

要保持长期的双赢关系，对供应商的激励是非常重要的，没有有效的激励机制，就不可能维持良好的供应关系。在激励机制的设计上，要体现公平、一致的原则。给予供应商价格折扣和柔性合同，以及采用赠送股权等方式，使供应商和制造商分享成功，同时也使供应商从合作中体会到双赢机制的好处。

3. 合理的供应商评价方法和手段

要进行供应商的激励，就必须对供应商的绩效进行评价，使供应商不断改进。没有合理的评价方法，就不可能对供应商的合作效果进行评价，这将大大挫伤供应商的合作积极性与稳定性。对供应商的评价要抓住主要指标或问题，比如交货质量是否改善了，提前期是否缩短了，交货的准时率是否提高了，等等。通过评价，把结果反馈给供应商，与供应商一起探讨问题产生的根源，并采取相应的措施予以改进。

10.7 服务供应链管理

10.7.1 服务供应链的产生

1. 服务供应链提出的背景

20世纪90年代以来，随着制造企业的快速发展，很多产品由过去的卖方市场转为买方市场，全球步入了产品过剩的时代。据有关资料分析，世界上95%以上的产品处于饱和或供求平衡状态，供不应求的产品不足5%。严峻的市场竞争使得产品的利润率不断下降。

随着消费者日趋成熟，人们不再满足于全民一致的消费观，变得越来越追求个性化、时尚化和便捷化，人们在使用产品的同时追求得更多的是伴随产品的一系列服务。这一形势的变化，改变了过去制造企业原有的管理模式，在努力生产的同时，纷纷将目光投向了服务。

客户购买产品是希望能够正常使用。例如，军队采购武器装备是为了赢得战争，企业购买机器设备是为了生产出合格的产品，最终消费者购买产品是为了能够维持身体健康，等等。如果产品不能正常使用将给客户带来巨大损失。例如，飞机在作战时突然坠毁，机床在加工中突然损坏，计算机软件在运行时突然崩溃，消费者购买的食物含有有害物质，都会给产品的使用者造成巨大损失。

另外，激烈的市场竞争使得企业仅通过销售产品获得发展越来越困难。市场需求增长缓慢，同行竞争日趋激烈，边际利润越来越低，使得企业举步维艰。在这种情况下，提升服务逐渐成为企业具有战略意义的运营环节，产品的服务逐渐成为企业提高竞争力的有力武器，以及企业高回报收入的主要来源。

为了在现今竞争激烈的市场中取胜，各家企业正在组织和发展它们的差异化售后服务，以区别于竞争对手，并最终获得更高的利润回报。例如，在汽车行业，根据有关统计，将近70%的利润来自汽车售后服务市场，比整车销售的利润要大得多。另据Aberdeen Group发布的《战略性服务管理最佳实践》调查报告显示：除了汽车行业以外，在其他工业、服务型的企业中，售后服务大概占企业总收入的10%~40%。

于是，产品制造商、分销商、零售商及服务提供商构成一个以实现产品使用价值为核心的供应链。这个供应链不仅仅要制造产品，还要将产品的终生可用作为核心竞争要素提供给客户，将过去那种一次交易变为终生服务，并且能够从终生服务中获得巨大回报。

人们对产品的认识从单纯的有形产品扩展到基于产品的增值服务，这种形式就是产品服务化。从产品服务化出发进一步扩展，就逐渐形成了服务供应链。国外关于服务供应链的研究从2000年开始起步，目前尚处在发展阶段。美国学者Lisa M. Ellram在2004年发表《理解和管理服务供应链》一文，标志着服务供应链开始正式受到关注。国内关于服务供应链管理及其应用的研究在近几年开始得到重视。

2. 服务供应链的概念

对服务供应链的研究近些年才开始，目前还未形成统一的定义。按照对服务的理解，人们将服务供应链的含义分为三类：

一是将供应链管理的思想方法与传统服务企业的管理结合起来，在服务行业中推广应用供应链管理思想，从而形成了一种以服务业企业供应链管理为主的体系。例如，宾馆、酒店的服务供应链管理、物业服务公司的供应链管理等。更具体一点的例子，比如金立印提出的航空公司、酒店及旅行社之间通过整合资源形成服务供应链，以提高相关联企业的管理效率、降低运营成本、提高整体竞争力。

二是将为制造业供应链提供辅助支持活动的过程定义为服务供应链，例如为制造企业的产品生产提供仓储、运输、分销、配送、回收和进出口通关等不同环节的物流服务，以及社会上大量的第三方物流企业为制造商和零售商提供的一体化物流服务等。近几年，服务供应链的范畴又扩展到融资、垫付、分销执行等领域，出现了诸如供应链金融等服务产品。

三是将过去以制造企业生产过程管理为核心的供应链，扩展为同时包括产品制造和产品终生服务的综合流程，提出了服务供应链是产品全寿命周期中的供应链管理，既要解决产品制造过程中的供应链管理问题，也要解决产品服务中的供应链管理问题，是一种综合集成的供应链。

因此，我们可以将服务供应链理解为一种新的管理模式，它将现代供应链管理思想与现代服务理念结合起来，帮助企业以更低的运作成本达到更高的客户服务水平，最终提高企业的盈利水平。

3. 服务供应链的特质

服务供应链就是以服务为主导的集成供应链。当客户向一个服务供应链的集成管理者提出服务请求后，它立刻响应客户请求，向客户提供系统集成化服务，并且在需要的时候分解客户服务请求，向其他服务提供者外包部分服务性活动。这样从客户的服务请求出发，通过处于不同服务地位的服务提供者对客户请求逐级分解并彼此合作，就构成了一种供应关系，同时服务集成者承担各种服务要素、环节的整合和全程管理。

10.7.2 服务供应链管理的主要内容

长期以来，供应链管理的理论与实践都是围绕实物产品的制造过程和销售过程进行的，而忽视对服务供应链方面的研究与实践。服务供应链与实物产品供应链相比，服务供应链既具有与产品供应链的相同特征，如产生背景都是因为专业化趋势和核心竞争力的发展；也有与实物产品供应链明显不同的地方——服务是没有库存的，只能通过服务能力调整来加以管理。

根据服务供应链所具有的特质，人们对服务供应链管理的研究主要集中在以下几个方面：

1. 服务供应链的设计与系统构建

实施服务供应链管理，首先要考虑如何设计与构建服务供应链系统。人们根据对制造供应链模型的分析以及服务供应链的特点，探索服务供应链系统的结构特征，提出了服务供应链是一个以服务为节点，以工作量为缓冲，以间接服务供应商和直接服务供应商、整合服务集成商和最终客户为主体，包括需求管理、客户关系管理、供应商关系管理、技能管理、服务传递管理等主要活动，融合实体流和信息流的系统。这样的认识可供管理者在构造本企业服务供应链时参考。

如上所述，服务供应链有多种不同的类型，有基于传统服务行业的供应链，也有基于制造企业的生产服务性供应链。不同的服务供应链在特性上有比较大的差别，在设计服务供应链时要注意这些不同之处。

在进行服务供应链设计和构建的过程中,要注意以下几个基本问题。

(1) 由于服务活动不能预先形成储备,不能像产品生产那样可以通过库存调节供需之间的矛盾,一旦发现客户的服务需求,需要有快速响应的能力。因此,在服务供应链运营模式的设计上更多采用市场拉动型,是一种具有较高响应能力的供应链。

(2) 在完成对客户服务的过程中,服务供应链在协调机制设计的主要内容上更多的是考虑如何加强服务能力协调和服务计划协调,通过整合合作伙伴的服务资源提高协调性。除此之外,还要使服务流程与产品生产流程相协调。

(3) 由于客户的服务需求千差万别,每位客户的需求都可能不同,因此,服务供应链运作的均衡程度较低,不确定性程度较高。来自不同角度的不确定性因素对服务供应链的影响都比较大,例如,有来自最终客户的不确定性,有不同客户的异质化需求的不确定性,等等。因此,在服务供应链设计时要考虑其所具有的柔性,能根据不同客户的服务需求随时调整自己的运行流程。

2. 服务供应链的服务能力管理

服务供应链的服务能力管理问题源于服务产品的特性。如前所述,制造业的供应链供需协调可以通过库存调节供需之间的时间差异(即生产和消费是分离的),而服务供应链中,由于服务产品的特殊性不可保存,并且服务的生产与消费大多数情况下又是同时发生的,因此,服务供应链的运营只能利用服务能力作为缓冲的工具进行协调。在服务供应链的实际管理工作中,如何管理好服务能力就成为一个重要问题。由于服务能力的形成与资源投入成正相关关系,一味地追求高服务能力最终的效益并不一定是好的,因此要处理好几对矛盾:

- 服务供应链的响应时间与成本的矛盾。
- 服务供应链的服务质量与成本的矛盾。
- 服务供应链的柔性与成本的矛盾。

3. 生产性服务供应链的管理要点

近年来,许多制造企业逐步把产品的含义从单纯的有形产品扩展到基于产品的增值服务,这种趋势被称为产品服务化。比如 GE 的能源管理服务;壳牌石油的化学品管理服务;施乐公司的文件处理服务;IBM、惠普的信息服务;伊莱克斯的一体化电气解决方案;等等。不同于服务行业的供应链管理,制造业的供应链管理已经从过去只注重实物产品的供应链管理,转换为同时注重依附在产品上的服务供应链管理。后者需要研究与实践的内容更加广泛。生产性服务供应链管理的重点主要有:

- 优化支持产品创造价值的资源。
- 调动与整合供应商和客户双方的积极性。
- 集成化管理供应链各个层次的计划与控制。
- 采用先进的技术支持手段辅助实施决策。

为了提高产品服务质量,越来越多的制造商将服务外包给了更具优势的合作伙伴,服务外包已经成为很多企业获取整体竞争优势的重要途径。GE、HP、IBM 等跨国公司已经通过使用全球劳动力资源,把相关服务业务外包给其他国家的本土企业以获得技术支持、客户服务支持和产品设计。服务外包的不断增长为服务供应链的形成与发展奠定了坚实的基础。

10.7.3 服务供应链管理的发展趋势

根据服务供应链的特征并结合自身特点,将产品供应链的相关理论应用于服务供应链,加强对服务供应链运营的基础理论研究成为一种趋势。这种趋势包括以下几点:

(1) 优秀的服务供应链对服务绩效将起到重要作用,而服务供应链的设计与合作伙伴的选择作为服务供应链运营管理的前期重要工作,它兼有产品供应链的共性和差异性,将成为今后研究的重要趋势之一。

(2) 由于服务产品具有一定的无形性,今后研究中将进一步侧重对服务供应链中服务协议和服务质量水平的控制,尤其是非对称信息条件下的服务供应链的质量监督和质量控制。

(3) 由于服务供应链评价中人的主观因素影响较大,服务供应链绩效评价指标体系和测度将成为值得重点研究的内容之一。

(4) 服务供应链中服务能力的传递、控制与执行问题的研究也将得到积极探讨。例如,关于服务能力的"长鞭效应"问题的研究已被积极展开,但目前研究中仅侧重某些特殊行业,还暂无普遍性的研究。

(5) 制造供应链相关理论为服务供应链的研究奠定了基础,但是因为服务与产品在物理属性上存在巨大差异,所以服务供应链不能照搬照用制造供应链理论。今后的研究需要将服务的特性与制造供应链相结合,逐步完善服务供应链理论,并最终重新建立一套完整的理论体系。

(6) 服务供应链研究与实践的两大领域:一是开展对不同行业的服务供应链的共性研究,在此基础上构建通用模型;二是针对不同服务行业,如物流服务行业,结合行业特性对服务供应链开展系统研究,从而更好地指导本行业的实践。

本章小结

本章介绍的是当前运作管理中的最新发展动态——供应链管理。站在生产运作管理的角度来理解,供应链管理实际上就是放大了的生产管理。也就是说,它突破了传统生产管理理论与方法局限于某家单一企业的边界,上至供应商、下到分销零售商,都纳入了现代生产运作管理的范畴,而且将过去操作性的生产管理上升到战略性的生产运作管理。因此,供应链管理已经成为企业决策者关注的提高企业竞争力的新模式。正是从这个观点出发,本章对供应链管理产生的背景做了一定的分析,并且认为从"纵向一体化"转向"横向一体化"是供应链管理的基本管理思想。以这一思想为基础,供应链管理体系中的库存控制、物流管理、采购管理与供应商管理等内容都有着不同于传统管理思想的新内容,而这在本章都有详细介绍。本章还在最后介绍了服务供应链及其管理问题,读者可以从中体会到其深刻内涵。

复习思考题

1. 何谓供应链管理?简述供应链管理与物流管理的区别和联系。
2. 供应链管理的关键在于实现企业内部及企业之间资源的集成。从此意义出发,分析互联网在供应链管理中的重要地位。
3. 电子商务将成为 21 世纪最主要的商业模式之一,它将对企业传统的业务流程带来巨大变革。请阐述供应链管理对我国企业成功实施电子商务的重要意义。
4. 简述企业实施供应链管理的原则和步骤，并以制造型企业为例，分析我国企业传统制造模式如何实现再造。
5. 为了实现对消费者需求快速有效的响应，你认为供应链上各成员之间应建立一种怎样的关系，并简述这种关系的内涵。
6. VMI 系统是怎样发展起来的？它为什么会有优势？实施中要注意哪些问题？
7. 试解释你是怎样理解准时采购原理的。
8. 服务供应链管理的特点是什么？阐述服务供应链的价值体现在什么地方？

讨论案例

ZARA 的极速供应链

ZARA 是西班牙 Inditex 集团旗下的一个子公司，是著名的"快时尚"服装品牌。2008年全球金融危机之后，在其他时尚品牌纷纷陷入困境的情况下，ZARA 的利润不但没有下滑，反而以两位数的速度在增长，被誉为"快时尚"界的领导品牌。

快时尚以"快"为命。根据时尚行业的观点，时尚服装的流行周期一般为2个月左右。也就是说，如果一家快时尚公司能够抓住这2个月的市场机会增加销售，那么就能为公司创造价值；否则，如果某款时装在流行周期过去以后姗姗来迟，那么就只能进行削价处理。因此，ZARA 的经营战略，就是尽一切可能提高响应速度。ZARA 目前可以做到，当其他公司从设计到生产平均需要4~6个月的时候，ZARA 的平均生产周期只有2周，最多不会超过4周，新款时装上市速度超出竞争对手一大截。ZARA 不仅响应速度快，而且品种更新也非常快。它每年设计和投入市场的新款服装大约12 000 多种，平均每款有5~6种花色、5~7种规格。每年投产的约有300 000 SKU，不重复出样。

ZARA 如此强大的竞争力，主要得益于它出色的供应链管理，其供应链系统结构和运作模式都有着独特的优势。

供应链的选址布局

ZARA 为保证其供应链的极速响应能力，在供应链系统的组建上，采取了与众不同的模式。

ZARA 在供应链的选址决策上，采取集中式的布局策略，也就是将仓储、生产、物流、合作伙伴（代工厂）等聚集在一个方圆200英里（1英里=1 609米）的地理空间上。ZARA 将生产时尚产品的基地就设在其西班牙总部所在地。生产基地有 ZARA 自己的工厂，周边还聚集着400多家代工厂，在 ZARA 的协调下共同完成时装的生产。在生产基地附近还有一个庞大的物流中心，将服装配送到全球各地的专卖店。

采用这种模式的供应链体系，虽然其劳动力成本比中国或其他亚洲地区的同行高出6~16倍，但是由于整个生产流程聚集在一个空间有限的区域，使得这种模式具有极高的响应速度。事实上，这一布局不仅使 ZARA 拥有比竞争对手高出几个量级的响应速度，还让其省掉了要预测客户偏好的麻烦。

生产组织方式

ZARA 公司在生产基地拥有22家工厂，其所有产品的50%通过自己的工厂生产完成。这是一个带有"纵向一体化"特征的生产系统，拥有设计、染色、裁剪和服装加工的一条龙的最新设备，通过保持对染色和加工领域的控制，大大缩短了产品生产周期，同时把人力密集型的缝制工作外包给周边的代工厂以降低成本。

由于服装生产过程中不可避免地在不同工序、不同工厂间流转半成品，为了提高生产过程中的物流效率，减少半成品在各个环节的等待时间，ZARA 花费巨资在各个生产单位之间架设地下传送带网络。地下传送带网络将染色、裁剪中心与周边缝制加工工厂连接起来进行流水式传送，避免了因使用地面公共交通道路引起的阻塞而导致的生产停顿，保证了运输的高效、快速和生产的连贯性，极大地缩短了服装的生产周期。

产品开发与设计

极速供应链是为生产正确的产品准备的。为了准确抓住市场最畅销的产品，ZARA 对新款时装的开发模式是基于诠释流行而非原创流行。ZARA 设计师的主要任务不是创新开发产品，而是发现当下流行元素，并在艺术指导决策层的指导下重新组合现成产品。

ZARA 以各种方式获得时尚产品的市场信息，接着迅速反馈给总部。ZARA 的总部有一个由设计专家、市场分析专家和"买手"（负责样品与面料采购、外协和生产计划等）组成的专业团队，一起共同探讨将来可能流行的服装款式、花色、面料等，讨论大致的成本和零售价格等问题，并迅速达成共识。然后，由设计师快速手工绘出服装的样式，再进一步讨论修改。设计师利用计算机进行设计和完善，保证款式、面料纹路、花色等搭配得更好，并给出详细的尺寸和相应的技术要求。最后，这个团队进一步讨论、确定成本和零售价等问题，决定是否投产。在产品组织与设计阶段，ZARA 与大多数服装企业不同的是：从顾客需求最近的地方出发并迅速对顾客的需求做出反应，始终与时尚保持快速同步，而不是去预测 6~9 个月后甚至更长时间的需求。

采购与生产

确定了设计方案并决定投产，马上就开始制作样衣。由于面料和小装饰品等辅料在 ZARA 仓库里都有，所以制作样衣只需要很短的时间。

同时，生产计划和采购人员开始制定原材料采购计划和生产计划。首先是依据产品特点、产品投放时间的长短、产品需求的数量和速度、专业技术要求、工厂的生产能力、综合性价比、市场专家的意见等，确定各产品是自己生产还是外包出去。

若决定自产，且有现成的布料库存，则从直接领用布料开始生产；若没有现成的布料，则可以选择采购已染色的布料生产，或采购、领用原纱（一般提前 6 个月就向西班牙、印度、摩洛哥和东亚等国家和地区买来原坯布——未染色的织布，存放在仓库里面），然后进行染色整理后再生产。一般内部工厂只安排生产下一季预期销量的 15%，这样为当期畅销产品补货预留了大量产能。ZARA 公司自己的工厂生产产品时，其布料和辅料尽量从 Inditex 集团内相关厂家购买，其中有 50%的布料是未染色的，这样就可以迅速应对市场上花色变换的潮流。为了防止对某个供应商的依赖，同时鼓励供应商更快做出反应，ZARA 剩余的原材料供应来自附近的 260 家供应商，每家供应商的份额最多不超过 4%。布料准备好以后，则会下达生产指令，用高速裁床按要求迅速裁剪布料。裁剪好的布料及配套的拉链、纽扣等被一同通过地下传送带运送到当地外协缝制厂，这样所有的缝制工作全部外包。一般地，一段时间一个工厂集中做一款服装，以减少差错。因此，其他公司需要几个月时间的工作 ZARA 在几天内就能完成。外协缝制厂把衣服缝制好之后，再送回 ZARA 进行熨烫、贴标签和包装等处理并接受检查，最后送到物流中心等待发往全球各地专卖店。

如果从公司内部的工厂不能获得满意的价格、有效的运输和有保证的质量，或者产能有限，那么采购人员可以选择外包。

产品配送

产品包装检查完毕以后，每个专卖店的订单都会独立放在各自的箱子里，通过大约 20 千米的地下传送带运送到物流中心。为确保每一笔订单准时、准确到达其目的地，ZARA 采用激光条形码读取工具（出错率不到 0.5%），它每小时能挑选并分拣超过 80 000 件衣服。

为加快物流周转，ZARA 总部还设有双车道高速公路直通物流中心。通常订单收到后 8 个小时以内货物就可以被运走，每周给各专卖店配货 2 次。物流中心的卡车都按固定的发车时刻表不断开往各地。从物流中心用卡车直接运送到欧洲的各个专卖店，利用附近的两个空运基地运送到美国和亚洲，再利用当地的第三方物流的卡车送往各专卖店。这样，欧洲的专卖店可在 24 小时内收到货物，美国的专卖店可在 48 小时内收到，日本的专卖店可在 48~72 小时内收到。

销售与反馈

为了减少盲目生产，ZARA 在当季销售

开始之前只生产下一季预期出货量的15%，剩下的85%的产量都是根据全球市场的销售情况随时决策的。为此，ZARA的各专卖店每天把销售信息发回总部，专卖店也可以根据当前库存和近两周内的销售预期每周向总部发两次补货订单。为了保证订单能够集中批量生产，减少生产转换时间和降低成本，各个专卖店必须在规定时间前下达订单，如果错过了最晚的下订单时间，就只有等到下一次了。ZARA对这个时间点的管理是非常严格的，因为它将影响供应链上游多个环节。

总部收到各专卖店的销售、库存和订单等信息后，管理人员利用这些信息来决定每周生产什么——ZARA的工厂只会生产他们知道能够销售出去的产品。若发现滞销，则取消原定计划生产，这样ZARA就可以把预测风险控制在最低水平。如果有产品超过2~3周的时间还没有销售出去，就会被送到专门的专卖店进行集中处理。因此，ZARA由于滞销而导致的存货很少，一般只有15%~18%左右。

资料来源：根据网络资料整理。

讨论题

1. 如何从供应链竞争力管理属性的视角认识ZARA的供应链管理模式的独特性？
2. ZARA为何没有把生产基地设在生产成本相对低的亚洲或南美洲？
3. ZARA的混合供应链结构模式有哪些优点？
4. 为什么ZARA的供应链运作模式难以模仿？

判断题

1. 供应链是纵向（垂直）一体化的产物。
2. 供应链管理的目标是供应与需求同步化。
3. 供应链与合作伙伴的设计属于供应链作业层研究。
4. 尽管JIT要求少量运输、频繁运送，但最优批量的思想对少量运输、频繁运送依然有用。
5. 采用第三方物流的主要原因是注重自己的核心业务。
6. 物料通过供应链的速度越快，库存成本就越高。
7. 当订单沿顾客需求向制造商、供应商方向移动时，产品的订货数量呈现放大的现象，被称为牛鞭效应（bullwhip effect）。
8. 外包使得公司注重核心竞争能力。
9. 物流是将国外生产的产品运送到国内的运输方式选择。
10. VMI需要批发商与零售商共享信息。
11. 多频次运输必然提高运输成本。
12. 制造商建立营销网络是横向一体化的例子。
13. 供应链管理的中心始终是为了降低成本。

选择题

1. 供应链成员间缺乏同步性的结果是：
   A. 提前购买　　　B. 持续补充
   C. 牛鞭效应　　　D. 时钟效应
2. 做外包决策时，公司要避免什么？
   A. 取消非核心业务
   B. 提供机会使得外包合作企业成为强有力的竞争者
   C. 允许员工加入外包合作企业
   D. 允许外包合作企业参与创新设计
3. 供应链响应时间是对哪项标准的衡量？
   A. 系统的可靠性
   B. 柔性
   C. 设备利用率
   D. 产品质量
4. 供应链的组成包括：
   A. 供应商　　　B. 顾客
   C. 内部供应链　D. 以上都是
5. 供应链管理下的采购与传统采购不同在于：
   A. 为库存采购
   B. 与供应商是一般买卖关系
   C. 与供应商结成战略合作伙伴关系
   D. 让供应商竞争以获利

第 11 章
制造业的作业计划与控制

引例　　　　　张教授应该接受哪些项目的开发任务

某高校管理信息系统课题组由张教授负责,课题组还有 2 个副教授、3 个讲师和一批研究生。10 多年来,他们一直在为企业开发管理信息系统。该课题组过去给水力发电企业开发的管理信息系统运行很好,受到企业的欢迎。因此,很多水力发电企业以及火力发电企业纷纷找上门来,要求张教授为它们开发管理信息系统。

张教授和他的研究团队除了开发管理信息系统之外,还要承担繁重的教学任务。10 多年前,他们没有科研课题做,曾想方设法去争取课题。现在课题多了,张教授又感到压力过大。尽管采用模块化设计,减少了不少重复开发的工作量,但毕竟每家企业都有自己的特殊要求,开发管理信息系统的工作量仍然很大。从系统调查、系统分析、系统设计到程序设计,需要投入大量的人力。教师有授课任务,不能集中全力;研究生要完成学位论文,要答辩,找工作,也只能集中一段时间到现场去。张教授本人除了承担本科和研究生的教学工作外,还有很多社会活动,他担任了 3 个学会的理事长,又是省政府咨询委员。

今年有 4 家企业来找张教授谈项目,为简便起见,分别称这 4 家企业的项目为 A、B、C、D。它们的项目工作量不同,项目经费也不同。张教授手头还有几个未完成的项目,他估算了一下,今年能够投入新的管理信息系统开发的有 120 00 人工小时。根据经验,张教授估计 A、B、C、D 这 4 项任务的人工小时数分别为 3 800、4 000、4 500 和 4 200 人工小时。与企业商谈的结果,A、B、C、D 的项目经费分别为 36 万元、30 万元、40 万元和 35 万元。你认为张教授能够接受哪些项目的开发任务,会优先考虑哪些项目?如何确定完成期限?

通过 MRP 确定各车间的零部件投入出产计划,从而将全厂性的产品出产计划变成各车间的生产任务。各车间要完成既定的生产任务,还必须将零部件投入出产计划转化成车间生产作业计划,将车间的生产任务变成各个班组、各个工作地和各个工人的任务。只有将计划安排到具体的工作地和工人,任务才算真正落到实处。将任务安排到工作地,牵涉到任务分配和作业排序问题,这是本章要讨论的问题。每个工作地生产作业计划的完成,保证了车间生产作业计划的完成，从而保证了厂级生产作业计划的完成；厂级生产作业计划的完成，又保证了全厂产品出产计划的完成。但是，单靠作业计划并不能保证生产任务的按期完成，还必须实行生产控制。

作业计划的理论与方法是编制车间生产作业计划的基础。本章将阐述作业计划的基本概念、流水车间（flow shop）的排序问题与单件车间的资源分配和排序问题，最后介绍生产作业控制问题。

11.1 作业计划的基本概念

11.1.1 编制作业计划要解决的问题

工厂里要给每个工人和工作地安排每天的生产任务，规定开始时间和完成时间；医院要安排病人手术，为此要安排手术室、配备手术器械、配置手术医师和护士；学校要安排上课时间表，使学生能按规定的时间到规定的教室听事先安排的教师讲课。这一切都是作业计划问题。第13章专门讨论的项目计划管理，也是一个作业计划问题。英文 scheduling 可以被译成编制作业计划、排程或安排日程计划（时间表）。

物料流就是资金流，而物料流是由作业计划驱动的。组织作业的方式和作业计划不当，造成作业等待时间占生产周期的95%以上。运用排序理论与方法，可以大大改善作业计划的质量，在不增加投资的前提下，使零件的加工周期缩短，资金流动加快。

编制作业计划实质上是要将资源分配给不同的任务，按照既定的优化目标，确定各种资源利用的时间问题。有了零件加工任务，而不同的机器可以完成一定零件的加工。这就有一个将任务如何分配给不同的机器加工，使加工时间最少、误期完工最少或成本最低的问题。由于每项任务都可能分配给不同的机器加工，就有如何给机器分配任务的问题；每台机器都可能被分配了多项任务，而这些任务受到加工路线的约束，这就带来了零件在机器上加工的顺序问题。前者属于任务分配问题，后者属于排序问题，都是本章要讨论的。

11.1.2 有关的名词术语

在制造业生产管理中，常用到"编制作业计划"（scheduling）、"排序"（sequencing）、"派工"（dispatching）、"控制"（controlling）和"赶工"（expediting）等名词。

一般来说，编制作业计划与排序不是同义语。排序只是确定零件在机器上的加工顺序。而编制作业计划不仅包括确定零件的加工顺序，还包括加工任务的分配、加工每个零件的开始时间和完成时间的确定。因此，只有作业计划才能指导每个工人的生产活动。由于在任务分配之后，编制作业计划的主要问题是确定各台机器上零件的加工顺序，而且，在通常情况下都是按最早可能开（完）工时间来编制作业计划的。于是，当零件加工顺序确定之后，作业计划也就确定了。所以，人们常常不加区别地使用"排序"与"编制作业计划"这两个术语。在本章，讲排序的时候就暗指相应的作业计划是最早时间作业计划。

"派工"是在作业计划制订以后，按照作业计划的要求，将具体生产任务通过工票或施工单的形式下达到具体的机床和工人，属于通常所说的"控制"范围。"赶工"是在实际进度已经落后于计划进度时采取的行动，也属于通常所说的"控制"范围。"编制作业计划"是加工制造发生之前的活动，"控制"是作业计划编制后实施生产控制所采取的一切行动。比如，火车时刻表是一种标准作业计划,是火车运行之前制定的。火车时刻表制定后,对火车运行的安排,包括发生晚点后的处理,都属于调度。

描述作业计划问题的名词术语来自加工制造行业。为了和惯用的名词术语保持一致,本书仍用"机器""零件""工序"和"加工时间"等术语来描述各种不同的作业计划问题。但要注意,它们已不限于本来的含义。这里所说的"机器",代表"服务者",可以是工厂里的各种机床,也可以是维修工人;可以是轮船要停靠的码头,也可以是计算机的中央处理单元、存储器和输入输出单元。这里所说的"零件"则代表"服务对象",如被加工的工件、出了故障的机床、要靠岸的轮船、被处理的数据。零件可以是单个零件,也可以是一批相同的零件。

假定有 n 个零件要经过 m 台机器加工。"加工路线"是由零件加工的工艺过程决定的,它是零件加工在技术上的约束。比如,某零件要经过车、铣、钻、磨的路线加工,我们可以用 M_1, M_2, M_3, M_4 来表示。一般地,可用 M_1, M_2, $\cdots$, M_m 来表示加工路线。"加工顺序"则表示每台机器加工 n 个零件的先后顺序,是排序和编制作业计划要解决的问题。

11.1.3 假设条件与符号说明

为了便于分析研究和建立数学模型,有必要对编制作业计划问题提出一些假设条件。

- 一个零件不能同时在几台不同的机器上加工。
- 零件在加工过程中采取平行移动方式,即当上一道工序完工后,立即送至下道工序加工。
- 不允许中断。一旦一个零件开始加工,必须一直进行到完工,不得中途停止或插入其他零件。
- 每道工序只在一台机器上完成。
- 零件数、机器数和加工时间已知。
- 每台机器同时只能加工一个零件。

在下面的讨论中,如不做特别说明,都是遵循以上假设条件的。

下面对有关符号进行说明。

J_i——零件 i, $i=1$, 2, $\cdots$, n。

M_j——机器 j, $j=1$, 2, $\cdots$, m。

p_{ij}——J_i 在 M_j 上的加工时间,J_i 的总加工时间为 $P_i = \sum p_{ij}$。

r_i——J_i 的到达时间,指 J_i 从外部进入车间,可以开始加工的最早时间。

d_i——J_i 的完工期限。

C_i——J_i 的完工时间,$C_i = r_i + \sum(w_{ij} + p_{ij}) = r_i + W_i + P_i$。

$C_{\max}$——最长完工时间,$C_{\max} = \max\{C_i\}$。

F_i——J_i 的流程时间,即零件在车间中的实际停留时间,$F_i = C_i - r_i = W_i + P_i$。

$F_{\max}$——最长流程时间,$F_{\max} = \max\{F_i\}$。

L_i——零件的延迟时间,$L_i = C_i - d_i = r_i + P_i + W_i - d_i = (P_i + W_i) - (d_i - r_i) = F_i - a_i$。

当 $L_i > 0$(正延迟)时,说明 J_i 的实际完工时间超过了完工期限;当 $L_i < 0$(负延迟)时,说明 J_i 提前完工;当 $L_i = 0$(零延迟)时,J_i 按期完工。

$L_{\max}$——最长延迟时间,$L_{\max} = \max\{L_i\}$。

11.1.4 排序问题的分类和表示法

排序问题有不同的分类方法。最常用的分类方法是按机器、零件和目标函数的特征分类。按机器的种类和数量不同，可以分成单台机器的排序问题和多台机器的排序问题。对于多台机器的排序问题，按零件加工路线的特征，可以分成单件作业排序问题和流水作业排序问题。零件的加工路线不同，是单件作业排序问题的基本特征；而所有零件的加工路线完全相同，则是流水作业排序问题的基本特征。

按零件到达车间的情况不同，可以分成静态的排序问题和动态的排序问题。当进行排序时，所有零件都已到达，可以一次对它们进行排序，这是静态的排序问题；若零件是陆续到达，要随时安排它们的加工顺序，这是动态的排序问题。

按目标函数的性质不同，也可划分不同的排序问题。比如，同是单台机器的排序，使平均流程时间最短和使误期完工零件数最少是两种目标，实质上也是两种不同的排序问题。按目标函数的情况，还可以划分为单目标排序问题与多目标排序问题。

另外，按参数的性质不同，可以划分为确定型排序问题与随机型排序问题。所谓确定型排序问题，指加工时间和其他有关参数是已知确定的量；而随机型排序问题的加工时间和有关参数为随机变量。这两种排序问题的解法在本质上是不同的。

机器、零件和目标函数的不同特征以及其他因素上的差别，构成了多种多样的排序问题。本章只讨论几种有代表性的排序问题。

对于本章要讨论的排序问题，我们将用 Conway 等人提出的方法来表示。这个方法只用四个参数就可以表示大多数不同的排序问题。四参数表示法为：

$$n/m/A/B$$

式中，n——零件数；

m——机器数；

A——车间类型；

B——目标函数，通常是使其值最小。

在 A 的位置若标以"F"，则代表流水作业排序问题；若标以"P"，则表示流水作业排列排序问题；若标以"G"，则表示一般单件作业排序问题。当 $m=1$ 时，则 A 处为空白。因为对单台机器的排序问题来说，无所谓加工路线问题，当然也就谈不上是流水作业还是单件作业的问题了。

有了这四个符号，就可以简明地表示不同的排序问题。例如，$n/3/P/C_{max}$ 表示 n 个零件经 3 台机器加工的流水作业排列排序问题，目标函数是使最长完工时间 C_{max} 最短。

11.2 流水车间作业计划

流水线是流水车间作业的典型代表，其基本特征是每个零件都顺序地经过线上不同机器的加工，它们的加工路线都一致。大量大批生产类型的作业计划问题实际上是流水车间的作业计划问题。对流水车间作业的基本要求是均衡地生产产品。为此，在设计流水线时要进行线平衡（line balancing），以保证工序同期化，使物流有节奏地通过线上各台机器。另外，产品和工艺设计要标准化；要实行预防维修，使生产线在运行中不出现中断，即使在出现故障时也能快速修理；要尽量减少不合格品；要保证原材料供应的及时和可靠。由于流水线上的机器是专用的，在其设计阶段就确定了它们的加工对象,所以流水车间作业计划没有任务分配问题。但是,如果流水线要加工不同的产品,就有加工顺序问题。比如,要生产 3 种产品 A、B 和 C,就有 6 种加工顺序:A→B→C, A→C→B, B→A→C, B→C→A, C→A→B 和 C→B→A。如果要使 3 种产品的加工周期最短,就要从中挑选最优或满意的加工顺序。因此,流水车间作业计划问题基本上就是流水车间作业排序问题。一旦加工顺序确定,就可以重复进行,形成循环作业计划 (cyclic schedule)。

11.2.1 加工周期的计算

n 个不同零件要按相同的加工路线经过 m 台机器加工,目标是使这批零件的加工周期最短,这种流水车间作业排序问题是本节所讨论的 $n/m/P/F_{max}$ 问题。加工周期又被称为最长流程时间,它是从第一个零件在第一台机器开始加工时算起,到最后一个零件在最后一台机器上完成加工时为止所经过的时间。由于假设所有零件的到达时间都为零 ($r_i=0$, $i=1, 2, \cdots, n$),因此 F_{max} 等于排在末位加工的零件在车间的停留时间,也等于一批零件的最长完工时间 C_{max}。

设 n 个零件的加工顺序为 $S=(S_1, S_2, \cdots, S_n)$,其中 S_i 为排第 i 位加工的零件的代号。以 C_{kS_i} 表示零件 S_i 在机器 M_k 上的完工时间,p_{kS_i} 表示零件 S_i 在 M_k 上的加工时间 ($k=1, 2, \cdots, m$; $i=1, 2, \cdots, n$),则 C_{kS_i} 可按以下公式计算:

$$C_{1S_i} = C_{1S_{i-1}} + P_{S_i^1}$$
$$C_{kS_i} = \max\{C_{(k-1)S_i}, C_{kS_{i-1}}\} + P_{S_i^k} \tag{11-1}$$
$$k=2, 3, \cdots, m; \quad i=1, 2, \cdots, n$$

式 (11-1) 是一个递推公式。当由式 (11-1) 得出 C_{mS_n} 时,最长流程时间 F_{max} 就求得了。

在熟悉以上计算公式之后,可直接在加工时间矩阵上从左向右计算完工时间。下面以一例说明之。

【例 11-1】

有一个 $6/4/P/F_{max}$ 问题,其加工时间如表 11-1 所示。当按顺序 $S=(6, 1, 5, 2, 4, 3)$ 加工时,求 F_{max}。

解:按顺序 $S=(6, 1, 5, 2, 4, 3)$ 列出加工时间矩阵,如表 11-2 所示。按式 (11-1) 进行递推,将每个零件的完工时间标在其加工时间的右上角。对于第一行第一列元素,只需把加工时间的数值作为完工时间标在加工时间的右上角。对于第一行的其他元素,只需从左到右依次将前一列右上角的数字加上计算列的加工时间,将结果填在计算列加工时间的右上角。比如 2+4=6,将 6 写在加工时间 4 的右上角。同样,6+4=10, 10+2=12, 12+1=13, 13+3=16,将这些数字写在相应加工时间的右上角。对于从第二行到第 m 行,第一列的算法与第一行的算法类似,只要把上一行右上角的数字和本行的加工时间相加,将结果填在本行加工时间的右上角。比如 2+5=7, 7+5=12, 12+1=13。从第 2 列到第 n 列,则要从本行前一列右上角和本列上一行的右上角数字中取大者,再和本列加工时间相加,将结果填在本列加工时间的右上角。比如 7 比 6 大,7+4=11;11 比 10 大,11+4=15;等等。这样计算下去,最后一行的最后一列右上角数字,即为加工周期,也是 F_{max}。计算结果如表 11-2 所示。本例这批零件的加工周期为 46。

表 11-1　加工时间矩阵

i	1	2	3	4	5	6
p_{i1}	4	2	3	1	4	2
p_{i2}	4	5	6	7	4	5
p_{i3}	5	8	7	5	5	5
p_{i4}	4	2	4	3	3	1

表 11-2　顺序 S 下的加工时间矩阵

i	6	1	5	2	4	3
p_{i1}	2^2	4^6	4^{10}	2^{12}	1^{13}	3^{16}
p_{i2}	5^7	4^{11}	4^{15}	5^{20}	7^{27}	6^{33}
p_{i3}	5^{12}	5^{17}	5^{22}	8^{30}	5^{35}	7^{42}
p_{i4}	1^{13}	4^{21}	3^{25}	2^{32}	3^{38}	4^{46}

11.2.2　2 台机器排序问题的最优算法

对于 n 个零件经过 2 台机器加工，要实现加工周期最短的流水车间作业排序，即 $n/2/F/F_{\max}$ 问题，S. M. Johnson 于 1954 年提出了一个最优算法，那就是著名的 Johnson 算法。为了叙述方便，以 a_i 表示零件 J_i 在机器 M_1 上的加工时间，以 b_i 表示零件 J_i 在机器 M_2 上的加工时间。每个零件都按 $M_1 \rightarrow M_2$ 的路线加工。Johnson 算法建立在 Johnson 法则的基础之上。Johnson 法则为：

如果

$$\min(a_i, b_j) < \min(a_j, b_i) \tag{11-2}$$

那么，零件 J_i 应该排在零件 J_j 之前。如果中间为等号，那么，零件 i 既可排在零件 j 之前，也可以排在它之后。

按式（11-2）可以确定每两个零件的相对位置，从而可以得到 n 个零件的完整的顺序。但是，这样做比较麻烦。事实上，按 Johnson 法则可以得出比较简单的求解步骤，我们称这些步骤为 Johnson 算法。

Johnson 算法的步骤：

①从加工时间矩阵中找出最短的加工时间。

②若最短的加工时间出现在机器 M_1 上，则对应的零件尽可能往前排；若最短加工时间出现在机器 M_2 上，则对应零件尽可能往后排。然后，从加工时间矩阵中划去已排序零件的加工时间。若最短加工时间有多个，则任挑一个。

③若所有零件都已排序，停止。否则，转步骤①。

【例 11-2】

求表 11-3 所示的 $6/2/F/F_{\max}$ 问题的最优解。

解：应用 Johnson 算法。从加工时间矩阵中找出最短加工时间为 1 个时间单位，它出现在机器 M_1 上。所以，相应的零件（零件 2）应尽可能往前排，即将零件 2 排在第 1 位。

划去零件 2 的加工时间。余下加工时间中最小者为 2，它出现在机器 M_2 上，相应的零件（零件 3）应尽可能往后排，于是排到最后一位。划去零件 3 的加工时间，继续按 Johnson 算法安排余下零件的加工顺序。求解过程可简单表示如下：

将零件 2 排第 1 位　2
将零件 3 排第 6 位　2　　　　　　　3
将零件 5 排第 2 位　2　5　　　　　 3
将零件 6 排第 3 位　2　5　6　　　　3
将零件 4 排第 5 位　2　5　6　　4　3
将零件 1 排第 4 位　2　5　6　1　4　3

表 11-3　加工时间矩阵

i	1	2	3	4	5	6
a_i	5	1	8	5	3	4
b_i	7	2	2	4	7	4

最优加工顺序为 $S=(2,5,6,1,4,3)$。求得最优顺序下的 $F_{max}=28$。

我们可以把 Johnson 算法做些改变，改变后的算法按以下步骤进行：

①将所有 $a_i \leq b_i$ 的零件按 a_i 值不减的顺序排成一个序列 A。

②将所有 $a_i > b_i$ 的零件按 b_i 值不增的顺序排成一个序列 B。

③将 A 放到 B 之前，就构成了最优加工顺序。

按改进后的算法对例 11-2 求解，如表 11-4 所示。序列 A 为 $(2,5,6,1)$，序列 B 为 $(4,3)$，构成最优顺序为 $(2,5,6,1,4,3)$，与 Johnson 算法结果一致。

表 11-4 改进算法

i	1	2	3	4	5	6	i	2	5	6	1	4	3
a_i	⑤	①	8	5	③	④	a_i	①	③	④	⑤	5	8
b_i	7	2	②	④	7	4	b_i	2	7	4	7	④	②

当我们从应用 Johnson 法则求得的最优顺序中任意去掉一些零件时，余下零件构成的顺序仍为最优顺序。针对例 11-2 的最优顺序 $(2,5,6,1,4,3)$，若去掉一些零件，得到的顺序 $(5,6,1,4,3)$ $(2,6,4,3)$ $(2,6,1,4)$ 等仍为余下零件的最优顺序。但是，零件的加工顺序不能颠倒，否则不一定是最优顺序。同时，我们还要指出，Johnson 法则只是一个充分条件，不是必要条件。不符合这个法则的加工顺序，也可能是最优顺序。虽对例 11-2 顺序 $(2,5,6,4,1,3)$，不符合 Johnson 法则，但它也是一个最优顺序。对于一般排序问题，最优顺序不一定是唯一的。

11.2.3 一般 $n/m/P/F_{max}$ 问题的启发式算法

对于 3 台机器的流水车间排序问题，只有几种特殊类型的问题找到了有效算法。对于一般的流水车间排列排序问题，可以用分支定界法。用分支定界法可以得到一般 $n/m/P/F_{max}$ 问题的最优解。但对于实际生产中规模较大的问题，计算量相当大，以至于通过计算机也无法求解。同时，还需要考虑经济性。如果寻求最优解所付出的代价超过了这个最优解所带来的好处，也是不值得的。

为了解决实际生产中的排序问题，人们提出了各种启发式算法。启发式算法以小的计算量得到足够好的结果，因而十分实用。下面介绍求一般 $n/m/P/F_{max}$ 问题近优解（near optimal solution）的启发式算法。

1. Palmer 法

1965 年，D. S. Palmer 提出按斜度指标排列零件的启发式算法，被称为 Palmer 法。零件的斜度指标可按下式计算：

$$\lambda_i = \sum_{k=1}^{m} [k-(m+1)/2] P_{ik}$$

$$k = 1, 2, \cdots, n \tag{11-3}$$

式中，m——机器数；

P_{ik}——零件 i 在机器 M_k 上的加工时间。

按照各零件 λ_i 不增的顺序排列零件，可得出令人满意的加工顺序。

【例 11-3】

有一个 $4/3/P/F_{max}$ 问题,其加工时间如表 11-5 所示,试用 Palmer 法求解。

表 11-5 加工时间矩阵

i	1	2	3	4
p_{i1}	1	2	6	3
p_{i2}	8	4	2	9
p_{i3}	4	5	8	2

解:计算 λ_i。

对于本例,式 (11-3) 变成:

$$\lambda_i = \sum_{k=1}^{3} [k-(3+1)/2] P_{ik}$$

$$k=1, 2, 3$$

$$\lambda_i = -P_{i1} + P_{i3}$$

于是,$\lambda_1 = -P_{11} + P_{13} = -1+4=3$,

$\lambda_2 = -P_{21} + P_{23} = -2+5=3$,

$\lambda_3 = -P_{31} + P_{33} = -6+8=2$,

$\lambda_4 = -P_{41} + P_{43} = -3+2=-1$。

按 λ_i 不增的顺序排列零件,得到加工顺序 (1, 2, 3, 4) 和 (2, 1, 3, 4),恰好这两个顺序都是最优顺序。若不是这样,则从中挑选较优者。在最优顺序下,$F_{max} = 28$。

2. 关键零件法

关键零件法是本书作者 1983 年提出的一个启发式算法。其步骤如下:

① 计算每个零件的总加工时间 $P_i = \sum p_{ij}$,找出加工时间最长的零件 C,将其作为关键零件。

② 对于余下的零件,若 $p_{i1} \leq p_{im}$,则按 p_{i1} 不减的顺序排成一个序列 S_a;若 $p_{i1} > p_{im}$,则按 P_{im} 不增的顺序排列成一个序列 S_b。

③ 顺序 (S_a, C, S_b) 即为所求顺序。

下面用关键零件法求例 11-3 的近优解。求 P_i, $i=1, 2, 3, 4$,如表 11-6 所示。总加工时间最长的为 3 号零件,$P_{i1} \leq P_{i3}$ 的零件为 1 和 2,按 p_{i1} 不减的顺序排成

$$S_a = (1, 2)$$

表 11-6 用关键零件法求解

i	1	2	3	4
p_{i1}	1	2	6	3
p_{i2}	8	4	2	9
p_{i3}	4	5	8	2
p_{i4}	13	11	16	14

$p_{i1} > p_{i3}$ 的零件为 4 号零件,$S_b = (4)$,这样得到的加工顺序为 (1, 2, 3, 4),对本例为最优顺序。

3. CDS 法

Campbell、Dudek 和 Smith 三人提出了一个启发式算法,简称 CDS 法。他们把 Johnson 算法用于一般的 $n/m/P/F_{max}$ 问题,得到 ($m-1$) 个加工顺序,取其中的优者。

具体做法是,对加工时间

$$\sum_{k=1}^{l} P_{ik} \text{ 和 } \sum_{k=m+1-l}^{m} P_{ik}, \quad l=1, 2, \cdots, m-1$$

用 Johnson 算法求 ($m-1$) 次加工顺序,取其中最好的结果。

现在,我们对例 11-3 用 CDS 法求解。

首先,求 $\sum_{k=1}^{l} P_{ik}$ 和 $\sum_{k=m+1-l}^{m} P_{ik}$, ($l=1, 2$),结果如表 11-7 所示。

表 11-7 用 CDS 法求解

i		1	2	3	4	i		1	2	3	4
$l=1$	p_{i1}	1	2	6	3	$l=2$	$p_{i1}+p_{i2}$	9	6	8	12
	p_{i3}	4	5	8	2		$p_{i2}+p_{i3}$	12	9	10	11

当 $l=1$ 时，按 Johnson 算法得到加工顺序 (1, 2, 3, 4)；当 $l=2$ 时，得到加工顺序 (2, 3, 1, 4)。对于顺序 (2, 3, 1, 4)，相应的 $F_{max}=29$。所以，取顺序 (1, 2, 3, 4)。我们已经知道，这就是最优顺序。

11.2.4 相同零件、不同移动方式下加工周期的计算

排序问题针对的是不同零件，若 n 个零件相同，则没有排序问题。但对于相同零件、不同移动方式的研究是有实际背景的。从生产流程上分析，产品一般要经过设计、编制工艺、制造和发运几个阶段才能到达顾客手中。为了缩短对顾客需求的响应时间，可以采取并行工程方法。并行工程就是将本来为串行的活动交叉，各个活动并行地进行。串行则相当于下面讲的顺序移动方式，并行相当于平行移动方式。零件在加工过程中采取的移动方式不同，会导致一批零件的加工周期不同。因此，有必要计算零件在不同移动方式下的加工周期。

零件在加工过程中可以采用三种典型的移动方式，即顺序移动、平行移动和平行顺序移动。

1. 顺序移动方式

一批零件在上道工序全部加工完毕后才整批地转移到下道工序继续加工，这就是顺序移动方式。采用顺序移动方式，一批零件的加工周期 $T_顺$ 为：

$$T_顺 = n \sum_{i=1}^{m} t_i \tag{11-4}$$

式中，n——零件加工批量；

t_i——第 i 工序的单件工序时间；

m——零件加工的工序数。

【例 11-4】

如图 11-1 所示，已知 $n=4$，$t_1=10$ 分钟，$t_2=5$ 分钟，$t_3=15$ 分钟，$t_4=10$ 分钟，则 $T_顺 = 4\times(10+5+15+10) = 160$（分钟）。

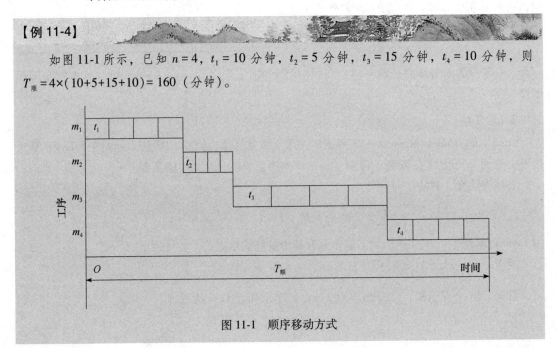

图 11-1 顺序移动方式

2. 平行移动方式

每个零件在前道工序加工完毕后,立即转移到后道工序继续加工,形成前后工序交叉作业,这就是平行移动方式。采用平行移动方式,一批零件的加工周期 $T_\text{平}$ 为:

$$T_\text{平} = \sum_{i=1}^{m} t_i + (n-1) t_L \tag{11-5}$$

式中,t_L 为最长的单件工序时间,其余符号同前。

将例 11-4 中单件工序时间代入,可求得 $T_\text{平}$,如图 11-2 所示。

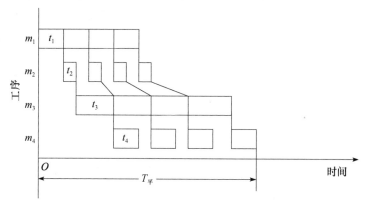

图 11-2 平行移动方式

$$T_\text{平} = (10+5+15+10)+(4-1)\times 15 = 85 \text{(分钟)}$$

3. 平行顺序移动方式

在顺序移动方式下,零件运输次数少,设备利用充分,管理简单,但加工周期长;在平行移动方式下,加工周期短,但运输频繁,设备空闲时间多而零碎,不便利用。为了综合两者的优点,可采用平行顺序移动方式。平行顺序移动方式要求每道工序连续进行加工,但又要求各道工序尽可能平行地加工。具体做法是:

① 当 $t_i < t_{i+1}$ 时,零件按平行移动方式转移。

② 当 $t_i \geq t_{i+1}$ 时,以 i 工序最后一个零件的完工时间为基准,往前推移 $(n-1) \times t_{i+1}$ 作为零件在 $(i+1)$ 工序的开始加工时间,如图 11-3 所示。

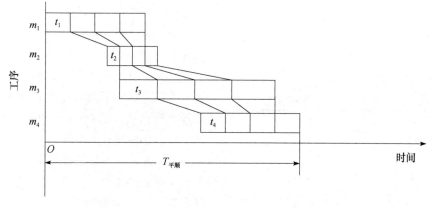

图 11-3 平行顺序移动方式

采用平行顺序移动方式，一批零件的加工周期 $T_{平顺}$ 为：

$$T_{平顺} = n\sum_{i=1}^{m} t_i - (n-1)\sum_{j=1}^{m-1}\min(t_j, t_{j+1}) \tag{11-6}$$

将例 11-4 数值代入，得

$$T_{平顺} = 4 \times (10 + 5 + 15 + 10) - (4-1) \times (5 + 5 + 10) = 100(分钟)$$

三种移动方式各有优缺点，它们之间的比较如表 11-8 所示。

表 11-8 零件三种移动方式的比较

比较项目	平行移动	平行顺序移动	顺序移动
加工周期	短	中	长
运输次数	多	中	少
设备利用	差	好	好
组织管理	中	复杂	简单

11.3 单件车间作业计划

单件车间作业计划是一种十分复杂的作业计划问题。它不仅包括排序问题，还包括任务分配问题，任务分配实际是生产负荷分配。任务分配可以采取有限能力负荷（finite loading）和无限能力负荷（infinite loading）两种办法。有限能力负荷是指分配给机器的任务不能超过机器能力的限制；无限能力负荷是指给机器分配任务时不考虑机器的能力限制。任务分配确定之后，才能考虑每台机器上零件的加工顺序问题。当前，也有将任务分配和排序同时考虑的研究成果。

11.3.1 任务分配问题

把零件分配给工人或机器加工，将区域分配给销售人员，将出故障的机器分配给维修小组，等等，这些都是任务分配问题。求解任务分配问题的目标是使任务与资源得到最佳匹配。用线性规划模型可以求出最优任务和资源分配。

【例 11-5】

有 4 个零件可以分配给 4 台机器加工，其所需加工时间如表 11-9 所示。零件 1 分配给机器 1 加工，需要 9 个时间单位；分配给机器 2 加工，需要 7 个时间单位；分配给机器 3 加工，需要 3 个时间单位；分配给机器 4 加工，需要 5 个时间单位；等等。

表 11-9 零件加工的分配问题

	M_1	M_2	M_3	M_4
J_1	9	7	3	5
J_2	7	8	12	11
J_3	4	6	8	7
J_4	6	11	13	10

若有 n 个零件要分配给 n 台机器加工，则有 $n!$ 种不同的分配方案，难以找到最优解。但是，通过匈牙利算法可以较方便地找到最优分配方案。

匈牙利算法的步骤是：

第一步，将加工时间（费用）矩阵中的每一行所有元素减去该行最小的元素，使每行至少出现一个零元素。

第二步，将实施第一步得到的矩阵中的每一列所有元素减去该列最小的元素，使每列至少出现一个零元素。

第三步，从实施第二步得到的矩阵中，划出能覆盖尽可能多的零元素的直线。若线条数等于矩阵的行数，则已找到最优矩阵，转第六步；否则，转第四步。

第四步，从矩阵中未被线条穿过的元素中减去这些元素中的最小数，并将这个最小数加到直线交叉的元素上，其余元素不变。

第五步，重复第三步和第四步，直到获得最优矩阵。

第六步，从仅有一个零的行或列开始，找出零元素对应的分配方案，每行和每列仅能确定一个元素，最后使每行和每列都有一个零元素。零元素对应的就是最优分配方案。

对于例 11-5 求解过程如表 11-10 所示。

表 11-10 用匈牙利法求分配问题最优解的过程

a)	M_1	M_2	M_3	M_4	每行最小数
J_1	9	7	3	5	3
J_2	7	8	12	11	7
J_3	4	6	8	7	4
J_4	6	11	13	10	6

b)	M_1	M_2	M_3	M_4	每列最小数
J_1	6	4	0	2	0
J_2	0	1	5	4	1
J_3	0	2	4	3	0
J_4	0	5	7	4	2

c)	M_1	M_2	M_3	M_4
J_1	6	3	0	0
J_2	0	0	5	2
J_3	0	0	4	1
J_4	0	4	7	2

d)	M_1	M_2	M_3	M_4
J_1	7	3	0	0
J_2	1	0	5	2
J_3	0	0	3	0
J_4	0	3	6	1

e)	M_1	M_2	M_3	M_4
J_1	7	3	0	0
J_2	1	0	5	2
J_3	0	0	3	0
J_4	0	3	6	1

f)	M_1	M_2	M_3	M_4
J_1	7	3	⓪	0
J_2	1	⓪	5	2
J_3	0	0	3	⓪
J_4	⓪	3	6	1

表 11-10a 列出了矩阵中每行的最小数；表 11-10b 为按第一步得到的矩阵，并列出每列的最小数；表 11-10c 为第二步的结果；对表 11-10c 实施第三步，发现用 3 条直线就能覆盖所有零元素，则转第四步；未被直线覆盖的最小元素为 1，将未被直线覆盖的元素均减 1，将交叉点 6 和 0 均加 1，得表 11-10d；对表 11-10d 实施第三步，得到表 11-10e，发现用 4 条（等于矩阵的行数）直线才能覆盖所有零元素，能够找出最优分配。表 11-10f 的结果是零件 1 由机器 M_3 加工，零件 2 由机器 M_2 加工，零件 3 由机器 M_4 加工，零件 4 由机器 M_1 加工，可使总加工时间最少。

11.3.2 单件作业排序问题的描述

单件小批生产类型的典型作业计划是单件作业排序问题。对于一般单件作业排序问题，每个工件都有其独特的加工路线，工件没有一定的流向。对于流水作业排序问题，第 k 道工序永远在 M_k 上加工，没有必要将工序号与机器号分开。对于一般单件作业排序问题，描述一道工序，要用 3 个参数：i、j 和 k。i 表示工件代号，j 表示工序号，k 表示完成工件 i 的第 j 道工序的机器的代号。因此,可以用 (i, j, k) 来表示工件 i 的第 j 道工序是在机器 k 上进行的这样一件事。于是,可以用加工描述矩阵的形式来描述所有工件的加工。

加工描述矩阵 D 的每一行描述一个工件的加工,每一列的工序序号相同。例如,加工描述矩阵的第一行描述工件 1 的加工,第二行描述工件 2 的加工。它表明:工件 1 的第一道工序在机器 M_1 上进行,第二道工序在机器 M_3 上进行,第三道工序在机器 M_2 上进行;工件 2 的第一道工序在机器 M_3 上进行,第二道工序在机器 M_1 上进行,第三道工序在机器 M_2 上进行。

$$D = \begin{pmatrix} 1,1,1 & 1,2,3 & 1,3,2 \\ 2,1,3 & 2,2,1 & 2,3,2 \end{pmatrix}$$

11.3.3 一般 $n/m/G/F_{max}$ 问题的启发式算法

对于一般的 $n/m/G/F_{max}$ 问题,可以用分支定界法或整数规划法求最优解。但它们都是无效算法,不能应用到生产实际中。启发式方法是求解一般单件车间排序问题使用最多的方法。在介绍三类启发式方法之前,先要讨论两种十分重要的作业计划及其构成方法。

1. 两种作业计划的构成

在可行的加工顺序下,可以制订无数种作业计划。其中,各工序都按最早可能开(完)工时间安排的作业计划被称为半能动作业计划(semi-active schedule)。任何一台机器的每段空闲时间都不足以加工一道可加工工序的半能动作业计划,被称为能动作业计划(active schedule)。无延迟作业计划(non-delay schedule)是没有任何延迟出现的能动作业计划。所谓"延迟",指有工件等待加工时,机器出现空闲,即使这段空闲时间不足以完成一道工序。

能动作业计划和无延迟作业计划在研究一般单件作业排序问题时有重要作用。下面先介绍它们的生成方法,为此,先做一些符号说明。

我们称每安排一道工序为一"步",设

$\{S_t\}$——t 步之前已排序工序构成的部分作业计划;

$\{O_t\}$——第 t 步可以排序的工序的集合;

T_k——$\{O_t\}$ 中工序 O_k 的最早可能开工时间;

T'_k——$\{O_t\}$ 中工序 O_k 的最早可能完工时间。

(1) 能动作业计划的构成步骤。具体如下:

① 设 $t=1$,$\{S_1\}$ 为空集,$\{O_1\}$ 为各工件第一道工序的集合。

② 求 $T^* = \min \{T'_k\}$,并求出 T^* 出现的机器 M^*。若 M^* 有多台,则任选一台。

③ 从 $\{O_t\}$ 中挑出满足以下两个条件的工序 O_j:需要机器 M^* 加工,且 $T_j < T^*$。

④ 将确定的工序 O_j 放入 $\{S_t\}$,从 $\{O_t\}$ 中消去 O_j,并将 O_j 的紧后工序放入 $\{O_t\}$,使 $t=t+1$。

⑤ 若还有未安排的工序,转步骤②;否则,停止。

【例 11-6】

有一个 $2/3/G/F_{max}$ 问题,其加工描述矩阵 D 和加工时间矩阵 T 分别为:

$$D = \begin{pmatrix} 1,1,1 & 1,2,3 & 1,3,2 \\ 2,1,3 & 2,2,1 & 2,3,2 \end{pmatrix}$$

$$T = \begin{pmatrix} 2 & 4 & 1 \\ 3 & 4 & 5 \end{pmatrix}$$

试构成一个能动作业计划。

解:求解过程如表 11-11 所示。

表 11-11 能动作业计划的构成

t	$\{O_t\}$	T_k	T'_k	T^*	M^*	O_j
1	1,1,1 2,1,3	0 0	2 3	2	M_1	1,1,1
2	1,2,3 2,1,3	2 0	6 3	3	M_3	2,1,3
3	1,2,3 2,2,1	3 3	7 7	7	M_3 M_1	1,2,3
4	1,3,2 2,2,1	7 3	8 7	7	M_1	2,2,1
5	1,3,2 2,3,2	7 7	8 12	8	M_2	1,3,2
6	2,3,2	8	13	13	M_2	2,3,2

当 $t=1$ 时，$\{O_1\}$ 为 2 个工件的第 1 道工序的集合，$\{O_1\}=\{(1,1,1),(2,1,3)\}$，它们的最早可能开工时间是零，工序 (1,1,1) 的最早完工时间为 2，工序 (2,1,3) 的最早完工时间是 3。因此，$T^*=2$。T^* 出现在 M_1 上，M_1 上仅有一道可排序的工序 (1,1,1)。所以，首先安排 (1,1,1)，当 (1,1,1) 确定之后，其紧后工序 (1,2,3) 就进入 $\{O_2\}$。其后排法相同。当 $t=3$ 时，M^* 有 2 个，这时任取其中一个。按表 11-11 中得出的能动作业计划如图 11-4 所示。

按以上步骤可以求出所有的能动作业计划。当 $t=2$ 时，也可以安排工序 (1,2,3)，因为该工序也需经机器 M_3 加工，而且最早可能开工时间小于 T^*。同样，当 $t=5$ 时，可以先安排工序 (2,3,2)。这样，可以得出所有的能动作业计划，从中可以找出最优的作业计划。

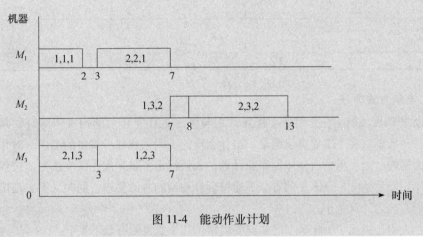

图 11-4 能动作业计划

（2）无延迟作业计划的构成步骤。具体如下：

①设 $t=1$，$\{S_1\}$ 为空集，$\{O_1\}$ 为各工件第一道工序的集合。

②求 $T^*=\min\{T_k\}$，并求出 T^* 出现的机器 M^*。若 M^* 有多台，则任选一台。

③从 $\{O_t\}$ 中挑出满足以下两个条件的工序 O_j：需要机器 M^* 加工，且 $M^*=T^*$。

④将确定的工序 O_j 放入 $\{S_t\}$，从 $\{Q_t\}$ 中消去 O_j，并将 O_j 的紧后工序放入 $\{O_t\}$，使 $t=t+1$。

⑤若还有未安排的工序，转步骤②；否则，停止。

下面对例 11-6 构成无延迟计划，其求解过程如图 11-5 所示，得出的无延迟计划如表 11-12 所示。同样，按以上步骤可以求出所有的无延迟作业计划。

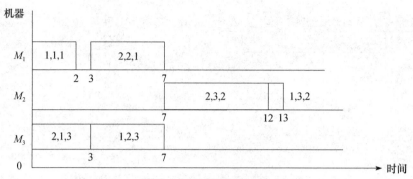

图 11-5 无延迟作业计划

表 11-12 无延迟计划的构成

t	$\{O_t\}$	T_k	T'_k	T^*	M^*	O_j
1	1,1,1	0	2	0	M_1	1,1,1
	2,1,3	0	3	0	M_3	
2	1,2,3	2	6			
	2,1,3	0	3	0	M_3	2,1,3
3	1,2,3	3	7	7	M_3	1,2,3
	2,2,1	3	7	3	M_1	
4	1,3,2	7	8			
	2,2,1	3	7	3	M_1	2,2,1
5	1,3,2	7	8	7	M_2	
	2,3,2	7	12	7	M_2	2,3,2
6	1,3,2	12	13	12	M_2	1,3,2

2. 三类启发式方法

（1）优先调度法则。在介绍能动作业计划与无延迟作业计划的构成步骤时，其中第③步的两个条件一般都有多个工序可以满足。按什么样的准则来选择可安排的工序，对作业计划的优劣有很大影响。为了得到所希望的作业计划，人们提出了很多优先调度法则。按优先调度法则挑选工序比随意挑选一道工序的方法更能符合计划编制者的要求，同时又不必列出所有可能的作业计划，从而计算量小。

迄今，人们已提出了100多个优先调度法则，其中主要的有以下8个：

- SPT（shortest processing time）法则，优先选择加工时间最短的工序。
- FCFS（first come first served）法则，优先选择最早进入可排工序集合的工件。
- EDD（earliest due date）法则，优先选择完工期限紧的工件。
- MWKR（most work remaining）法则，优先选择余下加工时间最长的工件。
- LWKR（least work remaining）法则，优先选择余下加工时间最短的工件。
- MOPNR（most operations remaining）法则，优先选择余下工序数最多的工件。
- SCR（smallest critical ratio）法则，优先选择临界比最小的工件。临界比为工件允许停留时间与工件余下加工时间之比。
- RANDOM 法则，随机地挑一个工件。

按 SPT 法则可使工件的平均流程时间最短，从而减少在制品库存量。FCFS 法则来自排队论,它对工件较公平。EDD 法则可使工件最大延误时间最小。SCR 也是保证工件延误最少的法则。MWKR 法则使不同工作量的工件的完工时间尽量接近。LWKR 法则使工作量小的工件尽快完成。MOPNR 法则与 MWKR 法则类似,只不过考虑工件在不同机器上的转运排队时间是主要的。

在应用优先调度法则时,只要将构成能动作业计划的第③步修改为:对于 $\{O_t\}$ 中需要 M^* 加工,且 $T_j<T^*$ 的工序,按预定的优先调度法则确定一个进入 $\{S_t\}$ 的工序。对于构成无延迟作业计划的第③步修改为:对于 $\{O_t\}$ 中需要 M^* 加工且 $T_j=T^*$ 的工序,按预定的优先调度法则确定一个进入 $\{S_t\}$ 的工序。一般来说,以构成无延迟作业计划的步骤为基础的启发式算法,比以构成能动作业计划的步骤为基础的启发式算法的效果要好。

现在,我们对表 11-11 中的第②步($t=2$)应用优先调度法则来挑选工序。当应用 SPT 法则时,应挑选工序 (2,1,3);应用 MWKR 法则或 MOPNR 法则时,也应挑选工序 (2,1,3);而应用 LWKR 法则时,则应挑选工序 (1,2,3);用 FCFS 法则,应挑选工序 (2,1,3),因为 (2,1,3) 比 (1,2,3) 早进入 $\{O_t\}$。

有时应用一个优先法则还不能唯一地确定一道应挑选的工序。这时,就需要多个优先调度法则的有序组合。比如,SPT+MWKR+RANDOM 表示:首先按 SPT 法则挑选工序;若还有多个工序,则应用 MWKR 法则再挑选;若仍有多个工序满足条件,则应用 RANDOM 法则随机地挑一个。

按优先调度法则,可赋予不同工件以不同的优先权。按工件的优先权进行调度,可以使生成的作业计划按预定目标优化。

(2) 随机抽样法。当用穷举法或分支定界法求一般单件车间排序问题的最优解时,实际上比较了全部能动作业计划;采用优先调度法则求近优解时,只选择了一种作业计划。这是两个极端。

随机抽样法介于这两个极端之间。它从全部能动作业计划或无延迟作业计划之中抽样,得出多个作业计划,从中选优。应用随机抽样法时,实际上是对同一个问题多次运用 RANDOM 法则来决定要挑选的工序,从而得到多个作业计划。这种方法不一定能得到最优作业计划,但可以得到较满意的作业计划,而且计算量比分支定界法小得多。随机抽样法比用优先调度法则得到的结果一般要好一些,因为"多放几枪"一般比"只放一枪"的命中率要高。但计算量比后者要大。

显然,随机抽样法的效果与样本大小有关。样本越大,获取较好解的可能性越大,但花费的时间也越多。而且,随机抽样法与母体有关。经验证明,无论是以 $F_{\max}$ 还是以 $\bar{F}$ 为目标函数,从无延迟作业计划母体中抽样所得到的结果比从能动作业计划母体中抽样所得到的结果要好。

(3) 概率调度法。随机抽样法是从 k 个可供选择的工序中以等概率方式挑选,每个工序被挑选的概率为 $1/k$,这种方法没有考虑不同工序的特点,有一定的盲目性。

既然优先调度法则中的一些法则对一定目标函数的效果明显地比其他法则好,我们为什么不能运用这些法则来影响随机抽样呢?显然,如果我们把除 RANDOM 法则以外的某个法则对一个问题使用多次,也只能得到一种作业计划。这样做毫无意义。但是,我们可以给不同的工序按某一优先调度法则分配不同的挑选概率,这样就可以得到多个作业计划,以供比较。例如,在构造无延迟作业计划的第③步有三道工序 A、B 和 C 可供挑选,这三道工序所需的时间分别为 3、4 和 7。如果按 RANDOM 法则，每道工序挑选上的概率都是 1/3；如果按 SPT 法则，就只能挑选工序 A，不可能产生多个作业计划。现按目标函数的要求，选择了 SPT 法则。按概率调度法，将这三道工序按加工时间从小到大排列，然后给每道工序从大到小分配一个被挑选的概率，比如 A、B 和 C 的挑选概率分别为 6/14、5/14 和 3/14。这样，既保证了 SPT 法则起作用，又可产生多个作业计划，以供挑选。

试验表明，概率调度法比随机抽样法更为有效。

11.4 生产作业控制

11.4.1 实行生产作业控制的原因和条件

生产计划和生产作业计划都是生产活动发生之前制订的，尽管制订计划时充分考虑了现有的生产能力，但计划在实施过程中由于以下原因，往往造成实施情况与计划要求相偏离。

（1）加工时间估计不准确。对于单件小批量生产类型，很多任务都是第一次碰到，很难将每道工序的加工时间估计得很精确。而加工时间是编制作业计划的依据，加工时间不准确，计划也就不准确，实施中就会出现偏离计划的情况。

（2）随机因素的影响。即使加工时间的估计是精确的，但很多随机因素的影响也会引起偏离计划的情况。比如工人的劳动态度和劳动技能的差别、人员缺勤、设备故障、原材料的差异等，这些都会造成实际进度与计划要求不一致。

（3）加工路线的多样性。调度人员在决定按哪种加工路线加工时，往往有多种加工路线可供选择，不同的加工路线会造成完成时间的偏离。

（4）企业环境的动态性。尽管制订了一个准确的计划，但第二天又来了一个更有吸引力的新任务，或者关键岗位的工人跳槽，或者物资不能按时到达，或者发生停电，等等，这些都使得实际生产难以按计划进行。

当实际情况与计划发生偏离时，就要采取措施。要么使实际进度符合计划要求，要么修改计划使之适应新的情况。这就是生产作业控制问题。

实施生产作业控制有三个条件：

第一，要有一个标准。标准就是生产计划和生产作业计划。没有标准就无法衡量实际情况是否发生偏离。生产计划规定的产品出产期，MRP 系统生成的零部件投入出产计划，通过作业计划方法得出的车间生产作业计划，都是实行生产作业控制的标准。

第二，要取得实际生产进度与计划偏离的信息。控制离不开信息，只有取得实际生产进度偏离计划的信息，才知道两者是否发生了不一致。计算机辅助生产管理信息系统能有效地提供实际生产与计划偏离的信息，通过生产作业统计模块，每天都可以取得各个零部件的实际加工进度和每台机床负荷情况的信息。

第三，要能采取纠正偏差的行动。纠正偏差是通过调度来实现的。

11.4.2 不同生产类型生产作业控制的特点

第 1 章已经对不同生产类型的特征进行了介绍，这里从物流、库存、设备和工人几个方面进行比较（见表 11-13），以了解不同生产类型生产作业控制的特点。

表 11-13　不同生产类型的典型特点

特点	单件小批生产	大量大批生产
零件的流动	没有主要的流动路线	单一的流动路线
瓶颈	经常变动	稳定
设备	通用设备，有柔性	高效、专用设备
调整准备费用	低	高
工人操作	多	少
工人工作的范围	宽	窄
工作节奏的控制	由工人自己和工长控制	由机器和工艺过程控制
在制品库存	高	低
产品库存	很少	较多
供应商	经常变化	稳定
编制作业计划	不确定性高，变化大	不确定性低，变化小

1. 单件小批生产

单件小批生产是为顾客生产特定产品或提供特定服务的。因此，产品品种千差万别，零件种类繁多。每一种零件都有其特定的加工路线，整个物流没有什么主流。各种零件都在不同的机器前面排队等待加工。各个工作地之间的联系不是固定的，有时为了加工某个特定的零件，两个工作地才发生联系，该零件加工完成之后，也许再也不会发生什么联系了。这种复杂的情况使得没有任何一个人能够把握如此众多的零件及其加工情况。为此，需要专门的部门来进行控制。

工件的生产提前期可以分成以下 5 个部分，如图 11-6 所示。

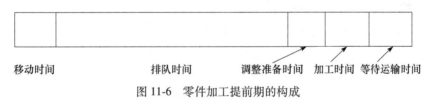

图 11-6　零件加工提前期的构成

（1）移动时间。它是从上道工序加工完成后转送到本工序途中所需的时间。这个时间取决于运输工具和运输距离，是相对稳定的。

（2）排队时间。由于本工序有很多工件等待加工，新到的工件都需排队等待一段时间才能加工。排队时间的变化最大，单个工件的排队时间是优先权的函数，所有工件的平均排队时间与计划调度的水平有关。

（3）调整准备时间。它是加工本工件需要做的调整准备所花的时间，它与技术和现场组织管理水平都有关。

（4）加工时间。它是按设计和工艺加工，改变物料形态所花的时间。加工时间取决于所采用的加工技术和工人的熟练程度，它与计划调度方法无关。

（5）等待运输时间。加工完毕，等待转下一道工序所花的时间。它与计划调度工作有关。

对于单件小批生产，排队时间是主要的，它大约占工件加工提前期的 80%~95%。排队时间越长，在制品库存就越高。如果能够控制排队时间，也就控制了工件在车间的停留时间。要控制排队时间，实际上是控制排队队长的问题。因此，如何控制排队的队长，是生产作为控制要解决的主要问题。通过输入、输出控制，可以控制队长。

2. 大量大批生产

大量大批生产的产品是标准化的，通常采用流水线或自动线的组织方式生产。在流水线或自动线上，每个工件的加工顺序都是确定的，工件在加工过程中没有排队现象，没有派工问题，也无优先权问题。因此，控制问题比较简单。主要通过改变工作班次，调整工作时间和工人数来控制产量。但是，在组织混流生产时，由于产品型号、规格、花色的变化，也要加强计划性，使生产均衡。

11.4.3 利用"漏斗模型"进行生产作业控制

德国汉诺威大学的贝克特（Bechte）和温道尔（Wiendall）等人在20世纪80年代初提出了"漏斗模型"（funnel model）。所谓"漏斗"，是为了方便地研究生产系统而做出的一种形象化描述。一台机床、一个班组、一个车间乃至一个工厂，都可以看成是一个"漏斗"。作为"漏斗"的输入，可以是上道工序转来的加工任务，也可以是来自用户的订货；作为"漏斗"的输出，可以是某工序完成的加工任务，也可以是工厂制成的产品。而"漏斗"中的液体，则表示累积的任务或在制品。液体的量则表示在制品量，如图11-7所示。

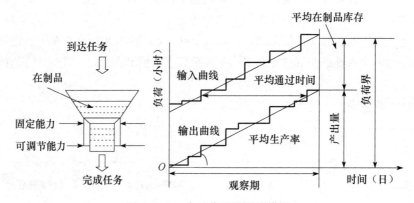

图 11-7　一个工作地的漏斗模型

1. 输入输出图

图11-7左部的漏斗开口的大小表示生产能力，它是可以调整的。液面的高低表示累积任务量的大小。图11-7右部为输入输出图，包括输入曲线和输出曲线，它们分别描述工件的到达情况和完成情况。横坐标为时间，通常以工作日为单位；纵坐标为工作负荷，通常以小时表示。曲线的垂直段表示某天到达或完成的一个或多个工件所包含的工作量；水平段表示相邻两个到达或完成的任务之间的时间间隔。如果运输时间不变，输入曲线与上道工序的输出曲线相对应。输入曲线和输出曲线表示在一定观察期内任务到达的累计情况和任务完成的累计情况，它们可以从过去任何一天开始构造到现在。实际上，几周时间已足够。两条曲线任一时刻垂直方向的距离表示该时刻在制品占用量（以工作量表示），两条曲线的水平距离表示相应工作任务在该工作地停留的时间（按FIFO规则）。

2. 基本公式

对于单台机器的情况，可以按泊松输入、负指数分布、单服务台的等待制（$M/M/1$）系统来描述。

平均队长 $\qquad L=\lambda/(\mu-\lambda) \qquad$ (11-7)

平均队列队长	$L_g = \lambda / \mu^2(\mu - \lambda)$		(11-8)
平均通过时间	$T = 1/(\mu - \lambda)$		(11-9)
平均等待时间	$T_w = \lambda / \mu(\mu - \lambda)$		(11-10)

式中，λ 表示平均到达率（单位时间到达工件的平均数）；μ 表示平均完工率（单位时间完成的平均工件数）；$\mu > \lambda$。

平均等待时间等于工件的平均在制品占用量（以时间为单位表示），平均队长等于平均在制品库存。

在一段较长的时间（如数周）内，如果工况稳定，输入曲线和输出曲线可以近似地由两条平行直线来表示，其斜率等于平均在制品库存／平均通过时间。这时，下式成立：

$$\text{平均通过时间} = \text{平均在制品库存} / \text{单位时间平均产量} \quad (11\text{-}11)$$

3. 控制规则

按照式（11-11），可以采用 4 个简单的规则来调整输入、输出、在制品库存和通过时间。

- 若希望保持在制品库存稳定，就要使单位时间内的平均输入等于平均输出。
- 若希望改变在制品库存量，可暂时增加或减少输入。增加输入，在制品量将上升；减少输入，在制品量将下降。
- 若希望平均通过时间在所控制的范围内，则适当调整平均在制品库存与单位时间平均产量的比例。
- 要使各个工件的平均通过时间稳定，就采用 FIFO 规则安排各工件的加工顺序。

下面通过举例说明如何做出工作地的输入输出图及其参数计算。

【例 11-7】

某工作地加工能力为 8 小时／天，现对该工作地做了为期 10 天的观察（某月 20~29 日），在观察期内的输入输出情况如表 11-14 所示。试根据这些数据画出该工作地的输入／输出曲线，并计算有关参数。其中 1~10 日工件已出产，11~15 日工件已投入，但尚未出产。

表 11-14 某月 20~29 日工作地生产情况表

任务号 i	输入日期	输出日期	定额工时 t_i（小时）	生产周期 T_{pi}（天）
1	15	20	5	5
2	12	21	10	9
3	18	22	10	4
4	20	23	5	3
5	17	23	10	6
6	15	24	15	9
7	22	25	5	3
8	24	26	5	2
9	24	27	5	3

（续）

任务号 i	输入日期	输出日期	定额工时 t_i（小时）	生产周期 T_{pi}（天）
10	20	29	20	9
11	21	—	20	
12	21	—	5	
13	23	—	15	
14	25	—	35	
15	28	—	15	

解：设 AB——观察期出产量；BA——观察期初在制品；BE——观察期末在制品；ML——平均生产率；MZ——加权平均通过时间；MI——平均在制品；MA——平均设备利用率；P——观察期；a——加工能力（小时／天）。

首先，根据表 11-14 的数据制作工作地输入输出图，见图 11-8。

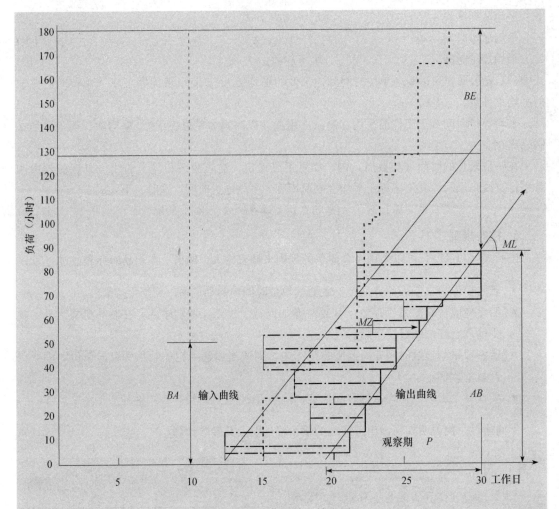

图 11-8 工作地输入输出图

然后,再计算该工作地的有关生产参数。

(1) 计算观察期末出产量 AB(以小时为单位),从表 11-14 中可知 1~10 日工件已经出产,累计出产量为:

$$AB = 90 \text{(小时)}$$

(2) 计算平均生产率 ML:

$$ML = AB/P = 90/10 = 9 \text{(小时/天)}$$

(3) 计算加权平均通过时间 MZ。每一批生产任务的实际通过时间都可以从生产现场测得。但是,人们关心的不是每批生产任务的通过时间,而是一定时期内该工序的平均通过时间。统计数据表明,大多数情况下生产任务批量与通过时间成正比关系。因此,平均通过时间采用加权平均方法,且以生产任务的工时定额为权数计算平均通过时间。加权平均通过时间也可由下式求出:

$$MZ = FE/AB$$

$$FE = \sum_{i=1}^{n}(t_i T_{p_i})$$

可以算出,$FE = 585$,因此,

$$MZ = FE/AB = 585/90 = 6.5 \text{(天)}$$

式中,FE——通过时间面积。

(4) 在制品占用分析由图 11-8 可看出,
观察期初在制品:$BA = 50$(小时)
观察期末在制品:$BE = 90$(小时)

(5) 计算平均设备利用率 MA

$$MA = ML/a = 9/8 = 1.125 = 112.5\%$$

从图 11-8 中还可看出，观察期总的输入量是 130 小时。

"漏斗模型"适合多品种中小批量生产系统的控制。例如，根据图 11-8 中的有关信息，管理人员就可以对下一计划期投料量的大小做出决策；输出曲线的斜率（平均生产率 ML）说明，对下一期的投入率不要超过 9 小时/天的水平，否则就要进一步增加在制品的积压。

利用"漏斗模型"的理论和方法，还可以对生产系统进行全局和动态的监控，克服了传统只注重单个工作地产量大小、设备利用率高低的弊端。

本章小结

本章对制造业的作业计划与控制问题进行了阐述。首先，介绍了作业计划问题的基本概念，包括要解决的问题，有关的名词术语、符号，排序问题的分类和表示法。其次，阐述了流水车间作业计划问题，包括最长流程时间的计算，求 $n/2/F/F_{max}$ 问题最优解的 Johnson 算法，求一般流水作业排列排序问题的三种启发式算法（Palmer 法、关键零件法、CDS 法）。再次，讨论了单件车间作业计划问题，包括任务分配问题和排序问题，单件作业排序问题的描述方法，能动作业计划和无延迟作业计划的构成方法，三类启发式方法（优先调度法则、随机抽样法、概率调度法）。最后，讨论了生产作业控制问题，包括实行生产作业控制的原因和条件，大量大批生产类型和单件小批生产类型生产作业控制的特点，利用漏斗模型对生产系统进行输入输出控制的方法。

复习思考题

1. 作业计划解决了什么问题？举例说明。
2. 排序、编制作业计划、派工、赶工、调度、控制等术语的含义及其相互关系怎样？
3. 解释加工路线和加工顺序。
4. 说明能动作业计划和无延迟作业计划的关系。
5. 生产中的在制品对企业经济效益有何影响？如何控制在制品的占用量？
6. "漏斗模型"的基本原理是什么？它在生产作业控制中的用途如何？

讨论案例

如何选择上菜顺序

老王夫妇从四川来到湖北，在武汉市玉岛花园小区租了一个门面，开了一家小餐馆。由于规模小，没有雇人。餐馆除了老两口，就是自己的女儿。老王担任厨师，他做得一手具有四川特色的好菜；女儿接待客人、点菜和结账；老伴负责端菜、清理餐桌和打扫卫生。餐馆不大，但十分整洁。

小餐馆开业当日，所有的菜全部打 8 折，吸引了不少客人，6 张桌子全部坐满。客人一坐下，女儿马上就给他们倒茶，然后将菜单递到顾客手中，并主动介绍餐馆的特色菜。点菜后，客人边喝茶边聊天。很快，有一桌已经开始上菜，大约 20 分钟，菜就上齐了。其他五桌客人还没有上一道菜。这时，有张桌子上的客人开始催促："服务员，我们等了很久了，怎么连一道菜还没有上？"另一桌客人也说道："你先给我们上几道下酒菜，让我们先喝酒嘛！"女儿和老伴连忙出来赔不是："对不起，对不起！今天我们刚开业，客人多，人手不够。请耐心等一会，很快就会给你们上菜的。"有位顾客提出："为什么那一桌的菜都上齐了？我们连一道菜都没有上？"女儿解释："对不起！那桌客人是先来的，他们先点的菜，我们必须先满足他们的要求，再为您服务。我们餐馆对顾客一视同仁,是严格按照先来先服务的规则提供服务的。"这时,有位客人提出建议:"你们这样上菜好像很公平,其实效果并不好。你看,你上了一桌菜,甚至连水果拼盘也上了,人家一下子也吃不完,过一会儿菜还冷了。你们应该每桌尽量先上一两道菜,让客人边喝酒或者边喝饮料、边吃菜,大家就不觉得等待时间长了。"女儿觉得客人说得有道理,老王也认为这样做他能够将不同订单上相同的菜一次就准备好,还提高了效率。餐馆后来就做出了改进,并在顾客到达之后提供茶水和瓜子,让顾客边吃瓜子、边喝茶、边聊天,使顾客不觉得等待时间长,顾客催促的情况也减少了一些。

过了不久,新的问题又出现了。有时候顾客来得多了,没有桌子坐,就离开了。有的顾客说要赶车或有急事,需要尽快进餐。单个顾客点的菜少,希望比多个客人花费的时间少一些。有些顾客对上菜顺序提出了要求:下酒的菜先上,吃饭的菜后上;有的顾客要先喝汤,有的客人后喝汤。先到的顾客有时感到菜上得太慢,而且来餐馆就餐的人到达的时间比较集中,中午12点左右和晚上6~7点钟客人最多,老王这段时间最忙。要满足顾客各种要求确实感到为难,因为餐馆规模小,就两个炉子,他一人要做不同的菜,炒菜花费的时间不同,清洗炒锅的难易程度也不同,往往彼此失彼。

讨论题

为了缓解就餐高峰,你有什么好的建议吗?

判断题

1. 排序(sequencing)是指安排工件在机器上的加工顺序。
2. 按照 Johnson 法则,若得到多个加工顺序,则应从中取最优者。
3. 派工(dispatching)属于通常所说的调度范围。
4. 流水车间(flow shop)排序问题是指所有工件的加工顺序都相同的排序问题。
5. 列车时刻表属于作业计划。
6. Johnson 算法应用于只存在一台机器或者一个加工阶段的情形。
7. $n/m/A/B$ 中的 A 表示车间类型,B 表示目标函数。
8. 单件车间排序的两个基本问题是任务分配和排序。
9. 排序与编制作业计划(scheduling)是同义词。
10. 确定加工路线是排序要解决的主要问题。

选择题

1. 下边哪项不是排序的优先调度法则:
   A. 优先选择余下加工时间最长的工件
   B. 优先选择加工时间最短的工件
   C. 优先选择临界比最小的工件
   D. 优先选择临界比最大的工件
2. 一个工件剩下 5 天加工时间,今天是这个月的 10 号。如果这个工件 14 号到期,临界比是多少?
   A. 0.2 B. 4
   C. 1   D. 0.8
3. 在任务分派的情况下,5 个工件分派到 5 台机器上有多少种不同方法?
   A. 5   B. 25
   C. 120 D. 3 125
4. 通过哪个选项可将生产计划任务最终落实到操作工人身上?
   A. 流程设计
   B. 能力计划
   C. 生产大纲
   D. 排序和车间生产作业计划
5. 与车间作业排序不直接相关的是:
   A. 加工描述矩阵
   B. 加工时间矩阵
   C. 加工顺序矩阵
   D. "漏斗模型"

计算题

1. 有 5 项任务都需要两步操作（先 1 后 2）来完成，表 11-15 给出了相应的加工时间：

表 11-15

任务	操作 1 所需时间（小时）	操作 2 所需时间（小时）
A	3.0	1.2
B	2.0	2.5
C	1.0	1.6
D	3.0	3.0
E	3.5	1.5

（1）根据 Johnson 算法安排工作顺序；
（2）用甘特图表示出任务的进行情况。

2. 有一个 $4/4/P/F_{max}$ 问题，其加工时间如表 11-16 所示，用 Palmer 法求解。

表 11-16

i	1	2	3	4
p_{i1}	1	9	5	4
p_{i2}	5	7	6	3
p_{i3}	4	6	3	5
p_{i4}	6	2	3	7

3. 用关键工件法求解表 11-5 的最优排序。
4. 用 CDS 启发式算法求解表 11-5 的最优排序。
5. 有一个 $2/3/G/F_{max}$ 问题，其加工描述矩阵 D 和加工时间矩阵 T 分别为：

$$D = \begin{pmatrix} 1, & 1, & 1 & 1, & 2, & 3 & 1, & 3, & 2 \\ 2, & 1, & 3 & 2, & 2, & 2 & 2, & 3, & 1 \end{pmatrix}$$

$$T = \begin{pmatrix} 3 & 5 & 2 \\ 2 & 4 & 3 \end{pmatrix}$$

试构成一个能动作业计划。

6. 求题 5 中加工描述矩阵和加工时间矩阵构成的无延迟作业计划。
7. 表 11-17 第一列中的任务要在 A 车间完成，该车间每天工作 16 小时。
   （1）按照松弛时间与任务量比值最小优先顺序安排作业顺序；
   （2）按照最小临界比率算法安排 A 车间的作业顺序。

表 11-17

任务	在 A 车间预计处理时间（小时）	交货前的工作日数	预计总处理时间（包括在 A 车间）（小时）	剩余任务量（包括在 A 车间）
A	28	14	162	4
B	17	20	270	2
C	6	10	91	3
D	21	8	118	5
E	12	18	205	3

8. 表 11-18 是某输入/输出报表的输入部分：

表 11-18

计划输入	400	400	400	400	400	400
实际输入	317	416	420	331	489	316

（1）计算输入总偏差。
（2）该车间保持生产的最小输入应为多少？
（3）该车间平均应有多大的生产能力？

第 12 章
服务业的作业计划

引例　　　　　　　　　护 士 排 班

多丽丝要对平安医院肿瘤科的护士排班。按照规定，每人每周工作 5 天，连休 2 天。作为管理者，她希望使护士人数最少。同大多数医院一样，她面临的是不均匀的需求，病人数量在星期三达到峰值后会逐渐减少。按照每天的工作量，多丽丝首先确定了每天所需护士数量，具体如下：

日期	星期一	星期二	星期三	星期四	星期五	星期六	星期日
需要的护士数	5	5	6	5	4	3	3

然后，多丽丝运用循环排序方法，得出需要 7 名护士才能保证每人工作 5 天并连续休息两天。她们的工作和休息时间安排如下：

	星期一	星期二	星期三	星期四	星期五	星期六	星期日
护士甲	工作	工作	工作	工作	工作	休息	休息
护士乙	工作	工作	工作	工作	工作	休息	休息
护士丙	工作	工作	工作	工作	休息	休息	工作
护士丁	工作	工作	工作	休息	休息	工作	工作
护士戊	休息	休息	工作	工作	工作	工作	工作
护士己	工作	工作	工作	工作	工作	休息	休息
护士庚						工作	

按这样的安排，护士庚仅星期六需要工作，应该如何处理？

随着制造业劳动生产率的提高，人们的物质生活大大改善，提高生活质量的要求越来越突出，其中包括对精神生活方面提出更多的要求，提高生活质量与服务业关系密切。更多的劳动力和资源转移到服务业中，使得人们对服务业的运作管理日益重视。提高服务作业的效率和质量,是当今生产运作管理研究的焦点问题之一。服务业与制造业一样,也需要合理利用资源,提高生产率和改进服务质量。为了做到这一点,服务业也需要制定战略决策,寻求目标市场,设计特定的服务,并在日常运作中用低成本、高质量、按期交付的方式提供各种服务,使顾客满意和高兴。服务业的作业计划与制造业的作业计划有共同点,也有不同之处。服务运作最主要的特点是顾客到达的随机性和服务时间的不确定性,这个特点使得服务业的作业计划与制造业的作业计划需要分开讨论。本章主要讨论服务企业运作的特点,这些特点如何影响服务作业计划的制订和实施,随机服务系统和人员班次计划。

12.1 服务企业的运作

制造业是通过员工劳动生产的产品为顾客服务;服务业是通过员工劳动直接为顾客服务。服务业与顾客的关系比制造业与顾客的关系更紧密。在第 1 章中,我们已介绍了服务业与制造业的不同点,此处不再赘述。

12.1.1 服务企业运作的特点

类似于制造业中的生产系统,服务业中有服务交付系统(service delivery system)。为了确定适当的服务交付系统,服务企业必须确定提供什么样的服务,在何处提供服务以及对谁提供服务。因此,在确定目标市场的战略决策过程中,要设计服务交付系统,并确定其运行方式。有时,服务的消费者并非购买服务的人。例如,电视节目的消费者是观众,但电视台的收入却来自广告费和赞助,这种情况使目标市场确定变得复杂。

在目标市场确定之后,第二步就是确定服务"产品",或称"成套服务"(service package)。确定服务内容时,要弄清楚顾客经过所有的服务台后获得了什么,他们的感受如何,还有什么要求,等等。由于服务的无形性,服务企业不能像制造企业那样,通过事先展示自己的产品来了解顾客的需要,只有在为顾客服务之后才能了解所设计的成套服务是否满足顾客的需要。服务内容是丰富的,酒店和旅馆并不只是提供一个房间给顾客过夜,它还需要考虑顾客的舒适和愉快、房间的清洁、服务人员的礼貌、人身和物品的安全等。顾客正是通过他们的感受来评价服务质量的。

如何将服务能力与顾客流(工作负荷)相匹配,是服务作业计划要解决的主要问题。理想的情况是顾客流均衡地通过服务系统,等待时间接近于零,服务能力也得到充分利用。然而,顾客到达的随机性和服务时间的不确定性,使得工作负荷难以准确确定。服务能力也有类似情况。从总体上讲,服务系统的资源配置决定了它的服务能力。从具体运作上讲,由于服务主要是通过人去实施的,人与机器不同,机器有确定的生产能力,能够在预定的时间完成预定的加工任务,并能够保证质量的一致性。人的服务能力受工作态度、服务技能和情绪的影响,还受到顾客的"干扰"。因此,服务能力也难以准确确定。

服务运作是通过服务台进行的,服务台是服务企业与顾客的界面。在服务台工作的员工好比是制造业第一线的工人,他们直接从事服务运作。但他们又与生产工人不同,他们需要直接与顾客打交道,因此他们还代表了服务企业的形象。所设计的成套服务都是通过他们实现的。因此,在服务企业要树立为服务台工作人员服务的思想,就像在生产企业树立为现场和第一线工人服务一样。

争取"回头客"是服务企业发展的重要策略。而要争取回头客,就要保证服务质量,使顾客满意。潜在的顾客往往是通过被服务过的顾客的影响和推荐,以决定是否接受服务,而顾客满意度也是不太容易测定的。

大多数服务企业很难将营销与生产运作分离。对于制造业,从事营销的人直接与顾客打交道,从事生产的人基本上不与顾客直接接触;对于服务业,从事营销的人与从事生产的人往往不可分离,他们要同顾客直接打交道。由于纯服务不能存储,使得只有在顾客出现时才能提供服务,即服务在生产出来时也就交付了。因此,服务企业的管理者在同时管理营销渠道、分配渠道和生产系统。

12.1.2 服务特征矩阵

我们将用服务特征矩阵来说明不同服务交付系统的特点和需求。按照服务的复杂程度和顾客化程度,可以把服务特征矩阵分成4组,如图12-1所示。服务的复杂程度表示进行某种服务所需要的知识和技能的复杂性。顾客自己也能从事简单的自我服务,但不经过训练则不能从事复杂的服务。因此,服务的复杂程度是相对顾客而言的。顾客化程度是表示满足顾客个性化要求的程度。乘坐公共汽车满足顾客个性化要求的程度低一些,乘坐出租车满足顾客个性化要求的程度则高一些。

服务特征矩阵左半部的活动需要经过训练或需要一定的投资才能进行,顾客自己缺乏所需的知识、技能和设备,难以从事矩阵左半部的活动;矩阵右半部的活动比较简单,一般顾客自己都能做,但要花费一定的时间和精力。矩阵上半部的活动顾客化程度高,这些活动能够满足顾客特定的需要;矩阵下半部的活动标准化程度高,这些活动能够满足顾客共同的需要。

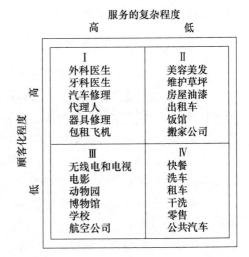

图 12-1 服务特征矩阵

由于服务企业的员工要与顾客接触,因此服务企业的员工必须对顾客要热情、有礼貌,还要有较好的人际交往技能。对处于Ⅱ和Ⅳ中的企业,由于不需要专门技能,服务企业能够培训自己的员工。对处于Ⅳ中的企业,由于服务的复杂程度和顾客化程度都低,可以开发一种标准的工作程序,使每个员工都能可靠地、始终一致地工作,即使员工更换,也能保证服务质量。在Ⅱ中服务的员工需要有较广泛的技能,并能对顾客的要求做出灵活的响应。而对于在Ⅰ中服务的员工,则需要接受来自企业外的专门训练。解决问题和提供咨询、建议是他们服务中的重要组成部分,因此需要员工要有好的悟性和诊断能力。对于Ⅲ中的活动,一般需要较大的投资购买设施和设备,员工需要专门训练。

12.1.3 服务交付系统管理中的问题

由于服务需要接触顾客且服务无法通过库存调节,这给服务运作带来很大的影响。

1. 顾客参与的影响

(1) 顾客参与影响服务运作实现标准化,从而影响服务效率。顾客直接与服务人员接触,会对服务人员提出各种各样的要求和发出各种各样的指示,使得服务人员不能按预定的程序工作,从而影响服务的效率。同时,"众口难调"也使得服务时间难以预计,导致所需服务人员的数量难以确定。

(2) 为使顾客感到舒适、方便和愉快,也会造成服务能力的浪费。顾客为了不孤独并且能与他人分享信息和兴趣,希望与服务人员交谈。为了满足顾客这种需求,服务人员则难以控制服务时间,使顾客感到舒适和有趣的代价是损失了服务人员的时间。

(3) 对服务质量的感觉是主观的。纯服务是无形的,难以获得客观的质量评价。服务质量与顾客的感觉有关。某些顾客如果感到自己不受重视或者某些要求不能得到及时的回答,就会感到不满,尽管他们所得到的纯服务与其他顾客一样多,也会认为服务质量差。因此,与顾客接触的服务人员必须善解人意,善于与顾客交往。

(4) 顾客参与的程度越深,对效率的影响越大。不同的服务,顾客参与的程度不同。邮政服务,顾客的参与程度低;饭馆,顾客参与程度较高;咨询服务,顾客参与程度更高。顾客参与程度不同,对服务运作的影响就不同。表 12-1 列出了顾客参与对生产运作活动的影响。

表 12-1 对参与程度不同的系统的主要设计考虑

生产活动	顾客参与程度高的系统	顾客参与程度低的系统
选址	必须靠近顾客	也可能靠近供应商,或者便于运输、劳动力易获得的地方
设施布置	必须满足顾客的体力和精神需要	设施应该提高生产率
产品设计	舒适的环境和良好的实体产品决定了服务的档次	顾客不在服务环境中,产品可规定较少的属性
工艺设计	生产过程对顾客有直接的影响	顾客并不参与主要的加工过程
编制作业计划	顾客参与作业计划	顾客主要关心完工时间
生产计划	订货不可库存	晚交货和生产均衡都是可能的
员工的技能	第一线员工组成服务的主要部分,要求他们有与公众交往的能力	第一线员工主要需要技术技能
质量控制	质量标准在公众眼中,易变化、难测定	质量标准一般是可测量的、固定的
时间定额标准	服务时间取决于顾客需求,时间定额标准松	时间定额标准紧
工资	可变的产出要求计时工资	固定的产出允许计件工资
能力计划	为避免脱销,能力要留有余地	通过库存调节,可使能力处于平均水平
预测	预测是短期的、时间导向的	预测是长期的、产量导向的

2. 降低顾客参与影响的方法

由于顾客参与对服务运作的效率会造成不利的影响,那么就要设法减少这种影响。有各种方法使服务运作在提高效率的同时也能提高顾客的满意度。

(1) 通过服务标准化减少服务品种。顾客需求的多样性会造成服务品种的无限增加,服务品种的增加会降低效率,服务标准化可以通过有限的服务满足不同的需求。饭馆里的菜单或快餐店食品都是标准化的例子。

(2) 通过自动化减少同顾客的接触。有的服务通过操作自动化限制同顾客的接触,如银行使用自动柜员机、商店的自动售货机。这种方法不仅降低了劳动力成本,限制了顾客的参与,而且不会引起顾客的不满。

(3) 将部分操作与顾客分离。提高效率的一个常用策略是将顾客不需要接触的那部分操作同顾客分离。比如在酒店,服务员在顾客不在时才清扫房间。这样做不仅避免打扰顾客,而且可以减少顾客的干扰,提高清扫的效率。此外,还可设置前台和后台,前台直接与顾客打交道,后台专门从事生产运作,不与顾客直接接触。例如,对于饭馆,前台服务员接待顾客,为顾客提供点菜等服务;后台厨师专门炒菜,不与顾客直接打交道。这样做的好处是既可改善服务质量,又可提高效率。后台可以按照制造业的方式组织高效率生产,如麦当劳的准制造方式。前台服务设施可以建在交通方便、市面繁华的地点,这样可以吸引更多的顾客,是顾客导向。相反,后台设施可以集中建在地价便宜的较为偏僻的地方,是效率导向。

(4) 设置一定量的库存。纯服务是不能存储的,但很多一般服务还是可以通过库存来调节生产活动。例如,批发和零售服务,都可以通过库存来调节。

12.2 排队管理

12.2.1 排队现象

排队是日常生活中常见的现象。在计划经济时期,由于物资匮乏,人们购买米、面、油、肉、蛋、奶等生活必需品都要排队,而且要按规定的标准定量供应。改革开放以来,人们的物质生活水平大大提高,这些现象看不到了。但排队现象并没有消失,只不过过去那种为填饱肚子排队的现象变为提高生活质量的排队。就医要排队挂号、排队就诊;股票大涨时,新股民排队开户;2008年,为观看北京奥运会,人们排队购买门票;一些大城市某些好的楼盘开盘前,也有很多人在售楼处门前排队。2010年,上海世博会的排队就更加引人注目,排队两小时、参观一小时已是常态。普通的国家馆大概要排队两三个小时,比较热门的馆就需要更长的时间,最长的是沙特馆,要排9个小时。其实,排队现象远不止这些,到银行取钱要排队,到好餐馆就餐要排队,超市购物在收银口要排队,节假日买火车票要排队,食堂吃饭要排队,飞机等待着陆和货轮等待卸货要排队……

排队带来一系列的负面影响:排队浪费顾客的宝贵时间,影响他们的工作和生活;排队会影响顾客的情绪,造成不满意甚至怨恨;对公司来说,过长的排队会丧失顾客,最终丧失生存之本。只有在这种条件下不出现排队:顾客到达不是随机的,而是按计划的,服务时间是已知的常数,设施的能力是足够的。实际上,顾客到达的间隔时间和服务时间都是随机变量,这是产生排队现象的根本原因。即使平均服务速率大于顾客平均到达速率,由于受随机因素的影响,造成顾客到达速率不均,也避免不了要排队;当平均服务速率小于顾客平均到达速率,排队就会越来越长。因此,排队现象是不可能消除的,等待服务是一种必然现象。服务组织只能通过排队管理来减少排队现象和减轻顾客烦恼。另外,从服务组织的视角看,排队还是有积极作用的。排队可以提高服务设施的利用率,排队显得服务组织的产品和服务备受欢迎,有利于提高企业的声誉。但顾客不喜欢排队,希望服务能够及时进行。研究排队现象有助于合理确定服务能力,使顾客排队限制在一个合理的范围内。

12.2.2 排队系统的设计

1. 排队系统设计的目标

作为排队系统的管理者,可能追求以下一些目标:①提高服务设施的利用率;②减少等待顾客的平均数量;③减少顾客在服务系统中的平均时间;④减少顾客在队列中的平均时间;⑤顾客等待时间不超过某一设定值 T 的概率最小;⑥失售概率最小等。

归纳起来,排队系统设计的目标应该是使顾客的等待成本与服务能力的成本之和最小。一般而言,顾客的等待成本随着服务能力的扩充而减少,服务设施成本随着服务能力的扩充而增加,如图 12-2 所示。排队系统的设计追求总成本最小。

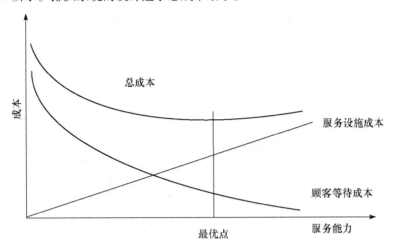

图 12-2 服务设施成本、顾客等待成本与服务能力的关系

2. 排队系统的描述

一般地讲,排队系统由需求群体、到达过程、队列结构、排队规则和服务过程五部分构成,如图 12-3 所示。需求群体是由寻求服务的顾客构成的群体。到达过程描述的是隔多久到达一位顾客,即顾客到达时间间隔的分布。当服务台空闲时,到达的顾客立即可以得到服务;否则,顾客需要排队等待服务。有的顾客看到队列很长或出于其他原因,不加入排队。等待过程可以排成不同结构的队列,这就是队列结构。在队列中等待的顾客可能由于服务太慢或者其他原因而中途退出。当服务台出现空闲时,就会按一定的规则从队列中选取一位顾客进行服务,这就是排队规则。服务机构可能有一个或多个服务台,也可能没有服务台(顾客自我服务)。服务结束后,顾客离开,以后还可能重新加入服务需求群体,也可能从此不再回来。下面分别介绍一般排队系统的各个部分。

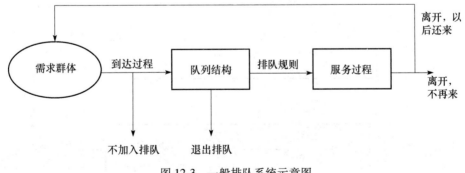

图 12-3 一般排队系统示意图

(1)需求群体。需求群体可能是同质的,也可能是异质的。异质群体包括若干亚群体。例如,到医院看病的病人可能是预约的,也可能是没预约的;可能是一般病人,也可能是急诊病人。他们预期的等待时间不同。需求群体可能是有限的,也可能是无限的(顾客到达没有限

制)。一个家庭四口人,使用一个卫生间,需求群体就是有限的。城市里的公共厕所,需求群体是无限的。无论是同质需求群体,还是异质需求群体,都可能是无限的或者有限的。

(2) 到达过程。通过记录顾客实际到达情况可以确定顾客到达时间间隔的分布。大量观察表明,顾客到达的时间间隔服从指数分布,即顾客到达间隔时间短的情况出现的频率较高,到达间隔时间长的情况出现的频率较低。用解析式表示为:

$$f(t) = \lambda e^{-\lambda t} \tag{12-1}$$

式中,λ——顾客平均到达率;

t——到达的时间间隔;

e——自然对数的底(2.718 28…)。

(3) 队列结构。特殊地讲,将队列和服务台一起称为排队系统。图12-4表示几种排队系

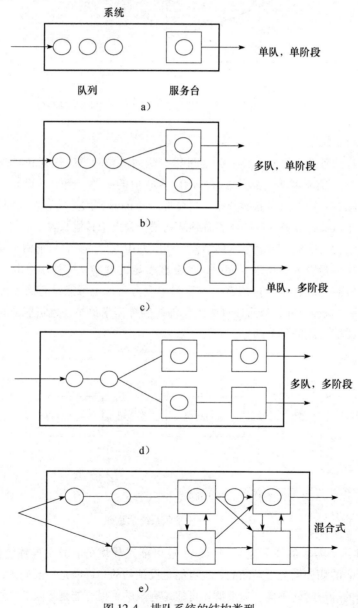

图12-4 排队系统的结构类型

统的结构。图 12-4a 所示为单队、单阶段排队系统，它是最简单的排队系统。在这种系统中，顾客到达后要经过一个服务台服务，然后离开。这种情形很多，比如到城市市区设立的火车或飞机的售票点购票，就是单队、单阶段排队系统。图 12-4b 所示为多队、单阶段排队系统，它有多个并行的通道，每个通道仅有一个服务台，顾客经过一个服务台服务后离开。比如机场安检，顾客排成多个队列，经过多个安检口检查后离开。图 12-4c 所示为单队、多阶段排队系统，它只有一个通道，但有多个串行的服务台，各个服务台之间可能仍要排队，比如到医院挂号、就诊、划价、交费、取药等多个串行服务台都需要排队。图 12-4d 所示为多队、多阶段排队系统，它有多个并行的通道，每个通道有多个服务台。图 12-4e 所示为混合式系统，它有多个通道，但各个通道不是平行的，它们之间有交叉，服务台也有多个。例如，参观上海世博会就遇到这种排队系统。

另外，对于图 12-4b 所示的多队、单阶段排队系统，顾客可以按服务台排成多个队，也可以排成一个队，还可以通过领号后坐等服务，如图 12-5 所示。

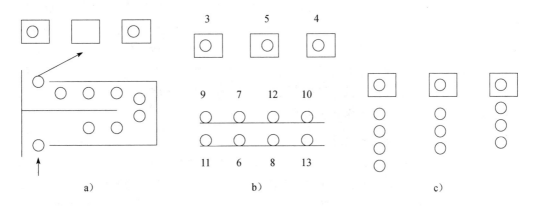

图 12-5　等待排队的不同方案

图 12-5a 顾客只排一个队，哪个服务台出现空闲，顾客就上哪个服务台接受服务。首都机场安检就采用这种方案。它的优点是能够真正做到先到先服务，从而保证公平；缺点是顾客不能选择服务台。

图 12-5b 也是一种单队排队方式，到达的顾客领取一个号，表明他在队列中的位置，按号顺序地接受服务。银行就采取这种方案。它的优点是顾客不必站在队列中，可以自由走动或者坐在椅子上与人聊天，或者利用排队时间去处理其他事情。但是必须时刻注意自己的号是否被叫到，否则又需重新排队。

图 12-5c 为有几个服务台就有几条队列，顾客需要选择排哪个队列，中途也可以转换队列，但必须排在后面。高速公路收费站采用的就是这种方案，学生食堂排队买饭也常常是这种情形。它的优点是，这种排队方案可以让顾客选择服务台，也便于提供差别服务。比如超级市场的快速收银口，购买少量物品的顾客可以到快速收银口得到较快服务。缺点是：这种排队方案使顾客看到其他队列的服务速度快而感到恼火，引起顾客换队。

（4）排队规则。排队规则是服务组织规定的选择下一个接受服务的顾客的规则，最常用的规则是先到先服务（first come first served, FCFS），FCFS 对顾客公平，但它是一种静态的规则，不随顾客的特征和队列的情况而改变。相反，动态的排队规则要随顾客的特征或队列的情况而改变。动态的排队规则包括优先级规则、SPT（shortest processing time）规则和EDD（earliest due date）规则等。优先级规则是按顾客的特征设置的。可以采用优先级将顾客分类，在同一优先级内仍按FCFS规则排队。比如设置老年公民的专门队列，以保证老年人得到较快的服务，但在老年队列中仍是按FCFS规则提供服务。另外，还有紧急情况的特别优先级，比如为了抢救危重病人而要暂停对现有病人的治疗。为了改善排队情况，还可以采用其他优先级规则，如SPT规则和EDD规则。应用SPT规则，使具有最短服务时间的顾客优先服务，可以使所有顾客的平均等待时间最少，等待所需空间最小，相应的服务设施最少。但是，如果一直使用SPT规则，往往造成需要较长服务时间的顾客过多的等待。应用EDD规则，使那些随后有较紧急事情待办的顾客优先接受服务。不过，这样也会造成不公平，还给弄虚作假提供了机会。对待顾客是人的情况，讲求公平最重要。在排队过程中，人们最厌恶加塞（插队），这种不良习气造成公众的不满。

（5）服务过程。除了顾客自我服务，服务过程是与顾客交互的过程，提高服务质量就特别重要。服务质量涉及服务态度、服务速度和处理问题的质量。尊重顾客，对顾客热情，使用礼貌语言，耐心解释都是十分重要的。服务态度往往随着队列变长而变差，这是由于服务人员工作负荷过重和心情烦躁造成的。顾客也会因为排长队而恼怒，所以在排长队的过程中经常发生口角，甚至肢体接触。在可能的情况下，服务管理者需要根据排队情况及时调整服务台的数量。另外，服务人员的操作技术也对服务质量有很大影响。护士抽血不能"一针见血"，注射进针慢、注射快，会给病人带来额外的痛苦。

3. 减少排队过程中的负面效应

设计排队系统需要减少顾客的等待成本。若顾客在等待过程中无所事事，则不仅浪费了宝贵时间，而且会导致烦躁和不满，从而增加等待成本。有些顾客在排队过程中看书、聊天或者思考感兴趣的问题，以减少排队过程的无聊感。作为服务组织，应该主动转移顾客的注意力，使他们在排队过程中不感到难受，甚至不感觉在排队。比如，在等待的场合摆放一些杂志，或播放电视节目；在电梯周围放一面大镜子，使顾客检查一下自己的衣着；在排队场所周围挂一些美丽的图画，供顾客欣赏。这些转移注意力的方法是有效的。另外，在排队过程中及时告诉顾客还需要等待多长时间，使顾客感到"快到了"，看到了希望；还可以对顾客在排队过程中提前"加工处理"，包括在队列中填写所需表格，把菜单递给顾客准备点菜，使顾客感到"服务已经开始"。

12.2.3 排队过程的仿真

排队过程的仿真是通过计算机系统模拟实际的排队过程。通过仿真可以得出队列和系统中的平均顾客数、顾客的平均等待时间以及服务台的忙闲程度，从而为设计和改善服务系统提供依据。排队现象属于离散事件，计算机仿真是处理排队问题的强有力手段。通过建立数学模型来分析排队问题固然相对简便，但是模型需要一定的假设条件，比如假设顾客的到达过程服从某种理论分布，这种假设与实际情况往往有差距。此外，实际的排队系统非常复杂，例如上海世博会有很多场馆，每个场馆相当于一个大服务台，进入每个场馆都需要排队和安检，进入场馆后往往也需要排队观看每个展点或等待讲解员讲解。参观者参观哪些场馆和参观各个场馆的顺序是有选择的，对管理者来讲是随机的。这样复杂的排队系统是难以通过数学模型来计算的，通过离散事件仿真的方法处理是必不可少的。

图 12-6 是一个单服务台、按 FCFS 规则的排队过程仿真的流程图。以 T_{KI} 表示按一定分布律随机产生的第 K 个顾客到达间隔时间，T_{KP} 表示按一定分布律随机产生的第 K 个顾客的服务时间；T_{KA} 表示第 K 个顾客的到达时间，$T_{KA} = T_{K-1A} + T_{KI}$；$T_{KS}$ 表示第 K 个顾客的服务开始时间，$T_{KS} = \max[T_{K-1C}, T_{KA}]$；$T_{KC}$ 表示第 K 个顾客的服务结束时间，$T_{KC} = T_{KS} + T_{KP}$；T_{KQ} 表示第 K 个顾客的排队时间，$T_{KQ} = \max[T_{KS} - T_{KA}, 0]$；$T_{KX}$ 表示服务台完成第 $(K-1)$ 个顾客的服务到第 K 个顾客开始服务之间的空闲时间，$T_{KX} = \max[T_{KS} - T_{K-1C}, 0]$。

仿真开始，要设定仿真次数，比如 $N = 10\,000$，当 $K = 0$ 时，T_{KA} 和 T_{KC} 为零。按照以往统计得到的理论分布或者不符合任何理论分布的经验分布，生成第 K 个顾客的到达的间隔时间 T_{KI} 和服务时间 T_{KP}。计算第 K 个顾客的到达时间 T_{KA}，若 $T_{KA} < T_{K-1C}$，则顾客等待，等待时间为 $T_{KQ} = T_{KS} - T_{KA}$；若 $T_{KA} \geq T_{K-1C}$，则计算顾客服务的开始时间 $T_{KS} = T_{KA}$，服务结束时间 $T_{KC} = T_{KS} + T_{KP}$。计算服务台空闲时间 T_{KX}。如果 $K > N$，仿真结束，输出仿真结果；否则令 $K = K + 1$，继续仿真过程。

其他类型的排队系统也可按照类似的仿真程序进行。$G/D/1$（FCFS）排队系统的手工仿真结果如表 12-2 所示。

顾客在队列中的平均等待时间：18/10 = 1.8

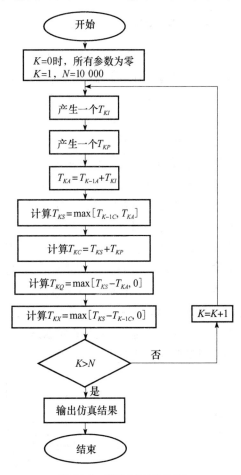

图 12-6 排队过程的仿真

个时间单位；顾客在服务系统中的平均逗留时间 (40+18)/10 = 5.8 个时间单位，服务台总空闲时间为 24 个时间单位。

表 12-2 $G/D/1$（FCFS）排队系统的仿真

K	到达间隔时间 T_{KI}	服务时间 T_{KP}	到达时间 T_{KA}	服务开始时间 T_{KS}	服务结束时间 T_{KC}	排队时间 T_{KQ}	服务台空闲时间 T_{KX}
1	5	4	5	5	9	0	5
2	3	4	8	9	13	1	0
3	16	4	24	24	28	0	11
4	5	4	29	29	33	0	1
5	1	4	30	33	37	3	0
6	2	4	32	37	41	5	0
7	3	4	35	41	45	6	0
8	17	4	52	52	56	0	7
9	2	4	54	56	60	2	0
10	5	4	59	60	64	1	0
总计		40				18	24

12.3 排队模型

20世纪20年代，丹麦数学家、电气工程师爱尔朗（A. K. Erlang）在用概率论方法研究电话通话问题时，开创了排队论这门应用数学学科。排队模型是用来计算某个特定服务系统的各项特征，如顾客平均等待时间、需要多少个服务台等，它有助于服务组织确定服务能力、预测增加服务台将带来的效果等。

排队模型的分类表示采用1953年由D. G. Kendall提出的方法。他用由3个字母组成的符号$A/B/m$表示排队系统，其中A表示顾客到达间隔时间的概率分布；B表示服务时间的概率分布；m表示平行的服务台数目，$m=1, 2, 3, \cdots$。A和B处若标以M(Markov)，则表示到达间隔时间和服务时间服从指数分布（相当于到达率和服务率服从泊松分布）；若标以D(Deterministic)，则表示到达间隔时间和服务时间为常数；若标以Ek(Erlang)，则表示到达间隔时间和服务时间服从爱尔朗分布；若标以G，则为一般分布（正态分布、均匀分布等）。为了表示其他特征，有时也用4~5个字母$A/B/m/N\text{-}S$来表示，如N表示队列的最大长度，代表系统容量限制（若为∞，则省略）；S表示排队规则（若为FCFS，则省略）。

排队模型的一种分类如图12-7所示。这些模型是以服务系统达到稳定状态的假设为前提的。商店在开门时没有达到稳定状态，这时顾客大量涌入，队列很长。经过一段时间后，服务系统就达到稳定状态。

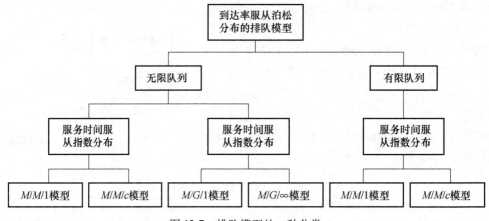

图12-7 排队模型的一种分类

排队模型常用参数的符号及其含义如下：

n——系统中的顾客数；

λ——顾客平均到达率；

μ——平均服务率；

L_q——队列中的平均顾客数；

L_s——系统中的平均顾客数；

ρ——系统利用率（或服务强度）；

W_q——顾客在队列中的平均等待时间；

W_s——顾客在系统中的平均停留时间；

P_0——系统中顾客数为零的概率；

P_n——系统中顾客数为 n 的概率；

M——服务台数量。

这些参数之间有以下关系：

$$\text{服务系统利用率 } \rho = \lambda/M\mu \tag{12-2}$$

$$\text{服务中的平均顾客数 } r = \lambda/\mu \tag{12-3}$$

队列中等待服务的平均顾客数 L_q

$$\text{服务系统中的平均顾客数 } L_s = L_q + r \tag{12-4}$$

$$\text{队列中顾客平均等待时间 } W_q = L_q/\lambda \tag{12-5}$$

$$\text{系统中顾客平均停留时间 } W_s = W_q + 1/\mu = L_s/\lambda \tag{12-6}$$

式（12-5）和式（12-6）都表示：$L = \lambda W$，即系统（或队列）中的平均顾客数＝顾客平均到达率×系统（队列）中顾客的平均等待时间。这个公式是由 John D. C. Little 提出的，故称雷托尔法则（Little's Law）。

12.3.1 *M/M/*1 模型

一般而言，采用平均到达率表示需求率的强度，用平均服务率表示服务系统的能力。平均到达率是顾客到达平均时间间隔的倒数，平均服务率是对顾客服务的平均时间的倒数。若平均5分钟到达一个顾客，则平均到达率为每小时平均到达 12 个顾客；若对每个顾客的平均服务时间为3分钟，则平均服务率为每小时 20 个顾客。通常，平均到达率小于平均服务率；否则，排队将越来越长。

*M/M/*1 模型的假设条件为：

- 需求群体。顾客总数无限，对顾客的服务相互独立，且不受排队系统的影响。
- 到达过程。到达间隔时间服从指数分布（到达率服从泊松分布）。
- 队列结构。只有一条等待队列，队长无限制。
- 排队规则。先到先服务。
- 服务过程。只有一个服务台，服务时间服从指数分布。

单位时间随机到达 x 个顾客的概率为：

$$P(x) = \frac{\lambda^x e^{-\lambda}}{x!} \tag{12-7}$$

系统中没有顾客的概率为（即服务设施处于闲置状态的时间比例）：

$$P_0 = 1 - \lambda/\mu \tag{12-8}$$

$$P_n = (\lambda/\mu)^n P_0 \tag{12-9}$$

$$L_s = \lambda/(\mu - \lambda) \tag{12-10}$$

$$W_s = L_s/\lambda = 1/(\mu - \lambda) \tag{12-11}$$

$$L_q = L_s - \lambda/\mu = \lambda^2/[\mu(\mu - \lambda)] \tag{12-12}$$

$$W_q = W_s - 1/\mu = \lambda/[\mu(\mu - \lambda)] \tag{12-13}$$

【例 12-1】

某医院急诊室有一位外科医生全天工作。急诊病人的到达率服从泊松分布,外科医生的服务率服从指数分布。请问:

(1) 该外科医生平均有多少时间在救护病人?

(2) 急诊病人平均等多久才能得到治疗?

(3) 病人到医院看病平均要花费多少时间?

已知:$\lambda = 2.4$ 人/小时,$\mu = 3$ 人/小时。

解: (1) $\rho = \lambda/\mu = 2.4/3 = 80\%$,该医生平均80%的时间在救护病人。

(2) $W_q = \lambda/[\mu(\mu-\lambda)] = 2.4/[3(3-2.4)] = 1.33$ 小时,病人平均等待1.33小时才能得到治疗。

(3) $W_s = 1/(\mu-\lambda) = 1/(3-2.4) = 1.67$ 小时,病人到医院看病平均要花费1.67小时。

12.3.2 M/M/c 模型

M/M/c 模型的假设条件与 M/M/1 模型的假设相同,但是有多个相同的服务台,且服务台的服务相互独立。M/M/c 模型比 M/M/1 模型要复杂得多。

增加服务台的数目会增加服务设施的投资,但减少顾客等待的效果是显著的。例如,当 $c=1$ 时,服务台的利用率为80%;在顾客到达率不变的情况下,当 $c=2$ 时,服务台的利用率为40%。但是,系统中的平均顾客数却只有 $c=1$ 时的1/4!

例如,某管理学院有4个系:生产运作管理系、信息管理系、市场营销系以及会计系。每个系都配备1位秘书,为本系教师提供打印教学资料的服务。由于教师经常向院长反映,交给秘书的任务拖得太久才能完成,院长派人专门调查秘书工作的情况。得到的结果是:秘书工作任务的到达率服从泊松分布,其中信息管理系任务的平均到达率为每小时3项,其他系为每小时2项,所有秘书完成一项任务的平均时间为15分钟,服务时间服从指数分布。院长认为,如果将4个系的秘书集中办公,按照FCFS规则,最先到达的任务由最先出现空闲的秘书处理,服务状况一定会有很大改变。现行系统是分设独立秘书,每个系都是单一的 M/M/1 排队系统,μ 为平均每小时完成4项任务。信息管理系平均每项任务需等待 $W_s = 1/(\mu-\lambda) = 1/(4-3) = 1$ 小时才能完成,其他系需等待 $W_s = 1/(\mu-\lambda) = 1/(4-2) = 0.5$ 小时才能完成。集中办公后,实际变成了一个 M/M/4 系统,到达率 $\lambda = 2+2+2+3 = 9$,即每小时有9项任务到达。通过有关公式计算,得出:$P_0 = 0.098$,$L_s = 2.56$,$W_s = 0.28$ 小时,系统等待时间大大减小。

12.4 人员班次安排

12.4.1 人员班次安排问题的背景

人员班次安排问题普遍存在于工业企业和服务行业。通常,流程式生产企业需要一周7天,每天24小时有人值班;医院护士需要日夜护理病人。按规定,每名员工每周应有2天休息,平均每天工作时间也不能超过8小时,这就产生了人员班次安排问题。从管理者的要求出发,希望降低成本,提高服务水平,即安排尽可能少的员工来满足生产和服务的需要。员工则希望满足自己的休息要求。比如，休息日最好安排在周末，以便与家人团聚；每周的双休日连在一起，以便充分利用休息的时间。如何兼顾两方面的要求，合理安排员工的工作班次，做到在满足生产需要和员工对休息及工作时间的要求的前提下，使员工数量最少，这就是人员班次安排问题所要解决的。

12.4.2 人员班次问题的常用术语

为了便于叙述，所有给员工安排班次的企业、部门、单位，统称为部门；所有被安排的对象，统称为工人。

安排人员班次计划，一般以周为时间单位。在人员班次安排问题中，常采取周一至周日或周日至周六两种表示方法。本书采取周一至周日的表示方法。一周内有 5 个工作日和 2 个周末日。每天可由一个班次、两个班次或三个班次组成。单班次人员班次问题是指每天仅安排一个班次的问题（被简称为单班次问题），多班次人员班次问题是指每天安排多个班次的问题（被简称为多班次问题）。如果说某工人在哪天工作，实际是指他在那天的某个班次工作。每个工人每天只能被分配一个班次，在不同日期可以被安排到不同种类的班次，如白班、晚班、夜班等。工人不被安排工作的日期为休息日，连续两个休息日为双休日。周末休息是指在两个周末日连续休息，即周六和周日休息。周末休息频率为 A/B，它的意思是在任意连续 B 周内，工人有 A 周在周末休息。工人在两个休息日之间的工作天数为连续工作时间，所有连续工作时间中最长者为最大连续工作时间。班次计划为表示每名工人安排的休息日／工作日（班次）顺序的作业计划。

以 $R(i, j)$ 表示第 i 天第 j 班次所需的劳动力数量，N 表示总的劳动力需求，即需要部门雇用的工人数，W 表示所需劳动力的下限。显然，W 小于或等于 N。

12.4.3 人员班次计划的分类

由于人员班次计划问题的多样性，可以从多种角度对其分类，基本内容主要包括以下方面。

1. 班次计划的特点

根据最后编制的班次计划的特点，班次计划可分为个人班次计划（individual schedule）和公共班次计划（common schedule）。个人班次计划又被称为固定或非循环班次计划（fixed/non-cyclical schedule），它是指在计划期内每名工人的作业计划，是特定的工作日（班次）／休息日的顺序，与其他工人的作业计划无直接关联。对于有周末休息频率 A/B 约束的人员班次问题，作业计划连续 B 周即可；否则，只需编制一周的计划。每名工人每隔 B 周／一周重复自己的计划。公共计划又被称为循环作业计划（rotating/cyclical schedule），每隔一个周期，每名工人的计划就重复一次。完整的计划期为 $N×B$ 周，在 $N×B$ 周内，每名工人的作业计划相同。

两种班次计划各有优劣。个人班次计划的安排算法比较简单，遇到劳动力需求变动时，调整起来较方便，故有较强的灵活性，最大的缺点是不公平性。公共班次计划的优点则是公平性，但灵活性不大。

2. 班次的种类

根据每天的班次数，可分为单班次问题和多班次问题。单班次问题指每天只有一种班次，部门每天都需营业，但不超过10小时，如储蓄所。多班次问题指每天有多班，一般为两班（如商业大楼）或三班（每班为8小时或10小时，有重叠时间是为了应对高峰期。常见于全天候营业部门）。有的多班次问题中每个班次的时间长度、开始时间、结束时间等可以不同；在当班过程中，工人有规定的小憩时间，其起始时刻也需计划人员安排。多班次问题无疑比单班次问题更为复杂，更具代表性。

3. 工人的种类

在某些服务部门，会出现季节性或短期的高峰期，如快餐店、图书馆等，管理人员常采取雇用临时工或兼职工的方式。这样，总人力需求既要考虑一定范围内恒定数量的全职工人，又要考虑依据实际需求而雇用的临时工或兼职工的数量。在另外一些部门，工人可能有多个级别，每个级别的工人有各自的时间、人力需求。高级别工人可以替代低级别工人干活，反之则不允许。这种现象最常见的部门为医院的护理病房，涉及的人员班次问题就是为医院的护士排班。所以，根据排班对象的特点，可以将人员班次问题分为全职（单种）工人排班、全职及兼职排班、多种向下替代（downward substitutability）排班。最常见的排班为第一种，最复杂的为第三种。

4. 参数的性质

按参数性质的不同，可以划分为确定型人员班次问题与随机型人员班次问题。所谓确定型人员班次问题，是指时间人力需求和其他有关参数是已知的确定的量，而随机型人员班次问题的时间人力需求和其他有关参数是随机变量。确定型人员班次问题与随机型人员班次问题在解决方法上有实质的差别。应该说，在实际生活中，动态的、随机型的所占比重较大，但是，也有很多人员班次问题是确定型的。有很多问题，其中随机因素所占比重很小，用确定型的模型来处理不仅方便，而且足够精确。再者，由于求解人员班次问题极其困难，很多确定型问题尚不能得到很好的解决，更何况随机型人员班次问题。

12.4.4 单班次问题

单班次问题指的是每天只有一个班次工人当班，不存在换班的情况。它具有以下几个特点：①单班次问题是最简单，也是最基本的班次问题，一般比较容易找到求解方法。②单班次问题的模型可作为某些特殊的多班次问题的合理近似。例如，有些多班次问题允许工人固定班次种类，则把每种班次的工人看成独立的一组，按照单班次的方法求解。③求解单班次问题的思想和方法，虽然不能直接应用于求解一般的人员班次安排问题，但对于我们求解一般的人员班次问题能提供一些有益的启示。对单班次问题的研究是更一般、更复杂的人员班次安排问题研究和发展的基础。

设某单位每周工作7天，每天一班，平常日需要N人，周末需要n人。试求在以下条件下的班次计划：条件1，保证工人每周有两个休息日；条件2，保证工人每周的两个休息日为连续的；条件3，除保证条件1以外，连续两周内，每名工人有一周在周末休息；条件4，除保证条件2以外，连续两周内，每名工人有一周在周末休息。其中，第1种情况最简单，第4种情况最复杂。

设W_i为条件i下最少的工人数；$[X]$为大于等于x的最小整数；X在作业计划中表示休息日。

1. 条件1，保证工人每周有两个休息日

对于条件1，所需劳动力下限为：

$$W_1 = \max\{n, N + \lceil 2n/5 \rceil\} \tag{12-14}$$

求解步骤为：

①安排 $[W_1-n]$ 名工人在周末休息。

②对余下的 n 名工人从 $1\sim n$ 编号，$1\sim[W_1-N]$ 号工人周一休息。

③安排紧接着的 $[W_1-N]$ 名工人在紧接着的第二天休息，这里，工人1紧接着工人 n。

④若 $5W_1 > 5N+2n$，则有多余的休息日供分配，此时可按需要调整班次计划，只要保证每名工人一周休息两天，平日有 N 人当班即可。

【例 12-2】

设 $N=5$，$n=8$，求保证工人每周有2个休息日的班次安排。

$W_1 = \max\{8, 5+[2\times8/5]\} = 9$

解：按上述步骤排班，安排 $[W_1-n] = [9-8] = 1$ 名工人在周末休息；余下8名工人从 $1\sim 8$ 编号，$1\sim 4(9-5=4)$ 号工人周一休息；$5\sim 8$ 号工人第二天休息；$5W_1(45)$ 大于 $5N+2n(41)$，还有多余的休息日供分配。得出如表12-3所示的班次计划。由表12-3可以看出，$1\sim 4$ 号工人每周一和周四休息，$5\sim 8$ 号工人每周二和周五休息，9号工人周末连休。每名工人连续工作天数最多为5天，但工人9的班次计划明显优于其他工人。

表 12-3 条件1下的班次计划

工人号 \ 星期	一	二	三	四	五	六	日	一	二	三	四	五	六	日
1	×			×				×			×			
2	×			×				×			×			
3	×			×				×			×			
4	×			×				×			×			
5		×			×				×			×		
6		×			×				×			×		
7		×			×				×			×		
8		×			×				×			×		
9						×	×						×	×

2. 条件2，每周连休两天

对于条件2，所需劳动力的下限为：

$$W_2 = \max\{n, N + \lceil 2n/5 \rceil, \lceil (2N+2n)/3 \rceil\} \tag{12-15}$$

求解步骤为：

①利用式（12-15）计算 W_2，给 W_2 名工人编号。

②取 $k = \max\{0, 2N+n-2W_2\}$。

③$1\sim k$ 号工人（五，六）休息，$(k+1)\sim 2k$ 号工人（日，一）休息，接下来的 $[W_2-n-k]$ 名工人周末（六，日）休息。

④对于余下的工人，按（一，二），（二，三），（三，四），（四，五）的顺序安排连休，保证有 N 名工人在平常日当班。

【例 12-3】

对于 $N=6$, $n=5$, 求班次安排。$k=1$。

解：按式（12-15）可计算出 $W_2=8$，8 名工人的班次计划如表 12-4 所示。

表 12-4 条件 2 下的班次计划

星期 工人号	一	二	三	四	五	六	日	一	二	三	四	五	六	日
1						×	×					×	×	
2	×						×	×						×
3						×	×						×	×
4						×	×						×	×
5	×	×						×						
6		×	×						×					
7				×	×						×	×		
8					×	×						×	×	

3. 条件 3，隔一周在周末休息

对于条件 3，所需劳动力的下限为：

$$W_3 = \max\{2n, N + [2n/5]\} \tag{12-16}$$

班次安排步骤为：

① 由式（12-16）计算 W_3，将 $[W_3 - 2n]$ 名工人安排在周末连续两天休息。

② 将余下的 $2n$ 名工人分成 A、B 两组，每组 n 名工人，A 组的工人第一周周末休息，B 组工人第二周周末休息。

③ 按照条件 1，每周休息两天的步骤③和④，给 A 组工人分配第二周的休息日。如果 $5W_3 > 5N + 2n$，可以先安排 $1 \sim [W_3 - N]$ 号工人周五休息，按周五、周四……周一的顺序安排休息日。

④ B 组的 n 名工人第一周的班次计划与 A 组的第二周的班次计划相同。

【例 12-4】

$N=7$, $n=4$, 求班次安排。

解：可计算 $W_3=9$，$W_3-2n=1$。安排第 9 号工人每个周末休息，余下的 8 名工人分成两组，1~4 号为 A 组，5~8 号为 B 组，按步骤③和④给 8 名工人排班，得出如表 12-5 所示的班次计划。

表 12-5 条件 3 下的班次计划

星期 工人号	一	二	三	四	五	六	日	一	二	三	四	五	六	日
1						×	×		×	×				
2						×	×		×	×				
3						×	×	×	×					
4						×	×	×	×					
5		×	×										×	×
6		×	×										×	×
7	×	×											×	×
8	×	×											×	×
9						×	×						×	×

4. 条件4，每周连休两天，隔一周在周末休息

这是最复杂的情况。在这种情况下，所需劳动力数量下限的公式为：

$$W_4 = \max\{2n, N + [2n/5], [(4N + 4n)/5]\} \tag{12-17}$$

求解步骤为：

①将 W_4 名工人分成 A、B 两组：A 组 $[W_4/2]$ 名工人，第一周周末休息；B 组 ($W_4 - [W_4/2]$) 名工人，第二周周末休息。

②$k = \max\{0, 4N + 2n - 4W_4\}$，A 组中 $k/2$ 名工人（五$_2$，六$_2$）休息，$k/2$ 名工人（日$_2$，一$_1$）（即第 2 周的星期日和第 1 周的星期一）休息；B 组中 $k/2$ 名工人（五$_1$，六$_1$）休息，$k/2$ 名工人（日$_1$，一$_2$）休息。

③在保证周末有 n 人当班，平常日有 N 人当班的前提下，对 A 组余下的工人按下列顺序安排连休日：（六$_2$，日$_2$），（四$_2$，五$_2$），（三$_2$，四$_2$），（二$_2$，三$_2$），（一$_2$，二$_2$）；对 B 组余下的工人按下列顺序安排连休日：（六$_1$，日$_1$），（四$_1$，五$_1$），（三$_1$，四$_1$），（二$_1$，三$_1$），（一$_1$，二$_1$）。

【例 12-5】 $N=10$，$n=5$，求班次安排。

解：按式（12-17）可以求得，$W_4 = 12$，$k=2$。给工人从 1~12 编号，1~6 号为 A 组，7~12 号为 B 组，班次计划如表 12-6 所示。

表 12-6 条件 4 下的班次计划

工人号\星期	一	二	三	四	五	六	日	一	二	三	四	五	六	日
1						×	×					×	×	
2	×					×	×							×
3						×	×			×	×			
4						×	×				×	×		
5						×	×	×	×					
6						×	×	×	×					
7					×	×							×	×
8							×	×					×	×
9			×	×									×	×
10			×	×									×	×
11		×	×										×	×
12	×	×											×	×

12.4.5 多班次问题

多班次问题就是每天有多种班次的工人需换班，比单班次问题多了换班约束，比如规定任意连续两天工作内的班次必须相同。单班次问题中的班次计划为休息日、工作日的顺序，而多班次作息计划除了确定每名工人休息日、工作日的顺序外，还需确定每名工人在每个工作日的

具体班次，因此多班次问题比单班次问题复杂得多。

在研究多班次问题的诸多算法中，有些算法允许工人固定班次。可以将不同班次的工人分成不同的组，若有 J 种班次，则工人分成 J 组；每组工人按单班次问题排班方法处理，得到每名工人的单班次计划。将第 i 组的工人在工作日的班次定为第 i 种班次，就可得到每名工人的具体班次计划。用这类算法来解决多班次问题的优点是简单，可充分利用单班次问题的算法，缺点则是对于非白班人员存在一系列的生理及社会问题。若不采取固定班次的方法，则必须满足多班次问题的一个特殊约束条件：换班种必须是休息某段时间后，比如至少休息 16 小时后，才能从白班换到晚班；这样安排，其班次计划的算法就比单班次问题要复杂。多班次问题的求解方法在本书中不做介绍。

本章小结

本章主要讨论了服务业的作业计划。首先，分析了服务业运作的特点，介绍了服务交付系统、服务特征矩阵的有关概念，讨论了服务交付系统管理中的问题，提出了影响需求类型的策略和处理非均匀需求的策略。其次，介绍了随机服务系统的构成和最简单的随机服务系统，即单通道、单阶段、顾客到达率服从泊松分布，服务时间服从指数分布，且按先来先服务规则的等待制系统。最后，阐述了人员班次安排问题，对单班次问题进行了较详细的讨论，包括对以下问题的求解方法：①保证工人每周有两个休息日；②保证工人每周的两个休息日为连休；③保证工人每周有两个休息日以外，且在连续两周内，每名工人有一周在周末休息；④保证工人每周的两个休息日为连休，且在连续两周内，每名工人有一周在周末休息。

复习思考题

1. 与制造企业相比，服务企业运作有哪些特点？
2. 什么是服务特征矩阵？铁路客运在此矩阵中处于什么位置？
3. 有哪些减少顾客参与影响的方法？
4. 如何影响顾客的需求？
5. 如何对服务能力进行管理？

讨论案例

让病人等待？在我的办公室不可能发生

医生和病人之间的良好关系始于双方都能准时赴约。这一点在我的专科——儿科显得尤其重要。只要是生点小病的孩子的母亲都不想让她的孩子和那些病得较重的孩子一起坐在候诊室，并且等待时间一长，生病的孩子们变得容易烦躁。

但在实践中无论是谁的过错，迟到都会带来一些问题。一旦你迟到了很长时间，可能当天就轮不到你看病了。尽管让那些可能还有其他约会的人一直等是很不公平的，但最近的一次调研表明，病人在办公室外面平均等待的时间达到 20 分钟。对于这些情况，病人可能会容忍，但他们并不高兴。

在我的办公室，我不能容忍这种情况，并且我认为在其他医生的办公室，这种情况也完全可以避免。大约在 99% 的情况下，我是在预约时间接待患者的。因而在我繁忙的行医中，遇到过很多感激涕零的病人。他们经常对我说："您能够准时接待我们，我们真的很感激您！为什么其他医生不能做到这点呢?"我的回答是:"我不知道,但是我很愿意告诉他们我是怎么做的。"

按实际情况安排预约

成功计划的关键,是根据需要实施治疗,为每次就诊安排适当的时间段,然后严格按计划执行。这就是说,医生要小心掌握好自己的节奏,如果接待员偏离了计划,也必须进行及时纠正,患者也要遵守他们的预约时间。通过实际安排病人的就诊时间,我发现他们可以分成几类。对新病人可以安排半小时,给一个健康婴儿做体检或者一个重要病症安排15分钟时间,给伤症复查、疫苗注射或者类似小疣之类的小病安排5分钟或者10分钟。当然你可以根据你的操作方法制定你的时间安排。

当预约好了之后,每个病人都被安排一个确切的时间,如10:30或者14:40。在我的办公室,如对病人说"10分钟以后再来"或者"半小时以后来",是绝对不允许的。

我经常使用的诊疗室有3个,第4个预留给小孩,第5个预留给急诊病人。有这么多诊疗室,我不需要把时间浪费在等待病人上,病人也很少待在接待处等待。实际上,甚至一些小孩子抱怨他们在看病前几乎没有时间在候诊室玩玩具和拼图,他们的母亲只能在就诊以后让他们玩上一会儿。

在工作量较轻的日子,我从早上9点到下午5点要接诊二三十个病人。我们的预约系统非常灵活,在需要的时候完全可以应付在同样时间诊治四五十个病人的情况。下面介绍我们是如何收紧计划的。

我的两个助手(在繁忙的时间是三个)在保持顺序的同时,每天为急诊病人安排一定量的空当。我们在冬季的几个月以及周末和节日后的几天比平时繁忙,就需要保留多一点空当。

初次就诊,我们安排的时间是30分钟,通常都是以半小时或小时为单位来安排计划。如果比计划早一点完成诊治,我们就可以为立即需要诊治的病人挤出一点时间。如果需要,还可以在健康检查的15分钟内预约两三个病人。有了这些可利用的缓冲时间,就可以在重症病人身上多花10分钟。因为我知道损失的时间很快就可以得到弥补。一般要求新病人的父母在预约前的几分钟到办公室,来完成一些文字登记工作。在那个时候,接待员就会告诉他们"这位医生总是很准时地按预约时间诊治"。一些病人就是因此才选择我的。但是另外一些不知道情况的病人就要告诉他们。

急诊安排

急诊是医生无法遵守预约时间的最常用借口。当一个手臂骨折的小孩来就诊或者接到医院电话去参加一个剖宫产急救手术时,很自然地就会放下手头的一切工作。如果只是中断一会儿,那么还可以设法赶上原来的计划。如果可能要做很长时间,那么接下来的几个病人就可以选择继续等待或者安排新的预约。我的助手偶尔要对随后的一两个小时的预约全部进行重新安排。但是,通常这种插入中断都不会超过10~20分钟,而且病人也会选择等待。在这种情况下,我会把他们安排到为急诊额外预留的时间里。

重要的是,我从来不让急诊破坏我一整天的计划。一旦一个延迟得到调整,那么后面的预约我都可以准时完成。我能想象到唯一会破坏我的计划的情景是:在工作室和医院同时有急诊病人,但是这还从来没有发生过。

当我回到我落下的病人身边时,我说:"实在对不起,让您久等了!我有个急诊,伤得很严重。"(或者说些类似的话。)这些父母通常的回答是:"没关系,医生。在我来这里看病的这些年来,您从来没有让我等待过。我想,要是我的孩子受伤了,我也会希望您离开这个屋子的。"

除了急诊,我也几乎不会遇到没有预约就直接过来的情况。因为在这个社区大家都知道除了急诊外,我只能按预约接待病人。所以对于没有预约的非急诊情况,会按照预约电话一样处理。接待员会询问来访者是想咨询还是想预约,如果是后者,就为他们安排最早可能就诊的时间。

电话处理

如果你不能好好处理患者打来的电话,你的预约计划也会被破坏。但是,我这里不会有这种问题。和其他医生不同，我没有固定的电话时间，但是我的助手在办公时间会处理所有来自患者家长的电话。如果问题比较简单，比如"1 岁的孩子应该服用多少阿司匹林"等，我的助手就会直接回答。如果问题需要我来回答，那么助手就会写在患者的表格中，在我为下一个孩子诊治时交给我，由我或者助手在表格中写下答案，然后由助手传达给打电话的人。如果打电话的人坚持要跟我说话，怎么办？标准的回答是："如果时间不超过 1 分钟，医生将会和您直接通话。不然您可能要安排预约再过来。"在这种情况下，我很少要答复电话。但如果患者的母亲很忧虑，我还是会同她通话。我不会总是把电话时间限制在 1 分钟，有时也会把通话时间延长到两三分钟。不过打电话的人知道我是从病人身边走开同她通话，所以通话一般很简短。

迟到处理

有些人习惯于迟到，还有些人偶尔迟到但有合理的理由，比如"车胎爆了"或者"孩子吐了我一身"等。但是无论如何，他们比约定时间晚 10 分钟以上到达工作室的话，我坚决不会立即为他们诊治。因为这样就会耽搁那些按时到达的病人。迟到不足 10 分钟的人，还是可以立即得到诊治，但是要提醒他们已经迟到了。

一旦病人超过预约时间 10 分钟以上还没有出现在工作室，接待员会很有礼貌地说："嗨！我们正在找您呢！医生不得不为其他预约的病人诊治了，但是我们会尽快把您插进去的。"然后在患者记录表上做上记录，记下日期、迟到原因，以及他是当天得到诊治还是另外预约时间了。这样可以帮助我们鉴别那些总是迟到的人，在必要的时间对他们采取强硬点的措施。

如果知道是他们自己造成延误的话，大多数人会不介意等待。我倒是宁愿让这些迟到的少数人生气，也不愿意大多数人被准时到达还必须等待的事情影响心情。尽管我想坚决地对待这样的病人，但其实很少用到这种强硬的态度。我的办公室终究和军营不同，大部分人喜欢我们这种处理方式，并且不断有人表示赞许。

不到处理

对于预约好了，但是根本没有出现，连电话也找不到的病人该如何处理呢？这些也会记录在患者记录表中。通常这些病人有很简单的解释，比如出差了或者忘记了预约。如果情况第二次出现，我们会重复同一步骤。如果第三次发生，病人就会收到一封信，提醒他们时间已经预留出来，但是他们三次都没有出现，再出现这种情况他会为这些浪费的时间付账的。

这是我们给少数几个影响计划的人的最强硬的措施。但是我从来没有因为病人这么做而抛弃他们。事实上，我不记得要求一个没有出现的人付过账。威胁他们会这么做其实只是帮助他们改正。而且，当他们回来的时候，他们会得到同其他病人一样的便利和尊重。

资料来源：W B Schafer, "Keep patients waiting? Not in my office," Medica Economics, May 1st, 1986, pp. 137-141.

讨论题

1. 预约系统的哪些特征在获得"感激的病人"方面起到关键作用？

2. 什么程序使预约系统有充分的柔性来适应急诊，同时又可以赶上其他病人预约的时间？

3. 对于诸如迟到和不到的情况，应该如何处理？

4. 为 Schafer 医生的这些病人制订一个从早上 9:00 开始的工作计划：

Johnny Appleseed 左手拇指破裂；Mark Borino 新病人；Joyce Chang 新病人；Amar Cavhane 102.5 华氏度发烧；Sarah Goodsmith 注射疫苗；Tonya Johnston 婴儿健康检查；JJ Lopez 新病人；Angel Ramirez 婴儿健康检查；Bobby Toolright 膝盖扭伤复查。

Schafer 医生每天上午 9 点开始工作，在上午 10:15~10:30 之间休息一下。运用效率最高的优先准则，并说明你是否看出这种优先准则的例外情况。在计算采用案例中列出时间的上限（比如 5~10 分钟，取 10 分钟）。

判断题

1. 服务设施能够每小时为 10 个顾客服务，顾客到达率可变，但平均到达率为每小时 6 人，此时，不会形成等待。
2. 顾客的等待费用容易估算。
3. 最常用的排队模型是假定服务率为指数的。
4. 最常用的排队模型假定到达为泊松分布。
5. 稳定状态是指顾客以稳定的速率到达，即无任何变化。
6. 在单通道系统中，使用率等于到达率除以服务率。
7. 服务率的倒数是服务时间。

选择题

1. 一单通道排队系统的平均服务时间是 8 分钟，平均到达时间是 10 分钟，到达率为：
   A. 6/每小时   B. 7.5/每小时
   C. 8/每小时   D. 10/每小时
   E. 5/每小时
2. 下面哪一项等于顾客在系统中的平均时间？
   Ⅰ. 系统中的平均数除以到达率
   Ⅱ. 系统中的平均数乘以到达率
   Ⅲ. 队列中的平均时间加上平均服务时间
   A. 仅Ⅰ   B. 仅Ⅱ
   C. Ⅰ和Ⅲ   D. Ⅱ和Ⅲ
   E. 仅Ⅲ
3. 无限源与有限源排队模型的基本区别是：
   A. 服务台的数量
   B. 平均等待时间
   C. 到达的分布
   D. 潜在呼叫人口的规模
   E. 加工处理速率
4. 为什么在无限源排队系统中会有等待？
   A. 安排欠妥当
   B. 服务太慢
   C. 使用率太低
   D. 到达率与服务率不稳定
   E. 多阶段处理
5. 在排队分析中，下面哪一项通常不被当成系统绩效的度量？
   A. 等待队列中的平均人数
   B. 系统中的平均人数
   C. 系统的使用率
   D. 服务台的费用加上顾客的等待费用
   E. 服务时间
6. 哪一项会增加系统的使用率？
   A. 服务率的增加   B. 到达率的增加
   C. 服务台数的增加 D. 服务时间的减少
   E. 以上各项均可
7. 在一个排队系统中有 4 个小组，每个小组包含 3 个成员，服务台的数量为：
   A. 3   B. 4
   C. 7   D. 12
   E. 1
8. 一多通道系统中，每小时顾客的平均到达数是 5，平均服务时间为 40 分钟，为不让系统过载所需要的最小服务台数是：
   A. 2   B. 3
   C. 4   D. 5
   E. 都不对

计算题

1. 中南快速加油站拥有单线服务设备，其平均服务率是每小时 5.19 辆车，在现有的资源条件下，该设备完成一项服务平均需花费 8 分钟，已知服务准备时间和服务工作时间服从指数分布。试确定：
   (1) 设备的利用率是多少？
   (2) 进入等待服务区的平均队长为多少？
   (3) 两辆以上交通工具同时需要利用该设备的概率为多少？
2. 题 1 中，由于没有空间增加新的业务线，加油站的负责人通过购买真空吸油器等清洁设备将平均服务时间减至 6 分钟，重复题 1 的各项计算，看这一新设备是否显著地提高系统设备的绩效？

3. 某银行有一个免下车服务窗口，顾客的到达率服从以 14 人／小时为均值的泊松分布，服务时间服从以 3 分钟／人的指数分布，试计算：
   (1) 该窗口出纳员的利用率；
   (2) 每位顾客等候与接受服务的平均时间；
   (3) 包括正在接受服务的顾客在内，该窗口前的平均等候的顾客车辆数。

4. 某矿产公司经营一处矿石装载码头，货船到达率服从以每周 4 艘为均值的泊松分布，每艘船的装载时间服从以每艘 1 天为均值的指数分布。试确定：
   (1) 等待装载的船只的平均数量是多少？
   (2) 一艘船在系统内的平均停留时间是多少？

5. 文杰影印社的顾客到达率服从以 9 个／小时为均值的泊松分布，顾客等待服务直至拿到影印件，服务时间服从以 16 个顾客／小时为均值的指数分布。
   (1) 该设备的利用率为多少？
   (2) 确定顾客排队等待的时间期望值。
   (3) 确定系统内顾客接受服务的时间期望值。
   (4) 如果顾客每小时的平均估价为 10 元，问每个 8 小时工作日，因阻碍顾客及时使用影印机的费用是多少？

第 13 章
项目计划管理

● 引例　　　　　　　重点项目验收会议的组织

某大学潘教授主持的国家自然科学基金重点项目结题已经 4 个月了,按照国家自然科学基金重点项目管理办法,管理科学部准备对潘教授主持的课题进行项目验收。为此,管理科学一处有关负责人与潘教授联系,初步确定验收日期。

接着,管理科学一处就通过电话、信件和 E-mail 与国内外同行专家联系,商定验收会的具体日期。经过反复沟通、协商,确定了验收会组长和 6 名专家,决定验收会定在 5 月 28 日召开。随后,综合处会同一处提出了验收会预算,管理科学一处发出了验收会通知。

潘教授这里的准备工作开始紧锣密鼓地进行。首先,召开各专题负责人会议,商定提交验收会的材料,包括重点课题研究总报告、专题研究分报告、调研报告、软件研制报告、论文与专著原件汇总和查新检索报告等。然后,课题组实行分工,明确了要求。为了确保进度,决定每周碰头一次,检查进度,及时解决问题,并安排在 5 月 25 日进行一次验收会的"预演",以便发现问题并严格控制发言的时间。准备工作有条不紊地进行,气氛紧张而有序。

5 月 21 日,成立了以学院办公室主任为组长、课题组朱老师为副组长的专项组,成员包括课题组的年轻教师和研究生。专项组分成接待小组、会务小组和餐饮小组。

接待小组询问管理科学部的领导和每名专家的航班、车次,以便安排接站;为专家和领导提前安排住宿,确定返程时间,预订返程机票或车票;负责与学校车队联系,安排车辆接送专家;办理住宿和退房手续。

会务小组负责会议文件装袋,会场布置,音像和电脑的调试,专家和领导座位牌的制作,接机专家名称牌的制作,购买水果、饮料、餐巾纸,以及专家的会议签到,等等。

餐饮小组负责会议的餐饮安排,并对课题验收会的开支进行统计。由办公室主任对各个小组的活动进行总体协调。

计划虽然比较周密,但意外的情况还是发生了。有一名专家提前到达,另一名专家临时决定乘坐汽车。接待小组都及时进行了妥善处理。5 月 28 日中午 12 点半,所有参会者全部到齐,下午 2:00 验收会准时开始，这时项目组人员的脸上才露出一丝微笑。当天晚上和第二天，接送人员又将每一名专家送到机场，直到最后一名专家离开。

北京成功申办 2008 年奥运会，消息传来，举国欢腾。成功地申办奥运会，还要成功地办好奥运会，此事意义重大。但组织好一次奥运会，是一项十分复杂而艰巨的任务。组织奥运会就是组织一个大型项目。在奥运会开幕之前，要进行大量的计划、准备和协调工作。要建造运动员的生活设施和比赛场馆，竞赛的时间安排必须到位，电视和新闻直播要着手进行，设备和人员要协调，交通运输和酒店要安排好。本章首先介绍项目管理的基本概念和决定项目成败的关键因素；然后，主要从项目计划管理的角度介绍项目管理的特点，重点阐述项目的计划管理和网络计划方法。

13.1　项目管理概述

13.1.1　项目

项目（project）可以定义为在规定时间内，由专门组织起来的人员共同完成的、有明确目标的一次性工作。我国成功实施的宝山钢铁工程、航空航天工程、原子弹工程、北京电子对撞机工程、大庆乙烯工程、第十一届亚运会工程、鲁布革水电工程，以及美国的曼哈顿计划和阿波罗登月计划等都是项目的例子。这些项目都要求在规定的时间内完成，参加项目的人员都是专门组织起来的，目标都是完成一个以前没有做过的特定工程。这种工程，今后也不会重复进行。

从生产类型上划分，项目也是一种单件生产。但是，它与一般单件生产有不同之处。其特点是规模大、耗资多、参加的单位多、没有或很少有经验可借鉴、管理十分复杂。2009 年全部完工的举世闻名的长江三峡工程，是一个以防洪为主，集发电、航运、调水等多功能、多目标于一体的巨型复杂工程。它的主体工程的工程量为：土石方开挖 1.02 亿立方米，填筑 2 933 万立方米，混凝土 2 715 万立方米，钢材 28.08 万吨，钢筋 35.43 万吨。按 1993 年 5 月末价格计算，枢纽工程静态投资为 500.90 亿元。工程分三期施工，持续 17 年。施工准备和第一期工期 5 年，第二期 6 年，第三期 6 年。美国的阿波罗登月计划，从 1961~1972 年，参加这个项目的有 2 万多家公司、120 个工厂和大学的研究机构，共 42 万名科技人员，耗资 300 亿美元。当然，并非如此大的工程项目才是项目。对于建造一条新的生产线，研发一个新产品，开发一个计算机管理信息系统，拍摄一部电影（比如影片《泰坦尼克号》耗资 2.5 亿美元，当然它创造的票房价值也是空前的），维修一台大型设备，等等，也都是项目。所有这些项目都有一些共同之处，比如由一次性独特活动组成，有较大风险和不确定性，需要协调多个具有不同性质和利益的单位的活动，有生命周期等。

13.1.2　项目管理的目标

项目管理就是对项目进行计划、组织和控制。由项目定义可知，项目管理是一项十分复杂的工作。不论是项目的提出、咨询、论证、设计，还是项目的施工、投产、运行，以及以后的改造、更新，都是一个动态发展的系统工程。它需要多部门、多地区、多学科、多技术的协调。项目管理得好，可以带来巨大的节约；项目管理得不好，就会造成惊人的浪费，甚至失败。项目管理的特殊性，使项目管理的方法应该是定性与定量相结合的综合集成方法，并尽可能地将定性认识上升到定量分析。

项目管理通常涉及三个主要目标：质量、费用和进度，即以低费用、短工期完成高质量的项目。

1. 质量

"百年大计，质量第一"，质量是项目的生命。如果一项大型工程项目的质量好，就可以福泽子孙，功在千秋；如果质量差，不仅会造成经济上的重大损失，而且会贻误子孙，祸及后世。项目的质量管理必须贯穿于全方位、全过程和全员中。全方位是指工程的每一部分，每个子项目、子活动，每一件具体工作，都保证质量，才能确保整个工程的质量；全过程是指从提出项目任务、可行性研究、决策、设计、订货、施工、调试，到试运转、投产、达产整个生命周期，都要保证质量；全员指的是参加项目建设的每一个人，从最高领导者到普通员工，都要对本岗位的工作质量负责。

2. 费用

建设费用包括实施该项目所有的直接费用和间接费用的总和。项目管理者的工作就是通过合理组织项目的施工，控制各项费用支出，使之不要超出项目的预算。值得指出的是，要注意控制项目的寿命周期费用，它包括研制费、建设费和运行（使用）费三大部分。对一般项目而言，这三部分的费用比例大致为 1∶3∶6。从总体来看，大头在运行费上。因此，不能单纯追求研制和建设费用最低，忽视运行费用。

3. 进度

进度是项目管理的三大主要目标之一。项目的完工期限一旦确定下来，项目管理者的任务就是以此为目标，通过控制各项活动的进度，确保整个工程按期完成。按程序、分阶段实施是大型工程项目管理的特点。任何大型项目的实施都有客观的阶段性和科学的程序。在项目的生命周期内，严格按科学程序办事，实现分阶段目标，逐步逼近总体目标。

大型工程项目具有多目标结构，在不同阶段、不同层次、不同分系统中，都有相应的目标体系。其中，最重要的目标是质量、费用和进度。但需要指出的是，项目的质量、费用与进度有时也是矛盾的。在处理三者关系时，要以质量为中心，通过计划统筹，实现三者的优化组合。

13.1.3 项目管理的内容

项目管理包括立项、建设和运行三个阶段的管理。

1. 立项阶段

立项阶段是整个项目管理的初始阶段，它关系到项目要不要上的问题。忽视立项管理，造成大量重复建设，导致经济结构不合理，在我国已不少见。大型项目的立项管理属于国民经济建设的宏观决策管理，对国民经济发展具有战略意义。为了做到立项正确，需要进行可行性研究，充分听取各方面专家的意见，进行科学决策。大型工程项目前期的总体方案论证是大型项目立项决策的依据，也是工程建设的重要依据，对工程的成败影响极大。总体方案论证不仅需要对工程本身进行论证，而且需要全面分析影响工程的外部环境条件和工程对环境影响的各个方面，预测未来可能发生的各种情况。论证不充分，不要急于决策。

2. 建设阶段

建设阶段是工程实施的重要阶段，不同性质的项目有不同的建设目标和条件，包括项目规划、项目活动计划和项目控制。项目规划主要涉及确定项目总体目标、资源需要量、项目组织形式、项目经理人选等问题。项目规划是中、高层管理者的职能，通常以项目任务书形式下达给具体承担项目实施任务的有关部门。项目活动计划根据项目任务书对整个项目做出更为具体和详细的进度安排。在做出进度安排时，首先要将项目分解为各项活动，然后确定活动的先后顺序，给出每项活动的时间、活动的开始和完工时间，并将活动分配到具体部门或个人。项目控制则是在项目实施中监督每项活动的进度、费用和质量水平。若发现实际结果与计划要求不一致，则必须采取纠正措施，确保每项活动都能按计划进行。

3. 运行阶段

运行阶段不仅要求能够维持正常的生产，而且需要改造和更新。否则，经过一段时间后，产品老化落后，缺乏竞争力，也缺乏自身发展的能力。

本章主要介绍项目建设阶段的管理。

13.1.4 项目成功的关键因素

1. 正确地选择项目

确定评估项目的标准和选定项目。评估标准一般包括项目的意义、财务预算、能否得到有关的专业人员和管理人员，以及成本效益分析等。当然，有时其他因素可能更起决定性作用，如安全问题（三峡工程的防洪功能）、政府的决定等。大项目牵涉到巨大的投资，风险很大。正确地选择项目关系到项目的成败。

2. 选择合适的项目负责人

项目负责人是项目的核心人物，并对项目的成败负责。项目负责人不仅要懂项目技术方面的问题，而且还要知识渊博，有组织管理能力，能够驾驭项目的进程，协调众人的活动，达成项目的目标。美国研制原子弹的曼哈顿计划起用的是知识面宽、有组织能力的奥本海默，而不是当时最有名的核物理专家。事实证明，选择奥本海默做项目负责人是正确的决策。选择项目负责人对项目的成败有决定性作用。

项目负责人的工作既是困难的，又是具有挑战性的。他必须协调来自不同单位或部门、具有不同业务专长及不同工作性质的各种人的工作，要能够激励他们努力把各自的工作做好。由于参加到项目中的单位多，每个单位都有自己的权限和利益，这就使得协调工作十分困难。项目的一次性会给参加者带来临时性的感觉，使项目负责人的权威性受到影响，也给项目带来了不确定性和风险。项目负责人就是在这样的背景下、在资金和时间的约束下来开展工作的。

3. 选择项目承担单位

项目承担单位应该是在某方面有优势且信誉好的单位，这种优势可以保证项目的质量、费用和进度。

4. 对项目进行规划

要对项目生命周期的各阶段进行计划和设计。项目的生命周期包括项目概念形成、可行性论证、计划、实施和终结等阶段。

5. 组织管理

（1）指挥。项目必须实行集中统一指挥。由于在项目论证和实施过程中，涉及众多部门和单位，要使它们协调有序地工作，必须由上一级权威部门主持，成立不同形式的指挥部，对工程建设进行组织、协调和指挥，对建设投资实行统一管理，进行全过程控制。

（2）组织和管理方式。组织社会协作是项目成功的保证。项目的建设通常涉及四个方面：建设单位、设计单位、施工单位和设备制造单位。不同的工程项目有不同的管理方式。我国在钢铁工业建设中，主要是以建设单位为主体的管理方式。它的特点是，建设单位处于工程建设的主导地位，由建设单位对工程建设的全过程负责，设计单位、施工单位处于为建设单位服务的地位。建设单位、设计单位、施工单位和设备制造单位四方以合同契约为主要纽带联系在一起。在水电建设方面，采用建设单位、施工单位和监理单位互相促进、互相制约的管理制度。监理单位是业主和承包商之间的中间环节。实行招标合同制，一项工程往往有几十个甚至更多的合同，在工程实施中形成众多的结合部。协调工作只能由监理单位来承担。合同实施中各方由于地位和经济利益不同，会发生各种争执和纠纷。在一般情况下，也要由监理单位站在公正立场上解释合同，调解纠纷，进行协调和仲裁。

13.2 网络计划方法

13.2.1 网络计划方法的产生

网络计划方法是项目计划管理的重要方法。网络计划方法起源于美国，从 1956 年起，美国就有一些数学家和工程师开始探讨这方面的问题。1957 年，美国杜邦公司首次采用了一种新的计划管理方法，即关键路线法（critical path method，CPM），第一年就节约了 100 多万美元，相当于该公司用于研发 CPM 所花费用的 5 倍以上。1958 年，美国海军武器局特别规划室在研制北极星导弹潜艇时，应用了被称为计划评审技术（program evaluation and review technique，PERT）的计划方法，使北极星导弹潜艇比预定计划提前两年完成。统计资料表明，在不增加人力、物力、财力的既定条件下，采用 PERT 就可以使进度提前 15%~20%，节约成本 10%~15%。网络计划方法在我国各类大型工程项目的管理中已经得到普遍应用：航天工程在型号研制和大型试验中较早地采用了网络计划方法，取得了很好的效果；宝钢建设、第十一届亚运会等工程也应用了网络计划方法，并在许多方面有所创新。

CPM 和 PERT 是独立发展起来的计划方法，在具体做法上有不同之处。CPM 假定每个活动的时间是确定的，而 PERT 的活动时间则基于概率估计；CPM 不仅考虑活动时间，也考虑活动费用及费用和时间的权衡，而 PERT 则较少考虑费用问题；CPM 采用节点型网络图，PERT 采用箭线型网络图。但两者所依据的基本原理基本相同，都是通过网络形式表达某个项目计划中各项具体活动的逻辑关系，人们现在将其合称为网络计划技术。

网络图是由若干个圆圈和箭线组成的网状图，它能表示一项工程或一项生产任务中各个工作环节或各道工序的先后关系和所需时间。网络图有两种形式：一种以箭线表示活动（或任务、工序），被称为箭线型网络图；另一种以圆圈表示活动，被称为节点型网络图。箭线型网络图又被称为双代号网络图，因为它不仅需要一种代号在箭线上表示活动，而且还需要一种代号在圆圈上表示事件。每一条箭线的箭头和箭尾各有一圆圈，分别代表箭头事件和箭尾事件。

圆圈上有编号，可以用一条箭线的箭头事件和箭尾事件的两个号码表示这项活动，如图 13-1a 所示。节点型网络图用圆圈表示活动，用箭线表示活动之间的关系，它又被称为单代号网络图，因为它只需要一个代号就可以表示。单代号网络图如图 13-1b 所示。

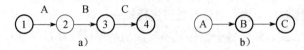

图 13-1　双代号网络图和单代号网络图

箭线型网络图可以用箭线的长度形象地表示活动所持续的时间，因而深受管理人员和工程技术人员的欢迎。本书将主要介绍箭线型网络图。

13.2.2　网络计划方法的优点

网络计划方法是继 20 世纪初亨利·甘特（Henry L. Gantt）发明甘特图以来，在计划工具上最大的进步。甘特图法是传统的活动计划方法。图 13-2 为用甘特图表示制造某一专用设备的各项活动的进度安排。图 13-2 中用线条标出了各项活动的延续时间和起止时间。从图 13-2 中还可看出，活动 A（产品设计活动）、B（工艺编制活动）、D（工艺装备制造活动）、E（零件加工活动）、F（产品装配活动）是顺序关系，即前一项活动完成后，后一项活动才能开始。而 B 和 C（原材料、外购件采购活动）是并行关系，它们可以同时进行。用网络图表示该专用设备制造进度计划如图 13-3 所示，其中字母后的数字为活动的持续时间。

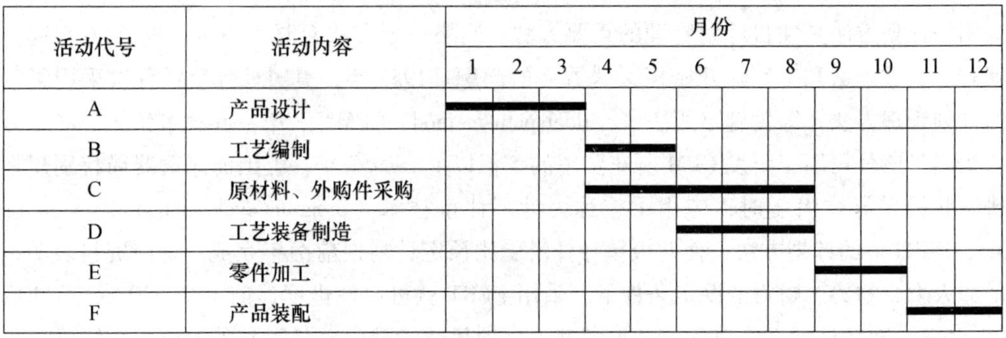

活动代号	活动内容	月份											
		1	2	3	4	5	6	7	8	9	10	11	12
A	产品设计	━━━━━											
B	工艺编制				━━								
C	原材料、外购件采购				━━━━━━━						
D	工艺装备制造						━━━━━				
E	零件加工								━━━		
F	产品装配										━━

图 13-2　用甘特图表示进度计划

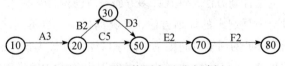

图 13-3　用网络图表示进度计划

将甘特图与网络图进行比较，可以看出，网络图有以下优点：

- 通过网络图，可使整个项目及其各组成部分一目了然。
- 可足够准确地估计项目的完成时间，并指明哪些活动一定要按期完成。
- 使参加项目的各单位和有关人员了解各自的工作及其在项目中的地位和作用。
- 便于跟踪项目进度，抓住关键环节。
- 可简化管理，使领导者的注意力集中到可能出问题的活动上。

13.2.3 应用网络计划方法的步骤

应用网络计划方法一般可按如下步骤进行。

1. 项目分解

项目分解就是将一个工程项目分解成各种活动（或工序、任务）。在进行项目分解时，可采用"任务分解结构图"（work breakdown structure，WBS），如图 13-4 所示。WBS 类似于产品结构，它将整个项目分解成项目构成要素或任务包（work package），再将项目要素分解成其主要支持活动，最后再将主要支持活动分解成实现这些活动的具体活动清单。任务分解结构图为弄清项目所需要的活动建立了一个逻辑框架，有助于管理人员确定所要做的工作，便于管理人员编制预算和活动计划。大型项目的任务结构图可能多于 4 层。项目分解工作量大，不确定因素多，它所需要的时间比编制网络计划要多得多。

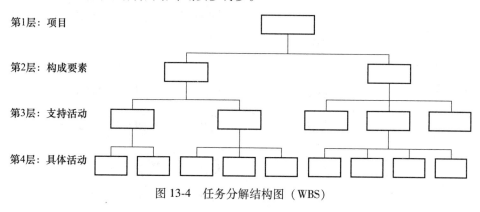

图 13-4 任务分解结构图（WBS）

一般可以从以下几个角度进行项目分解：

- 按项目的结构层次分解，比如建设火电站需要制造锅炉、汽轮机、发电机以及辅机，制造锅炉需要制造水冷壁、汽包、空气预热器等，而制造水冷壁需要对钢管进行加工。
- 按项目的承担单位或部门分解，如设计、施工、验收等。
- 按工程的发展阶段分解，如论证、设计、试制等。
- 按专业或工种分解，如机械、电气、装配、焊接等。

以上几种项目分解的方式可以混合使用，使工程进展的一定阶段与一定部门发生联系。

2. 确定各种活动之间的先后关系，绘制网络图

项目分解成活动之后，要确定各种活动之间的先后次序，即一项活动的进行是否取决于其他活动的完成，它的紧前活动或紧后活动是什么。活动之间的关系通常有以下几种，如图 13-5 所示。图 13-5a 表示活动 A 完成之后活动 B 才能开始，活动 B 完成之后活动 C 才能开始，例如，设计之后才能制造产品，产品制造后才能安装；图 13-5b 表示活动 B 和 C 都只有在活动 A 完成之后开始；图 13-5c 表示活动 C 只有在活动 A 和活动 B 都完成之后才能开始；图 13-5d 表示活动 C 和活动 D 都只有在活动 A 和活动 B 都完成之后才能开始；图 13-5e 表示活动 C 只有在活动 A 完成之后开始，活动 D 只有在活动 B 完成之后开始，但活动 A 和 C 与活动 B 和 D 相互独立；图 13-5f 表示活动 C 只有在活动 A 和活动 B 都完成之后才能开始，但活动 D 只需在活动

B 完成之后就可以开始；图 13-5g 表示活动 B 和 C 都只有在活动 A 完成之后开始，活动 D 只有在活动 B 和活动 C 都完成之后开始。

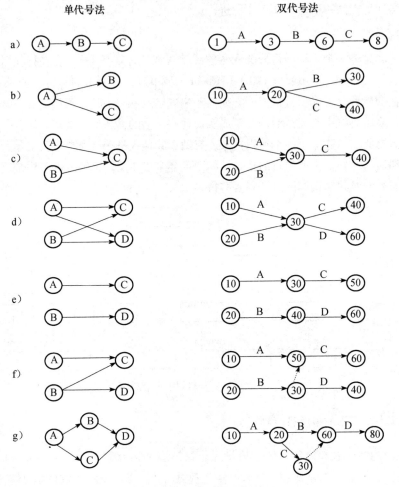

图 13-5 活动之间的典型关系

网络图的绘制方法将在下面讨论。

3. 估计活动所需的时间

活动所需的时间是指在一定的技术组织条件下，为完成一项任务或一道工序所需要的时间，是一项活动的延续时间。活动时间以 $t(i, j)$ 表示，其时间单位可以是小时、日、周、月等，可按具体工作性质、项目的复杂程度以及网络图使用对象而定。

根据活动性质的不同，活动时间有两种估计方法。

（1）单一时间估计法，是指对各种活动的时间仅确定一个时间值。这种方法适用于有同类活动或类似活动时间做参考的情况，如过去进行过、偶然性因素的影响又较小的活动。采用单一时间估计法做出的网络图也被称为确定型网络图。

（2）三点时间估计法，是指对活动时间预估三个时间值，然后求出可能完成的平均值。这三个时间值是：

- 最乐观时间（optimistic time），是指在最有利的条件下顺利完成一项活动所需要的时间，常以 a 表示。
- 最可能时间（most likely time），是指在正常情况下完成一项活动所需要的时间，常以 m 表示。
- 最悲观时间（pessimistic time），是指在最不利的条件下完成一项活动所需要的时间，常以 b 表示。

三点时间估计法常用于富有探索性的工程项目。例如，原子弹工程，其中有很多工作任务是从未做过的，需要研究、试验，这些工作任务所需时间也很难估计；只能由一些专家估计最乐观时间、最悲观时间和最可能时间，然后对这三种时间进行加权平均。计算活动平均时间的公式为：

$$t(i,j) = \frac{a + 4m + b}{6} \quad (13\text{-}1)$$

其方差 σ^2 为：

$$\sigma^2 = \left(\frac{b-a}{6}\right)^2 \quad (13\text{-}2)$$

采用三点时间估计法做出的网络图，也被称为随机型网络图。

4. 计算网络参数，确定关键路线

对箭线型网络图来说，网络参数包括事件的时间参数和活动的时间参数。求出时间参数之后，就可以确定关键路线。

5. 优化

它包括时间优化、时间-资源优化和时间-费用优化。

6. 监控

利用网络计划对项目进行监视和控制，以保证项目按期完成。

7. 调整

按实际发生的情况对网络计划进行必要的调整。

13.2.4 箭线型网络图的绘制

1. 箭线型网络图的构成

如前所述，箭线型网络图用圆圈（节点）表示事件，用箭线表示活动。事件表示一项活动开始或结束的时刻。在箭线型网络图中，某一节点用圆圈及圆圈内的数字表示。若一个节点只有箭线引出，没有箭线引入，即只表示某些活动的开始时刻，而不表示任何活动的结束时刻，则该结点被称为起始节点。相反，若一个节点只有箭线引入而没有箭线引出，即只与箭头相连，则只表示某些活动的结束时刻，而不表示任何活动的开始时刻，这样的节点被称为终止节点。介于起始节点与终止节点之间的节点都是中间节点。中间节点连接着先行活动箭线的箭头和后续活动箭线的箭尾。因此，中间节点的时间状态既表示先行活动的结束时刻，又表示后续活动的开始时刻。

既不需要消耗时间也不需要消耗其他资源的活动被称为虚活动。虚活动是为了准确而清楚地表达各项活动之间的关系而引入的，一般用虚箭线表示。虚活动在实际工作中并不存在，但在箭线型网络图中却有着重要的作用。图 13-5f 和图 13-5g 中都有虚活动。虚活动是箭线型网络图中所独有的,节点型网络图不需要虚活动或虚箭线。

观察图 13-3 可以发现,从网络图的起始节点出发,顺箭线方向经过一系列节点和箭线,到网络图的终止节点有若干条路,每一条路都被称为一条路线。例如,A—C—E—F 就是一条路线。路线上各项活动的延续时间之和被称为该路线的长度。其中最长的路线被称为关键路线,图 13-3 中的关键路线为 A—B—D—E—F。

2. 绘制箭线型网络图的规则

(1) 网络图中不允许出现循环。网络图中的箭线必须从左至右排列,不能出现回路。图 13-6 为出现循环的示例。

(2) 两个节点之间只允许有一条箭线相连。否则,当用节点编号标识某项活动时,就会出现混乱。要消除这样的现象,就必须引入虚活动。图 13-7a 为不正确的画法,图 13-7b 为正确的画法。

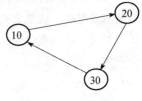

图 13-6 循环

(3) 箭头事件的编号必须大于箭尾事件的编号。编号可以不连续,而且最好是跳跃式的,以便调整。通常用 i 表示箭尾事件,用 j 表示箭头事件,$j>i$。

(4) 一个完整的网络图必须有也只能有一个起始节点和一个终止节点。起始节点表示项目的开始,终止节点表示项目的结束。在本书中,起始节点的编号为"1",终止节点的编号为"n"。按惯例,起始节点放在图的左边,终止节点放在图的右边。图 13-8 的情形是不允许的。

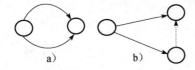

图 13-7 两节点之间箭线的画法

图 13-8 完整网络图的不正确画法

3. 网络图的绘制

任务分解之后,根据在任务分解中确定的活动之间的关系,列出活动清单。在列活动清单时,可以采用紧前活动或紧后活动作为表示活动先后关系的依据。如表 13-1 所示,这是某机械厂开发管理信息系统项目的活动清单。现在,以表 13-1 中的资料为例说明网络图的绘制方法。

表 13-1 某机械厂管理信息系统开发活动清单

活动代号	活动描述	紧后活动	活动所需时间(周)
A	系统分析和总体设计	B, C	3
B	输入/输出设计	D	4
C	模块 I 详细设计	E, F	6
D	输入/输出程序设计	G, I, K	8
E	模块 I 程序设计	G, I, K	8
F	模块 II 详细设计	H	5
G	输入/输出和模块 I 测试	J	3
H	模块 II 程序设计	I, K	6
I	模块 II 测试	J	3
J	系统总调试	L	5
K	文档编写	无	8
L	系统测试	无	3

根据活动清单中规定的活动之间的关系，将活动代号栏中所有的活动逐项地画在网络图上。按照惯例，绘制网络图应该从左至右进行。起始节点画在最左边，表示项目的开始。然后，从活动代号栏中找出紧后活动栏中没有出现的活动，即它（们）是项目开始时就可以进行的活动。这样，从起始节点发出的箭线就表示这个（些）活动。画出最早能开始的活动之后，就要找出其紧后活动，再将表示其紧后活动的箭线画在紧后。按这样的方式进行下去，直到没有紧后活动的活动为止。没有紧后活动的活动所对应的箭线汇集在终止节点上。草图绘出后，将序号标在节点上，将活动代号和时间标在箭线上。要根据网络图绘制规则，逐项活动进行检查，去掉不必要的虚活动。然后，按要求画出正规的网络图，如图 13-9 所示。

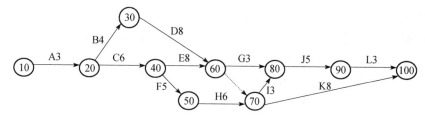

图 13-9　某机械厂管理信息系统开发网络图

绘制箭线型网络图的关键在于虚箭线的画法。以下三种情况都需要虚箭线才能表示清楚：①当一项活动完成后，同时有几项活动可以进行，且这几项活动都完成后，后续活动才能开始，图 13-5g 就是这种情况，平行活动也属于这种情况。如图 13-10 所示，当活动 B 被分成 B1、B2 和 B3 可以同时进行时，只有用虚箭线才能表示清楚。②交叉活动，如图 13-11 所示。③当出现如图 13-12 所示的情况时，没有虚箭线也是无法表达的。

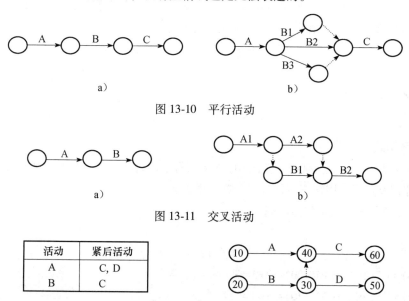

图 13-10　平行活动

图 13-11　交叉活动

图 13-12　出现虚箭线的第三种情况

13.3　网络时间参数的计算

网络时间参数，包括事件的时间参数和活动的时间参数。

13.3.1 事件时间参数计算

事件的时间是一个瞬时的概念，在时间轴上是一个点，它包括事件最早可能发生时间、事件最迟必须发生时间和事件时差。在网络图中，节点与事件对应。起始节点表示项目开始事件，这一事件的发生，表示项目最早可以进行的活动开始；终止节点表示项目完成事件，这一事件的发生，表示最后进行的活动完成。中间节点表示终止在该节点的箭线所代表的活动完成和从该节点发出的箭线所代表的活动开始这一事件。

1. 事件最早可能发生时间

事件最早可能发生时间[early time，ET(j)]是指从相应节点发出的箭线所代表的活动可能开始的最早时间，或者从相应节点引入的箭线所代表的活动可能完成的最早时间。事件最早可能发生时间从网络图的起始节点开始，按节点编号顺向计算，直到网络图的终止节点为止。一般假定网络图的起始节点最早开始时间为零，即 ET(1) = 0。其余节点最早可能发生时间可按下式计算：

$$\mathrm{ET}(j) = \max\{\mathrm{ET}(i) + t(i, j)\} \tag{13-3}$$

式中，i 和 j 分别代表箭尾事件和箭头事件；$t(i, j)$ 为活动 (i, j) 所需时间。

2. 事件最迟必须发生时间

事件最迟必须发生时间[late time，LT(i)]，是指从相应节点引入的箭线所代表的活动完成的最迟时间，或者从相应节点引出的箭线所代表的活动开始的最迟时间。事件最迟必须发生时间的计算从网络图的终止节点开始，按节点编号逆向计算，直到网络图的起始节点为止。因为事件本身不消耗时间，所以网络终止节点的最迟必须发生时间可以等于它的最早可能发生时间，即 LT(n) = ET(n)。其余节点最迟必须发生时间可按下式计算：

$$\mathrm{LT}(i) = \min\{\mathrm{LT}(j) - t(i, j)\} \tag{13-4}$$

符号意义同前。

3. 事件时差 S(i)

$$S(i) = \mathrm{LT}(i) - \mathrm{ET}(i) \tag{13-5}$$

4. 关键路线

关键路线是从起始节点到终止节点顺序地将所有事件时差为零的节点连接起来的路线。

现将图 13-9 所示的网络图事件时间参数计算如下。

先计算事件的最早可能发生时间。

设
$$\mathrm{ET}(10) = 0$$

则　ET(20) = ET(10) + t(10, 20) = 0 + 3 = 3
　　ET(30) = ET(20) + t(20, 30) = 3 + 4 = 7
　　ET(40) = ET(20) + t(20, 40) = 3 + 6 = 9
　　ET(50) = ET(40) + t(40, 50) = 9 + 5 = 14
　　ET(60) = max{ET(30) + t(30, 60), ET(40) + t(40, 60)} = max(7 + 8, 9 + 8) = 17
　　ET(70) = max{ET(60) + t(60, 70), ET(50) + t(50, 70)} = max(17 + 0, 14 + 6) = 20

按这样的方式可将其余事件的最早可能发生时间计算出来，得到 ET(100) = 31。

然后计算事件最迟必须发生时间。

设
$$LT(100) = ET(100) = 31$$

则 $LT(90) = LT(100) - t(90, 100) = 31 - 3 = 28$
$LT(80) = LT(90) - t(80, 90) = 28 - 5 = 23$
$LT(70) = \min\{LT(100) - t(70, 100), LT(80) - t(70, 80)\} = \min(31-8, 23-3) = 20$
$LT(60) = \min\{LT(80) - t(60, 80), LT(70) - t(60, 70)\} = \min(23-3, 20-0) = 20$

按同样的方式可将其余事件的最迟必须发生时间计算出来。

事件时差的计算按式（13-5）进行。计算结果如表 13-2 所示。

表 13-2 事件时间参数计算表

事件 i	10	20	30	40	50	60	70	80	90	100
ET(i)	0	3	7	9	14	17	20	23	28	31
LT(i)	0	3	12	9	14	20	20	23	28	31
S(i)	0	0	5	0	0	3	0	0	0	0

从起始节点到终止节点顺序地将事件时差为零的节点连接起来，就得到项目的关键路线：10-20-40-50-70-80-90-100，或 A-C-F-H-I-J-L。

对于比较简单的网络图，可以直接在网络图上计算各节点时间参数。将事件最早可能发生时间记于符号"⊥"的左边，将事件最迟必须发生时间记于符号"⊥"的右边，如图 13-13 所示。

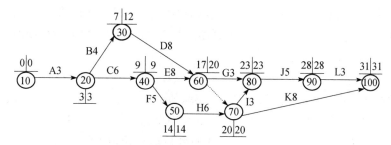

图 13-13 某机械厂管理信息系统开发网络图节点参数计算

13.3.2 活动时间参数计算

与事件时间不同，活动时间是一个时段概念，活动需要持续一段时间才能完成。因此，活动有 4 个时间，即活动最早可能开始时间、活动最早可能完成时间、活动最迟必须完成时间和活动最迟必须开始时间。活动时间参数可以通过事件时间参数计算，也可以独立计算。

1. 活动最早可能开始时间

活动最早可能开始时间［early start time, ES(i, j)］等于该活动对应箭线的箭尾事件的最早可能发生时间，即

$$ES(i, j) = ET(i) \tag{13-6}$$

或按紧前活动的最早可能开始时间计算：

$$ES(i, j) = \max\{ES(h, i) + t(i, j)\}, \quad ES(1, j) = 0 \tag{13-7}$$

2. 活动最早可能完成时间

活动最早可能完成时间［early finish time, EF(i, j)］等于该活动的最早可能开始时间与

活动所需时间之和，即

$$EF(i, j) = ES(i, j) + t(i, j) = ET(i) + t(i, j) \tag{13-8}$$

3. 活动最迟必须完成时间

活动最迟必须完成时间 [late finish time，LF(i, j)] 是指为保证工程按期完工的最迟必须完成时间。活动最迟必须完成时间就等于该活动的箭头事件的最迟必须发生时间，即

$$LF(i, j) = LT(j) \tag{13-9}$$

或按活动最迟必须开始时间计算：

$$LF(i, j) = LS(i, j) + t(i, j) \tag{13-10}$$

4. 活动最迟必须开始时间

活动最迟必须开始时间 [late start time，LS(i, j)] 可通过事件的时间参数计算：

$$LS(i, j) = LT(j) - t(i, j) \tag{13-11}$$

或按紧后活动的最迟必须开始时间计算：

$$LS(i, j) = \min\{LS(j, k) - t(i, j)\} \tag{13-12}$$

5. 活动时差

有了活动的最早时间和最迟时间，就可以计算活动时差。活动时差是指在不影响整个项目完工时间的条件下，某项活动最迟开始（完成）时间与最早开始（完成）时间的差值，也就是活动开始时间或完成时间容许推迟的最大限度。活动时差一般可以分为活动总时差和活动单时差。

（1）总时差。活动总时差 ST(i, j) 是指在不影响整个工程工期，即不影响紧后活动的最迟必须开始时间的前提下，活动 (i, j) 的开始时间或完成时间可以前后松动的最大范围。活动 (i, j) 的总时差计算公式是：

$$ST(i, j) = LS(i, j) - ES(i, j) = LF(i, j) - EF(i, j) = LT(j) - ET(i) - t(i, j) \tag{13-13}$$

虽然总时差是对某一活动而言的，但它的影响却是全局的，这也是它为什么被称为"总时差"的原因。任何活动的总时差范围超过一天，则整个工程将延期一天。

（2）单时差。单时差 S(i, j) 是指在不影响紧后活动最早可能开始时间的条件下，活动 (i, j) 的开始时间或完成时间可以前后松动的最大范围。活动 (i, j) 单时差计算公式是：

$$S(i, j) = ES(j, k) - EF(i, j) = ES(j, k) - ES(i, j) - t(i, j)$$
$$= ET(j) - ET(i) - t(i, j) \tag{13-14}$$

活动单时差是活动总时差的一部分。由于单时差以不影响紧后工序最早开始时间为前提，这就有两方面的意义。一方面表明单时差只能在本项活动中使用，如果不用也不能让给紧后活动，而总时差可以部分让给后续活动使用；另一方面，它对紧后活动的正常进行毫无影响，即使某项活动的单时差全部用完了，其紧后活动并不会推迟开工。这对多个单位协作的大工程的组织来说有十分重要的意义，它使得各个施工单位的工作可以独立地按计划进行。因此，在进行网络计划优化时，单时差是十分有用的。

除了总时差和单时差，活动时差还包括自由时差 FF(i, j) 和专用时差 SF(i, j) 两种。

（3）自由时差。自由时差是指活动 (i, j) 按最迟时间进行时，在不影响其紧后活动最迟必须开始时间的条件下，活动 (i, j) 可以前后松动的最大时间范围。活动 (i, j) 自由时差计算公式是：

$$FF(i, j) = LS(i, j) - LT(i) = LT(j) - LT(i) - t(i, j) \tag{13-15}$$

(4) 专用时差。专用时差是指活动 (i, j) 按最迟时间进行时，在不影响其紧后活动最早可能开始时间的条件下，活动 (i, j) 可以前后松动的最大时间范围。活动 (i, j) 专用时差计算公式是：

$$SF(i, j) = \max\{0, ET(j) - LT(i) - t(i, j)\} \qquad (13\text{-}16)$$

6. 关键路线

时差为零的活动也叫关键活动。因为活动总时差为零，意味着所有其他时差均为零，没有任何缓冲余地，只能按时完成。所以，关键活动成为工程中重点管理的对象。

对于确定性问题，顺序地把所有关键活动连接起来所得到的从起始节点到终止节点的路线就是关键路线。关键路线至少有一条，可能有多条，它（们）上面各种活动时间之和一定是最大的。关键路线的长度决定整个工期。总时差为零的活动一定在关键路线上。

需要指出的是，关键路线不是一成不变的。在一定条件下，关键路线可以变成非关键路线；非关键路线，也可以变成关键路线。因此，在网络计划的执行过程中，要用动态的观点看待关键路线，保证工程按期完工。

7. 随机型网络图的关键路线

对于随机型网络图，由于活动时间是用三点估计法得出的，其关键路线是在规定期限内按期完工概率最小的路线。

在随机型网络图中，每一条路线所需要的时间是其上所有活动所需时间的和，随机变量的和也是一个随机变量。按照数理统计学的"中心极限定理"，具有有限的数学期望与方差的独立同分布的随机变量的和近似地服从正态分布。因此，网络图中每一条路线所需时间近似地服从正态分布。

【例 13-1】

如图 13-14 所示的网络图，其参数估计如表 13-3 所示。

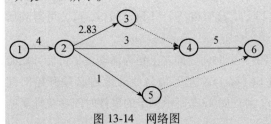

图 13-14 网络图

设 T_K 为路线 K 上所有活动时间之和的期望值，σ_K 为路线 K 上所有活动时间之和的均方差，则

$$T_K = \sum_{i \in K} t_{ei} \qquad (13\text{-}17)$$

$$\sigma_K = \sqrt{\sum_{i \in K} \sigma_i} \qquad (13\text{-}18)$$

对于路线 1-2-4-6，有 $T_K = (4+3+5) = 12$（周）

$$\sigma_K = \sqrt{(1.33^2 + 0.33^2 + 1.33^2)} = 1.91（周）$$

比较各条路线的长度，得知最长路线为 1-2-4-6，相应的活动时间之和的均值为 12 周，均方差为 1.91 周。由于是正态分布，这条路线上的活动在 12 周内完工的概率为 50%。若问路线 1-2-4-6 上所有活动

表 13-3 活动时间参数估计（周）

活动	a_i	m_i	b_i	$t_{ei}=(a_i+4b_i+c_i)/6$	$\sigma_i=(b_i-a_i)/6$
1-2	2	3	10	4	1.33
2-3	1	2	8	2.83	1.17
2-4	2	3	4	3	0.33
2-5	1	1	1	1	0
3-4	0	0	0	0	0
4-6	3	4	11	5	1.33
5-6	0	0	0	0	0

在 15 周内都完工的概率有多大，可以将其转化为标准正态分布，通过查标准正态分布表就可得出完工的概率。

$Z = (15-12)/1.91 = 1.57$，查标准正态分布表得出概率为 94.2%，即路线 1-2-4-6 上所有活动在 15 周内都完工的概率是 94.2%。

那么，路线 1-2-4-6 是不是关键路线呢？不一定。现在，我们来计算路线 1-2-3-4-6 上的所有活动在 15 周内完工的概率。

$T_K = (4 + 2.83 + 5) = 11.83$ （周）

$\sigma_K = \sqrt{(1.33^2 + 1.17^2 + 1.33^2)} = 2.22$ （周）

$Z = (15 - 11.83)/2.22 = 1.43$，查标准正态分布表得出概率为 92.4%。这就是说，路线 1-2-3-4-6 在 15 周内完工的概率小于路线 1-2-4-6 在 15 周内完工的概率，路线 1-2-3-4-6 在 15 周内完工的把握性更小。由此可见，对随机型网络计划问题，活动时间之和均值最大的路线不一定是关键路线。

13.3.3 网络时间参数的计算方法

计算网络时间参数可以采用手工计算和电脑计算的方法。对于手工计算，最常用的计算方法是图上计算法（图算法）和表格上计算法（表算法）。前述事件时间参数的计算，就是采用图算法。图算法的优点是直观，容易掌握；但对于较复杂的网络图，会造成图上参数太多，不易辨认，也容易出错。一般来讲，图算法适用于 30 个节点左右的网络图，表算法适用于 50 个节点左右的网络图。

图 13-9 所示例子的事件时间参数计算过程如下。

(1) 活动最早可能开始时间。按 $ES(i, j) = ET(i)$，可得到所有活动的最早可能开始时间。

(2) 活动最迟必须完成时间。按 $LF(i, j) = LT(j)$，可得到所有活动的最迟必须完成时间。

(3) 活动最早可能完成时间。按 $EF(i, j) = ES(i, j) + t(i, j) = ET(i) + t(i, j)$，可得到所有活动的最早可能完成时间。

(4) 活动最迟必须开始时间。按 $LS(i, j) = LF(i, j) - t(i, j) = LT(j) - t(i, j)$，可得到所有活动最迟必须开始时间。

在进行图上计算时，可用符号"田"表示以上4个时间，即左上角为活动最早可能开始时间 $ES(i, j)$，右上角为活动最早可能完成时间 $EF(i, j)$，左下角为活动最迟必须开始时间 $LS(i, j)$，右下角为活动最迟必须完成时间 $LF(i, j)$。图 13-9 所示例子的事件时间参数计算结果如图 13-15 所示。

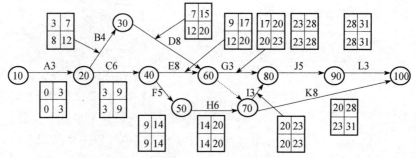

图 13-15 事件时间参数的图算法示例

当网络图活动项目数很多、结构比较复杂时，图算法使得图上参数太多，容易造成读图困难，也影响图面美观，因此往往采用表算法。

表算法就是根据时间参数的计算公式，借助于表格进行计算的一种方法。使用这种方法，可直接求出活动的时间参数，而不需要计算节点时间参数。表 13-4 为网络图 13-15 中各项活动 $ES(i,j)$、$EF(i,j)$、$LS(i,j)$、$LF(i,j)$ 值的计算表。

表 13-4　活动时间参数计算表

活动代号	i-j	活动时间	$ES(i,j)$	$EF(i,j)$	$LS(i,j)$	$LF(i,j)$	$ST(i,j)$	$S(i,j)$	关键活动
A	10-20	3	0	3	0	3	0	0	*
B	20-30	4	3	7	8	12	5	0	
C	20-40	6	3	9	3	9	0	0	*
D	30-60	8	7	15	12	20	5	2	
E	40-60	8	9	17	12	20	3	0	
F	40-50	5	9	14	9	14	0	0	*
G	60-80	3	17	20	20	23	3	3	
虚活动	60-70	0	17	17	20	20	3	3	
H	50-70	6	14	20	14	20	0	0	*
I	70-80	3	20	23	20	23	0	0	*
J	80-90	5	23	28	23	28	0	0	*
K	70-100	8	20	28	23	31	3	3	*
L	90-100	3	28	31	28	31	0	0	*

13.4　网络计划优化

网络计划优化，就是在满足一定条件时，利用时差来平衡时间、资源与费用三者的关系，寻求工期最短、费用最低、资源利用最好的网络计划过程。但是，目前还没有使这三个方面因素同时得到优化的数学模型。现在能够进行的网络计划优化是时间优化、时间-费用优化和时间-资源优化。

13.4.1　时间优化

时间优化就是不考虑人力、物力、财力资源的限制，寻求最短工期。它通常发生在任务紧急、资源有保障的情况下。

由于工期由关键路线上活动的时间决定，压缩工期就在于如何压缩关键路线上活动的时间。缩短关键路线上活动时间的途径有：①利用平行、交叉活动缩短关键活动的时间；②在关键路线上赶工。

由于压缩了关键路线上活动的时间，这会导致原来不是关键路线的路线成为关键路线。若要继续缩短工期，就要在所有关键路线上赶工或进行平行交叉活动。随着关键路线的增多，压缩工期所付出的代价就越大。因此，单纯地追求工期最短而不顾资源的消耗是不可取的。

13.4.2 时间-费用优化

时间-费用优化就是在使工期尽可能短的同时，也使费用尽可能少。能够实现时间-费用优化的原因是，工程总费用可以分为直接费用和间接费用两部分，这两部分费用随工期变化而变化的趋势是相反的。

1. 直接费用

直接费用 C_D 是指能够直接计入成本计算对象的费用，如直接工人工资、原材料费用等。直接费用随工期的缩短而增加。

一项活动如果按正常工作班次进行，其延续时间被称为正常时间，记为 t_Z；所需费用被称为正常费用，记为 c_Z。若增加直接费用投入，就可以缩短这项活动所需的时间，但活动所需时间不可能无限缩短。比如加班加点，一天也只有 24 小时；生产设备有限，投入更多的人力也不会增加产出。我们称赶工时间条件下活动所需的最少时间为极限时间，记为 t_g；相应所需费用为极限费用，记为 c_g。直接费用与活动时间之间的关系如图 13-16 所示。

为简化处理，可将活动时间-费用关系视为一种线性关系。在线性假定条件下，活动每缩短一个单位时间所引起的直接费用增加被称为直接费用变化率，记为 e。

$$e = (c_g - c_Z)/(t_Z - t_g) \tag{13-19}$$

2. 间接费用

间接费用 C_I 是与整个工程有关的、不能或不宜直接分摊给某一活动的费用，包括工程管理费用、拖延工期罚款、提前完工的奖金、占用资金应付利息等。间接费用与工期成正比关系，即工期越长，间接费用越高，反之则越低。通常，将间接费用与工期的关系作为线性关系处理。

工程总费用 C_T、直接费用 C_D、间接费用 C_I 与工期的关系如图 13-17 所示。

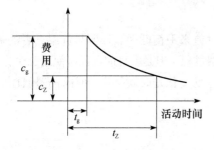

图 13-16　直接费用与活动时间的关系

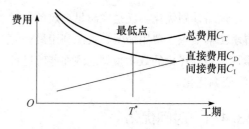

图 13-17　费用和工期的关系

由图 13-17 可以看出，总费用先随工期缩短而降低，然后又随工期进一步缩短而上升。总费用的这一变化特点告诉人们，其间必有一最低点，该点所对应的工程周期就是最佳工期，如图中 T^* 点所示。时间-费用优化的过程，就是寻求总费用最低的过程。

设工期从 T 压缩至 T'，$T'<T$，相应的总费用变化为：

$$C_T(T') = C_D(T') + C_I(T') = C_D(T) + \Delta C_D + C_I(T) + \Delta C_I,$$
$$C_T(T') - C_T(T) = \Delta C_D + \Delta C_I \tag{13-20}$$

若 $\Delta C_D + \Delta C_I < 0$，则工期还可以进一步缩短。

在进行时间-费用优化时，需要把握以下三条规则：

- 必须对关键路线上的活动赶工。
- 选择直接费用变化率 e 最小的活动赶工。
- 在可赶工的时间范围内赶工。

下面以这一思想为指导，通过一个例子说明时间-费用优化的方法。

【例 13-2】

某项目计划的网络图如图 13-18 所示。各项活动的正常时间、正常费用、极限时间、极限费用列于表 13-5 中。设该项目的单位时间的间接费用为 5 000 元。按合同要求，工期为 8 周，每超过 1 周，罚款 4 500 元；每提前 1 周，奖励 4 500 元。试找出最低费用下的工期。

解：（1）利用所给的正常和赶工情况下的各种数据，计算直接费用变化率，填于表 13-5 中。

（2）根据正常条件下的网络图（见图 13-18）求出关键路线。关键路线为 1-2-4-5-8。在正常条件下，直接费用和间接费用都没有变化，但由于比合同规定延迟了 4 周，罚款为 18 000 元，如表 13-6 所示。因此，要考虑压缩关键活动时间。此时，关键活动为 1-2、2-4、4-5、5-8。在这 4 项活动中，活动 5-8 的直接费用率最小，因此优先考虑压缩活动 5-8 的时间。将活动 5-8 的时间从 2 周压缩到 1 周。活动 5-8 时间压缩 1 周后，直接费用增加 4 000 元，由于工期缩短 1 周，间接费用减少 5 000 元，两项相加，节省 1 000 元。但工期拖后 3 周，罚款为 13 500 元。

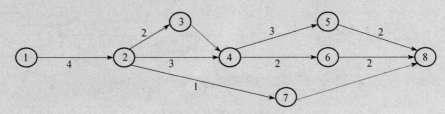

图 13-18 某项目的网络图

表 13-5 费用率计算表

活动	正 常 条 件 下		赶 工 条 件 下		直接费用变化率 e
	时间（周）	直接费用（元）	时间（周）	直接费用（元）	（元／周）
1-2	4	14 000	3	20 000	6 000
2-3	2	15 000	1	20 000	5 000
2-4	3	15 000	1	25 000	5 000
2-7	1	6 000	1	6 000	—
3-4	0	—	0	—	—
4-5	3	13 000	2	20 000	7 000
4-6	2	3 000	1	5 000	2 000
5-8	2	8 000	1	12 000	4 000
6-8	2	6 000	1	10 000	4 000

总费用变化为 12 500 元，低于正常工期下的费用。接着，考虑将工期压缩为 10 周。由于活动 5-8 已压缩到极限时间，而且活动 4-6 和活动 6-8 也已成为关键活动，

要使工期变为 10 周，要么同时压缩活动 4-5 的时间和活动 4-6 的时间，要么压缩活动 2-4 的时间。压缩活动 4-5 的时间和活动 4-6 的时间各 1 周需 9 000 元，压缩活动 2-4 的时间 1 周只需 5 000 元。因此，压缩活动 2-4 的时间。

按这样的方法继续进行，最后结果如表 13-6 所示。总费用增加最少的方案是工期压缩到 8 周。每压缩一次活动的时间，都要重新计算出新的关键路线和关键活动，以便找出下一次的压缩对象。随着活动时间的压缩，关键活动和关键路线越来越多，优化工作也越来越复杂。本例的最后结果如图 13-19 及表 13-6 所示。

表 13-6 网络计划优化过程计算表

工期	12 周	11 周	10 周	9 周	8 周	7 周
赶工活动	无	5-8	5-8, 2-4	5-8, 2-4, 1-2	5-8, 2-4, 1-2, 4-6, 4-5	5-8, 2-4, 1-2, 4-6, 4-5, 2-3, 2-4
ΔC_D	0	4 000	9 000	15 000	24 000	34 000
ΔC_I	0	-5 000	-10 000	-15 000	-20 000	-25 000
$\Delta C_D + \Delta C_I$	0	-1 000	-1 000	0	4 000	9 000
罚款	18 000	13 500	9 000	4 500	0	-4 500
总费用变化	18 000	12 500	8 000	4 500	4 000	4 500

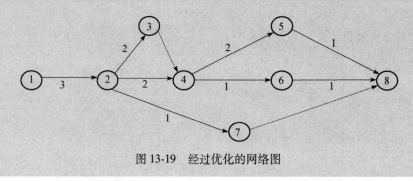

图 13-19 经过优化的网络图

13.4.3 时间-资源优化

时间-资源优化有两方面含义：①在有限的资源约束下，如何调整网络计划使工期最短；②在工期一定的情况下，如何调整网络计划使资源利用充分。前者被称为资源有限下的工期优化问题，后者被称为工期规定下的资源均衡问题。

1. 资源有限，工期最短问题

由于人力、物力和财力有限，一些活动不能同时进行，一些活动必须推迟进行。在这种条件下，要使工期最短，只能采用试算的办法。为了使工期最短，首先要尽可能保证关键活动准时进行；然后，保证时差最小的活动优先进行。基于这种思想，提出以下求解方法。

我们称每安排完一项活动为一"步"，设

$\{S_t\}$——t 步之前已安排活动构成的部分网络计划

$\{O_t\}$—— 第 t 步可以安排活动的集合

有资源约束的网络计划的构成步骤：

①设 $t=1$，$\{S_t\}$ 为空集，$\{O_t\}$ 为项目第一步可安排活动的集合。

②将 $\{O_t\}$ 中的活动按总时差大小，从小到大排序，对于前一步已安排的活动，由于不能中断，必须赋予最高的优先权。

③计算活动所需资源量，在可供最大资源量约束下，按优先顺序安排 $\{O_t\}$ 中的活动；针对优先权相同的情况，取最能充分利用资源的活动。

④将能完成的活动放入 $\{S_t\}$，从 $\{O_t\}$ 中消去已完成的活动，并将随后可安排的活动放入 $\{O_t\}$，使 $t=t+1$。

⑤若还有未安排的活动，转步骤②；否则，停止。

下面通过一个例子来说明这个方法。

【例 13-3】

图 13-20 为一个网络计划图，其每项活动的先后关系、活动所需资源（此例为人力）、活动时差和关键路线如表 13-7 所示。若不考虑资源约束，每项活动都按最早可能开始时间进行，则工期为 20 周，所需人数的分布如图 13-21 所示。图 13-21 中粗线表示活动进行。由图 13-21 可知，对人力资源的需求是很不均匀的，最多需 25 人，最少 7 人。

现假定可供人力为 14 人，求最短工期。按前述步骤求解，求解过程如表 13-8 所示，结果如图 13-22 所示。结果工期为 21 周，但资源的利用均衡得多。

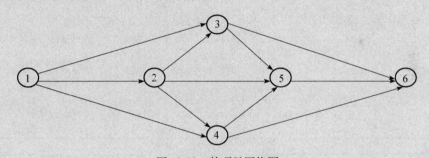

图 13-20 某项目网络图

表 13-7 某项目的有关情况

活动	活动时间（周）	紧后活动	活动需人数（人）	活动总时差（周）	活动单时差（周）	关键活动
1-3	2	3-5, 3-6	6	6	6	
1-2	3	2-3, 2-4, 2-5	4	0	0	*
1-4	4	4-5, 4-6	9	7	1	
2-3	5	3-5, 3-6	5	0	0	*
2-5	4	5-6	3	7	7	
2-4	2	4-5, 4-6	8	6	0	
3-6	7	/	7	5	5	
3-5	6	5-6	8	0	0	*
4-5	3	5-6	3	6	6	
4-6	5	/	3	10	10	
5-6	6		7	0	0	*

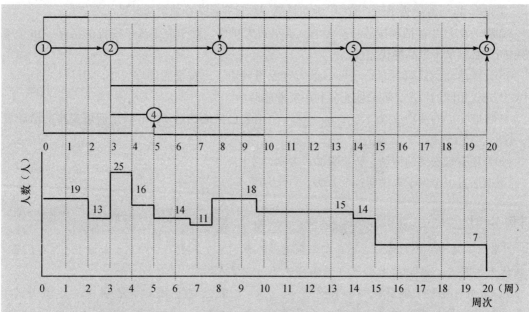

图 13-21 按最早可能开始时间的网络图及其人力资源需求分布

表 13-8 求解过程

步骤	1	2	3	4	5	6	7	8	9
可排活动集合（按优先顺序）	1-2,1-4,1-3	1-4,2-3,1-3,2-4,2-5	2-3,1-3,2-4,2-5	2-3,1-3,4-5,2-5	4-5,3-5,2-5,3-6,4-5,4-6	3-5,2-5,3-6,4-6	3-5,4-6,5-6,3-6	5-6,3-6,3-6	3-6
排定活动	1-2,1-4	1-4,2-3	2-3,2-4	2-3,1-3,4-5	4-5,3-5,2-5	3-5,2-5,4-6	3-5,4-6	5-6,3-6	3-6
本步能完成的活动	1-2	1-4	2-4	2-3,1-3	4-5	2-5	3-5,4-6	5-6	3-6
本步时间	0-3	3-4	4-6	6-8	8-9	9-12	12-14	13-20	20-21
需资源量（人数）	4+9=13	9+5=14	5+8=13	5+6+3=14	3+8+3=14	8+3+3=14	8+3=11	7+7=14	7

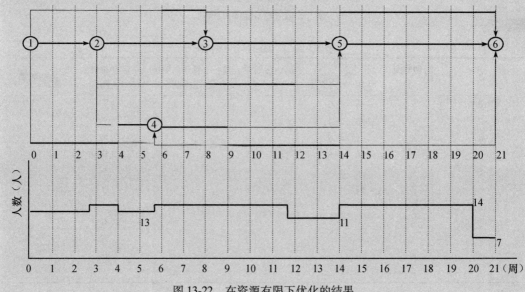

图 13-22 在资源有限下优化的结果

2. 工期规定，资源均衡问题

如果工期不能变动，如何使资源得到尽可能充分的利用？我们还是用上面的例子来说明。调整的思路与前述类似，结果如图 13-23 所示，工期控制在 20 周，资源利用较均衡。

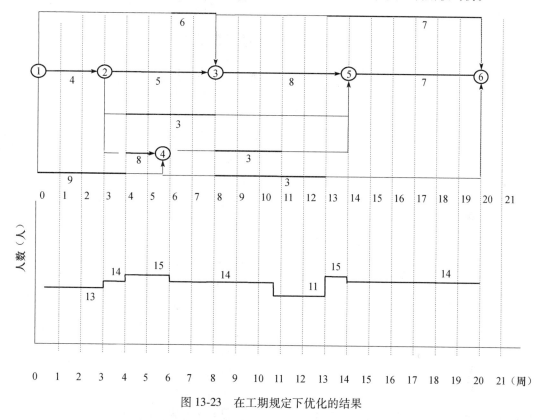

图 13-23　在工期规定下优化的结果

本章对项目计划管理进行了全面阐述。首先，对项目的概念、项目管理的目标和内容、项目成功的关键因素进行了介绍。其次，对网络计划方法的产生、网络计划方法的优点和应用网络计划方法的步骤做了简要描述，比较详细地讨论了网络图的画法，包括活动之间的典型关系、时间的估计、箭线型网络图的绘制规则以及虚活动的作用。再次，讨论了网络时间参数的计算，包括事件时间参数（事件最早可能发生时间、事件最迟必须发生时间、事件时差）的计算和活动时间参数（活动最早可能开始时间、活动最早可能完成时间、活动最早必须开始时间、活动最早必须完成时间、活动时差）的计算，分析了确定型网络图的关键路线的求法，介绍了随机型网络图的关键路线的概念。最后，论述了网络计划的优化，包括时间优化、时间-费用优化和时间-资源优化的方法。

1. 项目成功的关键因素是什么？

2. 随机型网络图的关键路线与确定型网络图

的关键路线在概念上有什么区别?
3. 什么是时差? 有哪几种时差? 它们之间的联系和区别是什么?
4. PERT 与 CPM 的差别是什么?

讨论案例

西南大学露天运动场建设

西南大学（SWU）是一所规模很大的州立大学。它坐落于得克萨斯州的斯蒂芬维尔镇，在达拉斯-沃斯堡都市区西南方 30 英里处，拥有近 2 万名在校学生。那里是一座典型的大学城，学生成了小城的主要人口，在春秋季开学后学生比当地常住居民还要多。

西南大学长期拥有橄榄球运动的优势，并且是"十一大"联盟的会员之一，通常在大学橄榄球排名中居前 20 名。为了实现第一这个遥远而长期的目标，西南大学聘用了传奇人物博·皮塔诺（Bo Pitterno）担任主教练。

博·皮塔诺加入西南大学的要求之一就是修建新的露天运动场。随着观看球赛的人数增加，西南大学的管理者们必须开始面对这个问题。经过 6 个月的研究、大量的政治考量和一系列认真的财政分析，西南大学校长乔尔·威斯纳做出了扩建校园内的露天运动场的决定。

即使增加数千个座位，其中包括数十个豪华包厢，也并不能使所有人都满意。具有影响力的皮塔诺想要的是一座一流的运动场，其中有运动员宿舍和为未来的美国全国大学生体育协会（NCAA）冠军队的教练所建的豪华办公室。但是决定已经做出，就算教练和其他人不满也得适应这个决定。

首要工作是在 2019 年赛季结束后立即开始建设，距 2020 年赛季开赛有 270 天。建筑商希尔建筑公司（鲍勃·希尔是该校的毕业生）签下了项目合同。鲍勃·希尔看着工程师列出的任务表后，望着威斯纳校长的眼睛，充满自信地说："我保证队伍明年按时完工。""我希望如此，"威斯纳校长回答道，"比起因与宾州州立大学的比赛推迟或取消而皮塔诺教练将对你进行惩罚来说，合约规定的每天 10 000 美元的违约罚款可能不算什么。"希尔微笑了一下，无须做任何回答了。因为在疯狂迷恋橄榄球的得克萨斯州，如果 270 天的工期不能按时完工，希尔建筑公司将会深陷困境。

回到办公室后，希尔反复翻看数据（见表 13-9），其中的乐观时间估计值可被看成赶工目标。然后，他叫来了工长，"福克斯，如果没有 75% 的把握在 270 天之内完工，我想我们就需要赶工! 告诉我赶工到 250 天的成本，还有 240 天的。我希望提前完工，而不仅仅是按时!"

表 13-9 西南大学项目

活动	描述	紧前活动	时间估计值（天）			赶工成本（美元/天）
			乐观	最可能	悲观	
A	担保、保险和税收构造	—	20	30	40	1 500
B	包厢地基和混凝土底脚	A	20	65	80	3 500
C	更新运动场豪华包厢座位	A	50	60	100	400
D	更新跑道、楼梯和电梯	C	30	50	100	1 900
E	内部配线和装置	B	25	30	35	9 500
F	检查和审核	E	0.1	0.1	0.1	0
G	测量垂直度	D、E	25	30	35	2 500

（续）

活动	描述	紧前活动	时间估计值（天）			赶工成本（美元/天）
			乐观	最可能	悲观	
H	油漆	G	10	20	30	2 000
I	五金器具/电线/金属制品	H	20	25	60	2 000
J	瓷砖/地毯/窗户	H	8	10	12	6 000
K	检查	J	0.1	0.1	0.1	0
L	最后的琐碎工作/清洁	I、K	20	25	60	4 500

讨论题

1. 为希尔建筑公司绘制网络图，找出关键路线，并计算出项目的期望完成时间。
2. 项目在270天内完工的概率是多少？
3. 假如要赶工到250天或240天，希尔将如何做？成本是多少？像前面提到的，假设将乐观时间估计值当成赶工时间。

判断题

1. 项目包括一系列重复进行的例行活动。
2. 甘特图揭示了活动之间的先后顺序关系。
3. 在网络图中，关键路线是时间最短的路线。
4. 箭线型网络图是以箭线表示活动的。
5. 箭线型网络图应该有也只能有一个起始节点和一个终止节点。
6. 虚活动的主要作用是表明前后活动之间的关系。
7. 活动 i-j 的最早可能开始时间等于事件 i 的最早可能发生时间。
8. 活动 i-j 的最迟必须开始时间等于事件 i 的最迟必须发生时间。
9. 不在关键路线上的活动，其松动时间为零。
10. 要想缩短工期，只有在关键路线上赶工。
11. 一项活动的总时差用完了，则其所有后续活动均无松动余地。
12. 关键路线上的活动，其总时差一定为零。
13. 虚活动在箭线型网络图中除了不消耗资源外，在计算网络参数时应像实活动一样对待。
14. 在PERT网络中，关键路线可能有多条。

选择题

1. 项目管理主要是控制：
   A. 质量 B. 进度
   C. 费用 D. 以上都是
   E. 以上都不是
2. 关键路线是：
   A. 活动最多的路线
   B. 节点最多的路线
   C. 时间最长的路线
   D. 将事件时差为零的节点连接起来的路线
   E. 以上都是
3. 事件时差是：
   A. 最悲观时间和最乐观时间之差
   B. 结束时间和开始时间之差
   C. 事件最迟时间和最早时间之差
   D. 以上都是
   E. 以上都不是
4. 以下哪一条是项目的特点？
   A. 一次性 B. 重复
   C. 产出是标准的 D. 重复性工作多

E. 风险小

5. 活动的最早可能完成时间是：
   A. 该活动箭头事件的最早可能发生时间
   B. 该活动箭尾事件的最早可能发生时间
   C. 该活动箭头事件的最迟必须发生时间
   D. 该活动箭尾事件的最早可能发生时间加上活动所需时间

6. 活动的最早可能开始时间是：
   A. 该活动箭头事件的最早可能发生时间
   B. 该活动箭尾事件的最早可能发生时间
   C. 该活动箭头事件的最迟必须发生时间
   D. 以上都是
   E. 以上都不是

E. 以上都不是

计算题

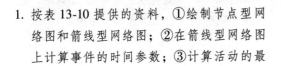

1. 按表13-10提供的资料，①绘制节点型网络图和箭线型网络图；②在箭线型网络图上计算事件的时间参数；③计算活动的最早可能开始时间和最迟必须开始时间，求出关键路线。

表 13-10

活动代号	A	B	C	D	E	F	G	H	L	K
活动时间（周）	6	12	12	8	12	16	5	6	9	7
紧后活动	B, F, C	L	E	K	K	L, G	H, E	K	D	/

2. 按表13-11提供的资料，①绘制箭线型网络图；②在图上计算事件的时间参数；③计算活动的最早可能开始时间和最迟必须开始时间；④求出关键路线；⑤计算非关键活动的单时差。

表 13-11

活动代号	A	B	C	D	E	F	G	H	I	J
活动时间（周）	4	6	5	9	8	2	5	6	4	5
紧前活动	/	A	A	A	B	B, C	E	F, I	D	G, H

3. 按表13-12提供的资料，①绘制箭线型网络图；②计算每项活动的期望时间（单位为周）；③确定项目的期望完工时间和关键路线。

表 13-12

活动	紧后活动	a_i	m_i	b_i
A	B, C	4	6	8
B	F	3	5	7
C	D, E	4	5	8
D	G	3	5	7
E	H	5	6	7
F	G, I	6	8	11
G	J	6	8	10
H	J	5	7	9
I	K	3	8	13
J	K	6	7	8
K	/	1	2	3

4. 按表13-13提供的资料，①绘制箭线型网络图；②计算每项活动的期望时间（单位为周）；③确定项目的期望完工时间；④求出每个节点的时差；⑤求关键路线，并计算项目在60周内完工的概率。

表 13-13

活动	紧后活动	a_i	m_i	b_i
A	C, D	7	10	12
B	E, F	7	10	13
C	G	9	11	13
D	H	8	14	20
E	H	6	15	21
F	J, K	12	15	17
G	I	5	9	15

（续）

活动	紧后活动	a_i	m_i	b_i
H	J, K	6	10	16
I	L	7	9	13
J	L	3	7	11
K	/	12	16	25
L	/	9	15	18

5. 按表 13-14 提供的资料，①按正常条件绘制箭线型网络图；②计算事件最早可能发生时间、事件最迟必须发生时间、活动最早可能开始时间、活动最迟必须开始时间，求出关键路线；③已知工期每压缩1周，间接费用省 600 元。求在总费用不超过正常工期费用的情况下的最短工期。

表 13-14

作业	紧前作业	正常时间（周）	正常条件下直接费用（元）	极限时间（周）	赶工条件下直接费用（元）
A	无	4	1 400	3	2 200
B	A	6	600	4	1 000
C	A	5	1 500	3	2 700
E	B	8	1 300	7	1 900
F	B, C	9	1 000	7	1 800
G	E	5	800	4	1 200
H	F	5	3 000	3	4 600
J	G, H	5	1 300	4	2 100

第四篇　生产运作系统的维护与改进

本篇将讨论生产运作系统的维护与改进问题。生产运作系统只有通过正确的维护和改进，才能不断适应市场的变化，持续地为用户提供合格的产品和满意的服务。本篇将要讨论全面质量管理、准时生产和精细生产、最优生产技术（OPT）及约束理论（TOC）在生产运作中的应用等问题。生产运作过程如果不能得到有效控制并提升质量，就很难保证为用户提供高质量的产品和服务，只有开展全面质量管理，才能达到这一目的；准时生产和精细生产，是降本增效的有效途径；最优生产技术和约束理论的应用，是推进生产运作系统持续改善和日益增加竞争力的新的思维模式。

▶ 第 14 章　质量管理
▶ 第 15 章　精细生产
▶ 第 16 章　最优生产技术和约束理论

第 14 章
质量管理

◯ 引例　　　　　　　　　是要工期还是要质量

北京一家著名的房地产企业由于工期要求很紧，就制定了非常强烈的奖罚激励制度，公司从上到下层层实行目标管理，要求必须按时完工。所有人在强大的压力下，日夜加班加点，总算按时完成了某栋大楼的建设，成功地实现了公司制订的目标管理计划，一时间这也成了公司目标管理的典范。

但是好景不长，半年以后该楼房一侧地基下沉了 30 厘米，楼体出现了大量裂缝，经技术鉴定是施工单位没有按施工要求施工。事实上，在目标管理的期限内，他们根本不可能用常规施工方法完成地基，再加上冬季施工，所以质量问题很快就暴露出来了。这栋楼成了这个创业老板挥之不去的一块心病，成了公司难以启齿的败笔；购买这栋楼房屋的住户，心里更不是滋味，以各种方式表达他们的愤怒；公司负责这栋楼的一位副总裁的衬衣已被撕了 3 件，事情还远远未了。

以质量和公司长期利益为代价的目标管理是没有意义的，数字目标往往不能反映公司最主要的东西，而且很难制定合理准确的目标。如果制定的目标超过了系统的能力，要强制人们实现该目标，就会失去比目标更重要的东西。

本章内容主要介绍全面质量管理的内容，主要分为质量、质量管理、全面质量管理及 ISO 9000 质量认证体系等几个与生产运作管理有关的部分进行讨论。本章重点讨论质量管理的内涵、质量管理的重要意义，介绍质量保证、质量控制、质量体系、PDCA 循环等主要内容，还着重讲述统计质量控制的常用方法，对直方图、控制图、排列图、因果分析图等主要和常用的统计质量控制工具，以及抽样检验原理、抽样检验方案的确定进行详细介绍。本章简要地介绍了 ISO 9000 质量认证体系、ISO 9000 系列标准的组成，讨论了质量认证的目的和意义。最后，对服务质量管理等主要内容做了介绍，以适应日益发展的服务运作管理方面的需求。

14.1 质量与质量管理

14.1.1 质量的概念

质量、成本、交货期、服务及响应速度,是决定市场竞争成败的几个关键要素,而质量更是居首位的要素,是企业参与市场竞争的必备条件。质量低劣的产品,成本再低也无人问津。日本企业能够占据世界汽车市场和家用电器市场的领先地位,靠的就是优异的产品质量。企业要想跻身国际市场、后来居上,首先要有优质的产品和完美的服务。

提高生产率是社会生产的永恒主题。而只有拥有高质量,才可能有真正的高生产率。企业的产品和服务的质量不能满足顾客要求,就不能在市场上实现其价值,就是一种无效或低效率的劳动,也就不可能有真正的高效率和高效益。

1. 质量的概念

质量(quality)是质量管理的对象,正确、全面地理解质量的概念,对开展质量管理工作来说十分重要。在生产发展的不同历史时期,人们对质量的理解随着科学技术的发展和社会经济的变化而有所变化。

自从美国贝尔实验室的统计学家休哈特(W. A. Shewhart)博士于1924年首次提出将统计学应用于质量控制以来,质量管理的思想与方法不断得到丰富和发展。一种新的质量管理思想和质量管理方式的提出,通常伴随的是对质量概念的进一步理解和重新定义,那么到底什么是质量?国际标准ISO 8402—1986对质量做了如下定义:质量(品质)是反映产品或服务满足明确或隐含需要能力的特征和特性的总和。现代质量管理认为,必须以用户的观点对质量下定义。这方面最著名也最流行的是美国著名的质量管理专家朱兰(J. M. Juran)给质量下的定义:"质量就是适用性。"

所谓适用性,就是产品和服务满足顾客要求的程度。企业的产品是否使顾客十分满意?是否达到了顾客的期望?如果没有,就说明存在质量问题。不管是产品本身的缺陷还是没有了解清楚顾客到底需要的是什么,都是企业的责任。

但是,适用性和满足顾客要求是比较抽象的概念,为了使之对质量管理工作起到指导作用,还需将其具体化。在这方面,美国质量管理专家戴维教授将适用性的概念具体为八个方面的含义。

(1)性能。产品主要功能达到的技术水平和等级,如立体声音响的信噪比、灵敏度等。

(2)附加功能。为使顾客更加方便、舒适等而增加的产品功能,如电视机的遥控器、照相机的自动卷片功能。

(3)可靠性。产品和服务完全规定功能的准确性和概率,如燃气灶、打火机每次一打就着火的概率,快递信件在规定时间内送达顾客手中的概率。

(4)一致性。产品和服务符合产品说明书和服务规定的程度,比如,汽车的百千米油耗是否超过说明书规定的公升数,饮料中天然固形物的含量是否达到所规定的百分比,等等。

(5)耐久性。产品和服务达到规定使用寿命的概率,比如,电视机是否达到规定的服务故障使用小时,烫发发型是否保持规定的天数,等等。

(6)维护性。产品是否容易修理和维护。

(7)美学性。产品外观是否具有吸引力和艺术性。

(8) 感觉性。产品和服务是否使人产生美好联想甚至妙不可言，如服装面料的手感、广告用语给人的感觉和使人产生的联想等。

以上这八个方面是适用性概念的具体化，从而也就更容易从这八个方面明确顾客对产品和服务的要求，并将这种要求化为产品和服务的各种标准。

美国著名运作管理专家理查德·施恩伯格认为，上述八个方面的质量含义，偏重于制造企业及其产品，而对服务企业来说，还应进一步补充下列质量内容。

(9) 价值。服务是不是最大限度地满足了顾客的希望，使其觉得物有所值。

(10) 响应速度。尤其对服务业来说，时间是一个主要的质量性能和要求。有资料显示，超级市场出口处的顾客等待时间超过 5 分钟，就显得很不耐烦，服务质量就会大打折扣。

(11) 人性。这是服务质量中一个最难把握但却非常重要的质量要素。人性不仅仅是针对顾客的笑脸相迎，还包括对顾客的谦逊、尊重、信任、理解、体谅以及与顾客的有效沟通。

(12) 安全性。无任何风险、危险和疑虑。

(13) 资格。具有必备的能力和知识，提供一流的服务。例如，导游的服务质量就在很大程度上取决于导游人员的语言能力和知识素养。

从以上关于质量概念的表述中可以看出，随着社会的进步、人们的收入水平和受教育水平的提高，消费者对产品和服务质量的要求越来越高，越来越具有丰富的文化和个性内涵。从而，如何正确地认识顾客的需求，如何将其转化为系统性的产品和服务的标准是现代质量管理首先要解决的重要问题。质量管理水平的提高，首先要求质量管理思想和观念革新。

2. 质量过程

产品和服务质量从形成过程来看，还有设计过程质量、制造过程质量和使用过程质量及服务过程质量之分。

- 设计过程质量。这是指设计阶段所体现的质量，也就是产品设计符合质量特性要求的程度，它最终经过图样和技术文件质量来体现。
- 制造过程质量。这是指按设计要求，通过生产工序制造而实际达到的实物质量，是设计质量的实现；是制造过程中，操作工人、技术装备、原料、工艺方法以及环境条件等因素的综合产物。这也被称为符合性质量。
- 使用过程质量。这是在实际使用过程中所表现的质量，它是产品质量与质量管理水平的最终体现。
- 服务过程质量。这是指产品进入使用过程后，生产企业（供方）对用户的服务要求的满足程度。

3. 工作质量

工作质量一般是指与质量有关的各项工作，对产品质量、服务质量的保证程度。工作质量涉及各个部门、各个岗位工作的有效性，同时，决定着产品质量和服务质量。然而，它又取决于人的素质，包括工作人员的质量意识、责任心和业务水平。其中，高层管理者（决策层）的工作质量起主导作用，一般管理层和执行层的工作质量起到保证和落实的作用。

工作质量能反映企业的组织工作、管理工作与技术工作的水平。工作质量的特点是它不像产品质量那样直观地表现在人们面前，而是体现在一切生产、技术、经营活动之中，并且通过企业的工作效率及工作成果，最终通过产品质量和经济效果表现出来。

产品质量指标可以用产品质量特性值来表示，而工作质量指标，一般是通过产品合格率、废品率和返修率等指标表示。比如合格率的提高，废品率、返修率的下降，就意味着工作质量水平的提高。然而，工作质量在许多场合是不能用上述指标来直接定量的，通常采取综合评分的方法来定量评价。例如，工作质量的衡量可以通过工作标准把"需要"予以规定，然后通过质量责任制等进行评价、考核与综合评分。具体工作标准视不同部门、岗位而异。

对生产现场来说，工作质量通常表现为工序质量。所谓工序质量，是指人（man）、机器（machine）、材料（material）、方法（method）和环境（environment）五大因素（即4M1E）综合起作用的加工过程的质量。在生产现场抓工作质量，就是要控制这五大因素，保证工序质量，最终保证产品质量。

14.1.2 质量管理的基本概念

1. 质量管理

根据 ISO 8402—1994 给出的定义，质量管理（quality management）是指"确定质量方针、目标和职责，并通过质量体系中的质量策划、质量控制、质量保证和质量改进来使其实现所有管理职能的全部活动"。这个定义指出了质量管理是一个组织管理职能的重要组成部分，必须由一个组织的高层管理者来推动，质量管理是各层管理者的职责，并且和组织内的全体成员都有关系，他们的工作都直接或间接地影响着产品或服务的质量。因此，质量管理的涉及面很广：从横向来说，包括战略计划、资源分配和其他系统活动，如质量计划、质量保证、质量控制等活动；从纵向来说，包括质量方针、质量目标以及质量体系。

2. 质量保证

所谓质量保证（quality assurance），是指"为使人们确信某实体能满足质量要求，在质量体系内所开展的并按需要进行证实的有计划和有系统的全部活动"（国际标准 ISO 8402—1994）。

质量保证的基本思想是强调对用户负责，其核心问题在于使人们确信某一组织有能力满足规定的质量要求，给用户、第三方（政府主管部门、质量监督部门、消费者协会等）和本企业高层管理者提供信任感。为了有把握地使用户、第三方和本企业高层管理者相信具有质量保证能力，使他们树立足够信心，必须提供充分必要的证据和记录，证明有足够能力满足他们对质量的要求。为了使质量保证系统行之有效，还必须时常接受评价，例如，用户、第三方和企业高层管理者组织实施的质量审核、质量监督、质量认证和质量评价（评审）等。

质量保证是一种有计划、有组织的系统活动，是实现质量管理所必需的工作保证。通过有计划地开展质量保证活动，应当形成一个有效的质量保证体系（质量保证模式）。

质量保证还分为内部质量保证和外部质量保证。内部质量保证是质量管理职能的一个组成部分，这是为了使企业各层管理者确信本企业具备满足质量要求的能力所进行的活动。外部质量保证是为了使用户和第三方确信供方具备满足质量要求的能力所进行的活动。

3. 质量控制

所谓质量控制（quality control），是指"为满足质量要求所采取的作业技术和活动"（国际标准 ISO 8402—1994）。

上述定义中所表述的"作业技术和活动"贯穿于质量形成全过程的各个环节，目的是保持质量形成全过程或其某一环节受控。因此,"作业技术和活动"的主要内容是确定控制计划与标准、实施控制计划与标准,并在实施过程中进行连续监视和验证,纠正不符合计划与程序的现象,排除质量形成过程中的不良因素与偏离规范现象,恢复其正常状态。

在实际运用质量控制概念时,应该明确控制对象。对具体的质量控制活动,应冠以限定词,如工序质量控制、外协件质量控制、公司范围质量控制等。

4. 质量体系

为了实现质量方针与目标,提高质量管理的有效性,应建立与健全质量体系(quality system)。质量体系是指"为实施质量管理的组织机构、职责、程序、过程和资源"(国际标准 ISO 8402—1994)。

质量体系应是质量管理的组织保证。因此,质量体系定义中所表述的"组织机构、职责",是指影响产品质量的组织体制,是组织机构、职责、程序等的管理能力和资源能力(包括人力资源与物质资源,如人才资源与技能、设计研究设备、生产工艺设备、检验与试验设备以及计量器具等)的综合体。一般包括:领导职责与质量管理职能,质量机构的设置,各机构的质量职能、职责以及它们之间的纵向与横向关系,质量工作网络和质量信息传递及反馈等。

质量体系是由若干要素构成的。根据 ISO 9000 系列标准,质量体系一般可以包括下列要素:市场调研、设计和规范、采购、工艺准备、生产过程控制、产品验证、测量和试验设备的控制、不合格控制、纠正措施、搬运和生产后的职能、质量文件和记录、人员、产品安全与责任、质量管理方法的应用等。

质量体系有两种形式:一种是用于内部管理的质量体系,一般以管理标准、工作标准、规章制度、规程等予以体现;另一种是用于外部证明的质量保证体系。前者要求比后者宽,是为完成某项活动所规定的方法,即规定某项活动的目的、范围、做法、时间进度、执行人员、控制方法与记录等。

质量体系作为一个有机体,还应拥有必要的体系文件,包括质量手册、程序性文件(包含管理性程序文件、技术性程序文件)、质量计划及质量记录等。

通过以上对质量管理、质量保证、质量控制、质量体系等概念的分别阐述,可以看出,质量管理涵盖了质量保证、质量控制、质量体系。其中,质量保证、质量控制是质量管理的具体实施方式与手段;质量体系是质量管理的组织、程序与资源的规范化、系统化。

5. 质量职能

质量管理在很大程度上是对质量职能(quality function)的管理。

质量职能,是指质量形成全过程所必须发挥的质量管理功能及其相应的质量活动。从产品质量形成的规律来看,直接影响产品质量的主要质量职能包括:市场研究、开发设计、生产技术准备、采购供应、生产制造、质量检验、产品销售、用户服务等。

一般来说,质量职能不同于质量职责。质量职能是针对质量形成全过程的需要提出来的质量活动属性与功能,具有科学性;而质量职责是为了实现质量职能,对部门、岗位与个人提出的具体的质量工作任务并赋予责、权、利,具有规定性与法定性。因而可以说,质量职能是制定质量职责的依据,质量职责是落实质量职能的方式或手段。质量职能不能等同于职能部门。一项质量职能可能由几个部门去担当实现。

总之,质量管理是一门学问,从根本上说,这是一门如何发现质量问题、定义质量问题、寻找问题原因和制订整改方案的方法论。质量管理还是一种思想，它实际上是对企业的宗旨，即企业是干什么的、应该是干什么的这一基本使命的一种深刻的理解和不断升华的认识。质量管理更是一种实践，一种从企业最高领导者到每位员工主动参与的永无止境的改进活动。

14.1.3 提高产品质量的意义

产品（服务）质量是任何一家企业赖以生存的基础，提高产品（服务）质量对提高企业竞争力、促进企业的发展来说有直接而重要的意义。

（1）质量是企业的生命线，是实现企业兴旺发达的杠杆。一家企业有没有生命力，在经营上有没有活力，首先是看它能否生产和及时向市场提供所需要的质量优良的产品。生产质量低劣的产品，必然要被淘汰，企业也就不能兴旺发达。

（2）质量是提高企业竞争力的重要支柱。无论是在国际市场还是在国内市场中，竞争都是一条普遍的规律。市场的竞争首先是质量的竞争，质量低劣的产品是无法进入市场的。可以说，质量是产品进入市场的通行证。企业也只能以质量开拓市场，以质量巩固市场。提高产品质量是企业管理中的一项重要战略。

（3）质量是提高企业经济效益的重要条件。提高产品质量大多可以在不增加消耗的条件下，向用户提供使用价值更高的产品，以优质获得优价，走质量效益型道路，使企业经济效益得到提高。如果粗制滥造，质量低劣，就必然导致产品滞销，无人购买，这就从根本上失去了提高经济效益的条件。经验也表明，有高的质量，才可能有高的效益。

产品的质量问题始终是个重大的战略问题。优质产品和服务能给人们生活带来方便与安乐，能给企业带来效益和发展，最终能使社会繁荣，国家富强；劣质产品和服务则会给人们生活带来无数的烦恼以至灾难，造成企业的亏损以至倒闭，并由此给社会带来各种不良影响，直接阻碍社会的进步，甚至造成国家的衰败。因此，可以把优质的产品和服务看成是人们现代生活与工作的保障。美国著名质量管理专家朱兰博士曾形象地把"质量"比拟为人们在现代社会上赖以生存的大堤，对产品质量提出越来越高的要求。要保证质量大堤的安全，就必须对质量问题常抓不懈。

14.2 全面质量管理

14.2.1 质量管理的发展过程

质量管理这一概念早在 20 世纪初就提出来了，它在企业管理与实践的发展中不断完善，随着市场竞争的变化而发展起来。

从质量管理的发展历史可看出，对于不同时期，质量管理的理论、技术和方法都在不断地发展和变化，并且有不同的发展特点。从一些工业发达国家经过的历程来看，质量管理的发展大致经历了三个阶段。

1. 产品质量的检验阶段（20 世纪二三十年代）

20 世纪初，美国企业出现了流水作业等先进生产方式，提高了对质量检验的要求，随之在企业管理队伍中出现了专职检验人员，组成了专职检验部门。从 20 世纪初到 20 世纪 40 年代以前，美国的工业企业普遍设置了集中管理的技术检验机构。

质量检验对手工业生产来说，无疑是一个很大进步，因为它有利于提高生产率和分工的发展。但从质量管理的角度看，质量检验的效能较差，因为这一阶段的特点就是按照标准规定，对成品进行检验，即从成品中挑出不合格品，这种质量管理方法的任务只是"把关"，即严禁不合格品出厂或流入下一道工序，而不能预防废品产生。虽然可以防止废品流入下一道工序，但是由废品造成的损失已经存在，是无法消除的。

1924 年，美国贝尔实验室的统计学家休哈特博士提出了"预防缺陷"的概念。他认为，质量管理除了检验外，还应做到预防，解决的办法就是采用他所提出的统计质量控制方法。

与此同时，同属美国贝尔实验室的道奇（H. F. Dodge）和罗米格（H. G. Romig）又共同提出，在破坏性检验的场合采用"抽样检验表"，并提出了第一个抽样检验方案。此时，还有瓦尔德（A. Wald）的序贯抽样检验法等统计方法。但在当时，只有少数企业，如 GE、福特汽车公司等采用他们的方法，并取得了明显的效果，而大多数企业却仍然搞事后检验。这是因为 20 世纪 30 年代前后，资本主义国家发生严重的经济危机，在当时生产力发展水平不太高的情况下，对产品质量的要求也不可能高，所以，用数理统计方法进行质量管理未被普遍接受。因此第一阶段，即质量检验阶段一直延续到 20 世纪 40 年代。

2. 统计质量管理阶段（20 世纪四五十年代）

由于第二次世界大战对大量生产（特别是军需品）的需要，质量检验工作立刻暴露出其弱点，检验部门成了生产中最薄弱的环节。由于事先无法控制质量以及检验工作量大，军火生产常常延误交货期，影响前线军需供应。这时，休哈特防患于未然的控制产品质量的方法及道奇、罗米格的抽样检查方法被重新重视起来。美国政府和国防部组织数理统计学家去解决实际问题，制定战时国防标准，即 21.1《质量控制指南》、21.2《数据分析用的控制图法》和 21.3《生产中质量管理用的控制图》，这三个标准是质量管理中最早的标准。

在美国战时的质量管理方法的研究中，哥伦比亚大学的"统计研究组"做出了较大的贡献。该组是作为政府部门的应用数学咨询机构而成立的（1942 年 6 月成立，1945 年 9 月撤销），在其许多的研究成果中，具有特殊意义的是瓦尔德提出的逐次抽检（序贯抽检）法。

第二次世界大战后，美国的产业界顺利地从战时生产转入到和平生产，统计方法在国民工业生产中得到了广泛的应用。随后，在欧美各国企业相继推广开来。

这一阶段的手段是利用数理统计原理，预防产生废品并检验产品的质量。在方式上是由专职检验人员转过来的专业质量控制工程师和技术人员承担。这标志着将事后检验的观念转变为预防质量事故的发生并事先加以预防的概念，使质量管理工作前进了一大步。

但是，这个阶段曾出现了一种偏见，就是过分地强调数理统计方法，忽视了组织管理者和生产者的能动作用，使人误认为"质量管理好像就是数理统计方法""质量管理是少数数学家和学者的事情"，因而对统计的质量管理产生了一种高不可攀、望而生畏的感觉。这种倾向阻碍了数理统计方法的推广。

3. 全面质量管理阶段（20 世纪 60 年代至今）

从 20 世纪 60 年代开始，进入全面质量管理（total quality management，TQM）阶段。20 世纪 50 年代以来，由于科学技术的迅速发展，工业生产技术手段越来越现代化，工业产品更新换代也越来越频繁。特别是出现了许多大型产品和复杂的系统工程，质量要求大大提高了，对安全性、可靠性的要求也越来越高。此时，单纯靠统计质量控制，已无法满足要求。因为整个系统工程与试验研究、产品设计、试验鉴定、生产准备、辅助过程、使用过程等每个环节都有着密切关系，仅仅靠控制过程是无法保证质量的。这样就要求从系统的观点，全面控制产品质量形成的各个环节、各个阶段。其次，由于行为科学在质量管理中的应用，其中主要内容就是重视人的作用，认为人受心理因素、生理因素和社会环境等方面的影响。因而必须从社会学、心理学的角度去研究社会环境与人的相互关系以及个人利益对提高工效和产品质量的影响，发挥人的能动作用，调动人的积极性，去加强企业管理。同时，认识到不重视人的因素，质量管理是搞不好的。因而在质量管理中，也相应地出现了"依靠工人""自我控制""无缺陷运动"和"QC 小组活动"等。

此外，由于"保护消费者利益"运动的出现和发展，迫使政府制定法律，制止企业生产和销售质量低劣、影响安全、危害健康的劣质品，要求企业对提供产品的质量承担法律责任和经济责任。制造者提供的产品不仅要求性能符合质量标准规定，而且在保证产品售后的正常使用过程中，效果良好、安全、可靠、经济。于是，在质量管理中提出了质量保证和质量责任问题。这就要求在企业中建立全过程的质量保证系统，对企业的产品质量实行全面的管理。

基于上述理由，GE 的费根鲍姆（A. V. Feigenbaum）首先提出了全面质量管理的思想，或称"综合质量管理"，并且在 1961 年出版了《全面质量管理》一书。他指出要真正搞好质量管理，除了利用统计方法控制生产过程外，还需要组织管理者和生产者对生产全过程进行质量管理。他还指出执行质量职能是企业全体人员的责任，应该使全体人员都具有质量意识和承担质量的责任。费根鲍姆还同朱兰等一些著名质量管理专家建议，用全面质量管理代替统计质量管理。全面质量管理的提出符合生产发展和质量管理发展的客观要求，所以，很快被人们普遍接受，并在世界各地逐渐普及和推行。经过多年实践，全面质量管理理论已比较完善，在实践上也取得了较大的成功。

14.2.2 全面质量管理的概念、特点及主要工作内容

1. 全面质量管理的概念

全面质量管理，是指在全社会的推动下，企业的所有组织、所有部门和全体人员都以产品质量为核心，把专业技术、管理技术和数理统计结合起来，建立起一套科学、严密、高效的质量保证体系，控制生产全过程影响质量的因素，以优质的工作、最经济的办法，提供满足用户需要的产品（服务）的全部活动。简言之，就是全社会推动下的、企业全体人员参加的、用全面质量去保证生产全过程的质量的活动，而核心就在"全面"二字上。

2. 全面质量管理的特点

全面质量管理的特点就在"全面"上，所谓"全面"，有以下四方面的含义：

（1）TQM 是全面质量的管理。所谓全面质量，就是指产品质量、过程质量和工作质量。全面质量管理不同于以前质量管理的一个特征，就是其工作对象是全面质量，而不仅仅局限于产品质量。全面质量管理认为，应从抓好产品质量的保证入手，用优质的工作质量来保证产品质量，这样能够有效地改善影响产品质量的因素，达到事半功倍的效果。

（2）TQM 是全过程质量的管理。所谓全过程，是相对制造过程而言的，就是要求把质量管理活动贯穿于产品质量产生、形成和实现的全过程，全面落实预防为主的方针，逐步形成一个包括市场调查、开发设计直至销售服务全过程所有环节的质量保证体系，把不合格品消灭在质量形成过程之中，做到防患于未然。

（3）TQM 是全员参加的质量管理。产品质量的优劣，取决于企业全体人员的工作质量水

平，提高产品质量必须依靠企业全体人员的努力。企业中任何人的工作都会在一定范围和一定程度上影响产品的质量。显然，过去那种依靠少数人进行质量管理的方法是很不得力的。因此，全面质量管理要求不论是哪个部门的人员，也不论是厂长还是普通员工，都要具备质量意识，都要承担具体的质量职能，积极关心产品质量。

（4）TQM 是全社会推动的质量管理。所谓全社会推动的质量管理，指的是要使全面质量管理深入持久地开展下去，并取得好的效果，就不能把工作局限于企业内部，而需要全社会的重视，需要质量立法、认证、监督等工作，进行宏观上的控制引导，即需要全社会的推动。全面质量管理的开展要求全社会推动这一点之所以必要，一方面是因为一个完整的产品，往往是由许多企业共同协作来完成的，例如，机器产品的制造企业要从其他企业获得原材料，由各种专业化工厂生产零部件等。因此，仅靠企业内部的质量管理无法完全保证产品质量。另一方面，来自全社会的宏观质量活动所创造的社会环境，可以激发企业提高产品质量的积极性并认识到它的必要性。例如，通过优质优价等质量政策的制定和贯彻，以及实行质量认证、质量立法、质量监督等活动以取缔低劣产品的生产，使企业认识到，生产优质产品无论是对社会还是对企业都有利，而质量不过关则使企业无法生存和发展，从而认真对待产品质量和质量管理问题，使全面质量管理得以深入持久地开展下去。

3. 全面质量管理的主要工作内容

全面质量管理是生产经营活动全过程的质量管理，要将影响产品质量的一切因素都控制起来，其中应主要抓好以下几个环节的工作：

（1）市场调查。市场调查过程中要了解用户对产品质量的要求，以及对本企业产品质量的反馈，为下一步工作指出方向。

（2）产品设计。产品设计是产品质量形成的起点，是影响产品质量的重要环节，设计阶段要制定产品的生产技术标准。为使产品质量水平确定得先进合理，可利用经济分析方法。这就是根据质量与成本及质量与售价之间的关系来确定最佳质量水平。

（3）采购。原材料、协作件、外购标准件的质量对产品质量的影响是很明显的，因此，要从供应单位的产品质量、价格和遵守合同的能力等方面来选择供应厂家。

（4）制造。制造过程是产品实体形成过程，制造过程的质量管理主要通过控制影响产品质量的各种因素，即通过操作者的技术熟练水平、设备、原材料、操作方法、检测手段和生产环境来保证产品质量。

（5）检验。制造过程中同时存在着检验过程，检验在制造过程中起到把关、预防和预报的作用。把关就是及时挑出不合格品，防止其流入下一道工序或出厂；预防是防止不合格品的产生；预报是产品质量状况反馈到有关部门，作为质量决策的依据。为了更好地起到把关和预防等作用，要同时考虑减少检验费用，缩短检验时间，要正确选择检验方式和方法。

（6）销售。销售是产品质量实现的重要环节。销售过程中要实事求是地向用户介绍产品的性能、用途、优点等，防止不合实际地夸大产品的质量，影响企业的信誉。

（7）服务。抓好对用户的服务工作，如提供技术培训，编制好产品说明书，开展咨询活动，解决用户的疑难问题，及时处理出现的质量事故。毕竟，为用户服务的质量影响着产品的使用质量。

14.2.3　全面质量管理的基本工作方法：PDCA 循环

在质量管理活动中，要求把各项工作按照做出计划、计划实施、检查实施效果，然后将成功的纳入标准,不成功的留待下一循环去解决的工作方法进行。这就是质量管理的基本工作方法,实际上也是企业管理各项工作的一般规律。这一工作方法简称 PDCA 循环,其中 P(plan)是计划阶段,D(do)是执行阶段,C(check)是检查阶段,A(action)是处理阶段。PDCA 循环是美国质量管理专家戴明博士最先总结出来的,所以又被称为戴明环。

PDCA 工作方法的四个阶段,在具体工作中又进一步分为八个步骤。

P(计划)阶段有四个步骤,具体如下:

(1) 分析现状,找出所存在的质量问题。对找到的问题要问三个问题:这个问题可不可以解决?这个问题可不可以与其他工作结合起来解决?这个问题能不能用最简单的方法解决而又能达到预期的效果?

(2) 找出产生问题的原因或影响因素。

(3) 找出原因(或影响因素)中的主要原因(影响因素)。

(4) 针对主要原因制订解决问题的措施计划。措施计划要明确采取该措施的原因(why),执行该措施预期达到的目的(what),在哪里执行措施(where),由谁来执行(who),何时开始执行和何时完成(when),以及如何执行(how),即要明确 5W1H 问题。

D(执行)阶段有一个步骤:按制订的计划认真执行。

C(检查)阶段有一个步骤:检查措施执行的效果。

A(处理)阶段有两个步骤:

(1) 巩固提高,就是把措施计划执行成功的经验进行总结并整理成为标准,以巩固提高。

(2) 把本工作循环没有解决的问题或出现的新问题,提交下一工作循环去解决。

PDCA 循环有如下特点:

(1) PDCA 循环一定要顺序形成一个大圈,接着四个阶段不停地转,如图 14-1 所示。

(2) 大环套小环,互相促进。如果把整个企业的工作作为一个大的 PDCA 循环,那么各个部门、小组还有各自小的 PDCA 循环;就像一个行星轮系一样,大环带动小环,一级带一级,大环指导并推动着小环,小环又促着大环,有机地构成一个运转的体系,如图 14-2 所示。

(3) 循环上升。PDCA 循环不是到 A 阶段结束就算完结,而是又要回到 P 阶段开始新的循环,就这样不断旋转。PDCA 循环的转动不是在原地转动,而是每转一圈都有新的计划和目标。犹如爬楼梯一样逐步上升,使质量水平不断提高,如图 14-3 所示。

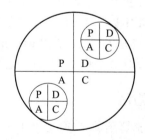
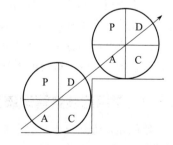

图 14-1 PDCA 循环　　图 14-2 大环套小环示意图　　图 14-3 PDCA 循环上升

PDCA 循环实际上是有效开展任何一项工作的合乎逻辑的工作程序。在质量管理中,PDCA 循环得到了广泛的应用,并取得了很好的效果,因此有人称 PDCA 循环是质量管理的基本方法。之所以将其称为 PDCA 循环,是因为这四个过程不是运行一次就完结的,而是要周而复始地进行。一个循环完了,解决了一部分问题,可能还有其他问题尚未解决,或者又出现了新的问题,再进行下一次循环。

在解决问题的过程中,常常不是一次 PDCA 循环就能够完成的,需要将 PDCA 循环持续下去,直到彻底解决问题。问题=标准-现状。每经历一次循环,都需要将取得的成果加以巩固,也就是修订和提高标准,按照更高的新标准衡量现状,必然会发现新的问题,这也是必须将循环持续上去的原因。每经过一个循环,质量管理就达到一个更高的水平;不断坚持 PDCA 循环,就会使质量管理不断取得新的成果。

14.3 统计质量控制

14.3.1 质量管理的统计控制方法

统计质量控制方法以 1924 年美国休哈特博士提出的控制图为起点,经过半个多世纪有了很大发展,现在包括了很多种方法。这些方法可大致分为以下三类。

1. 常用的统计管理方法

该方法又被称为初级统计管理方法,主要有直方图、数据分层法、控制图、排列图、因果分析图、散布图和统计分析表。运用这些工具,可以从经常变化的生产过程中,系统地收集与产品质量有关的各种数据,并用统计方法对数据进行整理、加工和分析,进而画出各种图表,计算某些数据指标,从中找出质量变化的规律,实现对质量的控制。日本著名的质量管理专家石川馨曾说过,企业内 95%的质量管理问题,可通过企业全体人员活用上述七种工具而得到解决。全面质量管理的推行,也离不开企业各级、各部门人员对这些工具的掌握。

2. 中级统计管理方法

该方法包括抽样调查方法、抽样检验方法、官能检查方法和实验计划法等。这些方法不一定要企业全体人员都掌握,主要是有关技术人员和质量管理部门的人员使用。

3. 高级统计管理方法

该方法包括高级实验计划法和多变量解析法,主要用于复杂的工程解析和质量解析,而且要借助于计算机手段,通常只是专业人员使用这些方法。

统计质量管理方法是进行质量控制的有效工具,但在应用中必须注意以下几个问题,否则,就得不到应有的效果。这些问题主要是:①数据有误。数据有误可能是两种原因造成的,一是人为地使用有误数据,二是未真正掌握统计方法。②数据的采集方法不正确。若抽样方法本身有误,则其后的分析方法再正确也是无用的。③数据的记录、抄写有误。④异常值的处理。通常在生产过程中取得的数据总是含有一些异常值的,它们会导致分析结果有误。

14.3.2 常用的质量管理统计方法

常用的质量管理统计方法主要包括所谓的"QC 七种工具",即直方图、数据分层法、控制图、排列图、因果分析图、散布图和统计分析表。

1. 直方图

直方图是表示数据变化情况的一种主要工具。用直方图可以比较直观地看出产品质量特性的分布状态,可以判断工序是否处于受控状态,还可以对总体进行推断,判断其总体质量分布情况。

(1) 直方图的画法。下面结合一个例子说明绘制直方图的方法。

【例 14-1】

某厂测量钢板厚度，尺寸按标准要求为 6mm，现从生产批量中抽取 100 个样本进行测量，测出的尺寸如表 14-1 所示，试画出直方图。

表 14-1 钢板厚度测量值

组号	尺 寸				
1	5.77	6.27	5.93	6.08	6.03
2	6.01	6.04	5.88	5.92	6.15
3	5.71	5.75	5.96	6.19	5.70
4	6.19	6.11	5.74	5.96	6.17
5	6.42	6.13	5.71	5.96	5.78
6	5.92	5.92	5.75	6.05	5.94
7	5.87	5.63	5.80	6.12	6.32
8	5.89	5.91	6.00	6.21	6.08
9	5.96	6.06	6.25	5.89	5.83
10	5.95	5.94	6.07	6.02	5.75
11	6.12	6.18	6.10	5.95	5.95
12	5.95	6.04	6.07	6.00	5.75
13	5.86	5.84	6.08	6.24	5.61
14	6.13	5.80	5.90	5.93	5.78
15	5.80	6.14	5.56	6.17	5.97
16	6.13	5.80	6.08	5.93	5.78
17	5.86	5.84	6.08	6.24	5.97
18	5.95	5.94	6.07	6.00	5.85
19	6.12	6.18	6.10	5.95	5.95
20	6.03	5.89	5.97	6.05	6.45

解：①收集数据。至少收集 100 个以上的数据，一般以 100 个样本为宜。

②找出数据的最大值与最小值，计算极差 R。本例中

最大值　$x_{\max} = 6.45$
最小值　$x_{\min} = 5.56$
极差　$R = x_{\max} - x_{\min} = 6.45 - 5.56 = 0.89$

③确定组数 K 与组距 h。组数 K 的确定可根据表 14-2 选择。本例中，$K=10$，组距 $h = (R/K) = (0.89/10) \approx 0.09$。

表 14-2 分组数 K 参考值

数据个数 N	分组数 K	一般使用 K
50~100	6~10	
100~250	7~12	10
250 以上	10~20	

④确定组的界限值。分组的组界值要比抽取的数据多一位小数，以使边界值不致落入两个组内。因此，先取测定单位的 1/2，然后用最小值减去测定单位的 1/2，作为第一组的下界值；再加上组距，作为第一组的上界值，依次加到最大一组的上界值。本例中测量单位为 0.01，所以第一组的下界值为：

$$x_{\min} - \frac{测量单位}{2} = 5.56 - \frac{0.01}{2}$$

$$= 5.56 - 0.005 = 5.555$$

第一组上界值为：$5.555 + 0.09 = 5.645$
第二组上界值为：$5.645 + 0.09 = 5.735$
……

⑤记录各组中的数据，计算各组的中心值，整理成频数表，如表 14-3 所示。

表 14-3 频数表

组号	组界值	组中值 x_i	频数核对	频数 f_i	变换后组中值 u_i	$f_i u_i$	$f_i u_i^2$
1	5.555~5.645	5.60		2	-4	-8	32
2	5.645~5.735	5.69		3	-3	-9	27
3	5.735~5.825	5.78		13	-2	-26	52
4	5.825~5.915	5.87		15	-1	-15	15
5	5.915~6.005	5.96		26	0	0	0
6	6.005~6.095	6.05		15	1	15	15
7	6.095~6.185	6.14		15	2	30	60
8	6.185~6.275	6.23		7	3	21	63
9	6.275~6.365	6.32		2	4	8	32
10	6.365~6.455	6.41		2	5	6	50
			Σ	100		22	346

⑥根据频数表画出直方图。在方格纸上，使横坐标取各组的组限，纵坐标取各组的频数，画出一系列直方形即直方图。如图14-4所示，每个直方面积为数据落到这个范围内的个数（或频率），故所有直方形面积之和即频数的总和（或频率的总和）为1或100%。图中要标出平均值（$\bar{x}$）和标准差（s）。

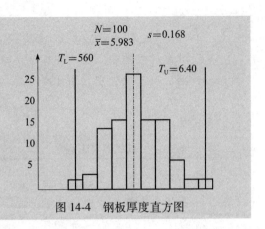

图14-4 钢板厚度直方图

（2）直方图的观察与分析。直方图是从形态的角度，通过产品质量的分布反映工序的精度状况。通常是看图形本身的形状是否正常，再与公差（标准）做对比，做出大致判断。常见的有以下几种图形，如图14-5所示。

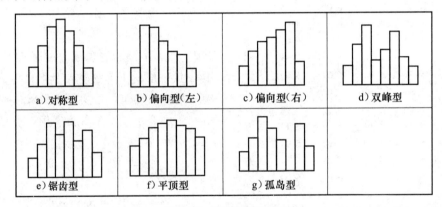

图14-5 直方图的形状

①对称型（见图14-5a），又称正常型，直方图中的直方形以中间为顶峰，向左右两侧大体呈对称型排列。这是正常的典型分布图形。

②偏向型（见图14-5b、图14-5c），其高峰偏向于一侧，另一侧呈缓坡状。通常是由于产品的公差（标准）是单侧标准（如形位公差），或某种加工习惯等原因所造成的。比如只有公差上限要求的产品以及轴件产品的质量分布往往呈右偏形，只有公差下限要求的产品以及套件产品的质量分布往往呈左偏形。大多数修过的产品，其质量分布也会偏向一边。

③双峰型（见图14-5d），图形出现两个顶峰。这往往是由于两个不同的分布混在一起所造成的，比如有一定差别的两台机床或两种原材料所生产的产品混在一起。这时应按照数据的不同性质进行分层，再绘制分层后的直方图。

④锯齿型（见图14-5e），高峰的变化呈参差不齐的锯齿状，这往往是由于绘制直方图的过程中分组过多或测量读数有误等原因造成的。

⑤平顶型（见图14-5f），直方形顶部平直，峰谷不明。这往往是由于生产过程中某种缓慢的带有变动倾向的因素在起作用所造成的，如工具的磨损、操作者的疲劳等。

⑥孤岛型（见图14-5g），即在远离主分布中心的地方出现一些小直方形。这表明工序质量有异常，往往是原材料有变化，短时期内是由不熟练工人替班操作或测量有误等原因造成的。

2. 数据分层法

数据分层就是把性质相同的、在同一条件下收集的数据归纳在一起，以便进行比较分析。因为在实际生产中，影响质量变动的因素很多，如果不把这些因素区别开来，难以得出变化的规律。数据分层可根据实际情况按多种方式进行，例如，按不同时间、不同班次进行分层，按使用设备的种类进行分层，按原材料的进料时间、原材料成分进行分层，按检查手段、使用条件进行分层，按不同缺陷项目进行分层，等等。数据分层法经常与后面的统计分析表结合起来使用。

3. 控制图

控制图又称为管理图，如图14-6所示，它是一种有控制界限的图，用来区分引起质量波动的原因是偶然的还是系统的，可以提供系统原因存在的信息，从而判断生产过程是否处于受控状态。控制图按其用途可分为两类，一类是供分析用的控制图，用控制图分析生产过程中有关质量特性值的变化情况，看工序是否处于稳定受控状态；另一类是供管理用的控制图，主要用于发现生产过程是否出现了异常情况，以预防产生不合格品。

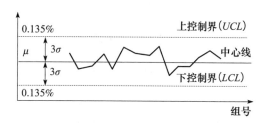

图14-6 控制图的基本形状

控制图通常以样本平均值 $\bar{x}$ 为中心线，以上下取3倍的标准差（$\bar{x}\pm3\sigma$）为控制界，因此，用这样的控制界限绘成的控制图被称为 3σ 控制图，是休哈特最早提出的控制图。

控制图根据数据的种类不同，基本上可以分为两大类：计量值控制图和计数值控制图。计量值控制图一般适用于以长度、强度、纯度等为控制对象的场合，属于这类的控制图有单值控制图、平均值和极差控制图、中位数和极差控制图等。计数值控制图以计数值数据的质量特性为控制对象，属于这类的控制图有不合格品率控制图（P控制图）和不合格品数控制图（Pn控制图）、缺陷数控制图（c控制图）和单位缺陷数控制图（u控制图）等。下面结合某轧钢厂生产的 6 ± 0.4mm 厚度的钢板为例，介绍平均值和极差控制图（$\bar{x}$-R控制图）的画法和应用，其他类型的控制图请参考其他有关资料。

（1）控制图的画法。以例14-1的数据说明 $\bar{x}$-R 控制图的画法。

①收集数据，$N=100$ 如表14-4所示。

②将数据分组，一般取组数 $K=20$，每组样容量 n 取 4~5 为宜，本例 $n=5$。

③按下式计算 $\bar{x}$ 和 R，将结果填入表中。

$$\bar{x} = \frac{1}{n}\sum_{i=1}^{n} x_i$$

$$R = x_{\max} - x_{\min}$$

表14-4 钢板厚度数据

组号	x_1	x_2	x_3	x_4	x_5	$\bar{x}$	R
1	5.77	6.27	5.93	6.08	6.03	6.016	0.50
2	6.01	6.04	5.88	5.92	6.15	6.000	0.27
3	5.71	5.75	5.96	6.19	5.70	5.862	0.49
4	6.19	6.11	5.74	5.96	6.17	6.034	0.45

（续）

组号	x_1	x_2	x_3	x_4	x_5	$\bar{x}$	R
5	6.42	6.13	5.71	5.96	5.78	6.000	0.71
6	5.92	5.92	5.75	6.05	5.94	5.916	0.30
7	5.87	5.63	5.80	6.12	6.32	5.948	0.69
8	5.89	5.91	6.00	6.21	6.08	6.018	0.32
9	5.96	6.06	6.25	5.89	5.83	5.996	0.42
10	5.95	5.94	6.07	6.02	5.75	5.946	0.32
11	6.12	6.18	6.10	5.95	5.95	6.000	0.23
12	5.95	5.94	6.07	6.00	5.75	5.942	0.32
13	5.86	5.84	6.08	6.24	5.61	5.926	0.63
14	6.13	5.80	5.90	5.93	5.78	5.908	0.35
15	5.80	6.14	5.56	6.17	5.97	5.928	0.61
16	6.13	5.80	5.90	5.93	5.78	5.908	0.35
17	5.86	5.84	6.08	6.24	5.97	5.998	0.40
18	5.95	5.94	6.07	6.00	5.85	5.962	0.22
19	6.12	6.18	6.10	5.95	5.95	6.060	0.23
20	6.03	5.89	5.97	6.05	6.45	6.078	0.56

④按下式计算和：

$$\bar{\bar{x}} = \sum_{i=1}^{k} \frac{\bar{x}_i}{k} = \frac{6.016 + 6.000 + \cdots + 6.078}{20} = 5.975$$

$$\bar{R} = \sum_{i=1}^{k} \frac{R_i}{k} = \frac{0.50 + 0.27 + \cdots + 0.56}{20} = 0.419$$

⑤计算 $\bar{x}$-R 控制图的控制界限。

$\bar{x}$ 控制图的控制界限的计算公式为：

$$UCL = \mu + 3\frac{\sigma}{\sqrt{n}} = \bar{\bar{x}} + 3\frac{\bar{R}}{d_2\sqrt{n}} = \bar{\bar{x}} + A_2\bar{R}$$

$$LCL = \mu - 3\frac{\sigma}{\sqrt{n}} = \bar{\bar{x}} - 3\frac{\bar{R}}{d_2\sqrt{n}} = \bar{\bar{x}} - A_2\bar{R}$$

$$CL = \bar{\bar{x}}$$

R 控制图的控制界限计算公式为：

$$UCL = \bar{R} + 3\sigma_R = d_2\sigma + 3d_3\sigma = \left(1 + \frac{3d_3}{d_2}\right)\bar{R} = D_4\bar{R}$$

$$LCL = \bar{R} - 3\sigma_R = d_2\sigma - 3d_3\sigma = \left(1 - \frac{3d_3}{d_2}\right)\bar{R} = D_3\bar{R}$$

式中的系数 A_2，d_2，d_3，D_3，D_4 可由表 14-5 查出。

表 14-5 求控制图界限的系数表

n	A_2	D_4	D_3	E_2	m_3A_2	d_2	d_3
2	1.880	3.267	—	2.659	1.880	1.128	0.853
3	1.023	2.575	—	1.772	1.187	1.603	0.888
4	0.729	2.282	—	1.457	0.796	2.059	0.880
5	0.577	2.115	—	1.290	0.691	2.326	0.864

(续)

n	A_2	D_4	D_3	E_2	m_3A_2	d_2	d_3
6	0.483	2.004	—	1.184	0.549	2.534	0.848
7	0.410	1.924	0.076	1.109	0.509	2.704	0.833
8	0.373	1.864	0.136	1.054	0.432	2.847	0.820
9	0.337	1.816	0.184	1.010	0.412	2.970	0.808
10	0.308	1.777	0.223	0.975	0.363	3.173	0.797

如本例，$\bar{x}$ 控制图的控制界限为：

$$UCL = \bar{\bar{x}} + A_2\bar{R} = 5.975 + 0.577 \times 0.419 = 6.217$$

$$LCL = \bar{\bar{x}} - A_2\bar{R} = 5.975 - 0.577 \times 0.419 = 5.733$$

$$CL = \bar{\bar{x}} = 5.975$$

R 控制图的控制界限为：

$$UCL = D_4\bar{R} = 2.115 \times 0.419 = 0.886$$

$$LCL = D_3\bar{R} = —（不考虑）$$

$$CL = \bar{R} = 0.419$$

⑥画出控制图（见图14-7），并记入有关事项、零件名称、件号、工序名称和操作者等。

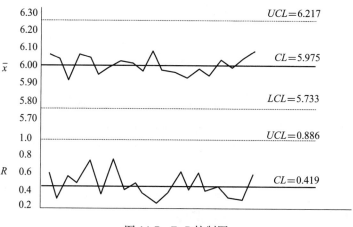

图 14-7 $\bar{x}$-R 控制图

（2）控制图的观察分析。所谓控制图的观察分析，是指工序生产过程的质量特性数据在设计好的控制图上标点后取得工序质量状态信息，以便及时发现异常，采取有效措施，使工序处于质量受控状态的质量控制活动。

①工序稳定状态的判断。工序是否处于稳定状态的判断条件有两点：点必须全部在控制界限之内；在控制界限内的点，排列无缺陷或者说点无异常排列。

如果点的排列是随机地处于下列情况，那么可认为工序处于稳定状态：

- 连续 25 个点在控制界限内。
- 连续 35 个点，仅有一个点超出控制界限。
- 连续 100 个点仅有 2 个点超出控制界限。

②工序不稳定状态的判断。只要具有下列条件之一时，均可判断为工序不稳定：点超出控

制界限（点在控制界限上按超出界限处理）；点在警戒区内。

点处在警戒区是指点处在 $2\sigma \sim 3\sigma$ 范围之内。若出现下列情况之一，均判定工序不稳定：

- 连续 8 个点有 2 个点在警戒区内。
- 连续 9 个点有 3 个点在警戒区内。
- 连续 10 个点有 4 个点在警戒区内。

点虽在控制界限内，但排列异常。所谓异常，是指点排列出现链、倾向、周期等缺陷之一。此时，即判定工序不稳定。

- 连续链。连续链是指在中心线一侧连续出现多个点。链的长度用链内所含点数的多少衡量。当链长大于 7 时，则判定为点排列异常。
- 间断链。间断链是指多数点在中心线一侧。比如连续 11 个点中有 10 个点在中心线一侧；连续 14 个点中有 12 个点在中心线一侧；连续 17 个点中有 13 个点在中心线一侧；连续 20 个点中有 16 个点在中心线一侧。
- 倾向。倾向是指点连续上升或下降，如连续上升或下降的点数超过 7 时，则判定为异常。
- 周期。周期是指点的变动呈现明显的一定间隔。点出现周期性，判断较复杂，应当慎重决策。通常，应先弄清原因，再做判断。

对上述判断工序异常的现象，可用小概率事件做出概率论解释。本节不做定量描述，有兴趣的读者可查阅有关资料。

（3）控制图的两类错误。控制图是判断异常因素是否出现的一种图形化的检验工具。由于控制图的控制界限是基于 3σ 原则，根据正态分布理论，有

$$P(\mu - 3\sigma < x < \mu + 3\sigma) = 0.9973$$

即当工序质量特性值 x 的均值 μ 和标准差 σ 在工序生产过程中并未发生变化时，仍有 $\alpha = 0.27\%$ 的点超出控制界限而发出工序异常的不正常信号。我们称这种不正常虚发信号为控制图的第 I 类错误，记为 α。

由第 I 类错误引起不必要的停产检查，将导致相应的经济损失。同样，当系统因素影响工序生产过程使均值 μ 和标准差 σ 发生变化时，据正态分布性质，有部分点仍在控制界限之内，而不能及时发出报警信号，视工序正常，使生产过程继续下去，从而导致大量废品产生。我们称这种不能及时发出报警信号的错误为控制图的第 II 类错误，记为 β。α 与 β 之间的关系如图 14-8 所示。由图 14-8 可见，当控制界限为 $\pm 3\sigma$ 时，α 是一个确定值。且有，α 将随控制界限增大而减小。当均值由 μ_0 变为 μ_1 时，仍有 β 部分落在控制界限之内。显见，β 是随着控制界限的增大而增大。

4. 排列图

排列图又被称为帕累托图，由此图的发明者、意大利经济学家帕累托（Paleto）的名字而得名。帕累托最早用排列图分析社会财富的分布状况，后来美国质量管理专家朱兰将其用于质量管理。排列图是分析和寻找影响质量的主要因素的一种工具，其形式如图 14-9 所示。图 14-9 中的左边纵坐标表示计量单位（如件数、金额等），右边纵坐标表示频率（以百分比表

示），图中的折线表示累积频率。横坐标表示影响质量的各项因素，按影响程度的大小（即出现频数多少）从左向右排列。通过对排列图的观察分析，可抓住影响质量的主要因素。这种方法实际上不仅在质量管理中，在其他许多管理工作中，如物资库存管理，都是十分有用的。

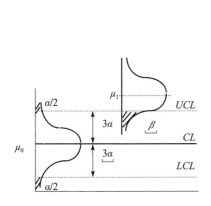

图 14-8　控制图的两类错误

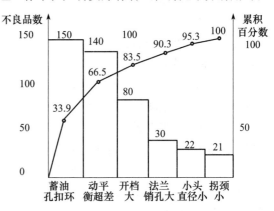

图 14-9　曲轴加工不良品排列图

表 14-6　曲轴加工不良品统计数据表

序号	不良品因素	不良品数	不良品率	累积百分比
1	蓄油孔扣环	150	33.9	33.9
2	动平衡超差	140	32.6	66.5
3	开档大	80	17.0	83.5
4	法兰销孔大	30	6.8	90.3
5	小头直径小	22	5.0	95.3
6	拐颈小	21	4.7	100.0

5. 因果分析图

因果分析图是以结果作为特性，以原因作为因素，在它们之间用箭头联系表示因果关系，如图 14-10 所示。因果分析图是一种充分发动员工动脑筋、查原因、集思广益的好办法，也特别适合于工作小组中实行质量的民主管理。当出现了某种质量问题，但未搞清楚原因时，可针对问题发动大家寻找可能的原因，使每个人都畅所欲言，把所有可能的原因都列出来。

如图 14-11 所示，这是一个制造企业的流程中存在的某一问题的因果分析图。这家企业加工出来的某种活塞杆出现弯曲，其原因可能有四大类：（操作）方法、材料、操作者和机器。每一类原因可能又是由若干个因素造成的。与每一因素有关的更深入的细分因素还可以作为下一级分支。当所有可能的原因都找出来以后，就完成了第一步工作，下一步就是要从其中找出主要原因。

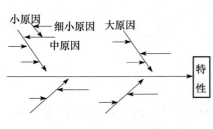

图 14-10　因果分析图

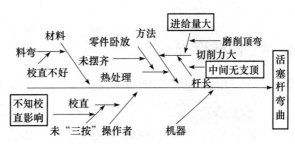

图 14-11　因果分析图

6. 散布图

散布图又称相关图法、简易相关分析法。散布图是把两个变量之间的相关关系用直角坐标系表示的图形。它根据影响质量特性因素的各对数据，用点填列在直角坐标图上，以观察判断两个质量特性值之间的关系，对产品或工序进行有效控制。图中所分析的两种数间的关系，可以是特性与原因、特性与特性的关系，也可以是同一特性的两个原因的关系。例如，在热处理时，需了解钢的淬火温度与硬度的关系；在金属机械零件加工时，需了解切削用量、操作方法与加工质量的关系，等等，都可用散布图来观察与分析。

图 14-12 是表明淬火温度与硬度关系的散布图。这种关系虽然存在，但又难以用精确的公式或函数关系表示，在这种情况下用散布图来分析就是很方便的。假定有一对变量 x 和 y，x 表示某一种影响因素，y 表示某一质量特性值，通过实验或收集到的 x 和 y 的数据，可以在坐标图上用点表示出来，根据点的分布特点，就可以判断 x 和 y 的相关情况。

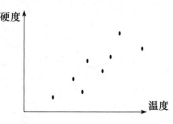

图 14-12　淬火温度与硬度关系

7. 统计分析表

统计分析表，又称调查表、检查表，是利用统计表对数据进行整理和初步分析原因的一种工具，其格式可多种多样，表 14-7 是其中的格式之一。这种方法虽然较简单，但实用有效。

以上概要地介绍了七种常用的质量管理统计方法，这些方法集中体现了质量管理的"以事实和数据为基础进行判断与管理"的特点。最后还需指出的是，这些方法看起来都比较简单，但能在实际工作中正确、灵活地应用并不是一件简单的事情。

表 14-7　不合格品调查表

品名：		时间： 年 月 日
工序：最终检验		工厂：
不合格项目：缺陷、加工、形状等		班组：
检查总数：2 530		检查员：
备注：全数检查		批号：
		合同号：

不合格项目	检查	小计
表面缺陷	ⅠⅠⅠⅠⅠ ⅠⅠⅠⅠⅠ ⅠⅠⅠⅠⅠ ⅠⅠⅠⅠⅠ ⅠⅠⅠⅠⅠ ⅠⅠⅠⅠⅠ Ⅱ	32
砂眼	ⅠⅠⅠⅠⅠ ⅠⅠⅠⅠⅠ ⅠⅠⅠⅠⅠ ⅠⅠⅠⅠⅠ Ⅲ	23
加工不良	ⅠⅠⅠⅠⅠ ⅠⅠⅠⅠⅠ ⅠⅠⅠⅠⅠ ⅠⅠⅠⅠⅠ ⅠⅠⅠⅠⅠ ⅠⅠⅠⅠⅠ ⅠⅠⅠⅠⅠ ⅠⅠⅠⅠⅠ ⅠⅠⅠⅠⅠ Ⅲ	48
形状不良	ⅠⅠⅠⅠ	4
其他	ⅠⅠⅠⅠⅠ Ⅲ	8
总计		115

14.4　抽样检查

14.4.1　全数检验与抽样检验

1. 全数检验

所谓全数检验就是对全部产品逐个地进行测定，从而判定每个产品合格与否的检验。它又被称为全面检验，即 100%检验，其处理对象是每个产品，这是一种沿用已久的检验方法。

一般认为，只有全数检验才能可靠地保证检验批的质量，在心理上有一种安全感；而且，通过全数检验可提供较多的质量情报。因此，当检验费用较低且对产品的合格与否比较容易鉴别时，全数检验不失为一种比较适用的检验方法，特别是随着检测手段的现代化，最近又有向全数检验发展的趋势。但是，随着生产逐步现代化，全数检验存在着如下问题：

- 现代化生产数量多、速度快、要求高，若采用全数检验，必须增加人员，添置设备、多设站点，显得很不适应。
- 在有限的人力条件下全数检验工作量很大，势必缩短每个产品的检验时间，或减少检验项目，这将降低产品质量的保证程度。
- 全数检验也存在着错检、漏检的情况。在一次全数检验中，平均只能检出70%的不合格品。检验误差与批量大小、不合格品率高低、检验技术水平与责任心强弱等因素有关。
- 不能应用于破坏性检测等一些试验费用十分昂贵的检验。
- 对价值低、批量大的产品采用全数检验显得很不经济。

2. 抽样检验

抽样检验是相对于全数检验而言的。这种检验方法不是逐个地检验作为总体的检验批中的所有单位产品，而是按照规定的抽样方案和程序仅从其中随机抽取部分单位产品组成样本，根据对样本逐个测定的结果，与标准比较，最后对检验批做出接受或拒收判定的一种检验方法。简言之，按照规定的抽样方案，随机地从一批或一个过程中抽取少量个体进行的检验，被称为抽样检验。

由于抽样检验的检验量少，所需人员减少，管理也不复杂，有利于集中精力，抓好关键质量，因而检验费用低，较为经济。从逐件判定发展到逐批判定，这对检验工作来讲，无疑是一个很大的改革，适用于破坏性检测。由于是逐批判定，对供货方提供的产品可能是成批拒收，这样能够起到刺激供货方加强质量管理的作用。但是，抽样检验也存在一些缺点，比如经抽样检验合格的产品批中，混杂一定数量的不合格品；抽样检验存在着错判风险，抽样检验前要设计方案，增加了计划工作和文件编制工作负担，抽样检验所提供的质量情报比全数检验少。

3. 检验方法的选择

必须采用全数检验的场合是：对于精密、重型、贵重的关键产品；若在产品中混杂进一个不合格品将造成致命后果时，即使费用再大，也必须采用全数检验。

有利于采用全数检验的场合是：对于单件小批量生产的产品，数量少且检查项目又不多；全数检验比较容易且很可靠，而检验费用又较低时；能够采用自动化检验方法的产品；对影响产品质量的重要特性项目以及对质量要求较高的产品，即使采用自动化检验，尚需以全数检验作为补充检查手段；对于不稳定的工序，将通过全数检验杜绝不合格品的流出。

必须采用抽样检验的场合是：破坏性检验（如灯泡的点亮试验）；测定对象是连续体（如胶片、纸张、酒精等）；均质物料的化学分析，等等。

有利于采用抽样检验的场合是：量多值低且允许有不合格品混入的检验；检验项目较多时；希望检验费用较少时；希望刺激生产方提高质量；督促生产方加强工序管理以及作为工序控制的检查。

14.4.2 抽样检验的基本术语及分类

1. 抽样检验的基本术语

- 批：在相同的条件下制造出来的一定数量的产品。
- 单位产品：构成批的基本的产品单位。单位产品有时可以自然划分，如 1 台车床、1 颗螺钉；有时不能自然划分，如连续生产的产品，对不能自然划分的产品，可以用 1 米钢带、1 尺布、10 米铜丝等来表示。
- 批量：批中所含单位产品的个数。
- 抽样检验方案：为实施抽样检验而确定的一组规则，其中包括对样本大小所做的规定，以及通过对样本的检验结果决定批量是否合格的判定规则。
- 随机抽样：从现象的总体中偶然选出的有限次数（个体）的观察。其中，每一个单位（个体）和其他任何单位（个体）一样，均有同等被抽选的机会。

2. 抽样检验的分类

按照质量特性值的性质以及供购双方的需要，抽样检验方案可分为如下两类。

（1）计数抽样检验方案。根据规定的要求，用计数方法衡量产品质量特性，把样本中的单位产品仅区分为合格品或不合格品（计件），或计算单位产品的缺陷数（计点）；将其测定结果与判定标准比较，最后对其做出接受或拒收而制订的抽样检验方案。

计数抽样检验方案具有如下优点：因它仅仅把产品区分为合格与否，故手续简便，费用节省；它无须预先假定分布律。

（2）计量抽样检验方案。凡对样本中的单位产品的质量特性进行直接定量计测，并用计量值作为批的判定标准的抽样检验方案，被称为计量抽样检验方案。这类方案具有如下优点：计量抽样检验提供的信息多，判定明确，一般更适用于对关键质量特性的检验。

对一般的成批成品抽样检验，常采用计数抽样检验方法；对于那些需做破坏性检验以及检验费用极大的项目，一般采用计量抽样检验方法。

14.4.3 抽样检验的若干要点

①抽样检验是以"批"作为处理对象的，而全数检验是以"个"作为处理对象的。

②抽样检验是假设检验的具体应用，因此，它要承担由于推断失误所造成的风险。

③要严格区分"合格品"与"合格批"的关系。产品合格与否是相对于质量标准而言的，凡符合标准者为合格品，否则为不合格品。检验批合格与否是相对于给定接受上限 p_0、拒收下限 p_1 两指标而言的。凡 $p \leqslant p_0$ 的为合格批，因此合格批中允许含有一定的不合格品，凡 $p \geqslant p_1$ 的为不合格批，不合格批中大部分产品还是合格品。

④并非任何抽样检验方案都是科学、合理的。例如，沿用至今的百分比抽样检验是不尽合理的。如今我国已正式颁布了 GB 6378—1986 "不合格品率的计量抽样检查程序和图表（适用连续批）"、GB 2828—1987 "逐批检查计数抽样程序及抽样表（适用于连续批的检查）"、GB 2829—1987 "周期检查计数抽样程序及抽样表"、GB 8051—1987 "计数序贯抽样检查程序及表"、GB 8052—1987 "单水平和多水平计数连续抽样检查程序及表"、GB 8063—1987 "不合格品率的计量标准型一次抽样检查程序及表"与 GB 8054—1987 "平均值的计量标准型一次

抽样检查程序及表"等标准。

14.4.4 计数抽样检验原理与方案

根据在检查批中最多抽样次数才能做出批合格与否判定这一准则，抽样方案可分成一次、二次与多次等类型。

1. 一次抽样

所谓一次抽样，是指从批中只抽取一个大小为 n 的样本，如果样本的不合格品个数 d 不超过某个预先指定的数 c，判定此批为合格，否则判为不合格。其操作原理如图 14-13 所示。数 c 叫"合格判断数"，也叫"接收数"，用记号 $(n\,|\,c)$ 来表示这样一个抽样方案。从定义上看，一个 $(n\,|\,c)$ 包括两个规则：

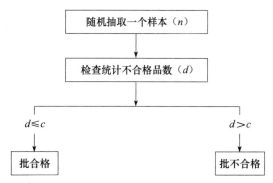

图 14-13 一次抽样检查程序

- 规定样本的大小。
- 判断规则：如果 $d \leq c$，批合格；如果 $d > c$，批不合格。

一次抽样的优点在于方案的设计、培训与管理比较简单，抽样量是常数，有关批质量的情报能最大限度地被利用。其缺点是抽样量比其他类型大；在心理上仅依据一次抽样结果就做判定似欠慎重。

（1）一次抽样方案的特性。具体如下：

①批量为有限的情况。设一批产品的批量为 N（N 为有限数），批中不合格品总数为 D_0，则这批产品的不合格率为

$$p = \frac{D_0}{N}$$

如果采用方案 $(n\,|\,c)$ 来检验，那么"判断此批为合格品"的概率，或者说"接受概率"就要依赖于批不合格品率 p。p 越大，接受概率越小。只要在随机抽取的一个大小为 n 的样本中不合格品数不超过 c，就会接受这批产品。在这个样本中所含不合格品的个数实际上是个随机变量。用 X 代表这样一个随机变量，并且用 d 表示随机变量 X 的任意观测值。根据概率论的超几何分布可以知道：

$$p(X = d) = \frac{C_D^d C_{N-D}^{n-d}}{C_N^n}$$

式中，N 为批量的大小；D 为批量的不合格品数；n 为样本大小；d 为样本中不合格品数。

只要 $0 \leq d \leq c$，都可以判断这批产品是合格的。这批事件是互不相容的，所以接受这批产品的概率应该是：

$$P(X=0) + P(X=1) + P(X=2) + \cdots + P(X=c)$$

如果用 $L(p)$ 表示当批不合格品率为 p 时抽样方案 $(n\,|\,c)$ 的接受概率，就有：

$$L(p) = \sum_{d=0}^{c} P(X=d) = \sum_{d=0}^{c} \frac{C_D^d C_{N-D}^{n-d}}{C_N^n} = \sum_{d=0}^{c} \frac{C_{Np}^d C_{N(1-p)}^{n-d}}{C_N^n}$$

我们就把 $L(p)$ 规定为抽样方案为 $(n|c)$ 的检验特性函数，简称 OC 函数。把 $L(p)$ 画在坐标上，就得到了抽样特性曲线，简称 OC 曲线，如图 14-14 所示。

②批量为无限大的情况。当产品的批量大到无法记数时，可以认为它是无限大的。假定已知批不合格率为 p，如果采用方案 $(n|c)$ 来检验，和批量为有限的情况相似，批的接受概率为：

$$P(X=0) + P(X=1) + P(X=2) + \cdots + P(X=c)$$

但是，这时接受概率 $L(p)$ 应该用二项分布来计算，所以 OC 函数是：

$$L(p) = \sum_{d=0}^{C} C_D^d p^d q^{n-d}$$

③批量为有限，但 $(n/N) \leq 0.1$。$N>100$ 时，虽然可以用超几何分布来计算，但是非常复杂，而只要 $(n/N) \leq 0.1$，就可以用二项概率去近似超几何概率。

$$L(p) \approx \sum_{d=0}^{C} C_D^d p^d q^{n-d}$$

④批量 N 为有限，但 $(n/N) \leq 0.1$ 且 $p \leq 0.1$。在这种情况下，可以用泊松概率去近似超几何概率。

$$L(p) \approx \sum_{d=0}^{C} \frac{\mu^d}{d!} \cdot e^{-\mu} \quad \mu = np$$

在实际应用中，人们事先排好了超几何概率计算表，对给定的 N、D、n、d 可以从表上查出接受概率 $L(p)$。

(2) 一次抽样方案的确定。具体如下：

①抽样检验的两种风险。批质量是由这一批产品的不合格品率 p 来表示的，要想得到准确的 p 值，只有通过全数检验，而这在很多情况下是做不到的。实际工作中，大量采用的还是抽样检验。由于抽样检验是根据样本的合格品数决定批的接受或拒绝，因此就存在着两种风险，或两种错误。

第一种错误，就是可能把合格批判为不合格的。图 14-15 为当 $N=1\,000$，$n=10$，$c=0$ 时，绘出的 OC 曲线。不合格品率的标准是 $p_t=0.5\%$。假如实际检验的 p 是 2% 时，比标准要求的质量要高，应判为合格。但从 OC 曲线可以看出，在 100 次检查中，仍有 2 次左右被判为不合格。这就产生了第一种错误，对生产者是不利的，所以又称之为生产者风险，用 α 表示。

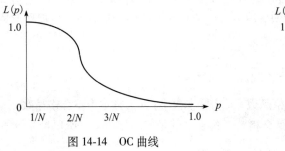

图 14-14 OC 曲线

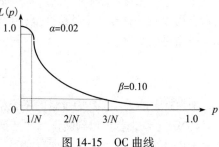

图 14-15 OC 曲线

第二种错误，假如实际检验 p 为 20%，质量很差，但由于是抽样检验，在 100 次检查中，仍有 10 次可能判为合格而被接受，于是产生了第二种错误：把不合格批判为合格批。这对消费者不利，所以称之为消费者风险，以 β 表示。

以上事实告诉我们，既然采用抽样检验，就必须承认和允许生产者与消费者都承担一点风险,我们就是要通过适当的选取方案,把这种风险控制在适当的程度。

②理想的抽样方案。由生产者和消费者协商确定一个批不合格品率 p_0,当 $p<p_0$ 时,要求百分之百地接受,即 $L(p)=1$;当 $p>p_0$ 时,要求百分之百地拒收,即 $L(p)=0$。这就构成一个理想的抽样方案,如图 14-16 所示。要想达到这种理想境界,唯一的办法是进行准确无误的全数检验。因此,这样的抽样方案实际上是不存在的。因为即使是百分之百全数检验,有时也会有错检和漏检。

③标准型抽样方案。标准型抽样方案就是同时严格地控制生产者和消费者风险的一种抽样方案。为了建立这样一个抽样方案,标准的做法是,由生产者与消费者协商确定 p_0 与 p_1,把 p_0 作为批的合格质量标准,把 p_1 作为批的不合格质量标准,并且规定:

当 $p=p_0$ 时,必须以某个指定的高概率($1-\alpha$)接受。

当 $p=p_1$ 时,必须以某个指定的低概率 β 接受。

对于 α 和 β 的值,经过长期实践和理论证明,一般取 $\alpha=0.5$,$\beta=0.10$ 比较合适。从 OC 曲线来看,一个标准型抽样方案的 OC 曲线必须通过预先规定的两个点 $(p_0, 1-\alpha)$,(p_1, β),如图 14-17 所示。

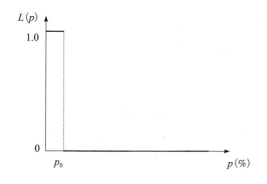

图 14-16 理想抽样方案

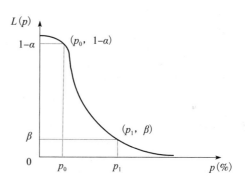

图 14-17 标准型抽样方案

当 p_0,α,p_1,β 确定之后,可以通过下列联立方程组求出 n 和 c。

$$\begin{cases} L(p_0) = \sum_{d=0}^{c} C_0^d p_0^d (1-p_0)^{n-d} = 1 - \alpha \\ L(p_1) = \sum_{d=0}^{c} C_n^d p_1^d (1-p_1)^{n-d} = \beta \end{cases}$$

为了实际工作的方便,人们制作了一种表格,规定在 $\alpha=0.05$,$\beta=0.10$ 时,对任意一对 p_0 和 p_1 值,查出接近满足上面方程组的 n 和 c,此处不赘述。

2. 二次抽样

所谓二次抽样,是指最多从批中抽取二个样本、最终对批做出接受与否判定的一种抽样方式。此类型需根据第一个样本提供的信息,决定是否抽取第二个样本,如图 14-18 所示。二次抽样中,一般设定 $n_1=n_2$,这在理论上并非必要,但此时检查量最少。本类型具有平均抽样少于一次抽样以及在心理上易于接受的优点,但其抽样量不定,管理稍复杂,需做一定的培训。

二次抽样检验的接受概率为

$$L(p) = P(X_1 < A_1) + P(X_1 + X_2 < A_2 \text{ 和 } A_1 < X_1 < R_1)$$

3. 多次抽样

多次抽样是一种允许抽取两个以上具有同等大小样本、最终才能对批做出接受与否判定的一种抽样方式，见图 14-19。因此它可能依次抽取多达 k 个样本，是否需抽取第 i 个（$i \leqslant k$）样本项由前（$i-1$）个样本所提供的信息而定。多次抽样的平均抽样量少于一次抽样或二次抽样，且在心理上最为安全。但其操作复杂，需做专门训练。ISO 2859 的多次抽样多达七次，我国 GB 2898—1987 的多次抽样达五次。

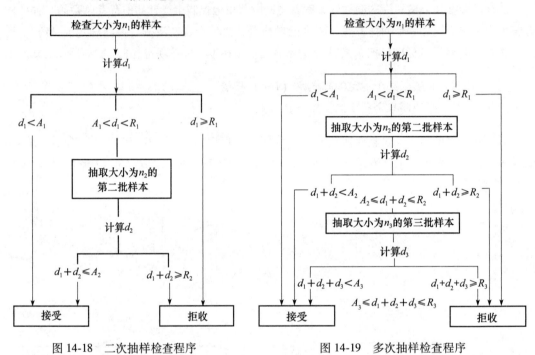

图 14-18　二次抽样检查程序　　　　图 14-19　多次抽样检查程序

14.5　ISO 9000 概述

世界级企业的特点之一就是它活动于全球市场范围内，把整个国际市场作为自己一展身手的大舞台。然而，正如人们所共知的那样，能进入这个舞台却不是一件轻而易举的事情。在强手如林的国际市场竞争中，企业要想占有一席之地，而且还要成为本行业的领导者，自身必须具有坚强的实力。在诸多影响企业竞争能力的因素中，产品和服务质量是最基本、也是最重要的因素。

为了适应国际市场竞争的需要，国际标准化组织（ISO）于 1987 年发布了 ISO 9000《质量管理和质量保证》系列标准，从而使世界质量管理和质量保证活动统一在 ISO 9000 系列标准基础之上。它标志着质量体系走向规范化、系列化和程序化的世界高度。经验表明，采用 ISO 9000 系列标准是走向世界的通行证，作为世界级企业，更离不开 ISO 9000 系列标准。

ISO 9000 系列标准或称族标准，是指"由国际标准化组织质量管理和质量保证技术委员会（ISO/TC176）制定的所有国际标准"。该族标准可帮助组织实施并有效运行质量管理体系，是质量管理体系通用的要求或指南。它不受具体的行业或经济部门限制，可广泛适用于各种类型和规模的组织，在国内和国际贸易中促进相互理解。

14.5.1 ISO 9000 族标准的产生

ISO 9000 族质量管理体系是运用先进的管理理念,以简明标准的形式推出的管理模式,是当代世界质量管理领域的成功经验的总结。

世界上最早的质量保证标准是 20 世纪 50 年代末,在采购军用物资过程中,美国公布的 MIL-Q-9858A《质量大纲要求》。20 世纪 70 年代,美、英、法、加拿大等国先后颁发了一系列质量管理和保证方面的标准。为了统一各国质量管理活动,同时持续提高产品提供者的质量管理体系,国际标准化组织(ISO)1979 年成立了质量管理和质量保证技术委员会,1986~1987 年,ISO 发布了 ISO 9000 系列标准。目前,已经有 150 多个国家和地区将 ISO 9000 标准等同采用为国家标准。

14.5.2 ISO 9000 系列标准的组成

ISO 9000 系列标准是指导企业建立质量保证体系的标准,是有关质量的标准体系的核心内容。具体包括:

- ISO 9000—1《质量管理和质量保证标准 第一部分:选择和使用指南》。
- ISO 9001《质量体系——设计、生产、安装和服务的质量保证模式》。
- ISO 9002《质量体系——生产、安装和服务的质量保证模式》。
- ISO 9003《质量体系——最终检验和试验的质量保证模式》。
- ISO 9004—1《质量管理和质量体系要素 第一部分:指南》。

ISO 9000—1 常被看成 ISO 9000 系列标准的"导游图",它帮助的是生产者和用户两个方面。

ISO 9000—1《质量管理和质量保证标准 第一部分:选择和使用指南》阐明了基本质量概念之间的差别及其相互关系,并为质量体系系列标准的选择和使用提供指导。这套标准中包括了用于内部质量管理目的的标准 ISO 9004 和用于外部质量保证目的的标准 ISO 9001 ~ ISO 9003。

ISO 9001《质量体系——设计、生产、安装和服务的质量保证模式》规定了对质量体系的要求,用于双方所订合同中需方要求供方证实其从设计到提供产品全过程的保证能力。该标准阐述从产品设计或开发开始,直至售后服务的全过程的质量保证要求,以保证在包括设计、开发、生产、安装和服务各个阶段符合规定要求,防止从设计到服务的所有阶段出现不合格现象。ISO 9001 特别强调对设计质量的控制,因为产品的质量水平和成本有 60%~70% 是在设计阶段形成的。

ISO 9002《质量体系——生产、安装和服务的质量保证模式》阐述了从采购开始,直到产品交付使用的生产过程的质量保证要求,以保证在生产、安装阶段符合规定的要求,防止以及发现生产和安装过程中的任何不合格品,并采取措施以避免不合格品重复出现。它是用于外部质量保证的三个涉及质量体系要求的标准中要求程度居中的一个标准,适用于需方要求供方企业根据质量体系具有对生产过程进行严格控制的能力的足够证据的情况。

ISO 9003《质量体系——最终检验和试验的质量保证模式》是用于外部质量保证的三个系列标准中要求最低的一个标准。它阐述了从产品最终检验至成品交付的成品检验和试验的质量保证要求,以保证在最终检验和试验阶段符合规定的要求,查出和控制产品不合格项目并加以处理。它适用于需方要求供方企业提供质量体系具有对产品最终检验和试验进行严格控制的能力的足够证据的情况。

ISO 9004—1《质量管理和质量体系要素 第一部分：指南》这个标准是指导企业建立质量管理体系的基础性标准。它就质量体系的组织结构、程序、过程和资源等方面的内容，对产品质量形成各阶段影响质量的技术、管理人员等因素的控制提供了全面的指导。标准指出，为了满足用户的需求和期望，企业应该建立一个有效的质量体系，而完善的质量体系是在考虑风险、成本和利益的基础上使质量最佳化以及对质量加以控制的重要管理手段。该标准从企业质量管理的需要出发，阐述了质量体系的原理和建立质量体系的原则，提出了企业建立质量体系一般应包括的基本要素。标准对各基本要素的含义、目标、要素间的接口，以及各项活动的内容、要求、方法、人员和所要求的文件、记录等，都做了明确规定。

14.5.3 ISO 9000族标准的修订和发展

1987版的ISO 9000系列标准发布之后，到目前为止进行了四次修订。

1. 1994年的修改——"有限修改"

此次修改保持了1987版标准的基本结构和总体思路，只对标准的内容进行技术性局部修改，并通过ISO 9000—1和ISO 8402两个标准，引入了一些新的概念和定义，比如过程和过程网络、受益者、质量改进、产品（硬件、软件、流程性材料和服务）等，为第二阶段修改提供了过渡的理论基础。

1994年，ISO/TC176完成了对标准的第1次修改工作，提出了ISO 9000族标准的概念，发布了1994版的ISO 8402、ISO 9000—1、ISO 9001、ISO 9002、ISO 9003和ISO 9004—1 6个国际标准。到1999年年底，陆续发布了22项标准和2项技术报告。

2. 2000年的修改——"彻底修改"

第二次修改是在充分总结了前两个版本标准的长处和不足的基础上，对标准总体结构和技术内容两个方面进行的彻底修改。2000年12月15日，ISO/TC176正式发布了2000版的ISO 9000族标准。

2000版ISO 9000族标准更加强调了顾客满意及监视和测量的重要性，增强了标准的通用性和广泛的适用性，促进质量管理原则在各类组织中的应用，满足了使用者对标准应更通俗易懂的要求，强调了质量管理体系要求标准和指南标准的一致性。2000版ISO 9000标准对提高组织的运作能力、增强国际贸易、保护顾客利益、提高质量认证的有效性等方面产生积极而深远的影响。

3. 2008年ISO 9000族标准的修订情况

2004年，ISO 9001:2000在各成员中进行了系统评审，以确定是否撤销、保持原状、修正或修订。评审结果表明，需要修正ISO 9001:2000。所谓"修正"，是指"对规范性文件内容的特定部分的修改、增加或删除"。

根据ISO/指南72:2001《管理体系标准论证和制定指南》的要求，ISO/TC176/SC2（国际标准化组织/质量管理和质量保证技术委员会/质量体系分委员会）向TC176提交了论证报告，以表明有足够的合理性需要对ISO 9001:2000进行修正。

在2004年ISO/TC176年会上，ISO/TC176认可了有关修正ISO 9001:2000的论证报告，并

决定成立项目组（ISO/TC176/SC2/WG18/TG1.19），对 ISO 9001:2000 进行有限修正。

2008 版 ISO 9001 标准修正的主要内容：

ISO/TC176/SC2 于 2005 年制定了设计规范，2006 年对设计规范进行了修改。该设计规范用于指导 ISO/TC176/SC2 的专家起草 ISO 9001 的修正版，并用于验证起草过程的输出。

①修正的目的和范围。修正 ISO 9001 的目的是更加明确地表述 2000 版 ISO 9001 标准的内容，并加强与 ISO 14001:2004 的兼容性。

主要要求为：标题、范围保持不变；继续保持过程方法；修正的标准仍然适用于各行业不同规模和类型的组织；尽可能地提高与 ISO 14001:2004《环境管理体系要求及使用指南》的兼容性；ISO 9001 和 ISO 9004 标准仍然是一对协调一致的质量管理体系标准；使用相关支持信息协助识别需要明确的问题；根据设计规范进行修正，并经验证和确认。

②相容性。在管理体系标准中，"相容性"意味着标准的共同要素能够以共享的方式实施，而不会在整体或部分上形成重复或冲突的要求。"相容性"并不要求标准的共同要素具有相同的文本，虽然这在实际上是可行的。

与 ISO 14001:1996 相比，ISO 14001:2004 已经提高了与 ISO 9001:2000 的相容性，修正版 ISO 9001 应提高与 ISO 14001:2004 的相容性。

③与 ISO 9004 的协调一致。ISO 9001 与 ISO 9004 的协调一致是指：

- 两个标准之间不存在冲突。
- 两个标准可以相互补充，也可以单独使用。
- 协调一致的概念和术语。
- 易于从一个标准转换为另一个标准。
- 两个标准便于应用于相同的质量管理体系。

并不强调与 ISO 9004 标准在结构上和发布时间上的协调一致。实际上，在 2008 年 5 月塞尔维亚诺维萨德召开的第 25 届 ISO/TC176 会议上决定，目前，ISO 9004 进入 DIS 阶段，2008 年 8 月，开始对 ISO/DIS 9004 标准进行投票表决，2009 年 1 月底，结束投票表决；2009 年 2 月，召开 TG1.20（负责修订 ISO 9004 的工作组）会议，对收集的针对 ISO/DIS 9004 标准的意见进行评议，并起草 ISO/FDIS 9004 标准；2009 年 5 月 1 日，开始对 ISO/FDIS 9004 标准进行投票表决，2009 年 7 月 1 日，结束投票表决；计划 2009 年 8 月正式发布 ISO 9004:2009 标准。

4. 2015 年 ISO 9000 族标准的修订情况

2012 年，ISO/TC176 在西班牙召开有关修订 ISO 9001 的首次会议，制订了 ISO 9001 修订版的工作项目计划，起草了设计规范草案，形成了 ISO 导则附件 SL。经过设计规范工作草案审批、委员会草案征询意见及投票、国际标准草案投票、最终国际标准草案投票，于 2015 年 9 月作为国际标准正式发布。

ISO 9000:2015 族标准延续了 ISO 9000:2008 族标准的基本体系结构和特点。下面将简要介绍 ISO 9000:2015 族标准的突出特点。

（1）体现质量管理大师的质量理念与管理思想。ISO 9000:2015 族标准以朱兰、戴明、费根鲍姆等质量管理大师的质量理念和管理思想为自身注入了新的内涵。强调"顾客满意，持续改进"。

顾客满意是指"顾客对其期望已被满足的程度的感受"。顾客满意是顾客的一种主观感受,是顾客期望与实际感受之间对应程度的反映,具有相对性,随着时间、地点和其他条件的改变而变化。正是因为顾客满意的这种主观性和相对性,对组织提出了持续改进的要求。顾客满意是归宿、是动力;持续改进是基础、是条件。

ISO 9000:2015族标准确立了质量管理的七项原则,构成了ISO 9000:2015族质量管理体系标准的基础。这七项原则分别为:以顾客为关注焦点、领导作用、全员参与、过程方法、改进、基于事实的决策方法、关系管理。ISO 9000:2015族标准引入过程方法,致力于把"顾客满意,持续改进"落到实处。标准要求把顾客和其他相关方的需求作为组织的输入,通过产品实现、资源管理和过程监测来测评组织是否满足顾客或其他相关方的要求。

(2) 适应组织所面临的新环境和组织自身的新特征。当今社会已由工业社会转向信息社会,经济体系已由工业经济转向以信息和知识为基础的服务经济。组织正面临着市场全球化、竞争激烈化、企业国际化、需求个性化的环境,企业自身正越来越多地呈现出组织扁平化、管理过程化、运营虚拟化的特征。

与之前的版本相比,ISO 9000:2015族标准的通用性更强,是适用范围最广的国际标准之一。一方面,它消除了偏重于制造业的倾向,而且考虑了对小型组织的适用性,从而适用于生产所有产品和提供所有服务的所有行业与各种规模的组织。另一方面,为了防止将ISO 9000族标准发展成为质量管理百科全书,ISO 9000:2015族标准简化了其本身的文件结构,取消了应用指南标准,强化了标准的通用性和原则性。

(3) 结构简化,可操作性更强。ISO 9000:2015族标准的结构得到简化,从而增加了可操作性:第一,提出了统一的标准结构,通过ISO 9001:2015标准的《附件SL附录2》规定了核心标准均分为10章。其他管理体系标准也由10章构成。第二,强调了质量管理体系有效运行的证实和效果,体现了新标准注重组织的实际控制能力、证实能力和实际效果,而不是用文件化来约束组织。取消了《质量手册》和《程序文件》这类难以理解和应用的文件形式,统一用"形成文件的信息"来代替。

ISO 9000系列标准是推荐标准,不是强制执行标准。但是,由于国际上独此一家,各国政府又予以承认,因此,谁不执行谁就无法在国际市场站稳脚跟。在国际贸易、产品开发、技术转让、商检、认证、索赔、仲裁等方面,它成为国际公认的标准。在这种情况下,积极采用ISO 9000系列标准就成为对世界级企业的基本要求。为此,要了解ISO 9000系列标准的组成及其主要内容,了解质量认证工作的含义、意义和基本程序。

14.5.4 质量认证

质量认证包括产品质量认证和质量体系认证等。产品质量认证是依据产品标准和相应技术要求,经认证机构确认并通过颁发认证证书和认证标志来证明某一产品相应标准和相应技术要求的活动。质量体系认证通常是由国家或国际认可并授权、具有第三方法人资格的权威认证机构来进行。

质量体系认证的主要内容及特点有以下几个方面。

(1) 质量体系认证的依据是ISO 9000系列标准或其等同标准。目前,各国开展质量体系认证,均趋向采用ISO 9000系列标准,以利于质量体系认证工作的国际统一交流与合作。这也正是国际标准化组织所提倡的。

（2）审核的对象是供方的质量体系。主要是产品质量认证与质量体系审核，即产品形式试验加上对工厂质量体系的审核。质量体系认证范围往往与所申请认证的产品有关。

（3）供方选择资信度高、有权威的认证机构审核。一般都选择世界上先进工业国家中历史悠久、有影响的独立的第三方认证机构，如英国的 BSI（英国标准协会）、劳氏船级社、美国的 UL（美国安全检定所）、加拿大的 CSA（加拿大标准学会）等。

（4）单独的质量体系认证采取注册、颁发证书和公布名录的方式。这是对被审核单位已通过质量体系认证的有效证明，能扩大获证单位的社会影响。

ISO 9000 系列标准认证有八个步骤：

- 对照 ISO 9001~ISO 9003 标准，评估现有的质量程序。
- 确定改进措施，以使现有质量程序符合 ISO 9000 系列标准。
- 制订质量保证计划。
- 确定新的质量程序并形成文件，实施新程序。
- 制定质量手册。
- 评估前与注册人员共同分析质量手册。
- 实施评估。
- 认证。

14.5.5　质量认证对企业提高质量管理水平的意义

成功企业的经验表明，推行质量认证制度对于有效促使企业采用先进的技术标准、实现质量保证和安全保证、维护用户利益和消费者权益、提高产品在国内外市场的竞争能力，以及提高企业经济效益，都有重大意义。

（1）质量认证有利于促使企业建立、完善质量体系。企业要通过第三方认证机构的质量体系认证，就必须充实、加强质量体系的薄弱环节，提高对产品质量的保证能力。另外，通过第三方的认证机构对企业的质量体系进行审核，也可以帮助企业发现影响产品质量的技术问题或管理问题，促使其采取措施加以解决。

（2）质量认证有利于提高企业的质量信誉，增强企业的竞争能力。企业一旦通过第三方的认证机构对其质量体系或产品的质量认证，获得了相应的证书或标志，则相对其他未通过质量认证的企业，就有更大的质量信誉优势，从而有利于企业在竞争中取得优先地位。特别是对世界级企业来说，由于认证制度已在包括先进发达国家在内的许多国家中实行了，各国的质量认证机构都在努力通过签订双边的认证合作协议，取得彼此之间的相互认可，因此，如果企业能够通过国际上权威的认证机构的产品质量认证或质量体系认证（注册），就能够得到各国的承认，这相当于拿到了进入世界市场的通行证，甚至还可以享受免检、优价等优惠待遇。

（3）质量认证可减少企业重复向用户证明自己确有保证产品质量能力的工作，使企业可以集中更多的精力抓好产品开发及生产全过程的质量管理工作。

14.6　服务质量管理

14.6.1　服务质量定义

与制造企业的产品质量管理不同的是，服务企业的产品是无形的，如何根据服务产品的特点提高自己企业的竞争力，是服务企业质量管理的重要内容。由此提出服务质量管理的概念与管理内容。

服务质量是指服务能够满足规定和潜在需求的特征与特性的总和，是服务工作能够满足被服务者需求的程度，是企业为使目标顾客满意而提供的最低服务水平，也是企业保持这一预定服务水平的连贯性程度。服务质量可以从以下几个方面进一步展现。

1. 服务水平

好的服务质量不一定是最高水平，管理人员首先要识别公司所要追求的服务水平。当一项服务满足其目标顾客的期望时，服务质量就可认为是达到了优良水平。

2. 目标顾客

目标顾客是指那些由于他们的期望或需要而要求得到一定水平服务的人。随着经济的发展和市场的日益成熟，市场的划分越来越细，导致每项服务都要面对不同的需求。企业应当根据每一项产品和服务选择不同的目标顾客。

3. 连贯性

连贯性是服务质量的基本要求之一。它要求服务提供者在任何时候、任何地方都保持同样的优良服务水平。服务标准的执行是最难管理的服务质量问题之一。对一家企业而言，服务的分销网络越分散，中间环节越多，保持服务水平的一致性就越难。服务质量越依赖于员工的行为，服务水平不一致的可能性就越大。

14.6.2 服务质量特性

顾客的需求可分为精神需求和物质需求两部分，评价服务质量时，从被服务者的物质需求和精神需求来看，可以归纳为以下 6 个方面的质量特性：

（1）功能性。功能性是企业提供的服务所具备的作用和效能的特性，是服务质量特性中最基本的一个。

（2）经济性。经济性是指被服务者为得到一定的服务所需要的费用是否合理。这里所说的费用是指在接受服务的全过程中所需的费用，即服务周期费用。经济性是相对于所得到的服务质量而言的，即经济性是与功能性、安全性、时间性、舒适性等密切相关的。

（3）安全性。安全性是指企业保证服务过程中顾客、用户的生命不受危害，健康和精神不受到伤害，货物不受到损失。安全性也包括物质和精神两方面，改善安全性重点在于物质方面。

（4）时间性。时间性是为了说明服务工作在时间上能否满足被服务者的需求，包含了及时、准时和省时三个方面。

（5）舒适性。在满足了功能性、经济性、安全性和时间性等需求的情况下，被服务者还会期望服务过程舒适。

（6）文明性。文明性属于服务过程中为满足精神需求的质量特性。被服务者期望得到一个自由、亲切、受尊重、友好、自然和谅解的气氛，有一个和谐的人际关系。在这样的条件下来满足被服务者的物质需求，就是文明性。

14.6.3 服务质量管理中存在的主要问题

服务质量过程和服务质量管理具有自己的特点，其中最特殊的是顾客可能高度参与服务的生产和消费过程。因此,服务质量管理中存在许多由服务的抽象特性所导致的、企业难以控制的因素,在看似简单的服务运作管理过程中,如确定服务战略—制定服务标准—服务工作分解—实施,存在着许多问题并影响服务质量水平。

在服务战略方面,最常见的问题在于对服务管理的错误理解,比如,试图用同样的服务系统为不同的目标市场提供服务。另外,不深入了解顾客期望,根据管理人员的主观想象制定服务战略也是常见的失误之一。

在管理措施的制订和实施中,导致服务质量不高的原因主要有以下几个方面:

(1) 企业高层管理人员不重视服务质量。企业高层管理人员的行为对员工来说起榜样作用,如果他们不重视服务质量,不把提高服务质量作为竞争的关键,即使企业已经制订了服务质量标准,也不会长期为员工们接受和实施。

(2) 把服务质量作为专业人员的问题。许多企业还没有把服务质量放在整体的观念下去考虑,往往把提高服务质量和服务质量控制认为是应由专门的部门来解决的问题,认为服务质量的评估、处理和沟通应由这样的部门来完成。但是,服务与消费同时进行的特性也告诉我们服务质量及控制的责任属于实施服务工作的部门。也就是说,企业的各个部门应在平时就贯彻服务质量的观念。

(3) 角色模糊。服务人员的认识与行为是产生优质服务的基础,如果服务人员和管理人员没有达成共识,就会导致角色模糊。因为服务人员不了解管理人员的具体要求,在对顾客的面对面服务过程中就无法依照质量标准做好服务工作,无法满足顾客的需求。

(4) 难以保持长期的努力。有些突击式的服务质量管理措施在短期内能提高服务质量水平,通常这样的管理措施是以合理的计划、富于魅力的领导者以及一些有效的交流工具为前提,但仍存在着一定的风险:这种"运动式的质量提高"很有可能存在时间不长,除非企业采取系统化的努力措施以保证持续的质量提高机制。

(5) 没有重视服务质量与社会进步的关系。顾客的期望在不断变化,很多企业管理人员不重视社会的发展及其带来的顾客需求的变化,不能理解这些变化对服务及服务质量的影响。在管理中遇到类似的问题时,管理人员不能根据顾客需求及时改变管理要求和措施,而是代之以调整价格的方法。

14.6.4 服务补救

服务质量管理中的一项重要工作就是服务失误后的补救。服务过程中出现了失误或差错,要能采取果断措施及时补救,否则,就会造成严重后果。制造企业的产品出现质量问题,可以很方便地更换另一个质量好的产品缓解顾客的不满。但是,服务上的失误有时是无法弥补的。因此,服务质量差错的补救方式和方法就显得尤为重要。

服务补救不当会造成顾客的流失。根据专家的研究,通常在对产品和服务不满意的顾客中只有4%会直接对公司讲。在96%的不抱怨的顾客中,其中25%有严重的问题;4%抱怨的顾客比96%不抱怨的顾客更可能会继续购买;如果问题得到解决,那些抱怨的顾客中将有60%会继续购买;如果尽快解决,这一比例上升到95%。不满意的顾客将把他的经历告诉10~20人;抱怨得到解决的顾客会对5个人讲他的经历。由此可见服务失误补救的重要价值。

服务补救的方法主要有以下几个方面:

(1) 通过授权一线员工"将事情做对",可以将服务失误转化为服务惊喜。当服务过程中出现了差错时，重要的是及时挽回这个损失，有时代价表面上看来很大。可是，这样的做法可以使顾客感到公司对他个人的关心，而且，与那些可能出现的不利的负面传闻相比，完成补救所用的费用简直是微不足道的，尽快解决服务失误是建立顾客忠诚的重要途径。

（2）提高服务质量。服务补救只是一种被动措施，真正能够解决这个问题的是提高服务质量。企业应该根据服务的特性，真正理解顾客眼中的服务质量，有效地激励员工采取相应步骤、制定服务质量标准和建立服务系统，使企业的服务质量得到改善。

（3）改进服务质量管理要使企业内部所有员工都具有优质服务的观念，理解服务质量对公司发展的影响。对于公司管理人员，更应使他们理解服务质量在企业战略制定中的指导作用。

（4）改进服务质量还要分析并理解企业为什么存在质量问题的实际原因，这是改善服务质量的具体工作。可通过控制服务工作中的四种差距达到改进服务质量的目的。

本章小结

本章主要讲述质量、质量管理、全面质量管理及 ISO 9000 质量认证体系等有关内容。首先，本章介绍了质量的含义，而后比较详细地讨论了质量管理的内涵，分别阐述了质量管理、质量保证、质量控制、质量体系的内容。其次，讨论了从事后检验到全面质量管理的整个发展过程，讲解了 PDCA 循环的主要内容。再次，本章着重讲述了统计质量控制的常用方法，重点介绍了常用的质量控制七种工具，即直方图、数据分层法、控制图、排列图、因果分析图、散布图和统计分析表。这七种质量控制工具在实际工作中得到了普遍应用，取得了十分明显的效果。此外，本章还介绍了在质量管理中广为采用的抽样检验法，分别介绍了抽样检验原理、抽样检验（一次抽样、二次抽样和多次抽样）方案的确定。随后，对当前企业管理者关心的 ISO 9000 质量认证体系做了介绍，讨论了 ISO 9000 质量认证的目的和意义、ISO 9000 系列标准的主要内容、ISO 9000 系列标准的组成及认证特点、认证意义等。最后，阐述了服务质量管理方面的核心内容。

复习思考题

1. 提高质量的意义是什么？
2. 请说明质量管理、质量保证、质量控制与质量体系之间的关系。
3. 什么是全面质量管理？它有哪些特点？
4. 什么是 PDCA 循环？它有哪些特点？PDCA 循环的应用有哪些步骤？
5. 质量管理发展的各个阶段都有哪些特点？
6. 质量体系要素与质量职能有何关系？
7. 生产控制的质量职能是什么？
8. 建立质量体系的指导思想是什么？
9. 质量认证的重要性体现在哪些方面？
10. 质量管理体系与质量保证体系二者在体系的构成和环境特点方面有何不同？
11. 直方图、散布图的主要用途有哪些？
12. 排列图、因果分析图的主要用途有哪些？
13. 试述全数检验与抽样检验的优缺点及其适用范围。
14. 抽样检验方案有几种分类方法？各自有何特点？
15. 抽样方法有哪些？
16. 批质量判断与每件产品的质量判断有何区别？
17. 什么是生产者风险？什么是消费者风险？
18. 为什么说全面质量管理是一场深刻的变革？
19. 试述 ISO 9000 系列标准的意义及其重要作用，并说明它与 TQM 有何联系？
20. 生产过程质量控制的目的是什么？

21. 如何利用控制图来识别生产过程的质量状态?
22. 服务质量的特点是什么?
23. 服务补救的重要性是什么?有哪些基本的补救措施?

讨论案例

A 公司的质量管理之路

A 公司成立于 1987 年,是一家生产制冷设备的大型制造企业,主导产品为空调器。公司拥有一流的产品开发中心和空调器检测中心,并引进具有国际先进水平的氦检漏设备、挥发油工艺、全自动高速冲床,建成全性能空调检测、装配生产线,具备年产各类空调器 150 万台的规模化生产能力,产品远销欧美等地。

A 公司质量管理的产生背景和发展之路

在空调行业生产能力急速提升、竞争日益激烈的今天,生产空调似乎并不很难,但是要想在这个比较成熟的市场找到出路,领先于竞争对手,就必须在品质上不断追求精益求精。A 公司领导层从企业建立时就清醒地认识到"质量是企业的生命之源",将产品质量"高标准、零缺陷"作为企业孜孜以求的目标。公司的质量管理之路可以分为两个阶段:一是建立起规范完善的质量系统;二是使用更精确的六西格玛管理方法。在 20 世纪 90 年代初期,A 公司就开始着手建立企业的质量体系与制度,导入高标准、严要求、全过程、全员参与的质量管理理念,做到"一切为用户服务,一切以预防为主,一切用数据说话,一切按 PDCA 循环办事",努力提高产品质量,满足用户要求。近年来,在建立起规范的质量系统的基础上,A 公司又引入更精确的质量管理方法——六西格玛法,它把原来认为已经精确的管理再放大、再考量。六西格玛所代表的 3.4ppm 的质量水平,是一个卓越、完美的境界。如果企业能够达到这个境界,那么,企业的市场占有率、顾客满意度和盈利能力,将会是一流的。

建立严格规范的质量体系

"没有规矩,不成方圆",一流的产品质量必须要有完善的组织体制和管理制度作为保证。A 公司拥有《技术管理条例》《质量手册》等系列完整的质量标准体系与管理制度,从产品开发、生产的全过程到人员素质方面都有严格的标准,还建立了完善的质量管理软件平台,无论是设计、生产,还是测试、实验,均在严格的质量管理体系下规范运作,充分保证了产品的质量。20 世纪 90 年代前期,在业内率先推行和通过了 ISO 9001 质量保证体系,并在此基础上不断提高技术质量管理的水平。在设计、生产和检测空调产品的整个过程中,A 公司都以世界范围内的行业最高水平为参照系,并以挑战空调质量标准极限为目标。

A 公司质量管理体系的一大特色是高标准、严要求。国家标准中对空调的试验项目是 42 项,而 A 公司制定的这 42 项试验指标全部高于国家标准。例如,国家标准规定空调室外机温度达到 43℃ 就可以停机保护,而 A 公司空调在 53℃ 的情况仍然可以正常运行;在电压指标方面,国家标准是 ±10%,而 A 公司要求空调在 ±15%~20% 的电压波动范围内都不受影响,以适应中国电网的特点;在设计、制造工艺方面,A 公司对一些同行厂家不注意的"小节",以同样苛刻的标准明文规定在技术质量管理细则中。例如国家标准对空调的噪声、制冷量等指标的考核,只取上下限的两个参数点检测,一般厂家仅围绕这两点做工作,而 A 公司为了保证空调全工况运行的一致性,采用"三全性能曲线"法设计,取 6 个参数点做试验,当 6 条曲线都达到最优化时才确定设计方案。

质量意识贯穿设计、供应、生产和服务始终是 A 公司质量管理体系的另一大特色。A 公司称之为"四个零",即设计零缺陷、供应零缺陷、生产零缺陷、服务零缺陷。

由于产品的质量水平和成本有 60%~70% 是在设计阶段形成的,因此对设计质量的控制十分重要。A 公司从设计阶段就考虑到质量问题，公司投资兴建了自己的科研机构，专门从事技术研究、产品开发、工艺设计与改造、产品改进与提升等研究工作。强大的技术力量为达到设计零缺陷打下了坚实的基础，然而要真正做到无缺陷，关键还要靠规范的管理。A 公司为设计流程制定了严格的管理规范，从市场得到信息反馈开始设计立项，再由设计到正式投产，总共要历经 60 道环节的评审。此外，公司所有的设计人员都要轮流下车间熟悉不同的生产设备和工艺过程，在设计时充分考虑生产工艺，如制造的可行性、规范性，做到 DFM（design for manufacturability）和 DFT（design for testability）。

高品质的产品必须从根源上保证质量，也就是做到元器件供应无缺陷。对于元器件供应商，A 公司专门成立了供应商质量管理团队，介入配套单位的产品设计、工艺、检验等管理环节，要求供应商按照 A 公司的标准操作，对配套单位工艺过程的确定和工艺文件的编制进行最终认可。例如，国家标准规定空调电机只需进行 1 小时的喷淋试验，为了保证空调电机的安全性，A 公司要求配套厂家从多个角度进行 2 小时的喷淋试验。保护器、整流桥、球轴承等空调配件，国产件的某些性能指标尚不及进口件，一般空调从降低成本考虑多用国产的，而 A 公司把质量摆在第一位，一直在质量协议规定配套厂家使用进口产品。此外，A 公司还将产品质量的源头向供应链的上游进一步延伸，对于一些关键的元器件，不仅管理配套单位，而且还将配套单位的供应商也纳入受控范围，进行追溯管理，以确保元器件的供应质量。

A 公司的生产是严格按照 ISO 9001 质量体系的标准有条不紊地规范运作的。为了加强生产中的质量控制，公司运用网络技术建立了快速高效的统计过程控制（SPC）反馈系统，通过计算机进行质量数据的采集、统计、分析和汇总，及时产生各类报表。当出现问题时，系统可以快速地做出追踪查询分析，SPC 已经成为公司质量控制的眼睛。此外，公司还在生产现场成立了数十个质量管理小组，通过一些活动交流介绍各小组质量管理的成果。每个车间、每个班组的工人都参与到质量管理小组中来，充分发挥其主观能动性，使他们成为现场质量管理和质量保证的核心力量。

在售后服务上，A 公司力求从两个方面做到零缺陷：一方面是在客户需要时随时提供必要的服务，为此公司加强了客户服务部门的人员培训和管理，提高其服务意识和业务水平，努力为消费者提供最及时、最优质的服务。另一方面，由于产品质量高，纯粹维修的比例很低，因此公司把售后服务的重点放在增值服务上，定期为顾客免费咨询、免费清洗、免费检查、免费移机。

科学、严格的质量管理体系，孕育了高质量的产品。A 公司已连续十余次通过国际权威机构的质量体系审核，并且十多年来始终保持着 99.95% 的开箱合格率，其空调在可靠性、安全性和实用性上都名列行业前茅。公司还多次获得质量管理先进企业称号，被评为全国市场同行业"产品质量、服务质量无投诉用户满意品牌"，产销量连续十年名列同行业三甲，成为消费者信赖的首选品牌。

讨论题

从 A 公司所走的质量管理之路来看，你认为要达到公司设立的质量管理目标的最大困难是什么？

判断题

1. TQM 不只是一些管理工具的集合，而是总体上对待质量的全新态度。
2. 从根源上保证质量（quality at the source）就是要求从提供给企业的原材料抓起。
3. 六西格玛意味着很高的过程能力。
4. PDCA 循环形成了持续改进基础。
5. 过程能力指数为 0.7，说明有把握生产合格产品。
6. 异常波动意味着出现了特殊的原因，如工具严重磨损。

7. 采用统计质量控制是为了在交付给顾客之前找出不合格品。
8. 过程能力指数反映了加工中心未发生偏离情况的过程能力。
9. 控制图上下限的设定并不取决于设计要求的容差（tolerance）。
10. 极差 R 控制图只适用于计数值。

选择题

1. 质量管理使用的分析工具有下述哪一项？
   A. 领导
   B. 不断改进
   C. 快速响应
   D. 建立伙伴关系
   E. 排列图
2. 下述哪一项不是质量管理使用的分析工具？
   A. 因果分析图
   B. 甘特图
   C. 散布图
   D. 控制图
   E. 直方图
3. 下述哪一项是质量管理的统计控制方法？
   A. 领导
   B. 控制图
   C. 不断改进
   D. 看板
   E. 箭线型网络图
4. 下述哪一项不是质量管理的统计控制方法？
   A. 数据分层法
   B. 排列图
   C. 统计分析表
   D. 直方图
   E. 漏斗模型
5. 相对于 2σ，用 3σ 范围作为控制线对出现Ⅰ类和Ⅱ类错误的影响是：
   A. 同时减少两类错误发生的概率
   B. 同时增加两类错误发生的概率
   C. 增加Ⅰ类错误发生的概率，同时减少Ⅱ类错误发生的概率
   D. 增加Ⅱ类错误发生的概率，同时减少Ⅰ类错误发生的概率
   E. 对两类错误发生概率没什么影响

计算题

1. 某工厂加工螺栓，其外径尺寸要求为 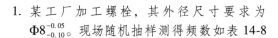。现场随机抽样测得频数如表 14-8 所示。试绘出直方图，并判断其是否正常。

表 14-8 抽样测量螺栓的数据

组号	组界值	组中值 x_i	频数 f_i	变换后组中值 u_i	$f_i u_i$	$f_i u_i^2$
1	7.911 5~7.914 5	7.913	2	−4	−8	32
2	7.914 5~7.917 5	7.916	2	−3	−6	18
3	7.917 5~7.920 5	7.919	16	−2	−32	64
4	7.920 5~7.923 5	7.922	18	−1	−18	18
5	7.923 5~7.926 5	7.925	23	0	0	0
6	7.926 5~7.929 5	7.928	17	1	17	17
7	7.929 5~7.932 5	7.931	15	2	30	60
8	7.932 5~7.935 5	7.934	3	3	9	27
9	7.935 5~7.938 5	7.937	4	4	16	64
			100		8	300

2. 某化工厂电解酸洗液的硫酸浓度测定值见表 14-9，试绘出 $\bar{x}\text{-}R$ 控制图。

表 14-9　硫酸浓度测定值

组号	x_1	x_2	x_3	$\bar{x}$	R
1	8.3	8.9	9.4	8.87	1.1
2	9.1	9.8	8.5	9.13	1.3
3	8.6	8.0	9.2	8.60	1.2
4	10.6	8.6	9.0	9.40	2.0
5	9.0	8.5	9.3	8.93	0.8
6	8.8	9.8	8.3	8.97	1.5
7	8.9	8.7	11.0	9.53	2.3
8	9.9	8.7	9.0	9.20	1.2
9	10.6	11.9	8.2	10.23	3.7
10	9.2	9.0	9.4	8.73	1.2
11	8.9	10.8	8.7	9.47	2.1
12	9.0	7.9	7.9	8.27	1.1
13	9.7	8.5	9.6	9.27	1.2
14	8.6	9.8	9.2	9.20	1.2
15	10.7	10.7	9.3	10.23	1.4
16	8.7	9.6	9.4	9.23	0.9
17	9.9	9.0	8.8	9.23	1.1
18	10.2	8.5	9.4	9.03	1.7
19	8.4	9.7	9.0	9.03	1.3
20	8.4	10.2	10.0	9.53	1.8

3. 从大小 $N=5\,000$ 的批中，随机抽取大小为 $n=100$ 的样本，进行合格判定数为 $c=2$ 的一次抽样检验。试计算，其不合格品率为 1%、2%、3%、4%、5%、6%的批的接受概率，并画出这一计数抽样方案的 OC 曲线。

4. 试求给定 $p_0=2.5\%$，$p_1=19\%$，$\alpha=0.05$，$\beta=0.10$ 时的计数标准型一次抽样检验方案 $(n\,|\,c)$。

5. 设有一批交验产品 $N=50$ 件，假定已知其不合格品率为 $p=0.06$，从这批产品中随机抽取一个样本共 5 件（$n=5$），试求样本中不合格品数 d 分别为 0、1、2、3 的概率是多少？

第15章

精细生产

引例　　　　　到底该怎样看待 JIT

"迟到1分钟，罚款10万元"这可不是用来约束员工上班的考勤制度，而是某汽车整车厂用来约束它的零配件供应商的。现在，制造企业对其零配件供应商几乎都有类似的要求，为的是实现准时生产制。

准时生产（just-in-time，JIT），或者更准确地称，适时生产，是精细生产方式在生产现场的体现，它是围绕减少成品库存、在制品库存和原材料库存而形成的一套原则和方法。准时生产的概念传播较早，它是通过看板管理来实现的。因此，JIT又被称为无库存生产（stockless production）、零库存（zero inventories）、一件流（one-piece flow）或超级市场生产（supermarket production）等。

从原理上讲，JIT的思想是非常合理的。但是，在现实的整车厂与零部件供应商之间，却出现了诸如"有些整车厂借着JIT的由头，把库存压力毫不留情地转嫁到我们供应商头上"的抱怨。

零配件供应商之所以将怨气撒在JIT身上，是因为在引入JIT模式前，整车厂与零配件企业之间采用的是入库结算方式；而在引入JIT模式后，整车厂又出现了"上线"和"下线"两种新的结算法——零配件上生产线时或在生产线上被装配为合格成品入库时才结算。显然，对整车厂来说，这三种结算方式能使它们的库存成本递减，"下线"结算甚至可以让它们的原材料库存真正变为"零"。按理说不同的结算方式，零配件的价格应该不一样，但据相当一部分国内零配件供应商透露，即使面对"下线"结算方式，他们也难有讨价还价的能力，因为"这是一个整车为王的时代"。一些零配件供应商被要求在整车厂的旁边至少备上能够使用1~2个月的库存，以备整车厂随时调用，但是库存的成本则由零部件供应商承担。"反正也不是他们的库存，他们一点也不心疼"一些零配件供应商很无奈地说。整车厂却因为没有库存压力显得颇为轻松，一位总装厂的物流经理说："现在，我们没有原材料库存的压力了。"在国内的供应链上，JIT似乎成了某些整车厂压榨供应商的工具。

供应链的优势在于上下游企业协同运作、合作共赢，如果整车厂凭借实施JIT的方式，将零部件库存的压力完全转移到供应链上游的企业那里，过度地攫取供应商的利益，那么零配件供应商要么选择退出，要么被榨干，或者选择偷工减料。到那时，整车厂还能高枕无忧吗？

精细生产（lean production，LP）是强调精打细算，使资源消耗最少的一种生产哲理和生产方式，它包含一系列通过消除浪费与简化流程来降低成本的原理和实践。它是继大量生产方式之后，对人类社会和人们的生活方式影响最大的一种生产方式，是新时代工业化的象征，它将改变整个世界。

本章在讨论精细生产哲理的基础上，对如何实现准时生产以及实行精细生产的条件和保证进行了阐述。

15.1 概述

15.1.1 精细生产的起源

日本丰田汽车公司从一个不起眼的小公司发展成为世界最大的汽车制造商，它创立的"丰田生产体系"（Toyota Production System，TPS）备受关注。美国麻省理工学院的MBA学生约翰·克拉弗伊克（John Krafcik）在其硕士学位论文的基础上1988年秋天在《斯隆管理评论》上发表了一篇文章 *Triumph of the Lean Production System*，首次提出"lean production"这个名称。后来，麻省理工学院国际汽车项目组（International Motor Vehicle Program，IMVP）继续克拉弗伊克的研究，由詹姆斯·沃麦克（James Womack）、丹尼尔·琼斯（Daniel Jones）和丹尼尔·鲁斯（Daniel Roos）合著的《改变世界的机器》（*The Machine That Changed the World*）一书对精细生产进行了更深入的研究。

精细生产的思想源自日本丰田汽车公司的准时生产（just-in-time，JIT）实践。丰田汽车公司最先发起减少生产现场中7种浪费的活动，并逐步形成了一套管理思想、工具和方法，被称之为"丰田生产方式"。精细生产与JIT在实质上相同，不过，JIT强调通过不断消除生产现场中的各种浪费来实现准时生产，而精细生产则更侧重在整个生产活动中如何精打细算地利用各种资源。因此，精细生产更具有一般性。与大量生产相比，精细生产只需要"一半的人员，一半的生产场地，一半的投资，一半的工程设计时间，一半的新产品开发时间和少得多的库存，就能生产质量更高、品种更多的产品"。lean production是战后日本汽车工业遭到"资源短缺"和面临"多品种、少批量"的市场制约的产物。它意味着对一切资源要精打细算地利用，要消除一切资源使用上的浪费，客观上实现成本更低、效益更高。实施精细生产方式就是要追求卓越，使库存、缺陷等浪费向"零"挑战。

精细生产的出现不是偶然的，有其深刻的历史渊源。为了说明精细生产的起源，先要从生产方式的演变谈起。

1. 从手工生产到大量生产

（1）手工生产方式。19世纪末，法国巴黎Panhard-Levassor（P&L）机床公司开始制造汽车，它采用的是一种典型的手工生产方式。工人都是熟练的技术工人，他们不仅懂机械设计和材料，而且具有高超的操作技术。他们与P&L公司签订合同，在手工工场独立地完成产品设计和制作。P&L公司完全按顾客的要求生产汽车。因此，几乎没有两辆车是相同的。零件由不同的工人制造，各种零件形状与尺寸都有差异，在装配汽车时只能对零件进行选配。这样制作的汽车成本很高，且易出故障。但由于顾客定位是富翁，他们并不关心成本、驾驶与维修，他们所关心的只是气派、速度和自己独特的风格。

手工生产方式的特点是：工人以师傅带徒弟的方式培养，具有高超技术；组织分散，产品设计和零件制造分散，使用通用机器，实行单件生产。

（2）大量生产方式的兴起。1908年，亨利·福特推出了他的T型车。该车驾驶和修理都比较方便，不用专门的司机和机械师。福特设想像生产别针和火柴那样生产T型车，以使劳动生产率大幅度提高，成本大幅度降低。

进行大量生产的技术关键是零件的互换性和装配的简单化。零件具有互换性，才能使任何地方、任何人加工的零件都能装配到一起。这样，可实行更广泛的分工。装配简单化则不需全能的装配工，也大大节省了装配时间。零件互换性和装配的简化是采用装配生产线的前提条件。

按照福特提出的"单一产品原理"，只生产T型车一种车型。由于车型固定，零件可做到标准化。专门生产一定种类的零件，可采用专用高效的机器设备。细化工序使工人只完成一两道简单工序，操作可以标准化。操作时间短，加快了产品出产的节拍。另外，使用传送带，使每个工件按固定的节拍从一道工序流向另一道工序，工人不能随意地多干或少干，从而保证了生产过程总体上的优化。

实行大量生产的结果，是生产率大幅度提高。1908年，514分钟（8.56小时）生产一辆车；1913年，2.3分钟生产一辆车；1914年，实行流水线生产后，只要1.19分钟就生产一辆车。随着产量提高，成本大幅度下降。1908年T型车刚出现时，一辆车的售价为850美元。福特在发展生产的同时给工人增加工资，使他们都买得起T型车，反过来又刺激了T型车的生产。随着产量的增加，T型车的成本越来越低。到了1926年，售价仅290美元一辆，几乎人人都买得起。

由于分工精细、操作简化，工人只需几分钟的训练，就能上装配线干活。工人甚至语言不通，也能共同制造汽车。这是因为工业工程师对生产组织及设备安排进行了精心设计。操作简化使非熟练工人找到了工作，同时也使人们从此陷入一种单调乏味的生活。

在生产组织上，福特最初从其他公司购买发动机、底盘和其他一些零件，然后组装成汽车。后来，全部零件都自己生产，其原因是其他公司未实行大量生产，成本太高，公差太大，交货不及时。

福特在不同国家和地区建立了生产不同型号汽车的工厂，但每个工厂只生产一种车型，他的思想是，通过以标准形式生产产品，能极大地降低成本，从而使公众都能买得起。

随着大量生产方式在全世界的广泛传播和应用，一些小的汽车公司被淘汰或兼并。在美国，原来有100多家汽车公司，到后来只剩12家，其中最强的3家（通用、福特和克莱斯勒）占全部销售额的95%。

福特的大量生产方式使美国的劳动生产率大大提高，也改变了美国人的生活方式。

2. 从大量生产到精细生产

（1）大量生产方式的衰落。第一次世界大战后，以美国企业为代表的大量生产方式逐步取代了以欧洲企业为代表的手工生产方式；第二次世界大战之后，以日本企业为代表的精细生产方式又逐步取代了大量生产方式。任何一种生产方式都有一个产生、发展与衰退的过程。发展是螺旋式上升,大量生产方式否定了手工生产方式,精细生产方式又否定了大量生产方式。

福特的大量生产有一个根本的缺陷,那就是缺乏适应品种变化的能力,即缺乏柔性。亨利·福特因创造了大量生产而成为"汽车大王"。但是,后来正是因为他顽固坚持生产T型车一个车型,而使他的公司陷入困境。

消费者一般先要解决"有没有"的问题。福特汽车公司推出T型车,正好适应了当时一般人的要求:拥有一辆车,只要价廉、耐用就行。当这个要求满足之后,人们就开始追求式样美观、舒适及省油等,即使价格高一点也不在乎。这时,朴素、坚固、价廉的T型车就不受欢迎了。

耐人寻味的是,为什么福特汽车公司长达19年始终生产T型车呢?除了福特顽固保守,死抱住"单一产品原理"不放之外,还因为他的庞大的专用机器体系完全是为了永远生产T型车而建立的。它没有柔性,不能生产别的车种。改变原有的设备,不仅耗资巨大,而且还要停产一年,这是一个不能轻易做出的决策。

虽然在随后50多年,大量生产推广到全世界,并做出了很多改进,但是它的固有缺陷并没有得到克服。专用、高效、昂贵的机器设备缺乏柔性,使大量生产者拒绝开发新品种。为了使高昂的固定成本分摊到尽可能多的产品上,生产线不能停工。而为了保证不间断地生产,就需要各种缓冲:过量的库存、过多的供应厂家、过多的工人和过大的生产场地。

这种缺陷在能源紧张、原材料价格上涨、工资提高、消费多样化的时代,显得格外突出。著名的福特汽车公司在20世纪80年代初险些破产,只好反过来向过去的学生——日本丰田汽车公司学习精细生产。表15-1引用了IMVP 1989年世界汽车装配厂的统计资料,它充分说明了大量生产的衰落。表15-1中,在日本的日本汽车装配厂是精细生产的代表,欧洲的汽车装配厂是大量生产的代表,北美的美国工厂和日本工厂不同程度地实行了精细生产方式。

表15-1 1989年世界汽车装配厂之间的比较(平均值)

比较内容(平均值)	地区			
	在日本的日本工厂	在北美的日本工厂	在北美的美国工厂	欧洲
生产率(小时/辆)	16.8	21.2	25.1	36.2
质量(百辆车装配缺陷)	60.0	65.0	82.3	97.0
生产场地(平方尺/年·辆)	5.7	9.1	7.8	7.8
返修区大小(占装配场地%)	4.1	4.9	12.9	14.4
8种代表零件库存(天数)	0.2	1.6	2.9	2.0
加入工作小组的工人比例(%)	69.3	71.3	17.3	0.6
工作轮换(0-不轮换,…,4-常轮换)	3.0	2.7	0.9	1.9
平均每个工人建议数	61.6	1.4	0.4	0.4
职业等级数	11.9	8.7	67.1	14.8
新工人培训时间(小时)	380.3	370.0	46.4	173.3
缺勤率	5.0	4.8	11.7	12.1
焊接自动化程度(%)	86.2	85.0	76.2	76.6
油漆自动化程度(%)	54.6	40.7	33.6	38.2
装配自动化程度(%)	1.7	1.1	1.2	3.1

(2)精细生产方式的出现。1950年春天,丰田汽车公司的丰田喜一郎到美国仔细参观了福特汽车公司在底特律的Rouge工厂。对于这个当时世界上最大、最有效率的汽车制造厂,丰

田喜一郎发现仍有改进之处。回到日本之后，经过与生产管理专家大野耐一（Taiichi Ohno）仔细研究，得出一条重要结论：大量生产方式不适合日本。原因是当时日本经济十分困难，不可能花大量的外汇去购买美国的技术与装备，也不可能花巨额投资去建 Rouge 那样的工厂。当时日本国内市场对汽车的需要量小，需要的汽车品种却相当多，也不可能实行大量生产。受到新劳工法的保护，日本老板不能像美国老板那样，把工人当成可互换零件，随时解雇。日本企业也不像美国企业，在大量生产中雇用大量的移民。

在汽车生产中，需要大量的冲压件。冲压件的加工需要在压力机上配备重达数吨的模具，要压制不同的零件需要不同的模具。在美国，更换模具是由专家来完成的，换一次模具常常需要 1~2 天的时间。为了提高效率，西方国家的一些汽车制造厂常常配备数百台冲压机，以至于数月甚至数年才更换一次模具。这样大量生产冲压件，在制品库存相当高。而且，一旦工序失控，就会生产大量的不合格产品，造成大量报废，大量返工。在很多大量生产的工厂，大约有 20% 的生产面积和 25% 的工作时间是用来返修产品的。

为了解决换模问题，大野耐一花了十多年时间研究出一种快速换模方法，被称为 SMED（single-minute exchange of die）或 OTED（one-touch exchange of die），他利用滚道送进送出模具，采取一种一般操作工人可迅速掌握的调整办法，使换模时间减少到 10 分钟以内。SMED 使加工不同零件与加工相同零件几乎没有什么差别。于是，可以进行多品种、小批量生产。这样做使得每个零件的制造成本比采用大量生产的还低。因为小批量生产的结果是使在制品库存大大降低，使加工过程中的质量问题可以及时被发现，避免了大量生产不合格品和大量返修。而且，一机多用，降低了固定成本。

大量大批生产通过专用机床和专用工艺装备来提高加工的速度与减少调整准备时间，从而实现高效率加工。精细生产突破了"批量小、效率低、成本高"的逻辑，打破了大量生产"提高质量则成本升高"的惯例，使成本更低，质量更高，能够生产的品种更多，是一种可以淘汰大量生产的新的生产方式。

（3）三种生产方式的比较。精细生产综合了手工生产方式和大量生产方式的优点，克服了两者的缺点，使它成为新形势下最具生命力的生产方式。表 15-2 对三种生产方式做了简明对比。

表 15-2　三种生产方式的比较

	手工生产方式	大量生产方式	精细生产方式
产品特点	完全按顾客要求	标准化，品种单一	品种规格多，系列化
加工设备和工艺装备	通用、灵活、便宜	专用、高效、昂贵	柔性高、效率高
分工与工作内容	粗略、丰富多样	细致、简单、重复	较粗略、多技能、丰富
操作工人	懂设计制造，有高操作技艺	不需专门技能	多技能
库存水平	高	高	低
制造成本	高	低	更低
产品质量	低	高	更高
权力与责任分配	分散	集中	分散

15.1.2　精细生产的哲理

1. 精细生产的基本含义

英文词"lean"的本意是指人或动物瘦，没有脂肪。译成"精细"反映了"lean"的本意，反映了 lean production 的实质。英文中还有 fat production 的说法，意指维持高库存的"粗放生产"。人有胖瘦之分，胖则脂肪多，多余的脂肪对维持人体正常的功能来说是不必要的。多余的脂肪造成人体负担过重，移动不灵活，它还会危害人的健康。企业中的库存如同人体内的脂肪，库存占用生产面积，占用厂房、设备和人员，造成资金大量被占用。不仅如此，库存还掩盖了管理中的各种问题，使企业丧失竞争力，甚至导致企业亏损、破产。可见，库存在企业中的影响与脂肪在人体中的影响一样糟糕。实施 lean production 要追求"精益求精"，但将其译为"精益生产"不妥。因为取"精益求精"的前两个字，没有意义。辞海中关于精益求精的解释是：精，完美；益，更加，意即已经好了还要更好，"益"不是指效益。"精益"只是一个生造的、并不科学的词。lean production 的本意与中文"精打细算""精耕细作"和"精雕细刻"等词相近，故本书用精细生产。

从一般意义上讲，精细生产是对一切资源的占用量少、利用率高的生产方式。资源包括土地、厂房、设备、物料、人员、时间和资金等。

精细生产是由资源稀缺引起的。丰田汽车公司就是由于资源短缺，被迫实行"一机多用"的。日本是个资源短缺的国家，提出精细生产有其必然性。其实，精细生产的思想早就有了，过日子强调"精打细算"，种田强调"精耕细作"，而手工艺品强调"精雕细刻"。我国江浙一带，人口稠密，土地资源紧张，只有实行"精耕细作"，充分利用每一寸土地，才能生产足够的粮食和蔬菜，供众多人口消费。"精耕细作"就是农业上的精细生产。精细的含义包括质量。质量高的产品在消耗同样多的物化劳动和活劳动的条件下，可以提供更好的功能、更可靠的性能和更长的使用寿命，这实质上就是对资源的高利用率。

精细生产方式已在全世界制造业中取得了显著的效果。在服务业，特别是医院管理方面，已经初见成效。GE 在推行六西格玛管理上曾取得很大成效，目前也在推行精细生产方式。根据 Wamack 最近发表的文章，经过近 20 年的努力，美国精细管理领域的学者和实践者已经掌握从点改进（point kaizen），到过程改进（process kaizen），再到流程改进（flow kaizen）的知识和经验，具备了系统改进（system kaizen）的基础。点改进的主要特点是利用传统 7 种工具对个别问题进行改进；过程改进的主要特点是利用新 7 种工具对局部范围问题进行改进；流程改进的主要特点是利用价值流图（VSM），以增值环节为主线，对某个产品系列或服务内容进行改进。对于系统改进，还需要新的手段和工具来实施。

2. 消除浪费

要减少对各种资源的占用，提高资源的利用率，实现以尽可能少的资源消耗为最终顾客创造更多价值，就要不断消除浪费。这里所说的浪费，比我们通常所说的浪费在概念上要广泛得多，深刻得多。什么是浪费？按丰田汽车公司的说法，凡是超出为最终顾客增加价值所必需的绝对最少的物料、机器和人力资源的部分，都是浪费。这里有两层意思：一是不为最终顾客创造价值的活动，是浪费；二是尽管是创造价值的活动，但所用的资源超过了"绝对最少"的界限，也是浪费。

在生产过程中，只有实体上改变物料的活动才能增加价值。加工零件，增加价值；装配产品，增加价值；油漆包装，也增加价值。但是，仍有很多我们常见的活动并不增加价值。点数不增加价值，库存不增加价值，质量检查也不增加价值。搬运不仅不增加价值，反而会减少价值（常常引起损伤）。这些不增加价值的活动，却增加了成本，因而都是浪费。浪费是应当不断消除的。

为什么要不断消除浪费？归根结底是为了提高企业的竞争力。按照战略管理大师迈克尔·波特的理论，成本领先是一种市场竞争战略。要降低成本，就要不断消除浪费。有两种不同的经营思想，一种思想被称为"成本主义"，用公式表示就是：价格＝成本+利润，即随着原材料价格的上涨，工资、奖金的提高，成本要升高，为了获得必要的利润，只有提高产品的价格。另一种经营思想是：利润＝价格-成本。从数学上看，这个公式与前一个公式没有什么区别，但它代表了完全不同的经营思想。后一个公式的意思是，价格不是某家企业可以决定的，而是在市场上形成的，要想获得较多利润，只有不断降低成本。丰田汽车公司遵循的是后一种思想，这是它在竞争中立于不败之地的"秘方"。因为在经济不景气的时候，成本高的企业得不到利润，甚至亏损，就会在竞争中被淘汰；成本低的企业还可以得到少量利润，或不亏损，能够生存下来，并在经济形势好的时候取得发展。所以，不断消除浪费、降低成本，是积极进取的经营思想，是企业的求生之路；"成本主义"是消极被动的经营思想，它将导致企业亏损、破产、倒闭。

3. 持续改进

消除浪费，就要不断挖掘潜力，要"把干毛巾拧出一把水来"。不断消除浪费，才能使成本由"西瓜"那样大变成"西瓜籽"那样小。消除浪费是精细生产的目标，持续改进是实现消除浪费的途径。

改进，就是永远不满足于现状，不断地发现问题，寻找原因，提出改进措施，改变工作方法，使工作质量不断提高。

改进与创新，都是进步和提高。改进是渐进式的进步，是细微的改变，其过程是连续的，通过日积月累，就会获得巨大的成功；创新是跃进式的进步，是显著的变化，其过程是不连续的。创新可以是少数人所为，改进则必须众人努力。若创新之后无改进，则实际成果会降低；创新之后继续改进，成果将更大，如图15-1所示。日本企业学习美国质量管理专家提出的全面质量管理，经过改进，后来居上，这就是证明。日本企业的成功，首先在观念上，就是要进行永无休止的改进。持续改进是众人之事，是每个员工的责任，应该成为每个员工的指导思想，成为员工生活的一部分。事物是发展变化的，新事物、新问题天天都会出现，任何先进的方法都有缺陷，都有改进的余地。谁能不断改进，谁就能赢得竞争。

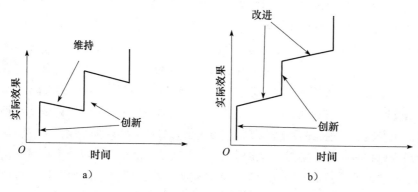

图15-1 "创新+维持"与"创新+改进"的效果比较

对于一般资源的占用和利用程度，只能做出相对比较。但是，对于库存和质量可以给出一个绝对的标准：零库存和零缺陷。零是一种极限，可以无限地接近它，但永远不可能达到。若真正做到"零库存",则生产是无法进行的。只有"皇帝的新衣"中几个骗子进行的空操作才是无库存。工作和产品完全没有缺陷,也是达不到的。但是,"零库存和零缺陷"提供了一个最高标准,它使得改进永无止境。

15.1.3 有关浪费的概念

1. 丰田汽车公司提出的七种浪费

丰田汽车公司的大野耐一将制造企业的浪费进行归类,得出具有一般性的七种浪费,包括:过量生产浪费、等待浪费、移动浪费、库存浪费、加工浪费、动作浪费以及缺陷浪费。

(1) 过量生产浪费,对外部市场而言,是指生产的产品超过了顾客所需数量或比需要时间提前出产产品;对内部组织生产过程而言,是指在制品库存过多或在制品提前送到下一道工序等待加工。过量生产占用了制造资源(人、机器、场地和资金),减缓生产流程,增加在制品、半成品和成品库存,需要过量的搬运、过多的空间、附加的利息支出、多余的机器和劳动力的占用,造成资金周转率低、资源浪费。其原因可能是不了解顾客(包括下道工序)需求,鼓励提前、超额完成任务的政策,按领导者个人经验和思维方式制订的生产计划,满负荷工作的指导思想,应对生产过程中产生的问题(不合格品、机器故障等)。解决的途径是建立拉式系统,逐步实行准时生产。

(2) 等待浪费,是指工件等待加工、顾客等待服务以及机器等待任务、服务台等待顾客造成的浪费。在生产过程中,在制品因等待机器、工具不能及时加工,或因零部件不配套导致不能进行装配;机器等待材料、工具或维修。在服务过程中,顾客等待服务台、服务台等待顾客等现象造成的浪费都是等待浪费。造成等待浪费的可能原因是作业计划安排不当或者其他问题(机器故障、工人缺勤等)。要减少并消除等待浪费,就要实行均衡生产,实现工序同期化,还要适当扩充生产或服务能力,建立U形生产单元。

(3) 移动浪费,是指不为顾客增加价值的移动造成的浪费,包括运输和搬运。搬运不仅不增加价值,反而浪费劳动,还会因磕碰损坏物品而减少价值,搬运和运输还需要增加设备。造成移动浪费的原因是设施布置不当、过程缺乏协调、定置管理不到位以及工作地组织差等。例如,多点存储,造成物料过多移动;按功能布置设备(机群式布置),加工零件的搬运路线长;计划不周,造成搬运次数过多、空车率高,等等。要消除移动浪费,就需要改变或减少物料存储点,变机群式布置为流水线布置,建立U形生产单元,实行5S管理,改善作业计划。

(4) 库存浪费,包括原材料、在制品、成品的库存以及所有资源闲置造成的浪费。库存不仅需要持有库存费(占用资金、修建仓库、配备设备和人员等),而且还掩盖了管理不善的问题。造成库存浪费的原因包括:调整准备时间长、设备不可靠、物料流不平衡、供应不及时、预测不准,以及批量大等。按照精细生产的思想,库存是应该不断降低的。降低库存提高了对顾客的响应性,也暴露了管理中的问题,使持续改进能够进行。要减少在制品库存,需要进行准时生产;要减少原材料库存,需要实行准时采购;要减少成品库存,就要实行平准化生产。

(5) 加工浪费,是指不必要或无效的加工造成的浪费。不必要的加工是指与增加产品价值没有关系的加工;无效的加工是指加工设备、切削工具或方法不当造成的不合格的加工,比如因工具质量差产生的毛刺。不必要的加工浪费主要由工艺设计造成,比如生产工序设计不合理,对人和机器功能的分析不够;无效的加工由模具、夹具、工具不完善或维修不当,员工技术不熟练等造成。要减少加工浪费,需要完善工艺设计,加强工具管理和员工技术培训。

（6）动作浪费，是指对产品或服务不创造价值的人或机器的动作造成的浪费。不增加价值的活动包括：点数，寻找零件和工具，操作中多余、笨拙的动作，不合理的操作姿势等违背动作经济性的操作。原因可能是工作地缺乏组织、设备布置不合理、不一致的工作方法，以及机器本身设计性能差。要减少动作浪费，就要实行定置管理、5S 管理和可视化管理。

（7）缺陷浪费。由于缺陷存在，会造成鉴定成本和故障成本。鉴定成本是按照质量标准对产品质量进行测试、评定和检验所发生的各项费用，是在加工制造结果产生之后，为了评估结果是否满足要求进行测试活动而产生的成本，是应该减少和消除的。故障成本是在结果产生之后，通过质量测试活动发现项目结果不满足质量要求，为了纠正其错误使其满足质量要求发生的成本，分为内部损失和外部损失。内部损失是指产品出厂前的废次品损失、返修费用、停工损失和复检费等；外部损失是在产品出售后因质量问题而造成的各种损失，如索赔损失、违约损失和"三包"损失等。要减少缺陷浪费，就要从根源上保证质量，向零缺陷挑战。

后来的研究者在这七种浪费的基础上，有的增加了制造的产品或提供的服务不满足顾客的需要或不符合设计规格的要求的浪费，有的提出了"未被利用的人才是浪费"，使浪费的概念得到进一步扩充。

2. 设计浪费

产品设计决定了企业生产什么，可以说设计是制造企业的龙头。设计浪费是因为不满足顾客需要的设计，以及不必要的附加性能造成的浪费。尽管设计费用只占整个产品费用的 5% 左右，设计对产品总成本的影响却达到了 70% 以上。因此，设计浪费是不可忽视的。造成设计浪费的原因是：在设计过程中，由于缺乏顾客需求信息而造成设计的产品不符合顾客要求，使所有的后续活动都不为顾客创造价值。另外，即使产品性能符合顾客要求，但还有两方面问题：设计的产品粗放和零部件多样化。

（1）产品粗放。产品粗放的表现是"肥头大耳"，使用过多的材料，耗费过多的资源，与产品实现的功能不相称。产品实质上是一种需求满足物。只要能够提供满足顾客需求的功能，产品包含的物化劳动和活劳动越少越好，任何多余的劳动都是浪费，即产品必须精细。从这点出发，不仅要求所设计的产品在制造中要尽可能少地消耗原材料、能源、资金和人工，而且要求产品使用方便、可靠、节能。对于精细产品，不仅要求制造成本低，而且要求使用成本低。使用成本关系到用户能否实行精细生产，具有重要的社会效益。防治环境污染应该是企业的一项社会责任。耗油量少的汽车排放的废气也少，占用和消耗资源少的企业对环境的污染也小。因此，产品精细会致使污染小。

（2）零部件多样化。大卫·安德森于 1977 年提出产品外部多样化和内部多样化的概念。他认为，顾客可以感受到的是产品外部多样化，企业在制造和分销过程中感受到的是产品内部多样化。应该增加受顾客欢迎的、有用的外部多样化，减少顾客不在意的、多余的外部多样化。内部多样化主要是由零部件多样化决定的。零部件多样化决定了制造工艺的多样化，内部的多样化成本属于产品的多样化成本，零部件多样化给制造带来很多困难。多余的外部多样化和内部多样化造成的成本属于产品多样化成本。

①零部件多样化的成本。零部件种类多样化所增加的成本，可以从以下几个方面进行分析：

一是设计和工艺成本。生产多种产品会造成产品设计和工艺设计任务增加，致使设计成本上升。同时，多种零部件的加工需要多种工艺装备，增加了工艺装备的设计工作量，从而又增加了成本。

二是库存成本。多样化造成库存成本上升。产品和零部件品种数增多，造成管理对象增多，不仅增加了管理的复杂性，而且造成库存成本增加。显然，产品和零部件的种类越多，每种零部件库存都要维持一定的服务水平，则库存持有成本就越高。比如，某种产品只有一种规格的螺钉，这种螺钉在装配产品时需要维持 0.95 的服务水平。如果该产品现有 5 种规格的螺钉，在组装该产品时，同样维持螺钉的缺货概率不超过 5%，那么每种螺钉库存的服务水平将上升到 0.99，这将造成每种螺钉的库存量急剧上升。

三是运输成本。多种不同性能、规格、形状的零部件和产品的运输，需要不同的托盘、运输工具和运输条件，降低了规模经济性，使运输成本上升。

四是调整准备成本。加工不同的零部件，需要不同的调整和准备，增加了调整准备时间和费用，降低了机器和人工的利用率。

五是机器、工具和工艺装备成本。产品和零部件多样化，导致加工制造所需的机器、工具和工艺装备的多样化，需要适应多品种加工的具有柔性的机器，准备多种刀具、模具和夹具，增加了投资，也增加了维护成本。

六是人工成本。产品和零部件多样化，导致需要更多的设计、工艺人员和多技能工人，增加了人工成本。

七是采购成本。采购对象多样化，很多项目都未达到经济批量，也得不到价格折扣，增加采购成本。

八是信息处理成本。多种产品的设计和工艺文档、生产过程的信息处理、MRP/BOM 管理和报价单等，使信息处理量大大增加，信息处理成本上升。

九是维护成本。产品多样化使备品、备件种类增加，导致用户的维护成本上升。

十是服务成本。过多种类的零件和工艺造成的额外服务、过多种类的备品和备件造成的额外服务、多种多样的产品缺陷，都造成服务成本上升。

零部件种类的增加大大提高了成本。据统计，在电子行业加入一个新外购元件就要花费 5 000~10 000 美元。这是一个不可忽视的问题。

②零部件多样化的原因。产品多样化并不一定导致零部件多样化，以尽可能少的零部件多样化来实现大量的产品多样化，是人们追求的目标。可以说，零件种类激增的原因主要是设计者造成的。设计者造成零件种类激增的原因如下：

第一，设计者不理解零件通用化的意义，单纯地按照技术观点，他们常常不是在通用零件的基础上进行设计。

第二，设计者认为考虑成本"不是我的工作"。有时，"不是我的工作"并发症会阻碍标准化，但它可能通过团队合作、培训和鼓励工程师考虑"全局而非局部"予以避免。

第三，想当然的决定。产品设计者用想当然的决定来选择零件。当一个更通用的、螺距 3/8 英寸、长 1/2 英寸的六角螺钉可以完成同样的工作时，设计者却可能会想当然地选择螺距为 5/16 英寸、长 7/16 英寸的圆头细牙螺钉。

第四，重量最小原则。重量最小原则是所有零件的尺寸都应当"正好"使其重量最小和所用材料最少，其实这将妨碍标准化。

第五，重复的零件。如果产品设计者不知道已有什么零件，那么，即使已经有完全相同的零件，他们还会常常把"新的"零件"添加"到数据库中。

③解决零部件多样化的途径主要是通过产品模块化和零部件通用化来实现的。产品模块化使产品的部件如同标准件一样高效地制造，而产品的特色可通过模块的组合与修改来取得。由于这些部件或组件是标准的，因此能以大量生产方式制造，从而使大规模定制产品的成本和质量与采用大量生产方式的相当。借助于模块化进行产品的开发、设计和生产，在基型产品的基础上发展变型产品，可以以较少品种规格的零部件组成顾客需求的多种多样的个性化产品。例如，某一个计算机制造商有 12 种主板、5 种 CPU、3 种机箱、5 种硬盘、20 种显示器、8 种调制解调器和 4 种声卡，其基本模块是 57 种，若将这些模块进行组合，最多可形成 576 000 种产品。

零部件通用化首先要减少零部件多样化，减少零部件多样化就要对现有产品系列进行分析，保留销售量和销售利润高的产品，对于以通用零部件为主的产品可通过大规模定制方式生产。通过取消低用量的零部件，将高用量零部件标准化，并将类似的零部件用通用零部件代替，以减少零部件种类。零部件通用化有助于工具通用化、加工特性通用化、原材料通用化，进而能够促进工艺标准化，提高加工制造效率，提高产品质量。加工工具、加工工艺、生产计划和产品设计都存在通用性（commonality），这种通用性取决于零部件的通用性。正确地利用这种通用性，将有助于减少制造系统的复杂性。

3. 领导不善造成的浪费

领导不善造成的浪费主要包括决策错误浪费和员工才智浪费。领导者最重要的任务是决定做正确的事情。一旦决定要做的事情是错误的，则所有投入的资源全部付诸东流，造成最大的浪费。企业在决定生产什么、生产多少等基本问题上若出现失误，则损失和浪费是巨大的。

员工处于生产活动的第一线，关于具体应该做什么和如何做，他们有很多好主意。美国 GE 公司的一位员工说："25 年来，你们为我的双手支付工资，而实际上，你们本来还可以拥有我的大脑，而且不用支付工资。"从治理一个国家到管理一个企业，都应该发挥民众和员工的聪明才智，这是取得管理绩效的最重要保证。一个组织是否具有活力，只要看它的员工是否敢于并愿意提出他们的意见和建议。丰田汽车公司成功的经验主要有两条：实行准时生产；尊重员工，员工参与。尊重员工是员工参与的前提，不尊重员工就不可能真正实现员工参与；员工参与是尊重员工的表现。JIT 已经广为传播，其实更重要的是尊重员工和员工参与，重视人这一最重要的生产力。学习丰田生产方式不成功的主要原因就是只学习具体的方法（如看板管理），没学习丰田生产方式的精髓——尊重员工和员工参与。工人是现场的主人，他们可以在发现现场生产问题的时候，立即停止生产线，以及时发现问题、找出原因，避免造成大量浪费。GE 公司通过"群策群力"方式发掘员工的好主意，不仅大大改进了工作，而且使员工树立了"主人感"，使公司变成全体员工的公司，这才是丰田和 GE 的核心竞争力。相反，在一些高度集权的企业，领导者自以为高明，员工没有参与管理的机会，往往是一个顽固不化的脑袋压制了众人聪明才智的发挥，扼杀了大量的好主意，使企业一再失去发展的大好机会。因此，消除浪费最重要的是消除领导造成的浪费。

15.2 准时生产的实现

准时生产（just-in-time，JIT），或更准确地称适时生产，是精细生产方式在生产现场的体现，它是围绕减少成品库存、在制品库存和原材料库存而形成的一套原则和方法。准时生产的概念传播较早，它是通过看板管理来实现的。因此，JIT 又被称为无库存生产（stockless production)、零库存（zero inventories）、一个流（one-piece flow）或者超级市场生产方式（supermarket production）等。通过 JIT，可以消除七种浪费中的大部分浪费。

15.2.1 准时生产的出现

丰田汽车公司的看板管理经历了一个产生、发展和完善的过程。早在该公司初建阶段，丰田喜一郎就提出了"非常准时"的基本思想，这一思想是实行看板管理的原则和基础。20 世纪 50 年代初，看板管理的积极推行者，当时在丰田汽车公司机械工厂工作的大野耐一先生，从美国超级市场的管理结构和工作程序中受到启发，从而找到了通过看板来实现"非常准时"思想的方法。他认为，可以把超级市场看成作业线上的前一道工序，把顾客看成这个作业线上的后一道工序。顾客（后工序）来到超级市场（前工序），在必要的时间就可以买到必要数量的必要商品（零部件）。超级市场不仅可以"非常及时"地满足顾客对商品的需要，而且可以"非常及时"地把顾客买走的商品补充上来（当计价器将顾客买走的商品进行计价之后，载有购走商品数量、种类的卡片就立即送往采购部，使商品得到及时的补充）。20 世纪 50 年代后期，日本也出现了超级市场，这就为丰田推行看板管理提供了直接的研究资料。但是，流通领域与生产领域毕竟是两个不同的领域，要在工业企业中实行看板管理并不是一件容易的事情。1953 年，丰田汽车公司先在总公司的机械工厂试行了看板管理。之后，为了全面推行看板管理，丰田汽车公司进行了多年的摸索和试验，1962 年在整个公司全面实行了看板管理。

到了 20 世纪 70 年代，丰田采用的生产方式已扩展到汽车工业以外。虽然各个企业的做法不尽相同，但其基本思想是一致的。

如前所述，JIT 的名称很多，它们其实说的都是一回事。按第 8 章关于库存的定义，"无库存"或"零库存"表示没有暂时闲置的资源，"无库存生产"就是不提供暂时不需要的物料的生产，即提供的都是当时需要的东西，这就是"准时生产"的意思。"一个流"是指需要一件，生产一件，零件一个一个地流动，这也是"准时生产"的意思。

JIT 认为库存像恶魔，它不仅直接造成浪费，还将许多管理不善的问题掩盖起来，使问题得不到及时解决，就像水掩盖了水中的石头一样。比如，机器故障率高、设备调整时间太长、设备能力不平衡、缺勤率高、备件供应不及时等问题，由于库存水平高，不易被发现，如图 15-2 所示。"水落石出"，JIT 就是要通过不断减少各种库存来暴露管理中的问题，以不断消除浪费，进行永无休止的改进。

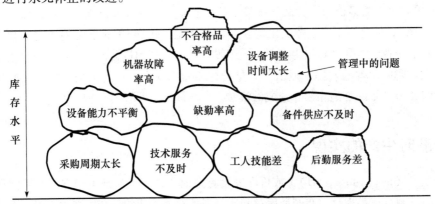

图 15-2　库存水平与被掩盖的管理问题

JIT 是一种理想的生产方式,有两个原因。一是它设置了一个最高标准,一种极限,那就是"零"。实际生产可以无限地接近这个极限,但却永远不可能达到。有了这个极限,才使得改进永无止境。二是它提供了一个不断改进的途径,即降低库存—暴露问题—解决问题—降低库存——,这是一个无限循环的过程。例如,通过降低在制品库存,可能发现生产过程经常中断,原因是某些设备出了故障,来不及修理,工序间在制品少了,使后续工序得不到供给。要使生产不发生中断,可以采取两种不同的办法:一种是加大工序间在制品库存,提供足够的缓冲,使修理工人有足够的时间来修理设备;另一种是分析来不及修理的原因,是备件采购问题还是修理效率问题?能否减少修理工作的时间?后一种办法符合 JIT 的思想。按 JIT 的思想,"宁可中断生产,决不掩盖矛盾"。找到了问题,就可以分析原因,解决问题,使管理工作得到改进,上升到一个新的水平。当生产进行得比较正常时,再进一步降低库存,使深层次问题得以暴露,解决新的问题,使管理水平得到进一步提高。因此,推行 JIT,是一个持续改进的动态过程,不是一朝一夕可以完成的。

持续改进并不一定从"降低库存"开始。当管理中的问题很明显时,可以先解决问题,然后降低库存。如果现存的问题很多,不去解决,还要降低库存,那就会使问题成灾,甚至使企业瘫痪。"降低库存"要逐步进行,不能一次降得太多。否则,也会造成问题成堆,无从下手。但是,很多问题往往隐藏很深,尤其是当管理水平已经达到较高水平时,就不大容易发现,在这种情况下通过降低库存来暴露问题乃是必要的。

15.2.2 推式系统和拉式系统

要消除过量生产浪费,就要采用拉式(pull)系统。对于加工装配式生产,产品由许多零件构成,每个零件要经过多道工序加工。要组织这样的生产,可以采用两种不同的发送生产指令的方式。

一种方式是由一个计划部门根据市场需求,按零部件展开,计算出每种零件与部件的需要量和各生产阶段的生产提前期,确定每个零部件的投入出产计划,按计划发出生产和订货的指令。每一个工作地、每一个生产车间和生产阶段都按计划制造零部件,将实际完成情况反馈到计划部门,并将加工完的零部件送到后一道工序和下游生产车间,不管后一道工序和下游生产车间当时是否需要。物料流和信息流是分离的。这种方式为推式(push)方法。实行推式方法的生产系统被称为推式系统。推式系统如图 15-3 所示。

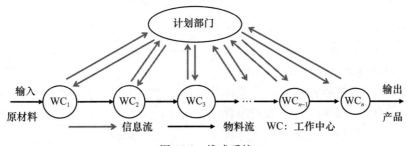

图 15-3 推式系统

另一种方式是从市场需求出发,由市场需求信息牵动产品装配,再由产品装配牵动零件加工。每道工序、每个车间和每个生产阶段都按照当时的需要向前一道工序、上游车间和生产阶段提出要求,发出工作指令,上游工序、车间和生产阶段完全按照这些指令进行生产。物料流和信息流是结合在一起的。这种方式为拉式（pull）方法。实行拉式方法的生产系统被称为拉式系统。日本丰田汽车公司的生产系统就是拉式系统。拉式系统如图15-4所示。

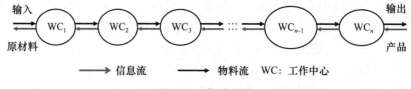

图 15-4 拉式系统

对于推式系统，进行生产控制的目的就是要保证按生产作业计划的要求按时完成任务。但实际上，由于计划难以做到十分精确，加上不可避免的随机因素的干扰，一般不能做到每道工序都按时完成，这就需要取得实际进度和计划要求偏离的信息，并采取纠正措施。纠正措施可以是加快实际进度（如加班、加点），以保证计划的完成，也可以是修改计划进度，使之符合实际情况。

第9章介绍的MRP，是一个比较完善的计划方法。它的基本思想也是按需要准时生产，但是能否进行准时生产，不是由MRP系统本身决定的。因为任何计划都不可能把未来的情况考虑得十分周全，很多意想不到的事情会在计划的执行过程中出现，迫使管理人员要么修改计划，要么采取一切行动，保证计划的实现。而且，零部件和产品的生产提前期也难以做到十分准确。将所有的提前期圆整成周，本身就有很大误差。所以靠推式系统，即使是MRP这样比较完善的方法实行的推式系统，也难以真正做到准时生产。

采用拉式系统可以真正实现按需生产。如果每道工序都按其紧后工序的要求，在适当的时间，按需要的品种与数量生产，就不会发生不需要的零部件被生产出来的情况，也就解决了过量生产的问题。

15.2.3 看板控制系统

在丰田汽车公司，拉式系统是通过看板控制系统实现的。看板，又被称为传票卡，是传递信号的工具。它可以是一种卡片，也可以是一种信号、一种告示牌。看板及其使用规则，构成了看板控制系统。

在实行看板管理之前，设备要重新排列，重新布置。做到每种零件只有一个来源，零件在加工过程中有明确固定的移动路线。每一个工作地也要重新布置，使在制品与零部件存放在工作地旁边，而不是存放在仓库里。这一点很重要，因为现场工人亲眼看到他们加工的东西，就不会盲目地过量生产。同时，工人可以看到什么样的零部件即将用完，需要补充，也不会造成短缺，影响生产。重新布置使得加工作业的每一个工作地都有两个存放处：入口存放处和出口存放处。对于装配作业，一个工作地可能有多个入口存放处，如图15-5所示。众多的存放处安置在车间内，使车间好像变成了库房。这种车间与库房合

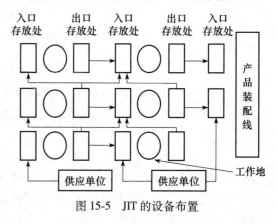

图 15-5 JIT 的设备布置

一的形式好像是"把库房放进厂房里",是看板控制的一个特点,是准时生产的初级阶段。

1. 看板

看板分两种,即传送看板和生产看板。传送看板用于指挥零件在前后两道工序之间移动。当放置零件的容器从上道工序的出口存放处运到下道工序的入口存放处时,传送看板就附在容器上。当下道工序开始使用其入口存放处容器中的零件时,传送看板就被取下,放在看板盒中。当下道工序需要补充零件时,传送看板就被送到上道工序的出口存放处相应的容器上,同时将该容器上的生产看板取下,放在生产看板盒中。可见,传送看板只是在上道工序的出口存放处与下道工序的入口存放处之间往返运动。

每一个传送看板只对应一种零件。由于一种零件总是存放在一定的标准容器内,因此一个传送看板对应的容器也是一定的。

传送看板通常包括以下信息:

- 零件号。
- 容器容量。
- 看板号(如发出 5 张的第 3 号)。
- 供方工作地号。
- 供方工作地出口存放处号。
- 需方工作地号。
- 需方工作地入口存放处号。

典型的传送看板如图 15-6 所示。

从供方工作地: 38# 油漆	零件号:A435 油 箱 座	到需方工作地: 3# 装配
出口存放处号 No.38-6	容器:2 型(黄色) 每一容器容量:20 件	入口存放处号 No.3-1
	看板号: 3 号(共发出 5 张)	

图 15-6 典型的传送看板

生产看板用于指挥工作地的生产,它规定了所生产的零件及其数量。它只在工作地和它的出口存放处之间往返。当需方工作地转来的传送看板与供方工作地出口存放处容器上的生产看板对上号时,生产看板就被取下,放入生产看板盒内。该容器(放满零件)连同传送看板一起被送到需方工作地的入口存放处。工人按顺序从生产看板盒内取走生产看板,并按生产看板的规定,从该工作地的入口存放处取出要加工的零件,加工完规定的数量之后,将生产看板挂到容器上。

每一个生产看板通常包括以下信息:

- 要生产的零件号;容器的容量;供方工作地号;供方工作地出口存放处号;看板号(如发出 4 张的第 1 号)。

- 所需物料。
- 所需零件的简明材料清单。
- 供给零件的出口存放处位置。
- 其他信息，如所需工具等。

典型的生产看板如图 15-7 所示。

| 工作地号：38#油漆 |
| 零件号：A435油箱座 |
| 出口存放处号：No.38-6 |
| 所需物料：5#漆，黑色 |
| 位置：压制车间21-11号储藏室 |

图 15-7　典型的生产看板

2. 用看板组织生产的过程

图 15-8 表示用看板组织生产的过程。为简化起见，假设只有 3 个工作地，其中 3 号工作地为装配。对于装配工作地，可能有很多工作地向它提供零件，因而它的入口存放处会有很多容器，存放着各种零件。

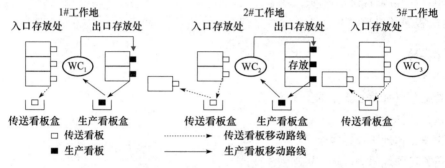

图 15-8　用看板组织生产的过程

产品装配是按装配计划进行的。当需要装配某台产品时，3 号工作地就从它的入口存放处取走需要的零件，在取走零件时将附在容器上的传送看板放到看板盒中，搬运工人看到传送看板盒中的看板，就按照传送看板规定的供方工作地及出口存放处号，找到存放所需零件的容器，将容器上挂着的生产看板取下，放到 2 号工作地的生产看板盒中，并将传送看板挂到该容器上，将容器运到 3 号工作地的入口存放处相应的位置，供装配使用。2 号工作地的工人看到生产看板盒中的看板，取出并按照生产看板的规定，到 2 号工作地的入口存放处找到放置所需零件的容器，从中取出零件进行加工。同时，将该容器上的传送看板放入 2 号工作地的传送看板盒中。若生产的数量达到生产看板的要求，则将生产看板挂到容器上，将容器放于 2 号工作地的出口存放处规定的位置。按同样方式，将 2 号工作地的传送看板送到 1 号工作地的出口存放处，取走相应的零件。这样逐步向前推进，直到原材料或其他外购件的供应地点。

图 15-9 表示用看板控制从供应商到产品发运的全过程。

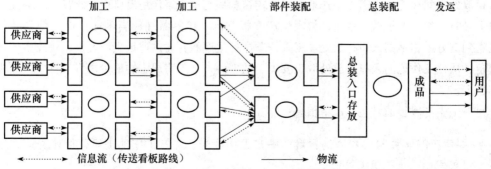

图 15-9　用看板控制物流的全过程

3. 看板数量的计算

实行看板管理需要确定发出的看板数量。尽管各个企业的看板系统不同，但计算看板数量的方法却基本一致。可以按下式来计算所需的看板数量 N：

$$N = N_m + N_p \tag{15-1}$$

$$N_m = DT_w(1 + A_w)/b \tag{15-2}$$

$$N_p = DT_p(1 + A_p)/b \tag{15-3}$$

式中，N_m 为传送看板数量；N_p 为生产看板数量；D 为对某零件的日需要量；b 为标准容器中放置某种零件的数量；T_w 为零件的等待时间（日），即传送看板的循环时间；T_p 为所需的加工时间（日），即生产看板的循环时间；A_w 为等待时间的容差；A_p 为加工时间的容差。其中，A_w 和 A_p 应该尽可能接近于零。

【例 15-1】

对某零件的日需要量 $D = 24\,000$ 件/天，标准容器放置该零件数量为 $b = 100$ 件/箱，每天实行一班制，8 小时为一工作日。$T_w = 1$ 小时 $= \frac{1}{8}$ 工作日，$T_p = 0.5$ 小时 $= \frac{1}{16}$ 工作日，$A_w = A_p = 0.2$，求所需传送看板数和生产看板数。

解：

$$N_m = \frac{24\,000}{100} \times \frac{1}{8}(1 + 0.2) = 36(\text{个})$$

$$N_p = \frac{24\,000}{100} \times \frac{1}{16}(1 + 0.2) = 18(\text{个})$$

需要传送看板 36 个，生产看板 18 个。

由式（15-2）和式（15-3）可以看出，工件等待时间越长，所需传送看板的数量就越多；同样，生产时间越长，则所需的生产看板数量就越多。

反过来，如果我们要缩短工件等待时间和加工时间，可以通过减少发出的看板数来实现。当然，减少看板数并不能直接缩短工件的等待时间和加工时间，只能暴露出生产管理中的问题。让人们看到，究竟是什么原因使得工作等待时间和加工时间不能进一步缩短，从而采取措施，改进管理。

当零件在两个工作地之间传递时，若只有一个用户（下道工序），则只需一组移动看板；若有多个用户，则需多组传送看板。

如果只需要计算看板总数 N，那么可按下式计算：

$$N = D(T_w + T_p)(1 + A)/b$$

式中，$1 + A = \frac{\text{传送看板数} + \text{生产看板数}}{\text{不考虑容差的看板总数}}$；$A$ 为总的时间容差，其余符号意义同前。

4. 看板管理的主要工作规则

使用看板的规则很简单，但执行必须严格。

① 无论是生产看板还是传送看板，在使用时，必须附在装有零件的容器上。

② 必须由需方到供方工作地凭传送看板提取零件，或者由需方向供方发出信号，供方凭传送看板转送零件。总之，要按需方的要求传送零件，没有传送看板不得传送零件。

③ 要使用标准容器，不许使用非标准容器，或者虽使用标准容器但不按标准数量放入。这

样做可减少搬运与点数的时间,并可防止损伤零件。

④当从生产看板盒中取出一个生产看板时,只生产一个标准容器所容纳数量的零件。当标准容器装满时,一定要将生产看板附在标准容器上,放置到出口存放处,且按照看板出现的先后顺序进行生产。

⑤不合格品不交给下道工序。出现不合格品本来就是浪费,如果把不合格品交给下道工序,不仅会造成新的浪费,而且还会影响整个生产线的工作。所以,在严格控制不合格品发生的同时,还必须严禁不合格品进入下道工序。

按照这些规则,就会形成一个十分简单的拉式系统。每道工序都为下道工序准时提供所需的零件,每个工作地都可以在需要的时候从其上道工序得到所需的零件,使物料从原材料到最终装配同步进行。做到这一点就可以消除人们的紧张心理,避免零件囤积造成的浪费。

15.2.4 持续改进

用看板组织生产的过程中,有两个存放在制品的地方:上道工序的出口存放处和下道工序的入口存放处。这两处在制品数越少,则生产的准时性就越好。每减少一次在制品,都要大大改进各方面的工作,都要付出极大的努力。至于减少原材料和外购件库存,还与供应厂家有关,需要通过准时采购来实现。但是,只要初步实现了按拉式方式组织生产,就到达了进入准时生产的一个起始点。从这里开始,就可以沿着 JIT 方式指引的方向持续改进。

实际上,大多数在制品存放在出口存放处,出口存放处的在制品数量可按发出的生产看板数计算,因为生产看板挂在出口存放处的容器上。当传送看板附在容器上时,容器不是处于搬运过程中,就是放在入口存放处。于是,可以运用发出的传送看板数来计算处于搬运过程和入口存放处的在制品数量。因此,控制看板的发出数量就控制了工序间的在制品的数量。

通常,可以运用下述方法来控制与调整在制品的数量。

- 在固定生产作业计划期的期初发出看板。将生产作业计划确定下来不再改变的时间范围取决于各个企业所处的条件,一般为 10~30 天。
- 减少超过维持前后工序不平衡的在制品所对应的看板数。
- 减少看板,若出现问题,就找出原因。当试图暴露某一工作地生产上存在的问题时,就减少发出的生产看板数;当需要找出物料搬运方面以及需方工作地存在的问题时,就减少发出的传送看板数。
- 生产中的问题有些是可以预先发现的,有些则只有通过减少在制品库存的方法才能发现。
- 要让每一个人,从工人到管理人员,都动脑筋想办法来解决所发现的问题。比如,让大家思考有无新的主意来减少调整准备时间,更换机器或采用预防维修可否减少停机时间,如何更好地实现生产率与需求率之间的平衡,等等。
- 采用最简单易行的、花费最少的方法使生产在新的低库存水平下运行。
- 当生产能够在较低库存水平下平稳地运行时,再减少看板数。
- 重复以上过程,直至不需要看板,就实现了准时生产。

这是一个无止境的改善过程,好比"使库房逐渐消失在厂房中"。在这个过程中,要使问题摆在每个人的面前,群策群力,让大家想办法解决。这个过程是不断收紧的过程,它使人们永远不会自满,永远面临新的问题。这正是 JIT 的实质所在。

15.2.5 混流生产

前面讨论了如何不断减少在制品库存的问题。要实现 JIT，还要不断减少成品库存和原材料库存。本小节将要讨论如何通过混流生产来减少成品库存。

混流生产是为适应外部市场变化和企业内部组织生产的要求提出的。欲使企业生产系统在品种和产量的调整上，像通过变阻器调整电阻那样方便灵活，实际上是做不到的。但如果企业能够实现混流生产，就可以在满足不断变化的市场需求的同时，使成品库存大大减少。

例如，按市场需求，某厂 3 月份要生产 A、B、C、D 四种产品，每种产品的月产量分别为：A 产品 400 台，B 产品 300 台，C 产品 200 台，D 产品 100 台，总共 1 000 台。该月有 25 个工作日。

为完成生产任务，可以在一个月内每种产品各生产一次，也可以生产多次。当每种产品各生产一次时，可以先生产 A 产品 400 台，然后生产 B 产品 300 台，再生产 C 产品 200 台，最后生产 D 产品 100 台。这是一种扩大批量的组织生产方法，它可以节省调整准备时间。但是，市场需求情况一般不是这样的。由于一个企业的产品一般都有多个用户，每个用户对产品的品种、规格、型号、式样以及色泽的要求不同，要求交货的具体时间也不相同。按照需求的这种特征，企业应该在尽可能短的时间内（比如一天）提供尽可能多的品种。扩大批量的方法势必造成一部分产品一时供大于求，销售不出去，造成积压。同时，另一部分产品一时生产不出来，供不应求，发生缺货。这两种情况都会造成损失和浪费，使企业丧失销售时机，失去市场。另外，从企业内部组织生产来看，批量大固然给组织生产带来一定方便，但会造成资源浪费。由于面临多品种生产，企业必然配备多种设备与多种技能的工人，准备多种原材料。如果一段时间只生产一种产品，就会造成忙闲不均。在生产某一种产品时，可能一部分车间和设备超负荷运行，部分工人加班加点，某些原材料和外购件一时供应不上。相反，另一部分车间和设备负荷不足，甚至空闲，工人无事可干，某些原材料和外购件暂时积压，造成浪费。过了一段时间，生产另一种产品时，闲的可能变忙，忙的可能变闲。这样势必造成浪费。

如果减少批量，每天生产 A 产品 16 台，B 产品 12 台，C 产品 8 台，D 产品 4 台。一个月 25 天重复 25 次，情况就会好得多。对顾客来讲，无论需要哪种产品，每天都可以得到，产品积压与短缺的情况将大大减少，企业内部资源利用情况也将好得多。但是，月生产频率为 25，调整准备时间为原生产安排（月生产频率为 1）的 25 倍。要避免这种损失，就要设法减少每次的调整准备时间。若每次调整准备时间降为原来的 1/25，则可以补偿这种损失。

进一步扩大生产频率，可以做到按"AAAA—BBB—CC—D"这样的顺序轮番生产，1/4 个工作日重复一次，一个月重复 100 次。这样，针对顾客的服务与企业资源的利用情况就更好。当然，总的调整准备时间将更多。

这样改进下去，可以达到一个极限，即按"A—B—C—A—B—C—A—B—A—D"这样的顺序重复生产，这就达到了理想的情况，实现了混流生产。虽然仍然是 1/4 个工作日重复一次这个循环，但生产频率更大了。A 产品每月重复生产 400 次，B 产品重复 300 次，C 产品重复 200 次，D 产品重复 100 次。它可以保证每隔 26.2 分钟向顾客提供一台 A 产品，每隔 35 分钟提供一台 B 产品，每隔 52.5 分钟提供一台 C 产品，每隔 105 分钟提供一台 D 产品。

像这样减少批量，扩大生产频率，不仅提高了对顾客的服务水平，改进了制造资源的利用情况，而且还有以下好处：

（1）使工人更熟练。按扩大批量的做法，工人干完400台A产品之后，再生产300台B产品，然后再生产200台C产品，最后生产100台D产品，每个月只重复一次。由于相隔时间长，可能在生产D产品时，对A产品的制作过程和操作方法已不太熟悉，甚至忘了。相反，按扩大频率，减少批量的方法，工人每天都在重复生产不同的产品，就会对几种产品的操作越来越熟练。熟练有助于提高效率。

（2）提高了对需求的响应性。当生产频率为1时，可能某顾客恰恰在400台A产品生产完之后来订A产品，若没有存货，则该顾客要等到下个月再生产A产品时才能得到满足。相反，生产频率为100时，物流大大改善，顾客几乎随时都可以得到不同的产品。

（3）降低了库存。在制品库存量与生产批量成正比，当生产批量每减少1/2时，在制品库存量就降低一半。成品库存也将大量减少，对于随时可得到货的高频率生产，没有必要专门设置一定的成品库存，这就减少了成品库存。

（4）缩短了每台产品的制造周期。批量生产加长了毛坯准备周期、零件加工周期和产品装配周期。批量越小，则每台产品的制造周期就越短。

15.3 实行精细生产的条件和保证

15.3.1 减少调整准备时间

若机器的调整准备时间不能压缩，扩大生产频率就会使调整准备占用的时间大大增加，这是不划算的。减少调整准备时间使生产系统具有柔性，使它能够非常快地从生产一种产品转向生产另一种产品，从加工一种零件转向加工另一种零件。

从广义上讲，要缩短从生产一种产品到生产另一种产品的转换时间，就应该包括缩短生产技术准备时间。缩短调整准备时间，就要求快速设计，试制出新产品，快速编制工艺，设计工艺装备，快速制造工艺装备，准备原材料及毛坯，尤其是大型铸锻件。从狭义上讲，调整准备时间是指机器从加工一种零件到加工另一种零件的转换时间。本书主要从狭义上讲柔性。如何提高生产系统的柔性在第1章已有阐述，这里主要阐述如何减少调整准备时间。

从泰勒和吉尔布雷斯夫妇开始，工业工程师们曾对如何缩短加工时间进行了很多研究，从机器和工具的改造，到工人操作的简化，他们都做出了卓越的贡献。用同样的方法来研究如何缩短调整准备时间，也会取得显著的效果。丰田汽车公司的一分钟换模（single-minute exchange of die，SMED）和一次接触换模（one-touch exchange of die，OTED）方法，是减少调整准备时间以及改善物料流的保证。当然，实际换模时间可能在10分钟以内。

通常，可以采用以下方法来减少调整准备时间。

（1）尽可能在机器运行时进行调整准备。机器正在加工零件A，接着要加工零件B。当A正在加工时，就可以为加工B做准备。将加工B所需的工具、夹具、模具和机器附件准备好，在一定位置上摆放整齐。就像外科医生在做手术前要做好一切准备工作，当机器加工完零件A，马上就可以拆卸加工A所用的工具、夹具、模具，换上加工B所需的工艺装备。为了使工人在做准备时不忘记任何一项需要进行的工作，可以将加工一定零件的准备工作内容写成条文，并经过一段时间的实践后使其完善。

采用这样的方法，可使停机时间降到最少。这种方法虽然简单，但效果十分显著。按照日本一些企业的经验，采用这种方法可使调整准备时间减少50%。

（2）尽可能消除停机时的调整时间。停机时要更换工艺装备及机床附件，其中用于调整工艺装备及机床的时间往往占大部分。如果从调整方法上改进，又可减少余下调整准备时间的50%。经验表明，对工艺装备进行改进有可能消除大部分定位的时间。

（3）进行人员培训。当企业推行平准化生产时，工人的工作将主要是进行工件转换过程的调整准备。因此，要对工人进行从事调整准备工作的训练，如同以前对工人进行操作训练一样。应该像训练消防队员那样训练工人，使他们能够在一个工件加工完之后，像扑灭火灾那样迅速行动，在极短的时间内完成调整准备工作。

（4）对设备和工艺装备进行改造。要了解每台设备的工作范围是什么，按其工作范围来研究简化调整准备工作的方法。尽管两台设备相同，但其工作范围也不一定相同。只有了解设备的工作范围，才能有的放矢地进行改进。在做这项工作时，还需要了解工厂的有关规划与打算，了解产品的变化、工艺的改进等，以免浪费时间与精力。要仔细研究现有的调整准备方法，找出其不合理之处。

15.3.2　从源头保证质量

质量是实行准时生产的保证，也是精细生产的基本内容。不从根本上保证质量，就不可能成功地实行JIT。当需要一件才生产一件时，若某道工序出了废品，则后续工序将没有输入，会立即停工。所有上游工序都必须补充生产一件，这样就完全打乱生产节拍。要实行JIT，必须消除不合格品，靠事后检验是行不通的。

传统的质量管理方法是：加工零件或生产产品—检查—挑出合格品或合格批—交给用户。对于能返修的不合格品要进行返修，或降级使用；对于不能返修的不合格品，则报废。这种方法主要依靠事后把关来保证质量。其实，经检查确定的合格品或合格批，也不能保证百分之百合格。因为错检或漏检时有发生，且采用抽样检查得出的合格批中一定包含一定数量的不合格品。

实施JIT强调全面质量管理，强调事前预防不合格品的发生，要从操作者、机器、工具、材料和工艺过程等方面保证不出现不合格品。它的座右铭是：开始就把必要的工作做正确。强调从根源上保证质量。

JIT给全面质量管理增加了新的特色。它使"必要的工作"这一模糊的概念变得十分清楚，大大提高了质量管理的有效性。"必要的工作"是指那些增加价值的活动。不增加价值的活动是应该消除的，把不增加价值的工作做得再正确都是不必要的，更是浪费。

使质量管理工作从事后把关变成事前预防，要经过三个步骤：正确地规定质量标准，使工艺过程得到控制并维持这种控制。

产品是为用户所用的，产品能够满足用户的需要，才达到了质量标准。因此，应该将用户的要求进行明确规定，将其作为产品质量的标准。

有两种用户：一种是企业外部的用户，他们是企业产品的最终消费者；另一种是企业内部的用户。每一个生产阶段，每一道工序都是前一生产阶段、前一道工序的用户。全面质量管理不仅要规定外部用户对质量的要求，而且要规定内部用户对质量的要求；不仅要对外部用户提供符合要求的产品，而且要对内部用户提供符合要求的在制品。

要使工艺过程得到控制，需要做好两件事：一是操作工人的参与，二是要解决问题。操作工人的参与对于工序质量控制至关重要。当然，操作工人参与需要将难懂的数理统计方法变成容易理解和使用的七种质量控制工具。工人在操作过程中要收集必要的数据，发现问题，实行自检。解决问题要采取正确的方式，正确的方式要求采用必要的诊断方法找出影响质量的根本原因。是否找出根本原因有一个标准可衡量：该问题是否重复出现。如果没找到根本原因，不采取措施消除产生该种质量问题的根本原因，这种质量问题就一定会再现。错误的方式就是"有病乱投医"。只求解决质量问题，将能采用的方法都用上，不顾是什么办法真正起作用。结果，问题还可能出现。即使问题不再出现，也不知是什么办法使之不再现。

一旦工艺过程处于控制状态，就要维持这种控制状态，这样才能保证质量。维持控制状态可以采用三种方法：操作者的更多参与、统计过程控制和防错（poka-yoke）。

要使操作工人参加维持控制状态的活动，首先要使他们了解下道工序的要求；其次要有反馈机制，通过控制图使工人了解工序是否处于控制状态；最后要使工人懂得如何采取行动，纠正出现的偏差。

统计过程控制基本上是一种反馈控制机制，即通过过去的信息去控制将来的操作。反馈控制对JIT来说是不够的，应该采取事前控制，即在缺陷出现之前就采取行动，防止缺陷出现。统计过程控制方法一般适用于可以定量的场合，如长度、直径、重量、数量等。但工序控制中有更多的因素是非定量的，如机器运转的声音、环境的污染、不正确的设备调整和误操作等，是不能用统计方法进行控制的，这就需要防错的方法。

实验证明，当正确的操作方法与错误的操作方法一样容易做的时候，人们总是选择正确的操作方法。防错方法的实质就是要使正确的操作容易做，而错误的操作难以做或者不能做。例如，设计一种工艺装备，当它安装得不正确时，就会使机器不能运转。这就保证了工艺装备的安装错误不致影响加工质量。防错方法不仅可用于工序质量控制，而且可用于检查和产品设计。防错方法与统计过程控制方法同样重要。

如前所述，JIT需要全面质量管理的支持，质量是实行JIT的保证。反过来，JIT可以促进质量的提高。

对于传统的生产方式，一道工序往往持续数周加工一种零件，等到下道工序加工这种零件时，发现有质量问题，则已造成很大损失，要返修或报废一大批零件。同时，事隔数周，该工序的工人已经加工其他零件，他已记不起究竟是哪方面的操作出了问题，也难以找出产品质量问题的根本原因。

实行JIT，需要一件才生产一件，当加工过程出现问题时，可以立即得到反馈信息，立即采取纠正措施。下道工序是上道工序的用户，是上道工序质量最权威的检验者，而且实行的不是抽检，是100%的检查。这不仅取消了工序间的专职检查，消除了这一不增加价值的活动，而且更彻底地保证了质量。

另外，当某道工序出现质量问题时，操作工人有权让生产停下来，使每个工人有主人翁感，也有压力使每个操作工人保证质量。这样可以及时防止继续生产废品，有利于找出问题的根本原因。

在开始实行JIT时，不可能使工艺过程得到完全的控制，因而不可能消除不合格品，但是，一定要做到有预见性，预见要出多少不合格品。要使生产过程有预见性，其中很重要的一条是保证设备的可靠性，要保持设备处于可用状态，保证设备在运行中不发生故障。为此，要对设备进行全面生产维修（total productive maintenance）。

其中，预防维修在实行 JIT 时是很重要的。日本一些企业，两个工作班之间一般有 2~3 小时间隔，这个时间正好用来进行预防维修。如同一列火车到站、一架飞机降落到机场一样，为保证安全运行与飞行，要进行检修。

15.3.3 准时采购

推行 JIT，除了消除在制品库存和成品库存之外，还要消除原材料和外购件的库存。消除原材料与外购件库存，比消除工序间在制品库存还要困难，因为它不仅取决于企业内部，还取决于供应商。原材料和外购件占用大量资金，采购中有大量活动是不增加价值的。订货、修改订货、收货、开票、装卸、运输、质量检查、入库、点数、运转、送货等，都不增加产品的价值。准时采购的目的就是要消除这些浪费，消除原材料与外购件的库存。

如何消除这些浪费？应该先从供货质量抓起。如果供货质量可以保证，就可以取消购入检查。要消除采购中的浪费，就应该选择尽量少的、合格的供应商。在选择供应商时，要考虑五个因素：质量、合作的愿望、技术上的竞争力、地理位置和价格。把价格放到最后，并非价格不重要，而是当前四个条件都具备时，才谈得上讨论价格。而且在多数情况下，前四个因素占优势的供应商，价格也可能是较低的。要同供应商建立新型的合作关系，这种关系应该是长期的、互利的。只有建立长期的关系，才能解决供货质量问题；只有双方都有利，才能建立长期合作关系。合格的供应商具有较好的设备、技术条件和较好的管理水平，可以保证准时供货，保证质量。选择尽量少的供应商，是因为企业的力量和资源有限，只能帮助较少的供应商去消除浪费，组织好准时生产。当建立了良好的合作关系之后，很多工作可以简化，以至消除，如订货、修改订货、质量检查等，从而减少浪费。

在如何处理汽车总装配厂与零件供应商的关系方面，精细生产与大量生产也有很大不同。在大量生产方式下，总装配厂与零件供应商之间是一种主仆关系。当总装配厂的一种新产品的零件图出来之后，才开始选择供应商。选择的标准是谁要价低，就选谁。汽车总装配厂的供应商数通常为 1 000~2 500 家。由于供应商不了解整个产品，甚至不了解与它们制造的零件相关的部件，它们不知如何保证整个产品质量，也不知从何处改进。多个供应商生产的零件往往难以装配到一起。更重要的是，供应商也没有改进工作的积极性。总装配厂为了获取更多利润，采取让供应商之间竞争的办法来降低成本。在利润分配上，绝大部分利润归总装配厂，零部件供应商不仅得利很少，而且还可能像一个雇工一样被解雇。因此，它们没有长期合作的打算，也没有改进质量的积极性。

在精细生产方式下，零部件供应商与总装配厂是一种合作伙伴关系。零部件供应商一般是从合作共事过的企业中挑选的。在新产品开发初期，零部件供应商就可以参与进来。按承担的任务不同，将零部件供应商按不同层次组织起来。总装配厂只与第一层供应商直接发生联系。第一层供应商一般承包一个独立部件的设计与制造。第一层供应商根据需要再将该部件下的零件给第二层供应商承包，依此类推。这样，总装配厂只需同较少的供应商直接打交道。日本汽车制造厂的供应商一般只有 300 家左右。

在确定零部件的价格时，总装配厂是按市场行情确定汽车的目标价格，然后与供应商一起考虑合理的利润，推算各部分的目标成本。为了达到目标成本，双方共同利用价值工程方法，找出每一个能降低成本的因素。然后，第一层供应商同总装配厂商量，如何达到目标成本，并使供应商有合理的利润。在零件生产过程中，再利用价值工程方法对加工制造的每一步进行分析,以进一步降低成本。

供应商能够主动地降低成本,是因为降低成本可以给它们带来更多利润。供应商与总装配厂约定,经过自己努力带来的成本降低而多获得的利润归供应商自己所有。这样做的结果虽然使总装配厂在一定时期减少了利润,但供应商的积极性被调动起来了,有利于改进产品质量,降低产品成本,提高产品竞争力。从长远看,对总装配厂无疑是有利的。

美国施乐公司在实行准时采购上取得了成效。1980年,该公司有5 000家供应商。经过筛选,到1985年降为300家供应商,到1987年年初降为260家供应商,该公司准备继续减少供应商的数量。经过几年的努力,到1985年该公司对3/4的供应商提供的物资取消了购入检查,这3/4的供应商提供的物资涉及该公司90%的产品。1985年,该公司挑选了25家质量合格且距公司不超过40英里的供应商进行准时采购的试验。公司每天用卡车从这25家供应商运来一天必须消耗的物资,使原材料和外购件库存大为减少。由于这25家供应商的质量有保证,因此取消了购入检查。运货卡车直接将所需的物资运到需要的地方,消除了收货、装卸、入库等一系列环节,减少了浪费,并使库房成为多余的东西。该公司还采用一种能回收的塑料容器代替以往用过就扔的包装物。这种塑料容器还起到看板的作用,当它们送到供应商处时,就起到订单的作用,从而取消了订货手续。

施乐公司实行准时采购使原材料与外购件库存大幅度下降,并使采购物资的价格下降了40%~50%,这就是准时采购带来的效果。

15.3.4 建立U形制造单元

实行JIT的第一步是"把库房搬到厂房里",大大小小的入口存放处和出口存放处就像大大小小的库房。"把库房搬到厂房里"的目的是使问题明显化。当工人看到他们加工的零件还没有为下道工序所使用时,就不会盲目生产;也只有看到哪种零件即将被使用完时,才会自觉地生产。第二步是不断减少工序间的在制品库存,"使库房逐渐消失在厂房中",实现准时生产。

为了推行JIT,需要对车间进行重新布置与整理,实行定置管理。要依据所生产的产品和零件的种类,将设备重新排列,使每个零件从投料、加工到完工都有一条明确的流动路线。零件存放到车间会带来一些问题。如果零件杂乱无章地堆放,需要时难以找到,不仅造成动作浪费和移动浪费,而且还会造成生产中断,甚至引起安全事故。因此,所有零件必须放在确定的位置上,并使用不同的颜色做出明显的标记。要及时消除一切不需要的东西,创造一个整洁的环境。

要开展"5S"活动。5S是指整理(settle)、整顿(straighten)、清扫(scavenge)、清洁(sanitary)和素养(schooling)。整理是区分要与不要,将不需要的东西及时清理出现场;整顿是对整理后需要的物品进行合理摆放;清扫是清除垃圾、油水、杂物和铁屑等;清洁是维持整理、整顿、清扫的状态,使设备、工艺装备、工位器具、零件无污物,环境清洁美化;素养是通过前"4S",使人们的道德观念和纪律得到加强,做到严格遵守规章制度,尊重他人劳动,养成良好的习惯。

对车间进行重新布置的一个重要内容是建立U形制造单元。U形制造单元是按产品对象布置的。一个制造单元配有各种不同的机床,可以完成一组相似零件的加工。U形制造单元有两个明显的特征:一是在该制造单元内,零件是一个一个地经过各种机床加工的,而不是像一般制造单元那样一批一批地在机床间移动。在单元内,工人随着零件走,从零件进入单元到加工完离开单元,始终是一个工人操作。工人不是固定在某台设备上,而是逐次操作多台不同的机器,这与一般的多机床操作不同。一般的多机床操作通常是由一个工人操作多台相同的机器。因此,在U形制造单元工作的工人应该经过多技能培训。二是U形制造单元具有很大的柔性,它可以通过调整单元内的工人数使单元的生产率与整个生产系统保持一致。

U形制造单元如图15-10所示。U形布置使工人能够集中在一起,增加了工人之间接触的机会,形成一个集体和良好的工作氛围,也使工人在转换机器时行走路线较短,减少了工人的动作浪费和物料的移动浪费。如果采用直线布置,工人从机器1到机器9将行走较长距离,而采用U形布置,转过身来就行了。

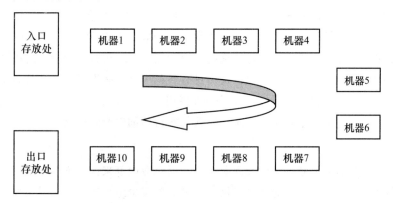

图 15-10　U 形制造单元

可以把U形制造单元看成一个同时可供多个工人进行多道工序加工的机器,一个单元只需设置一个入口存放处和一个出口存放处,不必为每台机器单独设置入口存放处和出口存放处。

为了维持制造单元的生产率与产品装配的生产率一致,保证同步生产,要使单元的固定生产能力有富余,机器设备数按最高负荷配置。当生产率改变时,只要调整制造单元的工人数量就可以满足需要。精细生产有一条重要的原则,认为工人是最重要的资源,劳动力的闲置是最大的浪费。因此,每当生产节拍改变时,都要调整工人的数量,使每个工人都有较满的工作负荷。调整工人数比改变机床数要容易得多,也迅速得多,这使得制造单元具有很大的柔性。由于工人具有多种操作技能,一个制造单元的多余工人可以安排到另一个任务较重的制造单元中去工作,从而使劳动力得到合理而充分的利用。

15.3.5　管理保证

推行精细生产方式是一场大变革,要求人们从思想、组织和文化上发生大的改变。在思想上,要建立精细思维方式;在组织上,要减少管理层次,要向员工充分授权;在文化上,要引导建立精细文化。

1. 思维方式

传统的生产管理关注局部改进,追求单个机器或工人的利用率最高。于是,让大量的工件等待加工,让大量的顾客等待服务,使设备利用率最大化。精细生产是一种整体思维方式,要求领导者从全局出发,进行持续改进。精细生产是要从总体上消除物料转化过程中妨碍增值的所有活动，使从原材料到成品的整体物料流优化。它将连续的一个流（one-piece flow）作为理想模式，强调人、机器、物料与设施的集成和优化，从而导致质量、成本、时间和绩效的显著改进。

精细生产运用价值流图（value stream mapping，VSM）作为整体改进的工具。从选择最大顾客需要的产品或产品族开始，画出当前的价值流图；通过分析现有价值流状况，识别增加价值的过程和不增加价值的过程以及妨碍按时交付顾客要求的产品的瓶颈，消除 VSM 中不增值的活动，形成未来的价值流图，实施持续改进。

从更大的范围考虑，企业不仅要关心产品，而且要关心生产产品带来的环境问题。大量生产，大量消费，大量污染，使我们居住的地球失去了生态平衡，也使人类受到惩罚，遭受各种灾害。对自然资源掠夺性的开采，导致人类生存的危机。防治污染应该是企业的一项社会责任。耗油量少的汽车，排放的废气也少，占用和消耗资源少的企业对环境的污染也小。因此，精细生产企业是少污染的企业，这也是精细的一个含义。工厂布置尽可能少地占用并最有效地利用土地和空间。土地是不可再生资源，良田是有效利用太阳能生产粮食和蔬菜的工厂，精细工厂必须占地少。生产设备要有柔性，可以一机多用。设备布置要紧凑有序，充分利用空间，并能按产品变化方便地进行重新布置。工厂布置是实行精细生产的前提。

2. 组织

精细生产企业具有完全新的组织及人际关系。对企业内部来说，不仅要求彻底改变机构臃肿、人浮于事的状态，而且要对劳动分工做出调整。要减少组织的层次，尽量做到扁平化。在组织的各个层次建立功能交叉、任务交叉的小组，实行团队工作，保证不同职能的工作人员相互沟通。实行并行工程，缩短新产品开发周期和生产技术准备周期，提高工作过程的质量和产品质量。要广泛实行分权和授权，让下级和工人分享权力与责任，有充分的自主权和积极性去做好各自的工作。在现代社会，权力过分集中不仅容易做出错误的决策，而且会降低组织的应变能力和工作效率。一个成功管理者的基本条件之一是让其下属充分发挥主动性与创造性。工人与管理者的合作是日本企业成功的重要条件。

3. 文化

文化上的差异往往导致实施精细生产效果上的差异，很多非日本企业学习精细生产方式不成功，或者没有达到应有的绩效，其根本原因在于文化。领导高度集权与员工民主管理不相容，团队精神与个人英雄主义相互冲突，主人翁感与打工感背道而驰。丰田汽车公司实行员工授权和员工参与，注重发挥团队精神，让每个员工有一种主人翁感甚至自豪感，做到"善用员工的大脑和双手"，是实行精细生产的根本保障。改变文化是件十分困难的事情，但是只要经过持续不懈的努力，企业文化是可以改变的。其中，一项主要措施就是改变绩效考核办法。人们总是按照考核的要求去做，而不是按照领导号召的去做。如果以绩效考核每个人或每台机器的产出或效率，并以此作为领取奖金的依据，人们就会过量生产，导致库存增加、生产周期加长；如果考核一个团队（如一个 U 形制造单元）的在制品库存量，大家就会齐心合力，想方设法减少调整准备时间，改进调整准备方法。推行精细生产方式，最根本的是考核每件导致顾客满意或不满意的事情。

本章小结

本章对精细生产的思想和内容进行了全面阐述。首先，介绍了精细生产方式的起源，它是生产方式演化的必然结果，是以日本丰田汽车公司为代表的企业在实践中的创造。其次，论述了精细生产的哲理，阐述了浪费的概念及制造企业的七种基本浪费。再次，阐述了工厂现场的精细生产方式——准时生产出现的背景，分析了推式系统和拉式系统的实质，介绍了丰田的看板控制系统，描述了用看板组织生产的过程和如何实现准时生产及混流生产。最后，论述了实行精细生产的条件和保证，包括减少调整准备时间、从源头保证质量、准时采购、建立 U 形制造单元和管理保证。

复习思考题

1. 精细生产的基本思想是什么？如何才能"善用员工的大脑和双手"？
2. 什么是浪费？丰田汽车公司提出哪七种浪费？
3. 设计过程会造成哪些浪费？
4. 如何理解决策错误造成的浪费和员工才智浪费？
5. 为什么要追求零库存？零库存能够实现吗？
6. 比较拉式系统和推式系统的异同点。
7. 简述看板控制系统的工作过程。
8. 混流生产有什么好处？
9. 降低调整准备时间或费用的方法有哪些？
10. 如何实现准时采购？
11. 讨论供应商在 JIT 中的地位和作用。

讨论案例

戴尔电脑公司的精细生产

戴尔（Dell）电脑公司（以下简称"戴尔"）经营管理的核心就是按订单生产（build-to-order，BTO）。顾客直接订购个人电脑，然后就直接按订单生产。从订单确认、核查到产品送达顾客，整个过程是在订单发出后的 5~7 天内完成的。

为了实现戴尔 BTO 的管理目标，戴尔组建了一个贯穿整个供应链的精细生产系统，有机地将推动-拉动（push-pull）两种系统结合起来，有效地实现了资源的最佳应用，如图 15-11 所示。

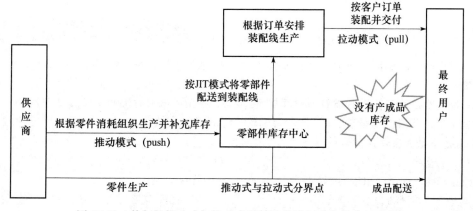

图 15-11　戴尔的推动式与拉动式相结合的精细生产供应链系统

（1）戴尔接到客户定制订单后，向零部件库存中心（通常外包给专业的第三方物流公司）发出装配需求指令。

（2）库存中心根据订单将零部件匹配完毕，按照JIT的要求送到装配线上。

（3）装配线根据订单完成装配后，交由物流快递公司送到客户手上，完成订单交付。

（4）零部件库存中心根据库存消耗情况，将信息提供给零部件供应商，零部件供应商根据库存消耗及未来市场动态进行预测，然后按经济批量组织生产，再由物流公司成批地配送到库存中心，以备后续生产使用。

因此，这是一种推动式与拉动式相结合的精细生产管理方式，它的分界点就是零部件库存中心。

BTO给戴尔带来了很多优势。第一，省去了传统分销模式中的中间商。这样，戴尔不仅将成本降低的好处带给了顾客，还能快速掌握顾客需求信息，从而比竞争对手更快地采取措施应对市场的变化。第二，戴尔直接为顾客生产电脑，并非为了库存。这意味着，公司不必浪费资源去建立一个并不能直接面对顾客的系统，不必组织人员到处运送货物，浪费时间管理、运送库存货物和重新建立那些已被淘汰的系统。第三，戴尔实行准时生产制。装载着供应商零部件的卡车在工厂边停下，货物一卸下就直接送进生产线，根据顾客订单装配成型并装箱。这些零部件在抵达工厂并开始卸货的那一刻才成为戴尔公司的财产，而且几小时就会到达一批。第四，信息系统将整个公司联结起来，并向下道工序发出命令从而控制整个业务流程，这样就消除了非自动化系统所带来的等待、库存积压和损失等问题。

按订单生产给戴尔带来了一系列超越竞争对手的优势，如低库存成本、零中间商成本以及即时生产最新技术的产品。传统观点认为企业需要维持一定库存以满足顾客的各种需求，企业需要中间商来减轻分销工作的复杂度并消除顾客的购买烦恼。与之相反，戴尔只在顾客订单发出后组织生产，传统观念认为这样做要么成本很高，要么生产周期很长。但戴尔有能力保证产品在订单发出后的5~7天内送达顾客。最终，戴尔成功地实现了个人电脑的直销。

结果是戴尔和顾客实现了双赢。工厂库存期最多为3天，这主要是因为与传统生产系统相比，现在的供应商每次的运货量更少，但频率更高了。这样下游企业的库存就为零，因为产品生产出来后直接送达顾客。在整个链中没有一个环节货物会停留超过7天，但在传统供应链中零部件的库存期长达60天，中间商的产品库存期是30天。

讨论题

1. 你认为，戴尔的精细供应链还有哪些值得改进的地方？
2. 这种"推动式与拉动式"的精细生产方式有没有风险？应该如何应对？

判断题

1. 按照JIT哲理，凡是不增加价值的活动都是浪费。
2. 增加价值的活动但耗用的资源超过了"绝对最少"的界限，也是浪费。
3. JIT只是不允许出现任何延误。
4. 超额完成生产任务是应该鼓励的。
5. 超级市场生产方式、JIT、无库存生产、一个流生产，实质都是一回事。
6. 库存不仅浪费了资源，而且掩盖了管理中的各种问题。
7. 推行JIT主要是第一线生产工人的任务。
8. 推行JIT一定要从降低库存做起。
9. 拉式系统的物流和信息流是分离的。
10. 整顿就是区分要与不要，将不需要的东西及时清理出现场。
11. U形制造单元的优点之一就是工人行走路线短。
12. 实行JIT仅靠过程质量控制是不够的。
13. 精细产品要消耗较多原材料。
14. 按照精细生产不断降低成本的要求，选择供应商首先应该考虑价格。
15. JIT 生产是预先生产产品使得顾客不必等待。
16. JIT 运作的典型是非重复性制造。
17. 尊重人（如工人）是日本改善思想的关键。

选择题

1. 哪一项不是组织准时生产的条件：
   A. 减少调整准备时间
   B. 准时采购
   C. 建立推进式系统
   D. 从根源上保证质量
   E. 建立 U 形制造单元
2. 以下哪一项不是"5S"活动的一部分：
   A. 整理　　　　B. 整顿
   C. 清洁　　　　D. 清扫
   E. 演练
3. 精细生产的内容不包括：
   A. 产品精细　　B. 布置精细
   C. 组织精细　　D. 管理复杂化
   E. 过程精细
4. 从概念上讲，JIT 可做到：
   A. 工件在加工过程中没有等待
   B. 没有无事可干的工人
   C. 没有等待零件加工的机器
   D. 仓库里没有存货
   E. 以上各项
5. 以下哪一项不是小批量的好处？
   A. 在制品库存量低
   B. 每种产品生产的频数低
   C. 维持库存费低
   D. 检查和返工的成本低
   E. 物料流动快

计算题

对某零件的日需要量是 40 000 件，标准容器每箱可放置该零件 150 件，每天实行一班制，8 小时为一工作日，$T_w = 1$ 小时 $= \dfrac{1}{8}$ 工作日，$T_p = 0.5$ 小时 $= \dfrac{1}{16}$ 工作日，$A_w = A_p = 0.2$，计算所需的传送看板数和生产看板数。

第 16 章
最优生产技术和约束理论

🔘 引例　　　　　华日家具的 TOC 实战

中国现有超过 1 万家的家具生产企业，行业集中度较低，没有 1 家家具企业可以占据市场份额 1% 以上，说明行业竞争十分激烈。针对目前中国制造业所面临的企业间的严酷竞争，成本、快速交货、品质、服务水平已俨然成为企业的核心竞争力。现在越来越多的企业管理人员认识到，持续提高企业竞争力离不开高水平的生产管理做后盾。这就需要打破传统的管理模式和价值观念，引入先进的管理理念。约束理论（theory of constraints，TOC）就是一种以资源约束管理为核心的新的理念。TOC 不只是一种理论，它的目的也不在于改善一般的业务，而是让业务本身产生变化，它打破了过去的成本会计理论，让企业更注重成本的有效性。华日家具股份有限公司（以下简称"华日家具"）在这方面取得了令人振奋的成绩。

华日家具坐落在河北省廊坊市经济技术开发区，是一家民营实木家具制造企业，共有 9 个生产厂，兼顾出口和内销。公司以生产民用家具、办公家具、美式家具、木门为主，在中国号称"实木家具之王"。近几年随着企业规模及业务的迅速扩大，产品系列不断增加，公司总经理越来越感觉到仅凭借现有经验、人盯人的传统管理模式已无法适应企业发展的需要。虽然公司也做过一些局部调整，曾引进过 ERP，照搬过沃尔玛的管理模式，但是局部改良都无法从根本上扭转落后的管理思维，更无法系统地解决问题所在。

一个偶然的机会，公司总经理遇到了 TOC 管理专家张先生。总经理从张先生那里了解到，国外很多优秀的大企业都采用了先进的 TOC 管理模式，决定在华日家具公司也引入并实施 TOC 管理模式。于是，在咨询专家的帮助下，经过几个月的持续奋战，一举扭转了生产管理落后的局面，使得订单准时交货率达到 99%，在制品库存下降 70%，产量提升 40%，交货期从 45 天缩短到 15 天。

资料来源：根据网络资料整理，https://www.wendangxiazai.com/b-1be86ce39b89680203d82570-11.html。

本章将从当今世界企业运作管理的前沿动态出发，介绍最优生产技术（optimized production technology，OPT）和约束理论（TOC）等先进生产方式的基本思想和有关概念，主要包括：OPT 的基本含义、OPT 的基本思想、OPT 的目标和九条原则、DBR 系统，以及 TOC 的思维模式及其在管理中的实际应用步骤等。

16.1　OPT 和 TOC 的产生与发展

最优生产技术（OPT），是以色列物理学家艾利·高德拉特（Eli Goldratt）博士和其他三位以色列籍合作者于 20 世纪 70 年代提出的。最初，它被称为最优生产时间表（optimized production timetable，OPT），20 世纪 80 年代才改称为最优生产技术。按照 OPT 的九条作业计划制订原则制订的作业计划，既可行又准确。后来，高德拉特又进一步将它发展成为约束理论（TOC）。OPT 产生的时间不长，却取得了令人瞩目的成就，是继 MRP 和 JIT 之后出现的又一项组织生产的新方式。

高德拉特等人 1979 年下半年把 OPT 带到美国，成立了 Creative Output 公司。在接下来的几年中，OPT 应用软件得到了进一步发展，同时 OPT 管理理念和规则（如"鼓-缓冲器-绳子"理论）也成熟起来。但是，Creative Output 公司的发展并非一帆风顺，几起几落，最后还是关闭了。OPT 应用软件的所有权转让给了一家名为 Scheduling Technology Group 的英国公司。1986 年下半年，高德拉特博士和罗伯特·福克斯（Robert E. Fox）共同创立了高德拉特研究机构，专门推广 TOC 和 OPT 的应用。

TOC 作为有效解决问题的方法受到了普遍重视，在企业也得到了应用。按照 TOC 的基本思维方式，它认为首先要识别系统的约束，即瓶颈资源或瓶颈工序；接着要想方设法开发利用瓶颈资源（工序），使其能够满负荷、高效地运作；然后要使系统的其他资源（工序）与瓶颈资源的最佳应用安排相匹配，与整个系统的运行相协调；最后还要考虑如何打破系统约束，使系统得到提升，如此周而复始地对生产系统进行不断改进。

最优生产技术，作为一种新的生产方式，它吸收了 MRP 和 JIT 的长处。它的独特之处不仅在于提供了一种新的、基于约束理论的管理思想，而且在于它的软件系统。接下来，将分别介绍 OPT 原理、TOC 的基本内容。

16.2　OPT 的核心概念及基本思想

16.2.1　瓶颈

瓶颈（bottlenecks）是 OPT 的最重要的概念，抓瓶颈是实施有效管理的要诀。例如，一条高速公路的某一段正在维修，维修的这部分就成为这条高速公路的瓶颈。

任何一个制造组织都可以被看成将原材料转化为产品的系统。在这个系统中，制造资源是关键的部分。通常，制造资源指的是生产产品所需的机器设备、工人、厂房和其他固定资产等。

按照通常的假设，在设计一个企业时，可以使生产过程中各阶段的生产能力相等，即达到能力的平衡。但是，这只是一种理想状态。因为生产是一个动态的过程，需求随时都在变化，使得能力平衡在实际中是做不到的。所以，在生产过程中必然会出现有的资源负荷过大，出现"卡脉子"的地方，即为瓶颈。这样，企业的制造资源就存在瓶颈与非瓶颈的区别。

按 OPT 的定义，所谓瓶颈（或瓶颈资源），指的是实际生产能力小于或等于生产负荷的资源，这一类资源限制了整个生产运作系统的产出速度。其余的资源则为非瓶颈资源。因此，要判别是否为瓶颈,应从资源的实际生产能力与它的生产负荷(或对资源的需求量)来考察。这里说的需求量不一定是市场的需要量,而是指企业为了完成它的产品计划而对该资源的需求量。

那么,如何理解 OPT 思想下的瓶颈呢?某产品 P 的生产流程如下:

原材料→机器 A→机器 B→市场

假设:市场需求为每周 25 个单位,机器 A 的生产能力为每周生产 15 个单位,机器 B 的生产能力为每周生产 20 个单位。那么,生产系统的瓶颈出现在哪里?

从传统的观点来看,如果相对市场需求来说机器 A 与机器 B 都应该为瓶颈。而根据 OPT 的定义,只有机器 A 为瓶颈,因为机器 B 的生产能力虽然每周只有 20 个单位,但每周只能接到机器 A 所能生产的 15 个单位的最大生产负荷,即机器 B 生产能力超过了对它的需求量,因而它不是瓶颈。若企业又购买了一台机器 A,则机器 B 为唯一的瓶颈。这时,尽管两台机器 A 每周能生产 30 个单位,但市场需求要求其每周只生产 25 个单位。而机器 B 每周只能生产 20 个单位,小于对其每周生产 25 个单位的需求量,则它就成为瓶颈。从这个例子中可以看出,生产能力小于市场需求的资源,按 OPT 的定义不一定为瓶颈。

根据以上定义,任何企业只应该存在着少数的瓶颈资源。按照 OPT 的观点,瓶颈资源的数目一般小于 5 个。瓶颈与非瓶颈之间存在着四种基本的关系,如图 16-1 所示。它们分别是:从瓶颈资源到非瓶颈资源(见图 16-1a);非瓶颈资源到瓶颈资源(见图 16-1b);瓶颈资源和非瓶颈资源到同一装配中心(见图 16-1c);瓶颈资源和非瓶颈资源相互独立(见图 16-1d)。

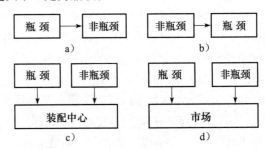

图 16-1　瓶颈资源与非瓶颈资源的关系

16.2.2　关键资源网络和非关键资源网络

在定义了 OPT 的瓶颈概念基础上,就产生了关键资源网络和非关键资源网络的概念。

所谓关键资源网络,是指从瓶颈工序开始一直到最终装配工序的路线及其相关边缘节点组成的网络,如图 16-2 所示。其他工序则组成非关键资源网络。OPT 认为,为了尽可能使关键资源网络的利用率达到最高水平,一般会在关键资源网络和非关键资源网络交界的地方设置安全缓冲库存。另外,要想提高整个系统的产出,必须破解关键资源网络商的约束,首先是瓶颈工序,而其他非关键资源网络的工序都要与瓶颈工序的产能相匹配,这样就能减少非瓶颈工序上的库存和资源冗余,使系统产出效益最大化。这就是提出关键资源网络的目的所在。

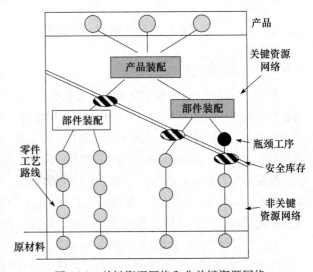

图 16-2　关键资源网络和非关键资源网络

16.3　OPT 的目标与九条原则

16.3.1　OPT 的目标

OPT 的倡导者认为，任何制造企业的真正目标只有一个，即在现在和将来都能赚钱。要衡量一个企业能否赚钱，通常采用以下三个指标。

①净利润（net profit，NP），即一个企业赚多少钱的绝对量。净利润越高的企业，它的效益越好。

②投资收益率（return on investment，ROI），表示一定时期的收益与投资之比。当两个企业投资大小不同时，单靠净利润是无法比较它们效益的好坏的。

③现金流（cash flow，CF），表示短期内收入和支出的钱。没有一定的现金流，企业就无法生存下去。

但是，以上三个指标不能直接用于指导生产，因为它们不够具体。例如，究竟采用多大批量为好，是无法直接从这三个指标给出判断的。因此，需要一些作业指标作为桥梁。若这些作业指标好，以上三个指标就好，则说明企业赚钱。

按照 OPT 的观点，在生产运作系统中，作业指标有以下三个。

（1）产销率（throughput，T）。按 OPT 的规定，它不是一般的通过率或产出率，而是单位时间内生产出来并销售出去的量，即通过销售活动获取金钱的速率。生产出来但未销售出去的产品只是库存。

（2）库存（inventory，I）。它是一切暂时不用的资源。它不仅包括为满足未来需要而准备的原材料、加工过程的在制品和一时不用的零部件、未销售的成品，而且还包括扣除折旧后的固定资产。库存占用了资金，产生机会成本及一系列维持库存所需的费用。

（3）运行费（operating expenses，OE）。它是生产运作系统将库存转化为产销量过程中的一切花费，包括所有的直接费用和间接费用。

按照 OPT 的观点，用这三个指标就能衡量一个生产运作系统。如果从货币角度考虑，T 是要进入系统的钱，I 是存放在系统中的钱，而 OE 是将 I 变成 T 而付出的钱。

现在，我们来分析这三个作业指标与 NP、ROI、CF 之间的关系。

当 T 增加，I 和 OE 不变时，显然 NP、ROI 和 CF 都将增加；当 OE 减少，T 和 I 不变时，也会导致 NP、ROI 和 CF 增加。然而，当 I 减少，T 和 OE 不变时，情况就不那么简单。I 降低使库存投资减少，当 T 不变时，ROI 将提高。同时，I 降低可以加快资金周转，使 CF 增加。但是，I 降低，T 和 OE 不变时，NP 却不会改变，因而能否使企业赚钱还不清楚。

通常，I 降低可以导致 OE 减少。而 OE 减少，将导致 NP、ROI 和 CF 增加，从而使企业赚钱。但是，通过降低 I 来减少 OE 的作用是随着 I 降低的程度而减弱的。当 I 较高时，减少 I 可以明显减少维持库存费，从而减少 OE。然而，当库存降低到一个较低水平时，再继续降低 I，则对减少 OE 来说作用不大。可是，为何日本一些公司在已达到世界上最低的库存水平之后仍要尽力继续降低库存？其中必有缘故。

原来，降低库存还能缩短制造周期。缩短制造周期是提高企业竞争能力的一个重要因素。缩短制造周期，对于缩短顾客的订货提前期、提高对顾客订货的响应性以及争取较高的价格都有很大作用。于是，制造周期的缩短导致市场占有率的增加，从而导致未来的产销量增加。

作业指标与财务指标的关系,如图 16-3 所示。

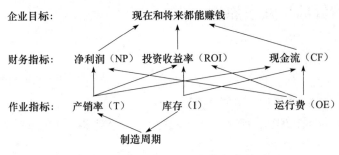

图 16-3 作业指标与财务指标的关系

16.3.2 OPT 的九条原则

OPT 的基本思想具体体现在九条原则上,这九条原则是实施 OPT 的基石。OPT 有关生产计划与控制的算法和软件,就是按这九条原则提出和开发的。此外,这些原则也可以独立于软件之外,直接用于指导实际的生产管理活动。下面将逐条叙述这九条原则。

(1) 平衡物流,而不平衡能力。平衡生产能力是一种传统的生产管理方法,它要求各工作地的生产能力都与市场需求平衡,试图通过平衡能力来产生一种连续的产品流。线平衡的方法就是这种方法的一个很好的范例。从能力的角度来看,制造产品的工作被分解为大致相等的部分,人们通过考察生产加工过程中的各种制造资源来平衡它们的生产能力,以保证各种资源都达到最大的利用率,同时通过这些资源在生产中形成一个连续的物料流。

OPT 则主张在企业内平衡物流,认为平衡能力实际上是做不到的。因为波动是绝对的,市场每时每刻都在变化,生产能力总是相对稳定的。一味追求做不到的事情将导致企业无法生存。所以必须接受市场波动及其引起的相关事件这个现实,并在这种前提下追求物流平衡。所谓物流平衡,就是使各个工序都与瓶颈机床同步。

(2) 非瓶颈资源的利用程度不是由它们自己的潜力决定的,而是由系统的约束决定的,系统约束就是瓶颈。因为系统的产出是由所能经过瓶颈的量决定的,即瓶颈限制了产销量。而非瓶颈资源的充分利用不仅不能提高产销量,而且还会使库存和运行费增加。从图 16-1 的瓶颈与非瓶颈的四种基本关系中,我们可以看出,关系 a、b、c 中非瓶颈资源的利用程度是由瓶颈资源来决定的。例如,关系 a,非瓶颈资源为后续工序,只能加工由瓶颈资源传送过来的工件,其使用率自然受瓶颈资源的制约;关系 b,虽然非瓶颈资源为前道工序,能够充分地使用,使用程度可以达到 100%,但整个系统的产出是由后续工序,即瓶颈资源决定的,非瓶颈资源的充分使用只会造成在制品库存的增加,而不改变产出;关系 c,由于非瓶颈资源与瓶颈资源的后续工序为装配,此时非瓶颈资源也能充分地使用,但受装配配套性的限制,由非瓶颈资源加工出来的工件其中能够进行装配的,必然受瓶颈资源产出的制约,多余部分也只能增加在制品库存。而对于关系 d,非瓶颈资源的使用程度虽不受瓶颈资源的制约,但显然应由市场的需求来决定。从上述分析中,容易看出,非瓶颈资源的使用率一般不应该达到 100%。

(3) 资源的"利用"(utilization) 与"活力"(activation) 不是同义词,"利用"是指资源应该被利用的程度,"活力"是指资源能够被利用的程度。按照传统的观点,一般是将资源能够被利用的能力加以充分利用,所以"利用"和"活力"是同义的。按 OPT 的观点,两者有着重要的区别。因为需要做多少工作（即"利用"）与能够做多少工作（即"活力"）之间是不同的，所以在系统非瓶颈资源的安排使用上，应基于系统的约束。例如，一个非瓶颈资源能够达到100%的利用率，但其后续资源若只能承受其60%的产出，则其另外的40%产出，将变成在制品库存；此时从非瓶颈资源本身考察，其利用率很好，但从整个系统的观点来看，其只有60%的有效性。所以"利用"注重的是有效性，而"活力"注重的则是可行性。从平衡物流的角度出发，应允许非关键资源上有适当的闲置时间。

（4）瓶颈上面一个小时的损失则是整个系统一个小时的损失。一般来说，生产时间包括加工时间和调整准备时间，但瓶颈资源与非瓶颈资源上的调整准备时间的意义是不同的。因为瓶颈控制了产销率，瓶颈上中断一个小时，是没有附加的生产能力来补充的。而若在瓶颈资源上节省一个小时的调整准备时间，则将能增加一个小时的加工时间，相应地，整个系统增加了一个小时的产出。所以，瓶颈必须保持100%的"利用"，尽量增大其产出。为此，对瓶颈还应采取特别的保护措施，不使其因管理不善而中断或等工。增大瓶颈物流的方法一般有如下几种：减少调整准备时间和频率，瓶颈上的批量应尽可能大；实行午餐和工修连续工作制，减少状态调整所需的时间损失；加工前注重质量检查；利用时间缓冲器，等等。

（5）非瓶颈获得的一个小时是毫无意义的。因为在非瓶颈资源上的生产时间除了加工时间和调整准备时间之外，还有闲置时间，节约一个小时的调整准备时间并不能增加产销率，而只能增加一个小时的闲置时间。当然，如果节约了一个小时的加工时间和调整准备时间，可以进一步减少加工批量，加大批次，以降低在制品库存和生产提前期。

（6）瓶颈控制了库存和产销率。因为产销率指的是单位时间内生产出来并销售出去的量，所以它受到企业的生产能力和市场的需求量这两方面的制约。而它们都是由瓶颈控制的。如果瓶颈存在于企业内部，表明企业的生产能力不足，因受到瓶颈能力的限制，相应的产销率也受到限制；而如果当企业所有的资源都能维持高于市场需求的能力，那么，市场需求就成了瓶颈。这时，即使企业能多生产，但由于市场承受能力不足，产销率也不能增加。

同时，因为瓶颈控制了产销率，所以企业的非瓶颈则应与瓶颈同步，它们的库存水平只要能够维持瓶颈上的物流连续稳定即可，过多的库存只是浪费。这样，瓶颈也就相应地控制了库存。

以上六条原则都是涉及资源的，以下两条是涉及物流的。

（7）转运批量可以不等于（在许多时候应该不等于）加工批量，车间现场的计划与控制的一个重要方面就是批量的确定，它影响到企业的库存和产销率。OPT采用了一种独特的动态批量系统，它把在制品库存分为两种不同的批量形式：转运批量，是指工序间转运一批零部件的数量；加工批量，是指经过一次调整准备所加工的同种零部件的数量，可以是一个或几个转运批量之和。在自动装配线上，转运批量为1，而加工批量很大。

根据OPT的观点，为了使瓶颈上的产销率达到最大，一方面，瓶颈上的加工批量必须大；但另一方面，在制品库存也不应增加，所以转运批量应该小，即意味着非瓶颈上的加工批量要小，这样就可以减少库存费用和加工费用。

（8）加工批量应是可变的，而不是固定的。这一原则是对第七条原则的直接应用。在OPT中，转运批量是从零部件的角度来考虑的，而加工批量则是从资源的角度来考虑的。由于资源有瓶颈和非瓶颈之分，瓶颈要求加工批量大，转运批量小，同时考虑到库存费用、零部件需求等其他因素，加工批量应是变化的。

（9）安排作业计划应兼顾所有的约束，提前期是作业计划的结果，而不应是预定值。传统的制订作业计划的方法一般包括以下几个步骤：①确定批量；②计算提前期；③安排优先权，据此安排作业计划；④根据能力限制调整作业计划，再重复前三个步骤。而在 OPT 中，提前期是批量、优先权和其他许多因素的函数。在这点上，OPT 与 MRP 正好相反。在 MRP 中，提前期一般都是预先制定的，而在 OPT 中可以看出提前期应该是后来制定的。例如，某个企业有两批订货，要求零件 A 与零件 B 各 100 件。A、B 两零件都需在机床 M 上加工 0.35 小时，若假设该企业有两台 M 机床，则 A、B 的提前期都为 35 小时（100×0.35）；但若该企业只有一台 M 机床，则当 A 先加工时，其提前期为 35 小时，而 B 要等 35 小时才能加工，其提前期实际上为 70 小时；反之亦然。所以，提前期应是计划的结果。

16.4　DBR 系统

以九条原则为指导，OPT 的计划与控制是通过 DBR 系统实现的。DBR 系统，即"鼓"（drum）、"缓冲器"（buffer）和"绳索"（rope）系统，如图 16-4 所示。实施计划与控制主要包括以下步骤。

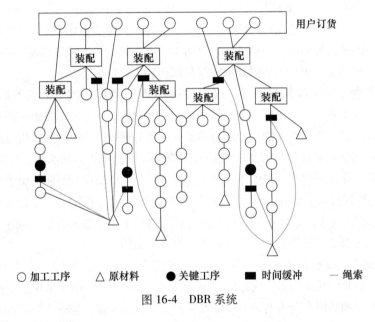

图 16-4　DBR 系统

（1）识别瓶颈。这是控制物流的关键，因为瓶颈制约着企业的产出能力。一般来说，当需求超过能力时，排队最长的机器就是"瓶颈"。如果我们知道一定时间内生产的产品及其组合，就可以按物料清单计算出要生产的零部件。然后，按零部件的加工路线及工时定额，计算出各类机床的任务工时。将任务工时与能力工时比较，负荷最高的机床就是瓶颈。因为瓶颈上损失 1 小时就是系统损失 1 小时，所以在瓶颈上要采取扩大批量的办法来提高瓶颈的利用率。扩大批量可以使调整准备时间减少。

瓶颈控制着企业生产的节奏——"鼓点"。要维持企业内部生产与瓶颈同步，存在着一系列的问题。其中，一个主要问题就是生产过程如何既能满足市场或顾客的需求而又不产生过多的库存。实际上，顾客要求的交货期是不以企业何时能生产出来决定的。因此，安排作业计划时，除了要对市场行情进行正确的预测外，还要对不同顾客的交货期赋予不同的优先权。在瓶颈上要根据优先权安排生产，并据此对上下游的工序排序，得出交付时间。OPT 的处理逻辑就是使交付时间尽可能与交货期限相符。找出瓶颈之后，可以把企业里所有的加工设备划分为关键资源和非关键资源。

（2）基于瓶颈的约束，建立产品出产计划（master schedule）。一般按有限能力，用顺排方法对关键资源排序。这样排出的作业计划是切实可行的。

（3）"缓冲器"的管理与控制。要对瓶颈进行保护，使其能力得到充分利用，为此一般要设置一定的"时间缓冲"（time buffer）。时间缓冲的意思是所提供的物料要比预定的时间提早一段时间到达，以避免瓶颈出现停工待料情况。

（4）控制进入非瓶颈的物料，平衡企业的物流。进入非瓶颈的物料应被瓶颈的产出率，即"绳索"所控制。一般是按无限能力，用倒排方法对非关键资源排序。非关键资源上排序的目标是使之与关键资源上的工序同步。倒排时，采用的提前期可以随批量变化，批量也可按具体情况分解。

（5）根据 OPT 的原理，瓶颈上的加工批量是最大的，而瓶颈的上游工序则是小批量多批次的。瓶颈之前的加工工序的批次又和各道工序的调整准备时间有关。若上游工序的调整准备时间小，或瓶颈上的加工时间和前一台机器的加工时间之差大，则批次可以较多，批量可以较小。反之，批次则可能较少，甚至和瓶颈上的批次相同，加工批量也和瓶颈上的批量相同。

（6）要考虑在制品库存费用、成品库存费用、加工费用和各种人工费用。要在保证瓶颈上加工持续的情况下，使得整个加工过程的总费用最小。

（7）"绳索"。如果说"鼓"的目标是使产出率最大，那么，"绳索"的作用则是使库存最小。我们知道，瓶颈决定着生产线的产出节奏，而在其上游的工序实行牵引式的生产，等于用一根看不见的"绳索"把瓶颈与这些工序串联起来，有效地使物料依照产品出产计划快速通过非瓶颈作业，以保证瓶颈的需要。所以，"绳索"起的是传递作用，以驱动系统的所有部分按"鼓"的节奏进行生产。在 DBR 系统的实施中，"绳索"是由一个涉及原材料投料到车间的详细作业计划来实现的。

"绳索"控制着企业物料的进入（包括瓶颈的上游工序与非瓶颈的装配），其实质和"看板"思想相同，即由后道工序根据需要向前道工序领取必要的零件进行加工，而前道工序只能对动用的部分进行补充，实行的是一种受控生产方式。在 OPT 中，就是受控于瓶颈的产出节奏，也就是"鼓点"。没有"瓶颈"发出的生产指令，就不能进行生产，这个生产指令是通过类似"看板"的东西在工序间传递的。

通过"绳索"系统的控制，使得瓶颈前的非瓶颈设备均衡生产，加工批量和转运批量减少，可以减少提前期以及在制品库存，而同时又不使瓶颈停工待料。所以，"绳索"是瓶颈对其上游机器发出生产指令的媒介，没有它，生产就会造成混乱：要么造成库存过大，要么会使瓶颈出现"饥饿"现象。

16.5　TOC 的管理思想

约束理论（TOC），美国生产与库存管理协会（APICS）又称它为约束管理（constraint management）。高德拉特博士第一本有关约束理论的著作于 1984 年出版，书名为《目标》（*The Goal*）。该书以小说的行文写成，描述一位厂长应用 TOC 在短时间内将工厂转亏为盈的故事。

因为书中所描述的是许多工厂都普遍存在的问题,所以该书出版之后,读者甚广,并被译成13种语言,成为全球的畅销书。后来,高德拉特博士又陆续出版了《目标Ⅱ:绝不是靠运气》(It's Not Luck)、《关键链》(Critical Chain)和《仍然不足够》(Necessary But Not Sufficient)三本管理小说。《目标Ⅱ:绝不是靠运气》不限于工厂里发生的问题,不是以生产问题为主线,而是集中在产品的营销和分销方面,并介绍了TOC的思维方法;《关键链》则主要谈项目管理,提出了"关键链"这个崭新的概念;《仍然不足够》是关于科技的,尤其是信息技术如何有效运用的问题。

TOC是一套完整的管理哲理,其思想是为了更好地、持续地达成系统的目标。TOC是从整体考虑问题,但又不是笼统地研究整体,而是从制约整体的约束入手,通过解决约束的问题来解决整体的问题,这是处理复杂管理问题的正确思路和方法。TOC包括两项基本工作:聚焦五步骤及其在运作中的应用;思维流程(TP)及其在项目管理和人的行为方面的应用。

按照TOC,每个组织都有一项关键约束,这项约束限制了系统达成其目标的绩效。从广义上讲,这些约束可以分为内部约束和市场约束。为了达成管理系统的绩效,必须按照聚焦五步骤来正确识别和管理这些约束。

16.5.1 TOC的管理原则

TOC认为,任何系统至少存在着一个约束,否则,它就可能有无限的产出。任何企业或组织均可视为一个系统,要提高系统的产出,必须要打破系统的约束。不应当把一个组织看成许多零散链环的堆积,而应当把它看成由许多链环连接成的一个链条。最薄弱的一环只是整个链条的一部分,但它决定了整个链条的强度。同样,也可以将一个企业视为一个链条,每一个部门是这个链条中的一环。如果想要达成预期的目标,必须抓住最薄弱的一环,进行改进,整个系统才可得到显著的改善。换言之,突破约束加快了一个企业达成目标的速度。只有从克服约束着手,才可以在短时间内显著地提高系统的产出。

TOC已经在许多领域得到成功的运用。应用TOC需要遵循13条原则:

(1)在解决问题和管理变化中,系统思维比分析思维更重要。

(2)随着系统环境的变化,原有的最佳系统方案会逐渐失效,需要持续改进来更新和维护方案的有效性。

(3)系统的局部最优并不等于整体最优。也就是说,系统的每一部分处于最优状态,但系统作为整体并不是最优的;如果系统整体是最优的,系统至少有一个部分不是最优的。

(4)系统像一根链。每个系统都有一个最弱的环节,它就是约束,最终限制整个系统的成功。

(5)加强链的每一个环节来改善整条链的强度,不如加强它最薄弱的环节。

(6)要想知道改变什么,必须要对系统有一个彻底的了解,如系统的现实状况、它的目标和规模,以及两者之间差别的趋势。

(7)一个系统中的不良效果(undesirable effects,UDE)主要由少数几个核心问题造成。

(8)核心问题从来都不是表面化的。它们主要通过一系列的UDE来显示,这些UDE相互作用,形成一个网络。

(9)排除单个的UDE,提供了一个虚假的安全感觉,而忽视了潜在的核心问题,这样的方案极可能是短命的,而针对核心问题的方案会同时排除所有的UDE。

（10）隐藏的冲突使核心问题长期存在。针对核心问题的解决方法需要挑战隐藏在冲突中的假定，至少使其中的一个假定失效。

（11）系统的约束可能是有形的或无形的。有形的，诸如设备能力不足、原材料短缺、资金缺乏等；无形的，诸如落后的管理思想、不合理的规章制度等。有形的约束相对容易识别，排除也较简单。而无形的约束的识别和排除是困难的，但它们比排除一个有形的约束会产生对系统更大的改进。

（12）思维惯性是持续改进的最大敌人。解决方案通常有自己的一些假定，这可能会阻碍进一步的变化。

（13）思想和想法不是解决方案。

以上13条原则构成了运用TOC解决复杂问题的思想方法，其正确性已经得到很多事实的验证。例如，在战场上为了取得全局胜利，往往会牺牲局部。供应链的总体优化，也需要某些环节的不优化；若每个环节都追求最优，供应链整体则一定不是最优。

16.5.2 TOC 的思维流程

1. 三个问题

任何持续改进必然会遇到的三个问题是：

- 要改进什么（What to change）？
- 要改进成什么样（What to change to）？
- 怎样使改进得以实现（How to cause the change）？

在对生产、分销、项目管理、公司战略的制定、沟通、授权、团队建设等方面的各种问题进行持续改进时，必然要回答以上三个问题。思维流程是通过一组工具来完成的，这组工具帮助管理者启动和实施一系列步骤：①对问题取得一致；②对求解的方向达成一致；③对解决问题的办法取得一致；④对克服任何潜在的负面影响达成共识；⑤对克服任何实施的障碍达成共识。TOC的实践者有时把这个过程看成克服多层阻力的一种过程。

第一，"要改进什么"，就要找出系统中存在哪些约束。因为约束并非来自一个具体的资源实体，所以就没有一些现成的摆在那里的证据（如在制品）来告诉你哪些是约束。因此，你只能先摸清楚系统的现状是怎样的，此时用到的逻辑结构图就是"当前现实树"（current reality tree）。建立此树并非一件易事，但一旦成功完成，就自然得到了第一个问题的答案。

第二，"要改进成什么样"。这个问题直观上已表述得很明白，但要回答它还是应该遵循以下两个步骤：找出克服当前约束的突破点；确保解决方案所产生的结果不会是添乱。"疑云消散图"（evaporating cloud）可以用来突破当前约束企业的主要冲突，"未来现实树"（future reality tree）用来确认当前面对的不尽如人意的状况确实能够用这个突破法来转变成令人满意的结果。而实施这些改进措施会出现的那些意料不到的负面影响可以用"负效应枝条"（negative branches）来表示。如果这些负面影响可以避免，那么你就可以确信提出的解决方案的结果不会是添乱，你也就知道了应该改进成什么样的结果，即第二个问题的答案。

第三，"怎样使改进得以实现"。简单来说，就是让那些将与这些转变直接相关的人来制定实施转变所需的行动方案。能动的思维流程要把那些受转变最大的人包括在内，企业应主动去征求这些人的意见，看他们认为什么会阻碍企业推进这一改进过程。要发动员工集思广益，保证最初的实施能够顺利进行。做到上述几点，实施计划就基本成型了。解答第三个问题用到的工具是"前提条件树"和"转变树"。

2. 思维流程的逻辑

思维流程（TP）并不是什么 TOC 发明的崭新的东西。正如儿童开始学东西一样，因为他们没有太多的经验和知识，所以他们会这样思维：先问问题，然后去验证他们的种种想法是不是确实会发生和奏效。TP 的思路是：在不明白、不清楚一件事的时候，就会先搞清楚一件事和一件事之间的因果关系是怎样的，然后逐渐去理解要实现某个目标，进而发现应该做什么。

"如果我的手触到一个火热的铁炉，那么我会被烫伤。"这是人们对现实情况的理解。若要改变这一现实情况，则要找出上面这个因果关系中所暗含的假设，并改变这个假设。例如，"如果我的手触到一个火热的铁炉，而我带着隔热手套，那么我不会被烫伤。"接下来，我们就会明白："为了不被烫伤，我必须不去碰那个火热的铁炉或先带上隔热手套。"

一般地，可以对事物给出描述："如果 A，那么 B"；还可以更详细一些，给出更多的有关 A 和 B 的联系："如果 A，那么 B，因为……"，这样做可以使一些暗含的假设暴露出来，弄清楚中间结果，从而有助于我们把握事物的来龙去脉。是什么"使一些暗含的假设暴露出来"？举例说明如下：企业决心把废品率从 9% 降至 5%，有人提出用精神鼓励的方法，在车间里张贴标语口号："巧干而不是苦干""做好而不是做了"等。但是，在接受这个办法以前，应该先做一下因果分析："如果我们需要把废品率从 9% 降至 5%；工人注意到了'巧干而不是苦干'的标语，而且也注意到了'做好而不是做了'的标语，那么，产品的废品率就能从 9% 降至 5%。"显然"如果"中的条件是不充分的，这也就决定了企业在如此进行决策的时候不会收到预期的效果。

16.6 TOC 应用的五步法

TOC 有一套思维的方法和持续改善的程序，被称为聚焦五步法（five focusing steps），这五个步骤表述如下。

第一步，找出系统中的约束。约束就是那些妨碍组织达成目标的资源和政策。例如，现在通过 E-mail，使信息传输速度大大提高，但人们处理信息的速度（如阅读和审查）仍然保持不变，于是人就成为信息系统中的瓶颈。这些约束可以分为两类：①实物约束，如机器设备和物料方面的。在介绍 OPT 时，讲的都是实物约束，如瓶颈资源，其产能限制了产量的提高。②非实物约束，如政策、市场和管理。非实物约束有时比实物约束更重要。例如，一项错误的政策，往往导致组织追求错误的目标，错误的目标限制了一切资源发挥作用。因此，要找出企业内部和外部限制有效产出的各种政策规定。

第二步，确定如何充分利用约束资源的办法。要挖掘约束资源的潜能，就要确定约束资源确实是在做只有它才能做的事情，而不是在做它不必做的事情，同时还要使约束资源得到充分的利用。例如，一位教授在审查一批研究生的论文，答辩时间已经临近，这位教授就成为约束资源。如果这位教授还在做一些打扫卫生、领取邮件、报账等不必由教授本人去做的事情，就没有充分利用约束资源。又如，要提高某台瓶颈设备的利用率，就只能保留必须由这台瓶颈设备来完成的任务，将那些可以由其他设备加工的任务分派出去。在约束资源做只有它才能做的事情的前提下，还要使瓶颈资源得到充分利用。可以采取的措施包括：①设置时间缓冲，不至于因上游设备故障而停工；②在瓶颈设备前设置质检环节，保证待加工的半成品是合格品；③找出瓶颈设备出废品的原因并根除之；④对返修或返工的方法进行改进，等等。

第三步，使所有其他过程服从于第二步所做出的决定。不必由瓶颈资源完成的任务，将分派给其他资源去完成，而且其他资源应该与瓶颈资源同步。例如，打扫卫生可由清洁工人去做，领取邮件和报账可由行政人员完成，瓶颈资源就能得到充分利用，而瓶颈资源的利用情况决定了对其他资源的利用程度。其他资源与瓶颈资源同步，例如，非瓶颈资源处于上游工序，若瓶颈资源得到充分利用后，只能有每小时10件的产出，则上游的非瓶颈资源每小时产出20件就没有意义，只能导致库存增加、成本上升；如果那些非瓶颈资源追求百分之百的利用率，将给企业带来的不是利润，而是在制品、更多的等待时间和其他种种浪费。

第四步，提升所确定的约束。根据需要可以永久性地增加约束资源的能力，或者将自制任务更多地转包出去。对于面临多种任务都出现的瓶颈，应该购置新的设备，以提高瓶颈工序的能力；对于面临某种任务才出现的瓶颈，可将一部分任务转包给其他企业。

第五步，如果采取这些步骤后，第一步找出的约束不再是约束，那么回到第一步。当你突破一个约束以后，一定要重新回到第一步，开始新的循环。就像一根链条一样，你加强了其中最薄弱的一环，但会有下一个最薄弱的环节。要记住："今天的解决方案就是明天的问题所在"，也许你为了突破这个约束采取了一些很好的措施，可一旦约束转移到其他环节，这些措施对于新的约束可能无能为力。因为系统中永远存在约束，只有继续寻找系统中的约束，才能继续增加有效产出。否则，惰性就成为持续改善的约束。

以上五步构成了一个持续改进的程序，每循环一次，有效产出就提高一次。

【例 16-1】

TOC 五步法决策模式——以产品生产组合为例

一个企业，无论其规模如何，都是在有限资源的约束下从事生产经营活动。因此，在企业经营管理中，经常遇到多种产品生产决策问题，即如何合理利用有限的资源，优化产品结构，以得到最大的经济效益。提高企业产品组合决策能力是提升企业生产管理水平的一个有效手段。以下用一个具体例子阐释基于 TOC 有效产出会计方法的产品组合决策问题的求解过程。

考虑如图 16-5 所示的生产过程。两个产品 P 和 Q，每周的需求量为 100 件 P，50 件 Q。售价分别为 P：¥90/件，Q：¥100/件。有 4 个工作中心：A、B、C、D，每个工作中心都有一台机器，每周运行 2 400 分钟，每周的运营费用为 6 000 元。需要 3 种原材料，原材料的成本及加工路线见图 16-5 各个图框中的数字。求解利润最大的生产组合。

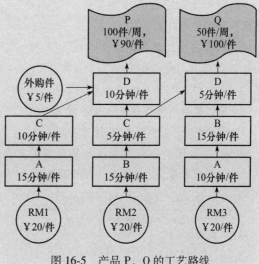

图 16-5 产品 P、Q 的工艺路线

按照传统的思维模式，在确定产品组合时，一般选取单位价值贡献最大的产品优先生产，再利用剩余的产能生产其他产品。如本例所述：

对比生产 P 和 Q 产品的工时消耗及单价，可以看出，生产一件 Q 所耗材料成本 40 元，消耗工时 40 分钟，单价为 100 元/件，相对而言比生产一件获利更大，因此，通常情况下优先生产 50 件 Q 产品，再生产 100 件 P 产品。

	P	Q
售价	￥90	￥100
原料	￥45	￥40
工时	60 分钟	50 分钟

那么，可能的获利情况是：

Q 的有效产出 = 50×(100−20−20) = 3 000（元）

B 需时 50×30 = 1 500（分钟）

剩余生产时间：2 400−1 500 = 900（分钟）

P 的有效产出 = (900/15)×(90−5−20−20)
= 2 700（元）

扣除每周的运营费 6 000 元，盈利为：

3 000 + 2 700 − 6 000 = −300（元）

即亏损 300 元。

实际上也做不到既能生产 50 件 Q，也能生产 100 件 P，因为出现了资源不足的工序。因此，不能仅根据哪个产品的价值高来安排生产顺序。

TOC 的思维逻辑则不同。按照 TOC 应用的五步法，我们再来看一下结果如何。

第一步，辨别系统的约束。要辨别系统的约束，需要计算机器的负荷，如表 16-1 所示。因为机器 B 的负荷率最大，而且超过 100%，所以机器 B 是瓶颈。如果要满足 P、Q 的每周需求量，B 需要另外 25% 的能力。

表 16-1 制造资源应用情况

资源	每周工作时间（分钟）		加工负荷	可用时间	负荷率
	P	Q	（分钟/周）	（分钟/周）	(%)
A	1 500	500	2 000	2 400	83
B	1 500	750	2 250	2 400	94
C	1 500	250	1 750	2 400	73
D	1 000	250	1 250	2 400	52

（续）

第二步，决定如何利用系统的约束。TOC 是建立在系统的绩效由资源约束决定这一假设基础上的，因此 TOC 主要是使资源约束对目标贡献最大化。要最有效地利用 B，意味着使在 B 上消耗单位时间所生产的产品，带来的有效产出最大化（见表 16-2）。

表 16-2 资源约束贡献最大化计算

产品	P	Q
销售价格（元/件）	90	100
材料成本（元）	45	40
贡献（元）	45	60
时间（资源 B，分钟）	15	30
贡献（元/分钟）	3	2

由表 16-2 可以看出，P 和 Q 两种产品在瓶颈资源上每消耗 1 分钟，P 能贡献 3 元，而 Q 只能贡献 2 元，所以，在生产 Q 之前应尽可能生产全部的 P（即 100 件）。生产 100 件 P 消耗了 B 的 1 500 分钟，剩下 900 分钟用于 Q，则只能生产 30 件 Q。所以，产品组合决策为每周生产 100 件 P，生产 30 件 Q。这时，能实现最大的有效产出：

有效产出：T = SR − VC = (90−45)×100 + (100−40)×30 = 6 300（元/周）

净利润：NP = T − OE = 6 300 − 6 000 = 300（元/周）

第三步，使其他工作服从于开发系统约束的决定。意思是使其他工作配合有效利用系统约束 B，如材料采购、工作中心排序等。

第四步，提升系统的约束。尽可能采取措施提高约束的绩效，如降低调整时间、采取预防维修等。或者，把贡献最低的产品放到最后安排，如上面对 Q 的处理。

第五步，如果约束被打破，再从第一步做起。

本章小结

本章系统地介绍了最优生产技术（OPT）和约束理论（TOC）的产生、发展与应用方面的主要内容。本章首先介绍了 OPT 与 TOC 的产生及发展的过程，探讨了 OPT 的基本原理、OPT 的目标以及基于 TOC 的有效产出的绩效评估体系。然后对生产过程中围绕约束因素建立 DBR（drum-buffer-rope）生产计划系统进行了深入的讨论，分析建立 DBR 的基本原则和方法步骤。最后，本章讨论了 TOC 的管理思想、运用 TOC 的五步法及应用于生产管理决策的核心内容，并举例说明基于五步法的生产计划优化思想。

复习思考题

1. 试述 OPT 的三个作业指标以及它们与企业目标之间的关系。
2. 简述 OPT 的九条原则。
3. 简述 DBR 系统的原理以及"鼓""缓冲器""绳索"的含义。
4. 试述 TOC 的模块构成及其工作原理。
5. 讨论 OPT 与 JIT 在计划过程、控制重点和方式以及基本目标方面的区别。
6. 讨论 OPT 在一个服务性生产中应用的可能性，其范围和条件是什么？
7. 运用 DBR 进行生产系统计划与控制的基本原则有哪些？

讨论案例

约束理论在某汽车制造企业物料供应系统中的应用

背景

随着某大型汽车公司生产和销售的发展，对公司供应系统的要求越来越高。该公司共有三十多种车型，按照市场的需求随时调整生产的车型和数量，这样零件供应必须有一定的弹性才能适应。为适应生产经营的发展，公司在国内首家正式实行散件按件供应。所谓按件供应是指该公司依据自己的制造明细、生产计划、零件库存、运输周期，按零件或生产材料的型号、规格和包装单位制作并向国外供应商发订单，采用要货令的形式每月确定订购的数量及交货日期。正是由于按件订货的实行，使得该公司能够适应新的要求，让计划人员可以根据生产需求灵活调整各零件的分配。但是由于散件一般由国外海运，从订货到零件上线整个过程长达六个月，而当前市场瞬息万变，生产计划随之而动，这大大增加了供应系统的难度。要满足生产的要求，必须对供应系统进行优化。

负责对供应系统进行优化的是该公司采购部的张经理。他打算运用约束理论的基本思想，从保证该公司的散件供应出发，找出生产供应系统的瓶颈，通过采取不同提高供应能力的措施，保证企业能够按照市场需求灵活安排生产。

合理确定瓶颈零件

公司的设计生产能力一期工程为年产 15 万辆整车，已于若干年前通过了国家验收。由于市场等多方面的原因，现在公司实际产量为 5 万辆左右。从这一点来看，设备生产能力不饱和，可以认为不可能成为瓶颈。公司的员工是高素质的，且公司历来重视员工培训，应该认为员工行为不是瓶颈。相比之下，当前瓶颈最可能发生在物资供应上。公司的物资供应分为国内采购和国外采购两部分。国内采购部分由于采用 A、B 两个供应商管理，且供应商所处距离较近，容易做到快速响应。国外采购部分的散件就麻烦得多，比如周期长、只一家供应商供货等，这正是当前瓶颈所在。

根据约束理论，张经理在该公司上千种进口零件中，应有一小部分是可能影响生产的关键性零件，为确定这些重点，结合公司的实际情况，他用 ABC 分类法找出了这部分零件。另外，根据实际情况，他还按零件在不同车型的使用情况进行分类：对于只在一种车型上使用的专用零件定为 A 类，在两种或多种车型上的专用零件定为 B 类，在所有车型上使用的零件定为 C 类。这主要是因为通用零件相互可以调剂，对生产变化的反应不明显，而专用零件正相反，容易成为瓶颈。最终确定 A 类零件最有可能是瓶颈，必须进行连续的系统监控。对于 C 类零件则无须进行精确的控制，对于两者之间的 B 类零件可以根据企业的实际情况加以确定如何管理。

采取措施消除瓶颈

找到瓶颈零件后，张经理采取了如下措施进行优化管理。

按照约束理论建立"缓冲器"。一般来说，"缓冲器"分为"时间缓冲"和"库存缓冲"。"库存缓冲"就是建立保险库保证生产；"时间缓冲"则是将所需的物料比计划提前一段时间提交，以防随机波动。由于公司是以销定产，生产计划变化较大，而按件订货的周期相对而言是比较长的，要以订货来满足生产变化不现实，因此建立时间缓冲至关重要。

按照公司和国外独家供应商签订的按件供应协定，该公司在每月订单发出的同时，要发出要货令，用以指导供应商发货。要货令将一个月所需的发货数量分配在四个小周期内发送。根据这一特点，该公司对要货令进行了适当的调整。比如重点零件，将头两个小周期的发货量适当加大，这就相当于开辟了一个时间缓冲。对于提前量，可以根据对市场的预测、仓库的库存量等进行调整。

虽然时间缓冲是一个极为有效的方法，但是并不能解决一切问题。比如，国外独家供应商由于自身生产能力的限制经常导致其不可能完全按公司要货令的要求发货，从而导致时间缓冲遭到破坏，为此不可避免地需要建立一个库存缓冲。前面已经提到 A 类零件价值高，因此建立库存缓冲必须十分谨慎。库存缓冲建立在计划管理人员严格控制之下，为此计划管理人员要对零件做完整、精确的记录，经常检查，对零件的发货期限、库存盘点、出库等严格监控，掌握大量数据并进行分析，确定缓冲库存量的上限；同时要根据库存的情况催促供应商尽快发货并督促运输部门及时将货物运到目的地仓库，以防止零件短缺。

上面已经提到该公司的生产方针是以销定产，也就是说生产计划是由市场决定的。因此要尽量满足用户的需求，同时绝不能冒险采购并生产和销售用户不感兴趣的产品。正是由于建立了缓冲，才能满足生产变化的需求，保证生产和销售。例如，装有自动变速箱的新车型及装有 ABS 的车型在启动时市场反应很好，生产计划不断提高。由于预先合理地建立了时间缓冲和安全库存缓冲，及时地满足了生产的需要，使公司成功进入市场并不断扩大份额，提升了企业的影响力。

适当调整，指导储运，平衡非关键零件的物流

根据约束理论，生产系统的产出是由瓶颈资源最终决定的，但这并不是说非瓶颈资源就不起作用，事实上瓶颈资源必须有非瓶颈资源参与才能发挥作用。前面分析也指出，使非瓶颈资源按瓶颈资源的鼓点运转才能真正平衡物流。所以，张经理认为对于 C 类和 B 类零件应同样充分重视。正如每一个生产管理者所了解的，控制库存有极为重要的意义，即便是非瓶颈资源也一样。比如，不必要的库存阻碍了流水线和物流，对于提高生产效率不利。过多的库存还掩盖了企业生产经营中的一些严重问题：①经常性的零部件制造质量问题；②企业计划的不当，需求预测不准确；③工人劳动技能、劳动纪律和现场管理方面的问题。只有依据约束理论，使非瓶颈资源跟随瓶颈资源的鼓点进入物流，才能使生产发挥最大的效益，为此该公司采用以下方法适当减少公司的库存。

根据公司进口零部件按件订货的具体操作规程，它的独家国外供应商每向它发一个集装箱，都要利用 EDI（电子数据交换）技术向它反馈发货信息。公司接收到之后，将信息转入自己的信息系统，包括的信息有零件的使用点、订单号、交货时间、数量、集装箱号等。公司的系统建立在 IBM 大型计算机上，用户可以共享，方便地知道零件在各个物理点（仓库、本地港口、上海港口、海上、法国发运港等）的数量和时间。同时，通过公司的 INTRANET（企业内部网），计划管理人员可以及时同工厂仓库管理人员进行沟通，获得库存零件和在途零件的精确数量。另外，在港口规定有一定时间的滞箱期，在公司仓库紧张的时候，可以用其作为缓冲。这一切为非瓶颈资源按瓶颈资源的鼓点进入企业内部成为可能。

根据生产计划，计划管理人员可以知道哪些零件在某个时期可能出现短缺，哪些零件在某个时期库存已经过大。这时可以根据实际情况通知储运部门，调整其运输安排，从而平衡库存。同时要及时把情况传递给其他有关部门，协调各个部门解决有关生产中的实际问题，如废品率、返修率高。这就需要相关部门调整检修设备、培训工人和加强管理等，以便达到平衡和减低库存的作用。

改进工厂内部供应过程，加快物流速度，减小瓶颈资源的影响

在不改变大批量订货的前提下，加速物料流动，将使瓶颈资源的利用更加充分，非瓶颈资源的库存也将随之减小。

在进口零部件按件供应的应用中，张经理发现一些进口零部件的包装单元和工厂中相对应的容器一样或相近。这就是说，我们在一定的条件下，可以用包装单元整体当成零件的容器，在集装箱开箱后，直接用包装单元上线，而不是再经过一个工厂容器转运，这大大提高了物流的速度。特别地，如果是瓶颈资源，将提高整个物流速度，也相应地减小了仓库占用与人工搬运的时间和费用。

为了达到这一目的，张经理进行了大量的调查，并正和国外供应商进行协商，希望取得外方供应商的支持，使工作顺利进行。公司看板供应系统已经投入使用，这一部分零部件可以当成一种特殊形式的看板供应，将其融入看板供应系统。另外，可以利用附近物流（锦龙）公司的仓库进行周转，采用第三方物流的方式，实现 JIT 的供应，将该公司的物流管理水平进一步提升。

讨论题

你认为，张经理的分析正确吗？他提出的改进措施能够奏效吗？

判断题

1. 瓶颈只是局部，但是限制了整个系统的产出。
2. 产销率就是单位时间内生产的产品数量。
3. 从 OPT 的观点看，公司的目标就是要在增加产销率的同时，降低库存和运行费。
4. 按照约束理论，瓶颈是任何能力超过需求的资源。
5. 按照约束理论，非瓶颈资源就是任何能力小于需求的资源。
6. 瓶颈前面的缓冲库存被称为时间缓冲。
7. 在装配线上，加工批量可能无限大。
8. 在装配线上，转运批量可能为 1。

选择题

1. 以下哪条不属于 OPT 的九条原则？
   A. 转运批量可以不等于加工批量
   B. 瓶颈控制了库存和产销率
   C. 平衡物流，而不是平衡能力
   D. 瓶颈资源的利用程度不是由它本身决定的，而是由其他资源决定的
   E. 瓶颈上 1 小时的损失就是整个系统 1 小时的损失

2. 哪一项是约束理论关键的一步?
   A. 识别瓶颈
   B. 减少系统的约束
   C. 强化系统约束
   D. 支持系统约束
   E. 若没有系统约束,制造一个约束
3. 按照约束理论,以下哪一项是衡量企业赚钱能力的财务指标?
   A. 销售收入
   B. 产销率
   C. 净利润
   D. 库存
   E. 其他收入
4. 按照约束理论,以下哪一项是衡量企业盈利能力的作业指标?
   A. 销售收入
   B. 产销率
   C. 运行费
   D. 单位成本
   E. 库存

参考文献

［1］ 陈荣秋，马士华. 生产运作管理［M］. 5版. 北京：机械工业出版社，2020.
［2］ 陈荣秋，马士华. 生产与运作管理［M］. 4版. 北京：高等教育出版社，2016.
［3］ 乔普拉，迈因德尔. 供应链管理——战略、规划与运作（第3版）［M］. 陈荣秋，等译. 北京：中国人民大学出版社，2008.
［4］ 陈荣秋. 现代生产运作管理［M］. 北京：北京师范大学出版社，2008.
［5］ 海泽，伦德尔. 运作管理（第8版）［M］. 陈荣秋，张祥，等译. 北京：中国人民大学出版社，2006.
［6］ 陈荣秋，周水银. 生产运作管理的理论与实践［M］. 北京：中国人民大学出版社，2002.
［7］ 墨菲，伍德. 当代物流学（第9版）［M］. 陈荣秋，等译. 北京：中国人民大学出版社，2009.
［8］ 史蒂文森，张群，张杰，等. 运营管理：原书第13版［M］. 北京：机械工业出版社，2019.
［9］ 陈荣秋，胡蓓. 即时顾客化定制［M］. 北京：科学出版社，2008.
［10］ 田宇. 物流服务供应链构建中的供应商选择研究［J］. 系统工程理论与实践，2003（5）：49-53.
［11］ 刘伟华，季建华. 服务供应链：供应链研究的新趋势［M］//丁俊发. 中国物流学术前沿报告：2006—2007. 北京：中国物资出版社，2006.
［12］ 王方华，高松. 服务营销［M］. 太原：山西经济出版社，2008.
［13］ 杨永华. 服务质量管理［M］. 深圳：海天出版社，2000.
［14］ HEIZER J, RENDER B. Operations Management［M］. 10th ed. New York：Prentice Hall，2011.
［15］ JACOBS F R, CHASE R B. Operations and Supply Chain Management［M］. 14th ed. New York：McGraw-Hill/Irwin，2013.
［16］ JACOBS F R, CHASE R B. Operations and Supply Chain Management：The Core［M］. 3rd ed. New York：McGraw-Hill/Irwin，2011.
［17］ FITZSIMMONS J A, FITZSIMMONS M J. Service Management, International Edition［M］. New York：McGrall-Hill Inc.，2001.
［18］ SAMPSON S E, FROEHLE C M. Foundations and Implications of a Proposed Unified Services Theory［J］. Production and Operations Management，2006，15（2）：329-343.

附录A 练习题答案

练习题答案，请扫描下方的二维码：

附录B 标准正态分布表

标准正态分布表，请扫描下方的二维码：

附录C 泊松分布表

泊松分布表，请扫描下方的二维码：

附录D 随机数表

随机数表，请扫描下方的二维码：

附录E 管理图的相关数据

管理图的相关数据，请扫描下方的二维码：

附录F 学习曲线表

学习曲线表，请扫描下方的二维码：